U0693678

国学经典文库
后妃宦官大传
实录后宫沉浮 解密宫帷之道
图文珍藏版
王艳军⊙主编
線裝書局

图书在版编目（CIP）数据

后妃宦官大传：全4册 / 王艳军主编. -- 北京：线装书局, 2014.6
ISBN 978-7-5120-1371-1

Ⅰ.①后… Ⅱ.①王… Ⅲ.①后妃－列传－中国－古代②宦官－列传－中国－古代 Ⅳ.①K828.5②K827=2

中国版本图书馆CIP数据核字(2014)第087859号

后妃宦官大传

主　　编：王艳军
责任编辑：杜　语　高晓彬
装帧设计：博雅圣轩藏书馆 Boyashengxuan Cangshuguan
出版发行：线装书局
　　地　址：北京市西城区鼓楼西大街41号（100009）
　　电　话：010-64045283　64041012
　　网　址：www.xzhbc.com
经　　销：新华书店
印　　制：北京彩虹伟业印刷有限公司
开　　本：710mm×1040mm　1/16
印　　张：112
彩　　插：8
字　　数：1360千字
版　　次：2014年6月第1版第1次印刷
印　　数：0001－3000套

定　　价：598.00元（全四册）

邓太后

中文名 邓绥

朝　代 东汉

出生地 南阳新野（今河南新野）

出生日期 公元81年

逝世日期 公元121年

主要成就 临朝摄政十六年

外　貌 长七尺二寸，姿颜姝丽，绝异于众

谥　号 和熹

陵　墓 与汉和帝合葬于顺陵

孝庄皇太后

中文名 博尔济吉特·布木布泰

别　名 孝庄文皇后
昭圣（太）皇太后

朝　代 清朝

出生日期 1613年03月28日

逝世日期 1688年1月27日

主要成就 辅佐顺治、康熙两代君主

谥　号 孝庄仁宣诚宪恭懿翊天启圣文皇后

陵　墓 清东陵之昭西陵（孝陵之南）

吕后

中 文 名 吕雉

别　　名 吕娥姁

朝　　代 汉朝

出 生 地 单父（今山东省单县）

出生日期 前241年

逝世日期 前180年

主要成就 与刘邦共定天下，临朝称制十六年

谥　　号 高皇后

陵　　墓 长陵

慈禧太后

中 文 名 叶赫那拉·杏贞

朝　　代 清朝

出 生 地 北京西四劈柴胡同

出生日期 1835年11月29日(农历十月初十)

逝世日期 1908年11月15日(农历十月廿二)

主要成就 辛酉政变、镇压太平天国运动、洋务运动、同光中兴、清末新政

爱　　好 京剧（老生戏）

陵　　墓 定东陵

儿　　子 同治帝

配　　偶 咸丰帝

贾后

中 文 名 贾南风

朝　　代 晋朝

出 生 地 平阳襄陵（今山西襄汾东北）

出生日期 256年

逝世日期 300年

相关事件 贾后专权、八王之乱

结　　局 为司马伦所杀

陵　　墓 山西太原

武则天

中文名 武曌

朝 代 唐朝

出生地 长安或利州
（西安或籍贯山西文水县）

出生日期 公元624年2月17日

逝世日期 公元705年12月16日

主要成就 废唐，改国号为周，中国历史上唯一一个正统的女皇帝

谥 号 则天大圣皇帝，则天大圣皇后

陵 墓 乾陵

蔡 伦

中文名 蔡伦

别 名 蔡敬仲

朝 代 东汉

出生地 东汉桂阳郡(现湖南耒阳)

出生日期 61年，一说63年

逝世日期 121年

主要成就 改进造纸术

官 职 中常侍兼尚方令、长乐太仆

结 局 服毒自尽

墓 祠 陕西汉中洋县龙亭镇蔡伦墓

郑 和

中文名 郑和

别 名 马三保 马和

朝 代 明朝

出生地 云南昆阳（晋宁）

出生日期 明洪武四年1371年

逝世日期 宣德八年1433年

主要成就 七下西洋，经历靖难之役

官 职 三宝太监

墓 祠 南京牛首山郑和墓（衣冠冢）

赵　高

中 文 名 赵高

朝　　代 秦朝

出 生 地 赵国

逝世日期 前207年

代表作品 《爱历篇》

相关事件 沙丘政变、望夷宫政变

爵　　位 安武侯

结　　局 为子婴所杀

评　　价 亡秦祸首

童　贯

中 文 名 童贯

别　　名 童道夫，媪相

朝　　代 北宋

出 生 地 河南开封

出生日期 1054年（皇祐六年）

逝世日期 1126年（靖康元年）

主要成就 破西夏，平方腊

封　　爵 泾国公、楚国公、广阳郡王

官　　职 检校太尉、太傅

结　　局 被监察御史张澄斩首

魏忠贤

中 文 名 魏忠贤

别　　名 李进忠

朝　　代 明朝

出 生 地 河北省肃宁县

出生日期 1568年

逝世日期 1627年

职　　业 司礼秉笔太监

相关事件 残害东林党

结　　局 畏罪自杀

武则天

中文名 武曌

朝　代 唐朝

出生地 长安或利州（西安或籍贯山西文水县）

出生日期 公元624年2月17日

逝世日期 公元705年12月16日

主要成就 废唐，改国号为周，中国历史上唯一一个正统的女皇帝

谥　号 则天大圣皇帝，则天大圣皇后

陵　墓 乾陵

蔡　伦

中文名 蔡伦

别　名 蔡敬仲

朝　代 东汉

出生地 东汉桂阳郡(现湖南耒阳)

出生日期 61年，一说63年

逝世日期 121年

主要成就 改进造纸术

官　职 中常侍兼尚方令、长乐太仆

结　局 服毒自尽

墓　祠 陕西汉中洋县龙亭镇蔡伦墓

郑　和

中文名 郑和

别　名 马三保 马和

朝　代 明朝

出生地 云南昆阳（晋宁）

出生日期 明洪武四年1371年

逝世日期 宣德八年1433年

主要成就 七下西洋，经历靖难之役

官　职 三宝太监

墓　祠 南京牛首山郑和墓（衣冠冢）

赵　高

中 文 名　赵高

朝　　代　秦朝

出 生 地　赵国

逝世日期　前207年

代表作品　《爰历篇》

相关事件　沙丘政变、望夷宫政变

爵　　位　安武侯

结　　局　为子婴所杀

评　　价　亡秦祸首

童　贯

中 文 名　童贯

别　　名　童道夫，媪相

朝　　代　北宋

出 生 地　河南开封

出生日期　1054年（皇祐六年）

逝世日期　1126年（靖康元年）

主要成就　破西夏，平方腊

封　　爵　泾国公、楚国公、广阳郡王

官　　职　检校太尉、太傅

结　　局　被监察御史张澄斩首

魏忠贤

中 文 名　魏忠贤

别　　名　李进忠

朝　　代　明朝

出 生 地　河北省肃宁县

出生日期　1568年

逝世日期　1627年

职　　业　司礼秉笔太监

相关事件　残害东林党

结　　局　畏罪自杀

刘　瑾

中 文 名 刘瑾

别　　名 谈瑾

朝　　代 明朝

出 生 地 陕西兴平市

出生日期 1451年

逝世日期 1510年（北京西市法场）

君　　主 明武宗

官　　职 司礼监掌印太监

结　　局 凌迟处死

李莲英

中 文 名 李莲英

别　　名 李连英、李进喜

朝　　代 清朝

出 生 地 直隶省顺天府大城县

出生日期 1848年11月12日

逝世日期 1911年3月4日

相关事件 权倾朝野、广植死党

官　　职 总管大太监

结　　局 因病而亡

墓　　祠 北京恩济庄

张　让

中 文 名 张让

朝　　代 汉朝

出 生 地 豫州颍川郡

出生日期 约公元135年

逝世日期 公元189年

相关事件 十常侍之乱

封　　爵 列侯

官　　职 小黄门、中常侍

结　　局 投水自尽

李辅国

中 文 名 李辅国
别　　名 李静忠
赐　　名 李护国
朝　　代 唐朝
出生日期 704年
逝世日期 762年
主要成就 拥立唐肃宗、唐代宗即位，元帅府行军司马，官至司空兼中书令，爵封郕国公，掌握兵权
官　　职 司空兼中书令
结　　局 被刺身亡，身首异处，尸弃荒野

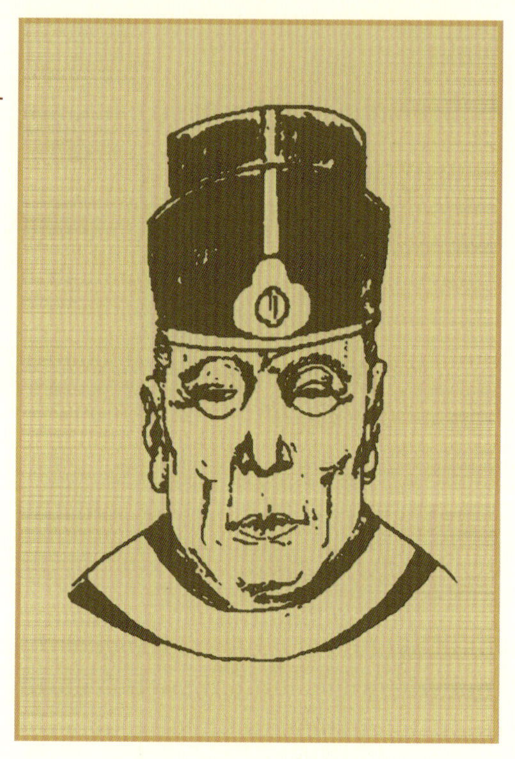

安得海

中 文 名 安得海
别　　名 小安子
朝　　代 清朝
出 生 地 直隶南皮（河北省南皮县）
出生日期 1844年
逝世日期 1869年
主要成就 能够讲读《论语》、《孟子》诸经，艺术精巧，知书能文，善于察言观色，一生深得慈禧太后的宠爱和器重
官　　职 御前太监
结　　局 1869年秋，奉慈禧之命去南方采办宫中用物时，被山东巡抚丁宝桢擒获处决于济南

前 言

中华民族深厚的文化底蕴、丰硕的文明成果以及强大的文化包容力，是世界上任何一个国家和民族都无法比拟的。在漫长的历史长河中，宫廷中的后妃和宦官始终都是不得不去关注的重要角色，这些人充分展示了其高超的政治手腕、敏锐的政治嗅觉，他们为何能呼风唤雨、权倾一时？为此我们编辑了这套《后妃宦官大传》，全书精心挑选了在中国历史上产生过重大影响的后妃宦官，将其置于全新的视角之下，详述其生平事迹，诡诈权谋。

纵观我国几千年的文明史，上自商朝之妲己，下至清代之慈禧，嫔妃众多。这些后妃中不乏心狠手辣的角色，积极地参政议政，甚至独揽大权；有的因沉鱼落雁之貌惑乱朝纲最终导致一朝灭亡；而有的则身居深宫，默默无闻，终老后宫……

宦官的存在是中国古代史上一种独特的现象，长期以来，人们一直把宦官视为灾星、祸水，认为宦官揽权必然“败国蠹政”，认为宦官的品性就是“残暴、狡诈、贪婪的”，而事实上除了赵高、刘瑾、童贯之流，在为数庞大的宦官群体中亦不乏蔡伦、郑和这样的对国家和历史大有贡献的忠义之士。

纵览全书，本书涵盖古今，纵横千载，辑录历朝历代称孤道寡的权术，宫廷内外的诡诈，为妃为宦的机变，情场搏击的手段，名利之争的阴险，力透纸背，入木三分，情节曲折跌宕，形象逼真生动，既有世事逆行之玄妙，又有左道旁门之争尤；有厚颜行道之变术，也有心黑获殊之峥嵘；有诡谲奸佞之祸乱，也有钱权变易之纷争；更有小人当道，兄弟相残，尔虞我诈，钩心斗角的复杂斗争。全书可称得是“封建政治家的圭臬，防微杜渐的锦囊”，意在防微杜渐，读来发人深省，名君贤臣士正可反其道而行之，拆穿龌龊伎俩，防患险恶用心。书中引用大量古籍材料，辅以精美插画，是一部以史为例，以时为序，集文学性、欣赏性于一体的全书，是一部形象化的关于后妃宦官轶事的文体。

目录

上篇 后妃传

第一部分 母仪天下

第二部分　擅权乱政

第三部分　风流皇后

下篇　宦官传

第一部分　名垂史册的名宦

第二部分　擅权祸国的阉人

第三部分　凶残阴毒的太监

后妃宦官大传

后妃传

王艳军⊙主编

线装书局

第一部分 母仪天下

汉宫飞凤临天下——邓绥

人物档案

邓绥:汉和帝刘肇第二任皇后,中国历史上最出色的女政治家之一,被后世史家誉为"皇后之冠"。南阳郡新野县(今河南省新野县)人,东汉开国元勋太傅邓禹的孙女、护羌校尉邓训的女儿。永元七年(95年)选入宫中,次年(96年)封为贵人。永元十四年(102年)汉和帝废黜阴皇后,改立邓绥为皇后。汉和帝驾崩后,邓绥先后拥立汉殇帝和汉安帝,临朝称制长达十六年。永宁二年(公元121年),邓绥去世,谥号"和熹皇后"。

生卒时间:公元前81年~公元前121年。

安葬之地:与汉和帝合葬于慎陵(旧说为洛阳三汉冢之一,今人或以在河南省偃师区庞村镇阎楼村一带,或以在白草坡、郭家岭一带)。

性格特点:性格坚韧,毅力超强,品德高尚,知书达理。

历史功过:。执政期间,躬行节俭,大力救灾,使东汉王朝挺过了有史以来最严重的十年天灾。同时派兵平定羌乱,讨灭海盗,征服乌桓、鲜卑、南匈奴等外患,使危机四伏的东汉王朝转危为安;又设立西域副校尉,对西域实行羁縻统治;并将九真郡外的夜郎蛮夷纳入版图,扩张领土1840里,时人颂曰"兴灭国,继绝世"。邓绥兼通天文、算数,曾资助蔡伦改进造纸术,又特征张衡入朝,研制浑天仪、地动仪等仪器。同时注重文化教育,开拓性地创立男女同校学堂,为女子提供了学堂教育;又命许慎等人到东观矫正文字,推动世界第一部字典《说文解字》问世,但邓绥长期临朝而不还政于皇帝,史家或认为其有专权之嫌。

名家评点:蔡东藩评价说:"自从邓太后临朝以来,连年水旱,四夷外侵,盗贼内起,几至岌岌不安。还亏邓太后宵旰勤劳,知人善任,每闻民饥,辄达旦不寐,减膳撤乐，力救灾厄，故天下复安，岁仍丰穰。”

一 显赫家世

显赫家世，神奇女童。
以绥命名，雅号诸生。
父丧尽孝，占梦言贵。

汉章帝建初六年（公元81年），东汉乌桓校尉邓训的夫人生下一女，取名“绥”，她便是日后汉和帝的邓皇后。

邓绥的父亲名训，是东汉开国元勋、太傅邓禹的第六个儿子；母亲阴氏，是东汉开国君主光武帝光烈皇后阴丽华叔伯兄弟的女儿。

正是这样一个名门之内，养育出了一位合于封建礼教规范的淑女。邓绥在家风的沐浴下，从小就显露出异乎常人的智慧与才华。

据《后汉书·邓寇列传》记载：

邓绥的祖父邓禹，西汉南阳新野（今河南新野南）人。13岁时，到京城长安（今陕西西安市）求学。当时，刘秀也正在京师游学。邓禹深感刘秀气度不凡，非寻常之辈，崇拜备至，交往甚密。转眼间几年过去，邓禹回到家乡。

不久，天下大乱，豪杰四起。有人想拥戴邓禹举事起兵，禹不肯听从。可是，当邓禹得知刘秀于昆阳战役后带兵到河北扩充兵马、势力不断扩大的消息后，便毅然离家，徒步投奔故友。

在邺地（今河北临漳县西南邺镇）的军帐中，刘秀非常高兴地接待这位远道而来的知己。酒宴过后，夜深人静，二人促膝长谈。邓禹向刘秀提出了“延揽英雄，务悦民心，立高祖之业，救万民之命”的宏图大略。一席话，邓禹处处都说到刘秀的心坎上，刘秀当即下令：命部下称邓禹为“邓将军”。

不久，刘秀拜邓禹为前将军，命他率二万精兵西进，在河东大败王匡、成丹的十余万大军。公元25年，刘秀在鄗县（今河北柏乡北）即皇帝位，年号建武，当即拜邓禹为大司徒，封号酂侯，是时，邓禹年仅24岁。

光武帝建武十三年（公元37年），天下平法。光武帝以邓禹功高，定封邓禹为高密侯。

光武帝死，汉明帝刘庄即位。明帝以邓禹是先帝时的开国元勋，拜邓禹为太傅，尊宠有加。永平元年（公元58年），邓禹死，时年57岁。汉明帝图画中兴功臣于洛阳南宫云台广德殿，邓禹为“云台二十八将”之首。

邓禹辅佐刘秀平定天下，功高而不骄。在战场上他是统兵的武将，但又内修文明，笃行礼义，对母亲非常孝敬。邓禹治家有方，闺门中管教很严。他所立下的家规，着眼于子孙后代，很受时人的称赞，并为后世所效法。邓禹在天下平定后，虽然自己功高位重，但却教诲他的儿子们远离名誉与权势，要求他们每人精通一门经书,身体力行。邓禹虽然受封四县,但从不治产业,也不与民争利,史书记载表明,邓禹生前为邓氏家族所树立的家风家教,在他死后的六七十年中一直盛而不衰。

邓禹的夫人,史书上对她记载很少。据《后汉书·后纪上》记载:邓禹死后的第27年,她依然健在。

邓禹共有13个儿子。其中,震、袭、珍在明帝时曾受封为侯。而第六子邓训,虽"少有大志",但由于"不好文学",常常因此而受到父亲的批评。

邓训在12岁的那年,父亲邓禹病故。汉明帝即位后,以邓训为郎中。郎中是汉代殿中的属官,无定员,人数很多。

据《东观汉纪》记载,邓训在担任郎中时,谦虚宽恕,礼贤下士;交友无论贵贱,一见如故。朋友的儿子来到邓禹家中,他都与亲生儿子等同看待;倘要犯有过失,同样施以鞭扑之教。当时,曾发生如下一则故事:

有一次,汉明帝的太医皮巡随从皇帝到上林苑打猎,因归来时天色已晚,便在殿门下留宿。晚秋深夜,寒气袭来,皮巡的宿疾疝病发作。当时,正值邓训在殿中值班。他听到皮巡的呻吟声,便起身前往探视。太医对邓训说:"我的老毛病疝疾因受凉又犯了,请您给我弄一盆炭火,来烤熨我的脊背。"紧急之中,邓训便用口嘘气,以此来温暖太医的脊背。过了半个时辰,皮巡的病痛虽然有所减轻,但邓训却早已累得气喘吁吁。这时,他又呼唤同时值班的郎中,轮番给皮巡嘘气暖背。太医在邓训等人的救护下,疝疾终于得以复原。

邓训的为人处事,在郎官中产生了很大的影响并传为美谈。

汉明帝水平年间(公元58年—75年),朝廷下令治理滹沱河、石臼河,从现今山西太原市西北,开通直达京师的水道,以便向洛阳运送粮食。由于工程浩大,加之山地崎岖,前后溺水而死的民工数以千计。汉章帝建初三年(公元78年),邓训受命以谒者的身份,代表朝廷监理治河工程。经过实地勘察和计算,邓训认为原有的治河方案劳民伤财,难以成功,便如实上报朝廷。汉明帝批准了邓训提出的新方案,罢黜已征发的治河徒役,改用驴车运输治河所用物资。结果,"岁省费亿万计,全活徒士数千人"。

不久,北方的乌桓族因怨恨上谷太守任兴而谋划反叛。朝廷命邓训统率黎阳营士兵驻守狐奴,防止乌桓起兵造反。邓训采用安抚的办法来安定边境,北方的人民都归附于他。建初六年(公元81年),邓训升任乌桓校尉邓训安定边境的政策深得民心,黎阳一带的百姓都乐意扶老携幼,随同邓训到边境上开荒种地;乌桓、鲜卑族在邓训的威望和恩惠的感召之下,不敢南下进犯边境。建初八年,邓训因舞阳公主的儿子梁扈一案的牵连,被罢免官职,回到闾里家中。

汉章帝元和三年(公元86年),卢水胡反叛。邓训被朝廷任命为张掖太守。

汉章帝章和三年(公元88年),邓训代替张纡,出任护羌校尉。在护羌校尉任上,他平定了羌族的叛乱,对羌族实行安抚政策。

汉元帝永和四年(公元92年),邓训因病死于边境的官府任上,时年53岁。

羌族人爱戴邓训,前往灵堂吊唁的每日多达数千人。邓训曾担任乌桓校尉,前乌桓吏士闻知他病死,空城前往奔丧,地方官吏不能制止。邓训死后,乌桓、羌族的居民家家为邓训设立祠庙,每当遇有疾病,便到祠中祈祷求福。

邓训居官在外,对吏民十分宽和;在闺门中却家教很严,兄弟们没有不尊敬惧怕他的。邓训的几个儿子,每当受到父亲召见的时候,总是站立在一旁恭听训话,从不赐座,态度严肃,不苟言笑。

邓训夫人阴氏,是光烈皇后阴丽华叔伯弟弟的女儿。阴夫人秉承家教,知书达礼,她的言行,对女儿邓绥的成长亦有很大的影响。

汉章帝建初六年,邓训升任乌桓校尉。消息传入邓氏府中,上至年老位尊的太傅夫人,下至僮仆,无不十分高兴,太夫人尤其兴奋不已。在老太太的儿子当中,邓训最为孝训。闻知心爱的儿子在边疆立功升官,怎能不高兴呢?至于阴夫人,心里也自然充满了喜悦。几天过后,阴夫人临产,生下一名女婴。四年前阴氏已为老夫人生下一个孙子,二年前又生了一个孙女,现在又添了一个孙女,又恰恰在儿子升任乌桓校尉的时刻,可以说是双喜临门,老夫人简直是乐得合不上嘴了。春节前夕,邓训从边关上回家团聚,拜见母亲过后,便到夫人屋里看自己还未曾见面的小女儿。

小女孩在摇篮中第一次望见爸爸,嘴角上露出了微笑。

"看,孩子会笑了!"

语声未落,邓训便把自己的小女儿抱了起来,亲了亲孩子的小手。可能是爸爸的胡须刺痛了孩子的手臂,女孩哇的一声哭了起来。乳母闻声赶来,站立在室内的门旁听命。阴夫人会意,便从丈夫的怀中接过女孩,交给乳母王妈接过女孩后便走了出来。

当天晚上的聚餐,是为邓训洗尘,也是家人团聚。酒席上气氛很热烈,大家都望着老夫人,犹如众星捧月。老夫人此时虽双目失明,但却很有精神,老太太呢,今天似乎与往常有些不同:她没有像往常那样询问在边关的寒暑冷暖,也没有让儿子讲述边关上的一些有趣见闻,话题总是离不开她这个宝贝孙女。家人为使老人高兴,当然只能是以老夫人的话题为话题。

开席已过了一个时辰,邓训又举杯向母亲献酒祝寿,老夫人挥了一下手说:"不用了。我不比你们年轻人。我知道,有我在场,你们都受拘束,不能痛痛快快地喝酒吃菜。我一会儿就离席,不过……"

听老夫人这么一讲,席间顿时静下来,只见老夫人收敛笑容,开口慢慢说道:"训儿,你听着:你升任乌桓校尉,这是为国家守边,我的心里难说是怎样一种滋味。最高兴的事,是我又得了一个宝贝孙女。你们先给我这个孙女取个名字,别光顾着喝酒。"

"老寿星,孩儿怎敢忘记报效国家与祖宗的遗训。这个女孩,别说老寿星,就连孩儿也感到……"

"怎么的?"老夫人紧接着追问。

"朝廷任命孩儿担任乌桓校尉的文书送到边庭的那一天,正是这女孩的生日。我是几天过后收到家人捎去的书信才知道的。孩儿怎敢不同您老一道而感到高兴呢。"

"这就对了。你还是快些给取个名吧!"老夫人说。

"老寿星,孩儿接到朝任命书的那天,您这个孙女降生。乌桓校尉的职责是为国守边，那就给她取名为‘绥’，纪念孩儿为国家安抚边疆……”说到这里，邓训抬起头来望着母亲，只见母亲说道：

“守边，守边，那是你们男孩子的事，我也管不着。”

听母亲这么说，邓训知道自己所取的名字未能讨老太太的欢心就在这时，邓训发现母亲脸上露出了笑容。老人家慢慢地开口说道：

“不过，这个名字取的还算可以。可是我要告诉你，你以为我不知道你取的这个名字用的是《诗经·大雅·民劳》上‘惠此中国，以绥四方’的典故？难道说我的这个孙女长大后还要去守边不成？听着，我同意你取的名字，也是用《诗经》上的典故，那就是《卫风·有狐》上的‘有狐绥绥，在彼淇梁’，取的是愿孙女长大后夫妻偕老、一生安泰的意思，你们懂吗？”

阴夫人见婆母讲得很动感情，便紧接着说：

“托老寿星的洪福，保我女儿一生富贵安泰。说来惭愧，孩儿自幼在家也读过《诗经》，可现在快都忘光了，怎比得老寿星能这样地引经据典啊！”

这时，在一旁听得出神的邓骘越席跑到老夫人身边，摇动着老夫人的手臂喊道：

“奶奶！奶奶！你怎么什么都知道，我现在也要好好读书，将来……”

老夫人平时很疼爱邓骘，一把将孙儿搂在自己的怀里，说道：

“宝贝孙子，奶奶告诉你，我哪里是什么都知道啊！方才我背诵的那几句诗，还是奶奶年轻的时候，你爷爷在灯下教给我的呢，我是不会忘记的。这事我不能告诉你爸爸、你妈妈，只能讲给我的宝贝孙子听。”

老夫人起身手拉着孙儿离席，边走边说：“我孙女的名字就这样取定了，你们接着喝酒吧！”

老夫人离席后，晚宴就此结束。

小邓绥懂事很早，自幼聪明，讨人喜爱。邓绥3岁至6岁这四年中，父亲因受梁扈案件的牵连被罢官，居家无事。小邓绥这时已是五六岁的孩子，爸爸读书时她总是要吵闹着随大人读书认字。邓训对男孩管教很严，唯独邓绥是个例外。在邓训看来，绥儿是个女孩子，长大后也不能到朝中做官，更不必为国报效疆场，用不着像男孩子那样严加管教。此外，邓训喜爱女儿并教他读书认字的另一个重要原因，便是女儿的聪明过人，天真可爱，善解人意。

其实，在邓氏家族中最疼爱小邓绥的，莫过于老夫人。自邓绥刚刚学会说话的时候，奶奶每天都要把小绥送到老夫人那里，有时小绥还学着大人的样子，给奶奶梳头，为奶奶拿东拿西。《后汉书·后纪上》曾记载如下一段故事：

小邓绥五岁的那年，有一次老夫人亲自为孙女剪发。由于老夫人年事已高，又双目失明，剪发时误伤了孙女的后额。邓绥忍着疼痛，装出若无其事的样子，没有哭叫。一个不到五岁的女孩竟能有如此的表现，在场的奶妈和侍婢都感到很奇怪。离开老夫人的房门，奶妈问邓绥：

“奶奶为你剪发时误伤了你的后额，你不觉得疼吗？”

“咋不疼呢。”邓绥答。

“那你怎么不说疼呢？”奶妈问。

小邓绥回答说:“奶奶疼爱我,才给我剪发,不小心伤了我的头皮。这事让奶奶知道了,她不光心疼我,又会想到自己年老,眼睛看不见东西,心里该多难过啊!我怎能为这么一点小事让奶奶伤心?”

奶奶很受感动,心想:这哪里像是一个五岁的孩子说出的话啊,真是太难为这么小的一个孩子了。

小邓绥毕竟还是一个孩子,她最感到快乐的时光,便是同兄弟姐妹们在一起游戏玩耍。与兄弟姐妹不同的是,小邓绥更喜爱读书写字。

邓绥有同胞兄弟5人,哥哥邓骘比她年长4岁,4个弟弟是邓京、邓悝、邓弘、邓阊。至于邓府中的叔伯兄弟、姐妹,那就更多了。

邓府这样的公侯之家,男孩从童年时期起就要读书识字,府中有为男童特设的讲堂和读书的场所,有教师讲授。邓绥是女孩,本来与这种场合无缘。奇怪的是,学堂却成了她经常涉足的地方。邓绥事实上成了邓府学堂里唯一的“编外”女童。这一事实的存在,有多方面的原因。

首先,邓绥是老夫人的心肝宝贝,掌上明珠。她虽然时常到学堂去,但却从不忘记到老夫人那里去请安。邓绥到学堂读书,老夫人是知道的,得到了老夫人的默许。既然如此,那府中还有谁敢说个不字,以至于冒犯老夫人?

其次,邓绥对学堂里的各位哥哥们很有礼貌,举止端重。她虽然年纪小,但读书的成绩却不差,到了学堂里哥哥们学习经传的时候,经传书中的什么“微言大义”“三科九旨”啦,并不是每位学童都能理解的,而小邓绥由于专心读书,又聪明过人,对书中的旨义,领悟得很快起初,有的哥哥不服气,常常从经书中找出一些难题来难问他。每遇到这种情况,邓绥不仅能完满地回答,而且能滔滔不绝地讲得条理分明,有根有据,有时比老师讲得还明白,因此,学堂里的哥哥们都欢迎邓绥到学堂来跟他们一起读书,对小妹妹爱护备至。

再说,邓绥毕竟是一个不到十岁的孩子。从年龄上看,她同哥哥们一起读书并不会令大人们操心。

还是做母亲的对女儿更关心些。阴夫人见女儿一心用在读书上面,对居家过日子的事毫无兴趣,长大后可怎么办?在封建时代,对于女孩子所要求的“四德”是什么“妇德、妇容、妇言、妇功”,而不是什么读书写字。就在邓绥过十岁生日的那天,阴夫人经过再三的考虑,严肃地向女儿提出这个问题。她说:

“绥儿,今天是你十岁的生日,都长成大孩子了,妈很高兴。你从小就很懂事,从未让妈跟你操过心。可是……”

小邓绥从未见过妈妈这样严肃地跟自己讲话,自然心里很着急,便说:

“妈妈,您有什么要说的话就快跟孩儿讲吧!孩儿不懂事,一定会听从您的指教。”

阴夫人接着说:

“这就好。你聪明懂事,又喜爱读书,若是个男孩,长大后必定能有出息,可是,你是个女孩子家,跟男孩子不一样。今年你都十岁了,还是整天只是读书,从不练习‘女工’,长大以后谁给你做衣裳穿啊?妈总不能养你一辈子吧!”

听妈妈讲这番话,邓绥心里很难过。她知道妈妈从小就偏爱自己,从来没有被打骂过，自己也没有惹妈妈生过气，让妈妈跟自己操心。妈妈为操持家务，侍奉奶奶，照看弟弟，爸爸又长年身在边关，这一切，邓绥都看在眼里，恨自己不能帮妈妈做些什么。在小邓绥的记忆里，妈妈从不指责自己做错了什么，而总是告诉自己应该怎样做。这次，妈妈向自己严肃地提出读书与“不习女工”的问题，邓绥心里很不平静，觉得自己太对不起妈妈了：当时她根本没有工夫思考自己该不该读书？女孩子为什么就一定得专习女工？如此等等。妈妈向自己讲这件事时的神情和谈话语气，总是在她的脑海里盘旋。邓绥下决心：不到学堂读书去了，绝不要让妈妈为自己操心难过。

妈妈同邓绥谈话过后的第二天，她便同姐妹们一起学习女工，练习裁布做衣，也有说有笑。可在心里，邓绥怎么也舍不得放下心爱的书本，有好几天的晚上，邓绥睡不好觉。她终于心里一亮：我怎么不白天同姐妹们练习做针线活，在晚上当姐妹们玩耍的时候再看书呢？邓绥怎么想就怎么做，于是，她每天的生活又换了一个新的模式。

邓绥白天练习女工、晚上读书的这件事，很快就被家人们知道了。阴夫人见女儿这样，只是在背地里摇头叹气，她不好向女儿再说些什么了。

在邓府的学堂里，邓绥的哥哥们见她不再来听课，都觉得缺少了什么。可不久他们便知道了小妹妹白天习女工、晚上读经传的秘密，心里都为她高兴。到了十二岁的那年，邓绥已精通《论语》《诗经》等儒家经典。

邓绥这种“志在经典”的求学精神和毅力，在她的哥哥们中间影响很大。说不上是她的哪一位叔伯哥哥送给了她一个雅号，称她谓“诸生”。这个雅号很快便从学堂传遍了邓府。在汉代，“诸生”是人们对那些在学校或学馆读书的学生、子弟们的统称，当然都是男孩子。邓绥是女孩子，哥哥们送给她这个雅号，主要是因为她酷爱读书，同时也有几分向她开玩笑的意思，但全都是善意的，出于对小妹妹的一片敬佩之情。

在读书的问题上，最理解邓绥的倒是爸爸邓训，邓训从小“不好文学”，并因此常常受到父亲邓禹的批评。但是，邓训并不是认为读书无用或讨厌读书，他所经历的宦海风波使他感到：有些问题的答案，或许在书本中能够找到。女儿的酷爱读书，特别是见识的增长，常常引起爸爸的暗自称奇，感到自己的几个儿子都远远不如自己的这个女儿。

邓训在乌桓校尉任上，曾因梁扈一案的牵连被罢官，在家一待便是四年；后来起用他为护羌校尉，汉和帝永元二年（公元 90 年），大将军窦宪受命将兵镇守武威（今甘肃武威）。后来，窦宪案发被杀，邓训幸亏平时与窦宪关系疏远，才免受牵连。邓训是个忠厚宽和的人，对于朝廷中的权势之事不感兴趣，但又不得不应付，常常为此而苦恼。每当遇到这种情况，邓训总是要向女儿讨教。在父亲面前，邓绥从不发表滔滔不绝的高论，而是用她从书本上学到的知识，谈今比古，从故事中引发出答案，但又不点破，让父亲自己做出决断。就这样既为爸爸解开了疑团，又不损伤爸爸的自尊心。

汉和帝永元四年（公元 92 年），邓绥 12 岁。按照东汉王朝挑选宫女的制度，每年派官员到京城洛阳附近乡间挑选“良家童女”，按规定邓绥在入选之列。这时由于父亲邓训的病死，邓绥须为父服丧三年，入宫的事才被暂时搁置下来。

父亲的病故，对小邓绥精神上的打击太大了。出殡的那天，邓绥哭成了泪人，晕倒在送葬的途中。守丧的三年中，父亲生前教她读书认字、同她商讨军国之事的情景，总是一幕幕地在脑海中萦回，对父亲的哀思以及守丧期间的不食鱼肉、食盐、蔬菜，使得瘦弱的邓绥常常处于神志恍惚之中，她还是一个十二三岁的孩子啊！

守丧期间，邓绥曾做了一个奇特的梦，在梦中，她飘飘然升上了天空，空中除了几朵白云外，便是一望无际的蓝天，上下四周，一片正青颜色。她伸手摸呀，摸呀，边摸边在心里想道，这下我可摸到蓝天了。突然，眼前出现了钟乳石状的奇景。乳石的顶端，有泉水一滴滴地落下。邓绥感到有些口渴，便仰面接饮泉水，水一滴滴落入口中。泉水入口，邓绥顿时觉得清爽无比，沁人心脾，守丧以来的萎靡不振，立刻被驱散得一干二净，感到自己真是有些飘飘欲仙了。这时，邓绥想到守丧时她问妈妈，爸爸死后到哪里去了，妈妈告诉她说：爸爸上天了。为此，她有多少个夜晚举目凝视星空，希望爸爸从天上降下来同自己见面，此刻，她想自己这时已经在天上，吸用泉水后又身轻如燕，为何不在天上向前去寻找爸爸？为此，她使足了力气，用脚使劲一蹬，只听得轰隆一声，自己整个身体好像是从高山之巅跌向万丈深渊。惊恐之中醒来，原是一梦。奇怪的是，醒来后她觉得自己确实是在天上喝了钟乳石滴下的泉水，清爽无比。

第二天清晨，邓绥把自己做的梦从头到尾向妈妈详细地讲述一遍，阴夫人也感到这个梦很奇特。更令阴夫人惊异的是，当她在向女儿注目时，发现女儿的两只眼睛炯炯有神，甚至比她爸爸在世时还光亮。阴夫人心想，女儿莫非真是吃了天上神仙赠给她的灵丹妙药，托神仙的保佑，让我女儿服丧以来的病弱身体快些复原吧！

几天以来，阴夫人总是想着女儿的梦到底是怎回事，将来能应验什么。一天，她终于命家人请来一位在当地很有名气的占梦先生，阴夫人向占梦先生把女儿的梦复述一遍，先生沉默了一会，站起身来摆了一下手说："请夫人原谅，恕我不能圆这个梦。"

"先生不要顾忌什么。今天请您来圆梦，是吉是凶，你照直说就是了，我并不指望这个女儿将来大富大贵。"阴夫人见占梦先生不肯开口且起身要走，以为女儿的梦预示着将来不吉祥的事，便恳求先生向自己明示。

"夫人，您想错了。这梦并不是不吉祥，而是吉不可言，老朽不敢说出口啊！"

阴夫人顿时转忧为喜，紧接着说道：

"老先生，在我们这个太傅府中，没有外人，今天在场的，只有你我二人。老先生尽管照实说就是了，不要顾忌什么。"

占梦先生怎会不知他是来到赫赫有名的已故邓太傅的府上给人占梦？有了阴夫人的这一保证，先生方开口说道：

"当年帝喾高辛氏的儿子放勋，曾经梦见自己'攀天而上'，后来果然于平阳（今山西临汾县）由唐侯践天子位，人称帝尧。商王成汤曾梦见自己上摸苍天，后来果然在鸣条战败夏桀，于亳都践天子位。夫人的女儿梦见上摸青天，这都是圣王做过的梦，难道不是吉不可言吗？不是我不肯讲，这话若是传出去，上方追究下来，我有几个脑袋？"

阴夫人听占梦先生圆梦的一番话语，心中暗自高兴。阴夫人并没有把占梦先生说过的话讲给女儿。

时隔不久，阴夫人又命人请来一位相面先生给女儿相面。当邓绥被引见的时候，只见相面先生尚未仔细端详便惊讶地失口说道：

"这孩子，长相与成汤的骨法一样！"讲完后，先生还是有些惊慌不安。

阴夫人见此情景，便劝慰说：

"老先生请放心，这里除了女儿便是我的贴身婢女，没有外人。我女儿的长相是富贵还是贫贱，我们都不会向外人讲的。"

"那就好！那就好！"相面先生进屋相面，坐不暖席，只说了两句话，领了赏金便道谢告辞而去。

邓绥一家人暗自高兴，但都不敢向外宣扬，怕因此招来是非。

不久，邓绥的叔父邓陔知道了嫂夫人给侄女占梦、相面的事。当他闻知占梦和相面的二位先生的言语，感慨地说：

"我常听人说过：'能救活一千条性命的人，他的子孙后代必定会得到封爵。'兄长当年以谒者的身份为朝廷监督治理石臼河，他的一封上奏，便使得每年少溺死几千名治河民工。若是天道可信的话，哥哥一家人必定会蒙受天降洪福。"

自西汉董仲舒大讲"天人感应"以来，在汉代的统治阶级上层人物中，都很重视天命、天意，相信占梦、相面一类的迷信活动。邓府中的老少上下，也不例外。《后汉书·后纪上》记载了有关邓绥的这类故事，以便把她后来的贵为皇后、临朝执政说成是天意，也是不足为怪的。

二　和帝贵人

婷婷玉女，立为贵人。

抑损母家，善事皇后。

阴后不容，几乎从死。

汉和帝永元七年(公元95年)，邓绥年方15岁。这一年，邓绥为父亲服孝三年期满，适逢一年一度的挑选良家女子入宫，邓绥也被选入宫中。

东汉皇帝的后宫庭中，被挑选来的宫女纷纷下车。在宫女尚未列队之际，后宫官员们的视线，不约而同地都凝集在邓绥一人的身上。

15岁的邓绥，这时已出落成一位婷婷玉女，绝代佳人。只见她七尺二寸的修长身材，乌黑的发髻，两只明亮而含情的眼睛，桃面杏口，弯眉明眸，纤纤细手，可谓光彩照人。加之她的态度端重安详，举止大方，步履轻盈，宛如天女下凡。在此次入选的众多宫女中，邓绥可谓鹤立鸡群，《后汉书·后纪上》对下车后的邓绥有如下一段描述：

后长七尺二寸，姿丽姝丽，绝异于众，左右皆惊。

邓绥的才貌出众，从血统上看，与母亲的阴氏家族不无关系。母亲阴夫人是光烈皇后阴丽华叔伯弟弟的女儿，据《后汉书·后纪上》记载，阴丽华便是当时远近闻名的美人，家住南阳新野县。当年，刘秀到新野县闻知阴丽华长得很美，到长安游学时曾发出过"娶妻当得阴丽华"的感叹。

按着当时后宫的规矩，入选的宫女要有一段教习考察的时间，并不能立即侍奉皇帝。

邓绥的才貌出众，汉和帝早就有所耳闻。当16岁的邓绥首次被引见给汉和帝时，这位年仅18岁的年青皇帝，立即被邓绥的美貌所吸引，接连召见侍寝，并立为贵人。

汉和帝刘肇

东汉的制度规定，皇帝后妃所居六宫的称号，只有皇后与贵人。所谓六宫，即皇后正寝一宫，其余五宫为燕寝，为贵人所居。贵人的爵秩是金印紫绶，每月俸禄不过粟数十斛。此外，又设置美人、宫人、采女三个等级，都无有爵秩，只是岁时节日给些赏赐而已。

邓绥入后宫掖庭便被立即立为贵人，这是很罕见的事，也反映出她所受到的宠幸。这对于常人来说，殊遇足以使人受宠若惊，忘乎所以，而年仅16岁的邓绥，却以冷静的头脑，处之泰然。在后宫中，邓虽受到皇帝的宠幸，但遇事处处小心谨慎，举止合于法度。特别是在阴皇后面前，更是事事请示，战战兢兢。阴皇后是光武帝光烈皇后的哥哥阴识的曾孙女，从亲属关系上论，比邓绥小一辈。但既已同为皇帝的后妃，辈数上的差别已毫无意义。阴皇后入宫比邓绥早三年，因是光烈皇后的亲属，很快被立为贵人，颇受汉和帝的宠幸，在邓绥进入掖庭的那年，被立为皇后。事过不多天，和帝接见邓绥，宠爱有加，阴皇后所受到的爱宠稍衰。在这种情况下，邓贵人从不因皇帝的宠爱而趾高气扬，反而在阴皇后面前越发恭谨奉承，处处谦让。至于对与她同列为贵人的姐妹们，邓贵人也是常常克制自己，礼下于人。抑或是对于后宫的宫人、隶役，邓贵人也从不盛气凌人，横加指使，而是施以恩惠。这一切，汉和帝都看在眼里。

汉和帝10岁即皇帝位，窦太后临朝执政。和帝16岁时，始亲临策问，选补郎吏；17岁时，开始亲临朝政。19岁时，窦太后死。邓绥被立为贵人时，和帝虽已开始亲临朝政，但窦太后还健在。18岁的皇帝与16岁的贵人，在年龄上正是一对少男少女。可是，不久邓贵人便因偶感风寒而病倒了。这也许是与邓贵人为父服丧时体质太弱有关，或者是她入宫以来的一味谨恭谨慎，精神上太紧张了。

汉和帝很为邓贵人的病情着急，特允许邓贵人的母亲、兄弟入后宫探视，请医给药，出入或留宿宫中，没有时间上的限制。一连几日过后，邓贵人感到母家的人出入并留宿宫中，不大合适，加之自己的病情已见好转，便诚恳地向汉和帝说：

"宫禁之中，本是至重之地，不应有宫外人员随便入内或留宿。陛下令贱妾母家的人入宫或留宿，这种做法，对上来说，可能使陛下受到'幸私'的议论；对下来说，会使贱妾遭到'不知足'的诽谤，致使上下都受到损害，贱妾实在是不愿意看到因此而出现这种局面。"

汉和帝听罢很受感动，仍带有不大理解的神情说道：

"别人都以母家的人能经常出入后宫为荣耀，而贵人却以此为忧虑，过分地'抑损'自己，实在是一般人难以做到的啊！"

封建时代皇帝的后宫中，嫔妃成群。为博得众人所共有的一位皇帝的顾盼、怜爱和宠幸，嫔妃之间的竞争是不言而喻、合于情理的。而争宠的手段之一，便是装扮自己。后宫的宴会，是群妃们争芳斗艳的场所。后妃们参加宴会，主要不是贪恋酒席或欢乐，而是把赴宴看成是争宠的难得机会。为此，后妃们在赴宴前总是要精心地装扮自己，开宴后，只见后妃们一个个打扮得花枝招展，每当遇到这种场合，邓贵人总是以她的天生丽质，不事修饰，身着素色衣服，与众人迥然不同。

在同阴皇后的关系上，邓贵人善于自处。这是她居于后宫、身为贵人时期必须处理得好一大问题。阴皇后虽然是绝代佳人阴丽华哥哥的曾孙女，但却长得身材短小，与身高七尺二寸的邓贵人难以并列；她虽然"少聪慧，善书艺"，但同邓贵人的精通经传以及在家教和修养方面，更是不可同日而语；加之邓绥立为贵人之后的宠幸有加与阴皇后的爱宠稍衰，这一切，二人在诸多方面的反差如此之大，倘如不能妥善处理，阴皇后与邓贵人之间的矛盾很快便会激化起来。

每当参加后宫的宴会时，邓贵人不仅是独自素装无饰，而且是一旦发现自己所穿的衣服与阴皇后的着装颜色相同，她便当即改穿其他颜色的服装，在服色上绝不僭拟皇后。

如果是邓贵人与阴皇后同时在场，每当汉和帝向她们二人发问时，邓贵人总是往后退让，让阴皇后首先回答，从不敢在阴皇后说话前抢先答对。

在一次宴会上，阴皇后因身材短小，在皇帝面前的举止有失礼仪，她本人也为此面有羞愧之色。而在场的其他嫔妃们，基于争宠的心理，都为皇后的有失礼仪而幸灾乐祸，"掩口而笑"。在场的邓贵人，却"独怆然不乐，为之隐讳，若己之失"，把皇后身材上的短处和举止上的失仪看成是自己的不幸和过失。

上述这些故事，汉和帝当然都看在眼里，他被邓贵人"劳心曲体"、曲己待人的精神深深地感动了，以至于感叹地说道：

"修德之劳，乃如是乎！"

邓贵人深受宠幸的主要表现，是她的经常觐见皇帝，侍寝君王。与此相联系的，当然是阴皇后的独守空房、宠幸日衰。邓贵人为此而感到忧虑，所以每当应该她觐见皇帝时，她便推脱说身体有病，希望汉和帝能到阴皇后所居的正寝中歇息。

当时后妃们为汉和帝所生的十几个皇子，一个个都短命夭折，邓贵人深为皇帝的继嗣问题而忧虑。她建议皇帝多多地选进"才人"（才人的爵秩，于后宫中位在皇后、贵人、美人之下），以便为和帝多生皇子邓贵人一心一意地为皇帝、皇后着想，用心可谓良苦。在汉和帝的后宫中，唯有邓贵人是皇帝的知己。

无论邓贵人在阴皇后面前怎样侍奉有礼，曲己待人，阴皇后因邓贵人的得宠而遭到皇帝的疏远，毕竟是不容否认的客观事实。以阴皇后的见识和修养，她只能直观地认识到是邓贵人的入宫才使得自己所曾受到的宠爱日衰，她不可能再从其他的角度去看问题；邓贵人为维护阴皇后地位与尊严所做的一些努力，她似乎一概没有看见；更谈不上什么遇事要反求诸己、薄责于人了。所以，当阴皇后看到邓贵人在后宫中的德望与日俱增的时候，她竟然气急败坏，居然采用巫蛊的手段，诅咒皇帝害病早死。阴皇后以巫蛊诅咒皇帝一事，当时并未立即被发现。

说来也凑巧，事过不久，汉和帝果然害了一场大病，在汉和帝病危的日子里，阴皇后虽然表面上不得不装出悲伤的样子，服侍皇帝，但内心却有压抑不住的喜悦。

她在心里想着：皇帝的病是不会好的，没有几天活头了，这巫术可真灵验啊！她盘算着：皇帝一死，她随意立一个小皇帝，自己当然会以皇太后的身份临朝执政。第一件事当然是除掉邓贵人，出出这口恶气。想到这里，阴皇后竟情不自禁地说出声来：

“这个可恶的东西，没你几天得意的了。几天后我一旦得志，一定要把邓氏家族满门杀尽！”

说完这句话，阴皇后自己也觉得有些失言。环顾左右前后，屋内空无一人，阴皇后这才放下心来。

谁知隔墙有耳。她的侍婢正端着果品盘从窗前走过。阴皇后的话，一字不漏地送入侍婢耳中，使侍婢大吃一惊，定了定神，侍婢才镇静下来。这个颇有心计的女孩子，很快地便做出了判断：如果随即进屋送果品，皇后必定怀疑自己方才听到了她的自言自语。如果皇后杀人灭口，岂不白白地葬送了自己这条小命？主意一定，侍婢便转身回步而去。直到过了半个时辰，侍婢才再次给皇后送果品，果然安然无事。

夜已经很深了，侍婢还是睡不着。可能招来的横祸是躲过了，可是，毫无睡意的侍婢此刻又想到了邓贵人，为她未来可能遭受的厄运而担忧。侍婢在后宫中同邓贵人平时虽然接触不多，但知道她为人和气，心地善良，春天母亲病故时，她得知后还送给自己些银两，帮助安葬母亲。平时，从不对宫女、隶役要威风，同皇后恰恰相反。阴皇后素来对身边服侍自己的宫女很刻薄，特别是近半年来因失宠而烦躁，常常拿侍婢们出气。今晚意外地得知皇后要向邓贵人下毒手，想来想去，决定甘冒风险把消息传给邓贵人，以此来报答贵人对自己的厚恩。

当邓贵人从侍婢那里得知皇后想要杀害自己全家人的消息后，因忧愁皇帝病情而破碎了的心，此刻犹如一团乱麻。邓贵人也知道，皇帝的病体恐怕是难以好转了。万一皇帝在自己的前面离开人世，那不仅自己性命难保，邓氏全家都要跟随遭受横祸，那可怎么办啊！邓贵人怎么也想不通：自从入宫以来，从未在什么事情上对不起她，可她为什么偏偏同自己过不去，定要把自己置之于死地而后快呢？回顾入宫以来一幕幕的往事，邓贵人在两个贴身宫女面前，再也控制不住自己的感情，竟失声哭泣起来，一边流涕一边说道：

“二位不要见怪。你们跟随我的时间虽然不长，可在心里一直把二位看成如同是自己的亲妹妹。今天到了这种地步，有些话只好讲给二位妹妹听了。以后如有机会，想法转告我的家人，也算咱们姐妹没有白白相处一场。”

听贵人这样讲话，二宫女不知贵人究竟是怎么了，想劝解吧，又不知从何处劝起，于是也都跪下跟着贵人哭泣起来。二位宫女的哭泣，反倒使邓贵人顿时镇静下来。只见她擦了擦泪水，拉着宫女的衣袖说：

"好妹妹，你们千万不要这样，快些起来听我把话说完。我竭尽一片诚心来尽力侍奉皇后，却得不到神明的保佑，眼见皇帝的病体难以好转，万一皇帝离开我先走，那皇后能容得我们邓氏家族的人吗？万一皇帝……，我也不想再活在这个世上了。可是，妇人虽无从死之义，……"讲到这里，邓贵人停顿了一下，便又接着说道："然周公身请武王之命，越姬心誓必死之分。上以报帝之恩，中以解宗族之祸，下不令阴氏有人彘之讥。"

邓贵人自幼熟读经史，她这里是借用三个历史故事来表白自己的心志。可是，二个宫女怎会懂得这些，便问道：

"贵人，这后两句话说的是什么意思？"

邓贵人告诉宫女，这是历史上的三个故事。她见宫女仍用困惑不解的目光眼巴巴地望着她，便说：

"好吧，那就让我把这三个故事讲给你们听听。"

"周公身请武王之命"，说的是西周初年周武王身患重病，弟弟周公旦向祖宗即太王、王季、文王的神灵祈祷说："还是让旦代替武王受责而去死吧！"

邓贵人引用这个故事，是用来说明在特殊情况下，"从死"是可以的。

"越姬心誓必死之分"，说的是春秋时期楚昭王的姬妾越姬，本是越王勾践的女儿。一次，楚昭王外出游玩，越姬随从。秀丽的山川，使得楚昭王兴致勃勃，他回首问越姬：

"玩得高兴吗？"

"高兴是高兴，只是不能天天总是这样地快乐。"越姬答。

楚王说："我愿与你从生到死总在一起，天天都这样的快活。"

越姬说："君王今天郊游，玩得很高兴。在这个时候，君王却要贱妾发誓与您同生死，贱妾怎敢从命？"

后来，楚昭王果然害病。在病榻上，他梦见天空有红色的彩云环绕着太阳，形状犹如一只展翅的飞鸟。醒来后，便派官员到周天子所居的王城，请周天子的太史给占梦。周太史对楚国的使臣说：

这个梦预示着上天有大祸要下降，从"赤云夹日"来判断，恐怕要降临到楚王的身上。不过么，要是祈祷上天，也可以把祸灾移到楚王将相的身上。那样的话，楚王便可以安然无恙了。

楚使回到郢都，把周太史说过的话向楚昭王复述一遍，楚昭王听罢后说道：

"将相犹如孤王的四肢手足，寡人怎能为了自己便把上天降下来的祸灾移到他们的身上！"

侍立在一旁的越姬激动地向楚王说：

"大王的品德太高尚了！贱妾请求今日随同大王一道死。大王，请允许贱妾向您解释一件过去的往事：当年大王要贱妾发誓与你同生死，贱妾当时没有发誓，原因是大王正富于春秋，又是玩得正高兴的时候，谈什么生死，那多不吉利。今日见大王用礼义治国，以臣民百姓为重，身为君王，尚且不惜一死，何况贱妾轻微之躯？

贱妾甘愿先走一步,在地府再尽心侍奉大王。请大王再允许贱妾多说一句话:当初虽然未用口发誓,可在心中却已经答应了。贱妾听人说:讲信义的人,就是从不做违心的事。"

"越姬说完这番话,便当即在楚王病榻前自杀而死。"

"后来呢?"宫女问。

"后来楚昭王确实很快就病死了。"

邓贵人在生死离别之际,尚能镇静从容地给宫女讲历史故事,像平时灯下说今比古那样。再看二个宫女,她们已被故事带到了古代的世界。可是,对于邓贵人来说,时至今日,她哪有闲心和兴致讲什么历史故事啊!主仆三人,你看我,我看你,谁也没有说什么。可是,宫女中年龄最小的那个却突然问道:

"贵人,你方才说过的那个'人彘',又是怎么回事啊?"

这位年纪不到13岁的宫女,被历史故事感染得忘记了贵人是在什么场合和时刻给她讲故事的。年纪大些的宫女望了伙伴一眼,怨她不懂事,邓贵人见此情景,嘴角上现出了与往常略有不同的一丝微笑,接下去说道:

"是啊,小兰妹妹,听我再给你讲'人彘'的故事:'这个故事说的是本朝初年,汉高祖有一个最宠幸的夫人叫作戚夫人。高祖即皇帝位,她的结发夫妻吕雉被立为皇后,戚姬被立为夫人。戚夫人为高祖生了一个儿子,取名如意,后封为赵王。这时,已立吕后所生的嫡长子刘盈为太子。高祖认为太子仁弱,常常想要废去太子刘盈,立戚夫人所生的如意为太子,当时,高祖正在关东同项羽争夺天下,戚夫人年轻貌美,因而出征时经常跟随着高祖转战各地,而吕后因年长色衰,便与丞相萧何一道留守关中。戚夫人知道高祖吕后不会容她,便经常在高祖身边哭泣,促使高祖改立如意为太子。高祖确实多次想要改立赵王如意为太子,无奈大臣们反对改立太子,留侯张良又从中为吕后出谋划策,高祖终于在驾崩之前未能改立太子。'"

"高祖驾崩,太子刘盈即位,他就是孝惠皇帝。惠帝仁慈柔弱,国家大权掌握在吕后手中。她为人刚毅,从心里怀恨戚夫人,因此,惠帝即位不久,便把戚夫人囚禁在永巷,并指使人把赵王如意用药毒死。赵王如意被毒死后,吕后便指使人砍断戚夫人的手足,挖去她的双眼,用药薰耳,口不能言语,并使令她居住在窟屋中,把戚夫人叫作人彘,彘就是猪。几天后,吕后召见惠帝去窟室观看人彘。到现场一看,人被弄成这个样子,一打听知道她便是戚夫人,惨象目不忍睹,精神上受到强烈刺激,便从此而得病不能起床。不久,惠帝便病故了。"

小兰听到这里,眼睛又湿了。邓贵人见此情景,便说:

我今天给二位讲这三个故事,是告诉你们在道理上虽然妇人不能"从死",可是从死的事自古便是有过的。周武王不是也诚心想过从死吗?越姬不是已经从死了吗?我决定从死,上可以报答皇帝对我的深恩厚义,中可解除邓氏宗族的灭门大祸,下可以使皇后无法把我变成第二个人彘,以免她像吕后那样遭受当世和后人的非议。

"二位小妹妹,你们侍奉我一场,临别我也没有什么可送给你们。今天我用这么长的时间给你们讲三段故事,算作我赠给你们的礼物吧!我没有别的路可走,咱们就此分别吧!"

说完,邓贵人起身便去取早已准备下的毒酒,二位宫女马上站起来拉住邓贵人，全力制止。争执之间，惊动了左右，宫人赵玉从屋外急步走了进来。

其实，赵玉在窗下已站立了半个时辰。邓贵人给宫女讲的故事和她们彼此间的对话，他听了大半，心里也跟着着急。当他听屋内争执时，便立即穿门而入。赵玉极力禁止贵人服毒，大声喊道：

"贵人，不可这样，千万不可这样！"

赵玉的喊话，邓贵人哪里听得进去？见此情景，赵玉灵机一动，心想：贵人今日寻死，与皇帝病危有关，我为何不……。想到这里，赵玉便斗胆诳诈贵人，喊道：

"贵人，不可这样。方才有使臣入宫来报说，皇帝的病已经好了！皇帝……。"

这皇帝二字，在她的脑海中犹如一声霹雳，把贵人给震醒过来。只见邓贵人立稳了脚步，回首两眼发直地问道：

"皇帝，皇帝他……他怎么的了？"

没等赵玉开口回答道，邓贵人又说道：

"是啊，我怎么能这样地就走了呢，还没有当面告诉皇帝一声……"

赵玉见邓贵人并没有听清楚他说的话，便放低了语调，进前说：

"贵人，我是特地来告诉您，皇帝的病已经好了。"

"什么？你再说一遍！"邓贵人问。

"贵人，我是特地来告诉您，皇帝的病已经好了。"

赵玉最后说的这遍话，邓贵人才全部听清楚了。

邓贵人在得知皇帝病好的喜讯后，虽然精神为之一振，可她的身体却不由自主，像一摊泥似的坐在席上。二位宫人见贵人已放弃寻死的念头，精神已恢复正常，便扶持贵人上床歇息。

夜更深了，贵人与二位宫女疲劳了半天，早就进入梦乡。这时，后宫中除了更夫和守门卫士外，只有赵玉一人怎么也睡不着。她心里在想：自己在紧急中诈言皇帝病体痊愈，虽然劝阻了邓贵人的寻短自尽，可万一皇帝真的驾崩，……再说，无论如何，诈言皇帝病情，这事传扬出去也是死罪呀！

说来也奇怪。第二天果然有消息正式传入宫中：汉和帝的病体已经康复。

皇帝大病痊愈的喜讯，使得后宫除阴皇后以外的人都十分高兴。

三　即皇后位

阴后被废，邓绥为后。
禁绝贡献，不爵兄长。
以广继嗣，和帝驾崩。

汉和帝大病痊愈后，永元十四年（公元 102 年）夏，有人上言说：皇后的外祖母邓朱出入掖庭，并且挟巫师入宫。巫蛊事既被发觉，汉和帝派中常侍张慎与尚书陈褒在后宫掖庭设狱立案审问。

阴皇后诅咒皇帝一事既已查清，汉和帝使令司徒鲁恭持节赐皇后策，令她交出皇后玉玺，阴皇后既然被废，时过不多天便忧愁而死。阴皇后的父亲、特进阴纲自杀，阴轶、阻敞以及邓朱的家属迁徙到日南郡比景县（今越南境内），阴皇后宗亲内外昆弟一律罢官，归还田里。

一天晚上，皇帝向邓贵人说：

“朕没有想到在后宫中竟会出现这种事情。巫蛊一案既然与皇后有关，她不可再呆在正宫了。”

邓贵人见皇帝要废除阴皇后，便替皇后求情，事实上，邓贵人也知道她为皇后求情，已不可能被皇帝接受。阴皇后诅咒皇帝早死，声言得志后要杀尽邓氏家族。这么一个人，被废除皇后称号是理所当然的。可是，邓贵人还为什么替她求情？是出于贵人的品德高尚，心地善良，不计前嫌，还是有意这样做，把求情作为一种姿态？如果说邓贵人为阴皇后向皇帝求情确实产生了什么直接效果，那便是汉和帝认为后宫中只有邓贵人才是皇后的合适人选。

邓贵人得知皇帝要立她为皇后，她便愈发称自己的身体有病，闭门不出，对皇帝的召见也总是借故推辞。邓绥入宫被立为贵人直到阴皇后被废，她已在皇帝身边生活了七个年头。她的为人，皇帝是深深了解的。无论邓贵人如何推辞、回避，汉和帝在心中早已拿定了主意。

阴后被废不久，朝廷有关部门便向皇帝上奏，请求“建长秋宫”。长秋宫是皇后所居宫殿的名称。长是久远，秋是万物成熟的初始。当时，臣下不敢直言请立皇后，因而把皇后的宫名作为代称。请建长秋宫，即是请立皇后。在封建时代，立皇后一事不好由皇帝本人首先提出；往往是在程序上先由臣下或朝廷有关部门提出，然后皇帝再把他的人选立为皇后。此刻有关部门既已提出请立皇后的问题，汉和帝当即就立后一事表态说：

“皇后的尊贵，在于与朕同为一体，共同承继宗庙；同时，又要堪称天下人的母仪。这难道是件容易做到的事吗？后宫中，唯有邓贵人的德望堪称后庭之冠。”

永元十四年冬，汉和帝下达诏书，立邓贵人为皇后。邓贵人接到诏书后，辞让再三，最后还是接受了皇后的印玺。

从史书的大量记载来看，邓绥被立为贵人后，处处维护阴后的皇后地位，从未有僭越的行为，这一切，都是邓贵人的行为表现。在思想深处呢？邓贵人真的对皇后宝座毫无兴趣、甚至于厌烦吗？真的从心里不想当皇后吗？不是的！邓绥入后宫后八年的言行表明：她时刻处处严以律己，曲己待人，即或是宫中的隶役，她都施之以恩惠。一句话，邓贵人在后宫中时时处处以天下母仪的标准来要求自己，“德冠后庭”，这不是想做皇后又是什么？她对阴皇后的尊敬，事实上是抬高了她自己的地位。所以，当邓贵人真的坐上皇后宝座的一刹那，可以说是邓绥一生中最为开心的时刻；为天下母，正是邓绥入宫以来的梦寐以求。

邓贵人即皇后位时的兴奋心情，在她向皇帝亲笔书写“谢表”时得到了充分的体现。素以文静儒雅著称的邓绥，在她写谢表的前前后后却变成了另一个人：你看她手舞足蹈、呼东唤西的那个样子，一会儿“笔墨侍候”，一会儿“添香掌灯”……平时精通经史、工于诗文的“诸生”，此刻却为了一纸谢表改来改去，终归还是写了“德薄不足以充小君之选”一类谦让、谢恩之类的话语。

谢表是官样文章,并非是男女之间表达私情的书信。这一点,邓贵人不是不知道。以邓贵人的学识和才华,写一份谢表算得了什么,顷刻之间便可以挥笔而就。可是,邓贵人却折腾了半天,写了改,改了写,写了再改,……所有这一切,归根结底只能说明一点:邓贵人被册封为皇后,使得她实现了多年以来梦寐以求的愿望。她太高兴了,兴奋得像个小孩子似的。

邓贵人自接受皇后印玺到汉和帝驾崩,前后共做了三年零二个月的皇后。在她身为皇后的四载中,史书记载了如下值得称道的三件事。

一是禁绝方国贡献。当时贡献给朝廷的珍品之中,都另有一份是献给皇后宫的。自邓绥即皇后位后,她下令禁绝向皇后宫献珍异贡品,减轻百姓的负担。邓皇后喜爱读书写字,因此她只令各郡国"岁时但供纸墨而已"。

二是不为哥哥邓骘加官晋爵。邓骘年少时曾在大将军窦宪府任职。妹妹邓绥被立为贵人,邓骘兄弟皆为郎中。待邓贵人被立为皇后,骘曾三次升官,官至虎贲中郎将,汉和帝每当要给邓骘兄弟加官晋爵时,邓皇后总是哀请谦让。所以,直到汉和帝驾崩,邓骘的官职仍然不过是虎贲中郎将而已。

三是为和帝广继嗣而不懈努力。邓绥被立为贵人后就曾为和帝多选才人入宫,以广继嗣。被立为皇后以后,她有鉴于和帝嫔妃所生的十几个皇子相继夭折,后来后宫中有皇子降生便秘密送往民间养育,使和帝的继嗣有人。这种做法,连朝廷中的群臣们都不知晓。

元兴元年(公元 105 年),汉和帝刘肇崩于章德前殿,时年 27 岁。

和帝 10 岁即位,窦太后临朝执政。自窦宪被诛后,和帝开始亲临朝政。汉和帝执政期间,各地自然灾害如旱灾、水灾、蝗灾、地震等连年发生,受灾人民生活困苦不堪。在这种情况下,和帝屡次下诏引责自问,减免田租,赈贷灾民,大赦天下,以爱民为本。

《后汉书·和帝纪》论曰:"自中兴以后,逮于永元,虽颇有弛张,而俱存不扰,是以齐民岁增,辟土世广。偏师出塞,则漠北地空;都护西指,则通译四方。"东汉王朝在光武帝、明帝、章帝、和帝四朝的 80 年间,社会经济的发展,人口数量的增加,窦宪对匈奴战争的胜利,班超在西域活动的成功,表明东汉社会在这一时期获得了稳定与发展。

东汉王朝的这一形势,在邓太后临朝的 17 年中,事实上得到了延续。

四 太后临朝

襁褓殇帝,太后临朝。
任命百官,明断两案。
厚赠贵人,大赦天下。

汉和帝元兴元年冬十二月辛末日清晨,刘肇驾崩于章德前殿。

同三年前皇帝身患重病相比,此刻的邓皇后并没有像上次那样整日地陷于悲伤之中。这种不同在于皇后作为一国之母,邓绥深知“国不可一日无君”的道理。特别是皇帝尚未立太子,一旦天子驾崩,无有继嗣,谁知会出来多少个窥视神器的人把天下搞得大乱?因此,汉和帝病重期间,邓皇后并没有功夫整日向隅而泣。

几年来,邓皇后采取了将皇子秘密送往民间养育的措施。皇帝病危时,邓皇后便立即派人把养于民间的皇子秘密地接回宫中。

汉和帝驾崩后,殡于崇德前殿。

邓皇后自清晨皇帝驾崩当天下午便向群臣传旨:百官改穿吉服,晚上到崇德殿拜见新皇帝。

当日夜晚,邓皇后御崇德殿,以太尉张禹、司徒徐防、司空陈宠等“三公”为首的群臣,齐集崇德殿下。首先是宣读立刘隆为太子的诏书:

> 先帝圣德淑茂,早弃天下,悲痛断心。朕惟皇子胜,虽年长而素被痼疾,念宗庙之重,思继嗣之统,唯皇子隆宜为大行皇帝嗣,奉承祖宗。”

刘隆既被立为太子,随即又宣读皇后立刘隆为皇帝的《策命》,《策命》曰:

> 惟元兴元年冬十二月辛未,皇后曰:咨皇太子隆:大行皇帝不永天年,朕惟皇太子隆,宜奉郊庙,承统大业。皇帝其勉之哉!

宣读《策命》完毕,刘隆正式即皇帝位。

邓皇后将皇子养于民间,虽事属秘密,但张禹等大臣们也有所风闻。当日皇后称长子刘胜有“痼疾”,不宜为嗣,大臣们也只得听命。最为滑稽的是,被立为皇太子的刘隆,不过是个降生刚过百日的婴儿,就这样,刘隆在奶妈的怀抱中正式即皇帝位。以张禹为首的群臣,拜见的就是这样一个降生刚过百日的襁褓皇帝。

将汉和帝殡于崇德前殿,在崇德殿立刘隆为太子,接着是刘隆即皇帝位,百官朝见皇帝,尊皇后为太后,由太后临朝执政。这一切,都是在和帝驾崩的当天之内完成的。完全是邓皇后一手策划的结果。

25岁的邓太后,自汉和帝驾崩那天起,她已不再是四年前善事皇后与皇帝、曲己待人的邓贵人,也不再是四年前辅佐皇帝、主事后宫的邓皇后了。她事实上已是君临天下的一国之君,政治地位上的骤然变化,使她变成了另外一个人:在中国历史上继吕太后之后又一位君临天下长达17年之久的临朝太后。

邓太后临朝所做的第一件大事便是任命太傅与三公。

殇帝延平元年(公元106年),春正月,辛卯日,太后临朝,以太尉张禹为太傅。永元十五年(公元103年)和帝车驾南巡时,便以太尉张禹留守京师。和帝想临幸江陵,张禹“驿马上谏”,和帝“回舆而旋”。张禹为太傅,太后诏令他居于宫中,五日一归府。每当朝见时,赞拜者先独赞禹名,然后再赞太尉名以下,不与三公同赞。太傅朝位独在百僚上,不与三公联席。总之,张禹以上公太傅的身份总揽朝政。

同月,封皇兄刘胜为平原王。

三月甲申日,葬孝和皇帝于洛阳东南30里的慎陵,庙号穆宗。

三月丙戌日,清河王刘庆、济北王刘寿、河间王刘开、常山王刘章开始离开京城到外地的封国。以上诸王作为汉和帝的兄弟,令他们离开京师,这对于邓太后的临朝执政来说,显然是个有利的因素。其中,清河王刘庆与汉和帝关系最亲密,参与诛灭窦宪,深受汉和帝恩宠。诸王就国,太后特地对清河王刘庆加以殊礼,异于诸王。刘庆的儿子刘祜,年 13 岁。太后因小皇帝幼弱,担心夭折,便有意立刘祜为帝嗣,因而在清河王就国时,把刘祜同他的嫡母耿姬留居于清河邸。

遣清河王刘庆等诸王就国,是邓太后临朝后为安定局势所做的第二件大事。

邓太后临朝后所做的第三件大事,也是最重要的一件大事,那便是赋予邓氏兄弟以军国重权。

四月丙寅日,以虎贲中郎将邓骘为车骑将军、仪同三司。

车骑将军在东汉是不常设的官职,秩禄比三公。邓骘以车骑将军仪同三司,三司即三公,是邓骘既取得了三公的地位,又握有三公所没有的实权。而负担宫中宿卫的虎贲中郎将一职,由太后的弟弟原黄门侍郎邓悝接任;太后的另外两个弟弟邓弘、邓阊,皆出任侍中。侍中一职,掌侍左右,赞导众事,顾问应对,颇有实权。

邓太后在临朝后的第四个月,通过对邓氏四兄弟官职的晋升和任命,使邓氏四兄弟掌握了国家要害部门的军政重权,从而巩固了太后临朝的地位。

在汉和帝驾崩、襁褓皇帝即位、太后临朝的日子里,宫禁中连续发生了两个案件。而对这两个案件的迅速而妥当的处理,显示出邓太后治理国家、处理政务的杰出才能。

第一个案件发生在和帝晏驾不久。当时治丧忙乱,宫中丢失了一竹筒大珍珠。这些大珠是宫中的无价珍宝,有关部门主张立案追查。邓太后考虑到如果立案追查,必定会有无辜而被逮捕者,便否决了有关部门的意见。邓太后传旨将所有的宫人集合起来,由太后亲自一一审阅,在太后目光的威逼下,那个盗窃大珠的宫人当即自首服罪。

第二个案件发生的时间,与亡珠案件相距不出几日。和帝生前宠幸的近臣吉成,被他身边的侍者诬为有巫蛊事,事交掖庭审讯,证词果然如此。邓太后认为吉成是先帝时的左右近臣,自己也待他有恩,今先帝已晏驾,自己又临朝听政,吉成反而为巫蛊事,不合于人情。为此,太后重新亲自审讯,果然是吉成的侍者对他进行诬陷。

太后临朝后不久便接连明断两案,在宫中和朝廷影响很大,“莫不叹服,以为圣明”,太后的威信因此而日益增高。

汉和帝被安葬后,后宫中的贵人等嫔妃们按旧例应迁出后宫归园。邓绥此时虽已君临天下,但并没有忘记昔日的同伴,她在赐给诸贵人的策书中说:

> 朕与贵人,托配后庭。共欢等列,十有余年。不获福吻,先帝早弃天下。孤心茕茕,靡所瞻仰。夙夜永怀,感怆发中。今当以旧典分归外园,惨结增叹。燕燕之诗,曷能喻焉?

策书的字里行间,渗透着太后对昔日同伴的一片深情。与此同时,太后还赠给诸贵人以厚重的赏赐。

为稳定局势、安定民心，邓太后按惯例于临朝的第五个月，大赦天下。皇太后诏书的全文是：

皇帝幼冲，承统鸿业，朕且权佐助听政，兢兢寅畏，不知所济。深惟至治之本，道化在前，刑罚在后。将稽中和，广施庆恩，与吏民更始。其大赦天下。自建武以来诸犯禁锢，诏书虽解，有司持重，多不奉行，其皆复为平民。

大赦诏书原文的大意是：皇帝以幼童承继帝嗣大业，朕暂且辅佐听政，战战兢兢，惟敬惟畏，不知如何能得以成功。朕深感治理国家的根本，在于以道德教化为先，刑罚施之于教化之后。将求得中正和平，广施庆赏恩惠，与天下吏民重新开始。其大赦天下。自建武年间以来，诸多有犯禁锢的，以往的大赦诏书虽已予以解脱，可是有关部门却持重不予赦免，大多都不奉行诏令。自本大赦令公布之日起，上述应赦人犯，一律恢复其平民身份。

当邓太后将临朝后所须处理的几件大事一一安排就绪后，还未来得及稍事休息一下，一件必须立即妥善处理的大事又发生了。

延平元年(公元106年)八月辛亥日，刚刚过完周岁的汉殇帝刘隆突然害病死去。

五　策立安帝

定策禁中，安帝即位。
大封列侯，策免三公。
未遂政变，晓喻流民。

邓太后对于刘隆的幼弱在思想上是有所准备的。她留意清河王刘庆的儿子刘祜，因而在遣诸王就国时，刘祜与母亲耿姬被留居于清河邸。可是，太后怎么也没有料到，这个襁褓皇帝竟然在即位8个多月后便死去。

在立谁为皇帝这一重大而急迫的问题上，邓太后没有同三公去商量。东汉自光武帝加强皇帝权力以来，虽设置三公，但却事归台阁。东汉中期以后，三公多是从“清悫谨慎、循常习故”的“常人”中选出。邓太后临朝后以张禹为太傅，待之以“上公”之礼，令他“舍宫中，五日一归府”，这一切，主要是出于安定局势的需要，而不意味着把军国大权交给三公们执掌。

八月辛亥日即刘隆晏驾后的当天夜晚，洛阳南宫的太后宫中，太后与车骑将军邓骘、虎贲中郎将邓悝，以及侍中邓弘、邓阊等邓氏四兄弟正在为立帝一事而密谋。当时邓太后正在左思右想，心情颇为复杂。太后以汉和帝的长子刘胜“有痼疾”，没有立他为帝，而是立刚过百日的刘隆为帝，当时群臣中就有人议论：太后不立先帝的长子而以一个襁褓为君，为的是自己贪权，刘隆即位 8 个月后便夭折，又在某种程度上证实了这种议论。因此，太后在这一问题上所承受的精神压力是可想而知的。

在深夜的密谋之中，四兄弟中曾有人提出立平原王刘胜为帝，使群臣中对太后的非议不攻而自破。太后与邓骘不赞成这一意见，认为当初不立刘胜确属他身有痼疾，而且他也为此而抱怨太后。现在立刘胜为帝，岂不证明他们从前的非议确属事出有因，因此，邓太后还是倾向她早已属意的清河王刘庆的长子刘祜。

清河王刘庆是汉和帝刘肇的哥哥，为人和善，同和帝关系亲密，和帝待他“恩遇尤渥”。在扑灭窦宪的谋逆中，刘庆也曾出过力。刘庆却“小心恭孝，自以废黜，尤畏事慎法，故能保其宠禄焉。”邓太后早在做皇后时，就深知刘庆是个忠厚之人，而他的十岁儿子，喜好读书，曾多次受到汉和帝的称赞，邓皇后也很喜欢他。刘祜同父亲刘庆一样，从小便忠厚谦虚，举止有礼。此时，刘祜已是 13 岁。

邓太后、邓骘等人最后选定立刘祜为帝，主要是因为刘祜忠厚有礼，不会对邓氏的专权构成威胁；他的父亲刘庆也为人忠厚，让人放心。决策已定，太后当晚便迎刘祜入京为帝。

八月寅子日，即殇帝晏驾后的第二天，刘祜被从清河迎入京城洛阳，因刘祜无有封爵，太后不愿让刘祜以低微的身份即皇帝位，于是先封刘祜为侯，然后再登基而为天子。

八月癸丑日，即殇帝晏驾后的第三天，邓太后御南宫崇德殿，文武百官都身穿吉服，引拜刘祜为长安侯，为孝和皇帝嗣。然后，宣读了皇太后的诏书。诏书说：

> 先帝圣德淑茂，早弃天下。朕奉皇帝，夙夜瞻仰日月，冀望成就。岂意卒然颠沛，天年不遂，悲痛断心。朕惟平原王素被痼疾，念宗庙之重，思继嗣之统，唯长安侯祜质性忠孝，小心翼翼，能通《诗》《论》，笃学乐古，仁惠爱下。年已十三，有成人之志。亲德系后，莫宜于祜。《礼》‘昆弟之子犹己子’；《春秋》之义，为人后者为之子，不以父命辞王父命。其以祜为孝和皇帝嗣，奉承祖宗，案礼仪奏。

皇太后的诏书宣读完毕后，又宣读立刘祜为皇帝的《策命》。《策命》上写道：

> 惟延平元年秋八月癸丑，皇太后曰：咨长安侯祜：孝和皇帝懿德巍巍，光于四海；大行皇帝不永天年。朕惟侯孝章帝世嫡皇孙，谦恭慈顺，在孺而勤，宜奉郊庙，承统大业。今以侯嗣孝和皇帝后。其审君汉国，允执其中。‘一人有庆，万民赖之。’皇帝其勉之哉！

宣读策命后，太尉徐防奉上皇帝玺绶，刘祜登上皇帝宝座，即皇帝位。

邓太后仍临朝执政。

自殇帝驾崩，直到立祜为帝，这一切仅用两天多的时间便顺利地完成了，充分显示了总策划人邓太后在政治上的成熟。

汉安帝永初元年(公元107年),邓太后在安帝即位后为安定局势所做的第一件事便是大封列侯。据史书记载,封太傅张禹为安乡侯,太尉徐防为龙乡侯,司空尹勤亦被封为列侯,而邓氏四兄弟的车骑将军邓骘为上蔡侯,城门校尉邓悝为叶侯,虎贲中郎将邓弘为西平侯,黄门郎邓阊为西华侯。上述七人除张禹等三位三公外,余者邓氏四兄弟均为外戚。其中,邓悝由虎贲中郎将升任城门校尉,是掌管京师城门屯兵的武官,秩二千石。邓弘接任邓悝的虎贲中郎将一职。邓骘及他的三个弟弟并没有接受所封的侯爵,经多次上疏陈请,太后批准了邓氏四兄弟不接受封侯的请求。邓氏四兄弟手中所握有的军国重权,特别是京师及禁中宿卫的兵权,比安帝即位前又有所增加,邓太后临朝天下的地位,自然也因此而愈发巩固。

汉安帝永初元年秋九月,策免三公徐防与尹勤,是邓太后在安帝即位后为安定局面所做的第二件大事。邓太后因灾异屡屡出现,寇贼亦时有所起,便以失职为由免去徐防的太尉职务。第二天,司空尹勤也因"水雨漂流"的灾害以失职为由而被免除三公职务。以发生灾害归咎于三公失职,并因此而罢免他们的职务,本是无可非议的,问题在于:东汉虽置三公,却事归台阁,三公之职仅为备员而已,并无实权。特别是东汉中期以后,外戚、宦官掌握国柄,在这种情况下,因发生灾害而罢免三公的职务,这种做法,是用来表白她邓太后关心百姓疾苦、勤政爱民,同时又可以进一步削弱三公的权力,一箭而双雕。可以证明这一点的是,徐防被罢免太尉职务后,邓太后不是从下面选拔人才,而是以太傅张禹为太尉。太傅为"上公",名义上可总揽朝政。张禹上公身份的丧失表明,邓太后是在有意识地削弱三公的权力。在以太傅张禹为太尉的同时,又提拔太常周章为司空,以补尹勋被免官后所出现的空缺。就在周章被任命为司空后不久,宫中发生了一场未遂的政变。

周章为人耿直,在他担任太常时便因大长秋郑众、中常侍蔡伦的专权和干预朝政问题向邓太后上书。郑众与蔡伦都是宦官,郑众等人在汉和帝时因扑灭窦宪的谋逆有功,与中常侍蔡伦(即发明造纸术的那个蔡伦)皆握有实权,经常干预朝政。周章为此事曾多次上言,陈述利害,邓太后虽没有采纳,但还是提拔他担任司空一职,位列三公。

周章素来反对外戚、宦官干预朝政,掌握国家大权。他虽然多次上书太后,但不被采纳。此刻,周章见大臣中有很多人对立刘祜为帝一事有非议,"众心不服",便"密谋闭宫门",发动宫廷政变。政变的预定目标是:"诛邓骘兄弟及郑众、蔡伦,劫尚书,废太后于南宫,封帝为远国王而立平原王。"为此,要杀死邓骘等四兄弟以及郑众与蔡伦,劫持尚书,废除邓太后在南宫的临朝听政,封太后所立的安帝刘祜为远国王,立刘胜为帝。

周章的这个政变计划要付诸实施,其难度是很大的。这是因为邓骘任车骑将军,有调兵权;邓悝任城门校尉,主管城门的开闭;邓弘任虎贲中郎将,主管虎贲卫士对宫殿的宿卫;邓阊任黄门侍郎,主管出入禁中,省尚书事。而大长秋郑众与中常侍蔡伦手中所握有的权力,更不必说了。在这种情况下,周很难找到发动政变的时机,因此在实施前走漏机密,事情被发觉。邓太后并没有立即逮捕或拷问周章,而是首先策免他的司空职务。周章被免除三公职务,政变计划已被发觉,自知已无力改变局势,又不愿以后受辱,便于永初元年冬十一月丁亥日,自杀而死。周章的自杀,宣告了未遂政变的流产。

在整整两年的时间里,邓太后连立二帝,并采取一系列有效措施,掌握了军国重权。在此后的15年君临天下的岁月里,邓太后的主要精力已集中于如何治理这个因边境不宁和天灾连年而困扰不堪的国家了。本书在转入叙述这一重大主题之前,还有必要叙述一下在周章自杀的那个月,冀、并二州因谣言的蛊惑导致了一场流民潮的出现。

东汉时的冀州,是十三刺史部之一,并州亦是十三刺史部之一,当时在冀、并二州盛传着这样一种谣言:上天要有大灾大难降临,必须捐弃旧有房屋,在年关以前离家出走,才能躲过这场灾难。冀、并二州的农民都很贫困,迷信心理很重,听说上天有灾难降临,离家出走方可免灾。加之这一带农民因连年受水旱虫灾,生活上已难以为继,言传来便有人舍弃房舍,离家上路,远去他乡。二州的农村中,天天都有人弃居离乡,相互影响之下,一股前所未见的流民潮已遍布冀、并二州,开始向京师洛阳一带蔓延。

谣言与流民一事传入朝中,邓太后十分重视此事。太后感到在周章于京城图谋政变的时候,北方又出现了因谣言而挑动起来的流民潮,必须立即采取措施制止,否则蔓延京师,后果不堪设想。况且,在邓太后看来,她作为民之父母,怎能坐视不顾?

邓太后对流民潮没有采取强令制止的办法,因为这种办法很难奏效,又容易激起民变。太后首先向掌管捕捉巫蛊、盗贼的司隶校尉以及冀州刺史、并州刺史发布敕令:

> 民讹言相惊,弃捐旧居,老弱相携,穷困道路。其各敕所部长史躬亲晓喻:若欲归本郡,在所为封长檄;不欲,勿强。

邓太后在司隶校尉及二州刺史的敕令中,以"民讹言相惊"为事件定性,不谈什么"妖言惑众",也不追究谣言的由来,而是令校尉与刺史再敕令他们所属的郡县太守、县令、县长等郡、县两级行政官员,令他们亲自到民间向流民讲清道理,不要相信毫无道理的流言。有愿意返回本郡家乡的,都发给长牒为验;如不愿返回家乡,也不强令制止。

邓太后为流民一事下达给司隶校尉和冀、并二州刺史的敕书,对事件的定性准确,处理方法得当,政策性很强,显示出太后处理问题、治理国家的高超能力。是太后的一道敕令,使蔓延于华北大地的流民潮迅速地平息了,堪称是妥善处理流民问题的一大范例。

六　边境用兵

西羌 · 西域 · 乌桓 · 鲜卑 · 南北匈奴
高句丽 · 夫余 · 武灵蛮 · 越巂

当邓太后从汉和帝手中接管东汉王朝的大权以来,有两个重大问题一直困扰着她,两个问题,一是边境上的不宁与连年用兵,二是自然灾害的连年不断与节俭救灾。这两个方面,构成了邓太后临朝17年间勤政爱民的主要内容。是在为巩固临朝听政地位而奔忙的岁月里,邓太后也在安定边境和节俭救灾方面付出了很多的巨大努力。这里,先谈边境用兵。

邓太后降生的那年,她父亲邓训升任乌桓校尉,后被罢官居家。小邓绥自幼读了许多书,哥哥们曾送给她"诸生"雅号,邓训发现女儿的才能后,遇到官职上的一些事情,"事无大小,辄与详议",父亲因此很器重女儿。邓太后童年时期的这一段往事,对于她临朝后处理西羌、乌桓等边境问题,应该是不无益处的。

西羌

汉安帝永初元年(公元107年),朝廷撤回西域都护和西域田卒,派骑都尉王弘发关中士兵迎接西域都护段禧以及梁慬等人。当时,安定郡(治所在今宁夏固原)各县散居着一些已投降东汉的羌人,这些羌人平时受官吏和豪强的奴役,积怨很深。此次王弘西迎段禧,征发金城、陇西、汉阳羌人数百千骑俱行,羌人害怕远戍不还,行至酒泉时多有逃散叛亡。各郡发兵堵截逃亡的羌人,捣毁沿途羌人庐舍村落,相聚反抗,"大为寇掠,断陇道"。造反的羌人没有金属兵器,他们"或持竹竿木枝以代戈矛,或负板案以为盾,或执铜镜以象兵,郡县畏懦不能制"。事情上报朝廷,熟知羌族事务的邓太后当即做出决定:"赦除诸羌相连结谋叛逆者罪",而不是发兵征讨造反的羌人。第二年的正月,车骑将军邓骘率大军到达汉阳,而各郡的兵卒尚未到达。钟羌数千人在冀县西击败邓骘的军队,杀千余人。梁慬自西域返回敦煌,留为援军,在张掖破诸羌万余人,羌大豪三百余人到梁慬部投降,被梁慬遣还故地。同年冬,邓骘派任尚等人率诸郡兵与滇零等数万人战于汉阳郡的平襄县,任尚大败,死八千余人,十一月,诏令邓骘还师,留任尚屯汉阳为诸军节度。邓太后派使臣迎拜邓骘为大将军,到达京城时,派大鸿胪亲迎,中常侍效劳,王、公主等候望于道路,邓骘西征羌人,无功而还,本当引罪自贬以谢天下,相反却被迎拜为大将军,位在三公之上,并受到空前规模的隆重欢迎。这种做法,真不知邓太后竟是出于怎样一种考虑;而邓骘受此荣宠,竟于心颇安,同他拒绝接受封侯时的表现迥然不同。难道说邓太后、邓骘在这一问题上的思考,仍然是为通过增强邓氏家族的权势来巩固君临天下的地位吗?

同年,上郡西河诸杂种羌又断绝陇道,寇钞三辅,南入益州,杀汉中太守董炳。

永初三年(公元109年)正月,钟羌攻没临洮县,拘执陇西南部都尉。

永初四年秋七月,骑都尉任仁与羌人交战,接连失败,而部下士兵放纵,被"槛车征诣廷尉,死。"

永初五年(公元111年),先零羌入寇河东,到达河内,迫近洛阳,百姓惊恐而南渡黄河,朝廷派北军中侯朱宠将五营士屯兵于孟津(今河南孟津县东北、孟州市西南),沿边郡守、县令无守战意,争相内徙郡县,朝廷又任命任尚为侍御史,在上党羊头山击破羌人,罢孟津屯戍。

永初七年秋,护羌校尉侯霸、骑都尉马贤击先零别部牢羌于安定,获首虏千人。

元初元年(公元114年),诏令派兵屯河内通谷冲要36所,皆作坞壁,设鸣鼓,以备羌寇。

元初二年，护羌校尉庞参用恩信招诱羌人诸部，号多等人帅众来降，庞参赐给号多侯印，派遣他归还故地。

同年，以马贤代庞参领护羌校尉，又以任尚为中郎将、代班雄（班超之子）屯三辅。虞诩向任尚建议建立骑兵。此时，邓太后闻知虞诩有将帅的韬略，便任命他为武都（今甘肃成县西）太守。

元初四年（公元117年）十二月甲子日，任尚与骑都尉马贤共击先零羌狼莫，交战于富平河上，大破羌人，于是西河羌人种羌万人到邓遵那里投降，陇右地区平定。

元初五年，邓太后的叔伯弟弟邓遵招募上郡全无种羌雕何刺杀狼莫，封雕何为羌侯。

东汉中期以后，羌人一直是边境上的主要威胁。在邓太后临朝的17年中，羌人于公元107年、公元111年两次大败东汉的军队，十余年战争不断，"军旅之费，凡用二百四十余亿，府帑空竭，边民及内郡死者不可胜数，并、凉二州遂至虚耗。"可见对羌人的用兵，使东汉王朝的根基发生了动摇，内地的农民暴动也相继发生了。

邓太后在对羌人的用兵的问题上，她既未能制定出正确的战略，也未能派出得力的人员：邓骘无功而还却被拜为大将军，只有一个人是被选对了，那便是太后以虞诩为武都太守，虞诩在边防上为抗击羌人，建设边疆做出了奇迹。然而这并未能从根本上扭转边境上的局势。总之，邓太后在处理同羌人关系问题和对羌人用兵的问题上，从方针政策到战略战术，从人员的选派到诸多具体问题的处理，失误是问题的主要方面，十余年间军费消耗高达240多亿钱，东汉的根基因此而动摇。主要责任当然要由她这位临朝太后来承担。

西域

东汉自汉明帝永平十七年（公元74年）始，班超在西域经二十多年的艰苦奋斗，直到汉和帝永元六年（公元94年）终于先后将西域南道、北道打通。

邓太后临朝后，延平元年（公元106年）西域都护失和于西域诸国，受到西域诸国的攻击，后遂解围。后因东汉与羌人发生战争，陇道断绝，罢西域都护，派王弘迎接西域都护及屯田士卒东归。陇道断绝后，北匈奴的残余势力占领伊吾，寇掠河西。

永宁元年（公元120年），索班被杀后，敦煌长史曹宗请朝廷出兵五千人击匈奴，朝廷中的公卿多主张"闭玉门关，绝西域"。在这种情况下，邓太后闻知班超的儿子军司马班勇有父亲的遗风，便召他到朝廷上询问。于是，班勇在朝廷上就西域问题同一些大臣辩论，结果太后听从班勇的建议，后来匈奴与车师多次入境寇钞，河西地区深受其害。

汉和帝时期西域已全部内属东汉，如果说邓太后在对待西域问题上还有什么值得肯定的话，那便是她临死的前一年，赞许班超之子班勇开通西域的议论和建议，在敦煌设置了西域副校尉。

乌桓·鲜卑

自邓太后临朝以来，乌桓、鲜卑入寇边境的事件时有发生：

延平元年（公元104年），鲜卑入寇渔阳（今北京市密云区西南），渔阳太守张显率数百人出塞追击，遇埋伏而全军覆没。

永初元年(公元107年)，鲜卑大人燕荔阳诣阙朝贺。在乌桓校尉所居的上谷郡宁城，开通“胡市”，进行双边贸易；同时筑南、北两部质馆以受降质，鲜卑邑落百二十部各遣入质。

永初三年(公元109年)六月，渔阳乌桓与右北平胡共千余人入寇代郡、上谷郡。

同年九月，雁门乌桓率众王无何允与鲜卑大人丘伦等及南匈奴骨都共聚七千名骑兵入寇五原，与五原太守交战于高渠谷，汉兵大败。

元初二年(公元115年)八月，辽东鲜卑围攻辽东郡无虑县。九月，又攻夫犁营，杀县令。

元初四年，辽西鲜卑连休等入寇，郡兵与乌桓大人共击破之，斩首1300级。

元初五年(公元118年)八月，代郡鲜卑入寇边境，杀长吏。冬十月，鲜卑入寇上谷，攻居庸关。

元初六年七月，鲜卑入寇马城塞，度辽将军邓遵及中郎将马续率南单于追击，大破鲜卑。

永宁元年(公元120年)，辽西鲜卑大人乌伦、其至鞬各率其部众向度辽将军邓遵投降。

在邓太后临朝期间，乌桓、鲜卑先是率部来降内附，后又曾多次入寇边境，永宁元年又有辽西鲜卑入降的事情发生。

南匈奴·北匈奴

汉和帝永元元年(公元89年)，窦宪、耿秉出塞三千余里，大败北匈奴，北匈奴降者二十余万人。在邓太后临朝期间，永初三年(公元109年)、四年，南单于曾入寇边境，与朝廷守边部队有小规模的军事冲突。在朝廷同羌人的冲突中，由于陇道断绝，北匈奴又占有西域各国，杀敦煌长史索班。

高句丽·夫余

高句丽人居住于辽东鸭绿江流域的山地。汉和帝元兴元年(公元105年)春，高句丽王宫入辽东塞，寇略六县，被辽东太守耿夔击破。

永初五年(公元111年)，高句丽王宫与涉貊入寇玄菟郡。

元初五年(公元118年)六月，高句丽与涉貊再度入寇玄菟郡。

建光元年(公元121年)春，幽州刺史巴郡冯焕、玄菟太守姚光、辽东太守蔡讽等人率兵攻击高句丽，高句丽王宫遣子遂成诈降而袭玄菟、辽东，杀伤二千余人。

永初五年(公元111年)，夫余王曾入寇乐浪郡。

武灵蛮

东汉初年武灵蛮强盛，攻击附近郡县，朝廷在那里增置官吏进行统治。元初三年(公元116年)，史载“武灵蛮反”“虎灵蛮复反”，“州郡讨平之”。

越嶲

史载元初三年(公元116年)五月，越嶲边外的夷人全部内属，归服东汉。同年正月，苍梧(苍梧郡治所在今广西梧州市)、郁林(郁林郡治所在今广西桂平)、合浦(合浦郡治所在今广东合浦县东北)三郡一带的夷人造反，朝廷派侍御史任逴督州郡兵征讨,十一月,三郡夷人入降东汉。

元初四年冬,越嶲郡夷人因当地郡县官府征收的赋税名目繁多,大牛种封离等造反,将越嶲郡遂久县的县令杀死。

七 赈灾济民

灾害连年,殇帝节葬。
宫省节支,诏令戒奢。
赈济灾民,减免租税。

汉和帝在位期间,东汉王朝境内的自然灾害已是时有发生。待至邓太后临朝期间,天灾更是有加无已,现将史书所载这一期间的灾害,逐年列举如下。

延平元年(公元 106 年):

五月壬辰日,河东垣山崩。

六月,郡国三十七雨水。

九月,六州大水。

冬十月,四州大水,雨雹。

永初元年(公元 107 年):

是岁,郡国十八地震,四十一大水,或山水暴至;二十八大风、雨雹。

六月丁巳日,河东地陷。

永初二年:六月,京师及郡国四十大水,大风、雨雹。是岁,郡国十二地震。永初三年:三月,京师大饥,民相食。十二月辛酉日,郡国九地震。是岁,京师及郡国四十一雨水,并、凉二州大饥,人相食。永初四年:三月癸巳日,郡国九地震。夏四月,六州蝗。秋七月乙酉日,三郡大水。九月甲申日,益州郡地震。永初五年:春正月丙戌日,郡国十地震。是岁,九州蝗,郡国八雨水。永初六年:三月,十州蝗。五月,旱。六月壬辰日,豫章员谿原山崩。永初七年:春二月丙午日,郡国十八地震。秋,蝗。元初元年(公元 114 年):三月乙卯日,日南地坼,长百余里。夏四月,京师及郡国五旱,蝗。是岁,郡国十五地震。元初二年:五月,京师旱,河南及郡国十九蝗。

十一月庚申日,郡国十地震。

元初三年:

春正月,郡国十地震。

夏四月,京师旱。

冬十一月癸卯日,郡国九地震。

元初四年:

六月戊辰日,三郡雨雹。

秋七月,京师及郡国十雨水。

是岁,郡国十三地震。

元初五年：

春三月，京师及郡国五旱。

是岁，郡国十四地震。

元初六年：

春二月乙巳日，京师及郡国四十二地震。有的地表坼裂，水泉涌出。

夏四月，沛国、渤海大风，雨雹。

五月，京师旱。

冬十二月，郡国八地震。

永宁元年（公元120年）：

冬十月，京师及郡国三十三大水。

是岁，郡国二十三地震。

建光元年（公元121年）：

三月癸巳日，皇太后邓氏崩。

如此严重的自然灾害所产生的严重后果是可以想见的，以至于在京师和并、凉二州，因饥馑而出现了"人相食"的现象。如果说邓太后对临朝期间的"四夷外侵"一直拿不出正确的决策予以解决，那么，在对待灾害连年的问题上，她所采取的诸多措施倒是有很多值得称道的，实施中亦收到了良好的效果。现依其实施时间的先后，逐一介绍如下。

邓太后临朝后的第六个月，她决定从自身做起，特下达诏书，诏书说："入夏以来，阴雨连绵，暖气不效，将有咎灾。寤寐忧惶，未知缘由。当年夏后恶衣服、薄饮食，孔子说我没有什么可非难的。今日新遭大忧，又年岁时节阴阳不和，应减膳食，损衣服，或许会有所弥补。"这次下达的诏书内容包括：

削减太官（主天子御膳）、导官（掌择御米）、尚方（掌制作御用刀剑诸器物）、内署（掌内府衣物）等官职所主管天子（当然也包括临朝太后在内）需用的服御、珍膳以及靡丽不易制作的器物。除非供奉陵寝和宗庙时可以导择稻粱米，其他一律不得导择，早晚仅"一肉饭而已"。由于宫省开支的节俭，各郡国每年向朝廷的贡献可削减一半。

为节省开支，将上林苑（皇帝御用猎场）所养的鹰犬一律卖掉。

以往蜀郡、广汉郡为皇后所制作的金器、银器、九带、佩刀等器物，其中仅制作金器与银器两项，每年就各需五百万钱，诏令不再征调，只保留画工三十九种。

御府尚方织室的锦绣、冰纨、金银、珠玉、犀象、玳瑁、雕镂等玩弄之物，一律不再制作。

天子离宫、别馆的积蓄、薪炭等物，"悉令省之"。

当时民间迷信风气很盛，各地立了很多名目繁多的祠庙。太后认为"鬼神难征，淫祀无福"，便诏令有关部门：凡不合于典礼的各种祠庙，一律取缔。

邓太后考虑到全国十二州中有六州连遭大水，百姓正苦于徭役不止，现在又要为殇帝修造陵寝，如何承受得了？为此，太后决定陵寝规模及"诸工作事"，减至原工程量的十分之一。

同年十二月乙酉日，太后诏令"罢鱼龙曼延戏"。

永初元年九月庚午日，诏令三公，同月壬午日，太后又向太仆（九卿之一，掌舆马）、少府（九卿之一，掌山泽租税）发布诏令，减黄门鼓吹以补羽林士，不仅可节省开支，同时兼有表示天子与平民百姓共同渡灾之意。

厩马中非天子乘舆所御用的，草料一律减半。

宫中各制造所，除非宗庙园陵所用器物外，其他一律停止制作。

永初三年岁终，按惯例将对宫廷卫士进行撤换，对于"代归"的卫士，由于辛苦一年，天子应亲自用酒食招待，以示慰问。与此同时，还要举行盛大的傩舞。年终举行的这次傩舞，是"命有司大傩，旁磔，出土牛，以送寒气"。宫廷中的驱傩仪式非常新奇而壮观，驱鬼逐疫的主神是方相氏官员。届时，方相氏"蒙熊皮、黄金四目，玄衣朱裳，执戈扬盾"，率领着人数众多的傩舞扮演成员到宫室的各个角落去搜索并驱赶鬼邪。尽管是连年灾害不断，邓太后也不能取消年终招待卫士的酒宴，一年一度的年终傩舞又是自古留下来的习俗。但太后有鉴于"阴阳不和，军旅数兴"，便下达诏令：

招待卫士的年终酒宴可按时举行，但在举行时不得同时演出短戏，也不得用乐队作乐；

驱鬼逐疫的傩舞亦可按时举行，但参加扮演的童子人数要比正常年份减少一半，即只用60人头戴面具来参加演出。

诏令中的这两条规定，无疑有天子与民共度灾荒的用意。

永初四年（公元110年）正月初一日，在皇帝朝见群臣的"元会"（亦称"正会"）上，太后下令撤去乐队，不再奏乐；也不按惯例将乘舆法物车辇陈列于庭。以示度荒之意。

正月丙午日，诏令减低朝廷百官以及州、郡、县官的俸禄。

永初五年二月丁卯日，诏令省减郡国贡献太官口食。

永初六年正月，太后下诏说：太官园冬季在温室种植的新鲜蔬菜"多非其节"，违背了"顺时育物"。

元初四年（公元117年）七月丙子日，邓太后已临朝十三年。她鉴于连年灾害，虽朝廷节俭，但京师中却有不少贵族之家务求奢侈华丽，与节俭渡灾国策背道而驰，从而向全国发布了戒奢诏书，诏书的原文是：

> 旧令制度，各有科品，欲令百姓务崇节约。遭永初之际，人离荒厄，朝廷躬自菲薄，去绝奢饰，食不兼味，衣无二彩。比年虽获丰穰，尚乏储积，而小人无虑，不图久长，嫁娶送终，纷华靡丽，至有走卒奴婢被绮縠，著珠玑。京师尚若斯，何以示四远？设张法禁，恳恻分明，而有司惰任，讫不奉行。秋节既立，鸷鸟将用，且复重申，以观后效。

戒奢诏书的大意是说：汉代旧有的法令制度，条例分明，目的在于使令百姓崇尚节俭。自安帝永初元年以来，屡遭灾荒。朝廷以身作则，务求俭约，吃饭不要两样菜肴，穿衣不用两种颜色。近年虽获丰收，尚缺乏积蓄。但是，小人不做长远打算，在办理婚事和丧事的时候，讲排场，比阔气，以奢华为荣，甚至有的豪门大家的家丁奴婢，却身被锦缎，头戴名贵首饰。京城中尚且如此，如何给全国各地做出示范？朝廷所设的法律禁令，本来讲得很分明，但是有关执法部门的官员怠惰，至今仍不执行禁令。秋季行刑的时节已到，朝廷将要按戒奢禁令纠察犯罪，绝不姑息。特此再次重申，以观后效。

在她看来，推行这一国策难免要遇到阻力，不能一蹴而就。正因为如此，邓太后才颁发了这道以法禁为后盾的戒奢诏书，表达了她要把节俭救国策贯彻下去的决心。

邓太后的救灾国策，除了要求朝廷上下务求节俭的内容外，还体现她对灾民的赈济、减租、免租以及发放贷款来帮助灾民恢复生产，以便共同渡过灾荒。

汉殇帝延平元年（公元106年）秋七月庚寅日，即邓太后临朝后的第七个月，便向朝廷中的司隶校尉和分管全国十二州部的各州刺史下达了救灾免租的诏书，诏书的原文是：

夫天降灾戾，应政而至。间者郡国或有水灾，妨害秋稼。朝廷惟咎，忧惶悼惧。而郡国欲获丰穰虚饰之誉，遂覆蔽灾害，多张垦田，不揣流亡，净增户口，掩匿盗贼，令奸恶无惩，署用非次，选举乖宜，贪苛惨毒，延及平民。刺史垂头塞耳，阿私下比，‘不畏于天，不愧于人’。假贷之恩，不可数恃，自今以后，将纠其罚。二千石长吏其各实核所伤害，为除田租、刍稿。

诏书的大意是说：上天降下灾害，这是朝廷施政有缺的缘故。近来各郡国常有水灾发生，有害于大秋作物的收成。朝廷为此而引罪自咎，忧心忡忡。但是，各郡国的太守、长吏却为了假报自己的政绩，以求获得晋升与封赏，便虚报丰收，将灾情隐匿不予上报，不按规定的程序任用或晋升官吏，选官乖谬，以至于使这些贪官污吏横征暴敛，鱼肉乡里，祸及平民百姓。而作为朝廷派往地方上巡行主事的刺史大员，对于上述现象却视而不见，充耳不闻，表面上装作不知不晓，实际上却庇护这些贪官，相互勾结，狼狈为奸，简直是达到了不怕愧对上天与人民的程度。要知道，不能总是依赖朝廷的赈济救灾；自今日起，将要纠察犯罪，严加惩罚。各郡国的郡守长吏，要立即核实本郡所遭受的灾害程度，如实上报；朝廷将根据上报材料，免除受灾地区所应上交给国家的田租和饲料。

邓太后的免租救灾诏书，阐述了朝廷赈济救灾的宗旨，一针见血地指出地方官吏的隐报灾情、鱼肉乡里是推行赈济救灾政策的主要障碍。邓太后临朝17年中赈济灾民、减免租税，都是在这一诏书的指导下进行的。史书对这一期间的赈济灾民、减免租税有大量的记载，现摘引如下：

汉安帝延平元年（公元106年）：

九月，六州大水。己未日，遣谒者分行虚实，举灾害，赈乏绝；

冬十月，四州大水，雨雹。诏以宿麦不下，赈赐贫人。

永初元年（公元107年）：

正月，向司隶、兖、豫、徐、冀、并等六州的贫民赈济谷物；

鳏、寡、孤、独、笃癃、贫不能自存者，赐给谷物，人三斛；贞妇帛，人一匹。

二月丙午日,将广城苑皇家猎场以及各受灾郡国的公田借给贫民耕种;

九月癸酉日,征调扬州所属五郡的租米,赈济东郡、济阴、陈留、梁国、下邳、山阳等六郡的灾民。

永初二年:

正月,向河南、下邳、东莱、河内四郡贫民赈济谷物;

御史中丞樊准以郡国连年水旱、民多饥困而上疏,请求赈济灾民。邓太后采纳这一建议,悉以公田赋与贫民,提拔樊准与议郎吕仓并列光禄大夫;

二月乙丑日,派光禄大夫樊准、吕仓分别巡行冀、兖二州,向贫民赈济谷物,流民得以休养生息;

十二月辛卯日,向东郡、钜鹿、广阳、安定、定襄、沛国等六郡国的灾民赈济谷物。

永初三年:

三月,京师大饥,民相食。癸巳日,诏令将洛阳东20里的皇家御用鸿池借给贫民,允许贫民在池中捕鱼、采莲;

己巳日,诏令上林、广成苑等皇家御用猎场中,凡可开垦的土地,一律借与贫民耕种;

七月庚子日,诏令各郡的长吏都要在自己治所内的空闲土地上种植冬小麦、蔬菜,推行尽地力之教,向贫民发放种子。

永初四年:

正月辛卯日,诏令以三辅(今陕西省中部地区)连年遭受羌人入寇侵扰,人民流亡,故三年之内免除田租、徭役、人头税以及应上交的饲草,向上郡贫民赈济口粮;

二月丁巳日,向九江郡贫民赈济口粮。

永初七年:

八月丙寅日,蝗虫飞过洛阳,诏令郡国被蝗伤稼十分之五以上的,勿收今年田租;伤稼不满十分之五的,按实际情况减免。

九月,调运零陵、桂阳、丹阳、豫章、会稽等五郡的租米,赈济南阳、广陵、下邳、彭城、山阳、庐江、九江等七郡的饥民;又调运滨水县谷物输入敖仓储藏。

元初二年(公元115年):

五月甲戌日,京师大旱,河南等19个郡国遭受灾害,诏书对州郡隐匿灾情、三公亦不奏闻一事发出警告。这份措辞严厉的诏书原文是:

> 朝廷不明,庶事失中,灾异不息,忧心悼惧。被蝗以来,七年于兹,而州郡隐匿,裁言顷亩。今群飞蔽天,为害广远,所言所见,宁相副邪?三司之职,内外是监,既不奏闻,又无举正。天灾至重,欺罔罪大。今方盛夏,且复假贷,以观厥后。其务消救灾眚,安辑黎元。

元初五年:

三月,京师及五个郡国遭受旱灾,诏令向遭受旱灾的贫民赈济口粮。

元初六年:

夏四月，会稽郡瘟疫流行，朝廷派光禄大夫率太医到发病地区巡行治疗，向死者赐予棺木，免除该地区的田租、口赋。

八　勤政爱民

诏劝忠良，选贤举能。
免遣宫人，洛阳录囚。
兴修水利，仲秋养老。

邓太后临朝后的边境用兵，特别是她的躬自节俭、诏令戒奢、赈济灾民、减免租税，体现了她"济度百姓"的"勤勤苦心"。邓太后的以国事为忧，念及黎民百姓，表明她称得上是一位勤政爱民的临朝太后。

邓太后临朝不出几日，洛阳令王涣因积劳成疾，病死于官府任上。洛阳百姓为涣送葬的盛大悲壮场面，惊动了京师和太后。

王涣是广汉（今四川广汉市北）人，他在任洛阳令期间，为官虽"外行猛政"，但却内怀仁慈之心，爱护平民百姓。汉和帝元兴元年（公元 105 年）的冬天，王涣因长年勤于政务，早已有病在身。加之严冬时节偶感风寒，竟在官府中一命呜呼。

他出殡的那一天，洛阳城中送葬的人把道路拥挤得水泄不通，连店铺也闭门停业，举城哀悼。人群中有官府长吏，但更多是平民百姓，男女老幼，无不痛哭流涕。在西归途中，路经弘农郡（今河南灵宝北），当地的许多百姓都在路旁为他立案供祭。弘农的官吏不明白百姓为什么如此哀悼王涣，问其缘故，弘农的百姓们异口同声地回答说：

"过去我们运米到洛阳出售，总是要受到洛阳官吏的层层盘剥，常常要损失过半。可是自从王君出任洛阳令后，我们到洛阳卖米，再也'不见侵枉'。这样好的父母官可到哪里去找啊？今天大家到这里来供祭王君，是报答他生前对我们的大恩大德啊！"

王涣死后，洛阳的百姓为他立祠、作诗。

王涣的事迹传入太后耳中，太后十分感动，彻夜未眠，并亲笔起草了一道诏书，诏书的原文是：

夫忠良之吏，国家之所以为治也。求之甚勤，得之至寡。今以涣子石为郎中，以劝劳勤。

在邓太后临朝期间所发布的无数道诏书中，这是字数最少的诏书之一。然而，寥寥数语，却表达了她对王涣一生的极高评价。诏书同时也表达了太后的愿望：她希望能有更多的王涣式的"忠良之吏"来协助她治理国家。在太后看来，国家能否得到治理，关键在于能否选拔和培养出更多的忠良之吏到各级政府中任职。

邓太后在临朝期间提倡儒学，注重礼教，曾多下达选贤举能的诏书，选拔人才。

汉殇帝延平元年（公元 106 年），尚书郎樊准以"儒风浸衰"上疏，主张提倡儒学。邓太后认为樊准所言极是，并为此而下达诏书。诏书的原文是：

公、卿、中二千石各举隐士、大儒，务取高行，以劝后进，妙简博士，必得其人。

这里，太后是把能否选择到德行高尚、精通经书的博士官员，作为提倡儒学的关键所在。

汉安帝永初元年（公元107年）三月癸酉日，太后诏令：举贤良方正、有道术之士，明政术、达古今、能谏者，每郡国要分别各推举一人。

永初二年秋七月戊辰日，太后又下达求贤诏书。诏书的原文是：

昔在帝王，承天理民，莫不据璇机玉衡，以齐七政。朕以不德，遵奉大业，而阴阳差越，变异并见，万民饥流，羌貊叛戾。夙夜克己，忧心京京。间令公卿郡国举贤良方正，远求博远，开不讳之路，冀得至谋，以鉴不逮，而所对皆循尚浮言，无卓尔异闻。其百僚及郡国吏人，有道术明习灾异阴阳之度、璇机之数者，各使指变以闻。二千石长吏明以诏书，博衍幽隐，朕将亲览，待以不次，冀获嘉谋，以承天诫。

这道诏书，诏令各公卿及郡国守相举贤良方正，“远求博远”，对被荐举的人才“待以不次”，希望从他们那里获得治国的良策。

永初四年二月，诏令定五经、诸子、传记、百家艺术等文献典籍，整齐脱误，校正文字。

永初五年三月戊戌日又发布求贤诏书，诏书在谈到“灾异蜂起，寇贼纵横，夷狄猾夏”之后，又接着说：

朕以不明，统理失中，亦未获忠良以毗阙政。《传》曰：“颠而不扶，危而不持，则将焉用彼相矣。”公卿大夫将何以匡救、济斯艰厄、承天戒哉？盖为政之本，莫若得人。褒贤显善，圣制所先。“济济多士，文王以宁。”思得忠良正直之臣，以辅不逮。其令三公、特进、侯、中二千石、二千石、郡守、诸侯相举贤良方正、有道术、达于政化、能直言极谏之士各一人，及至孝与众卓异者，并遣诣公车，朕将亲览焉。

在这道诏诏书中，“为政之本，莫若得人”，其目的在于“思得忠良正直之臣，以辅不逮”。

至于由邓太后亲自提拔的人才，史书亦有所载。元初二年，怀县（今河南武陟西南）县令虞诩向中郎将任尚建议，将步兵改组成骑兵，以利于同羌人的骑兵作战。任尚采纳虞诩的建议，果然在丁奚城用轻骑击破杜季贡的军队。捷报传至京师，太后问用何计击破敌兵，任尚上表说是采纳怀县县令虞诩的建议，虞诩因此而知名。不久，邓太后便以虞诩有将帅之才，提拔他出任武都郡（今甘肃成县西）太守。

虞诩率兵前往武都赴任，在大散关（今陕西宝鸡市西南大散岭上）受到数千名羌兵的阻截。虞诩按兵不进，待援兵到来后再向前进发。羌人闻知后便分兵掠夺附近各县。虞诩乘敌兵分散，日夜兼程，一昼夜行军百余里。同时令士兵“各作两灶，日增倍之”，制造援军果然到来的假象，因而顺利到达武都郡治所。在武都郡的赤亭，虞诩以不到三千的士兵将一万余名羌兵打得大败，接着，虞诩又修筑营壁180所，招还流亡，赈济贫民，开通水运，使谷物、食盐价格降低百分之九十以上，民户增加三倍。

虞诩的军功和政绩，是邓太后重视人才政策所结出的一个硕果。

邓太后的勤政爱民，还表现在她的遣免宫人以及解除禁锢等方面。

延平元年（公元106年）五月辛卯日，邓太后在临朝后的第五个月份便发布“大赦天下”的诏书。诏书原文是：

> 自建武以来诸犯禁锢，诏书虽解，有司持重，多不奉行，其皆复为平民。

邓绥于临朝后第六个月的丁卯日，便向司徒、大司农、长乐少府下达了免遣宫人的诏书。诏书的原文是：

虞诩

> 朕以无德，佐助统政。夙夜经营，惧失厥衷。思惟治道，由近及远，先内后外。自建武之初以至于今，八十余年，宫人岁增，房御弥广。又宗室坐事没入者，犹托名公族，甚可愍焉。今悉免遣，及掖庭宫人，皆为庶民，以抒幽隔郁滞之情。诸官府、郡国、王侯家奴婢姓刘及疲癃羸老，皆上其名，务令实悉。

邓太后的免遣宫人不完全是出于个人的感情或只是从人情上考虑，她主要是把这一举措作为治理国家的一个步骤，为的是“由近及远，先内后外”，服务于治理国家的这一总体目标。

据《后汉书·后纪上》的记载，这次被赦免为平民的人，“皆复之为平人”。

邓太后的勤政爱民，还表现在她对冤狱的审理上。

永初二年（公元108年）五月丙寅日，太后到洛阳官府视察若庐狱，录囚徒，即讯视记录囚徒的案卷。当时，有一名被判处死刑的所谓杀人凶犯，此人实际上并没有杀人，因经受不住狱中的严刑拷打，屈打成招，供认自己是杀了人。太后在审阅卷后，发现有的案卷确有可疑之处，便下令一一提审人犯。这个所谓的杀人犯已被严刑拷打得遍体鳞伤，无力站立或行走，便按照狱中的规定，令他坐在竹编的舆床上听候审讯。

审讯时，太后坐在大堂上的主审席上，当这位人犯被狱卒抬至堂前时，见洛阳令坐在陪审席上，顿时心惊肉跳。因为正是这位洛阳令下令对他百般严刑拷打，此次尽管有太后主审,他生怕自己申辩无效后会遭受更加严厉的拷打,便没敢在太后面前抬头申诉。当狱卒即将把人犯抬过堂前时,他举首望了太后一眼,眼神中透露出想要开口申辩的神情。谁知正是他的举首一望,使自己的冤案有了昭雪的转机。

邓太后是一位明察秋毫的精细之人,她那炯炯的目光从人犯的眼神中捕捉到:囚犯的神情有些异常,看他那想说而又不敢说的神情,莫非有什么冤枉?太后脑海中的闪念,使得她当即下令:

"且慢!把人犯抬回来!"

人犯被抬回堂前,太后呵道:

"抬起头来!"

人犯耳听太后下令传他转回堂前,心想事情可能出现转机,当他奉命抬头举目时,这次才看清了临朝太后的尊容:

刹那间,人犯的脑海中浮现出童年时代母亲的和善脸庞,入堂前的畏惧心理即刻消失,委曲之情油然而生,仿佛……

只听得太后缓慢地开口问道:

"你还有什么要说的吗?"

正是太后的这一句问话,打开了人犯述说冤情的闸门:他低着头如实地回答了太后接连不断的讯问,述说了入狱后如何在严刑拷打下屈打成招的全部经过。只见太后回首怒视洛阳令一眼,厉声呵道:

"退堂!"

话音刚落,太后随即起身步入后堂。站立在一旁的洛阳令,此刻却惊吓得呆若木鸡。他知道:这次要大祸临头了。过不一会儿,随太后前来的侍中从后堂中走出,宣读太后旨令:

"着洛阳令下狱问罪!"

太后的洛阳录囚,至此结束。

这次又来洛阳若庐狱平反冤案,人们无不颂扬太后的办案如神,为民做主,不愧为民之父母。

在洛阳市内街头上一伙议论此事的人群中,有一个人挤向前面高声向众人说道:

"太后这次到若庐狱平反冤案,连上天都感动了。咱们这里都四个多月没有下雨了,太后下令把赃官下狱法办,老天爷顿时就普降大雨,能说不是太后的德政感动了上天吗?老天爷真是有眼啊!"洛阳令既已被下狱问罪,有谁还敢再肆无忌惮地贪赃枉法、草菅人命呢?

永初六年(公元112年),邓太后为母亲服丧期满,正值久旱不雨,洛阳监狱中人满为患。为此,太后再次到洛阳狱中讯视记录囚徒的案卷。此次洛阳录囚,太后不顾疲劳,接连三日,共理出死罪36人,应判处耐罪(剃光犯人鬓毛的一种刑罚)80人,其余判处减罪的人犯分别判处为减死、减右趾(右趾是截去犯人的右足的一种刑罚)、减司寇(司寇为从事苦役的一种刑罚)等。显然,太后这次录囚的主要目的,不在于平反冤狱,而是为了通过加速办案和减刑来缓和社会矛盾,在灾年中为安定社会秩序服务。

邓太后勤政爱民的重要内容之一,便是注重恢复和发展农业生产,如向灾民提供救济,贷给种子等等。此外,还表现在对兴修农田水利的重视上,据《后汉书·安帝纪》记载:

元初二年(公元115年)正月,修理西门豹所分漳水为支渠,以溉民田。战国初年魏国邺县县令所修的漳河十二渠,渠成后灌溉大片农田,人民深受其利。后来为清理淤塞,又经多次修理。

二月辛酉日,诏令三辅、河内、河东、上党、赵国、太原等六郡国,要求各自"修理旧渠,通利水道,以溉公私田畴"。这对于开通水道,灌溉农田,无疑是起了重大的作用。

元初三年正月甲戌日,即在当年的春耕开始之前,又诏令修理太原旧沟渠,灌溉官私田。

推行养老政策,是邓太后勤政爱民政策的又一方面。据《汉书·安帝纪》记载:

元初四年秋七月,邓太后发布诏书,诏书的原文是:

> 今年秋稼茂好,垂可收获,而连雨未济,惧必淹伤。夕惕惟忧,思念其咎。夫霖雨者,人怨之所至。其武吏以威暴下,文吏妄行苛刻,乡吏因公生奸,为百姓所患苦者,有司显明其罚。又《月令》"仲秋养老,授几杖,行糜粥"。方今案比之时,郡县多不奉行。虽有糜粥,糠秕相半。长吏怠事,莫有躬亲,甚违诏书养老之意。其务崇仁恕,赈护寡孤,称朕意焉。

这道诏书的大意是说:今年的秋季作物,长势喜人,丰收在望。然而近日却连降大雨,天不开晴,庄稼恐怕要遭受水淹。朕为此而警惧忧虑,思念政事上出现了什么过错。天降连绵大雨,这是人劳怨苦所招致的:武官用威暴对待部下,文官又违法暴敛,乡间小吏又假公济私,作弊多端,怎能不招致天怒人怨?凡是百姓所引以为病患苦难的,有关部门应依法惩罚,明令禁止。再说《礼记·月令》明文写道:仲秋八月,赡养老年人,授给他们几杖以便于坐卧行走,施舍粥食使他们老有所养。当今正是查验户口以便落实养老的季节,而郡县官吏大多不奉命执行:虽设有养老粥食,但粥中多是糠秕,而郡县的长吏又怠慢此事,没有亲自到乡里间视察养老的情况,严重地违背了诏书养老的用意。郡县官吏应崇尚仁爱忠恕,赈济孤寡,将朕的一片心意送给年老之人。

这道诏书对郡县长吏不奉行朝廷的养老政策一事提出了批评,同时也表达了太后推行养老政策的意图所在。

九　家族宠贵

宗门满盛,邓骘其入。
自行检束,家教遗风。
持权引谤,未能善终。

邓太后临朝天下,国家的军政大权一直是牢牢地掌握在以太后为首的邓氏兄弟集团的手中。太后使令她的同胞兄弟位居国家的军政要职,这显然是确保她临朝天下必不可少的首要条件。太后驾崩的前一年,她的叔伯哥哥越骑校尉邓康上书太后,主张“宜崇公室,自损私权”。下面,将邓氏兄弟与太后的关系及所担任的官职,逐一依序列举如下:

邓骘。同胞哥哥。太后临朝前为郎中、虎贲中郎将;临朝后拜为车骑将军、仪同三司,永初二年拜为大将军,辅佐朝政,受封为蔡侯,辞而不受。其子邓凤官至侍中。

邓京。同胞弟弟。太后临朝前为郎中、黄门侍郎,早卒于宫。其子珍受封为阳安侯。

邓悝。同胞弟弟。太后临朝前为郎中、黄门侍郎。临朝后为侍中、城门校尉、虎贲中郎将,为安帝授欧阳《尚书》于禁中。受封为叶侯,辞而不受。死后其子广宗受封为叶侯。

邓弘。同胞弟弟。太后临朝前为郎中、黄门侍郎;临朝后为侍中,虎贲中郎将。受封为西平侯,辞而不受。死后其子广德受封为西平侯,其弟甫德为都乡侯。

邓阊。同胞弟弟。太后临朝前为郎中、黄门侍郎;临朝后为侍中,受封为西华侯,辞而不受。死后其子忠受封为西华侯。

邓遵。叔伯弟弟。太后临朝后官至度辽将军,受封为武阳侯。

邓康。叔伯哥哥。太后临朝后官至河南尹。

邓豹。叔伯哥哥。太后临朝后官至将作大匠。

《后汉书·邓寇列传》记载:

> 邓氏自中兴后,累世显贵:凡侯者二十九人,公二人,大将军以下十三人,中二千石十四人,列校二十二人,州牧、郡守四十八人,其余侍中、将、大夫、郎、谒者不可胜数,东京莫与为比。

这一记载表明,东汉时期邓氏家族最为宠贵,邓骘同胞兄弟五人以及叔伯兄弟遵、康、豹等人所在官职及受封爵位表明,邓太后临朝期间的国家军政大权,确实是掌握在太后以及邓氏兄弟手中。

在邓氏兄弟中,为首的当然是太后的同胞兄长邓骘。就其所受的家庭教育和个人品德修养而言,他与太后也颇相近似。太后临朝后立即将邓骘由虎贲中郎将提升为车骑将军、仪同三司。在中国官制史上“仪同”的名号,即始于此。车骑将军位在三公之下,但有了仪同三公的名号,便取得了与三公同等的地位,成为皇帝的辅佐大臣。邓骘正是以这一身份在殇帝刘隆晏驾时定策禁中,迎立刘祜为帝。自邓骘被拜为车骑将军之日起,他便在事实上成为临朝太后之下的第一号握有国家军政大权的显赫人物。

永初二年,车骑将军受命西征羌人,无功而还,按理本应引罪自贬,以谢天下。然而,朝廷却因他是太后的兄长,派使臣迎拜邓骘为大将军,并在京城郊外举行空前盛大的“郊劳”仪式。这一举动，当然是得到太后默许的。在这前一年，太后封邓骘等同胞四兄弟为列侯，邓骘等四兄弟五六次上疏自陈，坚决辞而不受，太后最终也接受了这一辞请。素以谦让、能检束自己而著称的太后、邓骘，这次为什么一个默许、一个欣然接受呢？因为大将军一职并非寻常：

西汉时期，霍光以大司马大将军的身份位为辅政大臣之首，居三公之上。东汉汉和帝即位后，窦太后临朝执政，窦宪以车骑将军的身份出击匈奴有功，被拜为大将军，位居三公之上。大将军虽然是“秩比三公”，但有霍光等人的先例，大将军一职是位在三公之上的。自邓骘被拜为大将军后，他不仅在事实上而且在名义上也成了临朝太后之下的第一号辅佐大臣。

在能否据有大将军一职的重大问题上，邓太后与邓骘丝毫也不谦让。因为获得这一官职，便使邓骘成为临朝太后之下的、名正言顺的第一号辅佐大臣。

在担任大将军期间，邓骘从不放弃手中的这一权力，而且不乏滥用这一权力的事例。例如永初四年，郎中虞诩向太尉张禹上言，上言中对邓骘放弃凉州的方案提出了三点驳议，张禹采纳了虞诩的建议。邓骘因此对虞诩怀恨在心，因为当时朝歌有以宁季为首的“数千人攻杀长吏，屯聚连年，州郡不能禁”。邓骘断定虞诩不能讨平宁季，到那时再按照“吏法”问罪于虞诩。谁知虞诩到任后以他那杰出的才能，迅速地讨平“盗贼”，“咸称神明，县境皆平”，这才使得邓骘陷害虞诩的阴谋未能得逞。

邓骘担任大将军后，虽然不放弃手中的权力，但他并非专横跋扈。从总体上看，他能够审慎地运用手中的权力，并时时注意约束自己、同胞兄弟以及自己的儿子，在爵位和辅政等问题上，常常做出谦让的姿态和抉择。与此同时，他还为朝廷荐举了一批有用的人才。这一切，显然同他所受的良好家庭教育以及善于从历史中总结经验教训有关。

《后汉书·邓寇列传》载：

> 自祖父禹教训子孙，皆遵法度，深戒窦氏，检敕宗族，阖门静居。

即是说，自先祖邓禹善于教训子孙起，遵守法度已成为邓氏家族的家风；而且又以窦太后及窦宪的覆亡为戒鉴，整饬宗族，闭门静居。邓骘兄弟在这方面的事迹，在历史上并不多见，实属难能可贵，史书亦多所记载。

汉和帝宴崩后，邓骘兄弟经常居于宫内禁中，待策立安帝之后，形势日趋稳定，邓骘便“谦逊”不愿久居宫内，经过一年多的请求，太后才允许邓骘“还第”。

永初元年（公元107年），诏书封邓骘为上蔡侯、邓悝为叶侯、邓弘为西平侯、邓阊为西华侯，各食邑万户。邓骘因策立安帝有功，在万户上之又增邑三千户。邓骘兄弟四人，辞不接受封爵，避免同前来授予封爵的使者见面，并且不走阳关大道，途经崎岖到朝廷上疏陈辞。上疏写得很谦虚诚恳，《后汉书·邓寇列传》记载了上疏的原文：

> 臣兄弟污秽，无分可采，过以外戚，遭值明时，托日月之末光，被云雨

> 之渥泽，并统列位，光昭当世。不能宣赞风美，补助清化，诚惭诚惧，无以处心。陛下躬天然之姿，体仁圣之德，遭国不造，仍离大忧，开日月之明，运独断之虑，援立皇统，奉承大宗。圣策定于神心，休烈垂于不朽，本非臣等所能万一，而猥推嘉美，并享大封，伏闻诏书，惊惶惭怖。追观前世倾覆之诫，退自惟念，不寒而栗。臣等虽无逮及远见之虑，犹有庶几戒惧之情。常母子兄弟，内相敕厉，冀以端悫畏惧，一心奉戴，上全天恩，下完性命。刻骨定分，有死无二。终不敢横受爵土，以增罪累。

上疏的前半部分，全是些自谦以及颂扬太后的话语，而后半部分才说到不受封爵的缘由，讲的都是实情。邓骘兄弟说："当接到同时受封的诏书后，惊惶恐惧。回顾前朝外戚上官安、霍禹被诛戮的戒鉴，退而思念自己，不寒而栗。臣等虽谈不上有远见的思虑，但心中还是有些戒惧的实情。常常是母子兄弟之间，在家内自相整饬，希望以自己的正直诚实、畏惧谨慎，一心奉戴天子，上报天恩，下全性命。臣等深受皇恩，死无二心。始终不敢接受封爵，增加罪孽。惶恐不安、冒犯陈请。"

邓氏兄弟在受封为侯时的心情和表现，表明他们不是不知道爵位和权势会带来什么好处，而是着眼于爵位和权势会为自己的将来招致怎样可怕的祸害。正是基于这种认识，邓氏兄弟于他们生前在权势问题上所表现出的一再谦让，就没有什么不可理解的了。

永初四年（公元 110 年），邓太后的母亲、新野君患病，邓骘兄弟一同上书请求离职回家侍奉母亲。太后以邓阊年纪最小，又最孝顺，特允许他离职回家护理母亲。十月，太后的母亲病故。邓骘兄弟请求离职为母亲服丧，太后担心这样对于维护自己的地位不利，本想不予允许。后来太后就此事征求女史学家曹大家（即班昭），班昭上疏说：

> 妾闻谦让之风，德莫大焉。今四舅深执忠孝，引身自退，而以方垂未静，拒而不许，如后有毫毛加于今日，诚恐推让之名不可再得。

是曹大家劝谏时所讲的一番至理名言，使太后答应了邓骘兄弟为母服丧的请求。

待至服丧期满，诏令邓骘"还辅朝政"，再次授给邓骘等兄弟四人于永初元年曾授予的封爵，朝廷有大事议论，便前往朝堂，与公卿共同参议军国大事。奉朝请是汉代对退职大臣、将军以及皇室、外戚，多给以奉朝请的名义，使得以参加朝会。邓骘从此便从大将军的辅政大臣职位上退下来。

元初五年（公元 118 年），中郎将任尚因盗军粮罪，被槛车征诣廷尉问罪。因任尚曾向邓骘的儿子邓凤赠送马匹，邓凤惧怕事情泄露而获罪，便事先向父亲邓骘自首。邓骘畏惧太后追究此事，便将自己的妻子剃去头发并连同儿子一起送交官府，表示谢罪。这件事，使邓骘得到天下人的称道。

邓骘于在位期间，曾向朝廷推荐了一批知名的贤士。其中，他所荐举的何熙、李郃等人，位列于朝廷。又提拔弘农郡杨震、巴郡陈禅等人在自己的大将军幕府中任职，从而受到了天下人的称赞。

杨震其人，早年丧父，家贫而好学。他通晓欧阳《尚书》，博览经史，被当时的学者称为“关西孔子杨伯起”。他从不接受州郡对他的延聘之礼，被众人称为“晚暮”，意思是说年岁已老，出任官职太迟了。当邓骘闻知杨震的名声后，立即召他到幕府中任职，这时杨震已是五十多岁的人了。后来，他又升任荆州刺史、东莱郡（今山东莱州）太守。当杨震前往东莱郡赴任时，途经昌邑县（今山东巨野东南）时，当年他所荐举的茂才王密任昌邑县令。为答谢老师，王密于夜间怀十斤黄金赠予杨震。杨震见故人王密赠黄金给他，便婉转地对王密说：

“故人（当时人面对门生故吏自称‘故人’）了解君，君却不了解故人，这是怎么回事啊？”

王密故意装作没有听懂昔日老师讲话的用意，便说：

“黑夜里没有人知道这件事。”

杨震反驳说：

“天知，地知，我知，你知，怎能说没有人知道呢！”

王密惭愧地怀金从杨震所居的客馆屋门内走出。

震禀性公正廉洁，他的子孙都是以粗米蔬菜为食，不食鱼肉，外出步行，不乘车骑。他的老朋友都劝他为子孙治点产业，杨震始终不肯这样做。他曾向劝他治产业的老朋友说：

“这是使后人称他们是清白官吏的子孙。把这个名声留给子孙，难道不是很丰厚的吗？”

关于邓骘一生的功绩，《后汉书·邓寇列传》有如下一段记载：

> 时遭元元之灾，人士饥荒，死者相望，盗贼群起，四夷侵畔。骘等崇节俭，罢力役，推进天下贤士何熙、祋讽、洋浸、李磩、陶敦等列于朝廷，避杨震、朱宠、陈禅置之幕府，故天下复安。

《后汉书》上述一段评论，是对邓骘一生功绩的公正评价。然而，到太后晏驾时，汉安帝已是28岁。在“还政”的问题上，不能说汉安帝同太后以及邓骘兄弟之间没有矛盾与愤怨。

太后驾崩，不久宫中便有一些曾受过太后惩罚的宫人，出来诬告太后的弟弟悝、弘、阊曾一度与尚书邓访密谋废安帝。由于太后在世时安帝的乳母王圣、中黄门李闰、江京等人说什么太后要废置皇帝，对太后进行中伤，安帝每每为此而心怀愤恨与恐惧。这次宫中有人诬告邓氏兄弟，汉安帝得知后立即大怒，指令有关部门上奏邓悝等人“大逆无道”，诏令废西平侯广宗、叶侯广德、西华侯忠、阳安侯珍、都乡侯甫德皆为庶人。邓氏宗族一律免官离京邓骘的财产田宅一律没收归官府。由于郡县官吏的逼迫，邓悝的儿子广宗、邓阊的儿子忠都自杀而死。又徙封邓骘为罗侯，邓骘同他的儿子凤绝食而死。邓骘的叔伯兄弟河南尹邓豹、度辽将军舞阳侯邓遵、将作大匠邓畅皆自杀身亡。唯有广德兄弟二人因与阎皇后为同母兄弟姊妹，得以留在京师。

邓氏兄弟因遭诬陷接连而死,在京城内外引起了很大的反响。大司农朱宠痛感邓骘无罪而遭此祸难,便脱去上衣,裸露身体,表示认罪,同时抬着棺材,以示决心以一死向朝廷上疏。《上疏》的原文是:

伏惟和熹皇后圣善之德,为汉文母。兄弟忠孝,同心忧国,功成身退,让国逊位,历世贵戚,无与为比,当享积善履谦之佑。而横为宫人单辞所陷,利口倾险,反乱国家,罪无申证,狱不讯鞫,遂令骘等遭此酷陷,一门七人,并以不命,尸骸流离,冤魂不反,逆天感人,率土丧气。宜收还冢次,宠树遗孤,奉承血祀,以谢亡灵。

上疏的大意是说:以和熹皇后的圣善美德,实为有汉一代的文母(文母,指周文王之母大任)。兄弟忠君孝父,同心协力,以国家忧患为忧患,功成身退,让出军国要职的权位,历代的贵戚公卿,没有能比得上的,本当享有"积善之家必有余庆"的福佑。然而,遭受宫人一面之词陷害的横祸,花言巧语,颠倒黑白,反而给国家带来祸乱,所列罪名拿不出证据,又不经司法部门的审讯,便使邓骘等人遭受残酷的迫害:邓氏一门有邓骘以及从弟邓豹、邓遵、邓畅,骘子邓凤、邓凤从弟邓广宗、邓忠等七人,全都死于非命。尸骸流离各地,不得安葬,冤魂无处可归,上违天意,下违人心,举国之人为此而伤心丧气。应收还死者尸骸,按其爵秩,以礼安葬,使其能享受子孙后代的祭祀,以此来安慰死者的亡灵。

朱宠在上疏中对邓骘等人一生的功绩和品德,做出了公正的评价;对宫人的陷害提出了指控,同时请求皇帝安葬死者,为死者平反。朱宠自知上疏言切,呈交后便主动到廷尉那里投案。尚书陈忠再次上奏章弹劾朱宠,朱宠被免官遣归乡里。

邓骘等人的冤案在朝廷内引起了很大反响,有很多人为他们喊冤;此时,汉安帝本人也有所省悟,便谴责郡县官吏对邓氏兄弟的迫害,诏令将邓骘等人的尸骨安葬于京师洛阳城北的北芒山,邓骘的各叔伯兄弟,都得以回归京师。

汉顺帝刘保即位后,追念并感激邓太后的教训之恩,又哀怜邓骘无罪而遭难,便诏令掌管亲属事务的宗正(九卿之一),恢复已故大将军邓骘宗亲内外诸人的爵位,朱宠也被汉顺帝提拔为太尉、录尚书事,成为顺帝的首席辅政大臣。

十 鞠躬尽瘁

秉承家教,知书达礼。
能识大体,权不旁落。
治国有方,为政勤俭。
不事迷信,忧国忧民。
虚心纳谏,珍视人才。
宽厚仁慈,孝顺父母。
管束外戚,严于律己。

礼待班昭，提倡儒学。
诗书传家，居安思危。
昼省王政，夜读经史。
错杀杜根，政事有缺。
光明磊落，鞠躬尽瘁。

邓绥作为中国封建时代著名的临朝太后，据史书所载，是时，和帝驾崩，国无储副。灾害连年，四夷外侵。盗贼内起，危若累卵。太后有鉴于此，毅然为天下主。于是昼省王政，夜则诵读。菲薄衣食，躬率群下。损膳解骖，以赡黎庶。遂使天下复平，岁还丰穰。邓太后一生的政绩，言之凿凿，彪炳青史；太后临朝期间所做出的贡献，同她个人的理论修养和高尚品德是紧密地连在一起的。

邓太后的理论修养和高尚品德，首先得益于她所出身的家庭，祖父邓禹作为东汉开国功臣之首，汉明帝即位后拜他为太傅，位居三公之上。邓禹为人宽厚，在家事奉母亲，以至孝闻名；在外统兵作战，从不妄杀一人。虽位高权重，但常欲远离名势。他不治产业，却令13个儿子每人钻研一门经书，闺门修整，为教养子孙后代所制定的家规，都可以为后世所效法。而祖母在邓绥儿时，是一位慈祥的老人。父亲邓训少有大志，为政仁慈，任乌恒校尉、护羌校尉时政绩卓著，深受乌恒族、羌族人民的爱戴。邓训虽然居官在外时"宽中容众"，而在家却"于闺门甚严，兄弟莫不敬惮"。母亲阴夫人亦是有着良好的家庭教养，品德高尚。

在家教遗风的熏陶下，邓绥从小便酷爱读书，由于志在典籍，不问居家之事，母亲忠告她"习女工"，于是她便"昼修妇业，暮诵经典"，依然坚持刻苦读书，因此家人送给她"诸生"的雅号。待到十二岁父亲病故时，邓绥当时已通读经传诸书，而且是学有所得。父亲同她详议大小政事，而一个不到十二岁的孩子又无社会阅历，如不是精通经史诸书，学有所得，能够引经据典，她拿什么向父亲提供咨询？至于在为父守丧的三年，从入宫到临朝的十一年中，邓绥又是怎样地读书，史书无有记载。但从临朝后十七年中"昼省王政，夜则诵读"的记载来看，邓太后一生都受益于从小养成的读书习惯，中国历史上不乏著名的临朝太后，但在"知书"这一点上，没有人能比得上邓绥。

至于"达礼"，邓太后除有得于读书之外，也受益于家教。邓太后的一生她是懂礼和守礼的，是在封建礼教下培养出来的"达礼"的典范人物。据记载：

五岁那年祖母为她剪发，"误伤后额"，她怕祖母因失误而伤心，"忍痛不言"，在祖母面前尽极孙女之礼；

母亲对她只顾读书"不习女工"提出质疑，她为了不使母亲伤心，便改为"昼修妇业，暮诵经典"，极尽女儿之礼；

十二岁时父亲病故，她"昼夜号泣，终三年不食盐菜，憔悴毁容"，尽极孝女之礼；

十六岁时被汉和帝立为贵人，她"恭肃小心，动有法度，承事阴后，夙夜战兢，接抚同列，常克己以下之，……其衣有与阴后同色者，即时解易；若并时进见，则不敢正坐；离立，行则偻身自卑；帝每有所问，常逡巡后对，不敢先阴后言"，极尽妃嫔之礼；

二十二岁时被汉和帝立为皇后，她禁绝各方国贡献“珍丽之物”，“帝每欲官爵邓氏，后辄哀请谦让”，极尽皇后之礼。

从立为贵人、皇后到和帝驾崩，她从不争宠，从不以色事人，抑损母家，时时事事按自己的身份和礼教来规范自己的言行。这一切，显然是她秉承家教、知书达礼、注重自我修养的结果。

自她君临天下之日起，十七年的临朝实践表明，她是一位能识大体的天下女主，诸如：

长子胜有痼疾，邓太后毅然立始生百余日的少子隆为帝，由自己临朝天下；

拜先帝的忠厚老臣、太尉张禹为太傅，使其位在三公之上，同时拜司徒徐防为太尉，参录尚书事，又以光禄勋梁鲔为司徒，以太常尹勤为司空。张禹等四人官职上的提升和新的三公任命，使自己的临朝取得了朝中老臣的支持；

邓骘由虎贲中郎升为车骑将军、仪同三司，邓悝升任虎贲中郎将、城门校尉，邓弘升任虎贲中郎将，邓阊升任黄门侍郎，致使邓氏兄弟掌握了国家的军政实权；

殇帝夭折，迎立刘祜为帝，迅速而果决，不使天下一日无主，免生动乱；

临朝后的第三年，拜邓骘为大将军，临朝地位从组织上进一步获得了巩固；

在灾害连年、四夷外侵、盗贼内起的形势下，制定了躬行节俭、赈济贫民、省刑罚、平冤狱的治国方略，从而收到了“天下复平，岁还丰穰”的效果；

在赋予邓氏兄弟以军国实权的同时，又以窦宪覆亡为鉴，检敕宗族，不使骄横，使国家和邓氏兄弟免遭祸难；

在临朝后的第五年，接受班昭的劝谏，允许邓骘“引身自退”，如此等等。

历史事实表明，邓太后是一位堪称能识大体的天下女主。

同邓太后能识大体相联系的，是她在临期间始终做到了权不旁落，即所谓“称制终身，号令自出”，直至太后驾崩后，汉安帝才“始亲政事”。为此，封建史学家指责她“身阙明辟之义”，未能及时地还政于汉安帝。须知，如果是邓太后贪恋权势，必定会选择一名平庸无能之辈，立为傀儡皇帝，怎会立“聪明”少年为君？事实上是汉安帝长大后，行为多有“不德”之处。

试读邓太后为着躬行节俭、赈济贫民、征选贤良而向天下所发布的一道道诏书，表明她确实是一位勤政爱民的君主。史学家范晔虽然对邓太后的久不还政多有微词，但又说“所幸者非己，焦心恤患，自强者唯国”，承认邓太后的“持权引谤”并非是为了自己，而是忧国忧民。大量事实表明，邓太后是一位治国有方、勤政爱民的君主。

同邓太后的勤政爱民相联系的，是她的不事迷信。《后汉书·后纪上》记载：邓太后“以鬼神难征，淫祀无福，乃诏有司罢诸祠官不合典礼者。”在太后看来，有关鬼神的那一套东西很难征验，胡乱祭祀鬼神也不会给人们带来福佑，因而诏令有关部门撤销不合于典礼的祠官。邓太后是用躬行节俭、赈济贫民的勤政爱民的方针来救灾度荒，注重的是人事，而对迷信鬼神的风气则诏令制止，坚持并实践了儒家学派创始人“不语怪力乱神”的正统观点。

永初三年（公元109年），邓太后偶感小疾，贵体不安。左右的侍从忧虑惶恐，便祈祷上天。太后闻知此事后非常生气，严词谴责，并私下敕令掖庭令，只允许按惯例向上天"谢过祈福"，不得搞祈祷以身代死那一套迷信活动，再次体现出太后一生重人事而不迷信鬼神的可贵精神。

邓太后日夜以国事为忧，胸有治国方略，遇事每每自有主张，因而史书上关于她虚心纳谏的记载并不多，至于太后招纳贤才的具体事例，史书上的记载便很多了。她自临朝后，接连发出六七道求贤诏书，要求各郡国向朝廷荐举人才。她反复向郡国长官阐述"为政之本，莫若得人"的道理，对地方官员不向朝廷荐举人才提出了严厉的批评，并为此做出了明确的规定，显然，邓太后是渴望选拔更多的贤能之士到各级政府中任职，来帮助她治理好国家。

邓太后为人宽厚仁慈，心地善良，在她处理家事、国事问题上亦多所体现。自入宫被立为贵人、皇后，特别是临朝天下之后，有关这方面的事例史书上亦不乏记载：

被立为贵人后，"虽宫人隶役，皆加恩借"；

汉和帝病重时，阴皇后曾密言："我得志，不令邓氏复有遗类！"邓绥几乎为此想饮毒"从死"。然而，当汉和帝决定因巫蛊事废阴皇后时，邓贵人却在皇帝面前为阴皇后"请救"；

临朝后，对冯贵人等给予厚重的恩赐；

为使宫人及先帝幸人吉成免遭陷害，她亲自明断两案，众人"莫不叹服，以为圣明"；

诏令"赦除建武以来诸犯妖恶及马、窦家属所被禁锢者，皆复之为平人"；"诏诸园贵人：其宫人有宗室同族若羸老不任使者，……恣其去留，免遣者五六百人"；

洛阳录囚时为死囚平反冤狱，"收洛阳令下狱抵罪"；

对阴皇后因罪被废表示哀怜，因而"诏令阴后家属皆归故郡，还其资财五百余万"；

临朝期间，"每闻人饥，或达旦不寐"，如此等等。

父亲病故，她"昼夜号泣，终三年不食盐菜，憔悴毁容"。母亲新野君患病，太后前往母亲的府第，亲自护理母亲，直至病终。

为了对邓氏家族严加管束，她特地向家族居住地区的行政长官司隶校尉、河南尹、南阳太守发布诏令，诏告说：

> 每览前代外戚宾客，假借威权，……至有浊乱奉公，为人患苦，咎在执法不辄行其罚故也。今车骑将军骘等虽怀敬顺之志，而宗广大，姻戚不少，宾客奸猾，多干禁宪。其明加检敕，勿相容护。

诏书的大意是说：每当阅览前代史书，多见外戚之家门下的宾客，假借主人的权威，行为轻薄浊乱，给人们带来祸患与苦难。责任就在于执法的官吏失职，不立即予以惩罚的缘故。今车骑将军邓骘等人虽然心怀敬顺之志，但宗族门庭广大，姻亲也为数不少，门下的宾客定会有人为非作歹、触犯法禁的。特诏令对此明加整饬，不得包容庇护。

自太后的诏令之后，邓氏的亲属有犯罪的，司隶校尉、河南尹、南阳太守及其属下官员都能依法惩处，不予宽容。事实上，邓氏家族不仅在太后临朝期间，就是在东汉一代，很少有人骄横跋扈、触犯法禁的，这除了邓氏家族的家教遗风所起的作用之外，也与太后对邓氏宗族的明令检敕有重要的关系。

元初二年（公元115年），太后的弟弟、前虎责中郎将邓弘病故。邓弘生性节俭朴素，曾专研欧阳《尚书》，邓弘病故时，有关部门奏请按惯例追赠邓弘为骠骑将军，位特进，封西平侯。太后追念弟弟生前的雅意，不同意追赠官位、衣服，只是赐钱千万，布万匹，然而邓骘兄弟等人还是辞让不受。出葬时，有关部门奏请：邓弘生前曾为皇帝的老师，应依照霍光出葬时的故事，发五营轻车骑士护丧。太后对于这些奏请，一概不听，只允许用白盖车、双骑，由门生挽送出葬。

邓弘生前曾任虎贲中郎将，又有"帝师之重"，丧事办得稍微隆重一些本是可以的。但是，邓太后力主丧事从俭，这主要是出于她检敕宗族的原则，可谓用心良苦、深谋远虑。太后对邓氏家族的管束政策，在邓弘治丧问题上得到了充分的体现。

邓太后同女史学家班昭关系密切，她的礼待班昭，遂成后世佳话。班昭是东汉儒学大师班彪的女儿，比邓太后年长二十余岁。班昭的哥哥班固是著名的史学家，著有《汉书》传世；班固的弟弟班超出使西域有功，受封为定远侯。在书香门第之中，班昭博学高才。十四岁时嫁于同郡曹世叔为妻。世叔早卒，班昭寡居。班固因受窦宪一案的牵连下狱，死于狱中，其所著《汉书》尚有八表及《天文志》未能完稿。汉和帝闻知班昭博学高才，便诏令班昭到洛阳南宫东观藏书阁，补作《汉书》八表。同时，和帝又多次诏班昭入宫，令皇后及各位贵人拜班昭为师，号称"大家"（家读作"姑"），后人因此称她为"曹大家"。当时朝廷每有贡献异物，便诏令班昭作赋颂扬。班昭出身于书香门第，又博学高才，续成《汉书》八表，是当时著名的学者。邓绥虽然自幼酷爱读书，但缺少名师指点，因而对班昭景仰不已。在心目中，邓皇后对班昭怀有无限的敬重之情。

汉和帝驾崩，邓太后临朝。由于往昔的交往与师生之情，太后在处理政务时常常咨询于班昭，班昭因此而经常出入洛阳南宫。为此，太后封班昭的儿子曹成为关内侯，官至齐国相。这就是《后汉书·列女传·曹世叔妻》所记载的"邓太后临朝，与闻政事。以出入之勤，特封子成关内侯，官至齐相。"

班昭的"与闻政事"，据《后汉书》所载：永初四年（公元110年）九月，邓太后的母亲新野君病故，邓骘等兄弟四人上书太后，请求离职为母服丧三年，引身自退。太后原一时拿不定主意。疑难之际，邓太后决定向班昭进行讨教。班昭便以上疏的形式正式地表明了自己的态度。在上疏的前半部分，班昭首先称诵太后"躬盛德之美"，又说"妾闻谦让之风，德莫大焉"，然后便讲今比古，引经据典，得出了"推让之诚，其致远矣"的结论。接着，上疏便切入主题："今四舅深执忠孝，引身自退，而以方垂未静，拒而不许。如后有毫毛加于今日，诚恐推让之名不可再得。"这两句话的意思是说：今日四位国舅（骘、悝、弘、阊）深以忠孝大义为重，请求从所居官职上引身自退，而太后却以四方边境尚未安静为理由，拒不恩准。假如以后有纤微之过加于四位国舅之身，到那个时候，恐怕谦让的名声就会欲求而不可复得了。

正是"如后有毫毛加于今日，诚恐推让之名不可再得"这句话，字字重如千钧，打动了太后的心。但太后一览便知:曹大家是说趁着国舅执政时间不长、尚无过错、又恰逢为母服丧的时机,从首席辅政大臣的高位上退下来,既可保有谦让的美名,又可因此而免祸;想到这里,邓太后毅然允许邓骘兄弟引身自退,“各还里第”,为母亲服丧,并从此“阖门静居”。

即或如此,太后驾崩后邓氏兄弟还是难免身遭横祸。与两汉时期其他外戚之家多被诛戮不同的是,邓氏一门虽有七人自尽而死,到汉顺帝即位时,终于为邓骘等人彻底平反,恢复一切名誉。这个结局,其中自有班昭劝谏的一份功劳在内。

同礼待班昭相联系的,是邓太后的提倡儒学。东汉的开国皇帝刘秀,注重儒学并以此为精神武器,来巩固东汉政权。邓太后深感儒家的经典中字句颇多谬误,便博选儒学大师刘珍等人同博士、议郎、四府掾史共五十余人到东观藏书阁校对整理典籍。校理完毕后,上奏太后,太后赐给他们葛布,以示慰劳。同时,又诏令宫中的中官、近臣到东观听取经师们的传授经传,并在结业后再回到宫中向宫人讲授经传,令宫人早晚诵读儒家经传。

邓太后采取有效的措施令宫人们诵读经传,这在中国封建时代可谓一大创举。后宫本是皇帝休息娱乐的生活场所。邓太后有鉴于古今后宫中的种种弊端多与缺乏礼教有关,因此诏令宫人诵读经传典籍,用礼教整饬后宫,可谓用心良苦。

邓太后临朝的后期,深感东汉开国以来王政的诸多弊端,已是积重难返;社会上层的奢侈腐败之风,更是使她忧心忡忡。展望东汉王朝的国运,是邓氏的家史和个人的信仰,使得她把希望寄托在对王室和邓氏家族子弟们的教育之上。除了寄希望于未来之外,她又能如何呢?

元初六年(公元119年),太后向她的叔伯哥哥河南尹邓豹、越骑校尉邓康发出诏书,阐明她办学教习子弟的宗旨与意图。诏书说:

> 吾所以引纳群子置之学官者,实以方今承百王之敝,时俗浅薄,巧伪滋生,五经衰缺,不有化导,将遂凌迟。故欲褒崇圣道,以匡时俗。《传》不云乎“饱食终日,无所用心,难矣哉!”今末世贵戚食禄之家,温衣美食,乘坚驱良,而面墙术学,不识臧否,斯故祸败之从来也。

这道诏书的大意是说:我所以征召引纳王室、外戚之家的群子,让他们入学读书,并延请经师给他们讲习,实在是因为当今承接百王之政的弊端,而现时的社会风俗又如此浅薄日下,奸诈虚伪之风滋长不已,《诗》《书》《易》《礼》《春秋》等五经衰微残缺,如不兴教化以导引,将会日益衰败。所以想以此来光大推崇圣王之道,用来拯救衰败的风气。现今近于衰亡时期的贵戚之家,有着丰厚的俸禄,他们的子弟衣美衣、食美食,出门则乘坐华丽的好车,有良马可供驱使,然而却不学无术,这就是祸患衰败所以产生的根源。

邓太后想通过兴办贵戚子弟学校来匡正时俗,拯救江河日下的国运。这同她的诏令宫人诵读经传的举措一样,其用心可谓良苦,然而在她身死之后,效果又会怎样?

据史书记载,她临朝期间的勤政爱民,已收到了“天下复平,岁还丰穰”的成效。

然而,她清醒地看到东汉王朝末世降临前夕的时敝与世风,因而推出了令宫人读经、教子弟就学的两大举措。邓太后可以称得上居安思危、谋及子孙了。

《后汉书·后纪上》曾记载:

太后自入宫掖,从曹大家受经书,兼天文、算数,昼省王政,夜则诵读。

这"昼省王政,夜则诵读"八个字,可以说是对太后临朝十七年宫廷生活经典式的概括她读书的兴趣很广堪称是博览群书。加之著名学者曹大家的传授与指点,邓太后的文化修养和学识水平在历代临朝太后之中,可以说是无与伦比的。从邓太后的一生来看,她临朝后的"昼省王政,夜则诵读",无疑是她入宫前居家时"昼修妇业,暮诵经典"合乎逻辑的发展。太后在少女时所养成的良好读书习惯,不仅没有因为入宫后贵为皇后、君临天下这一地位上的转变而丧失,而且日益发扬光大,老则弥坚,堪称是富贵不能淫的女性典范。一个既忧国忧民又嗜书成癖的天下君主,怎能不从书本上寻找治理国家的精神武器呢?

关于邓太后临朝后的"昼省王政",《后汉书》为我们留下了这样一段记载:

自太后临朝,水旱十载,四夷外侵,盗贼内起,每闻人饥,或达旦不寐,而躬自减彻,以救灾厄,故天下复平,岁还丰穰。

寥寥44字,概括了邓太后临朝的形势以及她如何治理国家。而"天下复平,岁还丰穰"这8个字,则是对邓太后一生历史功绩的高度概括。

治国有方、忧国忧民的邓太后也有缺陷的一面。她在解决国家所面临的"四夷外侵"这一重大问题上,特别是处理与羌人的关系时,她既未能正确处理同周边各族特别是羌族的种种矛盾,又未能为她妥善地解决边境上所出现的种种问题。在这样重大的问题上,只是委任一个"有将帅之略"的虞诩出任武都太守,不能从总体上扭转形势。同羌人十余年间的战争,军费开支竟高达240多亿钱。这在灾害连年的岁月里,不仅是人民不堪忍受的沉重负担,也不能不使东汉王朝的元气大伤,江山根基因此而发生动摇。这不能不说是邓太后在临朝期间最大的失误。

在处理人事问题上,邓太后的失误之一便是错杀郎中杜根等人。在太后临朝后的第二年,身为郎中的杜根与其他几位郎中一同上书太后说:"帝年长,宜亲政事。"邓太后为此而大怒,立即下令将这几位上书的郎中盛入用丝织成的囊袋之中,在殿上活活将他们扑打致死。接着便用车将尸体运出城外。途中,杜根苏醒过来。邓太后派人到城外验死,杜根假装已经死去。尸体在郊外陈放三日,杜根的眼眶中已经生蛆,人们以为他确实已经死去。杜根因此得以逃窜到外地,在宜城的山中一家酒店当酒保。15年后太后晏驾,他被汉安帝任命侍御史。在太后临朝后的第二年,杜根等几位郎中提出还政于安帝,也许不是时候。然而郎中在朝廷中不过是秩禄比三百石的小官,无定员,此职是士人做官为宦的一个阶梯,大多都是年轻人。邓太后对于几位年轻人的上书竟然大怒,并用残忍的手段在殿上扑打致死,真不知竟是出于何种背景和怎样的考虑。

邓太后对越骑校尉邓康的处置，也是有失于偏颇。邓康本是太后的叔伯弟弟，因为“太后久临朝政，宗门满盛，数上书太后，以为宜崇公室，自损私权”。邓康在上书中，把问题谈得很尖锐，太后没有听从他的劝谏。为此，邓康声称有病，不再入朝议事。邓太后派内侍前往探问，而派出的使者恰恰是邓康家中昔日的奴婢。当时，太后宫中有的婢女因侍候太后日久，受到太后的信任，“多能有所毁誉”，被称为“中大人”。这个昔日的邓康家婢女，也是在中大人面前能说上话的人。邓康见婢女那种傲慢的样子，便当面骂道：“你不过是从我家走出去的一个婢女，敢怎么的？”婢女大怒，回宫便向太后汇报说：“越骑校尉是假装有病，他出言不逊，说太后……”为此，邓太后免去邓康的官职，遣归封国，从宗室的属籍中除名。邓太后的轻信谗言，显然与邓康劝她还政于安帝有关。

史学家范晔在评论她一生功过时，虽然对她的久不归还朝政提出非议，说什么“身阙明辟之义”“持权引谤”，但是他又接着说：“所幸者非己，焦心恤患，自强者唯国。是以班母一说，阖门辞事；爱侄微愆，髡剔谢罪。”承认邓太后久不归政于汉安帝以及她在临朝期间所做的一切，都不是为了个人；指出她的处心积虑、恤患自强只是为着忧国忧民。同时，举出她接受班昭的劝谏允许邓骘四兄弟辞去官职、爱侄有小过而邓骘髡妻谢罪这两件事来予以证明。

邓太后的一生是光明磊落的。她通过频频发布诏书的形式向百官和万民宣布自己的施政方针，对于一切政事的处理如洛阳录囚之类，也是令人有目共睹。她的言行与功过，都有如日月经天，光明磊落。邓太后对于维护与巩固临朝天下的大权，是毫不含混的，大权从不曾旁落。然而，她手中这一权力的取得与维持，都不是借助于阴谋诡计。能做到这一点，除了与个人品德修养有关外，更主要的在于她懂得如何运用手中的权力，从不以权谋私，而是为着国家与人民。

永宁二年（公元121年）二月，邓太后不幸患病，病势愈来愈重。此刻最使她放心不下的，不是家人亲戚，而是国家的政事。她乘坐玉辇来到前殿，接见侍中、尚书，询问并嘱咐一番。停留休息片刻，又乘辇向北来到为太子新修缮的宫室，巡视一周，车驾回宫。回宫后，发布大赦天下的诏书，同时，向公卿百官发布了她的最后一道诏书：

> 朕以无德，托母天下。而薄佑不天，早离大忧。延平之际，海内无主。元元厄运，危如累卵。勤勤苦心，不敢以万乘为乐。上欲不欺无愧先帝，下不违人负宿心。诚在济度百姓，以安刘氏。自谓感彻天地，当蒙福祚。而丧祸内外，伤痛不绝。顷以废病沈滞，久不侍祠。自力上原陵，加欬逆唾血，遂至不解。存亡大分，无可奈何。公卿百官，其勉尽忠恪，以辅朝廷。

这道诏书的大意是说：朕无盛德，托国母的身份而为天下主。天不保佑，先帝早逝。延平之际，殇帝早亡，天下无主。百姓的不幸遭遇，使国家的形势危如累卵。朕以勤勤苦心，不敢以身为大国之主为安乐，只是想上不欺罔苍天、愧对先帝；下不违背民意，有负夙愿，一心想救百姓于水火，以安定刘氏天下。自以为可以感动天地，蒙受福佑。可是，和、殇二帝驾崩，新野君仙逝，丧祸来自内外，伤心悲痛，接连不断。近来旧病发作，经久不愈，已好久未能祭祀先祖。自从到原陵（原陵是光武帝刘秀墓，地在今河南孟津县境）祭祖，又增添咳喘吐血新病，以至于无法医治。人生寿命有限，无可奈何。望公卿百官自相勉励，忠于国家，恪尽职守，尽心竭力，以辅佐朝廷。

邓太后临朝期间向公卿百官下达的诏书可谓不少，多是责令臣下如何施政于民，其中亦不乏训斥之辞。而这道临终前的诏书，似乎是在向她的公卿百官们回顾过去，倾诉衷肠；汇报病情，表白心志。诏书语气平和，千回万转，催人泪下。结尾的“公卿百官，其勉尽忠恪，以辅朝廷”一十三字，是这道诏书的主题，也是她对公卿百官的期望。邓太后临终前的这句话，表明她的一生确实是做到了鞠躬尽瘁，死而后已。

诏书下达后不出几日，邓太后便于建光元年（公元 121 年）三月驾崩，在位 21 年，终年 41 岁，死后与汉和帝合葬于顺陵。

辅佐大清三代帝君——孝庄皇太后

人物档案

孝庄文皇后：蒙古科尔沁部人，科尔沁贝勒博尔济吉特·布和之女，清太宗皇太极的妃嫔，孝端文皇后侄女，敏惠恭和元妃之妹。天命十年(1625年)，布木布泰嫁给后金汗努尔哈赤第八子皇太极，为侧福晋。崇德元年(1636年)，被册封为庄妃。期间生有三女一子。崇德八年(1643年)，皇太极驾崩，布木布泰之子福临即位，即顺治帝，她被尊为"圣母皇太后"。顺治八年(1651年)，上徽号为"昭圣皇太后"。顺治十八年(1661年)，康熙帝玄烨即位，尊祖母布木布泰为太皇太后。后定徽号为"昭圣慈寿恭简安懿章庆敦惠温庄康和仁宣弘靖太皇太后"。康熙二十六年十二月(1688年1月)，布木布泰崩逝，享年七十五岁。雍正、乾隆累加谥为"孝庄仁宣诚宪恭懿至德纯徽翊天启圣文皇后"。

生卒时间：公元前1613年3月28日~公元前1688年1月27日。

安葬之地：昭西陵(河北省遵化市清东陵大红门外东侧)。

性格特点：知人善任，处事果断，富有心机，柔韧端庄，无他玩好，而独嗜图史。

历史功过：一生经历清初三朝，正是由乱到治的关键历史时期。全力辅佐皇太极、顺治、康熙三位皇帝主政，为清初的繁荣和稳定，促进国家统一作出了重大贡献。后世称之为"清代国母"。

名家评点：中国社会科学院研究员杨珍评价说："孝庄是公认的明清之际杰出的女政治家，在清朝入关特别困难的情况下，维持了清皇室的团结，而且保护培养了顺治、康熙历史名君，对扭转当时中国的分裂局面使中国归于统一具有重要作用，更重要的是她没有像慈禧那样垂帘听政，始终处于幕后，这在中国古代史上是非常罕见的。"

一　黄金家族

孝庄太后布木布太所姓之博尔济吉特，是蒙古族最高贵的姓氏。

自孛端察尔起，直到成吉思汗及其后代，一直以博尔济吉特（即孛儿只吉歹）为姓氏。“博尔济吉特”是突厥语，意思是蓝眼睛的人。这些“蓝眼睛人”肤色微黄，显得格外精神健壮。他们的勇敢、善战，在当时受到普遍的称赞。当其他部落互相间发生战争时，各部落都给博尔济吉特人送礼物，请求他们给以武力相助，以便征服和打败强敌。

有时，在博尔济吉特之前，还冠以“乞牙惕”美号，总称乞牙惕——博尔济吉特。乞牙惕称号，来自蒙古族一个更为古老的传说。蒙古族的远古祖先——突厥部落的一支，生活在额尔古纳河流域。这一支突厥部落在与另一些突厥部落交战中遭到惨败，几乎全部被杀，仅剩下名叫捏古思和乞颜的两名男人和女人，逃到额尔古捏昆。“额尔古捏”意为险峻，“昆”字意为山坡，连起来可译为峻岭。这是一片靠近额尔古纳河的地势险峻、与世隔绝、水草丰美、气候适宜的原始森林。捏古思和乞颜留居这里，生息繁衍，形成一些新的以其名字命名的氏族。这些氏族溯鄂嫩河西迁肯特山一带，又逐渐地与当地的其他氏族融合成蒙古族。因此，土拉河、鄂嫩河和克鲁伦河等三河源头、肯特山一带，便成了蒙古族肇兴之地。

然而，当成吉思汗统一全蒙古，建立起横跨欧亚大陆的蒙古帝国之后，称自己的家族为黄金家族，所有姓博尔济吉特的兄弟子侄，都成了黄金家族的成员，即使不加乞牙惕美号，也无人怀疑这一姓氏的最尊贵和最崇高的地位。

元朝灭亡之后，博尔济吉特姓氏仍被视为成吉思汗的圣裔，在蒙古族中享有崇高的地位，大汗及各部首领，都尽量选拔博尔济吉特姓氏之人充当。

布木布太作为蒙古黄金家族的后裔、最高贵的博尔济吉特姓氏的一员，代表古老的蒙古族与新兴的满洲皇室联姻，适应了那时的政治需要；并以她的智慧才能，在大清朝历史上写下了巾帼英雄辉煌的一页，留下了这位皇后一生不寻常的故事。

合撒儿自幼身体健壮，箭法高强，在征战中屡立奇功，为统一蒙古草原、辅佐其兄铁木真登上大汗宝座做出过重大贡献。其母曾赞扬说：“合撒儿力气超人，百步穿杨的箭，使逃逸的百姓，屈服投降；百发百中的箭，使溃逃的叛众缴械投诚。”

成吉思汗对二弟合撒儿本该怀着感激之情，高看一眼。但出于狭隘的权力独占欲和怀疑心，时刻提防合撒儿功高震主，势大篡权，竟处处压制，并企图谋害于他。

公元 1206 年，成吉思汗建立蒙古帝国后，遵循他的“黄金家族共同管理兀鲁思（领地）”的原则，由他本人直接统治帝国中央的 95 个千户，而将帝国的西部封给诸子，东部封给诸弟。合撒儿的封地在额尔古纳河流域及海拉尔河下游和靠近呼伦湖附近的地方，位居蒙古帝国的东北部边陲。

合撒儿不仅所得领地偏僻，百姓少于诸侄，还不时遭受欺凌。萨满教巫师的儿子无端地捕捉合撒儿吊打。事情发生后，成吉思汗不仅不为合撒儿做主，反而受巫师挑拨将合撒儿拘捕审讯，欲置之于死地。幸亏母亲河额仑闻讯赶来，怒斥成吉思汗忘恩负义，为合撒儿解了围。成吉思汗见谋害不成，便设法削弱他的部众，背着母亲，将合撒儿的百姓夺去大部，仅给予1400户。合撒儿在蒙古帝国中受压抑的处境，埋下了他的后代科尔沁部与新兴的满洲结盟，反抗昏庸蒙古大汗的种子。

合撒儿的后代及部众，继承、发扬了他的高超武功和优良传统。到他的十一世孙西古苏台时代，"箭筒士"或"带弓箭的人"，便成了合撒儿领地内所有百姓的共同美称，并进而演变成全部落之名称。

西古苏台王生活在明代宣德、正统年间。早在元朝灭亡后，其最后一个皇帝惠宗妥欢帖睦尔，率6万残余兵众，逃回克鲁伦河下游，起造巴尔斯和坦城居住，史称北元。此后历届蒙古大汗都以克鲁伦河下游、呼伦贝尔草原及其以南一带为根据地，抗击明朝及漠西蒙古瓦剌（卫拉特、厄鲁特）的不断侵袭。这样，原来地处蒙古帝国东北边陲，不受重视的科尔沁部，便突然上升到极为重要的地位。因为它紧靠大汗根据地的北部，大汗不得不在政治、经济及军事上，依靠它的大力支持。科尔沁由于不断地团结、融合周边各部，使其部众迅猛增加，武力显著增强。到西古苏台王时，科尔沁已统辖7个斡脱黑。现在知其名的只有6个，即：塔本茂明安、塔塔拉沁、克烈亦惕、阿拉答沁、巴郎兀惕、索伦兀惕。其中包括原来的塔塔儿、克烈、巴儿虎、索伦等古老部落。这时的科尔沁部早已不是共同血缘关系的氏族集团，而是不同血统人们的结合体。这种构成特点，使得这部分蒙古人，更便于吸收其他部族的良好经验，不断增添自己的活力。

科尔沁王西古苏台，曾为维护成吉思汗"黄金家族"的统治，做出过重大贡献。

合撒儿十四世孙奎蒙克塔斯哈喇，率领部分科尔沁百姓，从额尔古纳河流域，越过大兴安岭，向东南迁至嫩江流域，在科尔沁部发展史上具有划时代的意义。科尔沁部为什么要东迁呢？

东迁是当时蒙古大汗的统一行动，科尔沁奉命随同。蒙古大汗达赉逊库登汗，受到其叔俺答汗（即阿勒坦汗）的威胁，惧为所并，为避免与其发生冲突，便借口"收复三卫夷属"，于明嘉靖二十六年（1547年）六月，从宣府塞外率察哈尔本部10万众东迁，进入辽东塞外朵颜、泰宁、福余等兀良哈三卫的领地。

俺答汗之父巴尔斯博罗特，为成吉思汗十五世孙达延汗的第三子，当年受封统率内蒙古右翼3万人众，据有富庶的黄河河套，即鄂尔多斯地方。达延汗死后，右翼日益强盛，不断侵占别人领地，扩大自己的势力范围。我们从巴尔斯博罗特诸子分封情况即可看出：除长子衮必里克承袭其父的鄂尔多斯故地外，次子俺答和三子拉布克，侵占了其叔阿尔萨博罗特的故地土默特；四子巴雅思哈勒和六子博迪达喇，夺取了叔父乌巴伞察的故地阿苏特、永谢布；五子巴延达喇，甚至竟蚕食到大汗的本部、左翼察哈尔地区的察罕塔塔尔地方。

俺答汗多谋善断，在兄弟辈中起了特殊作用。他最初帮助其兄共同统率右翼民众，迨其兄死后，便从嘉靖二十一、二十二年前后，开始膨胀自己的势力，东边挤走达赉逊库登汗，进到辽东、蓟镇边外；西边威逼诸子，越过甘肃、青海；并向南侵掠明朝，连年寇犯宣府、大同、山西各边。俺答汗声势日强、咄咄逼人，是迫使达赉逊汗东迁的根本原因。

达赉逊汗东迁虽为被迫之举，但因他提出了"收复三卫夷属"的目标，便使东迁具有了某种积极进取之含意。所谓“三卫”是指明初洪武二十二年(1389年)设置的泰宁、朵颜、福余三卫。

兀良哈原为住于肯特山森林中的古老部族,是随成吉思汗分封诸弟,被带至洮儿河、嫩江流域及蒙古帝国的东部地区。上述三卫所居之大兴安岭以东、洮儿河及嫩江流域地方,原是元太祖最小的弟弟铁木哥斡赤斤的封地。

明太祖朱元璋将元朝残余势力驱逐出辽东以后,在蒙古人较为集中的嫩江下游、洮儿河流域设立“三卫”,任命其头目为指挥使、指挥同知等官,给以敕书,许开马市,以做朝廷藩篱。北元对此并不甘心,一再用争取、拉拢手段,与明争夺“三卫”,而“三卫”则依违于明朝与北元之间。

达赉逊汗于明嘉靖二十六年(1547年)六月,其父博迪汗去世不久,即从他自己的根据地,今达里泊、克什克腾旗、故元旧都应昌府附近出发,沿西拉木伦河东进,到达泰宁、福余二卫地方,特别是辽河河套三岔河一带;后来又向西南扩展,势力达到广宁(北镇)、宁远(兴城)、蓟州(蓟州区)边外,与此同时东来的俺答汗弟弟老把都的哈喇慎大营,分别占据了朵颜卫的东半部和西半部。随同达赉逊汗东迁的,还有由其叔虎喇哈赤率领的内喀尔喀五部,以及由奎蒙克率领的科尔沁部。

科尔沁部在内喀尔喀之北,分布于嫩江下游、绰尔河及洮儿河流域。为了与留居在额尔古纳河科尔沁相区别,自号“脑温科尔沁”,即嫩科尔沁。嫩江又名脑温江。但一般仍只简称科尔沁。率部东迁的奎蒙克被尊为该部始祖。奎蒙克二弟巴衮那颜继续率部留居原地。因地处大兴安岭西北,巴衮长子昆都伦岱青,号所部为“阿鲁科尔沁”。蒙古语山阴(西)为“阿鲁”。

东迁,给科尔沁部带来新的生机。他们进入土地肥沃、水草丰美、气候适宜的松嫩平原之后,畜牧业及农业经济迅速取得新的发展,部众也繁衍较快,又分出札赉特、杜尔伯特和郭尔罗斯三部。奎蒙克长子博地达喇,号卓尔郭勒诺颜,有九子,其最小的儿子阿敏,号所部为札赉特;第八子爱纳噶,号所部为杜尔伯特;第三子乌巴什,号所部为郭尔罗斯。科尔沁还向嫩江东部扩展,将锡伯和卦勒察收为自己的属部。

博第达喇长子齐齐克,号巴图尔诺颜;次子纳穆赛,号都喇勒诺颜。齐齐克子翁果岱,号巴图尔珲台吉。纳穆赛长子莽古斯,即布木布太之祖父,可能任过断事官,故称扎尔固齐贝勒;次子明安,号达尔汉巴图鲁;三子孔果尔也是能征善战之将领。这些人后来都成为科尔沁部的贝勒,翁果岱直系一直担任科尔沁部之部长。

更为重要的是,蒙古东迁改变了辽东原有的力量对比。原来是女真人势盛,与明朝对峙,兀良哈三卫势衰,明辽东守将尚能勉强应付,而从此除女真之外,又增加10余万强劲的蒙古铁骑,不时骚扰,致使明朝立即处于顾此失彼的被动局面。明隆庆六年(1571年)三月,明封俺答汗为顺义王,与明通贡、互市,今河北、山西一带出现和平局面,唯有东北仍不太平。蒙古与女真联合进犯辽东,进一步削弱明朝实力,有利于新兴民族——满族的兴起。

二　满蒙联姻

布木布太能嫁给满洲四贝勒并非偶然，那是由蒙古族与女真族长久以来的亲密关系所决定的。蒙古族与满族先世女真人，是明代辽东边外人数最多的两大民族。蒙古族为主的兀良哈三卫居西，女真族的建州、海西及东海等三部居东。虽有地域划分，但两族之间交往却很密切。明朝初年即有部分蒙古人进入建州等女真各部，附属于女真部落而居。女真人也有因为生活困苦，到蒙古人家中充当庸工，甚至连清太祖努尔哈赤本人，亦曾在蒙古部中进行过劳作。至于彼此通婚，更是常事。海西女真四部中，至少叶赫、乌拉、哈达等三部，都是与蒙古相互融合、通婚而形成的女真部落。其始祖明文记载是"蒙古人"或"蒙古苗裔"。建州女真地处海西女真之东，与海西各部通婚较多，但与蒙古三卫，亦俱有亲戚往还。建州大首领李满住有3个妻子，蒙古妇女居其二。

蒙古达赉逊汗率部东迁后，最初并未协调好与女真人的关系，因而当他欲经过女真人驻地进犯辽东时，不仅未得到帮助，反而遭到阻击。迨其子20岁的图们（土蛮）台吉于嘉靖三十七年（1558年）即汗位后，便立即改善与女真人的关系。此人最大特点是颇富韬略，善于联络女真人，尤其是与明朝关系不睦的建州女真，取得他们的配合与帮助，大肆向明朝发起进攻。例如，嘉靖四十一年（1562年）五、六月间，两次深入抚顺、凤凰城、海州、金州等地，大肆抢掠并击毙明副总兵黑春等，即是取得建州女真首领王杲的引导与配合。而对忠于明朝的海西女真哈达部著名首领王台，则千方百计与之联姻。图们汗弟委正与王台女儿通婚之后，其侄小黄台吉又于明万历元年（1573年），强迫王台将女儿嫁给自己的儿子，并筑坛盟誓。

明辽东总兵李成梁，为打击女真与蒙古的联姻结盟行动，于万历二年对建州女真著名首领王杲进行大规模围剿，攻破其寨，斩首1100余级，王杲及家室27人被杀。朝廷的残酷镇压，不仅未能扼制女真人靠近蒙古的趋势，反而激怒他们，使之进一步合作。王杲子阿台，建立山寨，积蓄力量，准备为父报仇，并数次引导蒙古人进犯辽东；海西女真叶赫部首领逞家奴、仰加奴兄弟2人，也与蒙古人结亲，并为之向导。于是，李成梁又于万历十一年（1583年）二月和十二月，先后对建州女真首领阿台、阿海兄弟及海西女真叶赫部首领逞家奴、仰家奴兄弟进行残酷镇压，共计杀害3500余人。而受到明朝保护的海西女真哈达部，自王台于万历十年（1582年）去世后，诸子争权夺利，也日益衰败。从此女真人群龙无首，进入混战时期。各部蜂起，皆称王争长，大首领足有数百，小头目不下数千，互相战杀。明朝见女真不足为害，便集中精力对付蒙古人。建州女真的杰出领袖、布木布太未来的公公努尔哈赤，便在这种有利形势下，脱颖而出，迅速成长起来。

明万历二十一年（1593年）九月，即布木布太出生前20年，在建州女真苏克素护河部的古勒山（今辽宁省新宾县上夹河公社胜利村），发生了有科尔沁部参加的九部联军围剿建州女真的大会战。这次会战的结果，虽以九部联军的失败而告终，但却戏剧般地成了科尔沁部与建州开始通好的契机。

九部联军为什么要进攻建州女真呢？这要从努尔哈赤的振兴谈起。

努尔哈赤(1559——1626年)姓爱新觉罗,祖父觉常刚(觉昌安·叫场)曾任建州左卫都指挥使。其父塔克世(他失、塔石)曾为王杲部将,并娶王杲长女额穆齐为妻,是为努尔哈赤生母。明朝杀害王杲后,封授塔克世为建州左卫部指挥使,并将王杲属地拨给他。由此引起王杲子阿台的疑忌,将塔克世之父觉常刚拘禁于自己山寨。万历十一年(1583年),二月,明兵围剿阿台时,塔克世为营救其父,先于明兵入城,结果城破,父子双双被明兵杀害。努尔哈赤见父、祖无辜被害,悲痛欲绝,但深知尚无力与明军抗衡,于是便采取韬晦之计,接受明方所谓"误杀"之说,暂时不向明朝兴师问罪,而迁怒于勾引明军屠杀自己同胞的图伦城主尼堪外兰,当即于同年五月,联合不满尼堪外兰之人,以父祖十三副遗甲起兵,对其进行征讨。明边将见努尔哈赤不找麻烦,颇为满意,不仅按他的要求归还父祖尸体,还把其父遗地转给他,另给敕书30道,马30匹,允许他袭封建州左卫都指挥使。这时明辽东总兵李成梁正集中精力解决海西女真内争,及抵御蒙古各部的进犯,极大地减少了对努尔哈赤的注意。努尔哈赤遂乘机从万历十一至十六年(1583—1588年),用五年时间,击斩尼堪外兰,完成了建州女真各部的统一,据有今抚顺市以东、长白山以西、辉发河以南,宽甸以北的广大地区。万历十五年(1587年)筑费阿拉城(今辽宁新宾永陵镇二道河子村东南的山坡上),定国政,立法制,并组建以私家武装为核心的常备军。在女真及蒙古各部,都有其以僚友为核心的私家武装、亲兵队伍。努尔哈赤与别人不同的是,依靠僚友和家人,重其才能和贡献而勿论家世,不拘血统,因此能得到部下的拼死效命。不久,称淑勒贝勒,汉译聪睿王。

努尔哈赤统一建州各部的过程中,在政治上仍坚持借助明廷声威,以此号召女真各部、壮大自己势力的方针。为此继续对明廷表示恭顺,经常送还属下所掠人口。万历十七年(1589年),因将进犯明边后逃匿建州的女真小头目克五十斩首,并送还所掠人畜,被明帝晋升为建州左卫都督佥事,"令约束东夷"。此后,直到1615年,25年间,先后亲到北京"朝贡"七次。努尔哈赤掌管建州的500道敕书,独占朝廷贡赏;并在建州属地,设立抚顺、清河、宽甸、叆阳等四个互市中心,与明贸易,获得大量貂参之利。短短几年,建州便出现民殷国富的大好形势。

建州女真的初步成就,引起海西女真叶赫部贝勒布斋和纳林布禄的嫉恨。他们遣使至建州,欲强行割地,被严词拒绝;派兵骚扰,又遭反击。于是,便组织更大规模的围剿。由叶赫贝勒出面,纠合哈达、乌拉、辉发三部,还有长白山的朱舍里、讷殷二部,蒙古的科尔沁、锡伯、卦尔察三部,共九部联军3万人,于万历二十一年(1593年)九月,分三路浩浩荡荡,向建州女真奔袭而来。九部联军虽人多势众,但因是临时拼凑一起,指挥不得力,协调不灵活,互相观望,裹足不前,战斗力极弱。

努尔哈赤总兵力约万人左右,仅及联军的三分之一,但组织严密,指挥得力,部下拼死效力,并利用古勒山有利地形,布阵应战,一举大败九部联军,阵斩叶赫贝勒布斋,生擒乌拉贝勒布占泰,毙敌4000,得战马3000匹、盔甲1000付,并乘胜收复长白山的朱舍里部、讷殷部和鸭绿部,从此威名大振。明朝当时正在出兵援助朝鲜抵抗日本入侵,无力干预建州的兴起,于是便采取笼络手法,于万历二十三年(1595年)晋封努尔哈赤为龙虎将军。以前得援此爵者只有蒙古俺答汗和海西女真哈达部王台2人。可见努尔哈赤在朝廷心目中的地位已相当重要。

科尔沁部参加这次战役的有布木布太的亲祖父莽古斯贝勒及两位叔伯祖父翁阿岱贝勒和明安贝勒。这次兵败逃离战场时，明安贝勒最为狼狈，马被陷入泥淖之中，不得不丢弃马鞍及鞍上所捆绑的财物，脱掉沾满烂泥的脏衣服，裸身骑无鞍的骣马逃回。一向以勇武著称的科尔沁，初步体验到新兴满洲铁骑的厉害。

此举果然奏效，赢得科尔沁贝勒好感。

科尔沁虽然与建州通好，但仍不敢得罪海西女真的叶赫部和乌拉部。因为这两部不仅是有实力的强大近邻，而且欲到开原、抚顺等地与明廷互市，都必须经过他们的地区。这就是说，科尔沁与建州女真的关系，因受强邻海西女真所制约，在此后将近20年时间，并未进入正常发展轨道，而是时亲时疏。

然而，不可否认的事实是，统一的建州日益强大，正在利用海西四部彼此间的矛盾，将他们一个一个地吞掉。

乌拉贝勒布占泰，自古勒山战役被俘，在建州留住四年。努尔哈赤于万历二十四年(1596年)七月，派人将其送回乌拉，立为乌拉国主后，曾试图用联姻办法，使其为己所用。先后将弟舒尔哈齐的两个女儿及自己的四女嫁给布占泰为妻；同时，舒尔哈齐娶其妹，努尔哈赤娶其侄女。但因两部之间利害相关，联姻并未奏效，终于为争夺东海女真及朝鲜国六镇附近的“藩胡”(女真人)问题，爆发了著名的乌碣岩大战。万历三十五年(1607年)初，已归附乌拉的东海瓦尔喀斐优城主，表示愿来建州，希望派兵接取家眷。努尔哈赤当即派弟舒尔哈齐贝勒、长子褚英贝勒、次子代善贝勒及大臣费英东、扈尔汉等率兵3000前往。斐优城地近朝鲜的悬城，位于今吉林省珲春市三家子公社高丽城村。建州兵到后，将城周屯寨居民近500户全部收取带回。行至朝鲜咸镜北道钟城地界，突然受到万名乌拉兵的阻截。先行之费英东、扈尔汉立即结阵于山巅(乌碣岩)，守卫移民，与乌拉兵对峙，待三位贝勒到达，便与乌拉兵展开激战。建州兵大获全胜，阵斩乌拉兵七、八千人，获马5000匹，甲5000副。经这次战役，大挫乌拉士气，并削弱其有生力量；建州气势更盛，诸部纷纷归附，实力远远超过乌拉部。翌年三月，褚英奉命率兵5000，攻取乌拉的宜罕山城，又斩杀千人，得甲300，收取城中全部人口，而布占泰虽然和科尔沁的翁阿岱合兵出乌拉大城追出20里，但自知不敌，未敢迎战。科尔沁贝勒亲眼看见乌拉根本无力与建州抗衡，证明它已不值得依靠和信赖。

努尔哈赤在逐步兼并海西女真同时，于万历三十一年(1603年)，将建州首城迁至赫图阿拉(今辽宁省新宾县老城)，在对外文书中自称“建州等处地方国王”。

建州女真的兴起，引起朝野人士的极大关注。明朝大学士朱赓等说：建州女真“桀骜非常，旁近诸夷，多被吞并”。兵部尚书李化龙援引辽东巡按熊廷弼的话说：“今为患最大，独在建州女真”。虽已认识到这一现实，但又无力出兵干预。

位于科尔沁蒙古之南、海西女真叶赫部之西的内喀尔喀蒙古有识之士，已主动向建州靠近。万历三十三年(1602年)，内喀尔喀五部之一的巴约特部达尔汉贝勒之子恩格德尔台吉，进马20匹前来谒见。努尔哈赤深知越敌国而来者，不过有所希图而已，遂予厚赏。翌年十二月，恩格德尔又引喀尔喀蒙古五部贝勒之使，前来贡献驼马，并尊称努尔哈赤为昆都仑汗，即汉语恭敬汗之意。

形势已非常明朗,科尔沁部必须改弦更张,从海西撤兵,同建州发展友好关系,乃至联姻、请盟。于是通过各种途径进行试探。努尔哈赤从总的斗争需要出发,认为统一女真之后,团结蒙古是根本大计。因此,不念其一再帮助海西对抗建州的旧恶,同意与科尔沁尽弃前怨,联姻结盟。从此两部关系才发生根本性变化,进入联姻结盟的新阶段。

万历四十年(1612年),即布木布太出生前一个春天,努尔哈赤听说科尔沁贝勒明安的女儿博尔济锦氏"颇有丰姿,遣使欲娶之"。明安贝勒解除了女儿既订婚约,于同年四月,亲自送女博尔济锦氏,与聪睿恭敬汗努尔哈赤为妃。努尔哈赤以礼亲迎,大宴成婚。明安贝勒是蒙古王公中第一个与建州联姻者,对未来影响深远。

万历四十一年(1613年)正月,努尔哈赤亲统大兵,攻灭乌拉,使得科尔沁与建州的往来更加方便。而且,乌拉部为海西女真实力最强者,既能顺利将其灭亡,那么最后统一海西叶赫部的日期也不会太远。统一女真之后,联合蒙古对抗明朝的战略任务立即提上日程,因而,与蒙古科尔沁部关系更加密切,联姻进程发展很快。同年旧历二月初八日,布木布泰出生于科尔沁蒙古部落中段,即现今内蒙古自治区通辽市科尔沁左翼中旗辽河之滨。翌年(1614年)六月,即布木布太出生第二年,她的祖父莽古斯贝勒,亲自送15岁的女儿哲哲,即她的亲姑姑与努尔哈赤第八子皇太极贝勒成亲。皇太极贝勒亲自率迎亲队伍前往迎接。双方相会于辉发河(即柳河)流域的呼尔奇山城,遂大宴成婚。

皇太极与哲哲结婚之前,已有原配福晋乌拉纳喇氏,并生有长子豪格,时已六岁。但上层统治者之间主要是政治婚姻。当时建州为了团结科尔沁部,所以哲哲地位反而高于原配乌拉纳喇氏,进门便当上正福晋,皇太极登上汗位后,哲哲被封为中宫皇后,主持后宫,起了较大作用。后来布木布太及其姐海兰珠相继嫁给皇太极,都与姑姑的介绍有关。博尔济锦氏垄断天聪汗后宫的局面由她一手造成。后来由布木布太所生皇九子福临得以继承帝位,也与她的支持和协助有关。

哲哲与皇太极成亲刚过半年,即万历四十三年(1615年)正月,科尔沁部贝勒孔果尔(布木布太的叔伯祖父),又亲自送女前来,与聪睿恭敬汗努尔哈赤为妻。

除频繁的联姻之外,还有接连不断的叩见和拜访。如万历四十三年(1615年)九月,科尔沁贝勒明安之第四子桑噶尔寨台吉至建州,送马30匹,前来叩见。同年十月,明安贝勒长子伊格都齐台吉,来建州,送马40匹,叩头谒见。翌年十二月,明安次子哈坦巴图鲁台吉,来建州献马,进谒聪睿恭敬汗。又次年,明安贝勒第五子巴特玛台吉带僚友50人,送马50匹,到建州叩谒。努尔哈赤对每次贡献都回赐大量盔甲、绸缎、布疋等物,并令子侄以礼迎送。

天命二年(1617年)正月,是努尔哈赤建立金国,改元天命,自称覆育列国英明汗的第二年,科尔沁部贝勒明安亲自率众前来,庆贺他创建金国。因为历史上曾有过一个女真人创立的金朝,所以后世一般都称努尔哈赤所立金国为后金。这位刚刚登基不久的后金大英明汗,得知岳父大人即将来临的喜讯,非同一般,于初八日亲自率领包括明安女儿在内的众福晋及诸弟子出城至百里外相迎。路宿二夜,初十日相遇于富尔简阿拉(即红冈),与明安行马上抱见大礼,并设大宴为岳父大人接风洗尘。次日,明安贝勒向英明汗献驼十只、马一百匹、牛一百头、驼载毡子三驮、干肉三车及乳饼子油二车。当日迎宾队伍浩浩荡荡回到汗城。大英明汗念岳父明安贝勒远道而来,接待礼节极为隆重,每日一小宴,隔日设大宴,留住30天。临别时,赐以人40户、盔甲40副及绸缎、布疋等物,极为充足,并亲自送至30里外,路宿一夜,才依依不舍地互相道别。临别时,骑兵列队,夹道欢送,至为隆重。

新兴的满族,是一个很求实的民族。尽管两部之间关系已经火热,但是在送走英明汗之岳父、科尔沁贝勒明安之后,史官还是回顾了两部关系发展的曲折历程。档案中这样记录和明安的关系:"该明安贝勒于癸巳年(1593年)同叶赫、哈达、乌拉、辉发、蒙古萨哈尔察、锡伯九姓之国,来犯大英明汗时被败,脱所穿之裤,遂乘不加鞍之马逃出。自此次战败后第二十年时,将其女送于大英明汗。送女之第六年,其战败之第二十五年,即丁巳年(1617年),亲自前来。"

此后,两部之间关系虽然基本正常、甚至是越来越好,但也还是发生过小的波折。如后金天命四年(1619年)七月下旬,努尔哈赤亲自率兵攻克铁岭,喀尔喀蒙古斋赛贝勒竟率兵埋伏城外偷袭后金出城牧马之人。努尔哈赤历数斋赛六条罪过,立命追杀,擒获斋赛等六名贝勒,而这六人之中竟有科尔沁明安贝勒之子桑噶尔寨。同年八月,灭叶赫时,有脱出者,携牲畜300往投科尔沁。被明安贝勒的三个儿子遇见分取。后金一连三次遣使索要,终于要回牲畜160;其余140因暂时无力偿还,记入档案,留待以后再要。努尔哈赤认为,凡我征服地方之粮食、人、畜,均不许任何人掠夺。逃去者也不许收留,虽至亲亦不例外,绝不许损害国家利益。这与严禁将领隐匿、私分战利品同属一类性质。即使功劳很大的将领,如发现有隐匿私分战利品的行为,也要受到严重处罚。努尔哈赤对自己岳父家仍能坚持这一原则十分重要,为其子孙做出良好榜样,使得有清代无外戚之祸。

三 幸福童年

秋高气爽,科尔沁草原上秋阳明媚,湛蓝的天空飘浮着几朵白云,凉爽的秋风轻轻吹过,草原泛起黄绿相间的微波。白色的羊群撒在草原深处,枣红色、黑色、黄色、白色的马匹悠闲地啃着牧草。

蒙古科尔沁部原是成吉思汗二弟捉赤合撒尔及其后裔所属的部落,他们生活在额尔古纳河流域,阔连海子(今内蒙古呼伦湖)一带。后来他们中的部分东迁来到大兴安岭以东的嫩江流域。这部分科尔沁人被称为嫩科尔沁部;仍然留驻原地的科尔沁人,被称为"阿鲁科尔沁"。1603年全蒙古大汗林丹即汗位之后,蒙古各部互相抗衡,陷入分裂割据状态,林丹汗为了巩固自己的势力,在蒙古各部内实行又拉又打的政策。为了有效地控制蒙古各部,林丹汗以察哈尔为基础,直接控制了五个部落,遥控着其他各部。

作为成吉思汗接班人的林丹汗一改上辈信喇嘛黄教的传统,却对西藏红教的使者沙巴呼图克图十分信任,以他为国师,改奉红教。

作为科尔沁部奥巴台吉的继承人,明安台吉并没有忧虑自己部族内的矛盾。他忧虑的是邻部女真人的日益强大。

额尔古纳河

日渐强大的女真部族已经把他们的爪牙伸到蒙古边缘地区。努尔哈赤正在向这一地带浸透，他的铁骑也在悄悄地向这里移动并且蚕食着周边的草原。1608年，努尔哈赤的长子楮英率领五千人马进犯与科尔沁相邻的乌拉部。科尔沁部和乌拉部联军共同打退了楮英。

须发皆白但依然魁伟的明安台吉坐在羊毛毡和几张羊皮铺成的座位上，目光炯炯却带着明显的忧郁望着他的几个弟兄和几个虎狼儿孙，期望他们能够想出办法改变目前的不利形势。剽悍的台吉紧皱眉头。

明安台吉的长子莽古斯贝勒剽悍孔武，宽大略显扁平的脸庞上一双细长的眼睛灼灼放光，满脸络腮胡子，一看就知道是个鲁莽、好斗、善战的武夫。莽古斯的长子寨桑贝勒同他的父亲爷爷一样，都是典型的蒙古族彪形大汉。

明安台吉的小女儿代因察和莽古斯的大女儿哲哲掀开蒙古包的绣花毡帘，躬身进来，端着银制的方形茶托盘，上面放着银壶银碗。16岁的代因察把托盘放在矮桌上，转身出去。14岁的哲哲为每个人倒了一碗马奶酒。她把银碗递给祖父父兄，抬起头用美丽明亮的大眼睛望了望忧心忡忡的父兄们，想说什么，又忍住了，轻轻离开了议事大帐。

莽古斯喝了一碗马奶酒，擦了擦沾在胡须上的酒滴，把银碗一摔，大声吼了起来："打！打他个片甲不留！"

明安台吉皱着眉摇着头。

毡帘被掀开，阳光射了进来。一个挎着腰刀的壮实的蒙古兵进来通报："报！"

明安台吉心中一惊：莫非女真人又来入侵？

他霍地站起身，浓眉拧在一起，大声说："快报！"

蒙古兵说："女真努尔哈赤派使者见台吉。"

明安台吉大手一挥："请他进来！"

蒙古兵掀开门帘，一个女真使者躬身进入大帐。他脱去头上戴着的镶着三指宽狐皮的锦缎帽单腿跪下："努尔哈赤汗派奴才向明安台吉问安。"

明安台吉不安的心平复下来。他坐了下来，让使者起身。使者站起身，把自己的来意向台吉和他的儿子述说了一遍。原来努尔哈赤派使者来向明安台吉最小的女儿求婚，他想娶代因察为妃。

大帐里的彪形大汉们一时都愣住了，不知道如何答复使者才好。

明安台吉的眉头皱得更紧。他接受了使者的礼物，小心翼翼地说："我需要和小女儿商量商量，以后派使者去答复大汗。"使者鞠躬退了出去。

"额吉！额吉！"

一个8岁的男孩跑了进来，扑到寨桑身边，抱住寨桑的胳膊喊："额娘生了。额娘生了。"

"吴克善。"明安台吉喊住自己心爱的长重孙，把他揽到自己怀里，抚摸着他黝黑的头发，问："你额娘生个贝勒还是格格？"

吴克善把头拱进台吉的怀里，脆生生地说："是个格格。"

台吉摇了摇头，不大高兴地咕噜说："又是个不能打仗的格格。"

旁边的另一座蒙古包里，气氛庄重。

寨桑推开围在产妇周围的女人，大手捧起那个正哭得响亮的婴孩。婴孩的脑门上似乎印着一个模糊的月牙。寨桑大喜，他喊着："这是大贵人的印记！这是个大贵人！大贵人！"女人们欢呼起来。躺在毡铺上的寨桑福晋抬起头，苍白的脸上因兴奋泛起了两朵红晕，她颤抖着声音问："给她起个什么名字呢？"

寨桑把婴儿交给接生婆，不假思索地大声说："博尔济吉特·布木布太。"

盛夏，科尔沁草原上黄色的蒲公英、紫色的苜蓿花、蓝色的马兰花、红色的牵牛花以及各种小花竞相开放，争奇斗艳，把绿色的大草原装扮得美不可言。盛夏的草原阳光，明艳却不酷烈，一阵阵小凉风吹来，把阳光的热量吹跑了不少。

远处跑来几匹骏马。枣红色骏马背上骑着一位穿湖蓝蒙古袍的十五六岁的英俊壮实少年。白色骏马背上是穿着翠绿蒙古袍的十五六岁的姑娘。最可怜见的是那骑在白花小马背上的小姑娘，身穿橘黄色的蒙古袍，头上裹着橘黄绸带，学着哥哥姐姐的样子一手勒着马缰绳，一手高扬着马鞭，嘴里发出驭马的声音，催促着坐骑快跑。

"布木布太，不要太快了，小心摔下马。"

跑在前面的吴克善扭过头，无限爱怜地叮嘱着。

出落成大姑娘的漂亮姐姐海兰珠却故意引逗着小妹妹快马加鞭。她扬起马鞭，朝自己的坐骑甩了一鞭，白色骏马扬起四蹄飞奔起来。她扭回头朝妹妹嫣然一笑，大声呼喊着："跟上来！跟上来！"

布木布太也扬起手中的马鞭，在空中响亮地一甩，双腿一夹，白花坐骑立刻扬起四蹄在草原上飞奔起来。

吴克善心疼小妹妹，生怕她有个闪失，从马镫上挺直身体，大声呼喊着："布木布太,小心!小心!”自己也扬鞭跃马追赶上去。

这时,草原上又飞来一匹黄骝马,马背上的粉红袍小姑娘扬手大喊:“等等我!等等我!我也去!”她拍马急追而去。这是那木其,三兄妹叔叔的女儿,整天与她们一起玩耍,亲热得好像一家姐妹。

四匹马在草原上飞奔了几圈,小骑手都感到有些疲乏,便勒马停缰翻身下马,跑到草原上草最深的地方躺了下来,让马儿在草原上漫步吃草。

“姐姐。”躺在花草丛中的布木布太从红花绿草中探出头,用草梗轻轻划着姐姐海兰珠的脸,说:“额吉说你要出嫁了。什么叫出嫁啊?”

海兰珠白皙的脸上飞起两朵红云。她狠狠地掐了妹妹一把:“你出嫁的时候就知道什么叫出嫁了。”

吴克善大声笑了起来,用手刮了一下布木布太的鼻子,说:“你也快出嫁了。我听额吉说,等你长到12岁,就去为你说媒。”

布木布太摇着头:“我不出嫁。我要在家陪额吉。”那木其也应和着布木布太说:“我也不出嫁。”

海兰珠的脸色却暗淡下来,美丽明亮的大眼睛罩上阴云。16岁的姑娘已经懂事,她听说自己将要嫁的那个察哈尔林丹汗的弟弟是个病歪歪脾气暴躁的人,前前后后已经娶了几个福晋都被他折磨死了。可是她不能违背父亲寨桑的命令,父亲想用她与林丹汗修好,换取部落的安宁和平。那时候,婚姻只是部族之间进行势力联合的工具。前几年,小姑奶代因察死活不肯嫁努尔哈赤作妃子,她和临近部落的一个叫巴特尔的牧民青年相好多年。可是祖爷爷明安台吉软硬相逼,她不得已只能服从。小姑奶是多强悍的女子啊,又能怎么样呢?她自己没有小姑奶那样刚烈的脾气,自然只能逆来顺受。

和代因察小姑奶命运相同的还有哲哲姑姑。

想到这里,海兰珠轻轻叹了口气,眼睛里溢出泪水。她一想起哲哲姑姑就伤感。哲哲姑姑美丽的流着眼泪的面容总在她的脑海出现。

哲哲姑姑比海兰珠大不了几岁,几年前嫁给当时还没有建立金国的努尔哈赤的儿子皇太极。哲哲才16岁,而23岁的皇太极已经有了几个福晋,娶哲哲完全是为了交好蒙古,安定北方疆界,以便集中力量打明朝。父亲和爷爷同意这亲事,也完全是出于政治的考虑。结交日益强大的女真,避免遭受蒙古林丹汗和其他觊觎科尔沁的部族的入侵。他们才不管哲哲姑姑与情人巴图分离时的痛苦。

海兰珠也有个小情人,那是科尔沁的巴珠尔。小贝勒巴珠尔像哥哥吴克善一样英俊壮实,和哥哥同岁又是他的好朋友。今天他们相约在这里见面,他怎么还不来呢?

海兰珠抬起头,遥望着北方的草原,一大滴泪水从美丽的眼睛里滚落到白皙的脸庞上。

布木布太抬起与姐姐同样明亮美丽的大眼睛,替姐姐擦去泪水,好奇地问:“姐姐,你不高兴出嫁?出嫁多热闹啊!”

海兰珠偷偷地抹去泪水,笑着说:“到时候你就知道了。”

布木布太认真地想了一会,说:“我要是出嫁,一定要嫁给成吉思汗。要不,我就自己做满都海夫人。"

"因为成吉思汗是个英雄,满都海夫人是女英雄!"布木布太大声笑着,从草丛中翻身爬起来一溜烟地跑开了。她边跑边唱起草原的"好来宝":

天空中翱翔着雄鹰,
草原上活着英雄。
勇敢的成吉思汗,
生活在科尔沁人心中。

天空中飞着彩凤,
草原上活着女英雄。
美丽的满都海夫人,
蒙古人世世代代崇敬。

天空中白云飘荡,
草原上百鸟朝凤。
蒙古女儿布木布太,
景仰蒙古女英雄。

吴克善高声喊着:"布木布太!不要跑。我们还要练射箭呐!"

海兰珠站起来又踮起脚跟向西方绿色的草原张望,脸上流露出不加掩饰的焦急和失望。远方一片碧绿,地平线划开了绿色和蓝色,橘黄色的太阳正慢慢向地平线靠拢,把西方的天空染出一片绚烂的晚霞。西方草原沐浴在红色的落日和霞光中。

绿蓝相交的地平线那里看不见奔驰的马,也听不到草原上马蹄踏地的得得声响。

海兰珠美丽的大眼睛越来越暗淡,泪水渐渐涌上眼眶。心上人你怎么还不来?她默默地走到敖包前,低着头擦拭眼泪。敖包上新油漆的红旗杆,挂着五彩小旗,在风中飘动。一个走失了马匹前来问卜的老额娘上的一炷香还袅袅冒着青烟。

吴克善回头看着海兰珠失望的神情,心中也很替妹妹和朋友难过。他走过去拉住海兰珠的手,轻轻说:"巴珠尔可能不会来了,我们回去吧!"

海兰珠倔强地摇着头,说:"不。他会来的。我们约好了。他从不失约的。"

吴克善把马拉到海兰珠身边,把马缰绳塞进她的手中,小声说:"他真的不会来了。额吉已经派人去警告他和他的全家,要是他敢来见你,额吉就会派人烧他的蒙古包,像当年爷爷对付哲哲姑姑的巴图一样。"

海兰珠"哇"的大声哭了起来。

布木布太跑了回来,抱住海兰珠,又是替她擦泪,又忙着安慰她,到最后自己也跟着姐姐一起哭。那木其也跑过来紧紧拉住海兰珠的手,安慰着她。

海兰珠哭了一会,见心爱的小妹妹也在旁边稀里糊涂地乱哭,自己倒感到好笑,“噗嗤”笑出声来。布木布太不好意思地擦干眼泪,用拳头捶着海兰珠的背。海兰珠拉住布木布太柔嫩的手轻抚着,诚心诚意地说:“希望你将来能找个成吉思汗式的英雄。”

布木布太朗声大笑,说:“我一定会找个英雄。将来把你们都接到我的宫里,让我们姐妹生活在一起。”

海兰珠用手轻拧着布木布太粉嫩的小脸,说:“你可不要忘记今天的话哟。”

布木布太笑着跨上花马,清脆的鞭子响在空中,草原上留下一串清脆响亮的笑声。

布木布太策马在夕阳朗照的草原上急驰,心里别提有多高兴,要不是刚才姐姐海兰珠的烦恼扰乱了她的好心情,她可能已经飞奔了几十里。

布木布太欢笑着又在马的臀部加了一鞭。黑白两色的花马扬起四蹄,向草原的落日方向跑去。突然,花马放慢了脚步,在一丛深草旁停了下来,低下头不停地用嘴拨弄草丛,任主人呵斥就是不再前进。

布木布太翻身下马,她拨开草丛,突然大声喊了起来:“哥哥,姐姐,你们快来!快来看!”那木其第一个冲了过来。她喜欢紧跟布木布太。

吴克善和海兰珠扬鞭催马跑了过来。

布木布太跪在草丛里,轻轻抚摸着一个奄奄一息的蒙古小姑娘。小姑娘的脸上手上身上,到处血迹斑斑,鞭打的伤口还不断往外渗着鲜血。布木布太从蒙古袍的衬里上撕下一块绸布,轻轻地擦拭着。她抬起头望着吴克善说:“谁这么狠心,把她打成这样!我真想抽他几鞭子!”

吴克善摇着头说:“这一定是哪家的阿拉巴图(奴隶),她或许是偷了主人的东西,被主人鞭挞成这样。”

海兰珠点着头。

布木布太明亮的大眼睛流露出极大的愤怒,说:“这么个小姑娘能偷什么东西?顶多因为饥饿偷吃点奶豆腐,就能下这样的狠劲把她打死?太没人性了!我要把她带回我们家,救活她。”

吴克善有点为难的样子,蹙着眉头说:“能救活吗?救活以后她的主人听说了会来找麻烦的。”

由于气愤,布木布太小脸涨得通红。她任性地说:“我不管,我一定要救活她,她还有气呐。你们看,她的眼睛还在动呐!”布木布太惊喜地喊。那木其用手试了一下,也大声喊:“是的,她活着。”

吴克善和海兰珠急忙跪下身去看,果然看见那可怜的小姑娘的眼睛正在艰难地动着,好像想睁开似的。

布木布太急忙拨开草丛,她拨拉着各色野草,嘴里说:“我找棵止血草给她止血。”

布木布太仔细辨认着各色野草,她见过额吉用一种草原常见的草药给人止血。“找到了,找到了!”

布木布太撅起小嘴,很不高兴地问:“你们笑什么嘛?有什么可笑的?”

吴克善亲昵地捏了她的鼻头一下,说:“傻丫头,那是断肠草,马食了立时三刻就死,何况人?你是想救她还是想害她?"

布木布太大吃一惊,把那棵草原常见的草举到眼前,仔仔细细地观察它的形状。多危险,她想,自己差点把它当作止血草。

四个人把奄奄一息的小姑娘抬了起来放在花马背上,布木布太自己骑到海兰珠的马上,慢慢地往自己的浩特走去。

远处蒙古包顶上,烧牛粪的袅袅炊烟正飘荡在草原上,散发出特有的气味。

布木布太唱起科尔沁草原蒙古人的牧歌。科尔沁草原一派祥和宁静。

两匹快马在绿色的草原上飞驰而来,马背上的骑马人在来到草原的浩特时,便勒住马,翻身下马,大声呵斥着让全体牧人集中起来听他们宣读蒙古大汗的通令。通令说:大汗府偷跑出来一个叫苏默尔的小女奴,谁要是在草原上见到她,要立刻交到大汗府,不管是死还是活都有赏。要是隐瞒不交,定会严惩不贷。这两个使者在草原上每个部落里传达着林丹汗的通令。同时,林丹汗又通令蒙古左右翼和科尔沁蒙古各鄂托克的台吉王爷,让台吉王爷派人到草原各浩特去搜寻逃走的小女奴苏默尔。林丹汗说这女奴偷走了他家传的蒙古医书。

莽古斯台吉也接到追查的通令,他派人在浩特里搜捕。

快走进浩特的吴克善和海兰珠拉住布木布太,指着浩特说:"坏了。可能是哪个王爷台吉来追查这女奴来了。"

浩特里狗吠声一阵紧似一阵。

布木布太紧张地问:"那怎么办?这小姑娘多可怜,抓回去肯定活不成。"

马背上的小姑娘经过一阵颠簸,慢慢苏醒过来。她隐隐约约听到说话声,艰难地睁开眼睛,极力分辨着眼前模糊的人影。她用力张开嘴唇,喃喃地说:"救救我,救救我,不要把我送回大汗家,他会打死我的。"

吴克善有些害怕,战战兢兢地说:"这可不得了。她是林丹汗的女奴,我们不能收留她。收留她会给科尔沁带来大祸的!"

海兰珠也没有了主意,张皇失措的不知说什么好,只是不停地绞着自己的发辫。

布木布太咬着自己的嘴唇,满脸坚定的样子想着主意。不能送她回去,这是她最坚定的想法。也不能让林丹汗加害于我们。

突然她有了主意。

"走,我们到冬营地去!"布木布太拉转马头,几个人一起掉头,向山脚下洼地的冬营地奔去。

到冬营地,布木布太下马,吴克善和海兰珠一起把小姑娘抱下马,把她小心地抬进冬营地蒙古包。布木布太找出额吉医治红伤的草药为小姑娘轻轻敷上。看着小姑娘身上一条条皮开肉绽的鞭伤,布木布太的心都疼得抽搐起来。这林丹汗真残忍。布木布太咬牙切齿地说:"将来我一定要废除女奴制!"

吴克善和海兰珠找出炒米和奶豆腐让小姑娘吃,可她疼得无法下咽。

"要是有鲜奶就好了。"海兰珠叹息着说。

布木布太说:"明天我们让随丁赶头奶牛来。"

吴克善急忙摇头说:"不行。我们不能让任何人知道这件事。明天放牧时可能有牛群来这里，那时我们偷偷去挤一点给她喝。”

布木布太问小姑娘说：“你叫什么？”

小姑娘从喉咙里艰难地挤出声音，说：“苏默尔。”

布木布太和海兰珠都大声笑了起来：“苏默尔，毛口袋，你额吉一定是想用你来装财富。是不是？”

苏默尔极力挤出一点笑容，微微点着头，说：“我额吉是林丹汗家里的一个阿拉巴图。”

布木布太又关心地问：“你家里还有什么亲人吗？”

苏默尔摇摇头。

布木布太抬起眼睛望着吴克善。吴克善说：“我们该回去了。要不一会额吉会派人到处找我们的。”

“她一个人留在这里会害怕的。”布木布太还是不放心地说。

苏默尔摇摇头小声说：“我不怕。只要不被大汗抓回去，我什么也不害怕。”

布木布太和海兰珠轻轻拍了拍苏默尔的手，钻出蒙古包。吴克善吹灭了油灯，把蒙古包的门拴好。

回到家，寨桑和福晋只是简单地问了一下他们的行踪，安排他们吃饭，并没有深究他们晚归的原因。

布木布太问寨桑说：“额吉，下午浩特里狗叫得为什么那么凶？”

寨桑说：“林丹汗派的使者进了浩特。”

吴克善接着问：“派使者干什么？”

寨桑福晋没好气地说：“他派使者来能有什么好事？不是抓人，就是征收羊毛羊皮。今次又是来抓逃奴的。”

海兰珠急忙追问：“抓什么逃奴？”

寨桑有点奇怪地看了儿女一眼，还是回答了他们的问题：“抓一个叫苏默尔的小女奴。说她偷了林丹汗的一本家传蒙古医书后逃走了。”

布木布太和海兰珠对视了一下。

“你们见了吗？”寨桑随便问了一句。

布木布太急忙说：“我们追一只黄羊，一直跑到很远的浩特边，哪能见到什么逃奴？我们只见到逃走的黄羊，不知林丹汗可要？”

寨桑和福晋都笑了起来，说：“这死丫头蹄子，真会说笑话。”

过了一会，吴克善捧着几件自己小时候穿的衣服过来。他放下衣服说：“我想，只有把苏默尔打扮成男孩子，说他是我们的随丁，才能骗过浩特以外的人，不至于传到林丹汗和他的走狗那里。”

第二天，朝霞还没有烧红东方，布木布太就偷偷爬起来，那木其也从蒙古包里溜了出来，她还从自家做饭的包里偷了一罐鲜牛奶和一些奶酪。两个女孩跳上自己的白花马和枣红马，朝冬营地奔去。“得得得”的马蹄声在清晨的清凉空气中传得很远，引出几声牧羊犬的吠声。

布木布太夹紧胯下小马，一口气跑到冬营地，拴好马，轻轻掀开蒙古包的毡帘，推开门。蒙古包里还灰蒙蒙的，看不清东西。布木布太慢慢摸索着走到睡觉的苏默尔身边。苏默尔一激灵挣扎着缩成一团，声音抖抖地问："谁？"

布木布太急忙按住她，温柔地说："是我，布木布太。"说着扶着苏默尔坐起来喂她喝鲜牛奶。苏默尔痛快地喝着鲜牛奶，感觉到力量又回到体内。

那木其到蒙古包外的井里打回一筲箕冰凉的井水，倒在铜盆里帮苏默尔洗去脸上身上手上的血迹泥土。布木布太端详着洗得干干净净的苏默尔，发觉这是个不难看的蒙古姑娘，看样子年纪和自己相差不多。

"苏默尔，你几岁？"布木布太好奇地问。

"10岁。"苏默尔怯生生地回答。

"我比你大1岁。"布木布太骄傲地说。然后小心地叮嘱苏默尔说："你现在是个男孩，名字叫苏嘛拉，是我家的随丁。记住了没有？"

机灵的苏默尔立刻点着头说："记住了，我叫苏嘛拉，是科尔沁莽古斯台吉的随丁。"

布木布太找来一把锋利的蒙古刀，割去苏默尔头上又长又乱的头发。望着苏嘛拉一头割得长短不齐的头发，说："像个男孩子啦。谁也认不出你的。以后你就做我的随丁好了。"

苏嘛拉立刻挣扎着爬起来，跪着给布木布太磕头，对天盟誓说："从今以后我永远伺候小姐，决不变心。要是有不忠的地方，让天神和佛祖惩罚我和我的全家。"

布木布太急忙拉起苏嘛拉，想制止她的发誓。

"坏了，林丹汗的狗腿子又来了。"布木布太返回蒙古包，对躺在包里的苏默尔说。苏默尔脸色发白，浑身乱颤，不知道往哪里躲才好。布木布太歪着头想了一会，说："你起来到马圈里去刷马，千万不要说话，由我来应付。"苏默尔艰难地起身，布木布太把吊锅锅底上的黑烟往她脸上抹了几把。苏默尔肮脏的黑脸加上一头蓬乱的头发，很像草原上常见的那些个肮脏的放马男孩子。布木布太扶着她来到马圈，让她到马匹中间，为马刷毛。布木布太自己又回到蒙古包门口，叫来那木其一起玩。

林丹汗的狗腿子在草原的浩特里到处乱嗅，寻找苏默尔的下落。他们牵着马来到布木布太的蒙古包前，厉声吆喝着："小女子，见到一个逃跑的女随丁吗？"

布木布太仰起红彤彤的小脸，做出听不懂的样子，歪着头偏着脸十分可爱的问："什么叫女随丁？是马还是牧羊狗丢了？"那木其说："可能是狗吧！"

"我在淖尔那边看见一只大狗，可是你们要找的？"布木布太手指远方，很热心的样子。

林丹汗的蒙古亲兵哭笑不得，说："是个像你们一样大小的女娃子，她是林丹汗的奴隶，现在逃跑了。要是你们看见了，可要报告大汗，要不，大汗会严惩你们的浩特和苏木的。你们的额吉也会大难临头的！"

布木布太笑了，说："原来这样，没见过。见过一定告诉你们。大汗有没有奖励啊？"

一个蒙古亲兵掀起蒙古包的门帘，向里面张望。一个走到羊圈里张望。"他是什么人？"亲兵看见马圈里刷马的苏默尔，指着问布木布太。

布木布太大声笑了起来，笑声响亮清脆，说："他可是个男孩子，他是我家的放马人。你不会把他当成女的吧？你不是连男女都不分的笨蛋吧？”

那亲兵恼羞成怒，扬起手中的马鞭，想抽打过去。布木布太却掉头跑回蒙古包。亲兵想追进去，被另一个拉住了：“算了吧，我们走吧，犯不着和一个孩子动气。走吧，天快黑了。我们还要赶回去呢。”那亲兵只好骂骂咧咧地上马走了。

布木布太走出蒙古包，看着亲兵走远，才把苏默尔扶回蒙古包。

四　少年英雄

1619年的夏天，建立了后金国的大汗努尔哈赤和他的几个儿子正在都城赫图阿拉的宫殿前搭起的凉棚里举行庆功宴。

刚刚取得萨尔浒战役大捷的努尔哈赤喜气洋洋地坐在凉棚下宫殿高台基的大椅上，四大贝勒的大贝勒代善、二贝勒阿敏、三贝勒莽古尔泰、四贝勒皇太极分坐在两侧，他们第一次坐到凳子上，这无上的光荣叫他们个个喜不自禁，黧黑的脸上直扎的胡须似乎都在嬉笑似的。

努尔哈赤站立起来，威武健壮，好像一座黑铁塔。马背上常年的征战，让他的双腿略显向内弯曲。但是他站立时笔直、牢固，似乎地动山摇也不能撼动他。凉棚里所有的将士全都站了起来，个个似壮实的黑铁塔。常年游猎的食肉性让这个民族的男人无比结实健壮能征善战。刚刚才结束持续几个月的一场恶战，他们的脸上身上精神上却显露不出任何的疲劳和衰弱。他们个个精神焕发。

努尔哈赤高高举起大酒碗，略带沙哑的嗓音像雷霆似的喊道：“弟兄们，将士们，今天我们打败了蹂躏我们民族的敌人。我们胜利了！让我们为胜利干杯！让我们继续努力，争取早日入关去推翻那腐败的明朝！”

“啊拉！啊拉！”

努尔哈赤哈哈大笑，然后仰起脖子，把一大碗酒呱呱嘟嘟灌了下去。接着，将士们都举起酒碗仰着脖子把酒灌了下去。凉棚里外一阵灌酒的声响，惊天动地，蔚为壮观。

努尔哈赤放下手中的酒碗，从面前三尺多长的大盘子里抓起一只烤得焦黄流油的整羊羔，一把撕下一只羊腿，高高扬起，大声呼喊：“吃啊！吃啊！”

凉棚里又响起一阵山呼海啸般的欢呼，然后是各种吃东西的声响，惊心动魄，叫人胆战心寒。

四贝勒皇太极激动万分，他的头脑里还翻腾着刚刚结束的那场恶战的激动人心的场景。

皇太极的个子不算太高，却像他的父兄和族人一样，健壮结实，灵活机敏。

皇太极想：如果我们沉湎于胜利之中，很可能给明朝以喘息的机会以便他们收拾残局。庆功宴已经摆了一连十天，这样无休止地庆祝下去，很可能涣散我们的队伍和人心。女真人的胜利来自女真人的精神，那种从汉人酷压下解放自己民族的复仇精神。大汗十三副遗甲起兵，就是出于对明朝统治的仇恨；萨尔浒大战的胜利，也是大汗深刻了解女真人仇恨明朝的心理，大战前颁布的七大恨，像战斗的动员令，号召鼓舞了部队的士气。加上大汗善于用兵，不怕明军兵分三路的大肆进攻，而是集中全部兵力，"凭尔几路来，我只一路去"。

三月初一，西路抚顺山海关总兵官杜松大军到达萨尔浒，莽勇的杜松想立头功，等不及东路的刘铤军和北路的马林军到达位置，便立刻兵分两路，一部在萨尔浒山下扎营，自己亲自率领另一部进击吉林崖。

努尔哈赤骑马伫立于萨尔浒半山密林的一棵参天古松旁，他的八旗骑兵正静静埋伏在密林中，等待大汗的进军号令。

明军刚刚安营扎寨，忙乱得正紧。努尔哈赤扬起手中鲜红的大刀，猛地往下一劈。鼓手擂起震天的大羊皮鼓。身后的骑兵如倾泻的山洪呐喊着从山坡上冲了下来。慌乱的明军放火铳，放巨炮，火药炮弹在八旗骑兵队伍里爆炸，血肉横飞。八旗骑兵依然怒吼着挥刀冲向明军大营。明军大营里，喊声震天，萨尔浒地动山摇。八旗骑兵如风暴，似雷霆，狂扑明军。明军大乱。努尔哈赤的铁骑飞跃栅栏壕堑，纵横驰突，见人便砍，遇兵就射，大营里刀光剑影，血风肉雨，哭爹喊娘的惨叫，惊天动地。

努尔哈赤踏平了萨尔浒的明军大营，立刻挥师吉林崖。八旗兵像从天而降的天兵，从吉林崖山上狂风骤雨般冲了下来。杜松想凭借山势居高临下死守阵地。脚下的莽林中突然杀出又一支骑兵，把杜松前后包围。明军点起火把，铳炮在密林中爆炸，火光照出山林里古老粗大的树木和山崖的狰狞怪影，八旗兵古怪狰狞的呐喊厮杀，战马仰头长鸣，前蹄腾空，如飞蝗的矢箭在林间乱飞。

努尔哈赤鸣金收兵。

努尔哈赤率领着部队走出密林，马背上驮着受伤的士兵，也驮着缴获的武器铳炮，头戴镶狐皮边帽子的士兵，欢呼着。

皇太极率领着一支最剽悍的骑兵先头部队走在努尔哈赤的后边，小心地保护着大汗。

突然，一骑飞来，大汗派出去的侦察兵前来报告："报大汗，马林军出三岔口，扎营稗子谷。"

努尔哈赤转过头问皇太极："稗子谷离我们有多远？"

全身披挂战甲的皇太极在马上欠欠身，说："回大汗，大约还有两个时辰的路程。"

努尔哈赤下令："就地生火，吃饭休息。"

初二的清晨，天刚蒙蒙亮，努尔哈赤带领皇太极、代善和阿敏骑马登上萨尔浒山西北30余里的富勒哈山头高崖，窥探尚间崖下稗子谷的明军营地。马林依山结阵，营外挖了三道深沟战壕，骑兵列于战壕之外，枪炮火器又排在骑兵之外。战壕内的精兵严阵以待。

努尔哈赤仔细观察敌营布防。他细小的眼睛眯缝着，微微冷笑了一声，脸上一脸得意之色。

阿敏不解地问："大汗笑什么？"

皇太极说："我想大汗在笑敌军的布防。马林自以为聪明，把阵地布成牛头阵，一营住在飞芬山头，另一营扎在山谷漠地。我想，大汗一定要先攻其右方的营地，然后再集中兵力攻打稗子谷的马林主营。"

努尔哈赤拈着胡须,微笑不语。心中却暗暗夸赞皇太极的眼光和智慧:知我者,皇太极也。

努尔哈赤命令皇太极率领精兵一千,直捣马林的右营。立刻,右营地里,喊杀声四起。皇太极的兵士冲进营地踏倒围栏,杀开一个缺口,挥舞大刀的骑兵像洪水裹挟飞驰而入,左砍右削,马踏着活人踩着死人,明军立刻溃不成军。

努尔哈赤跃马急驰赶到尚间崖的稗子谷。崖下的谷地里马林军队防守严整。努尔哈赤命令部队:"先据山头,向下冲击。"

骑兵向山上冲击。明军火铳阻击了八旗兵的冲击。

骑马在占松下观战的努尔哈赤命击鼓手击鼓传令:"下马!徒步出击!"

八旗兵纷纷下马,大贝勒代善、二贝勒阿敏、三贝勒莽古尔泰率兵急冲向马林营。明军急忙放炮发火铳,可是,炮还没有来得及打响,八旗兵的大刀已经砍到明军士兵的脖子上。一时间,阵地上呐喊声,求饶声,惨叫声,响成一片。山谷间,尸横累累,血流成河。

三月初三,努尔哈赤继续率兵攻击刘梃的明军主力。刘挺是和杜松齐名的明将,能征善战,双手挥舞120斤的大铁刀,人称刘大刀。他二月二十五出宽甸,风雪交加,在驰往赫图阿拉的路途中,峻岭大川,林密路险,在军队涉鸭儿河时,水深石大,水急天黑,河岸边山路上,到处堆积着女真部队砍倒用来阻碍明军前进的大树。部队艰难地在山林里跋涉。皇太极带领一支500人的精锐部队,在明军前进的路途中时出时没,引诱着刘梃逐步深入山林腹地的阿布达里冈。这里地形复杂,山高林密,努尔哈赤的埋伏静静地等待着明军的到来。初四,刘梃的部队进入埋伏圈。隐伏在丛林里的皇太极率领的右翼四旗兵,埋伏在南谷的阿敏兵,死死围住刘梃部队的尾部。代善率领的左旗四翼兵,在山冈的隘口正面拦住刘梃兵。然后,努尔哈赤派人化装成杜松联络兵士,与刘梃约定以炮响为号。当刘梃听到炮声时,以为西路杜松大军已到,唯恐杜松抢到头功,急命军队火速前进。阿布达里冈重峦叠嶂路隘林密,马不能成列,兵不能成伍,只能兵马单列前进。皇太极和阿敏伏兵在炮声的号令下,从埋伏地突起,从山上冲了下来,从林中跳了出来,如漫山的洪水把明军紧紧围住厮杀。刘梃奋战力竭而死。

明军彻底溃败。皇太极直觉感到萨尔浒战役奠定了后金入关的基础。

但是,后金却沉溺于庆功的喜悦之中。皇太极渴望着马上投入激烈的厮杀之中,渴望再次跃马扬刀冲入汉人的城池,去劈杀汉人,去夺取人马、美妇和绫罗绸缎金银珠宝财富,那些他们女真没有见过的好东西。

皇太极端着酒碗,走到努尔哈赤的桌前,把酒碗高高举起,恭敬地说:"大汗,儿子敬父汗一杯,希望父汗早日平定辽东,打进关内消灭腐败的明王朝。"皇太极仰起脖子把一大碗酒灌进肚子。努尔哈赤也举起酒碗一饮而尽。他知道皇太极的心思。这个儿子的雄才大略他极明白。儿子今天的用意他也完全明白。可是,他毕竟还年轻一些,不了解自己的族人。女真人好征战不假,一味征战不给他们大吃大喝,他们会厌战的。所以在打下一个城池之后,要让他们尽情烧杀抢掠,去获取财富女人,去满足他们的野兽般的欲望。他们身上那野兽一般的本性不宣泄出来,他们不会听话的。胜利以后大办宴席,让他们吃够喝够玩够休息好,然后再驰骋疆场去卖命厮杀，去流血拼命。

努尔哈赤拿起一只热气腾腾的大羊腿递给皇太极，微笑着说："你能一口吃了它吗？"

皇太极笑了："父汗可是开玩笑？这怎么能一口吃下去呐？"

努尔哈赤笑着说："是的，心急吃不下热羊腿。打仗不也是这个理吗？"

皇太极一下明白了。他点点头，退回自己的座位。

努尔哈赤深情地注视着这个爱子，他的脑海里浮现出27年前的情景。

1592年（万历二十年）10月25日，灿烂的深秋阳光照耀着呼兰哈达。呼兰是满语的烟囱，哈达是满语的山峰，取名呼兰哈达是因为主山峰之侧矗立着一块巨大的突兀的岩石，形状极像女真人房前的落地烟囱。呼兰哈达山脚下流淌的苏子河汊开分成两道，一条叫夹哈，另一条叫首里，两河之间地势高而平坦。周围山沟重复，山崖耸立，地势极为险要。南面是陡峭的哈尔撒山，东与鸡鸣山相接，西北有呼兰哈达烟囱山与凤凰岭相连，东、西、南三面耸立了三面天然屏障。山前两条大河流过，土地肥沃。哈尔撒山上树木茂盛，花果满山，春天蜜蜂飞舞，秋天蜂蜜飘香，山上野兔麋鹿狐狸山鸡随处可见，河里鱼肥虾大，蟹游龟爬。真是个定居的好居所。努尔哈赤把他的第一个都城建在这里。费阿拉城温暖如春，金色的杨树叶桦树叶在风中簌簌作响，像秋天的一首交响乐给这新建五年的都城增添了无限的生机。

用岩石筑起的外城上布着几丈高的原木木栅，里外都涂抹着黄泥。用木栅围起的内城里，努尔哈赤的居所位于正中最高处，大门朝东，小门面西偏南。一道砖墙把大院分成东西两院，中间有盖瓦中门相通。东院的六所二十多间房屋，多数是丹青盖瓦房，也有草房。正中的五间盖草大屋是努尔哈赤处理政务军事大事的大殿。大殿的东北八间行廊和正前方的三间行廊，虽然是大汗召集臣属议事宴饮的地方，却也是乌拉草盖顶的温暖草房。砖墙的西院，有九所建筑，二十余间房屋楼舍。这是努尔哈赤大汗常居的后宫，建于高台之上。这些楼台殿阁，上盖丹青鸳鸯瓦，石灰涂抹的白墙，柱椽上雕绘着彩色的图案，异常鲜艳美丽。努尔哈赤的妻子就住在这里。

这一天，女真部族的首领努尔哈赤大汗的家里忙得正紧。他的第六位妻子叶赫那拉氏孟古姐姐即将临产，从万历十六年她14岁嫁给努尔哈赤以来，就极受努尔哈赤的宠爱。以前那几位妻子与她比起来全都花容失色，叶赫那拉氏在容貌、品德、待人处世方面都叫努尔哈赤满意。后宫粉黛没有像她那样美丽和彬彬有礼的，她聪明伶俐、宽厚仁慈，遇到逢迎她不喜形于色得意忘形，遇到诽谤她依然和颜悦色与平常无异。她总是心平气和地把全副精力用在侍奉大汗身上。努尔哈赤在第一个大福晋佟佳氏死了之后封她为大福晋，主掌家事。她不干预朝政大事，不接近奸佞小人，不拉帮结派营造私人势力。这美丽的妇人现在躺在产床上，静静地等待她的头胎儿子出世。当婴孩落地大家欢呼的时候，她舒心地微笑了。她没有辜负大汗的宠爱，为他生了男孩，生了个带兵打仗的将领。当然她想不到，她这唯一的儿子是未来大清国的皇帝。

皇太极12岁时，生母叶赫那拉氏去世。努尔哈赤十分喜爱这个仪表堂堂机灵敏捷的儿子。他关心他的成长，每当出征打仗，皇太极就接受父命主持一切家政。

努尔哈赤的家人丁兴旺，在木栅围起的大院里，有五位妻子，七个子女，还有一大群家丁奴仆护卫兵士。家里有难以计数的绫罗绸缎貂裘皮货弓矢刀箭，牛羊马匹鸡鸭猪狗，家事和政事混在一起。少年皇太极主持和管理这样复杂的大家庭的政务，干得很出色。他把日常家务、财政收支、送往迎来的大事小事，不管头绪多么繁多，事情如何细碎，都按照父亲的嘱咐，处理得妥妥帖帖井井有条。有些事情不用父亲吩咐，他同样能够妥善处理。努尔哈赤很放心他的家事，自己一心一意忙于定疆大事。

皇太极从小受到严格的军事训练。渔猎是女真人的传统谋生手段，到努尔哈赤时期，比较先进的建州、海西女真，虽然开始以农业为主，但是依然喜欢渔猎。每年的三月，当冰河开冻，森林的积雪开始融化，女真人就开始到江上捕鱼，进山围猎。女真的男人在渔猎中锻炼自己的勇敢与机敏。女真的少年在渔猎中学习父兄的精神，把自己磨炼成男子汉和勇士。

少年皇太极喜欢与父亲努尔哈赤去渔猎。听说要去围猎，他会欢呼雀跃，立刻跑到马厩里拉出自己的坐骑，到鹰房里架起猎鹰，骑马到草原上急驰几圈，放出猎鹰让它在天空翱翔一番。在围猎场上，少年皇太极总是紧跟努尔哈赤，飞驰在围猎场上。他的白骏马像闪电一样在碧绿的草原上驰骋，追赶那些落入围捕范围的黄羊野狼或者火狐。猎鹰在他头顶上飞翔，胯下的白骏马飞奔，有一次出猎，少年皇太极紧追一头火狐不舍，他从马镫上直起身搭弓，“嗖”的一声，弦上箭射了出去。火红的狐狸滚在草丛中。

努尔哈赤在远处拈着胡须微笑着点着头，他心爱的儿子的好箭法叫他高兴和自豪。有这么一个能干的儿子，他的事业又多了一份希望，他又有了一个可靠的助手。

皇太极果然没有辜负努尔哈赤的厚望，长大成年的皇太极成为父亲征战的有力助手。

20 岁的皇太极随父亲出征科尔沁邻部乌兰部。乌兰部的台吉向科尔沁台吉求救。明安台吉派儿子莽古斯去支援乌兰，但是被皇太极率领的队伍打败。

现在，27 岁的皇太极已经成为自己的右臂，分担着自己的军事指挥和计谋部署的全部事务。将来的后金全要依靠他，努尔哈赤暗自沉思，希望他不像长子褚英那样心胸狭窄，那样不能容兄弟。

想到褚英，努尔哈赤的脸上立刻浮起一层阴云。

为了扶持褚英，努尔哈赤曾经委任他执掌政务，以树立他的威信和培养他的能力。但是，执政的褚英不能公正地处理国事，在弟兄中间挑拨离间，强迫弟弟不把自己的邪恶做法告诉父汗。幸亏皇太极厚道忠心，冒着得罪褚英的危险把这一切告诉自己，自己才及时识破褚英的真面目，废去褚英大阿哥的地位。可是褚英他居然不思悔改，依然倒行逆施，竟敢书写咒语诅咒父汗、诸弟和五大臣，而且对天焚烧。接着在征讨乌拉时策动部下不让努尔哈赤和诸弟进城。不得已，努尔哈赤只好痛下决心，在 1615 年的 8 月 23 日，处死了 36 岁的褚英。

处死褚英之后，他立代善为嗣子。代善位于四大贝勒之首，与褚英同为大妃佟佳氏所生，论年纪他是十六子中最年长者，论功劳，他是诸贝勒中最有功者，他独领正红、镶红两旗，势力也最大，自然要首立他为接班人。

可惜，代善也不自重。

努尔哈赤脸上的阴云更加浓厚。

大福晋乌拉纳拉氏阿巴亥近来和他过于亲近，眉来眼去的。听说阿巴亥几次偷偷送饭给他食用，他居然接受下来。

是不是该废掉他呢？努尔哈赤摇着头拿不定主意。废掉他立谁好？

努尔哈赤当然希望立四阿哥皇太极，可是代善、阿敏能不心生不满？万一兄弟争位，后金的前途可就危险，立足尚未为稳，这里就兄弟阋于墙，他努尔哈赤一生的征战将全付之东流，大金国一统天下的希望全成泡影。再说大福晋阿巴亥枕边吹风，常常有意无意地暗示四阿哥的野心太大。是啊，他自己也看出这一点。

努尔哈赤心事重重，起身回后宫歇息。

宴会继续进行，吃喝声、欢呼声地动山摇。

皇太极也起身离座回到自己的住所。

赫图阿拉城比老城费阿拉气派得多。赫图阿拉的满语意思是横侧的矮山冈，译作横冈。它建在一条东南走向的低矮山冈之上。努尔哈赤大汗在老城费阿拉时，每天早晨起床都能听到一声声雄鸡的清脆鸣叫，推开窗一看，对面东山的山顶上昂首站立着一只红色雄鸡，几只雪白的鸽子在山顶飞翔，飞到山下平坦的坡地，落下来不再飞走。这是神的启示。大汗努尔哈赤说：金鸡啼鸣，野鸽降落，这是神示意迁城建都成就王业。

新城赫图阿拉距离旧城费阿拉只有几里，但是这里的地势平坦开阔，城后有羊鼻子山作天然屏障，山前流过的急湍的苏子河像一道天然的护城河，城外那片开阔平坦的平原正好是一个大练兵场。努尔哈赤的汗宫大衙门建在羊鼻子山脚的一大块高台上，是全城的最高处。站在这里，可以俯瞰全城，目及周围十数里外的沟谷河流和远方的平原。

皇太极走回自己的府邸，那是紧靠尊号台努尔哈赤后宫的一所只有十几间乌拉草盖顶的院落，里面住着他的全部家眷，包括几位妻子和十几个孩子。

大福晋哲哲也随着皇太极走回府邸。哲哲从科尔沁草原嫁来已经5年，21岁的哲哲出落成皇太极福晋中最漂亮的一位。在娘家科尔沁草原时，她作为莽古斯台吉最喜爱的格格，常常与祖父和父亲商讨大事。科尔沁蒙古的这个部落，有读书的好习惯，她在娘家就会读《格萨尔传》和《江格尔》，知道蒙古医学和喇嘛教，进入努尔哈赤的女真部族，立刻显出她在谈吐风度见识上高出女真妇女一大截。她的聪明颖悟和美丽，吸引了皇太极。皇太极很快就立她为大福晋，把他的结发妻子、豪哥的母亲以及其他先到的福晋全晾到了一边。

哲哲白皙的脸因为饮酒飞着两朵红云，使她更加妩媚妖娆。她袅动着细软的腰身走到皇太极身边，轻轻抚摸着皇太极发热的脸颊，关切地问："你喝多了吗？"

皇太极摇了摇头，拉住哲哲的手把它放在自己的大手里摩挲着，心里立刻感到宁静和平和了许多。

"你为什么不喝了？"哲哲就势坐到皇太极的身边，温柔地问。

皇太极叹了口气:“我感到气闷。虽然我们打了胜仗,可也不能尽这么庆祝啊!不知道父汗什么时候能下决心让我代替代善掌领白旗的铁骑兵?”

哲哲妩媚的眼睛眨了眨,放低声音说:“这事急不得,我们只能慢慢等待时机。”

皇太极焦躁起来:“等到什么时候?眼看大汗的身体越来越不好,刚才他饮了一碗酒脸就发白,早早退了席。万一……”

哲哲急忙用手捂住皇太极的嘴。她把殷红的小嘴凑到皇太极的耳边,悄悄说:“千万别这么说,小心墙外有耳。”

皇太极像个听话的孩子似的不好意思地点着头。

哲哲走出房间,看看外面,又走回房,仍不大放心地压低声音说:“你知道父汗最讨厌什么吗?”

皇太极认真地想了一会,说:“可能是他的福晋和人勾搭。”

哲哲点点头,说:“我想也是。父汗制定许多规定,什么不许福晋使女随便出入,不许福晋随便送男人东西,福晋不能单独行走,福晋要一起去解手,还要敲打木板点灯,这些不都是为了防止福晋和人私通吗?几年前被废的大福晋富查氏,就是因为有人告发她勾搭男人。要是代善勾搭父汗的大福晋阿巴亥,那……”

皇太极一把抱住哲哲,兴奋不已,连声说:“好主意!好主意!可是,代善他没有这方面的事情。”

哲哲嫣然一笑,说:“古人说欲加其罪何患无辞,办法是想出来的。你把这事交给我来办。怎么样?”

皇太极爱怜地望着她,直摇头,说:“不行,那很危险的,我不能让你冒这个险。”

哲哲把自己的脸紧紧贴在皇太极健壮的胸脯上,撒娇般地说:“为你我心甘情愿去冒任何危险,只是希望你将来得了汗位,别嫌我人老珠黄把我打入冷宫。”

皇太极立时推开哲哲,走到神堂跪倒在神位面前,仰面朝天发起毒誓:“天神在上,地神在下,萨满妈妈在上,我皇太极登上汗位,决不抛弃大福晋哲哲,永远立她作中宫娘娘,永不反悔!如若翻悔,让天打五雷轰!”

哲哲也跪了下来,向天地发誓永远一心一意坚决帮助皇太极成功。

皇太极把哲哲揽到怀里,亲热地抚摸着她的一头乌云似的黑发,把自己肥厚的性感十足的嘴唇紧紧贴到哲哲殷红小巧的丰满嘴唇上。两颗心紧紧贴到一起,密不可分。

哲哲推开院门,四下小心地看看,院里没有人。她急忙走到努尔哈赤的住所大院,进到努尔哈赤小福晋代因察的西房。代因察是第一个嫁到女真的科尔沁蒙古格格,是哲哲的小姑姑。两人在后金经常往来,努尔哈赤并不见怪。

“赛白诺。”

哲哲用蒙古话打着招呼进到代因察小福晋的房间,她娘家的小姑姑——代因察很高兴地让哲哲坐在火炕上,摆上松子榛子,姑侄二人面对面坐下来。哲哲撮起一撮金黄色的松子嗑着,她喜欢松子那香喷喷的松树味儿。代因察从炕头拿起一只旱烟袋,装上旱烟叶,美美地吸了一口,悠闲地喷出一串袅袅的蓝色烟圈,然后把长长的烟袋递给哲哲,说:“来一口?”

哲哲坚定地摇着头:“不,我不吸烟。吸烟的女人叫男人讨厌。”

代因察苦笑着收回烟袋，说："对我来说，吸不吸都一样，大汗反正是只喜欢阿巴亥。"哲哲问起大福晋阿巴亥："大福晋近来好像又怀上了？"

代因察脸色转暗，她咬牙切齿地说："可不是，那狐狸精把大汗迷住了，大汗成天在她那里，我连大汗的影子都见不到。"

哲哲同情地点着头："是啊，父汗太宠她了。连我也替你不平。听说大阿哥立位之后大福晋开始关心他了？"

代因察点点头，说："是的，我亲眼看到几次，大福晋找借口去和大阿哥说话，还替他整理衣服。"

哲哲故作惊讶地说："那可不大对头，大福晋是大阿哥的继母，两人年纪差不多，不怕大汗怪罪？"

代因察气愤不已地说："阿巴亥是个狐狸精，她知道大汗准备把汗位传给大阿哥，现在就开始讨好他，几次送饭给他，想给自己留条后路。真是聪明得很。"哲哲小声问："大汗知道吗？"

代因察摇摇头："不知道。谁敢向大汗说？大汗知道了，她还想宠幸后宫啊？"

哲哲好像不明白似的，问："那为什么不向大汗报告呢？"

代因察支棱着眼睛，自己也想不明白。过了一会，她才期期艾艾地小声咕噜着："这种事是要凭据的，谁有证据？"

哲哲摇着头："不会的，大福晋与大阿哥眉来眼去，大汗自己也能看到，只要有人给大汗点一下，大汗就会明白的。你说呢？大汗厚道，不会怪罪报告的人。你忘记前几年楮英的事了吗？那还不是四贝勒出主意之后四个贝勒一起去报告大汗的吗？大汗没有怪罪报告的人，也没有轻信，他给楮英辩解的机会，只是楮英他自己理亏，没有办法辩解嘛。"

代因察想了一会，轻轻地"嗯"了一声，沉思着。她好像明白侄女提醒的用意。

她对哲哲说："你放心，我知道该怎么办。"

她说道："海兰珠出嫁了。"

代因察笑着说："大汗年事已高，怕是不会再娶了。四阿哥正年少，你何不再介绍个侄女给他呐？你是不是怕来了争你的位呀？"

哲哲亲昵地拍打了代因察一下："姑姑，你说哪里去了？我是那种小肚鸡肠的人吗？我们蒙古人心胸像草原一样宽阔，像蓝天一样高远。再说，即便没有我们科尔沁博尔济吉特蒙古格格嫁过来，还一样会有其他女真格格嫁给皇太极，那不是我能阻止的。他们女真爱新觉罗的传统就是多妻。当年富查氏多受宠多荣耀，皇太极的额娘叶赫那拉来了她就获罪，被大汗下令自裁而亡。叶赫那拉氏又怎么样？不也是好景不长，几年以后又娶了个乌拉纳拉氏阿巴亥，叶赫那拉氏一样受冷落。叶赫那拉氏在阿巴亥的欺凌下忍气吞声过日子，连气带病没几年就死了。皇太极经常说他额娘是叫乌拉纳拉氏气死的。我当然也想让我们博尔济吉特的格格多一些，只是没有合适的人。海兰珠很合适，可惜已经出嫁了。布木布太今年才 8 岁，可惜年纪太小一点。"

代因察又喷出一串串烟圈，出神地望着那正在袅袅上升的蓝色烟雾幽幽地说：

"不算小了。如果她聪明漂亮的话，到你上四十岁时，她正风华正茂，恰好接你的班宠幸后宫。怎么样?”

哲哲沉默不语,心里琢磨着姑姑的提示。

这时,住在对面房间的努尔哈赤的另一个科尔沁蒙古小福晋走了进来,大家用蒙古话说着闲话。

努尔哈赤的后宫里,主院里的主人大福晋阿巴亥正在命令使女准备奶茶、奶饼、松子、榛子这些小食,她把它们摆放在炕上的茶几上。

阿巴亥刚刚过30岁,显出成熟的风韵和美丽。她扭动着丰满的腰肢,白皙红润的脸颊上挂着温柔满足的微笑,走出院门,等着迎接尊贵无比的大汗努尔哈赤的到来。

努尔哈赤征战刚刚结束几个月,这是他们夫妻难得的团聚日子。但是她依然很少见到她的大汗。努尔哈赤忙于改建老城,新建赫图阿拉城外的战时工事。刚才传令兵回来报告说大汗在游猎之后要回后宫歇息几天。

阿巴亥惊喜不已。她把自己精心地打扮了一番,搽了粉和胭脂,戴上大汗从汉人地区抢来的金银首饰,把乌黑的青丝高高挽起,梳成女真人喜爱的样式——二把头,插满珠翠花钿。穿上女真人喜欢的蓝绿色的绸缎袍和马蹄式高底绣花缎鞋,手拿一方绸帕,扶着门槛,焦急地望着宫殿下面的平川,望穿秋水般等待着她的大汗出现。

“额娘。”有人在她背后轻轻扯动她的衣衫,喊着。

阿巴亥回过头,看见自己的小儿子多铎正瞪着一双明亮的眼睛看她。5岁的多铎十分可爱,笑容灿烂。阿巴亥忍不住把他抱了起来。使女急忙劝阻,怕有身孕的大福晋劳累影响胎气。

阿巴亥真喜欢自己的儿女。她的3个儿子都是她的心肝宝贝,也是大汗的心肝宝贝。子以母贵,大汗宠幸她也就喜爱她的儿子。虽然自己的儿子年纪幼小不能像四大贝勒那样与大汗一起驰骋疆场,可是上了年纪的男人偏偏疼爱小儿女,大汗也是这样。近来叫她担忧的是大汗的身体。大汗渐渐显出老态,精力已经不像以前那么充沛,夜里睡觉常常有出不上气的情况发生。万一……她实在不愿意想也不敢想。可是万一发生,她和她年幼的子女怎么办?当然大汗会安排的。可是他那些如狼似虎的成年儿子们会不会听从他的安排?她需要未雨绸缪为自己的儿女作打算。

她极力主张大汗立代善作大汗的接班人。代善是褚英的同母兄弟,是努尔哈赤第一个福晋佟佳氏的儿子,年纪和自己相当。代善性情比较温和,待人宽厚,大汗百年后代善不至于亏待自己和儿女。代善地位确定之后,她开始比过去频繁地去接近代善,希望能建立起亲密的关系,为以后铺条路。

阿巴亥依着门槛痴痴等着。多铎在她的怀里扑腾着要下地玩。使女接过多铎,多铎欢快地跑出院门向高基下冲去。眼尖的他已经看到远处的一队人马。“阿玛回来了。”他拍着小手大喊。

努尔哈赤和他的儿子们信马由缰慢慢地执辔而行,马背上驮着打死的麋鹿黄羊青羊。他身后的一匹小白马马背上坐着一个英姿飒爽的少年,兴奋得满脸通红,突然大声喊了起来:“多铎!多铎!”

身旁枣红马上的大汉莽古尔泰，皇太极的异母兄弟，被废的前大妃富查氏的儿子，凶狠地睁大眼睛瞪了他一眼，恶狠狠地大声呵斥着："喊什么？小东西！"

努尔哈赤回过头不大满意地瞪了莽古尔泰一眼，笑着对少年说："多尔衮，你看见多铎了？"

多尔衮一脸的灿烂笑容并没有被莽古尔泰的呵斥撵走，小孩子第一次随父兄出外游猎，那兴奋要持续很长很长的时间。何况他并不害怕莽古尔泰，他本能地感到父汗喜欢他，四阿哥皇太极也喜欢他。他也喜欢四阿哥皇太极。皇太极在打猎时总保护着他，让他把快要累死的野鸡捡起来当作他自己的战利品。

"瞧！那不是多铎吗？"

多尔衮催马上前和努尔哈赤并肩而行，用手中的马鞭指点着。

莽古尔泰见多尔衮居然和大汗并马而行，正要呵斥。皇太极向他眨巴着眼，小声说："算了吧，他还是个孩子，才十来岁，没什么关系的。"

莽古尔泰愤怒地从鼻子里哼了一声，不再说什么。敏感的多尔衮却听到了身后的说话，他回过头，对皇太极感激地笑了一笑。

努尔哈赤甩了一下马鞭，胯下的骏马用小碎蹄快步跑了起来。皇太极也加快自己的坐骑向尊王台的宫殿奔去。

努尔哈赤在高基下下了马，把马交给马夫去喂水，自己昂首挺胸上了高台基。他已经看到高台基上那依门槛而立的倩影，心里不由自主地涌上一股股柔情蜜意。自从他立了这个大福晋之后，他常常感到这种涌动的情潮。过去与那些大福晋相处时，他好像从来没有产生过这种感受。是不是自己老了？他常常这么想。人们都说：人老情长。是这样的吗？记得上个大福晋富查氏，常常叫自己恼怒。听说她和其他男人私通，他真是气得要命。没想到这个粗俗暴躁经常呵斥自己的女人居然还有私情，叫他又生气又惊奇。就是这个福晋，敢于在他睡觉时毫不留情地把他推醒，粗暴地指责他说：九国的军队已经攻到城下，你还在家里睡大觉。你像不像个汗王？你这懒骨头！现在的大福晋阿巴亥温柔美丽善解人意，处处关心，令他不能不喜欢她。她的三个儿子阿济格、多尔衮、多铎都聪明漂亮可爱，加上弟弟的儿子济尔哈朗，他打算封这四个小家伙为四小贝勒，和代善、阿敏、莽古尔泰、皇太极这四个大贝勒齐名。其实现在他的部下和族人已经这样称呼这四个小家伙。他微微一笑，登上台阶。

阿巴亥像只花蝴蝶似的飞扑到大汗努尔哈赤的怀抱里。

努尔哈赤想象以前那样把阿巴亥抱起来抱进屋里，他抱住阿巴亥，却感到她从没有过的沉重。他试了几次，都抱不起来。努尔哈赤深深地叹了口气。老了。他心里说，感到一些悲哀。

阿巴亥那美丽的眼睛看出努尔哈赤眼睛里闪过的那丝悲哀和忧伤的光，立刻莞尔一笑，轻轻拍拍自己显出粗大的腰身："瞧，我这身子多沉重，快生了嘛，大汗自然抱不动。"

努尔哈赤哈哈一笑，心中的那点忧伤已经消失得无影无踪，他又是那不可一世的英雄，雄心勃勃准备征服明王朝的那个英雄。

努尔哈赤回过身来大声招呼阿济格和多尔衮，携起爱妻的手，亲亲热热地说笑着走进院门。

在远处看到这一切的莽古尔泰恨恨地向地上啐了一口。在他看来,额娘全是被这个狐狸精所杀。他永远都不相信额娘会自杀,那么开朗豪迈有男人气概的一个女人。

皇太极远远地也看到这一幕,心里也不怎么舒服,但是脸上依然挂着微微的笑。他默默地下了马,把马交给自己的马夫,迫不及待地向家里走去。哲哲的倩影要比阿巴亥的魅力大得多。

努尔哈赤进到屋里,仆从为他脱去打猎的猎装,挂好他的弓箭腰刀。阿巴亥亲自为他脱掉马靴,服侍他坐到炕上的桌几前。努尔哈赤盘起腿,从面前的小碟里挑出一块奶饼,嗑着松子,惬意地歇息着。阿巴亥坐在他的对面,爱怜的看着大汗努尔哈赤有些松弛的脸颊:"大汗近来消瘦了许多。"阿巴亥心疼地抚摩着努尔哈赤的手说。

有人在外面嘀嘀咕咕,好像有什么大事要见大汗。努尔哈赤有些不耐烦,朝门外大声呵斥:"谁在外面?进来!"

阿巴亥急忙站起身,一个侍女慌慌张张进来说:"报告福晋,小福晋代因察有重要事情想见大汗。"

阿巴亥脸一沉:"怎么这么没有规矩?她不知道大汗鞍马劳顿刚到家,还没休息过来。有什么事等明天再说。"

侍女哼哼唧唧磨磨蹭蹭不肯出去。

阿巴亥大怒,手猛一拍桌子,大声吼道:"你找死啊?还不快出去!"

侍女哆哆嗦嗦小声说:"小福晋她已经进来了。她说不见大汗她今天就不离开。奴婢挡也挡不住。"

努尔哈赤今天心情不错,他抬起头看了看阿巴亥,平静地说:"那就叫她进来吧!"

阿巴亥无可奈何地朝侍女说:"叫她进来。"

代因察装扮一新,搽粉涂红一头珠翠,袅袅婷婷摇曳多姿地走了进来。

阿巴亥的脸色立刻暗淡下来:这蒙古小妖精,她想干什么?难道想夺走大汗不成?

代因察向满面笑容望着她的努尔哈赤跪安,然后又向大福晋阿巴亥请安。阿巴亥眼睛紧盯着努尔哈赤笑眯眯的脸,鼻子里哼了一声算作答应。她心里不舒服极了。

代因察说:"大汗,奴妾那里出了点事情,不得不来打扰大汗和大福晋。还望大汗和大福晋出面处理。奴妾不敢自行处理。"

"什么事情?这么重大?"

努尔哈赤嗑着松子,漫不经心地问,眼睛却只往代因察丰满的腰身和胸脯上溜。好长时间没到她那里去了,倒是更丰满了,这些蒙古福晋,都是这般丰满。努尔哈赤暗想。

阿巴亥轻轻地咳了一声。努尔哈赤收回自己的眼睛,不满地白了阿巴亥一眼。

代因察好像猜到努尔哈赤的心思一样,嫣然笑着,做出许多媚眼,说:"奴妾昨天听到两个侍女纳扎和钦太吵架，纳扎骂钦太和隆库通奸，钦太大骂纳扎和代善的侍卫达海巴克什通奸。钦太说，和人通奸是要送人东西作纪念的，你纳扎不是给达海巴克什两匹翠蓝布嘛。这件事关系重大，奴妾不敢做主，特来报告大汗和大福晋定夺。”

努尔哈赤一听，勃然大怒，从炕上跳到地上，说：“竟有此等大胆的贱奴！胆敢公然违抗我的命令！带到大殿去审问！”

阿巴亥脸色发白，声音有些颤抖地劝说着：“大汗，还是先歇息一下的好。”

努尔哈赤铁青着脸，冷冷地说：“先审清楚再回来歇息！我最憎恨这种事！不问清楚我吃不下睡不着！”

努尔哈赤一甩手离开后宫，命令立刻召集贝勒王爷大臣到大殿议事。他抬腿径直来到处理公事的大殿。王爷贝勒急急忙忙换上大汗赏赐的黄金打造的插有象征马尾红缨的金顶大凉帽，穿着刚刚制成的四爪蟒子补服，带领着头戴菊花顶凉帽的侍卫匆匆上殿。各级督堂总兵副将文武大臣都穿起大汗亲自规定的胸背前后补着麒麟、狮子、彪形补子的黑青色朝服。那些好像补丁一样补在官服上的或圆或方的绣着固定几种鸟兽纹的补子，成为大清文武官职职别和等级的徽章。

代因察的两个侍女被护兵带到大殿上，哆哆嗦嗦地跪在堂上。看见大汗努尔哈赤进来，立刻叩头如捣蒜般求大汗饶命。

努尔哈赤大喝：“淫妇！还不从实招来！”

侍女纳扎泪流满面，结结巴巴说：“我曾经送过两匹翠蓝布给达海巴克什，可我没有和他通奸。我是奉大福晋的命令送的。大福晋命我送给大贝勒代善，我去到大贝勒那里，恰好碰见达海巴克什出来，我就让他带了进去。我确实不是和他通奸。望大汗饶命！”努尔哈赤勉强压住满腔愤怒，命卫士带来达海巴克什。达海巴克什证实了纳扎的供词。努尔哈赤勃然大怒。他曾经一再严令禁止大小福晋私自送东西给任何男人，当年他严惩大福晋富查氏的借口就是她私自送布匹给一个侍卫。没想到他最心爱和最信任的福晋阿巴亥居然又违反了他的命令。

“该死！”他拍着桌子大声怒喝，“拉下去，处死纳扎！”

两个侍卫跑进来架起纳扎拖了出去。纳扎尖叫着挣扎着，一路喊着冤枉，被拉到宫殿外的山脚下处了绞刑。

“把这个贱人拉下去钉到木柱上锁上铁链示众一个月！”怒意不减的努尔哈赤命令卫士。卫士拖出达海巴克什。

大殿上一时静了下来。突然，莽古尔泰大声喊着：“大福晋怎么办？”

努尔哈赤呼哧呼哧地喘着粗气，胸口隐隐作痛。他按住心口，却不知该怎么处理这件事的真正主人阿巴亥。

下令废了她？让她自杀？努尔哈赤舍不得。刚才的温存和体贴还在眼前，刚才的妩媚和娇娆还在眼前晃动，他怎么能下这样的狠心？何况阿巴亥即将临盆，三个儿子还年纪幼小，没有母亲他们怎么办？谁来照顾他们？他不能……

努尔哈赤摇摇头，否定了自己的想法。可是，他抬起头，正遇到莽古尔泰恶狠狠的眼光紧紧盯着他。他懂得这眼光的意义。阿巴亥和莽古尔泰的额娘富查氏犯了相同的错误，富查氏被处死，阿巴亥怎么处理？你不是常说要公正嘛。我看你公正不公正？莽古尔泰的眼睛说。

努尔哈赤抬起头，慢慢张开经常迷蒙的细长的眼睛，威严地扫了扫座下的诸贝勒，突然唏嘘起来："我本应该治大福晋阿巴亥的罪，可是念她肚里还怀着我的骨肉。治罪于她，我那三个可怜的小贝勒怎么办？"

说到这里，努尔哈赤动了感情，心中发堵，眼睛一热，眼眶里竟含满了眼泪，他极力控制着不想让它流出来，可是还是有两滴浑浊的老泪顺着脸颊流了下来。他偷偷擦去了泪水。

努尔哈赤用目光寻找着支持。大贝勒代善低着头满脸羞惭，因为事情牵涉到他，他实在不知道如何说才好。

努尔哈赤的目光投向阿敏，阿敏显然有些幸灾乐祸的样子，嘴角上挂着若隐若现的讥讽的笑意，把目光移开了。

努尔哈赤只好把求救的目光投向四贝勒皇太极，这曾经是他最喜爱的儿子，他最引以为自豪的儿子。

皇太极的眼睛稍稍转了一下，马上直视着父汗的眼睛。他和父汗对视了一下，望着父汗那有些痛苦和求救的目光，他的心里突然生出几分怜悯：父汗确实有点衰老了，一代天骄的父汗何时流露过这样的无助和求救呢？巴图鲁的父汗，是那样坚强刚硬百折不挠，他和别人商量却从不会求救于他人。现在他是怎么了？从没有见他这样优柔寡断。难道真是英雄末路了吗？

皇太极的心痛苦地抽搐了一下：不，我应该帮他一把。

皇太极斜睨了莽古尔泰一眼，他明白莽古尔泰的心思，知道他等着品尝报复的快意。这家伙！当年他的额娘富查氏与人通奸被告发，他自己首当其冲提出处死富查氏。是他急于把额娘推向死路，为了向父汗表示他的忠诚。如今却又想看父汗的笑话。真是个反复无常的小人。将来不能重用他。

皇太极走上前说："大福晋虽然有错，可她有身孕，要治罪也要等她临盆之后。她肚里的胎儿可是父汗的亲骨肉啊！倒是大贝勒应该反省反省自己，为什么要接受大福晋的礼物呢？"

努尔哈赤松了一口气，他长长地嘘了口气，像堵了块大石头的心口轻松了许多。

但是，皇太极又加给他另外一个难题：如何处置大贝勒代善？代善是废了楮英之后才立了不久的嗣子，难道再废了他不成？废了代善之后立哪个儿子？个个都如狼似虎，觊觎着太子的地位。突然他觉得皇太极给他出了个一箭双雕的难题。治谁的罪？代善还是阿巴亥？二者中一定要有人承担责任。

努尔哈赤抬起眼睛观察着面前几个儿子的表情。阿敏是他的侄子，当然不能立他做太子。莽古尔泰刚才那般表现完全流露出他对母亲之死的不满，那莽撞的身体里不知包藏着什么祸心。皇太极曾经是自己喜爱的儿子，他能征善战，实在是自己征战的好帮手。立他吗？其他儿子怕是不服气。而且这皇太极太有心计，从方才他这一箭双雕的做法看出他城府太深。打心里说，自己最想立的是多尔衮，只是他年纪还小，更不能服人。立嗣的事历来是皇家的大难题，皇家亲骨肉的自相残杀全是由此而起。我不能让我的子孙后代走这条路。我要想办法堵住这条路。

对，废了大太子代善的封号，改为几个有势力的贝勒共同执政，让他们共同管理国事。这样就不会导致父子兄弟之间的自相残杀，就可以保持家族皇业的永远昌盛和繁荣。

努尔哈赤在心里确定着未来执政的贝勒人选。代善、阿敏、莽古尔泰、皇太极、德格类、阿济格、多尔衮、多铎，这八个儿子，加上侄子济尔哈朗。对，还要加上代善的两个大儿子，他努尔哈赤喜欢的两个大孙子岳托和硕托兄弟。如果没有他努尔哈赤的支持，这兄弟二人会被他们的父亲糊涂的代善和他的老婆欺负得没有立足之地。要交给他们兄弟二人一个旗来掌管。八个旗的八大贝勒固山旗主共同治理国事，集体领导制可以防止兄弟自相残杀。

努尔哈赤又在心里告诫自己一定要做到一碗水端平，不让儿子产生意见。

努尔哈赤决定了他的接班人制度。

努尔哈赤站了起来，头发晕，眼睛一黑，竟倒了下去。

五　姑母做媒

1624年，大金国天命九年，赫图阿拉城里一片喜气洋洋。清扫干净的沙土街道上泼洒了净水。兵士们牵马扛枪走过，并没有扬起尘土。戎装的将军、34岁的皇太极，骑在一匹彪悍的蒙古马上，带领着一队白旗士兵，和几个大贝勒同行，去迎接科尔沁几个鄂托克台吉和他们的家眷，后金与科尔沁蒙古盟誓交好的仪式要在赫图阿拉城外举行。

大金国第一都——阿城

哲哲和母亲莽古斯大福晋、嫂子寨桑福晋坐在哲哲大宫的大炕上，亲热地拉着家常话。哲哲已经多年没有见过母亲和娘家人，这次见面是哲哲出嫁十年来的第一次，娘俩有说不完的体己话。哲哲的三个女儿，大的8岁，老二6岁，小的也已经

4岁,三个小姑娘都依着母亲有些怯生生地看着陌生的姥姥。哲哲爱抚地摩挲着小女儿的黑发,深深地叹了口气说:“一连生了三个女孩,生小三的时候大出血,不能再生了。我真担心遭四贝勒的抛弃。我想把布木布太接来给四贝勒,不知你们同不同意?”

布木布太第一次离开草原来到另一个地方,别提有多么兴奋。

正看着布木布太的莽古斯大福晋富态的大圆脸笑成一朵花,她连声说:“哪能不同意?这是多好的事情啊!我们科尔沁蒙古还要仰仗金大汗的保护,金大汗带给我们科尔沁许多牛羊财物,给了我们许多绸缎毛皮。将来四贝勒一定要接金大汗的汗位,我说布木布太要大福大贵了。”

寨桑小福晋也忙不迭地说:“是啊,是啊,这么好的事情,我们同意,同意。”哲哲望着娇媚可爱的布木布太,微笑着说:“布木布太这么美丽,又很聪明,在家读过书,识文断字的,我想她进宫能得到四贝勒的喜爱。我希望她过些年长大以后能成他的宠妃。只是希望我的侄女受宠后不会把我挤出汗宫。”

莽古斯大福晋拍了一下腿:“咳!那怎么会呐?自家骨肉,总是血比水浓。娶些女真福晋,可就难说了。”

莽古斯大福晋想了想又说:“宫里母以子贵,她要是能生个男孩就更好了。”

寨桑小福晋不以为然地说:“四贝勒已经有好几个儿子,大儿子豪哥比布木布太大许多。怕是没用的。”

大福晋说:“那也难说。虽说是母以子贵,但是子以母贵的也不少。母亲得宠儿子被立的事古来可是很不少。”

哲哲点着头,陷入沉思。过了一会,她转向莽古斯福晋问:“那木其今年几岁了?”

寨桑福晋回答说13岁。哲哲说:“父汗还有个12岁的小贝勒多尔衮没有娶妻,把那木其许配他怎么样?”

莽古斯福晋和寨桑福晋都点头。

“姑姑,姑姑。”

布木布太嫩生生地喊着推门进来,走到母亲和祖母身边,说:“姑姑这里真好玩。院子里的树真好看。”

哲哲从炕儿的碟子里抓起一大把松子塞到她的手里,笑着问:“松子榛子好吃吗?”

布木布太仰起脸,对哲哲嫣然一笑,说:“好吃。”

哲哲心里一动,暗想:这笑容可以迷倒所有的男人。她接着问:“那你就住在姑姑这里,不要回科尔沁,行不行?”

布木布太抬头问母亲和祖母:“你们让不让?”

科尔沁大小福晋异口同声说:“让!”

布木布太小脸笑了,说:“我愿意留下来和姑姑住。”

哲哲的三个女儿一起围住布木布太,拉着她的手,高兴得又蹦又跳,四个小姑娘手拉手跑出院子去玩。哲哲急忙命令使女跟出去照顾。

哲哲的大格格一会跑了回来,她边跑边喊:“阿玛回来了。阿玛回来了。”

哲哲和科尔沁大小福晋急忙从炕上下来,恭立在南炕前等待皇太极进来。

听说自己的岳母和妻嫂已经来到自己的家里,他还没有时间回来拜见。他一直在议事大殿里,大汗召集十大固山额真贝勒商量盟誓。

皇太极走到院门旁,突然被里面尖叫着的一个粉红团冲得趔趄了一下。谁敢如此大胆,在院子里乱跑?父汗有极严厉的家规,不许使女下人乱跑乱叫。他正想发作,那团粉红却也摔倒在他的怀里,他就势扶住那粉红团,这才发觉这乱跑乱叫的是个小姑娘。他仔细看着怀里的小姑娘,这才发现她既不是自己的使女也不是自己的格格。皇太极仔细端详着小姑娘,那小姑娘也抬起头仰着脸大眼睛一眨不眨地盯着他看。皇太极一眼就看出,这是个极美极迷人的小姑娘,长大一定是个非常漂亮的大呼哨。

"你是谁?"皇太极笑眯眯地问,同时忍不住用手轻轻抚摸了她的小脸。那脸真是光滑、细腻、柔软,像水像宝石一样。

布木布太仰着小脸,迎着皇太极那常常是耷拉着眼皮的阴鸷的毫无光彩的眼睛,没有怯意,朗朗回答说:"布木布太。科尔沁蒙古寨桑台吉的格格。"

皇太极明白了。这是自己大福晋哲哲的娘家侄女。他朗声大笑起来:"这可是大水冲了龙王庙,自家人不认识自家人了。"

布木布太明亮的大眼睛流露出十分怀疑的表情,她好奇地问:"你是谁?我怎么不认识你?"

皇太极放开布木布太,拉住她柔软光滑细腻的小手,那小手叫他的心里翻起一阵涟漪。他心不在焉地说:"你跟我回去就知道我是谁了。"

布木布太从皇太极那常年拉弓射箭舞刀弄棍长满厚茧的粗糙的手中抽出自己的手,用小嘴吹着,不满意地嘟着小嘴说:"你的手真粗糙,把我的手都弄疼了。"

皇太极开心地哈哈大笑起来。这个可爱的小姑娘美丽又泼辣,太有趣了。不知她聘了没有?要是没有聘,我把她娶来倒是蛮不错。他暗自思忖:哲哲会不会反对?

皇太极走进上房,哲哲和科尔沁大小福晋一起向他问安。

皇太极望着布木布太,问莽古斯福晋:"这可是你的小孙女?"

莽古斯大福晋点点头。

皇太极问了她的年纪后很感兴趣地问:"12岁,也到了聘人的年纪,可曾聘了什么人家?"

莽古斯大福晋摇摇头说还没有找到合适人家。

皇太极大声笑了起来,连声说好。站在一旁的哲哲立刻明白了皇太极的心思,心中突然泛起一种不舒服的感觉,不过她马上压抑住自己的不快,满面笑容地对母亲和嫂子说:"我想四贝勒一定有好人家介绍给布木布太。你们还不快谢过四贝勒。"

莽古斯福晋和寨桑福晋立刻下炕给皇太极行礼表示感谢。

明黄色的旌旗飘扬的马队急驰而来。

努尔哈赤身后并排驰来四大贝勒代善、阿敏、莽古尔泰和皇太极。四个剽悍的汉子和努尔哈赤十分相像,好像一个模子倒出的一样。只是各自骑着不同颜色的骏马，有白的，枣红的，黑的，花的，棕的。他们威风凛凛地骑在马背上。他们的身后，是另外六个精壮剽悍的小汉子德格类、岳托、济尔哈朗、阿济格、多铎、多尔衮，这是努尔哈赤在天命七年三月正式确定的嗣君制度和共治国政的十个和硕固山王，执政的十贝勒。

科尔沁汗率领着各鄂托克的台吉王爷齐齐站立走下座位欢迎后金大汗努尔哈赤的到来。他们恭立着等待大汗和诸贝勒下马。

努尔哈赤翻身下马，脱下斗篷交给侍卫，手按腰刀威风凛凛地走到科尔沁汗和台吉的面前。他哈哈大笑着向科尔沁汗行着蒙古礼，然后和蒙古王爷行满洲亲人相见的抱见礼。他的十位执政贝勒也面带笑容分别与蒙古台吉行礼。大帐前一片欢笑声。努尔哈赤带领十位固山额真登上祭坛。侍卫们牵来几只肥大健壮的乌牛，把它们拴到祭坛前面的木桩上。乌牛似乎知道它们的命运，流露出无限的哀怜，悲伤的大眼睛可怜巴巴地瞅着眼前的人，有的还默默流着眼泪，有的哀哀地低声呜咽。人们又拉来几匹高大肥壮的白马，可怜的白马美丽的大眼睛同样流露着求救的可怜神情。

努尔哈赤带领着十大固山额真贝勒，科尔沁汗带领着科尔沁十三鄂托克台吉分列在祭坛前面，以手蘸着乌牛白马的热血对天盟誓。努尔哈赤苍劲浑厚的声音和科尔沁汗的声音响在天地间："自此以后，大金和科尔沁蒙古将永为结好，如若背叛，天打雷轰。"

盟誓之后，努尔哈赤和科尔沁贝勒们在大帐前的白色木桌旁就座，盟誓的宴会热闹地举行。皇太极和他的岳丈莽古斯、妻舅寨桑坐在一起，大碗饮着粮食酿造的酒，这酒比马奶子酒强烈醇香得多。

壮实的寨桑满脸络腮胡，带着几分醉意，高举着酒碗对皇太极说："四贝勒爷，我有个女儿，今年刚刚12岁，到了快出嫁的年龄。我和我的福晋想把她许配给你，不知你可愿意？"

皇太极一听，哈哈大笑起来："科尔沁蒙古出美女，你们的姑娘来一个我要一个。我现在有六个福晋，我最喜欢的只是你的姐姐哲哲。现在你愿意把自己的女儿给我，我求之不得。来！让这碗酒作定。"

努尔哈赤和众贝勒都走过来庆贺。努尔哈赤哈哈大笑着对莽古斯台吉说："我们大金和科尔沁蒙古是亲上加亲。莽古斯台吉，你还有未许配的孙女吗？我的小贝勒也该成婚了，你看这小子，已经12岁了。"

努尔哈赤说着把多尔衮推到莽古斯面前。满脸通红的多尔衮急忙往父汗身后躲。12岁的多尔衮高大健壮，像十五六岁的大少年一样。

莽古斯和寨桑把多尔衮拉到眼前，端详着多尔衮，连声说："好小子！好小子！一表人才！会不会骑马射箭啊？"

多尔衮自豪地说："我们满洲男人五六岁就会骑马，哪有不会射箭的？"说着拉开弓，朝天上的一只飞鹰瞄准。只听弓弦响动，天上翱翔的鹰从蓝天跌落下来。

"好箭法！"人们欢呼着。

努尔哈赤笑眯眯地拈着胡须，非常得意地说："这虎子是我晚年最大的安慰。将来我要把大金交给他。"

莽古斯看看寨桑，寨桑谦恭地说："大汗要是不嫌弃的话，我还有一个侄女儿，今年13岁，配大汗的小贝勒刚好合适。"

努尔哈赤说："好，就这么定下来。大金和科尔沁有天定的缘分。秋天下完聘礼后办多尔衮的婚事，明年春天办皇太极的婚事。"

这盟誓会上的联姻使大金和科尔沁蒙古的关系亲上加亲。

努尔哈赤黧黑的长脸上挂着得意满足的笑容，在他称雄辽西辽东的过程中，他又取得一个胜利。今后，他可以毫无后顾之忧去攻打沈阳，进军山海关。

1625年，努尔哈赤天命十年。

皇太极的大福晋哲哲身着盛装，指挥着一班下人侍卫使女安排婚礼大宴。院子里已经摆好桌凳，厨师们在厨房里烧着白肉血肠烤全羊这些满族大菜，等着接亲队伍的到来。

这一天的科尔沁草原，莽古斯台吉的浩特里也是旗幡飞舞。早春草原还很冷，寒风吹得人眼睛发痛。天公还算作美，寒风不大，阳光灿烂，蓝天只有几朵白云飘荡。

布木布太这时像个小玩偶似的任人摆弄。她只是紧紧地拉住母亲寨桑福晋和苏默尔的手。换成姑娘打扮的已叫苏默尔，两条乌黑的大发辫垂在腰际，脸色也白皙了许多，个子高大，比布木布太纤细的样子健壮许多，完全是个发育成熟的姑娘模样。

送亲的队伍已经等在蒙古包外，吴克善作为新娘的送亲家长装扮一新，崭新的湖蓝色蒙古袍裤都是当时最珍贵的锦缎，脚上的云字蒙古靴用最好的牛皮由最好的皮匠做成。陪嫁品早已堆上马驮，珍贵的银器绸缎黄金玛瑙玉石首饰，还有草原特产蒙药蘑菇发菜一类食品，装了十几匹马。送亲队伍由清一色的剽悍小伙组成，全穿着崭新的湖蓝色蒙古袍，腰里别着蒙古刀，个个威风凛凛，神气十足。马队的骏马是特意挑选出来的好马，匹匹高大健壮油光溜滑，精心梳理的马鬃在风中飘拂，马的脖颈上挂着红色绒结和金光闪闪的铜铃铛，铃铛在风中和马匹的走动中叮啮作响，增添着送亲队伍的喜庆色彩。十几辆装饰着彩绸的大红毡篷勒勒车扎着喜庆的大红绸花，停在蒙古包外等着新娘和陪嫁使女乘坐。

布木布太换上了满族新娘服装，戴上了满族头饰。蒙古小呼哨变成了满族塔拉温珠子。寨桑福晋拉住布木布太的手，把她最后一次揽进自己的怀里，小声叮咛着："到了大金，一定要好好听你姑姑的话，她会教你怎么办。要不你会吃亏的。要想办法讨皇太极的喜欢。"

说着，寨桑福晋从蒙古袍里掏出一个金光闪闪的小佛像塞进女儿的怀里，说："这是一尊欢喜佛，它会保佑你的，叫你婚后幸福。不过，这欢喜佛是我们蒙古人的家佛，决不能叫其他人看到。只能供奉在你们夫妇的睡房里。记住，要是叫别人看到了，佛爷会降罪于你。"布木布太直点头。

陪嫁的使女们也都装扮一新，穿着鲜艳的蒙古袍，头上都包着鲜艳的头巾，戴着银光闪闪的头饰。苏嘛拉穿着粉红的蒙古袍，头上戴着亮光闪闪的银头饰，显得格外漂亮。她是布木布太的第一陪嫁女，走在排着队的陪嫁使女前头。陪嫁使女跟随着苏嘛拉鱼贯走到勒勒车前，等着新娘上车。

蒙古包外的号角声和鞭炮声锣鼓声齐鸣,新娘上车的时候到了。寨桑福晋眼睛里的泪水止不住地流了下来。布木布太一头扑到母亲怀里失声痛哭。她真害怕那陌生部族里的陌生生活。

莽古斯台吉和寨桑贝勒走进来,寨桑拉开自己的福晋,让吴克善和使女陪着布木布太登上勒勒车。

勒勒车、马队在一片号角锣鼓鞭炮声中慢慢地启动了。车轱辘在绿草如茵的草原小路上辚辚地滚动,马蹄声得得,送亲的队伍在科尔沁草原上越来越远越来越小,慢慢消失在草原和蓝天交界的苍茫中。

科尔沁草原送走她美丽能干的令科尔沁人骄傲和自豪的女儿。

努尔哈赤很重视这次婚礼。他已经决定在婚礼结束之后迁都到盛京沈阳,所以这婚礼既是庆祝也是与东京的告别。努尔哈赤率领他的王爷和贝勒及所有福晋组成的浩荡人马在沈阳以东的岗子上迎接送亲队伍。

皇太极的迎亲队伍早已在辽阳城外十几里外的草甸子上搭起迎亲的篷帐,等待着送亲队伍的到来。

皇太极心如火燎般等待着送亲队伍。自从去年见过布木布太定下这门亲事以后,他就在盼望着这一天的到来。那机灵聪明美丽的小姑娘一定会给他新鲜的感受。他已经有六个福晋,但是他还渴望新福晋的滋味,特别是小新娘的初婚,才会叫他感到新鲜和刺激。34 岁的他需要刺激。

正月初二,太子河畔欢声笑语,锣鼓喧天。天空无云,刮了几日的北风已经悄然消失,前几日的那场大雪覆盖了山野,白皑皑的积雪映照着蓝蓝的天和明媚的阳光,彩色旌旗在微风中轻轻招展。河畔搭起一个高高的木台,上面铺着红毛毡,遮蔽刺骨的寒风。努尔哈赤和他的福晋穿着貂皮大氅,脚上蹬着乌拉草毡靴,坐在台上,等着观看冰上运动会。

八旗军民围站在河上,戴着皮帽穿着皮袄,脚上穿着乌拉草编的松软暖和又不会在冰上摔跤的窝窝鞋,欢呼着为自己的运动员加油。

哲哲脸冻得绯红,被十几个蒙古女子围在中央。她正在召集着蒙古女子冰上运动员们训话。努尔哈赤命令她组织一个蒙古女子冰上运动队,参加与女真女子运动队的跑冰对抗赛。她们都换好了冰鞋,一种下面钉着铁条的木屐。

布木布太紧紧站在哲哲身边,小脸冻得通红,一边呵着手,一边不停地跳动着暖和双脚。天气很冷,她们的皮帽的边缘和眼睫毛上都挂着白白的霜花,呼吸和说话时从鼻子和嘴里呵出的一股股热气立刻化成霜花凝结在她们的皮帽毛和眼睫毛上,这使她们个个看起来都像白眉毛白胡子圣诞老人。

哲哲呵着热气说:"我们是第二组,第一组是汉官妻妾,第二组是我们蒙古福晋,第三组是我们和女真福晋的比赛。大家注意在第三组的比赛中,不要争第一和第二,这头两名我们要让给女真福晋。"

布木布太仰起小脸,大惑不解地问:"那为什么?比赛不是为了争第一吗?"

阿济格福晋其其格和多尔衮福晋那木其都不解其故,大家七嘴八舌地吵吵着,很不愿意的样子。

努尔哈赤小福晋代因察和其其格的姐姐科尔沁青果尔台吉的大女儿其木格用

手制止了大家的喧闹,看看台上坐着的努尔哈赤,小声说:"这是大汗的意思。往年的冰上运动会都是我们蒙古福晋领先,女真福晋心里很不服气。大汗悄悄嘱咐我们这次给她们点面子,让她们赢一次。你们连这点情面都不给大汗吗?"

其其格和那木其都不说话,点着头表示同意。

哲哲见布木布太没有说话,问道:"你呢?布木布太?"

新来乍到的布木布太还是不大服气,嘟嘟囔囔说:"让着的还算比赛吗?"

哲哲脸色一沉,厉声说:"布木布太,胡说什么?再胡说我要掌嘴了!"

布木布太不敢再分辩,撅起小嘴把头扭到一边,心里却想:"我一定要滑第一。"

男子的冰上蹴鞠之戏开始了。黄旗运动员和白旗运动员在冰上奔跑抢球,运动员一不留神,脚下一滑,一个跟头摔在冰上,哧溜会滑出几丈远。两个队的队员时不时跌得四脚朝天,观众哄笑声鼓掌声加油声喝彩声一声高过一声,响彻太子河上空。

多尔衮、多铎和阿济格都是黄旗运动员,哥仨在冰上奔跑,勇猛无比。皇太极是白旗运动员,正死死盯住黄旗的阿济格,叫他无法得到多尔衮传过来的球。一个球传到多尔衮脚下,多尔衮一脚独立,一脚把球踢到空中。观众都欢呼起来。多尔衮一高兴,脚下一滑,哧溜一声摔倒在冰上,滑出一丈多远。

见多尔衮摔在冰上,那木其急得想跑过去。其其格和布木布太都一起笑她。她只好羞涩地停住脚步。

冰上的皇太极急忙滑过去把多尔衮扶了起来,帮他拍去身上的冰屑,替他检查了一下。见他没有受伤,就亲切地拍了拍他的头,继续比赛。

那木其感激地望着皇太极。男子运动结束了。女子冰上比赛开始。观众的喝彩加油声更大。看台上的努尔哈赤和大福晋阿巴亥都站了起来,伸长脖子看这精彩的比赛。

第一组是汉官的36名妻妾比赛。汉官妻妾普遍文弱,跑得文雅却不精彩。18名跑在前面的运动员欢天喜地地从终点的冰上拿到赏银。第一名是范文程章京的妻子,她得到20两银子。其余得到10两银子。没有跑到前面的也都得到赏银3两。

第二组是16名蒙古福晋。努尔哈赤站了起来,大声加油。蒙古福晋的速度显然比汉官妻妾快得多。她们弯着腰甩着双手,在冰上滑行着跑,看起来像飞似的。

滑行中的布木布太仰起头,十几个蒙古福晋都在她前面像燕子似的滑。她第一次参加这样的运动会,心里有些紧张,起跑时比别人慢了几步,现在她落在后面。赶上去,她想。布木布太弯下腰,甩开双臂,脚下生风,呼呼的往前赶。不一会,她就追上了其其格,又追上了那木其。接着,她超过了第二,变成第一。

布木布太取得蒙古族的第一,得到20两银。

第三组出场的是雄赳赳的女真和蒙古福晋的对抗赛。传令官的小红旗一挥,14名健壮的福晋跑了起来。布木布太又落在后面。莽古尔泰和代善的女真福晋分别跑在第一和第二。蒙古福晋都有意放慢了速度。

冰上的布木布太只听到阵阵喝彩和加油声,她觉得身上发热,脚下生风。呼呼的风声从她耳边吹过,她从头上抓下皮帽扔到冰上,甩开臂膀,一下子冲到了前面。

她继续往前冲,第一个冲到终点。从终点抓起一堆赏金,那是 20 两银和 1 两金。布木布太喘着粗气,头上冒着白色热气,有些不满地想:"一样的比赛不一样的赏金,原来大汗还偏心眼。"

在旁边观看比赛的皇太极很高兴,大声欢呼。哲哲却有些担心地小声说:"这死丫头不听话,这下可能叫大汗生气。"

皇太极哈哈大笑,毫不在乎地说:"没关系,父汗不会生气的。有这么健壮的媳妇他该高兴才是。"

看台上的努尔哈赤指着冰上取赏金的布木布太问阿巴亥:"跑第一的是哪个福晋?"

阿巴亥不大高兴地说:"是八阿哥去年才娶的科尔沁福晋。"

努尔哈赤面露愠色,说:"你没有关照过八阿哥的大福晋吗?这么不给女真福晋面子?"

阿巴亥委屈地说:"我已经把大汗的意思讲给代因察和其其格听,让她们转告哲哲。谁知这个小福晋不听话。"

努尔哈赤不说什么,只是好奇地注视着冰上的布木布太。

六　天骄病逝

盛京皇宫的装修正紧张进行。哲哲作为装修后宫的指挥,忙得不可开交。哲哲把布木布太带在身边作为助手。布木布太的女真语已经很流利,她的聪明好学叫哲哲很满意。

"布木布太。"哲哲朝窗外招着手喊。

布木布太蹦蹦跳跳走进正殿的东暖阁。坐在南炕上的哲哲脸一沉:"你怎么走路啊?满洲人讲究女人走路上身不动,你这哪像个福晋样子?"

哲哲自己起身走了一遭。笑着问:"姑姑你什么时候学会这样走路?在科尔沁时你可是像我一样,大步流星乱跑乱跳。"

哲哲甩开布木布太的拉扯,脸色沉着,盘起腿坐到南炕上,从炕桌上的银制果盘里拈起一颗冰冻山里红,放在嘴里慢慢咀嚼着,顾盼自如的大眼睛望着布木布太,说:"学我的样子走走。"

哲哲微笑着点点头:"走路时不要再摇晃身体,乱甩胳膊。胳膊要紧贴身子,轻甩小臂。记住啊!以后再犯我可要打你喽。"

哲哲亲昵地威胁着,然后又说:"今天先跟我学习祭神,然后学习满文。"

布木布太高兴地跳跃起来,说:"太好了,我早就想学习祭神仪式啦!"

哲哲不高兴地沉下脸,说:"又疯起来啦!什么时候才能学会稳重啊?宫里福晋要稳重,不能这么张狂。祭神仪式更不能这样。"

布木布太吐了一下舌头,说:"我知错了。以后决不会重犯。"

哲哲领着布木布太来到西四间的神堂,揭开神龛上的黄绸帘子,说:"这是女真萨满神,叫纳丹岱珲,是七仙女,满洲爱新觉罗氏始祖。皇宫里的祭祀,由大汗和大汗福晋主持,家祭分磕头祭和使唤猪祭,磕头祭不杀猪不请萨满,只有家人供献糕酒，磕头三遍。使唤猪祭除了供献糕酒以外，还要杀猪、请萨满跳神，这是元旦举行的大型祭祀，包括朝祭、夕祭。祭祀是满洲的大事，凡遇大事，及春秋季月上旬，一定要祭天，元旦要先谒堂子后回宫祭神。”

哲哲放下黄绸帘子，继续说：“祭祀的前一月，要造酒神房造鲁罗酒，前三日，朝暮献牲各二，前一日神前供打糕各九盘，祭祀开始，五鼓献糕，主祭要穿吉服向西跪，中设如来观音神位。萨满身穿神服，手持舞刀念祝词：敬献糕饵，以祈年康。护卫敲击着神板，弹着弦、筝、月琴和，很好听的。然后司香妇把如来观音请到屋外，放置到门外西部所设的神龛里，这就开始真正的满洲祭祀。开始先进牲。”“什么是牲？”布木布太性急地问。“牲就是一只没有杂色的黑公猪，即神猪，牲进来时，全家要向神猪跪下，萨满用酒灌入猪耳中，神猪的耳朵一动，司俎者喊：‘神已领牲！’主人叩谢神灵，屠夫就把神猪抬到院子里宰杀褪净，放进神堂大锅里煮熟，供到神位前。萨满进入神位前供桌，念祝词三次，萨满每念一次祝词，就起舞，耸动腰铃，双手击鼓，琅琅锵锵的，非常热闹。最后，主人领全家磕头三次，祭祀就完毕了。”

布木布太说：“这就算结束了？”

哲哲说：“谁说结束了？下面才热闹呢，大家分吃福肉，这福肉只能是家族族人吃，其他人吃不到的。这是朝祭。晚上的夕祭叫背灯祭。夕祭也要杀猪煮肉，煮熟的肉要按照猪的形状摆好，猪头缠血肠，上面插着一把匕首供上。童子萨满穿彩裙，手执抓鼓，萨满击鼓，宗族人员全体下跪，萨满念祝语，念毕起舞，舞毕，宗族人磕头退出门外。萨满挂上青绸幕布，遮掩了灯火，关上门，童子萨满摇动铜铃，女萨满念出祈祷词，请出纳尔珲神，也叫万历妈妈。萨满再摇动铜铃，念祈祷词，又请出几个神。萨满第三次摇动铜铃念祈祷词，接着第四次摇动铜铃，念祈祷词。女萨满匍匐叩首，取下匕首供上桌案，让万历妈妈食用。然后，女萨满高喊‘掌灯’，背灯祭结束，门窗打开，点亮灯，撤下神幔，神像已经被萨满放到神柜中。宗室领取供肉分给家人。众人在炕上铺上布单代替炕桌，围坐着吃。”

布木布太入神地听着，问：“为什么要背灯祭呢？”

哲哲说：“这里有个美丽的传说，因为万历妈妈是赤裸全身，所以要背灯祭。以后再讲给你听。”

布木布太又说：“我一点也听不懂萨满念的祝词。姑姑，你给我讲讲吧！”

哲哲笑了，说：“萨满念的祝词，没有几个人能懂。四贝勒爷曾经给我解释过，我才略知一二。朝祭时念的三遍祝词开头是呼叫神灵的名字：初祷曰纳丹岱珲、纳尔珲轩初，二祷曰恩都里僧固，三祷曰拜满章京、纳丹威瑚理、恩都蒙鄂乐、喀屯诺延，三祷并为马祝，然后就申报主人的姓名年龄，祈请神灵保佑，延年益寿添子添福。背灯祭念的四遍祝语，也是先呼唤神灵的名字，然后歌颂神灵的功绩，祈请神灵保佑。第一遍是：哲，伊埒呼，哲，纳尔珲。掩户牖以迓神兮，纳尔珲。息甑灶以迓神兮，纳尔珲。来将迎兮，侑坐以俟，纳尔珲。秘以俟兮，几筵具陈，纳尔珲。纳丹岱珲蔼然降兮，纳尔珲。卓尔欢钟依惠然临兮，纳尔珲。感于神灵兮来格，莅于神铃兮来歆，纳尔珲。这第一遍祝词是迎接神灵的。第二遍是祈求保佑马匹的：纳丹岱珲、纳尔珲轩初、卓尔欢钟依、珠鲁珠克特亨，某年生小子，今为所乘马祝者，敬祝者，抚脊以起兮，引鬣以兴兮，嘶风以奋兮，嘘雾以行兮，食草以壮兮，啮艾以腾兮。沟穴其弗逾兮，盗贼其无扰兮。神其祝我，神其佑我。第三遍是向神诉说迎神的郑重向神致敬，更加难懂。你听，是这么说的：哲，伊埒呼，哲，古伊双宽。列几筵以敬迓，古伊双宽。洁粢盛兮以恭延，古伊双宽。来将迎兮尽敬，古伊双宽。秘从俟兮申虔，古伊双宽。乘羽保兮徙于位，古伊双宽。应铃响兮降于坛，古伊双宽。"

布木布太见哲哲说得有点口干舌燥，就起身去端来奶茶，说："姑姑，喝点奶茶吧！"

哲哲喝了一口，说："这祝词是祈祷时最重要的，一定要说好，要不神会认为你敬神不诚不降福于你的，你也要学会这祝词。"

哲哲拍拍她的头，说："够聪明的，已经学会几句了。以后慢慢学吧！心急吃不了热元宵，一下子学不会的。这背灯祭还有第四遍祝词，还是为马匹祈祷。是这么说的：吁者惟神，迓者斐孙。牺牲既陈，奔走臣邻。哲，伊埒呼，仍为马者祝。"

布木布太双手托着脸颊，眼睛一眨不眨地望着哲哲，好奇地说："这么热闹的祭祀，什么时候才能轮到我来主祭呢？"

哲哲笑了："小蹄子，人不大，心倒不小。我来汗宫十几年，还没有轮到主祭，怎么能轮到你？"

布木布太脸上笑心里却说："我一定要争取当上后宫主祭。不信，等着瞧。"

哲哲说："去把那木其叫来吧，下面我们来学习满文。今天起我请巴克什额尔德尼教我满文，你们两人也陪我学。对，顺便把阿济格的福晋青果尔格格也叫来。"

布木布太高兴地说："太好了。我早就想学满文。四贝勒的满文好，就是没有时间教我。"她叽叽喳喳还在说个不停。哲哲的脸一沉："还不快去叫那木其。"布木布太做了个鬼脸，急忙跑出去。

那木其比布木布太早一年嫁给多尔衮，她是多尔衮的元福晋，今年刚刚 15 岁，大布木布太一岁。哲哲把这两个亲侄女当作自己的女儿似的关照。青果尔格格叫其其格，是努尔哈赤小妃其木格的妹妹，是科尔沁青果尔台吉的女儿。其木格早哲哲一年出嫁来到女真，其其格早布木布太一年嫁给阿济格。

布木布太出去以后，哲哲吩咐使女把自己的两个正在玩耍的女儿从院外找回来，她要她们和自己一起学习。

"老奴给大福晋请安。"

伴着门外传来的苍老沙哑的声音，一头白发肥胖的额尔德尼，老态龙钟步履蹒跚地走进哲哲的房间，向哲哲行礼问了安。哲哲的使女拉出貂皮坐墩，他坐了下来。

布木布太和那木其手拉手走了进来，苏嘛拉跟在她们身后。布木布太记住哲哲的教导，和那木其一样，走路时上身已经不再摇晃。哲哲看着心里很高兴，脸上却并不流露出赞赏。她还需要学习许多东西。哲哲想。

哲哲的女儿那牙和乌拉也先后回来。四个年纪相差不大的小姑娘免不了先嘻嘻哈哈说笑一番。她们按照女真的礼节，向巴克什请过安，各自坐到南炕上，面对额尔德尼，恭敬地等待着他开讲。

"其其格呢？"哲哲问布木布太。布木布太说："其其格病了，今天不能来学习。"哲哲摇了摇头，叹了口气。这女子一点也不喜欢学习，一听学习必定装病。

使女送来奶茶，额尔德尼慢慢饮着，慢慢交代着老满文的创立过程。他拈着雪白的胡须，很动情地回忆着往事：

“大汗命令我和噶盖创立满文。他说汉人读汉文，凡习汉字与未习汉字者，皆知之；蒙古人读蒙古文，虽未习蒙古字者，亦皆知之。今我国之语，必译为蒙古语读之，则未习蒙古语者，不能知也！如何以我国之语制字为难，反以习他国之语为易耶？大汗这段话我到死都不会忘记！大汗然后就命令我和噶盖制满族新文字。我和噶盖都感到为难。大汗却哈哈大笑，笑我们头脑太死。大汗说：无难也！但以蒙古字合我国之语音，连缀成句，即可因文见意矣！如阿字下合妈字，非阿妈乎？额字下合嬷字，非额嬷乎？大汗真是机敏过人。机敏过人啊！老朽实在愚钝！这么简单的事就是想不出！”

额尔德尼老脸上流露出深深自责的痛苦神情，不停地摇着头。

哲哲笑着安慰老人说：“巴克什功劳很大的。你和噶盖创立了满文，现在我们的文字推广得已经很见效果了嘛。”

额尔德尼见哲哲夸奖他，高兴地笑了起来。他连声说：“是的。现在大汗宣诏号令再不用起草成汉文或蒙古文了。”

布木布太插嘴问：“巴克什也懂汉文吗？”

哲哲说：“巴克什汉文蒙古文都很精通。他还懂汉人那些难懂的诗文呢。”

布木布太脸笑得好像桃花，连声说：“巴克什教我们满文时，同时把汉文汉语的意思一起教，那岂不是一举两得？”

额尔德尼慈祥地笑着说：“小福晋爱学汉文，真是太好了。大汗常常教导他的子侄要学习汉文，可惜只有四贝勒爷还学习，其他贝勒爷都不放在心上。不过，小福晋要是真想学习汉文的话，老奴可以推荐一个人来专门教福晋。”

哲哲说：“是啊，是个好主意。我怎么没有想起来呐？你们都不懂汉语汉文，那肯定是不行的。想当年成吉思汗打下江山，建立了元朝。可惜蒙古人不懂汉文汉语，又不任用汉官汉人，结果没坐多少年，就失败了。我们大金国应该吸取元朝的教训。”哲哲沉思地说着。额尔德尼一直点头不断说对，他对自己民族的这段历史也一直引以为憾。“是的，是的。大福晋的这段议论真是太精彩了。元朝失败的主要原因就在于此。我曾和大汗讲过这意思，可惜……”他摇了摇头，没有再说下去。

布木布太望着渊博的额尔德尼，明亮的眼睛流露出十分敬佩的神情，对他和姑姑的议论似懂非懂。不过，她明白哲哲和额尔德尼的话一定非常有道理。她若有所思地点着头，记住了这番议论。她问：“不知巴克什推荐什么人来教我们汉文啊？”

额尔德尼望着哲哲说：“他是四贝勒爷十分喜爱的汉人范文程，范章京，他是汉人宋朝的大丞相和大文学家范仲淹的后代，学问很大，他不仅能教福晋学习汉文汉语，还能教福晋汉人的历史和文学。这都是很有用的学问。”

哲哲点着头，同意额尔德尼的看法。她笑着说：“请巴克什代我们去请范章京，我们明天就开始学习汉文和汉人历史。”

额尔德尼答应了哲哲的请求。

布木布太学得十分专心和努力。

哲哲自己学得并不专心。

想到皇太极，哲哲的心飞到宁远城。

哲哲双手合十，在心中祷告。

夜幕慢慢笼罩了辽河平原。宁远城黑黢黢一片。没有狗吠，没有婴儿的啼哭，似乎是座悄无人烟的空城。

小树林里的大片营帐里，八旗兵东倒西歪地酣睡着。

主营帐里，几许如豆的灯光闪烁着，照着大金首脑努尔哈赤和他的八个和硕贝勒，昏暗的灯光下，他们的面目狰狞。他们正在商量攻城方略。努尔哈赤头戴着有三颗东珠的金佛头暖帽，身着秋香色花缎子的前胸吊貂皮、后背吊猞猁皮的皮端罩。这是大汗为自己制定的大汗服装，其他人是不能穿的。

皇太极拍着大腿提议火攻，莽古尔泰咆哮着要搭云梯强攻，代善不紧不慢地说应该撤军，以避开那可怕的西洋火炮的袭击。

努尔哈赤肥胖的脸涨得通红，气愤地吼叫着："撤军？我十三副遗甲起兵，征战三十几年，统一建州，统一女真，建立大金，征蒙古，破辽沈，从没有失败过，小小宁远城不过两万士兵，能征服不了？决不撤军！我们采用强攻方略，轻重结合，长短并用，骑步同时，火攻云梯一起，我就不信攻不下小小宁远城！"

努尔哈赤亲自部署了分工和进攻的战略。

寅时，只歇息了一个时辰的努尔哈赤命令总攻开始。天还没有亮，号角惊醒睡梦中的八旗兵。他们跳起来投入了战斗。长甲兵推来一辆又一辆木制的盾车，堆到宁远城高大结实的城墙之下，把钩梯搭在上面。轻甲骑兵呼啸着蜂拥到城下，搭弓射箭，箭矢如蝗虫般落在城墙之上，掩护着长甲兵攻城。长甲兵纷纷冲上云梯，强占墙头。

城上袁崇焕指挥着明军防守。飞来的箭纷纷落在明兵树起的木板、铁盾上，叮叮当当如冰雹落盘似的。

八旗长甲兵如爬墙的蚂蚁纷纷上了城墙，身手矫健的已经接近城垛和墙顶。墙上的守军搭弓射箭，箭镞如雨，金兵纷纷落地，爬在云梯上的连云梯一起跌落在冰冻坚硬的地上，头破血流，肢断体残，嗷嗷地惨叫着。

努尔哈赤如雷般咆哮，下令攻击宁远城的西南角，皇太极发现那里防守薄弱。骑兵扑向西南。

城上负责防守的领军左辅在城墙上指挥士兵搬来石块砖头，箭矢，石块，砖头，纷纷砸向扑来的骑兵。

如潮的八旗骑兵只好退了回去。努尔哈赤暴跳着，命令统领把后退的士兵赶回城下。如潮似的退兵又掉头扑了回来。

左辅急命增援。祖大寿带一支援兵援助。

金兵扑到城下，又开始强攻。密密麻麻的金兵爬上了城墙。轻骑兵射出如蝗般的箭矢。

城上明军统领命令箭簇和火铳齐放，士兵把沸油滚水从城上倾倒下去，当头淋下的热油滚水把墙上蚂蚁般的金兵烫得嗷嗷乱叫，纷纷落下。明军又从城墙上探出支支钩挠，金兵高高树起的云梯倒下了，云梯上金兵噗噗倒地，血肉横飞。城墙下堆积起一堆堆死尸。

努尔哈赤摔掉头上的貂皮帽，敞开貂皮战袍，红头涨脸地在马背上狂躁地咆哮，指挥八旗兵扑向南门。

八旗兵潮水般涌向南门。

“凿墙！凿墙！”马背上的努尔哈赤狂叫着，挥舞着手中的指挥刀，堵住企图后退的士兵。

皇太极冷静地观察着明军火炮部署情况。他和努尔哈赤交换了一下看法，指挥着自己的白旗兵在墙角和城门之间火炮火力不及的地方凿墙。

白旗长甲兵推来冲车撞墙，士兵找来斧头锄头开始凿墙。城上火炮隆隆，箭矢如雨，飞过白旗长甲兵的头顶。白旗长甲兵在城墙脚下“咚咚”地撞着凿着。冻土如石，凿一下一个小白坑，士兵的手上虎口流出鲜血，滴落在地上。皇太极命令巴牙喇甲喇章京督促士兵加快凿墙的速度，巴牙喇甲喇章京得令飞马到墙下，用皮鞭鞭打那些速度慢的士兵。士兵们敢怒又不敢反抗，勉强而艰难地凿着坚硬如石的冻土。

墙上的守军向凿墙的士兵投掷火球火把擂石箭镞，一些金兵倒下了，另一批又接了上来。

城墙下已经被凿开几个小洞。马上的努尔哈赤大喜，对皇太极竖起拇指。皇太极微微一笑，继续指挥轻甲兵射箭掩护凿墙的士兵，让一些长甲兵准备攻进去破城。

三四个洞已经两丈余高，一队长甲金兵涌了过来。

袁崇焕命令士兵把木柴捆成捆浇上油混上火药点着，用铁绳吊下去，燃起熊熊大火的柴捆烧着凿墙的士兵，火在金兵群中燃烧起来，火药在人群中炸了开来，把火焰炸得像天女散花般四处飞舞。火在干燥的空气中飘荡，沾到哪里哪里起火。身上着火的士兵哇哇叫着四处乱跑，巴牙喇甲喇章京的皮鞭制止不了士兵的混乱。混乱之机，几十名健壮的明朝士兵从墙上被绳坠下，拿着棉花火球稻草火绳冲入金兵群里，斩杀金人。凿墙的士兵倒下一片。金兵阵脚大乱，士兵纷纷乱跑躲避火焰火星。

努尔哈赤打马冲上前，扬起手中的大刀，想制止四处逃散的士兵。

墙上又一发炮弹落在金兵后部，在离努尔哈赤不远处爆炸，四散的弹片和炸起的泥土石块与横飞的残肢齐齐落在努尔哈赤的身边，腾起的烟火尘土遮蔽了努尔哈赤。

皇太极大叫一声催马过来冲进烟尘之中，左突右冲。尘土飞腾中传出咴咴的马叫，皇太极听出父汗坐骑黄骠马的叫声。他扑了过去，从黄骠马背上抱过努尔哈赤，打马急驰，跳出烟雾腾起之处。

刚刚吃过午饭的阿巴亥突然感到一阵不安，心里突然产生心惊胆战和惴惴不安的感觉。一时之间，她觉得坐不稳睡不着，好像有什么不幸的事情发生了似的。前线的大汗怎么样了？探子一日几报，她还是不安心。去哲哲那里坐坐问问消息吧！阿巴亥稍微打扮了一下，戴上貂皮帽，披上貂皮银狐披风斗篷，带着贴身使女出了门。

大汗宫也是一座长方形的两进院落组成的建筑。但是它却大大地大于其他贝勒府。大汗宫南向,正南是大门,一座五间的硬山式大门,门前有石雕石狮子两座把守大门。进门为第一院,院中有东西配殿。第二进院落建筑在高台之上,大门与第二院落正门之间有白色鹅卵石铺成的御路沿石级而上,越过第二院落的三间硬山式大门,进入正面的五间正殿,殿顶是黄琉璃瓦加镶绿色琉璃瓦边。正殿东西两侧各有三间配殿。正殿为硬山式高台建筑,墙门配殿均用绿色琉璃瓦铺成。

阿巴亥走出正殿的东暖阁,走出大门,右拐到皇太极贝勒府。

代善事件之后,大汗找了个借口,说她私自分发财物给其他人,废了她大福晋的位置,把后宫的主事权力给了皇太极和他的大福晋哲哲,她被冷落了一段时间。阿巴亥知道大汗的难处,几个虎狼似的儿子觊觎着他的汗位,虽然在天命之年已经确立八大固山贝勒共同辅政的大政方针,领着八大和硕贝勒在神位前发了决不杀兄弑弟残杀骨肉的誓言,但是儿子的虎狼之心并不能抑制。他的难处在于不给儿子以互相攻讦的借口,他不能让大儿子代善成为其他儿子攻击的目标。他废了代善的太子,已经可以平息他们的怒气,但是莽古尔泰似乎还不满意,大汗只能忍痛把错误推到自己身上,让自己作为替罪羔羊。可是,自己到底有什么错呢?接近代善,其实是大汗的意思,大汗怕他身后她母子得不到照顾才这么示意自己的。

阿巴亥并不埋怨大汗,她理解大汗。大汗在大殿上痛哭流泪,保全了她的性命。那是大汗真情的真实流露。她心满意足了。大汗这次出征之前又宣布恢复她大福晋的地位,更证明大汗对她的情意。从 12 岁起到现在二十几年侍奉大汗,大汗确实最心疼她喜爱她。但是她清楚地知道,和皇太极的关系决定了她以后的命运,她不能不考虑这一点。她要想办法和皇太极搞好关系。

阿巴亥来到哲哲的院子里,院子里安安静静没有一点声音,中午她们都睡了午觉。阿巴亥轻轻咳了一声。哲哲的贴身使女走了出来。

"奴婢给大福晋请安。"使女跪了跪。

阿巴亥问:"四贝勒福晋睡午觉了吗?"

使女说:"回大福晋,四贝勒福晋刚刚入睡。"

阿巴亥点点头,转身想离去。上房传出哲哲的问话:"是谁啊?"使女说:"回福晋,是大福晋来访。"哲哲急忙说:"快请大福晋进来。"哲哲说着,急忙起身,并且推醒身边的布木布太。皇太极不在的时候,她常常和哲哲姑姑住在一起。

哲哲急忙对镜抿抿头发,请大福晋阿巴亥进来。阿巴亥挑起门帘,屋子里的暖气扑面而来。使女上来取下阿巴亥的皮帽和斗篷披风,拿去挂在大堂里。

刚刚跳下炕的布木布太,两颊绯红,睡眼惺忪,揉着眼睛迎接大福晋。

阿巴亥笑眯眯地看着这个美丽的小女孩,上前拉住她的手,亲热关心地问:"有没有啊?"

布木布太不知所措瞪着一双明亮的眼睛,不知道怎么回答。

哲哲给大福晋请安,请大福晋阿巴亥坐到南炕的主位上,使女倒上奶茶,端上各种干鲜果品。哲哲拉过布木布太给大福晋请安,然后笑着说:"虽然她和八阿哥举行了大婚,八阿哥嫌她小,一直没有圆房。她还什么也不懂。"

阿巴亥点点头说:"是啊,年纪太小圆房太伤身体。我现在一身病。她真好运气，有你这个亲姑姑关照，什么都好办了。”

哲哲笑着说：“话是这么说，可是八阿哥很有意见呢。”

阿巴亥大声笑了起来：“是啊，满洲男人都是虎狼，见了这样美丽的塔拉温珠子，自然心急火燎。难得他能听你的。”

哲哲只是微笑，不再说什么。布木布太注视着富态艳丽的阿巴亥，心里很喜欢这个美丽的婆婆。在她小姑娘的眼睛里，阿巴亥既美丽又温柔和气，似乎没有婆婆的架子。刚才阿巴亥亲热的关心，使她很感动。

哲哲微笑着问：“大福晋来访，不知有什么见教？”

阿巴亥皱起眉头，说：“前线不知怎么样了？我在家里坐着突然心神不宁起来，好像有一种不祥之感，出来问问你。”

哲哲说：“探子上午报过，说正在猛攻宁远城，估计一两天就能拿下宁远城，看来没有什么担心的。”

阿巴亥轻轻叹口气，说：“这我都知道。可还是安不下心来。”

哲哲拉过阿巴亥，说：“来，让我们求求神灵保佑。”

她们来到堂屋的神位前，跪下请佛祖和萨满妈妈保佑。布木布太不等哲哲招呼，自己随着她们跪在萨满神位之前学着祈祷。

七月，盛夏时节，辽宁最好的季节，天气不太热，百花盛开，夏粮丰收。

宁远归来的大汗努尔哈赤和众和硕贝勒在大政殿议事。大政殿和十王亭已经按照大汗努尔哈赤的想法修建好。大政殿建在1.5米高的须弥座上，台基上绕着雕刻精细的荷叶，净瓶状白玉石栏杆，八角重檐攒尖式殿顶，黄琉璃瓦间绿琉璃边，五彩双下昂斗拱外檐，斗拱藻井天花。

努尔哈赤刚刚在议论和科尔沁奥巴台吉盟誓交好的事。去年六月盟誓交好之后，蒙古的另一些部落也想投奔大金，他们联合起来准备和大金盟誓。努尔哈赤在这里接见他们的代表台吉。

努尔哈赤高高坐在大政殿门口宽大的雕花楠木大椅上，上面铺着黄龙锦缎的貂皮坐垫，后面立着高大魁梧的侍卫。八旗旗主的和硕贝勒分坐在十王亭里，共同听取蒙古使者的报告。

努尔哈赤努力笑着做出满面笑容，但是依然笑得勉强僵硬。从宁远归来他一直闷闷不乐。从25岁起兵，他攻无不克。小小宁远城却像一颗咬不动的铁蚕豆，崩了他的牙齿。不是皇太极身手敏捷，把他从炮火中救出，他也许已经身受重伤。那天还算神佑，他只给炮弹碎片擦伤后背。可是谁知道他有多么伤心和沮丧呢？部署的失败，预示他的衰老，贝勒们一定在暗自嘲笑他。他受不了。幸亏阿巴亥体贴入微的照顾和安慰，使他很快从沮丧中恢复过来。不过，到底年龄不饶人，他自感精神大大不如从前。后背的伤在阴天雨天总是隐隐作痛。现在坐了一个时辰，他就觉得头晕眼花全身疼痛。

蒙古使者站在大政殿前，八大贝勒分坐在两旁。努尔哈赤询问了想要归附的蒙古部落的情况。努尔哈赤突然感到不大舒服，急忙挥手让殿前侍卫带蒙古使者下去。他从大龙椅上站了起来，眼睛一黑，一头栽倒在台基前。

“叮铃铃——叮铃铃——”

“咚——咚——咚咚——咚——”

身穿五颜六色神衣、头戴两尺高青铜神帽的大萨满有力地敲着手中的单面羊皮鼓，急速地扭动着身体，围着躺在炕上的大汗努尔哈赤跳来跳去，身上五颜六色的彩色绸布条儿翻飞，腰间的铜铃发出一阵阵急速而清脆的响声。他口中念念有词，为大汗祈求健康，驱逐附身的恶鬼凶神。跳了一阵，他抽出腰间佩带的神刀，高高举起，向空中狂劈乱砍。

院子里，三头乌牛拴在索罗杆上，大而圆的眼睛流着清泪，哀伤而幽怨地望着人。

萨满更加急速地舞着，旋转着，高声唱着，从屋里跳到院子里，用神刀指着乌牛，高声喝叫着。几个士兵涌上来，手中的利刃刺在乌牛的胸脯上。乌牛哞哞地号叫着，鲜红的冒着热气的血从牛的胸腔里喷涌而出，汩汩地流了满院子。乌牛倒在地上，浑身抽搐着，四蹄不断地踢腾着，哀叫声一声比一声小，越来越弱，终于静了下来。倒在地上的身体只偶尔抽动一下。鲜血汩汩地流着。

大萨满把神刀在热血里蘸了一下，又高举着跳回屋里。

汗宫里举行萨满跳神仪式为大汗祈求平安。

皇太极冷眼看着萨满，心里想：确实像哲哲所说，萨满祭祀太残忍，蒙古黄教禁止血祭，看来是有道理的。要是大汗的病好不起来，以后我决不再相信这一套。

七月下旬，清河温泉，杨柳飘飞，百花盛开，温泉水滑爽清凉又温暖，泡在温泉池里的努尔哈赤感到舒服了许多。宁远之战后，他的心总是微微作痛，有时会突然感到出不来气，半夜会突然惊叫着坐起来。那天突然晕倒在大政殿上，众贝勒手忙脚乱把他抬回后宫。阿巴亥手足无措，还是皇太极和哲哲叫来宫里医生，把他救醒。

汗宫举行萨满跳神，为大汗去病，但是大汗的病势却一天重过一天。萨满巫师和医生说清河的神泉可以疗治大汗的疾病，八个和硕贝勒商议把他送到这里疗养治病。十几天以来他倒是觉得精神好了不少，心里也不再揪也似的痛，夜里睡觉踏实了许多，不再惊叫和做噩梦。那些血腥的噩梦常常让他惊叫着坐起来。他梦见被他斩首的汉兵明将，梦见他的弟弟舒尔哈齐浑身是血站在他的面前向他讨公道，还梦见他的长子褚英眼睛里流着鲜血悲伤地问他：“父汗，难道大汗位置比亲儿子还重要吗？”这时，努尔哈赤总是大叫坐起来，浑身惊出冷汗。

此时的努尔哈赤，轻松愉快，忘却了宁远大败的屈辱。他只是尽情地嬉戏，让水亲近自己的肌肤，据说这里的温泉水像女真人的发祥地的天池水一样，可以荫庇女真。

侍卫们环绕着努尔哈赤，高兴地看着大汗戏水。

努尔哈赤肥胖的身躯轻松地浮在水面上，双手双脚在清冽的水上拍打着，溅起一团团一串串洁白的水花。努尔哈赤大声欢笑着，让侍卫也下水来。侍卫们摇着头，他们的任务是保卫大汗，可不是来玩的。努尔哈赤在水中游着，像条大鱼似的一会蹿出水面一会又潜到水底。43 年来他征战东北，从没有今天这样轻松愉快。

医生来请努尔哈赤，说已经泡够了，需要上药和服药。努尔哈赤在侍卫的搀扶下爬上温泉池，躺到睡榻之上，医生扶他翻转身体趴下，露出后背的伤口。伤口部分发黑发红，有的地方还在溃烂。医生轻轻叹口气，慢慢拨弄着腐肉敷上新药。

努尔哈赤仰起头，问："伤口还没有愈合吗？你为什么叹气？是不是恶化了？"

医生急忙安慰说："回大汗，伤口已经好得差不多了，过十天半月就可以完全愈合。"努尔哈赤放心地"哦"了一声，把头伏在卧榻上。夏风轻轻地吹来，天上一层淡淡的浮云遮住夏日阳光，龙伞下努尔哈赤很快进入了梦乡。不一会，呼噜呼噜的鼾声响在温泉边。

晚上，努尔哈赤发起高烧，昏迷中喃喃叫着阿巴亥和多铎的名字。

陪伴努尔哈赤的代善，急命侍卫回盛京接阿巴亥和多铎，派阿敏到女真发祥地祖宗墓地作祭祀。八月初一，来到祖宗陵寝的阿敏，杀牛三头，他跪在神位前，泪流满面，抽泣着一边烧纸一边祭告祖宗和天地，祈祷神佑。阿敏的感情很复杂，对努尔哈赤，他既爱又恨，当然更多的是畏惧。他爱努尔哈赤，因为努尔哈赤很重用他，待他像亲儿子一样。他恨努尔哈赤，因为他杀了自己的亲父舒尔哈齐。他畏惧努尔哈赤，因为努尔哈赤凶狠残暴，杀人如杀鸡。阿敏曾经希望努尔哈赤早日死掉，但是有时他又不希望他死，因为大金需要努尔哈赤，没有努尔哈赤，可能就没有大金的稳定，也可能没有他阿敏现在的地位。

努尔哈赤

阿敏怀着说不清的感情虔诚地祷告说："列祖列宗天地神主在上，我父，你的子汗病了，置父像祭祀，使汗的病速愈，无论如何，都要请父保佑扶助。子汗愈后，每月祭祀。如果不愈，子我可怎么办呢？"

阿敏磕头如捣蒜，烧了许多黄表纸。

但是，努尔哈赤的病情越来越严重，后背的伤口化脓红肿，坏死的地方越来越多，渐渐扩散到整个后背。萨满医生和喇嘛医生都摇头叹气，无法可施。大贝勒代善决定乘船顺太子河星夜赶回盛京。

消息传回盛京皇宫。二贝勒阿敏带着大福晋阿巴亥和多铎星夜兼程赶往温泉。在离沈阳40里的叆鸡堡，阿巴亥和多铎见到了垂危的努尔哈赤，努尔哈赤勉强睁开眼睛，握着阿巴亥的手，眼泪止不住地往下流。阿巴亥和多铎伏在努尔哈赤的身上，痛哭失声。

一代天骄努尔哈赤在1626年(天命十一年)8月11日未刻崩，在位11年，享年68岁。

七　皇太极谋汗位

皇太极眼睛红肿，一身重孝服装。他安排好守灵的仪式，自己回到府邸休息。一身重孝服的哲哲迎了出来。几天没有见到皇太极，他显得憔悴和衰老。满脸的胡子满脸的灰暗，看起来老了10岁。哲哲心痛地上前请了安，扶他在暖阁的南炕上坐下。使女端上漱口水伺候他漱口，哲哲亲自端来奶茶和果品。皇太极饮了几口奶茶，捡起一个晶莹剔透红得如红玛瑙般可爱的海棠果，小口品尝着它的甘甜。

"布木布太哪里去了？"皇太极四处看看，寻找着布木布太。

哲哲白了皇太极一眼，说："我派她去安慰阿巴亥大福晋。多铎和多尔衮都喜欢她。她们年岁差不多。"

皇太极不大高兴地"哼"了一声，没有再说什么。现在他已经顾不上逼哲哲让他和布木布太圆房了。

哲哲袅袅婷婷走到皇太极对面，为皇太极脱掉靴子，把他的腿搬起放到炕上。皇太极舒服地盘起腿。哲哲拖出大靠枕放在皇太极的背后，皇太极就势拉过哲哲，在她的嫩脸上重重地亲了一口。哲哲白皙的脸上飞起了两朵红晕。住在宫中，她变得更加白皙，蒙古族那特有的红晕渐渐消失，她变得粉嫩娇媚。刚刚飞上脸的两朵红晕更增添了她的妩媚。现在的哲哲，丰润、富态、成熟，像一颗晶莹的葡萄，叫人垂涎欲滴。每一次见到她，皇太极就忘掉其他福晋，心中只剩下她。

哲哲顺势在皇太极的怀抱里撒了一会娇，皇太极抱着她柔软的身体温存了一番，哲哲才起身坐到皇太极对面，盘起腿，正襟危坐，和皇太极商量大事。

"情况怎么样？"哲哲大眼睛流露出极大的关心和兴趣，轻声轻气地问。

"形势紧张。"皇太极摇着头，有些忧虑地说，"代善是大贝勒，是两红旗的旗主，势力强大，支持的人不少。阿巴亥依仗父汗的支持，阿济格、多尔衮、多铎弟兄三个领正黄旗和镶黄旗、镶白旗三个大旗，势力更大。我只领正白旗，反倒显得势力单薄一些。"

哲哲闪动着美丽明亮的眼睛，直视着皇太极说："贝勒爷过于低估了自己的力量。据奴妾看来，贝勒爷的力量要比他们都大。"

"哦？说说看。"皇太极拉过哲哲细嫩的手，轻轻摩挲着，笑眯眯地看着他的智多星。哲哲在科尔沁常常听父兄商讨部落大事，有时也参与父兄的大事决策，对国事很有见地。阿敦事件全靠她的设计。

哲哲端庄地坐着，脸上微笑着，说："依我之见，代善性子绵善，只要你去好好求一求他，他就有可能放弃竞争。特别是他的两个大儿子和他素不和睦，如果你能说服他们支持你，他代善就更加孤立，更没有竞争力喽。阿巴亥嘛……"

哲哲停住口，沉思着，思考着怎么说好。想了一会，哲哲又说："阿巴亥大福晋，虽然有父汗的支持，可是她终究是个女人，阿济格、多尔衮、多铎都还小，能有多少竞争力呢？所以我看不必和他们为难，大汗喜欢他们，就让他们好好生活吧！"

皇太极咬牙切齿地说："我最不能容忍的就是阿巴亥这狐狸精，不是她，我额娘能只活27岁吗？"

哲哲想分辩一下，可是话到嘴边她又咽了回去。性子暴躁的皇太极最不喜欢别人反驳他的意见，她也不太敢在他最恼怒的事情上驳他的面子。

哲哲温柔地问："那你想怎么办？"

皇太极把拳头在炕桌上用劲一擂，斩钉截铁地说："让她为父汗殉葬。"

哲哲全身一震，差点喊出声：那怎么行？大金已经没有殉葬了！可是，皇太极脸色铁青，一脸的狰狞可怖。哲哲心里颤抖着，知道自己说什么都不可能改变他的主意，他一定会千方百计实现他的愿望。

哲哲脸色苍白，嘴唇失去了血色。同是女人，她有一种狐死兔悲的感觉。

突然，门口响起嫩生生的请安："布木布太给贝勒爷请安。"

皇太极心中一喜，扭过头去，满脸笑容，完全没有了刚才的狰狞和可怖。他甜蜜蜜地望着布木布太，问："你到哪里去了？"

布木布太笑嘻嘻地回答，说："我到大汗府去安慰大福晋和多尔衮福晋，我的堂姊那木其。"

皇太极脸色一沉，说："以后不许乱跑。"

布木布太听话地点点头。说实在话，她很有点害怕这个胡子拉碴性情暴躁的丈夫，一想起来总有一天要和他睡在一起就叫她害怕。她从内心希望姑姑永远把她留在身边。不过，她知道这是不可能的事。姑姑说，当她满15岁时，她就会让她和他圆房，他们要住在一起。布木布太实在害怕。她急忙退到哲哲身后，惊恐地望着皇太极阴沉的脸。

布木布太十分可怜大福晋阿巴亥，大汗去世叫她痛不欲生，几天都水米不沾，人已经消瘦憔悴得失去了往日的风采。阿济格、多尔衮和多铎三个弟兄也哭成一团。

站在哲哲身后的布木布太还在想着阿巴亥和她的几个儿子，脑海里翻腾着痛哭的多尔衮的样子。他哭得那样伤心，真想不到能驯服烈马的少年会这样伤心。这个大她一岁的弟弟王爷，好像也喜欢她布木布太。她每次去看望那木其，他都要和她说一会话。两人好像很投缘。那木其经常夸赞说他是个真正的巴图鲁。

布木布太仔细看着皇太极，寻找他和多尔衮的区别。多尔衮的脸稚嫩得多，没有这样胡子拉碴；多尔衮的脸也柔和得多，没有这样阴沉。但是布木布太知道，眼前这男人才是真正的巴图鲁。她好像听到他和哲哲的谈话，他们似乎在商量什么重要事情。

哲哲看了看布木布太，说："你先到膳食房去安排安排四贝勒的晚宴。贝勒爷今天晚上要在家里吃晚饭。"

布木布太答应了一声，走了出去。

皇太极注视着布木布太苗条的身影走出暖阁，又继续刚才的谈话。皇太极问："你说岳托和硕托会支持我吗？"

哲哲说："我看他们会支持你，那时大阿哥和他的继福晋虐待他们，是你向父汗报告之后父汗出面责备大阿哥，才帮他们收回属于他们的牛录，这个情他们不会忘记。你可以向他们暗示一下，叫他们站在你这边。"

皇太极点着头。父汗去世以后这汗位的继承权，只能在代善、皇太极和阿巴亥的阿济格、多尔衮、多铎这三个集团中进行。鹿死谁手？经哲哲一分析，形势马上明朗了许多。他皇太极应该最有把握。

“你怎么能让阿巴亥殉葬呢？满洲殉葬的规矩可是选择那些没有子女的小福晋啊！”哲哲试探着问。

皇太极一笑，说：“那好办，殉葬是我满洲老祖宗的规矩。只要是主人的遗愿，谁都不能违抗。现在只要说是大汗的遗愿不就行了吗？大汗宠爱阿巴亥，自然想叫她殉葬。这很合情理。打着实现大汗遗愿的旗号，谅没人敢反对。她阿巴亥也无法抗拒。”

哲哲轻轻叹了口气，小声说：“只是太残忍了点，她才37岁，多铎才12岁，小格格才5岁。”

皇太极的脸拉长了，冷冷地说：“我额娘死时27岁，我刚10岁。”

哲哲不再说什么。

几天以后，皇太极和几个大和硕贝勒带领着一小队全副武装的侍卫，来到努尔哈赤的汗宫见阿巴亥。皇太极微微曲曲右膝，生硬地说：“给大福晋请安。”他手按在腰间的刀把上，阴沉的目光定定地望着阿巴亥。

脸色蜡黄憔悴的阿巴亥吃惊地望着这几个大贝勒，心“怦怦”直跳，从皇太极那铁青的脸色上她看到可怕灾难的来临。阿巴亥声音颤抖着问：“贝勒爷有什么事情？”说着，她把小格格紧紧搂在怀里，拉过多铎。多铎哆嗦着紧靠在她的身旁。阿济格和多尔衮站到额娘身后，怒目圆睁。

皇太极脸色阴沉，声音严厉，说：“大汗在世的时候最宠爱大福晋，他升天以后仍然需要福晋陪伴。大汗临终特别提出要大福晋相伴在身边。大汗马上要安葬，我们特来请大福晋动身。”

阿巴亥浑身颤抖起来，她结结巴巴地说：“大汗升天时我和多铎一直陪伴在他身边，大汗只是叮嘱我好好保重抚养好多铎和小格格，大汗还托付大阿哥代善和二阿哥阿敏照顾我们母子。哪来的大汗遗言？你们难道可以捏造大汗遗言？”

皇太极脸上一阵红一阵白，一时竟不知如何答对。稍稍沉默一下，他恶狠狠地说：“大汗有书面遗言留下，你敢违抗大汗遗愿吗？”

阿巴亥无言以对。她紧紧搂住小格格和多铎痛哭起来。阿济格和多尔衮站在一边哭泣，却不敢多说一句话。皇太极已经私下找到他们哥俩，半威胁半拉拢地许诺将来好好对待他们。

阿巴亥痛哭着不肯就死。皇太极一把拉开小格格，面露凶恶，说：“大福晋要是违抗大汗的旨意，我们可就不客气了。多铎和小格格别想继续留在汗宫。”

阿巴亥哭得死去活来，她抽抽搭搭地说：“大汗尸骨未寒，你们就逼着大汗的福晋和儿女去死。天命七年三月，你们在神堂里对天起誓，大汗领着你们说过吾子孙者纵有不善者，天可灭之，勿令刑伤，勿开杀戮。大汗尸骨未寒，你们却立开杀戮，天地何在？你们良心何在？”

代善和阿敏心有不忍，他们求援似的看着皇太极，希望皇太极能发怜悯之心。皇太极并不理会他们的眼色，依然很强硬地逼视着阿巴亥。早已按捺不住的莽古尔泰抢上前来，咆哮着：“大福晋，你还是自己动手吧，不然，误了大汗安葬的好时辰,你可是担待不起的。我们只好动手了。"

皇太极把一条白色绸带扔到阿巴亥眼前,冷冷地说:"大福晋,时辰到了。我们要找人动手了。"

阿巴亥站起身,跪到皇太极和代善面前,泣不成声地哀哀哭求着:"我打12岁开始服侍大汗,至今已经25年,大汗对我宠幸有加,锦衣玉食一生,我没有什么抱怨的。只是四个儿女年纪尚在幼小,自立尚且困难。还望各位贝勒爷看在同是大汗骨肉血脉的情分上,好好照顾他们。我死而无憾,可以一心一意去照料大汗。"

说罢,大福晋阿巴亥抬起头,目光直直地定在皇太极的脸上。

阿巴亥仇视的目光叫皇太极心中有些惊慌,但是他立刻镇静下来,平静地说:"大福晋你放心,我保证一定照顾好弟弟妹妹。"

阿巴亥仇视的目光紧紧直视皇太极。她明白,所有这一切全是四贝勒的阴谋。

想到这里,阿巴亥擦干眼泪,站了起来,声音平静,望着代善和皇太极说:"大汗临终之前,除了提出让我侍奉大汗之外,他还提出要代因察和我一起侍奉他。这是大汗的临终遗言,我想你们不敢违抗。否则,大汗在天要降祸于你们的!"

代善一听,马上想起代因察的攻讦,他脸色一变,厉声命令侍卫说:"马上送弓弦给代因察和其木格,请代因察福晋和其木格福晋自环升天!"

阿巴亥冷冷地说完,面向院中的索罗神杆跪下,大声祷告:"天神地神,乌鸦神喜鹊神,长白山神,七仙女,你们都听到了我的请求,也听到了四贝勒的誓言。我死后,要是我的儿女得不到很好的照顾,你们要降祸那个欺骗天神地神的人,让他天打雷劈!"

祷告完毕,阿巴亥平静地站起来,捡起地上的白色绸带,转身进了里间。

阿巴亥端详着镜中的自己,抬起手一点一点地描眉,又一点一点地往脸上扑着上等宫粉,慢慢地匀着胭脂。她抽出首饰盒,拿出大汗送给她的最珍贵的珠宝首饰,慢慢戴上各种耳环项链。她凝望着梳妆起来的自己,刚才的憔悴和消瘦已经完全消失,镜中依然是一个丰姿艳丽的佳人。

阿巴亥久久地一动不动地凝视着镜子,眼泪一点一滴地落在梳妆台上。门外传来皇太极不耐烦地催促:"时辰到了,请大福晋上路!"

接到命令的一个侍卫挑起门帘正要进来,阿巴亥凤目圆睁,大声呵斥:"大胆奴才!滚出去!这里是你探头探脑的地方吗!"

那侍卫急忙退了回去。

阿巴亥从容地从梳妆台前站立起来,转过身,对屋外的贝勒爷平静地说:"我准备好了。你们进来跪拜吧!"

阿济格、多尔衮和多铎哭着要冲进去,却被皇太极的侍卫紧紧抱住。

哲哲低头坐在炕沿上暗自垂泪。大福晋阿巴亥叫她同情,却又使她愤恨。她为什么要拉代因察作垫背呢?

宫里的大钟"当当"地响了起来。一共响了三次。每次三下。钟声回荡在盛京上空,宣告大汗的三个福晋殉葬的大事。

大贝勒代善吃过早饭,使女给他装了一袋烟,他偎在南炕上喷云吐雾。操办努尔哈赤的丧事使他心力交瘁。大汗安葬之后谁来继位这是个大事,他正默默地算计着。

六年前，代因察的攻讦，矛头其实是针对刚立为太子的他。代善很清楚这一点。幸亏大汗还算明智，没有开罪于他。

然后又是阿敦事件。代善想起来至今依然心有余悸。幸亏父汗慈悲，否则他早就没命了。但是阿敦事件纯属蹊跷。阿敦为什么要来找自己说那些话呢？他怎么知道皇太极和莽古尔泰、阿敏私下图谋要加害于我？我为什么不仔细分析就去见父汗哭诉这事呢？父汗处理这事也太简单，他叫来皇太极三人，询问有无此事，即使有，他们也不会承认的嘛。当时没有深想，现在细想起来疑窦颇多。阿敦可是皇太极的圈套？

想到这里，代善猛地坐了起来，脸色极难看。如果是这样的话，八阿哥皇太极太阴险了。

那一天，努尔哈赤把他叫到大政殿，几个和硕贝勒和他的儿子岳托、硕托、萨哈廉都在场。努尔哈赤说："代善，你的儿子说你处事不公，说你剥夺我赐予他们的所属牛录，可有这事？"代善惊得双腿颤抖起来。他流着眼泪说那都怨该死的继福晋叶赫那拉氏，是她容不下他的长子岳托和次子硕托，每日在他耳边吹风，千方百计想把他们兄弟所属的几十个牛录夺过来重新分配。努尔哈赤生气地责备："处理家事同国事，家事处理不公，说明你私心太重，儿子尚且不能一碗水端平，何况兄弟大臣百姓乎？你不配当太子。要是再不能处理好你的家事，我看你的两红旗旗主也要撤掉。"代善跪下请求："儿臣一时糊涂被女人所惑，儿臣将杀那妖妇以谢大汗。望大汗饶恕。"努尔哈赤说："免了你的太子，保留旗主。希望你能改过。"

代善杀了继妻，却失去了太子的地位。从那天起，努尔哈赤宣布以后不再立嗣，采用八和硕贝勒共同理政的制度。

想着这些不愉快，代善感到心里很烦躁。他啪地扔掉手中的烟袋，大喊一声："来人！"自己下了炕背起手在地上踱着步。侍卫疾步趋进，跪下问："贝勒爷有何吩咐？"

代善指指地上的烟袋，厉声说："捡起来！"侍卫急忙捡起地上的烟袋，双手捧着交给代善。

这一次一定要抓住时机，夺回失去的地位，接替父汗建立清国。这是父汗的梦想。自己应该替他实现这个愿望。代善暗自盘算：自己手中抓着两红旗，还有许多支持者，完全有力量和皇太极抗衡。

代善站住脚，很有信心地笑了一下。应该和岳托、硕托商量商量，他想，毕竟是自己的亲生儿子，血比水浓，上阵父子兵，他们会支持自己的。

岳托把目光定在代善的脸上，神色严肃地问："阿玛可有什么打算？"

代善一惊，没想到儿子是为这事来的。他的心一紧，感到一种压抑。他这才想起几年前与儿子的冲突。

代善吞吞吐吐，反问道："你们有什么打算吗？"

硕托毫不客气地抢着说："国不可一日无君。我们弟兄以为应该早定大计。四贝勒才德冠世，为人豪爽义气，跟着大汗南征北战，功绩卓著，深得大汗的欢心，大家都悦服他。我们以为应当速速拥护他继位。"

代善心里凉了一大半，拈着胡须半天说不出话。

岳托有些不耐烦，便提高声音说："阿玛还是早做决断的好，这等大事恐怕会引发流血事件。阿玛德高望重有相当影响力，只要阿玛你说话，大金可以平安无事。"

硕托说："白旗已经准备好誓死拥戴四贝勒。你想让大汗的事业毁在自相残杀中吗？"

代善一惊，抬起吃惊的眼睛望着岳托，嘴唇颤抖着，说道："你……"

岳托转身面对代善，一字一顿地说："必要时我们也要率我们的牛录参与。另外，据我们所知，济尔哈朗、德格类都和我们的立场相同。"

代善明知岳托的意思，却还有些不大甘心，追问了一句："你们准备支持……"岳托仰天大笑："当然支持四贝勒啊！"岳托心里想："老家伙，难道还能支持你吗？当年你和你那个臭老婆差点把我们兄弟的牛录夺走，不是四贝勒出面，大汗做主，我们今天一定会一无所有。"

代善浑身瘫软，有气无力地说："你们难道不怕将来有人过河拆桥？"

岳托和硕托对视了一下，没有说什么。

事情发展到现在，已经是回天无力。代善想了想，叹了口气，说："好吧，我同意你们的意见。但是我有个条件，你们得保证我的地位不发生变化。"

岳托和硕托长长地松了口气：他们在皇太极那里拍胸脯保证的事情解决了。说实在的，他们也担心代善冥顽不化，逼得他们无路可走，那就只好以武力相逼。但他们还是害怕那么做。

岳托和硕托异口同声说："阿玛你放心，凭我们兄弟和你的两红旗，四贝勒不会亏待你的。他也不敢亏待你。"

代善点点头，鼻子里"哼"了一声，咕噜着："谅他也不敢！"岳托满脸堆起笑容，讨好似的问："阿玛，我们怎么向四贝勒爷交代你的回话？"代善想了想：事已至此，还是说些漂亮话让皇太极高兴，以后也能过点松心日子。代善松弛了脸上的肌肉，露出不算太勉强的微笑，声音很柔和地说："拥立四贝勒，这是我的夙心，你们的话没有人会表示不同意和不服从。我会和二贝勒爷三贝勒爷通报商量的，他们会给我面子。转告四贝勒，有空的话可以想想大汗的话。我们都不敢忘记的。"

天命六年正月十二日，努尔哈赤召集代善、阿敏、莽古尔泰、皇太极、德格类、济尔哈朗、阿济格、岳托等，对天地神祇焚香设誓：

> 蒙天父地母垂佑，吾与强敌争衡，将辉发、乌拉、哈达、夜黑，同一音语者，俱为我有。征仇国大明，得其抚顺、清河、开原、铁岭等城，又破其四路大兵，皆天地之默助也。今祷上下神祇：吾子孙纵有不善者，天可灭之，勿令刑伤，以开杀戮之端。如有残忍之人，不待天诛，遽兴操戈之念，天地岂不知之？若此者，亦当夺其算。昆弟中若有作乱者，明知之而不加害，俱怀礼仪之心，以化导其愚顽。似此者，天地佑之，俾子孙百世延长。所祷者此也。自此之后，伏愿神祇，不咎既往，唯鉴将来。

天命七年三月初三，努尔哈赤在废了代善之后发布了命令：

继朕而嗣大位者，毋令强梁有力者为也。以若人为君，俱其尚力自恣，获罪于天也。且一人纵有知识，终不及众人之谋。今命尔等八子，为和硕贝勒，同心谋国，庶几无失。尔八和硕贝勒内，择其能受谏而有德者，嗣朕登大位。若不能受谏，所行非善，更择善者立焉。至于八和硕贝勒，共理国事。

第二日清晨，大政殿里气氛凝重。大汗一死，大家好像全都失去靠山没有了根似的。

代善端坐在召集人的位置，极力模仿努尔哈赤，双手分放在左右大腿上，庄重威严。他慢条斯理地说："大汗不幸升天，只有我们可以继承大汗未完成的事业。大汗一生征战，想完成灭明的大业，可惜他……"说到这里，代善的声音哽咽，他用手擦拭了一下眼睛。

皇太极心里很紧张，他不错眼珠儿地逼视着代善，揣测他的心思。皇太极脸色极紧张，嘴角绷得紧紧的，眼角的肌肉阵阵抽搐。代善很清楚这是皇太极动手杀人的前兆。代善心里一阵发凉，头发都快要竖起来。他急忙说，声音因为惊悸都有些颤抖："古语说国不可一日无君，大汗生前制定了八和硕贝勒共同理政和八和硕贝勒共同推举嗣君的方针。今日我们就按照大汗的旨意来推举新的大汗。大家愿意推举谁，都讲出来，我们共同商议。"

阿敏和莽古尔泰交换了一下眼色。阿敏按照昨天代善找他们商量时的意见说："我看四贝勒能够担当这个大任。"阿敏知道自己作为侄子没有继位的希望，何不顺水推舟做好人呢？所以他第一个开口。

皇太极望着代善，代善急忙说："二贝勒推选四贝勒，大家可有意见？"说着，他抬起眼睛直望莽古尔泰。

皇太极看着莽古尔泰暧昧的眼光，心里倏忽明白了：莽古尔泰并没有真心拥戴他。怎么办？

代善不大高兴说："二贝勒推举四贝勒。不知大家有没有异议？"

岳托、硕托、济尔哈朗、德格类交换了一下眼神，立刻齐声说好。

神色极度哀伤的阿济格只是深深地垂着头。多尔衮眼睛一眨不眨地望着皇太极，心里既充满憎恨又有些敬佩。他什么也不说。在这种场合，没有了父汗的保护，他不敢乱说话。多铎更是惊恐万分地一会儿看看这个脸色，一会瞅瞅那个眼睛，在那么多大人面前，张皇失措的他连手脚都不知往哪里放好。完全是个孩子的表现。代善怜悯地看了他一眼。多铎突然感到眼泪涌上了眼眶。他狠狠咬住自己的嘴唇，拼命抑制住泪水不让它流出来。

代善转过了目光，不敢再看这可怜的孩子。

大殿上一片同意的声音。代善悄悄瞟了皇太极一眼。皇太极嘴角和眼角的肌肉都松弛了下来，流露出微微的笑意看着他。代善松了口气，笑着环视全体贝勒和大臣，把目光定在莽古尔泰的脸上，微笑着说："看来大家都同意推举四贝勒，你的意见呢？三阿哥？"莽古尔泰失望地垂下头，无可奈何地说："既然大家都同意，那我

皇太极雕像

也没意见。”

代善大松一口气，望着皇太极，说：“那好，我们立刻下令诏告天下。”

皇太极立起身，清了清喉咙，响亮的声音犹如洪钟，他说：“众贝勒爷这样看重我，我皇太极非常感动。只是父汗并没有提出我继位，有大阿哥在，我不能僭越大阿哥。我觉得大汗这位置还是由代善大阿哥接替更合适一些。不知大家以为如何？”说着，皇太极拿眼睛瞅着代善。

代善心里一惊，暗自叫苦：这老狐狸，还要故作姿态想再考验一下大家和我的态度，希望大家不要上他的当才好。于是他急忙抢在大家的前面说：“八阿哥不要推辞了，大家都一致推举你，你要是推辞就伤了大家的心。”

岳托、硕托等人瞪着吃惊的眼睛，不知道皇太极为什么改变主意，一个个发呆。

皇太极十分诚恳地一再推辞，坚持他自己不能胜任这重担。代善和阿敏都看透皇太极的心思，竭力坚持请他不要冷了大家的心。

一个时辰一个时辰过去了，皇太极还是没有应承。莽古尔泰突然跳了起来，大声说：“既然四贝勒坚辞不受，我看还是另选他人好。”

代善狠狠地瞪了他一眼，心里说：找死啊，你！脸上却笑嘻嘻地反问：“那三贝勒的意思是选谁呢？”

莽古尔泰却诺诺着不敢说什么。

岳托、硕托和萨哈廉弟兄三人交换了一下眼色，厉声说：“四贝勒要是再坚持不受，我们马上离开，不再参加推举活动。”

济尔哈朗、德格类也喊了起来。大殿上一片支持声。皇太极这才微微一笑，说：“既然众贝勒爷都这么拥戴我，我也不好再推辞。命令天师选择吉日大家宣誓登基。”

八　合卺圆房

哲哲正忙着命令使女给布木布太梳妆打扮。皇太极登基接替汗位的大事已经成为定局,今天她要让皇太极彻底高兴。大丧和大喜的交替,她哲哲不敢侍奉皇太极寝事。萨满和喇嘛教都忌讳丧事期间夫妻同房。皇太极自己也不敢热孝在身和女人亲热,所以她决定今晚让皇太极和布木布太圆房。这样可以换取皇太极的欢心,又不能使皇太极冷淡自己。

使女按照哲哲的吩咐打扮着布木布太。进宫一年多,14 岁的布木布太已经发育起来,个子像所有的蒙古姑娘一样高大健壮亭亭玉立,饱满的胸部已经发育成熟,像个大姑娘。许多次,哲哲都发现八阿哥的眼睛往她的胸部扫,那目光灼灼似贼。哲哲只好假装没看见。她下决心保护布木布太,不想让她过早地遭受性侵犯以至伤害她的身体发育。哲哲自己结婚并不算早,可是她亲眼见到努尔哈赤和皇太极其他年龄幼小的福晋所遭受的折磨和痛苦。代因察在哲哲一进宫时就向她倾诉了自己的痛苦。代因察 12 岁进宫做努尔哈赤的侧福晋,一直不能生育,结果作了殉葬。她不能让布木布太重复代因察的命运。哲哲她自己也一身病,不可能再生儿育女,她的希望完全系于布木布太身上。

圆房之后,她还要让布木布太留在自己身边,直到她满 15 岁。

皇太极奇怪哲哲的安排。他想阻止她,大丧期间他不敢违抗天意。

布木布太坐在梳妆台前,端详着镜子中的自己。

进宫一年多,布木布太一直生活在哲哲的身边,对八阿哥皇太极畏惧多于想念。阿巴亥和代因察的殉葬好像叫她一下子长大了。

宫里鼓乐齐鸣。哲哲把布木布太拉到身边,小声嘱咐着:“今天给你和四贝勒爷圆房。合卺宴之后,你要在祭天神和拜佛爷的时候告诉四贝勒爷说不能同房。记住了吗?大丧在身同房,天神和佛祖都会降祸于人的。”

布木布太听话地点点头。

合卺宴设在布木布太西房的暖阁里。

使女引导布木布太回到西房的暖阁,等着皇太极的到来。

皇太极打扮一新,穿着崭新的素缎大领夏服,头戴夏日凉缨帽,上面缀着三颗大东珠。这是努尔哈赤生前的服制,过去没有任何人敢戴。

皇太极被引领来到西房,心禁不住“怦怦”跳了起来。

使女掀开绣着双喜字和喜鹊登枝的门帘,恭请皇太极入内。皇太极一眼就看见炕上坐着的盛装的布木布太。

皇太极笑着对布木布太说:“小姑娘,今天可是只有我们两人在一起啦。来,来来,我们先饮一杯交杯酒。这是汉人的习惯。”

布木布太心里还是有些惊慌,虽然她明白自己的一生荣辱完全系于这个男人的喜恶,她早就想讨好他。可是现在单独面对他,看着他粗糙的脸上那黑黢黢的青胡茬,那一双经常耷拉着眼皮的阴鸷的眼睛,想起他战场上挥刀杀人的形象,心里还是止不住怦怦乱跳。

布木布太勉强挤出羞涩的微笑。她知道自己的笑容一定很难看。

布木布太仰起小脸,似笑非笑望着皇太极。

皇太极心醉了,几乎难以把持自己。他低头看见自己的丧服,心里平静下来。他笑眯眯地举起银酒杯把自己的胳膊伸过布木布太的胳膊,说:“小姑娘,举起酒杯，喝吧！这就是交杯酒。”

皇太极拿起银筷，夹些炒驼峰丝给布木布太，说：“这是蒙古菜，哲哲最爱吃的，你爱吃吗？”

布木布太点点头。

“吃吧吃吧！”皇太极温柔地说。

布木布太悄悄抬起眼睛，望着这温柔的大汉，心里的惊慌倏然消失。她坦然面对自己的男人，脸上绽开了灿烂的笑容，真像一朵含苞待放的玫瑰花，正在舒展它的花瓣，等待雨露的滋润。

皇太极把这可爱的小姑娘抱进自己宽大结实的怀抱，温柔地爱抚着。

布木布太静静地等着，心狂跳着，想象着那激动人心的时刻。

皇太极只是用自己的双手在布木布太娇嫩的脸颊上轻轻抚摸。

布木布太悄悄睁开眼睛。皇太极正低着头凝视着她，目光是那样温柔那样专注那样忘情。

皇太极此时心里正像战马奔腾一样激烈地争斗着，他正在努力抑制自己心底腾升起来的火热的欲望。他多么渴望得到这小姑娘，过去他和哲哲生过许多次气，可是哲哲坚决不让他碰布木布太一下，一直把布木布太留在她的身边。现在，哲哲终于把她送到自己身边，他可以随心所欲地占有她。但是他却告诫自己，今天不能这么做。父汗刚刚升天，他痛入心中，他不忍心在这种时候来放纵自己，那是违背天理的。作为父汗疼爱的儿子，不能这么做。他要极力控制自己。做大事的人一定要能够控制自己的情感和行为。

皇太极抚摸着布木布太，想着，轻轻叹了口气。

布木布太突然用双手抱住皇太极的脖子，把自己的身体紧紧贴住皇太极的胸脯，慢慢扭动着蹭着揉搓着，皇太极想把她抱起来，可是布木布太却像一张膏药一样紧紧地贴住不肯放开。皇太极的心又开始狂跳。

布木布太心里高兴，她已经听到皇太极宽大结实的胸脯下的心跳和血管里热血的奔流。她把自己的身体更紧地贴在皇太极的胸前。

皇太极长长地嘘了一口气，他的心理防线终于被冲垮了，欲望的激流在他体内奔涌，他抱住布木布太滚到炕上。天地间万物消失，只剩下他和他的小姑娘，只有那激动销魂的感受刻骨铭心。

天刚放亮，盛京汗宫法驾卤簿已经陈列在大政殿前，代善、阿敏和莽古尔泰穿着夏季朝服，戴着宝石蓝的孔雀翎帽，集在大政殿前，等待皇太极的登汗位大典仪式。

皇太极从布木布太的拥抱中挣扎起来，急急回到哲哲的住所。哲哲正站在门口急切地张望。

皇太极脸上显露出一丝疲倦，但是却容光焕发，幸福还挂在眼角和唇边。

哲哲心里有些痛，她不大说话，默默望着皇太极。

哲哲送皇太极出门，小声嘱咐着：“要让大家宣誓。”皇太极点点头。礼仪官引领着法驾卤簿，护着黄龙伞下的皇太极，朝大政殿走去。盛装的皇太极率领着群臣先祭堂子，焚香，向天跪拜，然后返回大政殿。

礼仪官率领群臣三跪九叩,皇太极昂首挺胸走上大汗宝座。

皇太极坐在大汗宝座上,眼光巡睃着兄弟子侄。

代善的脸上挂着微笑,那微笑好像有点鬼祟。

皇太极的目光扫到阿济格和多尔衮的脸上,他们急忙低下头,避过他的目光。

这怎么行? 皇太极想,没有子侄兄弟的支持,怎么能完成推翻明朝的大业? 自己这里背心背德,哪有力量去攻打大明?

皇太极清了清嗓子,大声说:“诸贝勒和各位大臣们,为了表明我们的心志,现在我率大家对天盟誓。”说着,他走下宝座,来到院子的索罗神杆面前,跪下向天地盟誓。

皇太极向天神祷告说:“皇天后土保佑我的汗父创立大业,今汗父已逝,我的诸兄弟子侄以国家为重,推我为君,我唯有继承并发扬汗父的业绩,遵守他的遗愿,以此为第一天职。我如果不敬兄长,不爱子侄,不行正道,明知非义之事而故意去做,或因弟侄为有过错就剥夺汗父赐予的户口,天地无情,必加谴责。如敬兄弟爱子侄,行天道,天地就给予保佑爱护,国祚昌盛!”

大贝勒代善、二贝勒阿敏和三贝勒莽古尔泰交换了一下眼色,立刻走出队列来,跪倒在神杆面前,大声宣誓说:“我等兄弟子侄,合谋一致,奉皇太极登大汗位,如有心怀嫉妒,将损汗位者,一定不得好死。我代善、阿敏、莽古尔泰三人如不教养子弟,一定自取灭亡。如能守盟誓,尽忠良,天地爱护。”

他们宣誓完毕,兄弟子侄阿巴泰、德格类、阿济格、多尔衮、多铎、济尔哈朗、豪哥、岳托、硕托、萨哈廉几个小贝勒也跪倒在神杆之前,宣誓:“我等如背父兄之训扰乱国是,或怀抱邪恶,或挑拨是非,天地谴责,夺削寿命。若一心为国,不怀偏邪克进忠诚,天地爱护保佑。”

盟誓结束,皇太极率诸贝勒向代善、阿敏、莽古尔泰行三拜礼,说:“三位阿哥都是我的兄长,请接受我的一拜。今后上殿三位阿哥列坐我的左右,不必行君臣礼。”

九　姐姐海兰珠

春天来了,在布木布太的漫漫的思念中姗姗到来。站在盛京西宫窗前凝望婆娑柳树的布木布太轻轻叹了口气。正月刚刚册封的西宫宫主布木布太,喜气洋洋。20 岁的布木布太已经长成高大苗条的少妇,像一朵盛开的牡丹。只是刚刚临产,身体虚弱,脸色苍白。刚站了这么一小会,她就有些头晕眼花,身体开始摇摆。也已长成大姑娘的苏嘛拉急忙走过来扶住她,小声劝她上炕休息。布木布太摇着头,坚持站在窗前。她想亲眼看见她日思夜想的大汗归来。每一次他出征回来,她布木布太总是第一个跑出去迎接他。

皇宫里突然喧闹起来。皇宫内最雄伟最高大的建筑凤凰楼大殿的钟鼓齐鸣礼炮轰响,宫外马嘶人笑,鞭炮声劈劈啪啪响,全城一片欢腾,举国狂欢起来。

回来了。布木布太的心欢快地跳了起来。她日思夜想的英雄班师回朝了。她凝望着窗外的凤凰楼。

凤凰楼坐落在崇政殿后,建在人工堆砌的近四米高台上,三层单檐黄琉璃瓦绿剪边式建筑高耸矗立，雕梁画栋，前有殿后有宫，穿过楼下中门直通高台上的后妃生活区。高台下砌有高墙，把这组特殊的建筑围成堡垒式建筑群，高墙下的通道是护卫日夜巡逻的地方，每当夜深人静，全副武装的皇宫卫士紧张地巡逻在这条通道上，不时敲梆敲锣，报告平安和时辰。各宫后妃们安然祥和地入睡。凤凰楼既是后宫的大门，又是整个宫殿建筑的制高点，每当东方现出鱼肚白，登上凤凰楼，喷薄欲出的一轮红日从东方冉冉升起，极目远眺，盛京美景尽收眼底。令人心旷神怡。皇太极喜欢在凤凰楼议事宴客小憩。

布木布太想走出房门，刚一抬脚，身子就软绵绵地倒在苏嘛拉的怀抱里。苏嘛拉把她抱到南炕上。布木布太伤心地说："大汗回来我不能去迎接他，他会不高兴的。"苏嘛拉说："大汗知道你给他生了个女孩，高兴还来不及，哪能生气？不要乱想，好好睡一觉，醒来时，大汗就在你身边。"

布木布太微微一笑，苍白脸上有了红晕。她拍拍身旁的小婴儿，轻轻合上眼。

清宁宫宫主哲哲大福晋站在清宁宫前廊下。盛年的哲哲此时更加富态和端庄，脸上流露着不怒自威的威仪和仪态万方的风情，叫人自然生出景仰和臣服。

后宫总管走进翔凤楼大门，一见大福晋站在正宫廊下，急忙跪下，匍匐着来到福晋面前，报告说："奴才拜见福晋。大汗陛下已经进了皇宫。汗领右翼大贝勒代善爷、大贝勒岳托爷、左翼大贝勒莽古尔泰爷、贝勒阿济格爷、多尔衮爷、多铎爷、豪哥爷，都一起到了大政殿。庆功大典在大政殿举行。"

富态的哲哲说："知道了。晚上我要在清宁宫宴请皇上，为皇上洗尘。你立即去安排。"

"喳！"总管跪拜之后退出后宫院门，跑着去安排晚上大福晋与全部后宫福晋和格格的宴会。

苏嘛拉跪见大福晋哲哲，哲哲让她站起来报告了布木布太的情况。哲哲说："晚上的大宴她就免了吧！你过来照顾老太太和小福晋。"苏嘛拉知道老太太是指科尔沁大福晋哲哲的母亲，小福晋是布木布太的母亲，她们从科尔沁草原来探望生孩子的布木布太，还从草原上带来一个会看病的喇嘛。这喇嘛很年轻，不过30多岁。这叫苏嘛拉想起自己的哥哥。20多年没有消息，不知他在归绥的大昭里可好？

皇太极和他的贴身侍卫、摔跤冠军、蒙古力士阿尔萨兰，一前一后走进清宁宫。哲哲趋步走下清宁宫高台阶，与皇太极抱见。

皇太极走进清宁宫，使女和侍卫忙着为他解衣换服。

洗尘宴摆在清宁宫的西间里。

皇太极就座以后，哲哲命令侍卫去请科尔沁大福晋、哲哲的母亲和科尔沁小福晋、布木布太的母亲。她们有些年没有见女儿，今次是来探望生了女儿的布木布太。布木布太接连生了两个女儿之后，得了月子病。大福晋和小福晋都很着急，她们从归绥大昭寺找到一个很有治病经验的蒙古喇嘛，带着他来为布木布太治病。

哲哲安置自己的母亲和嫂嫂。皇太极很和蔼地招待自己的两个岳母。

哲哲说："还有一个客人，没有征得你的同意，还没有入座。"

皇太极笑着说："什么客人都要请来的。科尔沁蒙古客人都是我最尊贵的客人。”

哲哲急忙派苏嘛拉去请。

西间门帘一挑，进来一个客人。皇太极的眼睛一下子亮了起来，他的眼睛几乎直了。皇太极直瞪瞪地望着进来的人，以为自己看花了眼。是布木布太吗？分明没有布木布太那么高大壮实。不是布木布太吗？却有着和布木布太一样的眼睛和白皙红润的脸色。皇太极瞪着眼睛仔细端详，发觉这酷似布木布太的蒙古女子比布木布太还要漂亮妩媚。她的身段显得柔弱，细长的腰肢随脚步摆动，好似柔软的柳枝在风中摇曳，那么叫人心动。她的白皙的脸色红润却带着苍白，细腻的皮肤好像缎子似的光滑，她的眉眼中有一种淡淡的忧伤和哀怨的表情，显得楚楚动人，撩起男人保护她的欲望。皇太极看惯了满洲和蒙古健壮的女子，却从没有接触过这般柔弱细腻的女子。

哲哲故意咳了一声，皇太极才收回自己的目光，问哲哲：“这美女可是布木布太常说的她的姐姐？”

哲哲点点头，声音有些沉痛地说：“就是那苦命的海兰珠。”

科尔沁大福晋和科尔沁小福晋都红了眼睛。大福晋莽古斯福晋打了个咳声，说：“这苦命的孩子在夫家受尽折磨。林丹汗那个病恹恹的小贝勒简直就是个活阎王，把海兰珠折磨得死去活来。如今他倒好，一命归西，剩下海兰珠孤苦伶仃一个人。这次带她出来散散心，叫她好好恢复恢复身体和精神。”

海兰珠抬起头，黑亮的眼睛略带羞涩地看了看皇太极。眼前这个满洲大汗的威严叫她心里害怕，却没有想到他能说出这样体贴温柔的安慰话。海兰珠的心里充满深深的感激，这心里的感激全都从她那双会说话的眼睛流露出来。

皇太极一接触这双眼睛，心好像被一道闪电击中似的，猛烈地震撼了一下，浑身起了异样的感觉。他接触过许多女人，娶来的福晋十几个，另外还有那么多战争中俘获的女奴，但是没有哪个能给他这种异样新奇的感觉。眼前这女子叫他怜悯心痛叫他从心底里升腾起一种保护她爱护她的强烈欲望。这多奇怪！

皇太极转向科尔沁大福晋，笑着说：“大福晋，你们可以多住几天。等布木布太的病全好了再回去吧！”

科尔沁大福晋说：“只怕海兰珠在这里住不习惯。她从没有离开过草原。”

皇太极趁势转向海兰珠，说：“你在这里多住一段日子陪陪你的妹子，伺候她月子，也可以习惯习惯盛京生活嘛。”

也许是皇太极话语里的命令语气，也许是皇太极脸上的威严仪容，海兰珠好像觉得无法拒绝。她顺从地垂下密密的黑长眼睫毛，温柔的轻轻“嗯”了一声答应下来，脸颊上飞起淡淡的红晕。

哲哲心有所动，她很矛盾。毕竟是20多年的夫妻，皇太极的心思她能猜出来。他喜欢海兰珠。怎么办呢？自己已是快40的女人，虽然皇太极有毒誓在前，可这誓言能约束他们这些野性的满洲男人吗？兄弟争汗位时谁记得那些当着先祖和天神发的誓言了？誓言。哲哲悲哀地摇着头，她从没有指望皇太极能够遵守那些誓言。不过，到目前为止，皇太极还是信守了他的誓言，待自己还是很有情义的，她没有什么可抱怨的。

你挡不住的。哲哲在心里对自己说。是的,你挡不住他,大金的大汗。你还是接受现实,帮助他实现他的愿望的好。那样,你不会得罪于他,相反,他还会感激你。哲哲沉思着。只是布木布太,正在年轻时候,如花似玉,她正想安享她的爱情呢。可是,海兰珠的到来会打乱她的生活。她能受得了吗?

布木布太,海兰珠,都是自己的亲侄女,她们谁受宠都不会影响自己的地位。哲哲继续想。布木布太会不会也不能再生育,像自己一样?她这次的月子病看来不轻啊!要是不能生儿子,她哲哲和布木布太的将来都是可悲的。像阿巴亥,像代因察。将来她们也许是皇太极的殉葬人。皇太极那个年龄比自己小不了几岁的长子豪哥会不会像皇太极一样假借遗言把她和布木布太当作殉葬品?

哲哲深思熟虑,有了自己的主意。脸上笑着,她殷勤地向皇太极和海兰珠斟酒,一边说:"大汗爷现在不大喝酒,今天科尔沁大福晋和小福晋到来,要是心里高兴,不妨喝上一杯。"

哲哲又对海兰珠说:"海兰珠,你陪大汗喝上一杯,怎么样?"她站了起来,说:"我出去一会儿。额娘和阿姐也出去看看布木布太和小婴儿吧!"

海兰珠抬起大眼睛急忙望着哲哲,流露出恳求,好像在说:姑姑,请不要留下我一个人。

他笑了,急忙对哲哲说:"不着急嘛。我们的饭还没有吃完。来,先吃饭,吃完饭我们再商议其他事。"

哲哲又一次感到吃惊。皇太极表现出的忍耐和文明叫她暗暗惊讶:大汗他,真是深深地爱上了海兰珠。她的心里好像翻了五味瓶,酸酸的辣辣的苦苦的,说不清楚是什么感觉。当年皇太极也是这么尊重自己。真爱才有尊重。她明白这道理。

海兰珠偷偷地瞥了哲哲一眼,不知道该怎么办才好。

科尔沁大福晋和小福晋互相对视着露出会意的微笑,另一个女孩进入大金的汗宫,是她们科尔沁的又一个大喜事。

布木布太下了满文课,调皮地伸了伸懒腰。她接受皇太极交给的和额尔德尼一起改造老满文的工作之后,学习满文的劲头更足。她已经想了几种方案,和苏嘛拉商量,正在不断地改善。等方案成熟,她准备再去请教额尔德尼。老巴克什准会大吃一惊。布木布太想象着白发苍苍的额尔德尼吃惊的神态,竟独自吃吃笑出声来。

那木其跟了上来,悄悄说:"布木布太,我有事想叫你帮忙。"

布木布太偷偷看了看周围,说:"到我那里去谈吧!"她给苏嘛拉使个眼色,苏嘛拉慢慢落在后面,故意挡住哲哲和其他福晋的视线。布木布太和那木其一前一后走进她的房。自从皇太极登上汗位,哲哲就命令各位福晋不许私自来往,以防福晋们散布流言结伙拉帮影响安定团结。

"什么事?那木其?"布木布太问自己的堂姐姐。

那木其欲言又止。布木布太急了,催促着说:"你快说嘛,我们蒙古人哪有这么吞吐的?"

那木其望着布木布太:"你真的帮我?"

布木布太满脸不高兴地说:"你不说我怎么帮你?只要我能帮,我当然会帮。

你还信不过我？我们蒙古人可是说一不二的。”

那木其这才说：“多尔衮爷让我来求你。他的旗主位置到现在还没有落实，想请你帮着在大汗面前说一声。”

布木布太有些为难，说：“咱先汗规定不许女人过问国事，我怕大汗见怪。”

那木其微微一笑，说：“你看哲哲姑姑不是经常过问国事吗？你不学着关心国事，怎么干大事？你不是从小想干大事吗？不是想当满都海夫人吗？”

布木布太沉思了一会，为难地说：“旗主早已分配停当，哪个能给他呢？”

那木其凑到布木布太的耳朵边，悄悄说：“当年大汗答应把杜度的镶白旗给多尔衮爷。”

布木布太摇摇头：“恐怕不行，杜度阿哥没有犯事，大汗无法罢免他。”

那木其想了想说：“阿济格阿哥近来正在替多铎阿哥向阿布泰舅爷的女儿求婚。多尔衮爷怎么劝也劝不住。”

布木布太端起茶杯啜了口奶茶，说：“这可是大汗不允许的事。大汗严禁贝勒爷们娶阿布泰的女儿，也不许爷们把自己的女儿嫁给阿布泰的儿子。他难道忘了吗？”

那木其说：“我看他不是忘了，而是别有用心。”

布木布太惊讶地“哦”了一声，扬起眉毛，反问：“他想干什么？”

那木其摇摇头：“我也说不清。阿达海经常到他那里去，鬼鬼祟祟的，阿济格让阿达海做媒人去说媒。”

布木布太喝着喷香的奶茶，没有说话。

晚上，皇太极从哲哲那里出来，到布木布太这里睡觉。皇太极躺在热乎乎的热炕上，搂着布木布太，舒服极了，一天的疲劳和烦躁都消失得无影无踪。

布木布太悄声细语说：“今天那木其告诉我一件事，不知大汗有没有听的兴趣？”

皇太极头埋在布木布太乳峰间，声音嗡嗡地说：“愿意听。小姑娘说什么我都有兴趣听。”

布木布太把那木其的话说了一遍。皇太极一听，立刻停住他的抚摩，抬起头，提高声音问：“可是真的？”

布木布太说：“那木其说的，应该是真的。多尔衮是阿济格的亲弟弟，应该知道他的事情。”

皇太极躺了下去，生气地说：“这还了得？阿布泰是阿巴亥的哥哥，这国舅爷几年前被先汗封为总兵官统领八旗兵，享受一等的仪仗，有先汗赐的小旗6对，伞1柄，唢呐、箫鼓，当时享受这一等待遇的只有先汗的女婿儿子，总共只有16人，他居然在其中。虽然他也是和硕额驸，但这主要还是因为阿巴亥。现在，他是不是想和阿济格多铎勾结起来形成一股势力啊？”

皇太极好像问自己，又好像问布木布太。布木布太小心翼翼地应声回答：“我看有这个可能。”

“喔？”皇太极很感兴趣，用手抚摩着布木布太细腻的脸颊说，“说说你的看法。”

布木布太把自己的脸紧紧贴在皇太极的胸脯上，细声细气地说："阿巴亥生殉先汗，阿布泰失去了原先的地位，他能不生怨气？阿济格曾被大汗处罚过，失去许多牛录，他能没有怨气？阿布泰是阿济格的那哈处，他们要是再结成婚姻，这关系恐怕更加密切。阿布泰老谋深算老奸巨猾，是个好军师。阿济格和多铎英勇善战，又掌握着先汗留下的正黄镶黄旗，如果有他做参谋，将来可以成事的。大汗你说呢？"

布木布太娇滴滴地问，撒娇似的用手抚摩着皇太极的身体。她害怕自己说得太多，叫皇太极不高兴。

皇太极却极为欣赏布木布太的分析，她把自己的担心和忧虑全都分析了出来。看不出，这么个小姑娘竟有如此的头脑！皇太极心里赞叹，更加爱抚着这小姑娘。"你说说，该怎么办？"

布木布太等的就是这句话，她的脸静静地贴在皇太极结实的胸脯上，装作思考了一会，然后说："大汗那么英明，难道还想听一个小姑娘的话吗？"

皇太极亲昵地捏捏她的脸颊："我当然想听了。我想看看我的小姑娘是不是和我想的一样。"

布木布太轻轻地笑了笑："那我就说了，说错了大汗可不要生我的气，也不准笑话我。好不好？"皇太极轻轻地捶了布木布太一拳头代替回答。

布木布太保持着原来的姿势，轻声说出一番令皇太极极为惊诧的话："依奴婢之见，正好利用这个违背大汗指示的事件，削弱阿济格多铎的势力，免去阿济格正黄旗旗主，重新分配旗主所属。"

皇太极惊诧得几乎跳起来："这是谁给你出的主意？大福晋哲哲？"

布木布太又撒起娇来："瞧，大汗又笑话我了不是？我自己就不会想吗？谁教我？谁敢教我这些啊？大福晋的想法不都直接和大汗谈吗？"

皇太极轻轻地"嗯"了一声同意她的说法。这小姑娘真有头脑！皇太极亲热地吻了她一下："接着说。"

"重新分配八旗，大汗可以把阿济格的正黄旗多铎的镶黄旗收到自己名下，加上原来的正白旗，大汗就有了三个直接统辖的大旗，然后把镶白旗的旗主给多尔衮。在他们弟兄三人中，我看多尔衮最忠于大汗。这样一来多尔衮一定会死心塌地忠于大汗。大汗爷，你说呢？"

布木布太紧紧抱住皇太极，皇太极什么也说不出来。布木布太已经把他想要做还犹豫着没有做的事情全部说了出来。这小姑娘是个人才！皇太极也紧紧抱住布木布太，如胶似漆。

第二天大政殿议事，皇太极提出阿济格违背规定，褫夺他固山旗主位置。又过了些日子，大政殿议事，重新分配八旗，皇太极直辖三旗，多尔衮被任命为镶白旗的旗主。

多尔衮热泪涌流，他渴望多日的旗主位置终于得到，心中怀着对布木布太和那木其这对姐妹的无限感激，暗自发誓一定要报答她们的大恩大德。

布木布太靠着松软的大靠枕，半躺半倚在热炕上。暮春初夏之交的盛京，天气还冷，热炕烧得暖洋洋的。奶妈送来吃饱入睡的婴儿，苏嘛拉把她轻轻放在布木布太身旁。布木布太爱怜地抚摩着婴儿的笑脸,些微遗憾地想:又是个女孩。当头胎女孩落地之后,她有这种遗憾。现在又有这种遗憾。她希望生个男孩,这不光是为自己,也是为待自己比母亲还亲的哲哲大福晋,她的亲姑母。哲哲替她在佛主面前和索罗杆前一次又一次的祷告,祈求佛主和天神保佑她生个男孩。母以子贵,这是皇帝后宫自古以来的规矩。哲哲不止一次讲过,范文程范章京为她讲汉人历史时,也多次讲过。阿巴亥大福晋的生殉更是叫她想起来就心惊胆战。要是没有儿子,生殉她们姑侄是必然的。

布木布太胡思乱想着。

婴儿睁开眼睛,乌黑的眼睛滴溜溜地转,好像在寻找额娘似的。布木布太刚才的遗憾一扫而光,她心里充满了母爱。她轻轻抱起婴儿,把她贴在自己丰满的胸脯上。她解开上衣衣襟,把自己丰满的乳房塞到婴儿的小嘴里,小婴儿却把它吐了出来,小脸偏到一边。布木布太又把乳头塞到她的嘴里,她一下子咬住了它。布木布太没想到这小嘴竟这样有力,紧紧裹住她的乳头吸吮着。她感到有些疼痛,微笑着皱了皱眉头。

苏嘛拉急忙问:“布主子,怎么啦?哪不舒服?”

布木布太舒展眉头,笑脸灿烂,她抬起眼睛,那双眼睛洋溢着幸福快乐,洋溢着温情蜜意,那种无法形容的母爱的光芒,照亮了布木布太。一时间,苏嘛拉好像觉得自己见到了仙女。也许,她就是传说的满洲祖先佛库仑七仙女之一?

布木布太怀里的小婴孩小头小脸不断地蹭着布木布太的乳房,小手小脚在她肚皮上乱抓乱挠。布木布太被她抓挠和蹭撞得禁不住嘻嘻笑了起来,心里舒坦极了。她低下头不断地亲吻婴儿的小脸小手和白白嫩嫩的小屁股。

苏嘛拉悄悄抿着嘴偷笑,想:她也不嫌脏臭。屁股也是能亲的?

布木布太狂亲了一会,抬起头,正好看见苏嘛拉在偷笑,自己不好意思,却故意装出生气的样子嗔怪说:“笑什么?死蹄子,等你有了孩子也一样!”

苏嘛拉笑着顶嘴说:“你知道我不会有孩子。我要服侍你一辈子。”

布木布太爱怜地摇着头,连声说:“可惜,可惜。你算是享受不到这种幸福了。”

门外传来说话和杂沓的脚步声。布木布太眼睛一亮,从怀里抱起婴儿,说:“你父汗看你来了。”

皇太极回来以后一直没有来看望她母子。苏嘛拉和哲哲都说大汗近来非常忙。苏嘛拉听说是大汗和哪个贝勒爷之间有些不愉快。布木布太的心里很着急又很想念大汗,天天盼望着大汗的到来,心里很有些气恼:大汗是不是把她忘掉了?

布木布太心剧烈地跳动起来。大汗终于来探望她和她的婴儿。布木布太把婴儿抱得更紧举得更高一点,希望大汗一进门就能看到这可爱的小生命。

使女挑起门帘。哲哲领着科尔沁大福晋小福晋和海兰珠鱼贯进来,个个脸上喜气洋洋。

布木布太心里失望极了,眼泪涌上她的眼眶。苏嘛拉急忙走过来从她怀中抱过婴儿,同时遮住布木布太,让她把眼泪擦干。

科尔沁小福晋寨桑夫人从苏嘛拉手中接过婴儿,自己抱在怀里逗她笑。海兰珠凑到母亲身边,避开妹子的目光。

哲哲坐到布木布太身边，拉住她的手，款款说："大汗派我来看望你和女儿。他今日很忙，一时抽不出身，让你安心养病。病好之后，他会来西宫的。"

布木布太撅起嘴，不高兴地问："大汗忙什么？连这么一会工夫都没有？他知道我多想念他吗？"

哲哲点着头，说："大汗知道你想他，他也想念你，你放宽心好喽。他最近要安排迎娶戴青女儿作东宫宫主，聘礼是几个月前下的，日期也是那时定下的。不过，情况发生了一点变化，所以大汗要忙几天。"

哲哲意味深长地说着，又抬起眼睛看看她的母亲和海兰珠。海兰珠脸一红，深深埋下头，装着逗婴儿玩似的，不看这边的布木布太。

布木布太疑惑地顺着哲哲的目光望过去，看到海兰珠。低着头的海兰珠脸色绯红，眼睛却抑制不住地放射着她没有见过的异彩和光芒，嘴角极力压抑着一种压抑不了的幸福和快乐，那是一种只能从心爱的男人那里才能得到的极为满足的女人的幸福。

布木布太"哇"的一声哭了起来。

白发苍苍的大福晋和头发花白的小福晋都围住布木布太，极力安慰她。哲哲端庄地坐着，冷冷地看着她痛哭，既不安慰也不阻止。

布木布太哭得抽抽搭搭，上气不接下气。大福晋心疼地抚摸着她的乌发，嘴里胡乱说着什么。小福晋把她的头抱在自己的怀里，轻轻拍打着，好像安慰小姑娘似的。但是大家都说不出什么能够安慰的话。

自从被封了西宫，布木布太就想象着和大汗白头偕老，哲哲姑姑已经老了，她不会和自己争抢大汗。她生孩子落下一身病，并不愿意和大汗同房。她很乐意大汗宠幸自己。可是现在大汗居然又要封东宫，而且和海兰珠……

布木布太又痛哭起来。

哲哲冷冷地说："大汗近来心情不大好，你这样哭哭闹闹的传了出去，还有好结果吗？"

布木布太勉强止住哭声，把自己的头埋在母亲的怀里，依然抽泣。科尔沁小福晋拍着她起伏的肩头，使眼色给海兰珠。海兰珠听话地走上来抱住布木布太的头。布木布太发现海兰珠抱住自己，便猛一甩头，把海兰珠摔到一边。海兰珠的眼泪慢慢地滴落在炕上。

哲哲扶了一下海兰珠，沉着脸说："你再闹下去，消息传到其他福晋耳朵里，我们蒙古福晋别想安生。多少人在攻讦我攻讦你，那些满洲福晋多希望代替你的位置。海兰珠入宫，总比其他满洲女人入宫强。我们三人力量总要大过那些满洲福晋。就算海兰珠不入宫，你能阻止大汗娶新福晋吗？这不，大汗又要迎娶戴青女，好在还是蒙古人。你怎么这么糊涂不懂事？"

大福晋这时也开口说："哲哲大福晋说得不错。大汗喜欢上海兰珠，这是我们科尔沁的骄傲。宫中有你们三个科尔沁福晋，没有人敢欺负你们。你的位置也牢靠一些。要不然，那些满洲男人心野得很，说不要谁就不要谁，你能管住吗？管不住的。"大福晋颤巍巍地说，不断地摇着头。

布木布太停住呜咽和抽泣，抬起满面泪水的脸，问母亲："什么时候迎娶？"

寨桑福晋替她擦着脸上的眼泪，亲切地说："大汗定于明年10月征察哈尔之后迎娶。"

布木布太垂头默然。海兰珠又走过来坐在她的身边，拉住她的一只手，安抚地抚摸着。布木布太没有抽出她的手，任由海兰珠抚摸。

哲哲和大福晋微笑着互相看了看，舒了口气，姐妹和解，叫她们高兴和放心。笑得眼睛都眯了起来的寨桑小福晋一下子把两个女儿一起搂到怀里。

布木布太从母亲怀里挣扎出来，坐起身。她狠狠地瞪了海兰珠一眼，眼光里满是仇恨和厌恶。拿手帕来的苏嘛拉看到这眼光，心里一沉。她默默地替她擦去脸上的泪痕，把她散乱的头发拢了拢，希望自己能够抹去布木布太心中的仇恨。

布木布太突然想起哲哲的话，抬起眼睛望着哲哲，问："中宫宫主刚才说大汗心情不好，为什么？"

哲哲命令使女全都退出暖阁，苏嘛拉走出去守在门口。哲哲这才小声说："为二贝勒和三贝勒，他们以为大汗允许他们和大汗共坐，就可以和大汗分庭抗礼阳奉阴违了。大汗正在为此事伤脑筋。"

布木布太皱起眉头，心思重重地说："大贝勒掌管正红旗镶红旗，二贝勒掌管镶蓝旗，三贝勒掌管正蓝旗。他们有所仗恃。姑息养奸，终究这是祸患。大汗当断不断，必受其害。你该告诉大汗当机立断。"

"依你的意思？"哲哲问。

"去掉他们。"布木布太轻咬着嘴唇，用手在空中做了个动作。

哲哲摇摇头："现在还不是时候。"

布木布太想了一会，说："先除掉他们和大汗共坐的特权，让大汗自己独坐大政殿，然后再想办法除去他们。"

哲哲又摇头："我怕大汗念手足情，不愿意这么做。"

布木布太急了，稍微提高声音说："只怕大汗妇人之仁换来汗位不保。中宫你可不能糊涂。"

科尔沁大福晋也附和着说："是的，是的。布木布太说得对。"

海兰珠却一脸茫然，她对这些一点也不感兴趣。她过去受的苦太多，现在只想有一个温柔体贴的丈夫。皇太极对她的尊重和体贴，使她初尝女人的幸福。她一点也不懂宫中的争权夺利。

哲哲想了想，说："你说得对。我想办法劝大汗当机立断。二贝勒和三贝勒已经在到处散布流言。我们不能不管。"

布木布太又说："听说二贝勒屠杀遵化、永平、滦州和迁安四城，可有此事？"

哲哲点着头，却有些奇怪：这鬼女子，怎么消息这么灵通？布木布太狡黠的一笑，意味深长地望着哲哲，说："这不就结了吗？"哲哲恍然大悟，她抓住布木布太的手，连声说好。

外面的苏嘛拉大声说："那木其福晋和其其格福晋来探望布主子。"科尔沁大福晋高兴地说："我们一家人都团聚了。"

十　姐姐进宫

科尔沁莽古斯台吉的府邸里红灯高悬，如今他们作为金国大汗的太师之家已经盖起了仿照盛京大汗宫那样的青砖大瓦房，奢华的蒙古包设在府邸的外边，作为使者来人的招待场所。

海兰珠坐在自己的房里，使女们围着给她梳头打扮。海兰珠拉着母亲的手，幸福地微笑着。十三年前她还是个不懂事的小姑娘，就被装扮一新，送到蒙古汗那里糊里糊涂地做了一个台吉的小福晋。那个病恹恹的酒鬼台吉，除了喝酒就是和女人睡觉，但是又没有本事叫女人满意。于是便喝得酒气熏天东倒西歪，回到蒙古包去打她折磨她。十几年来，她不知道什么是夫妻情，更没有体验过夫妻乐。在盛京那几个月，她才懂得夫妻事夫妻情。皇太极给予她的温柔体贴和快乐叫她兴奋、幸福、激情洋溢。皇太极唤起她的青春，唤起她的原始生命力。这些原本已经死去的原始情欲和生命活力一旦爆发，简直无法压抑。26 岁的她洋溢着无限的青春活力，勃发着无穷的女性魅力和吸引力。

海兰珠

回想起在盛京的那几个月，海兰珠禁不住耳热心跳。

那一晚，宴会结束以后，哲哲说要留她和自己住一晚，叙叙分离之情。母亲寨桑福晋意味深长地看看莽古斯福晋，两人相视一笑，答应下来。哲哲把她带进东暖阁的北屋，那是哲哲的寝宫。东暖阁一分为二，中间以墙相隔。

哲哲把海兰珠领进北屋，命令使女伺候着她沐浴换衣。早已准备好的锦缎满族服饰都叠放在旁边的凳几上，明黄锦缎的炕帏幄幕低垂。

海兰珠心怦怦直跳。哲哲拉着她的手坐在锦缎坐墩上，用蒙古话说着体己话安慰着她。哲哲说："我知道你受了十几年罪，如今在我这里，你再不必担心，大汗人很好，很会体贴女人。我作为一宫之主，说话还有人听。你妹子布木布太是西宫之主，大汗爷喜欢。东宫之主也是蒙古人，是扎鲁特部的戴青女。她进宫时间不长，还没有什么地位。以你的性格温柔绵善文静，大汗爷会喜欢你的。只是你不要和布木布太争宠，由大汗爷自己喜欢。他喜欢你们俩谁都行，都是我们博尔济吉特氏家族的幸事，我都不嫉妒。我想你也不会嫉妒布木布太。你知道，布木布太打小就性子硬，好争强，进宫这许多年，我一直有意调教她，虽然有了许多改进，可毕竟是江山易改，本性难移，我只怕她受不了冷落，干出些傻事来。你是姐姐，凡事要让着她一点。这样我们三个就可以左右后宫。我们女人还想什么？在汗宫里不受欺负，说话有人听，这不就结了吗？”

海兰珠频频点头，轻轻地说：“我会让着布木布太的。她也不会嫉恨我。过去她说过将来和我有福共享的。”

哲哲轻轻抚摸着海兰珠的黑发，微微笑出声，说：“傻丫头，孩时的话哪能当真？宫里复杂得很，福晋间明争暗斗你死我活。亲兄弟亲父子亲母子都有互相残杀的，何况姐妹同侍一人？我提醒你，你自己留心就是了。布木布太那里，我也会时时提醒她。她是个聪明人，知道权衡利害得失，我只担心你心眼太实，处理不了宫中复杂的关系。有许多事情，不是能明说的，要你自己去摸索体会。要是你们姐妹有什么事，我是谁也不好说的，只能任凭你们自己解决。”

哲哲说到这里，深深地叹了口气，有些伤感。

海兰珠气坚定地说：“姑姑你放心，我不会发生什么事，布木布太也不会的，我们是骨肉亲姐妹，我会让她的。就算是万一发生什么不好的事，我也一定忍让，不让她受害。”

哲哲脸色又开朗起来，声音轻快地说：“好了。有你这句话我就放心了。不谈这些。你好好梳妆梳妆，大汗爷一会就要来。”说着站起身要离去。

海兰珠却拉住哲哲的手，不好意思地轻声说：“姑姑，这真对不起你。你……”她想说：你难道不在乎？

哲哲扭过身，轻轻叹了口气，说：“傻丫头，这不是你的错，这是满洲男人的本性。我们无可奈何的。我当然也想他永远只守着我一人，可是做不到的。他们满洲男人哪个不是十几个老婆？女人在他们眼里，只不过是件衣服，衣服穿旧了，自然要换新的。与其换满洲女人，还不如让我的侄女来享福。”她抚抚海兰珠的面颊，走出北屋，叫来使女伺候海兰珠沐浴打扮。

皇太极进来了。

她紧张害怕极了，紧紧抱着肩头缩在热炕的里角，全身颤抖，上下牙齿直打架，发出轻微的碰撞声。

皇太极笑着招呼海兰珠，说：“过来，到灯下这亮处来。我想考考你识字不识字。我这里有一本蒙古文的《江格尔传》，你来给我读一读。我很喜欢这个巴图鲁，对，满语的巴图鲁就是蒙古语的巴特尔，汉语的英雄。你知道吗？”

恐惧倏然消失，海兰珠突然觉得自己遇到了多日不见的老朋友。

皇太极闭着眼睛，躺在温暖的炕上，静静地听着一个陌生然而又觉得熟悉的声音，银铃般，

皇太极静静地入睡了，心灵空静，似乎没有一丝肉欲。

海兰珠伏下身子，注视这陌生的满洲最高统治者，这个叫八旗兵和众贝勒王爷生畏的男人。

然后……海兰珠不敢往下想。皇太极火热的拥抱。……那销魂的时刻。

想到这里，梳妆台前的海兰珠用双手捂住自己发热发烫的双颊。

这个朝思夜盼的时刻来了。

海兰珠一切已经收拾停当。吴克善走了进来，当年的英武少年已经成了大青

年,络腮胡子,黧黑脸膛,壮实的身材,同大多数马上生活的蒙古人一样,双腿有点罗圈。

寨桑福晋拉着海兰珠跪到佛爷像前,双手合十乞求佛爷保佑。寨桑福晋念念有词,虔诚乞求佛爷保佑海兰珠早生贵子。她的布木布太到现在还没有生儿子,哲哲已经不能生育,希望海兰珠能不辜负哲哲的一片苦心。

寨桑福晋祷告完毕,站起来,拿出一个紫檀木欢喜佛像交给海兰珠。

海兰珠接过欢喜佛,紧紧贴在发热的脸颊上,默默祈祷着:欢喜佛啊,愿你给我带来幸福和欢喜。她打开自己的首饰箱,把它小心地放到最安全的格子里,心里充满喜悦和信心:这一次,有欢喜佛的保佑,我一定能得到幸福。

外面响起阵阵号角,鞭炮劈劈啪啪像爆豆似的,催促着新人登上送亲的勒勒车。

皇太极和中宫福晋哲哲率领着其他福晋,以及宗室贝勒贝子和他们的福晋,六部大臣百官,在大政殿设大宴庆祝他和海兰珠的新婚。

科尔沁博尔济吉特氏的又一个女子进入大金的汗宫。这个家族的这第五位入汗宫的女子在汗宫里位置也相当显赫。

布木布太那日在西宫里独自练习写汉字,苏嘛拉坐在她对面。布木布太拿起苏嘛拉写的字,歪着头左比右看,看了一会,她抓起自己写的字,团成一团,扔在地上。苏嘛拉急忙弯腰捡了起来,笑嘻嘻地说:"布主子写得这样好,为什么扔了?奴婢还想照着描红呢!"

布木布太轻轻拍打着苏嘛拉说:"死蹄子!又来笑话我的字!"

她说着拿起范文程为她编写的汉文读本,吃力地读着《论语》:学而时习之……有朋自远方来,不亦乐乎。

苏嘛拉纠正说:"布主子读错了,不亦'月'乎。"

布木布太又重新读了一遍。

使女进来通报说:班布喇嘛求见。

苏嘛拉高兴地朝布木布太笑了,说:"我有几天没见过哥哥了。不知他今天给我们带来什么消息?"

班布喇嘛现在是西宫妃子布木布太的医生和佛事主持。有时,也被中宫哲哲请去做喇嘛教的佛事。

布木布太叹息着说:"本想亲自去探望她,又怕其他爷和福晋人多嘴杂。大汗爷自己定的规矩,不让亲戚私自走动,我也不敢违背大汗。有好些日子没有见她了,姊妹不见,还怪想的。"

班布喇嘛点头,说:"那木其福晋也是这么说,看来你们姊妹真是情谊重啊!"

布木布太又问:"你为海兰珠配的药配齐全了没有?"

班布欠欠身,恭敬地说:"还有几味药盛京没有,我正想禀告布主子允许我出宫回科尔沁草原去备这几味药。以后布主子和哲哲福晋也要用这几味药的。"

布木布太奇怪地反问:"不能派人回去买吗?何苦你千里迢迢那么辛苦亲自跑一趟?"

班布说:"布主子有所不知,这几味药需要亲自到草原去采,它们极其相像,极易混淆，一旦混淆，会立时三刻要人命，药性极毒。我不敢交与别人办它。办这些药，我一定要亲自采集才放心。”

等了一会，她对苏嘛拉说：“你去内宫总管那里为喇嘛爷办理出宫手续。”苏嘛拉退出。

班布深思了一会，抬起头，小心翼翼地望着布木布太，嘴张了几次又合上，好一会，才试探着问：“布主子，我听说一点消息，不知当讲不当讲？”

她不耐烦地催促着说：“我说过多次，不管你们听说什么，都要回来讲给我听。你就不如你妹子爽快，她从来不会这样吞吞吐吐。”

班布小心地赔着笑脸，说：“听说多尔衮爷招降了蒙古太后。”

“哦？”布木布太心中一惊，正要表示自己的惊讶，又想起哲哲请投降的汉官为她们上的礼仪课的内容，要喜怒不形于色，大惊小怪不符合皇帝后妃的行止。

布木布太的声音毫无情感意向，班布不知道该不该往下说，他张着嘴，愣在那里。

布木布太威严地瞥了他一眼，轻轻地“嗯”了一声。班布听出催促的意味，便把听说的蒙古太后的情况说了一遍。

“多尔衮爷呢？”布木布太问。

班布说：“多尔衮爷在大汗爷那里。”

布木布太说：“知道了。你回科尔沁采药吧，要快些回来。我还要继续吃药看病。对，那些药也要采些回来，也许有用场的。”

苏嘛拉回来，带回出宫的号牌，交于班布。班布起身告退。

代善曾经劝说皇太极纳她为妻。皇太极犹豫着一直没有下决心。那时她布木布太还受宠，枕边的一番娇嗔使皇太极一直没有下决心。如今这新来的蒙古太后一定要被皇太极所纳。满洲男人，从努尔哈赤开始，把征战的胜利品按八份平分，俘获的贵族女人分给贝勒爷作福晋。前几年，二贝勒阿敏因为争要朝鲜美妇不满意皇太极。这次会不会引起他们兄弟子侄的争执呢？这蒙古大汗的太后，地位极高，会分给谁呢？那些会讨大汗爷欢心的贝勒爷肯定要趁机大拍皇太极的马屁去劝说皇太极纳下这太后，说什么可以用来笼络蒙古各部。他皇太极会不会听从劝说自己留用呢？海兰珠已经夺取了大汗爷的心，再一下子纳两个蒙古后妃，她的前途真不堪设想。

布木布太叫来苏嘛拉，交代几句，苏嘛拉走了出去。过了一会，她返回来，对布木布太说：“回主子，大汗爷和多尔衮爷去后殿议政，哲哲主子没有事，请你去一趟。”

布木布太起身，让使女为自己打扮了一下，带着苏嘛拉出门，往清宁正宫走去。

清宁宫的侍卫荷枪持戟立在正宫门口，面无表情地守卫着清宁宫。哲哲站在清宁宫宽阔的廊檐下，身后站着使女。上了30岁以后，她开始慢慢发福，现在大圆脸盘越发丰满，层叠的双下颏开始下垂，人越发高大壮硕。

皇太极认为国中冠服不一，从着装看不出身份地位，不利于统治。规定：八固山贝勒在城中行走，冬夏俱服朝服，出外方许服便服。冬月入朝，许戴元狐大帽，居家戴尖缨貂帽及貂鼠团帽。春秋入朝，许戴尖缨貂帽。夏日许戴缀缨凉帽。素缎各随其便,不得擅服黄缎及五爪龙等服。若系上赐,不在此例。平时勿着缎靴,惟夏日入朝乃许穿用。又八家福晋,居家服色,前已有旨。冬夏出外,俱服女朝衣,冬日许戴尖缨貂帽,夏日戴尖缨凉帽。平民不许服缎,只许服布衣,妇女服衣,各随其夫。

布木布太见到皇后,按皇太极新规定的礼节要跪安。布木布太趋步上前,正要下跪,哲哲却扶住了她,说:"算了,我们姑侄在没外人的情况下,就免了这大礼吧!"

布木布太行了千礼,上前恭敬地扶着哲哲走进清宁宫东暖阁。

哲哲坐到炕上,布木布太坐到坐墩上。哲哲看着布木布太一脸忧郁的样子,关切地问:"什么事情叫你不高兴?"

布木布太犹犹豫豫地问:"听说大汗招降了蒙古大汗的太后囊囊和窦土门?"

哲哲点点头。

布木布太问:"大汗是不是要纳她们?"哲哲又点点头。

布木布太焦急地说:"皇后可要想个法子阻止大汗爷啊!蒙古太后进宫,皇后的地位会不会受影响?我的地位,海兰珠的地位会不会受影响?"

哲哲浅浅一笑,说:"这不是我们过问的事。大阿哥已经进言请大汗爷纳囊囊太后和窦土门太后。"

"这个讨厌的大阿哥!"布木布太咬牙切齿地小声咕噜,"糊涂胆小,还一心讨好大汗爷,净出馊点子。"

哲哲轻轻摇头说:"你又使小性子了不是?还做不到喜怒不形于色。大汗爷身边有这样一群人,是大汗爷的福分。他胆小,就不敢反抗大汗爷,唯大汗之命是从。他一心讨好大汗爷,积极主动替大汗出主意想办法,有什么不好?哪个主子不需要这样一大批人才?这样的人,你一定不能打击他的积极性,要不时听他的建议,还要给他点甜头,让他像狗一样俯首帖耳听话。"

布木布太不敢犟嘴。哲哲发起威风来,那可是够可怕的。

布木布太心中还有点不大甘心,她小心翼翼地说:"那就任大汗一下子纳两个蒙古太后?听说那两个太后还很年轻漂亮。"

哲哲不满意地斜睨着布木布太:"瞧你这死心眼。大汗纳谁不纳谁,主要是根据他的需要。纳了林丹汗的太后,蒙古的左右翼六部6万户,特别是察哈尔蒙古各部就会服从大汗,归附大汗。蒙古各部,只有我们科尔沁兀鲁思全心全意归附金大汗。大汗多次讨伐察哈尔,现在终于俘获了林丹汗的太后,但是新即位的小汗还没有找到,他也许会重新集结人马东山再起。囊囊太后是他的母亲,大汗爷纳了他的母亲,还怕他不投降吗?你呀,只能从自己的角度想问题。"哲哲说着,用手指戳了戳她的额头。

布木布太不好意思地笑了。这一番话,冰释了她心中的不满。她想:女人一定要大度才行。为了金国的前途和大汗爷的前途,自己也需要忍辱负重。只要哲哲的主宫地位不变,自己就没有什么可忧虑的。

布木布太偷偷地笑了。

海兰珠趔趔趄趄地趋步上前给哲哲行跪安礼,哲哲开心地笑着对布木布太说:"你去扶她起来吧!要是不扶她,她可又要跌一跤。"原来,海兰珠一跪下再站起时,常常脚下一扭，那高底缎靴的半月形高底就向旁边一滑，她必定摔跤。使女们常偷偷笑。

布木布太心中酸酸的有些刺痛。

听到哲哲的命令，她急忙站起来，脸上非常灿烂地笑成一朵花，上前搀住海兰珠，说："姐姐这么聪明伶俐的一个人，怎么还没有学会走路？瞧你走路，上身东摇西摆，像个大肥鸭似的，难看死了。"

海兰珠低下头用手扭着绢帕，不好意思地笑着说："妹子你不要取笑我，你知道我心拙手笨，从来比不上你心灵手巧。穿这鞋走路，我总是前仰后合，掌握不好身体平稳，妹子你要多教教我才是。"

布木布太拉过绣墩，按着海兰珠坐下。问她说："大汗爷昨晚可去你那里？"海兰珠脸微微发红，轻轻点点头。

布木布太轻轻叹了口气，伤感地说："大汗爷已经快一年没去我那里了。"

海兰珠急忙安慰她说："大汗爷近一年几次征察哈尔疲劳得很，连我那里也是十天半月去一次。要是再去我那里，我会说服他去你那里的。"

哲哲冷冷地说："海兰珠，你找死啊！大汗爷的脾气你看来还是不知道。大汗爷自己想到哪里，他就到哪里，你们谁要干涉他，看我不鞭谁！"

哲哲狠狠地瞪了布木布太一眼，又非常不满意地瞥了海兰珠一眼。心里说：现在不是你关照姊妹情分的时候。大汗爷马上计划纳两个蒙古太后，她们一入宫大汗难免会喜新厌旧，布木布太不争气，到现在也没生出个男孩，你海兰珠到现在已经一年多了，也还没见动静。

哲哲换了平静的语气说："布木布太的二女儿图亚还在吃奶，虽然有奶妈，亲妈的奶也还是要吃的。再说她月子病还没有恢复，大汗不能去她那里过夜。这是我的命令。"

布木布太眼睛一热，几乎要流下眼泪。她心里命令自己：忍住！忍住！不能流泪！这时流泪会惹姑姑生气的。眼泪慢慢地融化了。布木布太脸上露出快乐的微笑。

海兰珠见布木布太笑了，自己也高兴起来。哲哲问起她学习满文汉文的情况，她掏出自己写的满文和汉字叫哲哲看。布木布太也凑过去，看了一眼，扑哧笑出声。哲哲笑骂道："死蹄子，有点聪明就笑话人。"

她见布木布太高兴自己心里也舒服起来，说："我写的就是不好，满文像蒙文，还好写。这汉字像画画似的，真难写。"

哲哲指点着海兰珠写的满文，指出她应该加圈点的地方，一边说："这新满文有圈有点，这是布木布太想出来的。她呀，是有点小聪明。"听到哲哲夸奖，布木布太咯咯地笑了起来。哲哲抬起头，见她这一副张狂样子，故意添上几句："不过，她的满文字写得并不怎么样。汉字写得更像涂鸦。"

海兰珠也高兴地咯咯笑。现在她真的恢复了少女时代的天真。

哲哲微笑不语，静静地看着这两个侄女，摇摇头，心里想：一个小蹄子真有心计，一个小蹄子只有实心眼，只怕一个将来要上另一个的当。可都是亲骨肉，她怎么办？只有尽自己的力量来防止吧！但是她能防住吗？她没有这个信心。她已经觉察到,布木布太已经不再像过去那样把什么心里话都向她说出来。

十一　皇太极登基

天聪八年八月二十八日,盛夏的清晨。凉爽的夏风拂面。

二月,多尔衮、岳托、萨哈廉、豪哥率领一万精锐大军征察哈尔,去寻访林丹汗新即位的儿子额哲。林丹汗被皇太极征讨大军打败之后,率领人畜十余万从归化城托克托渡过黄河远走青海草地,病死在青海大草滩。他的儿子额哲即蒙古大汗汗位。

多尔衮到达察哈尔的西喇朱尔格,部署了围攻的策略。孤身的额哲见金兵人多势众,自己躲了起来。林丹汗的福晋囊囊太后率领余部一千五百多户前来投降。多尔衮设宴招待囊囊太后。派将领把太后送至盛京。多尔衮继续前进寻找额哲。到了额哲躲藏的托力图,大雾漫天,蒙古人还没有发觉金兵到来,多尔衮怕惊散额哲,下令就地驻扎,不再前进。多尔衮不想动干戈,派了额哲的舅舅蒙古台吉去劝降额哲。走投无路的额哲只好和母亲苏泰太后一起投降多尔衮。多尔衮设宴招待额哲,但是还怕额哲不肯真心归降,如果他采用缓兵之计趁机逃跑,这大草原茫茫苍苍,要找到他就像大海捞针。多尔衮设神位发誓决不伤害他和他的母亲。额哲和太后这才设宴,赠多尔衮和其他三个贝勒驼 4 峰,鞍马 4 匹,黄金 40 两,蟒缎闪缎等 81 匹。多尔衮四个贝勒也设宴赠物做答谢。这样,额哲就亲率大臣牧民 1 千户归降。

归降之后,多尔衮向归降大臣追问蒙古大汗的玉玺。他听元福晋那木其说过:元朝成吉思汗时,从鄂博山挖出一块大玉,大玉晶莹剔透,温软腻滑,切开以后里面盘着一条大龙似的花纹,于是,成吉思汗命令玉工把它雕成玉玺,上面以蛟龙作为玉纽,用汉文小篆刻上“制诰之宝”。雕刻成之后,玉玺光气灿烂,蛟龙飞扬,好像活起来似的。成吉思汗把它郑重授予忽必烈,作将来的传国玉玺。后来,元朝灭亡,元顺帝把它带出元大都皇宫揣在自己身上。他逃到沙漠之后死了,玉玺从此不见踪迹。蒙古人祖祖辈辈都在传说这个故事,人人都想找到这无价珍宝。200 年以后,有人在一个常年牧草青绿的山冈上牧羊,发现一只山羊不吃草,只是用四蹄刨地,一连三天都是这样。那个牧人挖开青草,地下冒出一股金光,照亮了山冈。牧人继续刨挖,在一块大石板下发现了这稀世珍宝。牧人高兴得唱起好来宝,把它献给元裔博硕克图汗。后来历代相传,传给林丹汗。

不知这传说是否可靠的多尔衮,询问了几位归降的蒙古大臣,他们都证实有这块玉玺,而且藏在苏泰太后那里。多尔衮想:这次出征不费力气收降了额哲,皇太极一定很高兴,要是能找到元朝传国玉玺献给皇太极,皇太极一定欣喜感激不尽。

多尔衮来到苏泰的蒙古包,一见面,多尔衮就威严地说:“听说元朝传国玉玺在你手中,你要把它交出来。”

苏泰太后吞吞吐吐,一会说没有带出来,一会说不知道放到哪里。

多尔衮不耐烦了,他厉声说:“太后是归附之人,如果是真心归附,就该把这玉玺交与现今的大汗。满洲的大汗也是蒙古的大汗,这一点你应该明白。要是不想真心归附的话……”多尔衮故意停住话头，抬起锐利的眼睛，阴沉沉地望了太后一眼，咬着牙从牙缝里挤出一句话：“你可别怪我不客气。”

苏泰太后浑身颤抖起来，满洲人的凶残她也有所耳闻。

多尔衮冷笑起来，又追问着：“你拿不拿？”

苏泰太后浑身颤抖，急忙从蒙古袍的怀里掏出一个黄绫子包的小包，双手捧着交给多尔衮。

多尔衮派遣使者回盛京报告这个好消息。皇太极哈哈笑着说：“昨日我左耳鸣，老人常说左耳响，好事到。想来有好消息。看！果然应验！好消息来了！贝勒出兵远劳日久，又得玉玺，不能不远迎！”

九月初五，秋高气爽，样式木河畔，平坦的青草地上，旗幡招展，华丽的帐篷像一朵朵盛开的蘑菇。明黄色锦绣大帐高高卷起，大帐前的大旗杆上，黄龙旗在秋风秋阳中猎猎作响。在八旗旗帜下满洲八旗士兵伫立在秋风中，八旗旗主诸贝勒戎装在马背上肃立。

盛装的后妃和百官都伫立在秋阳下，等着多尔衮的队伍出现。

帐外卤簿陈列，鸣鞭三下，号角呜呜，卤簿大乐奏起，鼓乐齐鸣。皇太极携哲哲皇后起身，来到大帐前设的神坛前，在祭祀萨满的带领下，对着大纛旗跪拜之后又祭拜天神。

多尔衮率领部队来到河边时，皇太极率领着人马迎在河边。多尔衮看到皇太极，立刻滚下马来，上前跪见。皇太极却从座位上直起身子，伸出右手。一行热泪从多尔衮的眼睛里流出。皇太极施以抱见礼，在他是生平第一次，难怪他感动得热泪涟涟。多尔衮急忙趋前再跪拜，然后伸出手抱住皇太极的腋下，皇太极抓住多尔衮的两手，说：“我的好巴图鲁，你辛苦了！”多尔衮抽泣着说：“托先汗和神的保佑，托大汗的福气，上天可怜见我们满洲人，把元朝玉玺交给大汗。这是天意，希望大汗能顺从天意，准备登极改元称皇帝，早日登上皇帝大位。”

皇太极沉吟许久说：“如果众贝勒能够修身，朕则考虑改元称皇帝。”

多尔衮说：“我明白了。我自会安排。”

多尔衮双手高举玉玺，把玉玺高高供置于帐前的香案上。皇太极手执香束，到香案前上香。

接受玉玺仪式之后，皇太极接见归附的额哲和苏泰。额哲在远处下马跪拜，率领着部下走上前来，在皇太极面前跪下，皇太极伸出右手，额哲抱住皇太极的膝盖，行了抱见礼。盛装的苏泰太后走上前来，跪拜了皇太极和皇后哲哲，双方行了抱见礼。皇太极看着年轻妩媚的苏泰太后，心里一阵跳动。

仪式结束之后，皇太极命令举行射箭赛马摔跤骑术比赛。

蒙古骑手和满族骑手像箭一样飞奔在草地上。多尔衮飞身上马，拍马追上。马蹄得得，一会就赶上前面的骑手。众人欢呼起来。看台上，皇太极指着多尔衮对哲哲说：“九阿哥这次立了大功。将来不可不重用他。这是个难得的人才。”哲哲点点头，深情地注视着这个年轻人，说：“这可是不可多得的人才，有勇有谋。大汗是要好好重用他。”说罢，哲哲回过头，问布木布太：“那木其来了吗？”布木布太说：“来了。”随手指了指。

射箭开始了。选手们马上射箭,取百步外的杨树上挂着的苹果。蒙古射手先射,10个选手没有一个射中的。

布木布太趁皇太极和海兰珠说话时,离开自己的座位,找到那木其,坐在她身旁,亲热地问:"身体恢复了吧?我送去的补药管不管用?"

那木其握住她的手,说:"真是太难为你想着我。班布喇嘛开的药方很对症,这一阵子吃他的药,精神好多了。班布喇嘛好一阵没见面了。他该来给我把脉开药了。"

布木布太说:"他回科尔沁采药,走了个把月,也该回来了。"两姊妹说着闲话。

布木布太悄悄问:"九阿哥回来时带察哈尔蒙古女人了没有?"

那木其神色黯淡,幽幽哀怨地说:"哪能不带呢?哪次出征不带回几个战利品?只是让我打发掉了。"

布木布太吃惊地"哦"了一下,又收敛住自己的惊讶之态,平静地问:"你把她们打发到哪里去了?"

那木其说:"赏给亲兵和领地庄子里的满洲人。"

布木布太说:"那可是我们蒙古同胞啊!"

那木其不以为然,撇了撇嘴:"那又怎样?不过是俘虏,与汉人俘虏有多少区别?其实她们比汉人女人好多了,她们只是包衣,至少不是阿哈(奴隶)。"

布木布太点点头:"那也是。"沉默了一会,那木其问:"听九阿哥说大汗爷要纳囊囊太后?"

布木布太直视着那木其:"我正是为这事来找你帮忙。"

那木其大吃一惊,急忙说:"只有我请你帮忙,你哪用我帮忙啊?布妹妹真是说笑话。"

布木布太郑重地说:"不是说笑话。我想让九阿哥想办法阻止大汗爷纳囊囊太后和窦土门太后。"

那木其关切又同情地望着布木布太说:"布妹妹帮过我和九阿哥那么大的忙。我和九阿哥今生今世不会忘记,按说你提出什么事,哪怕上刀山下火海,九阿哥也会去做。只是这件事,九阿哥能插上手吗?大汗爷能听九阿哥的话吗?"

布木布太认真地想了一会,如实说:"你的忧虑有道理,我也想到这一层。如果九阿哥直接劝阻,肯定不行。但是九阿哥那么聪明,要是旁敲侧击一下,也许起作用。"

那木其点着头:"对,可以一试。等九阿哥比赛结束讨来时我说给他,让他想想办法。"

布木布太感激地说:"你真是我的好姐姐。"她的脸色闪过一丝阴影,加上一句:"比我的亲姐姐还亲。"说罢,笑着站起身,袅袅婷婷地走回自己的座位,一路上与贝勒福晋们亲热地打着招呼。

多尔衮问:"你在呆看什么啊?"

那木其说:"我目送布木布太西宫福晋。"

"啊?她来了?来干什么?"多尔衮好奇地问。

那木其说:"也没有什么。只是来问候一下我的身体。她推荐她的喇嘛给我看病，我现在全是吃他的药。”

“哦！那要好好感谢她才是。她对我们太好了。”多尔衮由衷地说。

那木其注意看看多尔衮脸色，小心翼翼试探着问：“听说大汗爷要纳囊囊和窦土门太后？”

多尔衮点点头。

那木其压低声音说：“你有没有办法让大汗爷改变主意？”

多尔衮摇摇头，说：“难。那是大阿哥讨好大汗爷出的主意。他自己想娶苏泰太后，可是他不知道大汗爷把苏泰配给了济尔哈朗。”

那木其又问：“能不能从旁边提醒一下大汗爷，比如说囊囊身体不好？说窦土门名声不好？”

多尔衮想了想，说：“可以试一试。但是我估计，纳这蒙古二后的决定变不了，不过也可能使她们不受宠。”

那木其说：“那也行啊！”

比赛继续进行着。

天聪十年(1636年)四月十一日，盛京一片热闹。

皇太极在一片鼓乐声中，缓步登上大政殿高高的台基，俯视着阶下的群臣，心中好不得意。

皇太极微笑着，用眼睛扫视着大殿上的大臣贝勒。多尔衮正带领贝勒大臣跪在台阶下等候皇太极登基。

众贝勒终于心悦诚服称臣了。为了这个目的，他花费了多少心血和手段，这比征战异族还要困难。征讨异族，凭武力，凭计谋，不需要克服亲情良心的障碍。但是运用卑鄙手段，为自己的亲骨肉罗织罪名，寻找莫须有的证据然后杀害他们，这却是很难的事。那些日子，他经常做噩梦，梦见富查氏披头散发向他索要她儿女的命，还梦见阿巴亥眼睛流血站在他的炕头。每逢这种时候，只有哲哲能安慰他抚慰他。蒙古大喇嘛说，哲哲有佛相，有她在身旁，任何恶鬼不敢近身。确实是这样，只有在清宁宫，他才能够不做噩梦，到其他宫中过夜，他总会被噩梦惊醒。

这几年，他成功地整肃了内部，把那些心怀不满的异己分子富查氏的儿女阿达、莽古尔泰、德格类等人皆以谋反罪处置，刚柔并举制服代善，内部已经是铁板一块，清一色的自己人。他此时不称帝还待几时？

多尔衮正率领着众贝勒向他行礼。皇太极赞叹地瞥了一下多尔衮，继续缓步登上台阶。

多尔衮是促成他登基的积极力量。哲哲几次召见多尔衮，在几次商讨之后，他开始为皇太极登基制造舆论和做准备工作。

皇太极赞赏地看着跪在地上的多尔衮。又上了一级台阶。

多尔衮找到礼部总管萨哈廉，两人商量了具体办法。多尔衮和萨哈廉召集八大贝勒商议尊皇太极为帝。

于是众人让宏文院希福、刚林代表大家上奏说：

“孔、耿、尚三将既归，蒙古察哈尔国又附，边外诸国俱属一统，请上尊号。汗或以为未见天意，何可辄受大名，倘蒙天佑，得有四海，大业告成，受之未晚。然今察哈尔汗天子举国皆附,有得历代帝王相争之玉玺,是上天默助,可概见矣,当应天意,以正大名。"

皇太极并不立刻接受。欲受之,先与之。范文程经常讲这句话,说这是汉人官员们故作姿态的常见办法。这种做法实在太聪明啦!皇太极心里赞叹着。满洲人的心眼直得像一根竹子不会拐弯,哪能搞出这种花样?想要就公开说要,不想要就不要。现在与汉人接触多了,才知道汉人的花样多,叫人费思量。是啊,只有这样,才能完全控制那些仗恃自己是宗室功臣的贝勒大臣。

皇太极脸色凝重地坚辞,像上一次做大汗一样,说:"朕感谢大家的好意,只是称帝容易治理难,称帝以后,还得依靠八旗子弟和满蒙汉大臣治理国家。大家若能修身养性,与朕同心同德共治国家,朕才敢答应下来。否则,朕是宁死不敢相从。"

多尔衮向贝勒大臣转达完这番话,提议说:"大汗称帝,这是我们全满洲的大事,是完成先汗遗志的大举。我们作为先汗的子弟,都希望这件大事早日实现,以打入关内坐天下。我看还是我们先盟誓明志,以表明我们的诚意,催促大汗早下决心。"

多尔衮派刚林和希福再上奏,奏表说:

"汗不称大名,实皆我辈之过耳。我辈不能修身为国,忠信未孚,又不能奋志前图,以佐国政,唯是勉强劝进,所以不肯轻受。且凡我贝勒,皆自以为忠心矣,彼莽古尔泰、德格类二贝勒,又何以逆上而作乱耶。今众贝勒各诚心盟誓,各修其身,愿汗立受大名,则君臣之分自定矣。"

皇太极见奏,传达众贝勒:

"果尔修身盟誓,汗自当受大名也。今玉玺既得,各国皆顺,莫非天意,不识天之默助而不受大名,恐天或外我矣。"

皇太极看过贝勒写的效忠信后指示说:"以前的事情都已过去,不必写'从前无过',从前谁人无过呢?有过也已经过去,只要写'今后务忠信执身'就行了。"

不久,朝鲜也派使臣来盛京上表劝说。

在各方势力的轮番劝说下,皇太极想:是时候了,是改元称帝的时候了。称帝之后,可以名正言顺入关,代替朱明坐江山,让这个排斥异族的国家发生新变化,让这个古老然而太衰老的中国有个新面貌。

正月初一那天,盛京皇宫,从清宁宫到大政殿,到处张灯结彩,鼓乐齐鸣。庆新年辞旧迎新大礼热热闹闹。东方刚刚放亮,朝霞满天。同努尔哈赤时代一样,大汗率领贝勒贝子大臣宗室队伍列阵列仗开出抚近门,到先帝先后家庙去拜帝后谒堂子拜天地。然后再返回皇宫拜祖拜神。

拜神仪式在清宁宫。清宁宫西墙正中设置一个巨大的紫檀木神龛,北墙下设置一个紫檀木神龛,青砖墁地的院子中间,竖着紫檀木索罗神杆,索罗杆的顶部有一个圆形斗,里面撒着五谷粮食。

侍卫准备好祭祀用酒和年糕。元旦祭堂子后回到清宁宫的祭祀采用萨满教的磕头祭方式。这是萨满教中和"使唤猪祭"并存的一种小型祭祀,不杀猪不献牲,不请萨满,只焚香磕头贡献年糕和黄酒白酒。家祭之后,皇太极再上殿,举行大庆宴会。

多尔衮真是个难得的人才。他只用了三个多月,便把这一切安排得妥妥帖帖。难得他既忠心又能干,这是朕的福分,将来一定要好好重用他。

皇太极终于登上大政殿。

礼部礼赞官高声唱喝:“全体起立进殿!”

皇太极登上龙椅,礼赞官高喊:“皇帝升座!”全体贝勒大臣又伏身行三跪九叩礼。

“对天宣读祝文!”礼赞官高声唱喝。

皇太极走下龙椅,率领贝勒、大臣、蒙汉官员,对大正殿殿前的索罗杆跪下,高声宣读祝文。皇太极浑厚浓重的声音在大正殿上空回荡:“朕于本年4月11日,即皇帝位,建国号清,建元崇德!”皇太极和百官静静地伫立着,深情地注视着迎风飘荡的黄龙旗,眼睛涌出热泪。他任热泪流到脸颊,并不擦拭。

皇太极回到金椅上坐下。

“上玺!”礼赞官唱。

左班多尔衮和硕贝勒及科尔沁土谢图支农恭谨地捧着金宝,右班和硕贝勒岳托及蒙古额哲恭谨地捧着玉玺,缓慢地走上大政殿,献到皇太极手上。

“宣读表文!”

礼仪官萨哈廉朗朗宣读:“尊皇太极大汗为大清国皇帝,尊号宽温仁圣皇帝!建国号曰大清,改元崇德!”

“各上贺表!”礼赞官高声唱喝。

礼赞官高唱:“宽温仁圣皇帝分封!”

皇太极分封了亲王。

大礼之后,在大政殿前广场上举行摔跤。

侍卫在丹墀之上放置大椅,太宗皇帝皇太极神采飞扬,在亲王贝勒大臣侍卫的簇拥下,来到殿外观看。

鲜红的地毯上,摔跤手穿着摔跤的服装,一个个虎视眈眈,架着胳膊侧着身子横行,寻找进攻的机会。

正黄旗年轻的摔跤手像个黑铁塔,一连撂倒几个之后,皇太极禁不住询问身旁的多尔衮:“这是谁?”

多尔衮悄悄说:“这是镶黄旗费英东的侄子鳌拜章京,有名的摔跤手和大力士。”

摔跤场上,鳌拜几乎摔倒所有的满洲八旗摔跤手。蒙古八旗的摔跤手上场,皇太极命令贴身侍卫阿尔萨兰上场:“去摔倒所有的蒙古摔鼓手。”

他匆匆换上衣服跑下丹墀,大吼一声:“摔跤冠军来也!”他虎虎生威地以摔跤步伐蹦跳着上了红地毯。

突然,阿尔萨兰大叫一声,迅雷不及掩耳,一个饿虎扑食,抓住对手的腰带,把对手扛起来,撂口袋似的从背后摔了下去。动作干净快捷利落。场上响起叫好声。

在旁边观看的鳌拜有些按捺不住。他走到丹墀前跪下请求说:“请求皇帝陛下恩准,让奴才和冠军比试比试。”

皇太极仰天大笑着说:“这下有好戏看了。去吧,朕准奏。”

鳌拜蹦跳着上了红地毯,来到阿尔萨兰面前,他围着阿尔萨兰转着,只是找不到下手的机会。鳌拜把全身力气都压在双臂上,希望以泰山压顶之力逼迫对手慢慢倒下。阿尔萨兰却稳稳架着对手的双臂,脚下暗暗使力。突然,他双腿用力一蹬,全身压向鳌拜。把全部注意力灌注在双臂上的鳌拜心说不好,急忙把重心移到双腿。尽管他反应灵敏,但是脚下还是松动了一些,差一点被阿尔萨兰拱倒。鳌拜立即调整了身体,把身体重心压了下去,头深深低下去。鳌拜突然发力,把头拱到对手的小腹上,扭转身体,肩头扛到阿尔萨兰的腹部,一下子把阿尔萨兰扛得脚下趔趄。阿尔萨兰急忙调整身体,放开双臂,蹦跳着离开鳌拜的纠缠,重新寻找机会。转了几圈,火暴性子的鳌拜忍耐不住,大吼一声扑了上来。阿尔萨兰却不迎战,蹦跳到一边,避开鳌拜的正面进攻。鳌拜又大叫着扑过来,阿尔萨兰及时跳到一边。阿尔萨兰只是沉着闪避,冷静观看。突然,阿尔萨兰把头一低,猛地钻进鳌拜的胯下,发出猛狮般低沉的咆哮,全身力量集中在腿上,用肩头慢慢把鳌拜扛了起来。阿尔萨兰把鳌拜扛在肩头,慢慢站立起来,把肩上的鳌拜旋转起来。鳌拜愤怒地发出低沉绝望的咆哮。阿尔萨兰把鳌拜慢慢旋转了几圈,又慢慢地放了下来。

全场一片喝彩声。鳌拜满脸通红。

皇太极命令奖赏冠军阿尔萨兰和全部参加比赛的摔跤手,独有鳌拜负气早早退场,没有拿到赏钱。皇太极对多尔衮说:“镶黄旗那个20岁后生性子太急,他输在他的火暴脾气上。好好磨炼磨炼是个有用之才。提升他为御前侍卫长。”

多尔衮传令。

十二　册封五宫

海兰珠的得宠,确实进一步巩固了哲哲和布木布太的原有地位。在崇德元年(1636年)七月,皇太极册封的五宫后妃中,哲哲、海兰珠与布木布太姑侄3人,竟占据了其中的三宫。

皇太极自即汗位以来,伴随政治、经济以及统一东北及内蒙古事业的发展,对盛京皇宫(今沈阳故宫)也大肆扩建。他在先汗努尔哈赤创建的大政殿(即笃恭殿)与十王亭基础上,继续在其西部,即原建王府的基址上扩建大内宫阙,形成今日沈阳故宫的中路建筑。

天聪十年(1636年)四月十一日,皇太极在满洲诸贝勒、蒙古16部49贝勒,以及汉族将领一再劝进下,祭告天地,受宽温仁圣皇帝尊号,建国号称大清,从下月起改元为崇德元年。翌日,在新建之太庙安设先祖、先父考妣神位,亲往祭祀,并以已故功臣费英东、额亦都配享。又以上尊号及建太庙礼成,接受诸臣庆贺,颁诏大赦天下。

凤凰楼是后宫的大门。它是建在人工堆砌的近四米高台上的,三层单檐黄琉璃瓦绿剪边式建筑,为整个宫殿区的制高点。穿过凤凰楼底层中门,便进入高台上的后妃生活区,内有清宁宫及四大配宫,统称“台上五宫”。台下砌有高墙围绕,墙下为更道。夜间有禁卫军巡更守夜。

册封五宫后妃名号仪式,于崇德元年(1636年)七月初十吉日,在崇政殿隆重举行。诸和硕亲王、多罗郡王、多罗贝勒、固山贝子、文武各官齐集崇政殿，依次排列。皇帝在悠扬的乐曲声中入殿升座。文馆官员奏报，封赠国君福晋册文、王玺、仪仗备齐。皇帝降旨，命进行封赠。于是，由二人执节前引，二人手捧封册与玉玺跟随，后有数人各携仪仗，一行人在欢快的鼓乐伴奏下来到清宁宫前。国君福晋及众福晋站立宫前等候。文官取封册、玉玺陈列东侧案上，面向西立，手捧满蒙汉三体册文，高声宣读："奉天承运宽温仁圣汗制曰：既有天地受命之汗主持一代之治，则必命匹配心腹亲近福晋，赞襄朝政，坐立成双，同立功德，共享富贵，此乃亘古之制。信守三纲五常，系古圣汗所定大典。今我正大位，当仿古圣汗所定之大典。蒙天佑得遇之福晋，系蒙古科尔沁部博尔济吉特氏哲哲，特赐你册宝，位出诸福晋之上，命为清宁宫中宫国君福晋。你务以清廉端庄仁孝谦恭之义训诲诸福晋，更以你贤德之训，使天下妇人效法。勿违我之至意。"册文读毕，该文官将封册授予女官，另一文官捧玉玺授予另一女官，二女官跪受后，奉献于国君福晋。国君福晋也一一跪受，转授西侧侍立之女官。女官亦跪受，陈列于正中前面所设之黄帷案上。然后将象征权力的仪仗，排列在国君福晋面前。仪仗排列完毕，国君福晋即入座金椅上。

册封国君福晋典礼毕，诸文官仍在执节人导引下，回崇政殿跪奏："册封国君福晋典礼完毕"。皇帝又降旨，命封四位福晋。于是，各文官齐举封册，仍命二人执节前引，至清宁宫前，将封册逐一陈列案上。然后，由一文官将封东宫大福晋的满蒙汉三体册文高声宣读："奉天承运宽温仁圣汗制曰：既有天地受命之汗主持一代之治，则必有天赐福晋赞襄于侧。汗御极后，定诸福晋之名号，乃古圣贤所定之大典。今我正大位，当仿古圣贤所定之大典。我所遇福晋，系蒙古科尔沁部博尔济吉特氏海兰珠，特赐你册文，命为东宫关雎宫大福晋宸妃。你务尽清廉端庄仁孝谦恭之义，谨遵国君福晋训诲，勿违我之至意。"宣读官读毕，手捧封册授予女官。女官跪受后，奉献于东宫大福晋宸妃海兰珠。宸妃跪接，转授侧立之女官。女官也跪接，陈列于前设之案上。

册封东宫大福晋宸妃典礼完毕，继续举行册封西宫大福晋、次东宫福晋及次西宫福晋的典礼。其仪式程序及册文内容与册封东宫大福晋宸妃的完全相同，只是册文内的宫名、称号与人名有别。西宫麟趾宫大福晋贵妃，系蒙古阿霸垓部博尔济吉特氏娜木钟，即天聪九年嫁给皇太极的林丹汗遗孀囊囊太后；次东宫衍庆宫福晋淑妃，系蒙古阿霸垓部塔布囊阿巴盖博第楚虎尔之女巴特玛·璪，即天聪八年嫁给皇太极的林丹汗遗孀窦土门福晋；次西宫永福宫福晋庄妃，系蒙古科尔沁部博尔济吉特氏布木布太，即本书主人公，后来成为孝庄太后。

册封四位福晋典礼完毕，国君福晋还要率二大福晋、二侧福晋，亲到皇帝面前谢恩。诸固伦公主、和硕福晋、多罗福晋、主要大臣之妻等随后陪同。一行人出清宁宫至崇政殿，按次序排班完毕，在赞礼官赞叩号令提示下，一齐向崇德帝行六拜三叩头礼。福晋等向皇帝谢恩礼毕，国君福晋入清宁宫前黄幄内坐，二大福晋、二侧福晋复率固伦公主、和硕福晋、多罗福晋、主要大臣之妻，向国君福晋行六拜三叩头礼。然后固伦公主、和硕福晋、多罗福晋，率大臣之妻向二大福晋、二侧福晋，行四拜二叩头礼。二大福晋、二侧福晋，互行二拜一叩头礼，以表示庆贺。

福晋等叩拜礼毕，诸和硕亲王、多罗郡王率文武各官，以封国君福晋，进满字贺表；固伦额驸额哲，率蒙古诸大臣，进蒙古字贺表；昂邦章京石廷柱，率诸汉员，进汉字贺表。他们都在宣读表文之后，向崇德帝行三跪九叩头礼。毕成，设大宴庆贺。

册封后妃名号，举行繁琐的典礼仪式，是为了在后妃中建立严格的等级制度。五宫后妃之间有差别，而五宫后妃地位又远远高于其他一切妃子，包括元妃、继妃、侧妃、庶妃等。从他们各自的住处，即可看出差别。

清宁宫门前庭院南端，竖有一根下方上圆、用红漆髹成的“索罗杆”。杆底镶有石座，杆顶安有锡斗。每当祭神杀牲之后，要将猪下水等切碎，或将碎米等放在锡斗内，以饲乌雀、乌鸦等，谓之祭天。皇后哲哲作为清宁宫及整个后宫之主，凡在这里举行的祭神、祭天、接待亲友等活动，她都直接参与主持。

东宫宸妃海兰珠的寝宫关雎宫、西宫贵妃娜木钟的寝宫麟趾宫、次东宫淑妃巴特玛·璪的寝宫衍庆宫、次西宫庄妃布木布太的寝宫永福宫，分列列于清宁宫前的东西两庑。由于四妃同处贵宠地位，因此四大配宫在建筑标准上与清宁宫相近，皆为五间硬山式建筑，琉璃彩顶。唯在房屋的举架、进深规模的大小方面可以看出其地位、等级的差别。如东、西宫的规模仅次于清宁宫，而次东宫与次西宫又小于东、西二宫。至于清宁宫以北东西两侧的两配宫，因系无名号妃子居住，无论规模、举架、进深等均小，仅为三间硬山式建筑。

五宫后妃受封之后，其家属也都分别得到封赏。如中宫皇后哲哲之父莽古斯已故，追封和硕福亲王，按时派人致祭，并在墓前立碑，其母封福妃。永福宫庄妃布木布太之父寨桑已故，被追封为和硕忠亲王，母封贤妃；长兄吴克善，封卓里克图亲王；四兄满珠习礼封扎萨克多罗巴图鲁郡王。

后妃本身地位的高低，不仅造成居住场所的差异，又在很大程度上影响以至决定他们所生子女的地位和命运。五宫后妃所生儿子有权继承帝位，而其他妃子所生之子则不能。

皇太极所封五宫后妃，有一突出特点，即一后四妃皆出自蒙古。这并不意味满族中竟无天生丽质堪受封赏的女人，而是反映大清国把巩固满蒙联盟放在了最重要的位置。皇太极为了能与强大的明朝抗衡，必须首先巩固在东北及内蒙古地区的统治。在内蒙古各部中，察哈尔部被削弱，科尔沁部则日益强大，已经成为各部的首领与盟主。在劝进皇太极即帝位称尊号时，手捧蒙古字表文的便是科尔沁部土谢图济农巴达礼。只要得到科尔沁部的坚决支持，大清在内蒙古及东北的统治便可无虑。而将三名科尔沁姑娘封为一后二妃，必将达到巩固满蒙联盟，尤其是巩固与科尔沁联盟的目的。至于将林丹汗的两名遗孀封为西宫贵妃及次东宫淑妃，也颇有深意。因为林丹汗是元太祖成吉思汗的直系后裔，在蒙古族中很有影响。林丹汗死后，察哈尔倾国来投。皇太极不仅得到传国玉玺，而且将林丹汗之子额哲招为额驸，将其两位大福晋纳为皇妃。

十三　姐妹争宠

关雎宫宫主宸妃此时正躺在起居间的炕上。一头乌黑的头发高高松松地挽在头顶。7月，骄阳如火，但是这进深极深的房却很凉爽。宸妃海兰珠侧着身，不错眼珠地望着身旁锦缎襁褓中的一个小小婴孩。刚刚落地一天的他还不会睁眼观看这世界。

小婴孩乌黑的头发顺溜地耷拉在饱满的额头上，下颏方正，小脸颊丰满红润，嘴角上挂着一股白色的乳汁，这是刚刚吃奶留下的痕迹。海兰珠用手帕轻轻地小心地替他擦去，动作极其轻柔，生怕弄破他那似乎透明的皮肤。海兰珠轻轻拿起婴儿的小手，她十分惊异，那手那么小，小的手掌和10个小指头粉红透着亮光。海兰珠轻轻地小心翼翼地用嘴亲吻了一下，生怕弄破弄断它们。海兰珠幸福地微笑着，染着红晕的脸光彩灿烂辉煌，罩在一片光辉之中。她的眼睛几乎离不开那婴儿。

这是她和心爱的皇帝爷的儿子。皇帝爷经常在她耳边悄悄地说："爱妃，给朕生个像你一样漂亮的儿子。朕把最好的东西给他。"可是她并没有很快怀上。哲哲虽然有些失望，却一直努力找喇嘛萨满给她治疗。哲哲盼她生男孩比她自己还热切。

使女进来通报："皇后娘娘前来探望宸主子。"

海兰珠急忙坐起来命使女扶她下地跪接皇后娘娘："你躺着吧，月子里下地早了脚后跟疼。"她伏身去看婴儿，用手指轻轻地触了触他的小脸。

哲哲侧身在炕沿上坐下，握住海兰珠的手，轻轻抚摸着，由衷高兴的微笑挂在嘴角眉梢。她终于盼到这一天，盼到博尔济吉特氏妃子生了皇子。为这个目的，她花了多少心血。在布木布太身上，现在在海兰珠身上。这个皇子关系着清宫里博尔济吉特氏女人的荣辱昌盛。

哲哲询问海兰珠的身体，嘱咐她好好调养，月子里注意的是营养。"我已经派总管去告诉御厨，每天为你再加一个燕窝炖银耳，给奶妈也加了一个。让他们从蒙古乌珠沁草原取新鲜奶子来给你喝。"

海兰珠感激地说："难为娘娘想得这样周到。我说今天的奶子这样鲜美好喝，敢情是我们蒙古草原最好的奶牛啊！"

哲哲又伏身看看婴儿，希望他睁开眼睛看看。可是他只管睡觉，还是不理睬这个关心他的皇后娘娘。

哲哲稍微提高声音朝门外说："拿进来。"两个宫女捧着黑漆描金凤的盘子进来，盘子上铺着黄锦缎，上面放着几支硕大的山参和鹿茸。宫女把它们放到炕桌上。哲哲说："这是呼尔哈部刚刚进贡的长白山野山参，据说有500年历史。这是朝鲜进贡的极品高丽鹿茸，你用它补补身子。"

海兰珠谢过哲哲。哲哲特别叮嘱说："看好你的儿子，这可是皇帝爷的命根子，为了等他出世，皇帝爷这一年都没有安排战事。他正在崇政殿与宏文馆大学士们商议大赦天下来庆祝呢。千万不要让其他人随便接近这小阿哥，凡是来探望的福晋都必须由我批准。"海兰珠点点头。哲哲叫来关雎宫宫女领班，厉声吩咐了一番。

哲哲起身回清宁宫去。

外面传来杂沓的脚步声，使女慌慌张张进来报告："皇帝爷驾到！"外间贵人和宫女等人纷纷跪下。

海兰珠起身坐了起来，一只脚伸到炕下准备下地。皇帝皇太极已经大步跨进暖阁,一下抱住海兰珠,又把她轻轻地放到炕上,喜笑颜开,说:“不必起身,不必起身。哲哲说坐月子不能下地。下地脚后跟疼。”

听到征战南北马上打天下的皇太极说出这般婆婆妈妈的话,海兰珠禁不住笑起来。

海兰珠很感动。她知道皇太极登基之后国家大事更繁忙。这样忙碌的政务中,他亲自来探望,又这般嘘寒问暖,海兰珠觉得自己幸福极了。

皇太极伏下身子去看婴儿。婴儿还在睡着,不时翻动着手脚。

皇太极虽然已经是 7 个儿子 8 个女儿的父亲,长子豪哥已经 28 岁,但是他却从来没有这么关心这么近地去注视过刚生下的婴孩。那些孩子诞生时,他不是在蒙古草原,就是在山林里,不是在马背上,就是在帐篷里。

海兰珠笑着说:“他尿了。要换尿布了。奶妈!”她朝屋外喊。

“抱过去换尿布吧!”海兰珠说。奶妈正要抱起婴孩到北炕上换尿布,皇太极却摆摆手:“就在这里换。”他好奇地想亲眼看看这小八阿哥的样子。

奶妈解开襁褓。婴儿不再啼哭,睁开小眼睛骨碌碌地四下转动,左右摆动着头,好像在寻找什么。皇太极饶有兴趣地低头看着小婴孩,用指头轻轻地触着婴儿的小脸蛋。皇太极高兴地说:“他看见我了。”

海兰珠笑着说:“他现在看不见人的。”皇太极有些失望,但是他马上发现粉团似的婴儿小腿之间那形状像一只小鸟的小肉柱正轻轻摆动。小婴儿似乎受了惊扰,又扯起喉咙清脆有规律地啼了起来。奶妈急忙把干尿布垫上,抱起来到一边去喂奶。婴儿的哭声马上停住。

皇太极笑着说:“这小东西!真好玩!真不可思议!”

海兰珠坐起来把头靠在皇太极的怀里,关切地问:“皇帝爷忙什么呢?”

皇太极亲了亲海兰珠的额头,说:“朕刚才正在草拟大赦天下的诏书,为庆祝皇储的诞生。我已经和大学士刚林拟好诏书,你听,是这么写的:今蒙天眷,关雎宫宸妃诞育皇嗣,故大赦天下,凡一切有罪服刑之人,皆获释放减刑,咸被恩泽。你看,朕让天下都和朕一样高兴。这也是让天下人感念朕的一点表示。”

海兰珠感激得不知说什么好,只是连连亲吻着皇太极的手。

布木布太备了一份礼物前来探视海兰珠,海兰珠生个儿子,她也很高兴。

“布木布太给姐请安!”布木布太自己掀起门帘,说着走了进来。

布木布太好像才发现坐在炕沿上的皇太极似的,急忙告罪跪下:“布木布太给皇上请安!”

皇太极笑着说:“起身吧!来探望你姐?”

布木布太退到一边,非常恭谨地低着头,轻轻回答说:“奴婢挂念宸妃,特来探望。”

皇太极笑了,说:“小姑娘好像变了一个人,咋变得这样文静恭谨了?那顽皮模样哪里去了?”

布木布太稍稍撅起嘴,说:“皇上不是早就不喜欢小姑娘,嫌小姑娘不懂事嘛。小姑娘现在已经懂事了。”

皇太极感兴趣地说:“是吗?朕听听怎么懂事啦。”

海兰珠笑着拉过布木布太，说："她来看我，就是懂事。妹子坐下吧！"

布木布太怯生生望望皇太极，大眼睛幽怨哀怜。皇太极心里充满同情：可怜见的，有些日子没去永福宫了。新纳的衍庆宫不能不去。

海兰珠笑着说："妹子的图亚已经两岁了吧？"

布木布太急忙说："可不是，时间过得真快，一转眼都两年了。图亚已经两岁了。"

原来哲哲有个规定：福晋怀上孩子直到孩子两岁的这一段时间，禁止皇帝幸临。

皇太极点点头，心说：今天可以去她那里。长久不去，心生怨谤的后妃难免惹是生非，让后宫不安宁。

皇太极说："明天大政殿举行庆祝皇嗣诞育国宴。让我们好好热闹热闹庆祝庆祝。晚上去永福宫你那里。"

"你说，元朝灭亡的原因是不是因为没有学习汉人的文化？"布木布太抬起头问苏嘛拉。

聪明的苏嘛拉调皮地微笑着说："奴婢想不明白，正想听听布主子的高见呢。"苏嘛拉知道，布木布太这么一发问，就是对问题有了自己的看法想发表。

布木布太也笑了："小蹄子现在学乖了，不急于说自己的看法了。"

苏嘛拉说："那时没长大，仗着主子喜欢，就无所顾忌胡说八道。现在越来越懂得主子的聪明。听主子话才能长聪明。蒙古俗话说：听人说，智慧多嘛。"

布木布太朗朗笑了起来，苏嘛拉的话让她心情舒畅了许多。布木布太说："我认为它失败在于元朝皇帝没有笼络住汉人。你想，汉人那么多，他们要是不和你一心，像先大汗在世那样，汉人这里放毒，那里起义，这里暗杀蒙古人，那里暗杀满洲人，你的江山哪能坐得稳？"

"依主子之见该如何作才好呢？"苏嘛拉问。

"我觉得皇上挺英明，他重用那些投降的汉将，像孔有德、耿仲明、尚可喜全都封王，又把汉兵从满洲八旗中分出来专门组建起汉人绿营八旗兵。这些做法使那些能干的汉官一心一意服从皇帝，为大清国出力。皇上对辽东辽西的汉人，也不再严加防范，而是分给他们土地，让他们能安心事农桑。这样就能恢复辽东辽西的富庶。过去，辽东辽西三江平原很富足，你看，书上有首诗。"

"这些年，辽地荒芜了。"苏嘛拉叹口气，说。苏嘛拉又叹息了一下，急忙看看主子的脸色，住了口，不敢多说。

"是啊！"布木布太不在意，接着说："得天下，还要会坐天下。我们大清国将来打入关内到北京坐天下，可不要像元朝那样，几十年光景就让一个小和尚推翻江山。"

苏嘛拉笑着说："小和尚的天下看来是大清的了。"

布木布太沉思说："世间的事情好奇怪，好像是风水轮流转似的，也不知转到谁家。你看，皇上来了几次，就又转走了。"

苏嘛拉笑着说："布主子的脑子转得真快，从历史一下子转到眼前。皇上这几个月到囊囊那里去。听班布喇嘛说，囊囊修过欢喜功。凡是修过欢喜功的女人都能吸引住男人。”

“哦？什么叫欢喜功？”布木布太问。苏嘛拉脸一红，说：“具体细节我不懂，好像是男女之间的事。”布木布太不好再问下去。

苏嘛拉说：“班布喇嘛有一本书，叫我给布主子看。这本书，是蒙古人中流传的。他让你好好学习。喇嘛们都会，必要时他可教你。”

庄妃打开一看，首先看到一尊佛像。这佛像她好像在哪里见过。她翻了一下，脸红心跳起来，里面有许多男女交欢的画图。她看看蒙文说明，那尊佛像叫欢喜佛。

欢喜佛？她想起当年出嫁时母亲给她放在箱底的那尊小佛。

布木布太合起来，不敢往下看。她急忙命苏嘛拉找出她的陪嫁首饰箱。布木布太翻出那尊佛像，对照书上的说明，认真地读了起来。

原来还有这样的书，这就是欢喜功。她合上书，出神地想。原来男女之间还有这么多的学问。囊囊在林丹汗那里，自然知道这些事情。

自己是不是要试一试呢？布木布太耳热心跳。和苏嘛拉商量商量？不行，她没有结婚，当然什么也不懂。找谁商量呢？哲哲？不行。海兰珠？更不行。她已经受宠，知道这种男欢女爱的事不是更如虎添翼了吗？那木其？对，找那木其。宣她进宫来一次。

布木布太对苏嘛拉说：“你去找班布喇嘛，让他去给睿亲王福晋那木其看病，同时转告那木其，让她下午来看看我。”

苏嘛拉说：“班布喇嘛到寺院里去，还没有回来。我去替布主子叫那木其。”

布木布太说：“那也好，你骑马快去快回。”

一个时辰不到，苏嘛拉就返了回来。她说：“那木其福晋一会就到。睿王爷带兵入关，走了几个月，她正闷得慌，又不敢不经召唤自行入宫。有了这入宫号牌，她当即备轿进宫。只是轿子没有我骑马快。”

说话间，门外传来那木其的说话声：“报告庄妃，睿亲王福晋来给庄妃请安。”

随着声音，门帘一挑，那木其打扮得齐头整脸地走了进来。那木其正要跪下问安，布木布太一把扶住她，说：“我们自家姊妹，不必行那种大礼。”那木其曲曲腿问安。

苏嘛拉拿出瓜子榛子花生核桃，摆在炕桌上，自己拿着绣花活计到外屋去做。

布木布太让那木其坐到炕上，把那本书拿出来递给她，说：“你看看。”那木其接过，翻了一下，说：“你过去没有读过？”

布木布太好奇地反问：“你读过？”那木其脸一红，说：“不仅读过，还照着做过。”布木布太大吃一惊：“和睿亲王？”

那木其不好意思地说：“那还能和谁？”

“谁给你的书？”

“早年间睿亲王征察哈尔，林丹汗的亲兵们交出林丹汗的契书账册名册一类东西时在里面发现这么本画着赤裸男女的书，他就带回来和我一起翻看。有时，我们按捺不住就模仿着做。”那木其红着脸坦然地说着。

“哦，是这样。看来只有我像个傻瓜似的，从不知道这是什么。”布木布太苦笑着说。她又问:“修这有什么用?”

那木其笑了:“修这欢喜功,男人可以媚内,女人可以媚外。男女一起修,即可以欢娱夫妻生活,又可以采阳补阴采阴补阳,长生不老。”

布木布太不大相信,抬起满是疑问的眼睛望着那木其:“有这么神?你这是听谁说的?瞎说吧?”

那木其说:“班布喇嘛说过,睿王爷请了个炼丹的汉人道士,他也这么说。”

“炼丹?睿王爷还相信汉人炼丹?”

那木其说:“睿王爷其实不大相信,只是我相信。你知道我身体不好,病急乱投医罢了。”

布木布太说:“你千万不要胡乱吃那些东西,那些汉人道士不可靠的。早年间,就有汉人假装道士进来暗害先大汗。”

那木其说:“我知道。我只是请他看过一次病,现在都是吃班布喇嘛的蒙药。”

布木布太点头说:“这我就放心了。”她想了一会,不大好意思地问:“你说,我练……”她没接着说下去。

那木其说:“你当然可以练一练,练会那上面的各种功法,皇上他会天天幸临永福宫。”

布木布太点点头。这是她衷心的愿望。

那木其说:“亲兵回来报告说,睿亲王九月初四出发,九月二十八日和豪哥从青山关入明境。十月初四与右翼岳托、杜度在通州会合,如今围明军督师卢象升于北京城郊巨鹿。用不了一个月,明军就会粮尽弹绝投降。这一战,能取城三四十座,人畜二三十万,银两有一百多万呢。那是关内富庶之地。”那木其滔滔不绝地说。

布木布太忍不住笑了起来:“看那木其姐姐,快成军事家了。”那木其叹口气说:“我这是太想睿亲王九阿哥的缘故。想他,就关心他打仗的情况。其实,我哪知道什么通州什么巨鹿啊!”布木布太亲热地握住她的手,喃喃地说:“难为你了,难为你了。皇上有睿亲王这样的好兄弟,大清国才能兴旺。”

俗话说“好事成双”。海兰珠生了八阿哥之后布木布太也怀了孕。

正月,皇宫里喜庆不断。

蒙古宫女好奇而且注意地谛听着。

正月的寒夜,元宵节刚过,盛京街道上的灯笼还亮着。盛京皇宫高大巍峨的凤凰门后的五宫院里,又一次响起婴儿落地的啼哭。永福宫的暖阁里传出的这清脆响亮的婴儿啼哭,惊醒了关睢宫正在熟睡的一岁多的八阿哥,他揉着惺忪的眼睛,口齿不清地问:“额娘,谁哭?”海兰珠拍着他,说:“九阿哥,你的小弟弟,以后有人和你玩耍了。”睡在暖炕外侧的皇太极睡眼蒙眬咕噜着问了一句:“谁生了?”便车转身子又入睡了,他实在太困倦。

海兰珠却睡不着。她起身,披上貂皮大氅,正要下地,皇太极结实有力的双臂紧紧抱住她,含糊不清地说:“你到哪里?天这么冷。”

海兰珠低下头轻轻地亲了皇太极一下,说:“我去看看庄妃,她生了。”

皇太极用力把她扳倒在枕头上,说:“天这么冷,你会受风寒生病的。明天再去。”

海兰珠只好听话地脱去衣服，钻进热乎乎的被窝。皇太极一把抱住了她，把她丰腴细滑温热的身体搂进自己结实的怀抱。他打破了哲哲定下的皇宫规矩，在八阿哥还不到两岁就幸临关雎宫。

永福宫里宫女提着灯笼出出进进，宫中接生婆喜笑颜开扎煞着手走出永福宫。正宫哲哲的贴身使女站在廊檐下向她招手。接生婆急忙走过去。宫女问："皇后娘娘想知道，庄妃生的是男还是女?"接生婆笑着说："回姑娘，是带把把的。"宫女一笑，转身回宫里回复皇后。

哲哲没有入睡。她斜靠在锦缎靠枕上，随意翻看历史书。

宫女进来报告。听完之后，哲哲坐了起来，宫女上前给她披上貂皮大氅，把火盆里的炭火拢得更旺一些。哲哲望着通红的炭火出神。

要防范。她想。

苏嘛拉端来冒热气的乌鸡炖燕窝参汤，布木布太喝着喝着，她突然心情烦乱起来。"晚了。"她抬起头望着有些黯淡的火盆，似乎是自言自语。

"晚了一步。"布木布太又自言自语地说，眼睛还是望着火盆。

苏嘛拉有些不大明白，疑惑地望着布木布太。

布木布太收回目光，喝完手中的参汤。

布木布太又抱起婴儿，准备给他喂奶。苏嘛拉要喊奶妈，奶妈是八阿哥奶妈的妹子，辽东汉人，刚刚生了孩子，被介绍进来。布木布太说："让我自己喂几天。老人说，吃谁的奶像谁，我怕他以后不像我。"

苏嘛拉轻柔地反驳说："怎么会呢？谁生的像谁。布主子的儿子自然像主子你，哪能像奶妈?"

布木布太说："反正这儿子我要亲自喂养，直到我的奶水不够吃为止。"

苏嘛拉不再争辩，站在旁边等着。

小婴儿的小嘴拱进布木布太的怀里，一下子就衔住了奶头，舌头紧紧裹住奶头拼命吮吸起来。布木布太眉头皱成一团，嘴里发出轻轻呻吟。苏嘛拉急忙凑过来问："主子，怎么了？哪里不舒服?"

布木布太刮了苏嘛拉的鼻子一下，说："小蹄子，这你就不懂了。这是婴儿吮吸时既痛又心里高兴的那种麻酥酥的感觉。要想体验这种美妙感觉，赶快结婚生个孩子。"

苏嘛拉脸一红，撅起嘴，不高兴地嘟囔着："主子又拿奴婢开心，主子知道奴婢今生今世不结婚，奴婢要侍候主子一辈子。"

布木布太急忙安慰说："好，好，别生气。不结婚就不结婚吧，我随便说说。"她爱怜地摸了摸她的手，诚心诚意地说："难得你这么忠心于我，我也真舍不得你走。你走了，我都不知道怎么办。以后你就是我的亲妹子，在没有外人的时候，你别自称奴婢。这称呼真难听。我不爱听。"

苏嘛拉又高兴起来，笑着说："那我怎么称呼呢？叫姐主子？我自称苏妹子？行吗?"

"行，就这样称呼。"布木布太说着突然轻轻喊了一声："哎吆！"脸一下子皱了起来。

"怎么了？布主子？"苏嘛拉关切地问。

"小东西咬了我一下。"布木布太亲着怀里的婴儿，又问："二丫头三丫头好吧？"

苏嘛拉说："很好。奶妈们带着，主子就放宽心坐月子吧！"

苏嘛拉熟练地把婴儿立抱起来，轻轻地拍打着他的后背，帮助他消化刚吃下的奶水。布木布太抬眼问："晚了吧？"苏嘛拉说："是的，很晚了。刚才凤凰楼上已经打过子时更板。"

凤凰楼上的梆子和云板声在寒夜中回荡。

什么晚了？主子为什么说晚了？

苏嘛拉坐在永福宫的外间一边刺绣一边琢磨。这几天她走着坐着想的只是这事。既然主子说了两遍，那就明确显示这是主子忧心的重大问题，自己有责任帮她化解。苏嘛拉早在科尔沁草原蒙古包度过的那个漆黑夜里，就下定决心此生此世服侍布木布太。现在她的决心更加坚决。布木布太是她的生命，是她生命的全部。她愿意为布木布太去做任何事情，哪怕上刀山下火海。如果说她还有些地方做得不够，那就是她的能力有限，不能发挥更大的作用。如今有哥哥班布喇嘛的相助，她觉得可以更好地帮助布木布太，帮她完成她想完成的事情。

小院里静悄悄的，太监和杂役都已出去干自己的事。班布喇嘛的房门虚掩，身穿棕黄袈裟的班布正盘腿坐着诵经。苏嘛拉轻轻推开房门，走了进去。班布睁开眼睛。

"哦，是苏默尔。"班布喜欢叫苏嘛拉的蒙古名字，他站了起来，让苏嘛拉坐到炕沿上，把炕桌推到她面前，炕桌的盘子里有奶饼奶豆腐。

"有事吗？"班布把炕上的火盆挪近一些，也在对面的炕沿上坐了下来，一手捻着念珠，小声问。他知道，没有大事，苏嘛拉不会自己跑到他这里来。她极遵守宫中规定。

"是的。有点事情想和你商量商量。"苏嘛拉说，低下头想了一会，把布木布太的话复述了一遍。"我不明白主子说什么，想找你帮着分析分析。"

班布捻着念珠，闭目想了一会，慢慢睁开眼睛，沉思地说："庄妃她在生了孩子以后问'晚了吧'，这说明她忧虑的事一定与孩子有关。她过去盼望着生个男孩，却久久没有如愿。如今如愿了，却说晚了。什么晚了？为什么晚了？这不是很明显的吗？生孩子晚了。为什么晚了？因为有宸妃生子在前，所以她担心晚了，没有立嗣的希望。"

苏嘛拉一拍手，恍然大悟："是这个理，我怎么硬是没想起来呢？"苏嘛拉爽朗的脸上却又布满愁云，深深叹息着说："是啊，皇上已经把宸妃的八阿哥立为嗣子，这是举国皆知的事，当时各国都送来贺礼表文，进献贺礼。这九阿哥来得确实晚了。"

班布又闭上眼睛，开始喃喃诵经。刚才颂的金刚经还没颂完，他要补上。

苏嘛拉叹息了一会。班布颂完了经文，睁开眼睛，望着苏嘛拉的满脸忧愁，微微一笑，说："佛主经常告诫我们普度众生慈悲为怀，九阿哥虽然不能立为太子，但是依然是皇家后裔，龙种龙子，过着锦衣玉食的生活，你又有什么值得为他惋惜的呢？"

苏嘛拉摇着头,说:“我当然要担忧。我随布主子进这满洲皇宫多年,见到各种争斗。母以子贵。有贵子的母亲得意,没有贵子的母亲生活艰难。我们这些奴才依主子而生,主子贵我们奴才才有生地。布主子是我的救命大恩人,我是要以死相报的,她的忧虑就是我的忧虑。我是一定要为她分担忧愁排除忧愁的。”

班布深深点头。他为苏默尔的蒙古人的豪爽义气感动。

“可是,只怕这次我是无能为力了。”苏嘛拉又哀叹了一句。

“办法嘛……”班布似乎在沉思又好像是迟疑,吞回了下面的话。

苏嘛拉有些高兴,急忙追问:“难道有办法可想?”

“办法是人想的,当然会有办法。只是……”班布又停住话头,走到门口,拉开门,小心地向周围看了看。小院里安安静静阒无一人。班布缩回身子,小心掩上门,回到炕沿上坐下。

班布意味深长地点点头,小声说:“你记得莽古尔泰的事吧?我是奉皇后哲哲的命令去给他医病的。”

苏嘛拉脸色都有些发白,结巴得更厉害:“是……怎么……是你……”

班布轻轻地摇着头难过地说:“是我,他服了我的药,三刻之后暴死。”

苏嘛拉压低声音咬牙切齿地说:“你……你……你怎么能……能干出这种伤天害理的事?喇嘛不是要普救众生吗?怎么能杀生啊?”

班布摇着头,也很难过地说:“你以为是我想这么干啊?他莽古尔泰关在牢里死不老实,整日破口大骂皇上,说皇上不遵守先汗遗训,残杀骨肉。皇上能容忍他这么胡闹吗?是我也要杀他。皇上的命令我敢不执行吗?”

苏嘛拉平静了下来,她点着头:“是的,我们作奴才的,只能听从命令。可那是皇上的命令,现在,可没有皇后的命令。哲哲不希望布主子生男孩。”

“可是,会有布主子的命令啊!”班布笑了,“你替她做了她想作也许不敢做的事,她能不感激你吗?你不是也报恩了吗?”

班布又轻轻说:“这皇宫就是个大战场,经常互相残杀,你不杀他他杀你。你还看不透吗?”

苏嘛拉只有点头。她抬起头,望着班布问:“那该怎么办呢?”

班布不断地捻着念珠说:“当然得先让布主子知道而且同意才行。这么大的事情,我们一个下人不能做主,否则,我们怕性命难保。”

苏嘛拉眨着眼睛,想了想:“那我去说给布主子。”

班布眼睛瞪了起来,厉声说:“你找死啊?这事能直接说吗?这是暗示的事情,你要这样暗示布主子说,现在这事还不晚,只要布主子下决心。”班布慢腾腾地说,注意观察着苏嘛拉的脸色,看她是不是领悟了。

苏嘛拉完全领悟,她露出会意的笑容,说:“有大哥的帮助,我觉得有了主心骨。”她说着起身告辞。

布木布太还躺在热炕上。正月里的严寒,使所有人都不想离开热炕。

苏嘛拉从后门走进五宫大院。她干什么去了?布木布太好奇地想。身边的婴儿睁开眼睛,滴溜溜地转动着漆黑发亮的眼睛,好像在寻找什么。

李奶妈进来,抱起婴儿,坐在地上的绣墩上解开怀抱喂奶。

“你刚才到哪里去了?”布木布太沉着脸问。

“我去班布喇嘛那里为主子诵经。”苏嘛拉低着头小声说。

“诵经?”布木布太有些不大相信。“哪里不能诵经?我们永福宫不也设了佛位吗?”布木布太把空碗递给她,继续追问。

苏嘛拉说:“喇嘛经堂诵经更灵验一些。”

“哦?”布木布太笑了,“原来还有这样的讲究,我说我许的愿老没实现,原来是这样!”

婴儿不饿,吃了几口奶就不肯再吃,李奶妈无奈地望着布木布太说:“布主子,他吃饱了。”布木布太命苏嘛拉接过婴儿,抱着他走动走动。婴儿漆黑发亮的眼睛滴溜溜转着到处看,好像在辨认着周围的人和事。

苏嘛拉对奶妈说:“你去吧!”奶妈退下。苏嘛拉逗着婴儿说:“瞧他的眼睛多像皇上,将来一定像皇上一样威严。”

布木布太说:“我看他的眼睛像我,不大像皇上。”

苏嘛拉笑着说:“天下当额娘的都想儿子像额娘。我看还是像皇上,一副帝王之相。”苏嘛拉压低声音悄悄说,只让布木布太一个人听到。

布木布太苦笑了一下:“就算是像皇上,也没有帝王福分。”

苏嘛拉把孩子递给布木布太时小声说:“还不晚,来得及。”

布木布太一激灵,拉住苏嘛拉的手:“为什么?说说。”

苏嘛拉轻轻拍着婴儿,小心翼翼说:“九阿哥生在大正月,不是一点都不晚吗?”

布木布太气恼地骂一句:“死蹄子,我还以为你要说什么大事呢。”说着她扭转身子,望着婴儿出神,不再搭理苏嘛拉。苏嘛拉也沉默不语。暖阁里一时静了下来。

“不晚?”布木布太自言自语,“晚了。晚了。晚了一年半。你为什么不提早一年半降生呢?”布木布太小声咕噜着。苏嘛拉扑哧笑出了声。

“死蹄子!你找死啊?”布木布太恼怒地大声呵斥着,腾地坐起来,厉声喝道:“跪下!自已掌嘴20下!”

苏嘛拉急忙跪下磕头求饶,连声说:“奴婢该死!奴婢该死!请主子饶命!”说着眼泪也吧嗒吧嗒滴了下来,一脸可怜模样。

布木布太心软了下来,说:“饶了你,不用掌嘴了。下次再无缘无故哂笑,非掌嘴一百,给你教训。别以为我喜欢你,你就蹬鼻子上脸,没大没小不知尊卑了。”

苏嘛拉哭着说:“奴婢不敢!奴婢不敢!奴婢只是听到主子说话才好笑的,望主子可怜。”

“起来吧!”布木布太懒洋洋地说。她没有心情教训苏嘛拉,“你说说有什么好笑?说清楚说得有理,我就饶了你。说不清楚,我还要罚你!”

苏嘛拉站了起来说:“擦干眼泪!”苏嘛拉听话地从炕上捡起手帕,擦干脸上的眼泪。

“说吧!小蹄子!”布木布太又舒服地靠到靠枕上,看着苏嘛拉说。

苏嘛拉声音还有些哽咽,小声说:“主子埋怨说九阿哥不提早出世一年半,我才觉得可笑。那应该埋怨皇上才是。”说着,苏嘛拉抬起眼睛,怯生生地偷偷看看主子的脸色。

布木布太扑哧也笑出声，说："小蹄子！这可不是姑娘家说的话！"

苏嘛拉委屈地说："那本来就是这个理嘛。再说九阿哥生得晚不晚，全看布主子你的手段。"她放低声音说。

布木布太盯着苏嘛拉，听出她话里有话，眼睛一转，立刻换上一副笑脸说："怎么全看我的手段？难道我能改变他的出生日期不成？"

苏嘛拉望着布木布太，嘟囔着说："你可以改变别人嘛！"

布木布太点点头，笑着问："谁去办？"

苏嘛拉说："只要有合适机会，班布喇嘛愿意效劳。"

布木布太被感动了，她急忙下炕，拉着苏嘛拉到里间佛祖前跪下，说："佛祖在上，我布木布太发誓把苏嘛拉和班布喇嘛当作自己的亲人永远抚养在身边。要是违背，佛祖降祸，天地不容！"她从首饰盒里拿出一件赤金凤头钗，送给苏嘛拉。

布木布太小声嘱咐说："这可不是闹着玩的。一定要干得不露丝毫痕迹。"

苏嘛拉点头，说："主子你放心，我和班布知道这利害。我们不敢拿自己的性命开玩笑！"

布木布太放心，让苏嘛拉扶着又上炕躺下。

春天的盛京，经常流行感冒。一场持续几天的倒春寒之后，宫中大小有许多患上流行感冒，咳嗽声和擤鼻涕声到处可闻。

苏嘛拉伏到布木布太耳边说了几句，布木布太点头说："让她去吧！"

苏嘛拉对大公主说："你额娘让你去找八阿哥玩一会。"大公主高兴地蹦蹦跳跳到东宫关雎宫去玩。哲哲主持后宫，对后妃管束很严，严加限制不能随意走动，但是对小孩子却没有什么限制，可以在不同的宫中找兄弟姊妹玩。庄妃的大女儿很喜欢到海兰珠姨妈那里抱小弟弟。一岁多不到两岁的孩子正是大玩具。

海兰珠的宫女把大公主让了进去。海兰珠急忙让宫女把大公主抱到炕上，看着她红彤彤的脸，说："格格真好看。来，让我给你擦擦鼻涕。"小女孩凑到海兰珠身边，海兰珠用手帕替小女孩擦了鼻涕，说："你的额头好热，来，我看看是不是发烧了。"她摸了摸女孩的额头，摇摇头，说："不要紧。你和弟弟玩抓嘎拉哈吧！让我看一会书。"

大公主抱住八阿哥亲了亲，说："九阿哥要是这么大多好啊！"

八阿哥咿咿呀呀地说着含糊不清的话，让姐姐跟他玩。

"你听。"庄妃从炕上直起身子，侧耳倾听着。苏嘛拉听到了，她点着头，小声说："时候到了。"

机会来了。布木布太心情有些激动。哲哲说："关雎宫报告说八阿哥也感冒了，传班布喇嘛来，先去给八阿哥医，然后去给公主医。"

班布为八阿哥开了几帖蒙药，海兰珠的使女去宫中药局抓药。抓回药，班布喇嘛说："让我看看药对不对。"他把药摊开，一味一味地与药方对照。

夜里，关雎宫里传来海兰珠撕心裂肺的号哭。

中宫哲哲也泪流成河。多么可爱的孩子，还不足两岁，就早早结束了幼小的生命。哲哲心里纳闷：这孩子怎么会生痘呢？没听说有痘病流传啊！

哲哲流着泪，安慰皇上和宸妃节哀。她强压着心头的悲愤，吩咐宫女太监安排后事。“皇上爷，请立刻回清宁宫。八阿哥生痘，你不宜在这里逗留。”哲哲温柔地劝说着。哀哀地说：“请皇上和皇后都离开这里，这里由我来处理。痘病传染得很厉害。奴妾请你们赶快离开。”太监宫女一起跪下哭着请求。

皇太极从八阿哥身上抬起身子，海兰珠急忙让哲哲搀扶着他下了炕。皇太极一步三回头离开关雎宫。

哲哲拉住她，脸上流着泪，厉声吩咐：“立刻抬走火化！”又让关雎宫的宫女把关雎宫里八阿哥穿过用过的全部物品立刻收拾起来，拿到宫外的野郊焚烧。

永福宫的暖阁里，灯光如豆，慈悲的菩萨前摇曳的灯光下，庄妃流泪跪着，喃喃祷告着，不断颂着超度经，超度那个幼小无罪的生命。

夜已经很深了，凤凰楼上的云板和梆子早已敲过了子夜时辰，庄妃还在祷告。苏嘛拉轻轻地走了进来，小声说：“夜深了，布主子该就寝了。九阿哥还在等着布主子呢。这样痛哭和熬夜会回奶的。”

布木布太点着头站了起来。她问苏嘛拉：“班布出宫了没有？”苏嘛拉摇摇头：“布主子还没有给他出宫的号牌。”

庄妃说：“明天天一亮，就赶快让他出宫，回归化去，到大昭寺去住一段时间。对外人说他回科尔沁办药了。躲过一段时间后再接他回宫。”

苏嘛拉感谢一番。

崇德三年的这个正月，盛京皇宫里喜事和着悲事。

十四　海兰珠之死

披着黄色斗篷的皇太极勒住他心爱的坐骑大白，手拈胡须，遥望着锦州城的围防。清癯的脸色有些疲惫和憔悴。这几年，他有些心力交瘁。

八阿哥暴痘身亡以后，皇太极大病一场。在皇后哲哲和海兰珠的精心照顾下，慢慢恢复了健康。

崇德三年二月，皇太极亲自挂帅征喀尔喀蒙古。九月，任命多尔衮为奉命大将军，十月，亲自率军伐明，揭开大清讨伐明朝进程的序幕。

崇德四年，正月至二月，多尔衮率军过燕京，回军时，顺路掠山西山东，克城40，俘获人口25万7千人。

崇德五年，多尔衮率军包围锦州，在宁远、杏山、松山一带屡败明军。

八月十四日，皇太极自率盛京兵八旗兵去援助多尔衮。十五日渡过辽河，十九日晚到锦州城外的戚家营，他命大军驻下，传谕多尔衮和豪哥，他要到高桥去与他们会合一起围困松山。

洪承畴，字彦演，号亨九，福建南安人，明万历四十四年进士，天启时升至陕西布政使参政。崇祯初年，擒获闯王高迎祥，连败李自成部，迫使李自成18骑逃商洛。他不断获擢升，由督政升延绥巡抚、陕西三边总督，后又加太子太保、兵部尚书，兼督河南、山西、陕西、四川、湖广军务。随后改为蓟辽总督。八月初，洪承畴率兵至松山，与锦州守兵相呼应。洪军于南山向北放火炮，祖大寿从城头向南放炮，充分发挥火炮的优势，双方夹击猛攻清军，清兵存身无地。多尔衮率军奋勇冲杀，但敌众我寡，前后受敌。皇太极亲征，决定全力以赴拿下松山。

远处大路上尘土飞扬，两骑飞来。

皇太极心中一喜：信使回来了！

信使飞到军营，见皇太极立马山冈，立刻滚身下马，扑倒在地，跪拜皇帝，交上多尔衮的奏章。多尔衮奏章上说：

"睿王肃王令学士刚林、罗硕复奏云：蒙皇上威武，臣等岂敢畏敌，但恐以臣等为怯，若不奏闻，与理不当。今皇上亲至，臣等勇气益增，皆不以敌为意，唯以冲击为事，一心为国，顾不敢不以所知实奏。汉兵果众，当同臣等先至兵，围困锦州。况先番上阵，颇有中伤，今如再战，恐力不及。今皇上令屯营高桥截路，倘敌兵为我所迫，约锦州、松山内外夹攻，舍死冲战，万一有失，如之奈何。皇上即欲发兵来援，亦必待胜负决后，方可赶到。以臣愚见，皇上若肯驻松、杏山之间，臣等大有益矣。"

皇太极把奏章交与范文程，问："大学士，你意如何？"

范文程说："奴才以为，睿亲王和肃亲王忠心可嘉，奏章所说的方案颇为可行。"

皇太极点了点头，说："好！就依睿亲王的安排，我们驻军于松、杏山之间，等待睿亲王与洪承畴的决战。"

皇太极低下头，想再看一遍多尔衮的奏章。范文程突然惊呼起来。皇太极手中的奏章上洒上点点鲜血。接着，皇太极的鼻子里喷涌出鲜血。侍卫急忙小心抬着皇太极下马，一面急忙传唤随军御医。皇太极笑着说："没什么，八月天气太热又干燥，鼻子容易出血。"

歇息一阵，鼻血停止，皇太极立刻翻身坐起，传令："开拔！"贴身侍卫和范文程都劝说他再休息休息。他连连摇头："朕在这里多停留一会，前线士兵可能就会多牺牲几个。我们要争取早日赶到。也许我们大军一到，明军就会像过去一样望风披靡，不战而溃。"

腐败的王朝，官贪吏污，文官们在朝廷里争权夺利，眼见覆灭在即，还依然钩心斗角、贪污腐化。武官们在战场上贪生怕死，搜刮士兵抢掠百姓，士兵见敌人则风声鹤唳心惊胆战不战自溃。一个王朝到这地步，任是什么承畴也挽救不了颓败的命运。洪承畴望着溃不成军的明军，如山倒水泻般争抢着后退逃命的军队长叹一声，晕倒在地。

这一仗，杀得明军"尸横遍野，自杏山沿海，直至塔山，投波入海，如同鹅鸭，尸蔽水面，死者不可胜计"。洪承畴和曹变蛟、王廷臣二总兵困守松山孤城，吴三桂等人逃亡宁远。几天之内，明军死亡 53783 人。

身着便服的皇上皇太极背着手踱出营帐，走进清晨的凉爽和清新之中。远远地跟随着几个贴身侍卫。

皇太极慢慢踱着步，听着山林里各种鸟叫虫鸣。他微笑着，心情十分舒坦。出来已经一个月，皇宫里怎么样？宸妃现在做什么呢？自八阿哥死，她一直没有恢复过来，常常偷偷哭泣，又极力在他面前掩饰假装快乐。真难为她，自己心里装着巨大痛苦，还能像平素一样关心照顾他。

突然，侍卫急步趋前，说："有信使到，急事求见。"

信使交上皇后的亲笔信。皇太极低头一看，大叫一声，晕倒了。

满面疲惫征尘满身，皇太极一进清宁宫大院，皇后率领着后宫全体妃嫔齐刷刷地跪在院子里迎接。皇太极摆摆手，径直走进关雎宫。哲哲皇后急忙起立跟随着走了进去。

关雎宫南炕上，躺着宸妃海兰珠。她头发散乱，面色蜡黄，奄奄一息。

对于八阿哥莫名其妙地死，她一直心存疑虑，但是她无法证实。她怀疑喇嘛做了手脚，却又找不到一点破绽。

海兰珠勉强睁开眼睛，转过头来寻找她心中的皇上。他没有来。炕前站着她的亲妹妹，同胞的亲妹妹布木布太。

布木布太眼睛里流露着真诚的关心和深切的忧伤，正轻轻呼唤着海兰珠姐姐。海兰珠厌恶地偏转过头，脸向着窗户，不愿再看她一眼。

过了一会，海兰珠又艰难地转过头，原先大而亮的眼睛现在暗淡无光，然而却闪着期盼的光看着门口。

门口依然安静，宫女面无表情地站在那里。

海兰珠失望地闭上眼睛，不一会，又不甘心地睁开，望着门口。布木布太的身影还在门口晃动，她厌恶地慢慢扭回头，继续望着窗户。不久，她又昏睡过去。

哲哲走了进来。轻轻的脚步声惊动了昏迷中的海兰珠。来了！他回来了！她倏地扭过头，眼睛睁得大大的，闪着兴奋的异彩。她的眼睛来回巡睃，光彩越来越暗淡。她觉得自己沉入了无边无际的深水之中，浑身软绵绵的。她挣扎着调动着全身的力气翕动着嘴唇，轻轻地呼唤："皇上！皇上……"

流着泪的哲哲握着海兰珠的手，说："皇上马上就会回来，你要挺住啊！"她立刻派急使送急信叫皇太极赶回来。

昏迷中的海兰珠突然转动着自己的眼珠，她在枕头上用力扭动着。是他！她已经听到他急匆匆的脚步和他特有的粗重的呼吸声。她已经嗅到他特有的男子汉的汗味，那是他每次征战回来带回的叫她心动的汗味。她想睁开眼睛，可是眼皮好像灌了铅般沉重，怎么也睁不开。她想扭过头来，头颅却像僵直了一样不听调遣。

海兰珠！海兰珠！是他在轻轻地呼唤她。是他，是她心爱的皇上，她的八阿哥，她的爷！他在呼唤她。她听到了！

不！一定要睁开！睁开眼睛最后看他一眼，最后摸摸他的手，最后亲亲他厚厚的嘴唇！

海兰珠从海底挣扎着浮上水面。挣扎，再挣扎一下！海兰珠的眼睛慢慢地睁开了一条缝，慢慢地变大变圆，一道异彩从那漆黑的眸子里闪出，照亮了她那灰暗的脸。

皇太极的脸正伏在她的胸脯上，低低的充满深情地呼唤着。

眼泪慢慢地溢上海兰珠的眼睛。她慢慢抬起自己的胳膊，但是终于没有抬起来。

海兰珠闭上眼睛，在皇太极最后的拥抱中离开这人世，终年 32 岁。

皇太极又一次晕了过去。

十月，皇太极下诏上谥号敏惠恭和元妃。

皇太极睁开眼睛,发现自己躺在清宁宫的暖阁里。他多么希望永远不要醒来,永远拥抱着他的宸妃睡去。

庄妃正在忙着照料他,为他额头敷手巾。看见这个酷似宸妃的布木布太,皇太极厌恶地扭过头去,不想再看她。

八阿哥死了之后,皇太极仔细询问过宫女,了解了整个过程。

皇太极隐隐约约感到这事和庄妃有关,但是没有凭证。哲哲一再开脱。

不管有没有凭证,皇太极冷落了庄妃,从八阿哥死后,他再没有临幸过永福宫。只是因为皇后的威胁,他才没有废掉庄妃。一般来说,皇太极并不算太残酷。

皇太极忍不住痛哭起来。低沉粗犷的哭声,是伤心到极处的男人压抑而压抑不住的心底情感的大爆发。

十五 智降洪承畴

皇太极从崇德五年(1640 年)三月起,令清兵在义州(今辽宁义县)筑城屯田,并挖壕、设哨,长期围困明朝关外军事重镇锦州。至崇德六年(1641 年)三月下旬,因蒙古守军投降,清兵占领锦州外城,仅剩内城处境更加危急。明锦州守将祖大寿一再求援,洪承畴奉崇祯帝之命,于同年七月二十六日誓师宁远(今辽宁兴城),率吴三桂等八总兵、步骑 13 万,前来救援。皇太极也在调兵遣将,于四月和七月两次增兵,加紧围攻锦州,明清松锦决战即将开展。七月底至八月初,洪承畴进驻锦州正南 18 里的松山城,并控制城北制高点乳峰山。这时形势本来对明军有利,但洪承畴采取以守为战的策略,并未立即出击。皇太极闻讯,顾不得鼻衄未愈,于八月十四日率领援军从盛京出发,昼夜疾驰,于十九日抵达松山附近的戚家堡,急令清军驻守在云山南边的要道上,挖壕断路;并袭击松山城南笔架山,夺得明军大批屯粮。归路受阻、屯粮被劫,立即引起明军将士一片恐慌。洪承畴于廿一日晚开会,动员将士拼力一战,死中求生。诸将见粮尽被围,已无斗志,大多主张回宁远就粮。于是决定兵分两路,乘夜突围。由于大同总兵王朴贪生怕死,率部先逃,打乱原先的突围部署,变成争先恐后的逃命。清军趁机围追堵截,一举歼灭明兵 53700 余人,获马 7400 余匹、甲胄数以万计。10 余万救援锦州明军,除被歼及赴海淹死者外,已所剩无几。残余明兵有的逃入松山西南 18 里的杏山,也有的进入杏山西南 20 里的塔山。洪承畴同辽东巡抚邱民仰,及总兵曹变蛟、王廷臣等万余人,仍固守松山城。

松山被攻克,锦州军心瓦解,祖大寿乃于三月八日献城降清。祖大寿曾于天聪五年(1631 年)八至十月,后金军围困大凌河城时,率子侄及部众投降后金,后又以欲帮助后金智取锦州、迎接家眷为借口,留下子侄及大量部众,仅率亲随 20 余人回锦州。但回去之后即背弃盟誓,又为明守锦州城达十余年之久。这次在危城垂破情况下,被迫再次投降,有人建议应将他杀掉。但皇太极考虑到祖氏兄弟父子在辽西一带已形成一支不小的势力,杀掉他,对团结祖家军不利。所以不改初衷,不仅不杀,仍继续给予优待。对其部下官兵也一概留养,不许杀害。投降优待、抗拒严惩的政策,对明军很有瓦解作用。不久,杏山、塔山也相继告破,明在关外仅剩宁远一座孤城。

皇太极对洪承畴很感兴趣，因为他是自明清开战以来，所俘明方职级最高的军事统帅，且此人文武双全，是一位难得的人才。如能争取归顺，对大清十分有利。于是多次派满汉官员前去劝降。然而洪承畴与祖大寿不同。祖的家眷、财产、房地都在东北，投降清朝，不仅能保住权势利禄，也能保住家产和亲人。而洪承畴的家产、亲人都在关内。如果降清，家人必然遭殃；况且，自己是明军最高统帅，又是战败被俘，即使投降也不会得到什么优待，说不定还会遭到更多的羞辱。于是抱定必死之决心，坚决拒绝降清。他每见那班降清的汉官范文程等人前来劝降，便怒目而视，一语不答。据说当满族官员发怒举刀要杀时，他也“延颈承刃，终始不屈”，口口声声说“生为大明臣，死为大明鬼”。于是皇太极改变方式，用逼辱和虐待来消磨他的意志，将他“拘锁北馆”，不给粮食吃，只给豆汁喝。洪承畴决心绝食，“米浆不入口者七日”。皇太极已因东宫宸妃去世，过于悲痛，弄得精神恍惚，如今又遇到这样一个软硬不吃、难啃的硬骨头，有些束手无策。

皇太极回到永福宫，庄妃见他双眉紧锁、闷闷不乐，便问明原因，帮他出主意想办法。也许有人会问，皇帝手下有那么多智囊谋士，怎么还用得着和妃子商议呢？其实谋士也有难处，一般碰到棘手问题，他们不敢在皇帝面前信口开河，你乱出主意，万一不灵怎么办？所以谋士出主意也多是原则性的，不敢谈得过于具体。如早年降清的明将张存仁，对于招降洪承畴就十分热心。他于四月初一日上奏皇太极，说洪承畴“不宜久加拘禁，应速令剃发，酌加应用，使明国之主闻之寒心，在廷文臣闻之夺气”。

庄妃帮他出的主意，我们综合各方面记载，归纳起来不外三点：一是要想得人，必投其所好，不能生硬说教，尤其派那些被他鄙视的早年降清的汉官，去动员他降清，或者效果适得其反；二是设法使他喝点人参汤，延续他的生命，只有保其不死才有动员他投降的可能；三是顺其自然，导之以理，即有针对性地解开他思想上的顾虑和疙瘩。

恰在这时，范文程观察到洪承畴一人在屋内时，先是谩骂几句，然后便一再用手拂拭从屋顶落在衣服上的尘土。于是立即回报皇太极，并肯定地说：“洪承畴不会死。他连一件衣服都这样爱惜，又怎能不爱惜自己的生命呢？”这一新发现，极大地增强了皇太极劝降洪承畴的信心，命侍女继续轮番精心侍候。

有的史书记载，当侍女无效时，皇太极便将“貌美冠一时”的庄妃派往。妃密贮人参汁于小壶，以婢女的装束，前去侍奉洪承畴。承畴闭目面壁，不停地哭泣。庄妃劝些身体发肤受之父母，理应爱惜的话，他也不听。停一会儿之后，庄妃又强劝说：“将军纵然绝食，难道在就义之前还不喝一口水吗？”说话时情态亲切，意致凄愁，并且将壶嘴放在他口唇之上硬往里灌。洪承畴听到即将死亡，心里一惊，不知不觉竟喝进几口。过几个小时，庄妃又进来，洪承畴又喝一些，不仅没有死的迹象，精神更加充沛。就这样又过几天，庄妃多方劝慰，又连续送进美食。常言道：“慷慨就死易，从容牺牲难”。承畴在经过一段艰苦折磨之后，在求死不得的情况下，很难承受美女佳肴的诱惑，此后又日夜进劝，并反复喻以利害，逐渐使他回心转意。此书所记情节过程，大多合乎情理，只是宫女中长得漂亮、善解人意，能说会道者多得很，有什么必要派庄妃装扮成侍女去做这些工作呢？

《清宫秘史》第二十一回，也写了孝庄亲自出马劝降洪承畴之事，而且说她利用美色做出了有失身份之事。

"且说洪承畴自被捉住后，拿定主意，不肯投降。范文程、孔有德、耿仲明等费了几番口舌，偏这洪大帅立志不从。太宗欲服他的心，格外加意看待，将他留在内院客馆里，每天差十数个美女服侍他，吃的是山珍海味，住的是锦被绣榻。后来，他见劝他投降的人太多了，一天功夫总有十班八班，便烦恼起来，将房门关起。因为自己要做忠臣，索性一粒米不想下肚。"心想："再等几日，便可饿死了。"这夜睡在床上，暝着眼，昏昏沉沉地睡去。蓦听门外叮当一声，开去门锁，半扉渐开，进来一个年轻女子，袅袅婷婷走向前来，顿觉异香扑鼻。承畴睁眼望去，见一个绝色美人，面如出水芙蓉，腰似迎风杨柳，一双纤纤玉手，捧着一把玉壶，映着柔荑，格外洁白。承畴暗想："前几天侍女来了好几个，总不及这一个的颜色。"虽是这样思念，但也不去管她，仍倒在床上昏昏睡去。停了一回，又清醒过来，忽见房里灯烛辉煌，一阵香气扑向鼻内，那美人已不见了。忽一转眼，那美人儿正睡在他被窝里，不觉一惊，便问道："你是什么人，和我睡在一块？"那美人儿看他呆呆的样子，便嗤地一笑，把被角儿遮住自己粉脸儿。洪承畴心中一动，忙又自己止住。这样挨了几个时辰，只是翻来覆去睡不着。那美人儿看他不睡，晓得有几分了，便和他搭起话来，先问他被掳的情形，后又问他有几个姨太太。那洪承畴听了这番话，不觉勾起心内的酸楚，便抽抽噎噎地哭起来。那美人儿见他哭泣，便低声细语地劝慰他，将那只玉壶提起，叫承畴吃了几口，呷呷味道，竟是上好参汤。洪承畴坐起身来，看那女子委实可爱，忙收一收神，问道："你这女儿究竟是什么人，怎么和我一被窝睡着？"那女子扑哧一笑，说道："你问我是谁，我说出来，怕要吓破你的胆。我不是别人，便是当今皇上孝庄文皇后呢！"洪承畴听了，从被窝里跳起来，跪在床上，只是磕头。皇后把洪承畴拉起，说道："我家皇帝，并不想要明室江山，所以屡次投书，与明议和，怎奈明帝听信邪言，屡与此地打仗，今请将军作一密书，报知明帝，说是'身在满洲，心在本国'，现在明朝内乱相寻，闻知将军为国调停，断不至与将军家属为难，那时家也保，国也报了，将来两国议和，将军在此固可，回国亦可，岂不是两全之计吗？"这一席话，说得承畴心悦诚服。好个文皇后，把洪承畴降服了。良宵易度，翌晨见皇后云鬓蓬蓬上车回宫。从此，洪承畴投了清朝，剃了头发，结一条小辫，穿着皇帝赐的红顶花翎、黄缎褂。

这一描写，虽然生动逼真，引人入胜，但却与事实相距太远，漏洞百出。首先，后妃未经皇帝准许，不能擅自离开后宫，而皇太极根本不能允许自己的后妃去与一个在押的俘虏共同过夜；其次，从庄妃布木布太来说，虽然长得也比较漂亮，但还谈不到绝代佳人，至少姐俩相比，她就不如姐姐海兰珠更漂亮些。况且，她为人安稳本分，并不属于风骚轻佻类型，根本不会提出以美色为武器，亲自去勾引洪承畴的劝降方案；再次，当时摆在洪承畴面前最尖锐的是生与死、降与不降的矛盾。因此，即使派去的侍女，主要任务也不是立即与他上床睡觉，而是设法喂人参汤，延续他的生命，唤起他对生活眷恋之情，以达到诱其投降的目的。至于洪承畴本人，也绝不会明知是当今皇后，仍与她在床上厮混，因为这种事本身就是死罪。

我们从各方面分析，认为庄妃出谋划策，派使女前去侍候、劝降，尚有可能；至于亲自出马，出卖色相，做出有失身份之事，则根本不能发生。而且，除庄妃帮了大忙之外，最终解决问题，还得皇帝亲自出马。

当皇太极得知洪承畴饮食正常、颇有降意的消息后，立即于五月初四日亲临洪承畴居室，问寒问暖。见他所穿衣服已经破旧，立即将自己穿的貂裘脱下，穿在洪承畴的身上，并轻声问："先生还感到冷吗？"洪身着貂裘，又得温语慰问，不由一股暖流涌上心头。他两眼茫然地看着皇太极，过了好一会儿，叹口气说："真命世主也！"于是跪在地上叩头请降。皇太极忙将他扶起，着实鼓励几句，才启驾回宫，因恐他反悔，当夜就派人给他剃头。次日下午，在崇政殿召见。诸王、贝勒、大臣排列两边，洪承畴仍穿破旧的明朝官服，当众行三拜九叩首大礼，正式向皇太极投降称臣。朝鲜国王世子李溰应邀参加仪式。他在日记中写道："是日，洪承畴降。"

皇太极见洪承畴投降礼拜甚恭，非常高兴，立即赐穿清朝大臣官服，赏赐金银绸缎布疋，及其他大量日用物品，并陈百戏作贺。诸将见皇帝对洪承畴恩遇过隆，都感到不高兴，有人问："洪承畴仅仅是一个在押的囚徒，为何待之如此隆重？"皇太极未正面回答问题，反问道："我们大家之所以栉风沐雨者，究竟打算干什么？"大家回答："欲得中原耳"。皇太极笑着说："譬如说我们走路，大家都瞎眼，看不见路，现在得到一位引路的人，我怎能不高兴呢？"大家听后才知道这是为进兵中原做准备，都佩服皇帝的高见。此后皇太极虽未来得及授以实权，予以重用，但优礼有加，无事便和他谈论明朝的政教、礼制、风俗、军制等，还经常赐给他财物与美女，与范文程差不多的宠遇，使他不由得感激万分。

洪承畴

当时明朝的崇祯皇帝，不知洪承畴终于降清的事实，轻信关于他被俘后"义不受辱，骂贼不屈"，已被清军"碎体而亡"的谣传，以为洪承畴"节烈弥笃"，大为痛悼，辍朝三日，于都城外设祭坛、建祠堂，赐祭十六次，与巡抚邱民仰等一班忠臣并列青祠。其子弟在京者，成服受吊，并撰写行状送给公卿大臣，以褒奖他的"忠君"事迹。崇祯帝亲制祭文，原打算到祠堂亲自祭奠，后因听说洪已降清，便长叹一声，始命罢祭。

庄妃帮助皇太极设计劝降洪承畴,为大清国的巩固和发展立了一大功。因为此人在顺治初年清兵进关过程提过不少好建议,后来被任命为内院大学士,在佐理机务,招抚江南,经略五省等方面,都起过重要作用。

十六　皇太极暴逝

崇政殿的大宴一结束,科尔沁卓礼克土亲王吴克善就进宫去向皇上问安。皇上没有出席国宴,引起蒙古49部的一些猜测。皇上为什么不出席?皇上圣躬违和了吗?只有他知道,皇上对他妹子海兰珠深情难忘,还在悲伤之中。

庄妃站起身,说:"快请。"

吴克善走了进来,向妹子问安。庄妃请哥哥吴克善坐在炕上,使女端来奶茶,放在炕桌上。

庄妃询问了吴克善参加松锦大战的情况。吴克善率领科尔沁蒙古兵参加了松锦大战,固守在杏山高桥一带,总共坚持了几个月之久。

"你们辛苦了!"庄妃叹息着说。心里想:我们蒙古为大清事业做了如此多的牺牲和贡献,不也是为了成就满洲努尔哈赤大汗未竟的事业吗?万岁爷啊万岁爷,你不能只是沉浸在悲哀之中。

庄妃抬起眼睛,问:"见了皇上了吧?"吴克善点点头,端起茶杯啜了一口。

"你有什么想法?"

"皇上精神不太好。"吴克善吞吞吐吐说。

"不是不太好,而是很不好。"庄妃断然地说,明亮的眼睛闪过一丝愤怒。"不能这样下去。得想个办法让皇上散散心,恢复精神。"庄妃继续说。

"该怎么做呢?"吴克善放下茶杯,望着庄妃坚定的目光,问。

"可以组织一次到科尔沁的游猎。皇上最喜爱游猎,科尔沁的游猎可能会叫他忘记悲痛。"庄妃眼睛熠熠发光,似乎看到游猎的皇上焕发的神采和驰骋的英姿。

吴克善想了想,说:"是个好主意。皇上已经多年没有到科尔沁游猎了。我去向皇后和皇上启奏。"

多尔衮、豪哥、济尔哈朗和吴克善等几个人同皇太极的贴身侍卫,前前后后地紧紧追随着皇太极。皇太极一身猎装,紧身小袍、马蹄箭袖、软皮马靴,头戴夏季尖顶红缨凉帽,虽然还是显出中老年发福的臃肿,却也精神抖擞神采焕发。他扬起马鞭,鞭打着座下的骏马小白。

皇太极渐渐兴奋起来,暂时忘掉了悲伤。出盛京过地载门时,皇太极禁不住又失声痛哭了一阵。

皇太极催马飞奔。多尔衮等人也拍马赶了上去。

草原那边的围猎却温文尔雅地进行着。皇后哲哲、庄妃、多尔衮福晋那木其三人冲破侍卫的包围,只带着苏嘛拉和几个贴身使女,几个人信马由缰,在草原上漫步。那木其突然想起十几年前救苏嘛拉的那一幕,不由长长地叹了口气。

苏嘛拉急忙拍马上前。苏嘛拉相信自己身上有一种驱鬼辟邪的力量,她可以保护主子。

哲哲下了马,招呼大家下马在草原上坐坐。她已经有许多许多年没有见草原,今天她要好好亲近亲近草原。布木布太和那木其也下了马。苏嘛拉带领使女和侍卫在远处等待。

皇后哲哲扯断一根草茎,像小姑娘似的放在嘴里轻轻咀嚼着,沉思地说:“皇上近来身体不大好,有些事情我想和你们秘密商量商量。我怕皇上身体有个万一,我们会措手不及。我希望将来能把我们博尔济吉特氏子推为嗣君。不知那木其在我需要时能不能助我一臂之力?”

那木其急忙说:“我也是博尔济吉特氏的后代,我当然愿意帮忙。”

布木布太说:“睿亲王很得皇上的喜爱和重用,睿亲王的意见举足轻重,那木其睿王妃啊,你可要在需要时吹枕边风啊!”

直爽的那木其说:“睿王受重用,还不是皇后和布木布太妹子的美言?睿王他不是忘恩负义的人。他很重义气的。我保证需要时他会帮忙。不过,这事显然不能提。”

布木布太点点头,说:“当然一点都不能露口风。”

皇后哲哲望着那木其说:“将来如果布木布太的福临立嗣,你和多尔衮王爷的地位只有升没有降。要是别的皇子立嗣,我们的日子就不知如何过了。”说话间,脸上露出忧虑的神色。

那木其沉思着,她深深懂得这宫里争位斗争的残酷。宫里的派系争斗,是一荣俱荣一损俱损,有多少人觊觎着睿亲王的地位,嫉妒着睿亲王的受重用,甚至他的同母兄弟阿济格和多铎也在内。她当然要尽全力帮助皇后和庄妃成功。

“走,我们过去吧!时间久了会引起别人怀疑的。”皇后哲哲向侍卫招手。侍卫牵过后妃福晋的坐骑。皇后哲哲翻身上马,马鞭一扬,马儿轻快地跑了起来。侍卫使女都随着她向皇太极方向跑去。庄妃也迎着皇太极的方向急驰而去。

草原上皇太极正飞马追逐着一只黄羊。绿草地上幼小的黄羊已经被追得无路可逃,战战兢兢地躲到草丛中发抖,等待着它的死亡。

皇太极拉弯了弓。再用力一些,让弓张得更满一些,射出去的箭更远一些,让他们看看,朕宝刀未老,廉颇未老。皇太极集中浑身力量。那是谁?皇太极擦了擦眼睛。前面绿草蓝天交接之处,飞来一匹雪白的骏马,好似他心爱的大白,一位着粉红蒙古袍的姑娘正勒马扬鞭朝他奔驰而来。那婀娜苗条的身影那么贤淑那么亲切那么温暖。“海兰珠!”他大喊一声,一阵眩晕,身子在马上一歪,晃了几晃,差点栽下马来。

这时,一双健壮的男人臂膀擦着她的身体,一把抱住即将摔下马的皇太极。

飞马赶上的多尔衮,一个饿虎扑食,从马上接住皇太极。

庄妃呆呆地骑在马背上,看着这惊险的一幕,心里突突突直跳。

抱住皇太极的多尔衮,招呼着侍卫和御医。皇太极慢慢睁开眼睛,摇摇头,无可奈何地说:“朕这是怎么啦?”

多尔衮安慰着皇太极:“皇上不必担心,这只是因为皇上过于劳累突然眩晕造成的。歇息歇息就好了。”

崇德八年八月九日,秋风阵阵吹来,树叶儿沙沙。白天,南飞的大雁排成人字形和一字形，雁阵嘎嘎地叫着，越过盛京上空，向温暖的南方飞去，盛京城外的海泡子里已经难觅它们的身影。晚上，喧闹的京城安静下来。老百姓贴着红色剪纸窗花的白纸窗户上，映着一家人围坐在炕上吃饭的身影。盛京城一片祥和温馨。皇太极十几年的文治武功，制造出盛京的初步安定和繁华。

突然，夜色笼罩的清宁宫里响起一声惊慌的女人尖叫，杂沓的脚步，喧哗的人声，提着灯笼打着火把，来来往往黑幢幢的人影，在皇宫和清宁宫院里晃动。

清宁宫东暖阁的南炕上，端坐的皇太极歪倒在一旁，口角流出一小股涎水。他的脸上还带着微笑，好像刚刚睡去。

中宫皇后哲哲极力想把他扶起来，但是却怎么也扶不起来。御医匆匆赶来，匆忙拿出急救方剂给他灌下。

皇后哲哲命令皇太极的贴身侍卫大力士和摔跤冠军阿尔萨兰，快快去请睿亲王多尔衮和礼亲王代善、郑亲王济尔哈朗。

睿亲王多尔衮、郑亲王济尔哈朗和礼亲王代善匆匆赶来，他们抚着太宗皇帝痛哭失声。皇后哲哲勉强压抑心中的悲痛，呜咽着说："请亲王早做安排，办好太宗皇帝的丧事。"

三个亲王立刻商量一下，由礼亲王代善负责丧事。代善立刻传令礼部制定大葬的规矩制度。

第二天，太宗的遗体装殓之后，由 18 个太监和 8 个亲王旗主护送，把梓棺安放在崇政殿，太宗议事的地方，王公大臣由亲王带领，每日凌晨前去哭灵。一连 7 日。王公大臣家里，都持斋戒。国内 13 日内，不得屠宰。三七之后，方能脱去孝服。

九月九日，卤簿列陈崇政殿前，旗幡招展，排列鞍马 35 匹，太宗皇帝生前最喜爱的坐骑大白和小白，全身披挂甲胄，一匹迎娶海兰珠时骑过的青骢，载着囊橐，20 峰骆驼驮着帷幄，100 匹空马和 20 头空骆驼也肃立在殿前。崇政殿前的广场上安置着焚烧卧榻。

安葬的时辰一到，仪仗抬出太宗梓棺，放到焚榻之上。礼亲王代善率领王公宗室大臣到焚榻前与太宗皇帝举哀告别，然后焚化御衣及陈设。

皇后哲哲尽管悲痛，却不敢懈怠。拥立新君，她有至高无上的权力。当年皇太极即位还记忆犹新。如今又会发生什么大事呢？那些如狼似虎的皇帝宗室，那些太祖的儿侄亲王，会不会狼子野心觊觎皇位？从力量来看，皇太极长子豪哥可以接替皇太极掌管两黄旗和正蓝旗，睿亲王多尔衮拥有两白旗，这两个人都有可能争夺皇位。但是，不管哪方取胜，恐怕都隐藏着危机。大清的大好形势难免毁于自相争斗中。这些，那些王爷们想过吗？他们只知道争夺皇位，为个人的利益争来斗去，他们谁真正关心大清的利益呢？只有她，哲哲，最清楚先帝太宗的理想抱负，她有责任实现太宗未竟的事业。她有义务制止内讧争斗。

皇太极贴身侍卫鳌拜进来向皇后附耳说了几句。皇后脸色大变。她站起身，在地上走来走去。庄妃关心地问："什么事？"

皇后咬牙切齿地说："有人开始行动了。肃亲王的八大臣集到肃亲王府，一定是商量拥立肃亲王的事情。"

庄妃点着头："是的，一定是这事。他们想赶在明天崇政殿议事之前形成统一意见，然后逼迫众王爷同意。我看，他们很可能会武装动员。”

皇后点着头：“有这种可能，我们不能不防。你去继续探听消息。”她对贴身侍卫说。贴身侍卫说了声“喳”退了出去。皇后继续走来走去沉思着。

庄妃试探着说：“我看可以把礼亲王代善请过来探探他的口风。我想他在皇后面前不敢说他支持肃亲王。”

皇后站住脚，想了一会说：“要是他也有争位之心怎么是好？”

庄妃想了想，摇着头：“我看礼亲王没有这种野心。他一贯和善，不想与人争锋。十几年前他自动推举礼让先皇登基，这一次他更没有必要跳出来在六十多岁的年纪破坏自己礼让的好名声。”

皇后点头：“是这样。礼亲王这人没有多大野心。如今上了年纪，心境更趋平和，他不会出来和年轻人剑拔弩张拼死拼活。他明了这代价有多大。传话！”皇后喊。侍卫进来。皇后吩咐：“备轿去请礼亲王入宫！”侍卫正要退下，皇后又吩咐：“等等！不要备清宁宫大轿，只备一乘没有宫号的小轿。不要走漏风声！”侍卫退下。

皇后坐了下来，对庄妃说：“你赶快化装成宫女，去见睿亲王多尔衮，虽然有那木其吹枕头风，但是我总不放心。你亲自去摸摸情况，让多尔衮死心塌地支持我们。不能让他跳出来争。”

庄妃退了出来。

庄妃回到永福宫急忙换衣，她带着苏嘛拉匆匆离开皇宫。

皇太极生病的这一年，哲哲曾向他暗示过立嗣的事情。但是太宗总是顾左右而言他。庄妃也曾试图让福临小娇儿到太宗面前撒娇，试图唤起太宗的老来惜幼子的感情。无奈太宗对庄妃冷淡有加，竟连福临也不喜欢。

庄妃又气又恨。

多尔衮睿亲王王爷府，府门石狮肃立，灯笼高悬。庄妃和苏嘛拉绕到后门求见。

后门门卫报那木其福晋：“永福宫庄妃的宫女苏嘛拉来访。”那木其夫人已经上了床，急忙穿衣起来，说：“快请进来。”她知道，苏嘛拉来，一定有重要事情。

门帘一挑，一位穿着宫女服装的细高挑的女子进来。那木其微笑一下，吩咐使女出去倒茶。

使女出去之后，那木其急忙拉庄妃坐下，问：“什么大事让你冒险化装出宫？”

庄妃说：“事情紧急。皇后得到密报，说两黄旗决心拥立肃亲王豪哥，两黄旗八大臣正在肃王府召开秘密会议，准备武力相逼。”

那木其吃惊地瞪大眼睛，说：“他们真胆大！睿王爷这些天忙着先帝的丧事，不大了解情况。他们倒要先下手为强了！”

庄妃冷笑着：“是啊，都要动手了。睿王爷有什么打算？”

那木其摇摇头：“他不和我讲这些。我把皇后的意思委婉地告诉他，他只是喔了一声。别的什么也不说。”

“这几天有没有黄旗的人来找睿亲王？”

那木其说：“好像有几个。”

庄妃又说:“能不能见见睿亲王?”

那木其有些为难:多尔衮正在和阿济格、多铎密谈,传出话来,任何人也不见。那木其支吾着:“睿王爷正忙着,你先坐一会。”那木其唤使女上茶。庄妃啜着香喷喷的奶茶,沉思着。时间紧急,时不我待。她站起身,说:“带我到睿亲王的书房,我自去见他。”那木其没有办法拒绝。

走到书房门口,书房门呀的一声开了。阿济格、多铎兄弟怒气冲冲走了出来,多铎还在大声说:“睿王爷你要再想想,机不可失啊!难道你这样胆小怕他们不成?”

多尔衮说:“你不要冲动,这不是儿戏,这关系我们大清的前途命运。要是万一不慎,引起混乱,太祖太宗艰难创立的大清就会毁于我们手中,我们岂不是成了千古罪人?”

多尔衮回过头,心中好生奇怪,问:“夫人你来书房作甚?”

那木其说:“她想见见睿亲王。”

多尔衮看了一眼,口里直谢罪:“臣该死,竟没有认出庄娘娘。”

她抬起黑亮的眼睛,嗔怪地说:“睿亲王要把握什么好机会啊?”

多尔衮心里一惊,急忙分辩说:“没有什么,只是兄弟之间的闲聊。”

庄妃依然紧追不放,说:“是不是在商谈大事啊?”多尔衮说:“庄娘娘不要多心,臣弟只是闲聊。”

庄妃加重语气说:“但愿只是闲聊。不过明日的崇政殿议事恐怕还要睿亲王多多费心。皇后娘娘让我来和睿亲王通通气。两黄旗正在肃王府开会,商量拥立肃亲王之事。不知睿亲王可有心自立?”

多尔衮连连摆手:“庄娘娘不可玩笑。臣弟蒙先王兄多方关照,怎敢心生异念?臣弟出生入死百战不辞,一为报答先帝的厚用之恩,二为继承完成先祖父汗 13 副遗甲起兵打天下的遗志。如今打入关内已成定局,臣弟自会从大局出发,力保大清国的安定团结,臣弟决不会做出亲者痛仇者快的事情,让我父汗和皇兄为之奋斗终生的大业毁于一旦。”

庄妃沉默了。

多尔衮接触到这目光,心灵猛然战栗起来。这皇姐过去虽然经常见面,因为和福晋那木其的堂姊妹关系,经常来往,但是他从没有产生这种震颤。过去对她心存感激,想要报答她和皇后娘娘的恩德,但是从没有产生男女情。

多尔衮马上羞愧了。想到哪里去了?他摇摇头,心里责备自己。

庄妃轻轻补充说:“先皇信任睿王爷,这一年多朝中诸事放心交与睿王爷打理。今后大清国的安稳还系于睿王爷一身,希望睿王爷三思后行。这是皇后娘娘让我转告睿王爷的几句心里话。”

多尔衮坚定地说:“请转告皇后娘娘,我多尔衮是先祖努尔哈赤的儿子,是先皇太宗的亲兄弟,不管什么情况,我行事都要对得起大清国。我一定会报答皇后娘娘和庄妃娘娘这些年用心关照的恩德。”

庄妃告辞。

礼亲王代善从年轻福晋的怀抱里挣脱出来,匆匆起床换衣。他知道朝中早晚一定会发生大事。但是他并不关心。十几年在皇太极的专制下,他已经失去了任何争斗的念头,他只想保持自己目前的景况,他对自己这种景况挺满意。虽然没有大权在握,他却牢牢掌握着两红旗,谁也别想把两红旗从他手中夺去。由于他识时务采取明哲保身的办法不再有野心,不再形成威胁,皇太极反倒处处真心关心他照顾他。这一把年纪,只图活得舒服活得长久,还想什么呢?争得皇位又如何?

自己决不参与这一次的争斗。谁想争,谁争去吧!他的主意已定。

但是皇后派人来请,他又不能不去。他毕竟是努尔哈赤最大的儿子,维护努尔哈赤开创的大清事业是他义不容辞的责任和义务。

代善匆匆赶到清宁宫。

代善这人心软,见不得女人哭。娘娘一哭,代善的眼睛也发热,他急忙安慰,说:"娘娘有什么难处,请只管与老王讲,老王一定全力以赴帮助娘娘解决。"

皇后呜咽着说:"太宗一去,我这心里好像没有了主心骨,有事不知道该跟谁商量好。皇位空虚,诸王都难免心生异念,忘记大清江山得来不易。只有礼亲王是先祖大汗的长子,能够从大清大局出发,办事公道,为人正直,又淡泊权位,忠诚可靠。想请礼亲王过来商议一下目前形势。"

代善心中虽然难过,却又很感动。没想到皇后娘娘这么知人,评价他如此准确。老年人听到别人与自我评价相一致时,难免大受感动。

代善说:"娘娘尽管说。老王一定尽力相帮。"

皇后把肃亲王动向讲了一遍。然后十分忧虑地说:"大清大业不能让自相争斗毁于一旦。还望礼亲王主持明天崇政殿议政的公道,平衡各方势力,避免势均力敌的势力互相争斗引起兵戎相见。"

礼亲王深深点头,心里很有几分敬佩。她仅仅一个蒙古女人,却能处处从大清利益出发。她自己没有儿子,不必为自己的儿子谋什么,只是希望大清稳定团结繁荣。

代善拈着几乎全白的胡须说:"从皇子里立新君,原本是合乎情理的。只是怕睿亲王和郑亲王有他念。"

"郑亲王和睿亲王今年一直辅佐太宗处理朝事,他们都很能干,是太宗的左膀右臂。他们也都很忠心。只是与肃亲王一直不大和睦,肃亲王一直对先皇重用他二人耿耿于怀心怀不满。如果这肃亲王即位,郑亲王和睿亲王他们会不会因为担忧肃亲王的迫害忧虑将来的前途,铤而走险呢?"皇后忧虑地说。

礼亲王代善很同意这种分析,他连连说:"有可能,有可能,皇后娘娘的分析很有道理。黄白两旗的一些大臣,一直是死对头,你死我活的。"

皇后说:"这正是我忧虑的。按理说,肃亲王豪哥是先帝的长子,即位是合乎情理的。我只担心其他亲王不服肃亲王而酿成灾祸。"

代善小心试探着问:"依皇后之见,怎么处理好呢?"

皇后掰着指头说:"继承皇位当然应该从皇子中挑选,这个大原则不能放弃。让我们看看太宗十几个儿子中哪个是合适人选。二阿哥三阿哥早夭,四阿哥叶布舒五阿哥硕塞六阿哥高塞七阿哥常舒,这几个阿哥都是庶妃所生,亲王看是否合适?"

代善摇着头:“子以母贵,这是咱满洲的习俗,历来没有传位给庶妃所生阿哥的规矩。”

皇后说:“是的。可是礼亲王知道我没有儿子。东宫宸妃的八阿哥也夭亡。当年太宗是准备立他为嗣的。西宫麟趾宫大贵妃的阿哥博穆博果尔刚刚两岁,是不是太小了一点?”

他很爽快地说:“这样看来,只有永福宫庄妃的九阿哥福临比较合适。”

皇后深情地说:“礼亲王也知道,我和先皇都很喜欢九阿哥福临,他聪明伶俐,小小年纪又很爱学习,知书达礼。立他当是众人的心愿。想来黄旗的大臣也无话可说。”

代善点头称是:“老王以为,两黄旗打出的口号一定是拥立皇子为帝,他们不大敢直接提出立肃王爷。只要立的是皇子,他们就无话可说。”

皇后语重心长地说:“礼亲王德高望重,自己又无野心,说话是很有分量的。还望礼亲王在明日的议政会上,公道说话,不要让先皇看到自家骨肉争斗残杀。”说到这里,皇后的眼圈一红,眼泪又扑扑嗒嗒落下,声音呜咽。

这时,贴身侍卫鳌拜又回来密报,说两黄旗大臣在肃王爷家歃血盟誓。

皇后又气又惊,连声说:“反了!反了!太宗尸骨未寒,他们就如此胆大妄为!”

代善也很生气,大声说:“娘娘你放心!有老王我在,就决不会让他们得逞!”

皇后十分感动地说:“明日的议政会和大清的命运全在礼亲王的手上,万望礼亲王鼎力相助!如果事成,庄妃和将来的新帝福临会没齿不忘礼亲王的大恩大德!”皇后说着下地便要下跪,代善急忙扶住皇后,连声说:“皇后娘娘千万不要折杀老王!”皇后只好曲了曲右膝,行了个肃礼,表示谢意。

庄妃走了之后,多尔衮心潮难平。

要不要自立呢?多尔衮拈着胡须沉吟。

想起18年前母亲被逼自尽殉汗情景,多尔衮内心便涌上一股难以抑制的仇恨。自立为皇,为额娘报仇。

多尔衮热血有些沸腾,他激动地站了起来,在书房里走来走去。

自立是悖天理的。多尔衮否定自己。但是心里另一个声音却说:什么是天理?太宗当年自立合天理吗?成者王侯败者寇。成功就是天理。

能成功,但是一定要付出代价。两黄旗不会袖手旁观,坐视不管由自己自立。他们不是已经在做准备了吗?两黄旗旗主和几个重臣担心两黄旗利益受到损害,正在积极串联集合反对多尔衮的势力,两黄旗准备拥戴肃亲王豪哥当皇帝。豪哥登基那又如何呢?两白旗的利益会不会受到损害?太宗当年压制迫害两白旗力量,可是不择手段的。不能让他们得逞!为了两白旗的利益,他还是应该自立!

多尔衮立住脚步,额头上沁出了细密的汗珠。他狠狠地擦着自己的额头,想让自己从混乱中清醒过来。

“来人!”多尔衮朝书房外喊。侍卫急忙走了进来。“备马!”福晋那木其问:“王爷这么晚了,到哪里去?”多尔衮笑了:“这么晚?这是个不眠之夜。我敢说,亲王没有一个睡觉的!”

他走出亲王府。到哪里去呢?先去探探两黄旗的动静。要是两黄旗真像舅舅阿布泰所说的只有几个人希望立皇子的话，他可以考虑自立。

多尔衮敲开正黄旗代理旗主启心郎索尼的府门，门卫见是多尔衮王爷，不敢阻拦。多尔衮径直走到正厅。同时他注意到两廊下躺着许多戎装士兵，正枕戈待旦。他心中暗暗吃惊。

后厅里索尼正紧急召见两黄旗大臣鳌拜、图赖、图尔格等人，商量部署明日的行动细节。听说多尔衮深夜来访，他不免心中惊慌。索尼急忙走到前厅，抱拳向多尔衮问安，索尼勉强笑着问："睿亲王深夜来访，不知有何见教？"

多尔衮坐下，也笑着说："索尼大臣深夜不眠，不知有何大事商量？"

索尼尴尬地笑着，说："太宗殡天，作为太宗旗下包衣和奴才，我们两黄旗感念太宗恩德，难以成眠。这是情理中事吧？"

多尔衮笑了笑，说："太宗有你们这些贤孝臣子，真是大幸。不知明日议政时两黄旗准备如何表态？"多尔衮单刀直入，问。

索尼正色说："两黄旗深受太宗皇帝的恩蔽，当然坚决拥立先皇的皇子。哪能考虑他人？"

多尔衮点点头，不好说什么。他明白，两黄旗要誓死保卫皇太极的儿子登上皇位。他心情沉重地走出索尼府。济尔哈朗的态度如何？去探探他的动向？

多尔衮掉转马头，朝郑亲王济尔哈朗的府邸走去。郑亲王不是努尔哈赤的直接后裔，他虽然没有继位的可能和想法，但是他的意见却是至关重要的。郑亲王拥有镶蓝旗，又是太宗的右翼力量，他的意见起重要作用。

何罗会？杨善？多尔衮自言自语。来晚了。他想。肃亲王豪哥已经派心腹幕僚来说服郑亲王，自己还去找他作甚？

多尔衮勒转马头回府。

多尔衮笑了。这个夜晚，确实是亲王的不眠之夜。

十七　幼主登基

庄妃于崇德八年八月初九日晚十时许，听到皇帝驾崩消息，感到难以置信，白日还在处理国务，谈笑风生，未见病容，怎能晚间突然去世？随即起床穿衣赶往清宁宫。当她看到皇帝遗体，驾崩果然是真，立即头脑发胀，昏厥过去。迨苏醒过来，想到平时夫妻恩爱，从此无依无靠，不禁悲从中来，呼天抢地，痛不欲生。悲痛至极，忘却了对大福晋被迫殉葬的恐惧，而执意要跟随皇帝殉葬，同上西天。

国不可一日无君，太宗皇帝崩后何人继立，是诸王、群臣最为关切的问题。他们一面办理大行皇帝丧仪，一面私下筹划新君继位之事。当时争立最为积极的睿亲王多尔衮与肃亲王豪哥，立即分别大肆进行活动。

两黄旗大臣中，绝大多数都主张应立皇子，而不能立睿亲王。因为，如果睿亲王多尔衮继承帝位，必然将现在的两白旗重新改为两黄旗；而将现在的两黄旗，改回两白旗，从而使他们蒙受损失，地位与待遇都会大为降低。因而共同立誓："若换朝廷宫殿颜色，变易旗帜，我等即死于此。"但在皇子中，是立皇长子豪哥，还是立皇九子福临，仍存在不同意见。

黄旗大臣在原有两种意见基础上，经过反复磋商，又形成一种新的共识，那就是，以皇长子肃亲王豪哥为君，以皇九子福临为太子。他们在坚持父死子继、立帝之子的同时，却又要求以兄终弟及为补充。这一新的趋于一致的看法，虽然是原有两种意见互相妥协的产物，但基本上是图尔格和塔瞻主张占了上风，因为马上即帝位的毕竟是豪哥，而不是福临。

图尔格立即兴高采烈地跑到豪哥家中暗通信息，说两黄旗大臣欲立他为君。随后，他派正蓝旗固山额真何洛会、议政大臣杨善对镶蓝旗旗主郑亲王济尔哈朗说："两黄旗大臣已定立我为君，尚须尔议"。济尔哈朗当即向来人表示："我意亦如此"。后来正红旗旗主礼亲王代善也表示过支持豪哥为君。这样，豪哥便得到了满洲八旗中，两黄、两蓝及正红等五个旗的支持，暂时居于优势地位。

然而上述两黄旗大臣的初步意见，仅是他们"私相计议"的结果，必须得到女主人皇后和庄妃的认可方能生效。再者，拥立皇子的黄旗大臣，情况也不一样。譬如，巩阿岱、锡翰和谭泰 3 人，其真实目的是支持多尔衮，因自己是黄旗大臣，不便公开表态支持白旗旗主，所以通过亲属传话给多尔衮之弟多铎，说黄旗亲属都愿睿王即大位。与此同时，他们又公开表态，支持皇子，尤其是其中年龄幼小的福临。因为福临即位，必请睿王辅政。他们本意是不支持豪哥，然而到豪哥家"私相计议"拥立豪哥时，他们也随同参加。于是，这几个人便成了不倒翁，不管谁当皇帝，他们都是拥立者，都能从中得到好处。

巩阿岱、锡翰及其三哥拜尹图，是清太祖努尔哈赤庶母弟巴雅喇之子。其父因"不谙事务"，无所作为，终生未入贝勒之列；其母也目光短浅，因害怕征战，常谎称儿子有病，不让他们赴战场建功。这种家庭，养成了他们贪生怕死、投机取巧的心理。太宗即位后，对族弟大加提携，立即任命拜尹图为十六大臣，佐正黄旗，授一等梅勒章京世职。后因叙功时无功可叙，太宗乃于天聪八年(1634 年)四月廿一日，以"加恩宗室"的名义，升他为三等昂邦章京(三等子)，并言明"与功臣同"。翌年十二月，授攘黄旗固山额真。崇德六年(1641 年)八月，因徇庇其弟巩阿岱被革职，第二年六月又复固山额真任。然而两黄旗大臣议事，却未见他参与，可能因戴罪复职，暂时还不能参与决策大事。崇德元年冬，晋升护军统领。翌年四月，任正黄旗议政大臣。崇德四年(1639 年)八月，又被晋升为辅国将军。因在大清门前与固山额真谭泰吵架，被罚银二百两，不久又被削职。崇德六年(1641 年)围攻锦州，巩阿岱因"畏避不战"，又"诡言冲入"，以及不遵命设伏截路等罪，部议论死。皇太极从宽处理，免死，仅籍没巩阿岱家资三分之一。他们的小弟锡翰当时未任军政职务，但能参与两黄旗大臣议事，也可能以宗室身份担任御前行走之类的内廷职务。巩阿岱兄弟胆小如鼠，志大才疏。在战场上贪生怕死、畏避不前；在日常交往中趾高气扬与同僚格格不入。然而就是这样的人，却一再得到皇太极的提拔与庇护。这是为什么呢？仅仅族弟关系，不致如此偏爱。估计是因为他们最善于看风使舵、投机钻营，可能在皇太极吞并原来属于杜度的镶白旗过程，起了重要作用。巩阿岱等从中尝到甜头，并因禀性难移，所以在皇太极死后，面临新的权力更迭之际，又在窥测方向，试图进行新的政治投机。

三天举哀期间，皇后、庄妃已与娘家亲人初步议论过帝位继承问题，一致认为应力争福临即位。举哀完毕，皇后与庄妃立即召集两黄旗大臣议事，得知他们以肃王豪哥为君、以福临为太子的初步意见，便明确表示不妥。

问题非常明显，如以肃亲王为君，以福临为太子，则福临的生母庄妃肯定不能称太后，充其量定个大妃名号，过上寄人篱下的生活。皇后虽能定为太后，但不会有任何权力，而福临涉足权力宝座则要等豪哥去世以后，豪哥刚刚30多岁。

其次，以肃亲王豪哥为君，同样会发生改变旗帜颜色问题。所以，如以豪哥为君，两黄旗的命运必将是一旗改变颜色，与豪哥所属的正蓝旗互换旗帜；另一旗被瓜分，归并各旗，再从各旗抽人组成新的黄旗，归新君豪哥率领。由于黄白旗之间长期存在尖锐矛盾，所以索尼、图赖、鳌拜等黄旗大臣议事时，只将主要目标对准两白旗，竟忽视了全面分析问题。

既然议决拥立年纪小的皇九子福临即帝位，便需考虑辅政之人。在诸王之中，算来算去，唯有和硕睿亲王多尔衮与和硕郑亲王济尔哈朗二人最为合适。因为和硕礼亲王代善虽德高望重，怎奈年事过高，已60开外，实在不胜操劳。和硕肃亲王豪哥意在争夺帝位，未必甘心辅政。况且，他在诸亲王、郡王之中辈分最低，才能一般，威望不足以压众。此外，多罗武英郡王阿济格鲁莽，多罗豫郡王多铎轻浮，多罗饶余郡王阿巴泰倚老卖老，居功自傲，连先帝都没放在眼里，怎敢让他辅佐幼帝？

多尔衮与济尔哈朗，不论从威望、才能、地位、实力等各方面衡量，都足以堪当辅政之重任。问题是一心争夺帝位的多尔衮当了辅政之后，会不会大权独揽危及幼帝的安全及地位？庄妃与皇后经过反复斟酌，确认无关大局。因为辅政尽管权力再大，他与幼帝毕竟是君臣关系；幼帝与太后手下还有两黄旗做靠山，足以与多尔衮三兄弟的两白旗相抗；其他诸王，尤其是同任辅政的郑亲王，对他多少也能有些制约作用。

庄妃与皇后在娘家亲人帮助下，对各方面情况的分析，以及最后的决策基本都切实可行，但她们没有料到身边大臣中还有像巩阿岱弟兄那样的投机分子。他们卖身投靠，吃里爬外，名为黄旗大臣，实际贯彻多尔衮意图，使忠于皇帝的大臣遭到无情打击，给太后和幼帝增添许多困难。

满腹韬略、善于观察形势的多尔衮，在这神秘莫测、扑朔迷离的政治气氛中，也有些感到发蒙，左顾右盼，发现立皇子的呼声很高，尤其听到豪哥扬言，两黄旗大臣欲立他为君，甚感吃惊。因为两白旗王大臣普遍认为，“若立肃亲王，我等俱无生理”，如豪哥得立，便标志自己的彻底失败。到这时他才暗自后悔，他与阿济格、多铎所造“国基未固，须立长君”的舆论，实际上是帮了豪哥的忙。正在焦躁不安之际，又听说两黄旗大臣的态度有变化，欲拥立幼主福临为帝。这一使多尔衮稍感宽慰的消息，很可能是巩阿岱传给他的。后来多尔衮任摄政王时，处罚当年拥立豪哥之人，因巩阿岱也曾随同索尼等到豪哥家中“私相计议”，欲立豪哥为君，法司议巩阿岱应“论死”，但竟得到多尔衮的赦免。不仅未受任何处罚，还赏赐银两、庄田，晋爵为固山贝子。

多尔衮摸清两黄旗大臣欲立皇九子福临的意图之后，感到实在难与两黄旗相抗，于是便构思了一个拥立福临、由自己与郑亲王辅政的折中方案，并就这一折中方案和多铎、阿济格进行讨论。多铎与阿济格争立的态度十分坚决，甚至双双跪下，请多尔衮争立帝位，甚至用话激他说："难道你是怕两黄旗大臣吗？"多尔衮则劝说他们认清形势，必须如此，不能做出任何鲁莽行动，否则豪哥得立，连辅政的地位也捞不到。

索尼通过与多尔衮接触，也发现他不再强调"国基未巩，须立长君"的主张。于是，将会谈情况以及自己对形势的分析禀报皇后及庄妃，并就如何对明日诸王会议施加影响之事向二位女主请示。女主令索尼与护军统领图赖、鳌拜二人商议。经过反复磋商，最后决定以警卫之名，派护军包围会场，用"兵谏"的形势，对诸王施加影响。也有防止两白旗采取过激行动之意。最早动用护军的是图尔格，镶黄旗护军统领鳌拜等人亦听信图尔格言，派拨护军守门。从这些行动受到启发，才想起以护军包围会场之策。尤其皇宫警卫一向由两黄旗护军负责。奉主子之命增派护军"守卫"会场崇政殿，乃护军统领应尽之职责，诸王无权干涉。

崇德八年（1643年）八月十四日，皇太极死后第六天，决定皇位继承人的诸王会议在崇政殿召开。当天黎明，两黄旗大臣盟于大清门，令两旗护军张弓挟矢，环立宫殿，最后将大多数护军部署在崇政殿的周围，表明为立帝之子。

会议在剑拔弩张气氛下开始。礼亲王代善、郑亲王济尔哈朗、武英郡王阿济格、睿亲王多尔衮、豫亲王多铎、肃亲王豪哥、多罗郡王阿达礼、阿巴泰、多罗贝勒罗洛宏、固山贝子尼堪、博洛、硕托、镇国公艾度礼、辅国公满达海、费扬武、吞齐、博和托、吞齐喀、和托等，分别列坐崇政殿的东西庑。索尼及巴图鲁鳌拜首先代表他们的女主皇后和庄妃表态，倡言"立皇子"。睿王待他们发言完毕令暂退。豪哥会前已得知两黄旗大臣的态度有变化，这次又从他们的表态中得到证实。从"立肃王"改为"立皇子"，表明两黄旗大臣从原来支持自己，转而支持福临。这时礼亲王代善发言，提出豪哥是"帝之长子，当承大统"。豪哥见两黄旗大臣改变态度，知大势已去无可挽回，便愤然表示"福小德薄，非所堪当"，固辞退去。

阿济格、多铎趁机劝睿亲王即帝位，睿亲王犹豫未允。多铎又提出："若不允，当立我。我名在太祖遗诏。"睿亲王说："肃亲王也遗诏列名，不单独有你。"多铎又说："不立我，论长当立礼亲王"。代善这时才发觉两黄旗大臣态度有变化，豪哥已放弃争位，多尔衮争位劲头也大为减弱，似乎他们之间事先通过气，唯有自己被蒙在鼓里，于是冷冰冰地说："睿亲王若允，我国之福，否则当立皇子。我老啦！能承担得起这样的重任吗？"并且，引用皇太极生前曾有时未找他议政之事例，以对这次议立新君未事先找他商量表示不满，说："吾以帝兄，当时朝政老不预知，怎么可以参与评议新君呢？"说完当即退出会场。

多尔衮见礼亲王代善已表态立皇子，两黄旗大臣又一再坚持，郑亲王济尔哈朗也是主张立皇子的，他会前曾表示过立豪哥，这时又感到豪哥性柔，力不能胜众。所以，也转变态度，同意立福临。在力量对比不利于自己的形势下，只好将原来准备好的、以福临为君，自己和郑王辅政的折中方案推出。他说："豪哥既然谦让退出，无继统之意。当立帝之第九子福临。因他年岁幼稚，八固山军兵，我与右真王（济尔哈朗）分掌其半，左右辅政。待年长之后，当即归政。"这一方案，立即得到与会者的赞同。

皇太极死后，其属下人敦达里、安达里二人愿殉葬。敦达里是原建州部人，自幼跟随皇太极，后分隶和硕肃亲王豪哥，改属正蓝旗。皇太极崩后，敦达里以幼蒙恩养，不忍永离，遂以身殉。诸王贝勒等甚为感动，以敦达里志不忘君，忠忱足尚，赠甲喇章京，子孙永免徭役，倘干犯重典，应赦者即予开释，不应赦者仍减等，官爵世袭罔替。安达里原为叶赫部人，自来归时，皇太极怜而养之，由微贱沐殊恩，授牛录章京，属皇太极自领的两黄旗。他的殉葬方式与敦达里不同，不是不告而殉，而是事先交殉葬申请，并提出一个问题，即"若先帝在天之灵问及后事，将何以应?"也许这是庄妃及皇后等人授意他提出的，实际也是在为拥立幼主福临造舆论。所以拖延数日，待八月十四定议福临即帝位后，才举行殉葬仪式。诸王贝勒也都很感动，每人给安达里一套衣服，并预议恤典。

两黄旗大臣中最早拥立皇九子福临的索尼、图赖、鳌拜、谭泰、巩阿岱、锡翰等六人，曾共同盟誓于三官庙，表示"愿生死一处"，"誓辅幼主，六人如一体。"

对天地立誓，是动员和团结大多数王、贝勒和文武大臣，共同辅佐幼主的最好办法。

然而，也有个别人，言而无信、口是心非，虽与大家一起信誓旦旦，表示共同辅保幼主，而暗地里却在策划拥立多尔衮为君。据《清世祖实录》记载：八月十六日，多罗郡王阿达礼(代善之孙)，到和硕睿亲王府，对多尔衮说："王正大位，我当从王"；又到和硕郑亲王府，对济尔哈朗说："和硕礼亲王(代善)，命我常至其府中往来"。借以表示，他拥立多尔衮的行动，是得到代善允许的。随后，阿达礼之叔固山贝子硕托，又派遣吴丹到睿亲王府，对多尔衮说："内大臣图尔格及御前侍卫等皆从我谋矣。王可自立为君。"

政治斗争经验颇为丰富的代善，深知已定议拥立皇九子福临为帝之后，再谋划拥立别人，便是祸国乱政。多尔衮指使自己的儿、孙硕托、阿达礼出面干此蠢事，万一成功坐收渔利；倘然失败又可嫁祸于人，真是恶毒已极。于是，他立即派人向多尔衮质问一些密谋的细节，"言词迫切"，使多尔衮十分难堪，并陷于真相一旦暴露就将身败名裂的危险境地。多尔衮怕追查到自己头上，所以当众揭发，并立即以叛逆罪及结党助逆罪，将硕托、阿达礼及硕托妻、阿达礼母、吴丹等人处死，既能掩饰自己参与密谋的罪责；又能显示自己无意称帝、坚决拥戴幼主的决心。这一事件的一个重要后果是将开国元勋代善及正红旗进一步推向幼帝母子及两黄旗方面。此后代善始终以绝对沉默的方式，对多尔衮的一些措施进行抵制。

以和硕礼亲王代善即行举发，将籍没阿达礼的家产全部给他；籍没硕托家产并其子拉哈、齐兰布给和硕睿亲王多尔衮。以阿达礼弟勒克德浑和杜兰给和硕肃亲王多铎。皇后与庄妃既不要财物也不要他们的子弟，而是将阿达礼与硕托的属下人、大学士刚林与范文程要来，分别拨入正黄旗与镶黄旗。这表明皇后与庄妃收罗人才，准备介入政务的意向。

八月二十二日，即郡王阿达礼、贝子硕托等被处死之后的第六天，两黄旗大臣、侍卫等共210人，共同焚香，誓告于天地："我等若以主上幼冲，不靖共竭力如效力先帝时；谄事诸王，与诸王、贝勒、贝子、公等结党谋逆，潜受贿遗，及与人朋比，仇陷无辜，娼嫉构谗，蔽抑人善，徇隐人恶者，天地谴之，即加显戮。"这里特别提出，不得"谄事诸王，与诸王、贝勒、贝子、公等结党谋逆。"这分明是皇后、庄妃及索尼、图赖等黄旗大臣，对多尔衮未遂密谋的有力回答。

翌日，八月廿六日，福临即帝位。内处诸王、贝勒率文武群臣齐集笃恭殿前。这天，晴空万里，但已颇有寒意。福临经过其母庄妃多日的训练、演习，已经略知宫中礼仪，尤其有两条记得比较牢：一是非黄色衣服不穿；二是不让下人与自己同坐。他从永福宫出来，态度比较安详、自然。侍臣怕受寒着凉，送上貂裘。福临接过看看，又交回没穿。那时他刚6岁，将升辇，他的乳母怕他坐不稳，想要上辇扶他。他说："此非汝所宜乘"，没有允许。福临坐在辇上，从东掖门出宫，诸王贝勒文武群臣跪迎。福临进入笃恭殿，问身边侍臣说，"诸伯、叔、兄朝贺，宜答礼乎？宜坐受乎？"侍臣回奏："不宜答礼"。于是，和硕郑亲王济尔哈朗、和硕睿亲王多尔衮率内外诸王公、文武群臣，行三跪九叩头礼。登基礼成，福临起立，出殿门时，坚持让和硕礼亲王先行。待伯父礼亲王出殿后，他才出殿升辇回宫。诸王贝勒及文武各官跪送，并对小皇帝举止适度深表敬佩。

庄妃

福临即帝位后，立即尊奉皇后及生母庄妃为皇太后。皇后哲哲死后谥孝端，故称孝端皇太后。庄妃死后谥孝庄，故称孝庄皇太后。两宫皇太后共辅幼主的局面，在清朝历史上首次出现。从此，皇太后与幼帝成了清宫与两黄旗的合法主人。两黄旗大臣们也以皇太后与幼帝为寄托，进一步增强凝聚力。

幼帝离不开母亲，所以仍与孝庄太后住于永福宫。既然是皇帝居住之宫殿，不便进出东侧门，于是将永福宫略做修改，从南面开门。档案上关于永福宫的室内建筑是这样记载的：

> "永福宫南面正门口面高七尺一寸五分，宽三尺四寸，……南炕长一丈七尺四寸，宽四尺五寸，……东炕长二丈零六寸，宽六尺五寸，……西炕长二丈二尺，宽四尺四寸，……北面正门（应为内门）口面高六尺八寸二分，宽三尺三寸五分，……东炕长一丈四尺七寸，宽六尺二寸，西炕长一丈四尺七寸，宽六尺七寸。"

沈阳故宫所存原永福宫的正门也是开在南面，与档案所记完全相合。宫门的变化，标志权力的转移，使得这座侧宫也逐渐具有正宫的含意。偏居一隅的永福宫，逐渐成了后宫新的权力中心。

十八　太后偷情

“真大啊！”站在皇城最高处承天门城楼上的皇太后终于按捺不住，转过头悄悄对苏嘛拉姑说。自从福临登极之后，皇太后便命令所有的小孩和宫中太监宫女叫苏嘛拉为苏嘛拉姑，以表示她特殊的位置。

蛮子汉人的东西确实好。皇太后心里说。先宗皇太极坚信应该学习汉人的文化，实现满汉一体的治国大政方针，自己也应该坚持这方针。这么好的地方，为什么几个月前居然还会有那么多满洲亲贵拼死反对迁都北京？

想到这里，皇太后轻蔑地笑了一下。还是睿亲王多尔衮理解并接受皇太极的治国思想和方针，打进北京，刚安顿下来，便着手准备迁都工作。这睿亲王，不顾众人的反对，认定入主中原才是太祖太宗的遗愿。打进关内和北京的英王阿济格一再建议多尔衮，说：“以前初到辽东时，不随便杀人，所以清人被辽人杀掉很多，如今应该乘着兵威声势大肆杀戮抢掠，然后留诸王守燕京，大军退回盛京，或者退回山海关据守。”

多尔衮当时就不同意这意见。他说：“先皇多次说过：若得北京，当即徙都，以图进取。我们今已进北京，却退回山海关，很可能使得到又失去。要想建立全国一统的大清天下，非定都北京。北京位于国家的中心，前可控制江南岭南，后可治于蒙古塞外山海关外，东可及山东西可到西藏，它正像心脏一样重要。盛京哪里有这样的好位置？连蒙古人都知道它的重要，把都城定于这里。我们却放弃它固守一隅偏安角落不成？”

这睿亲王进了北京，立刻着手迁都。

睿亲王原要陪同皇太后巡视皇城，皇太后坚决推辞了：“你现在肩上的担子很重，百事待兴，我们自己逛逛看看就可以了。你只要给指派一个懂事的太监引引路。”

皇太后俯瞰着脚下的紫禁城，喊了一声：“小福子！”

“喳！奴才在！”

一个白白净净眉清目秀的小太监吴良辅弓身趋步上前。皇太后指着紫禁城中部那一组最巍峨雄壮的黄色大殿问：“那可是皇上上朝的金銮殿？”

机灵的小太监吴良辅入宫多年，对皇宫掌故了如指掌。他躬身趋步向前，指着紫禁城的中轴线上三座最为雄伟的宫殿说：“皇太后问的可是那三座宫殿？那就是金銮殿，分别叫皇极中极建极殿。旁边是东西六宫。被李自成一把火全烧光了。这是大清王爷命令赶建起来的，虽然有过去的样子，但是却还没有过去的气派。”

“睿王爷说先赶建起来，以后再重建，重建时一定更气派。”那木其上前，接着吴良辅说。

皇太后说：“是的，这日期这么紧，自然不能把工程搞得太大，以后一定建得超过前朝的规模，以显我大清威风。这金銮殿是国家的心脏，我们大清要给它改改名字。连这承天门也要改换名字才好。”说着，她皱起眉头，想了想，转回头问那些命妇，“你们谁能想个好名字？”

只有睿亲王福晋那木其说:“她们大概没有听懂刚才说的话。”

皇太后少不得当当翻译。皇太后翻译了向导手指所指之处,顺便说:“你们也要学学汉语了。不然以后你们生活中会有许多不方便的地方。”众人都频频称是。连最反对学习汉语的济尔哈朗福晋也心服口服地点头。

皇太后沉思着还在想名字的事。承天门?皇太后摇头。大清国刚刚入关,最最需要的是安定安宁。这国家远未安定下来,听说李自成残部张献忠的部队还在西南活动;南明小王朝据守江南一隅,还在那里封官许愿互相争风吃醋地斗着;许多地方抗清斗争还在进行,郑成功据守福建与大清对抗。就说眼前这京城,表面上风平浪静,其实谁知道静水下掩盖着多少淹死人的大漩涡?汉人历来歧视异族,宁可容忍一个极腐败的朝廷统治他们,把他们置于水深火热民不聊生之中,也不容忍异族的改朝换代,在异族改朝换代时总要作拼死的反抗,还说什么是民族气节。

“皇天可以保佑我们的平安。叫天安门如何?”她转过头对跟随的一个学士说。“至于金銮殿的改名,还是交给文馆大学士们去办理吧!”她又补充了一句。

吴良辅领着皇太后走下承天门城楼,进入午门,上到午门高大巍峨的五凤楼上,然后又沿着皇城城墙慢慢行了一段。走到西门,皇太后说:“这皇城四四方方,设四门最为合适。南门为天安,北该有地安,天地相对保佑大清国的平安。那么,西门叫西安门,东面的叫东安门,这样一来,南北东西四方平安。你们以为如何?”大家都说好。那木其指着与午门相对的门问皇太后:“太后还需给那个门赐个名。”皇太后想了想说:“这是皇城的后门,正对万岁山,原名叫什么来着?”吴良辅急忙说:“回皇太后,这门原名叫玄武门。”皇太后想了一会说:“还是叫神武门的好。我想,这紫禁城外还有一城,是不是啊?小福子?”吴良辅说:“回皇太后,是还有一城。承天门对面有一门,东西安门外还有相对的东西门。”

墙外一片苍翠的松柏树林吸引了大家的注意,纷纷赞叹不已。

“这是皇家祭祀土地和五谷神的社稷坛。东安门外是皇家祭祀祖先的太庙。”吴良辅满脸浮着讨好谄媚的笑,眼巴巴望着皇太后说。

皇太后禁不住笑了:“这小猴崽子,已经记住我起的名字了!够机灵的,今年多大了?”“奴才回皇太后,今年15岁,进宫10年了。”

皇太后叹息了一声:“5岁就进宫,真够可怜的。以后就到皇帝那里当差吧!”吴良辅急忙跪下磕了几个大响头,嘴里连连说:“谢皇太后的恩赐!谢皇太后的恩赐!”

皇太后笑着说:“起来吧!以后要好好伺候皇上!”

吴良辅学着满洲的习惯说:“喳!小奴才记住皇太后的教导!”

皇太后慢慢行在城墙上,边走边说:“如今这太庙里已经安放了先祖太祖高皇帝和太宗文皇帝神主灵位。这是八月最后一天的事,我们还在路上。”

“是啊,是啊!”福晋们纷纷应和。

“我们八月二十日从盛京出发时,睿王爷就已经开始在筹备开国大典,首先要请祖先入太庙。”睿亲王福晋那木其补充说。

这时,后面的一队侍卫抬来舆轿赶上前来,侍卫请皇太后上舆,说是接睿亲王的命令,怕皇太后劳累。

皇太后心中一热：这睿亲王可真是细心体贴。一股热流震荡着皇太后的心田。皇太后感到脸上有些发烧。先是指挥阿济格、多铎出兵横扫辽地中剩余的明朝城池，然后就开始部署进军关内。

顺治元年四月九日，多尔衮亲率大军出盛京的抚近门，拜堂子祭祖先宣誓之后，浩浩荡荡出发。这是一次破釜沉舟式的大战。多尔衮征召了盛京城内70岁以下10岁以上的全部男丁和蒙古49部的部队，号称百万大军。路途中接到吴三桂的求援信，联合吴三桂在石河西与李自成农民大军激战，然后收山海关。

现在他多尔衮正忙于亲自筹办开国大典的各项事情。十月初一将开始的开国大典仪式前前后后要持续半个多月，有多少大事需要他部署决策啊！

这样操劳的多尔衮王爷还记挂着她们这些女流，真是个知痛知热的有情人。皇太后推推那木其福晋，说："睿亲王这么知冷知热，你可真有福气！"那木其不好意思地笑了，说："皇太后莫要取笑我。睿亲王这是心里想着皇太后你这一国母后啊！"众福晋都齐齐夸奖睿亲王的能干和忠心。

皇太后说："你们有没有走不动想乘轿的？"众福晋都说："累是不算累，又没有走很多路。不过，怕皇太后吃不消，还是听凭皇太后安排！"

皇太后莞尔一笑，说："我们满洲女子大脚大手，行得路骑得马打得猎，走这点路是可以的。哪像汉人把女子的脚都缠了路也走不动。这汉人缠脚的习惯真要不得，将来应该废止才是。我要让顺治皇儿在午门上挂块牌子，上面写着：领缠足女子进宫者斩！看他们谁敢把这丑陋的习俗带进我们满洲！"

皇太后依然慢慢走，侍卫和太监只好抬着舆轿跟随着。

太后说："今天原本想到万寿山去看看前朝皇帝崇祯上吊的那棵老槐树，让我们受点教训，只是大家都走乏了，以后再说吧！"

懿靖大贵妃依然那副蒙古人的急脾气，她嘴一撇，说："失败的死鬼皇帝有什么好看的？"皇太后轻轻摇摇头说："前车之鉴，可以做后事之师嘛！"她知道这些贵胄命妇除了尽享荣华富贵之外，除了知道确保满洲特权之外，对政事全都漠不关心。

皇太后轻轻叹了口气。皇太后哲哲已经淡出皇宫政事，每天只是吃斋念佛，诸事不管。

多尔衮十分疲累地歪在王府寝宫的炕上，福晋那木其坐在他的对面，小使女轻轻地用美人锥给他捶腿。这些日子，他的双腿站立得太多了，浑身酸痛，饭量也大为减少。那木其心痛地埋怨着："你呀，太逞能了。瞧这开国大典结束，把你都累坏了。"

一想起进北京的盛况，他就激动不已。有什么比这更叫人高兴的事呢？这半年来许多激动人心的大事总在他眼前晃动。他闭上眼睛，斜倚在松软的大靠枕上。

多尔衮脸上露出舒心满意的微笑，脑海里回荡着历史的画面。

顺治元年四月九日，多尔衮听从范文程和洪承畴的建议，决定亲率大军向关里进发。前方，李自成的军队已经向山海关进发，前来围剿先投降后又叛变的山海关总兵吴三桂。多尔衮不明情况，不敢贸然前进。他的部队慢慢行进在入关的大道上，有时还停下来在美丽的塞外草原上围猎一番。四月十五日清晨，多尔衮骑在马上，信马由缰，起程慢慢前进，刚刚行了几里路，前边护卫来报："有明军士兵求见。"

多尔衮勒住马缰绳，威严地命令："带来！"护卫带进两个明军军官打扮的人来。这是改变了历史、改变了李自成命运的吴三桂的使节——副总兵杨坤和游击郭云龙。多尔衮下令停止前进，召见杨坤、郭云龙。

杨坤递上吴三桂给多尔衮的信函。多尔衮打开看着，交给范文程读。信上写：

我蒙先帝提拔，肩负辽东总兵的重任，王爷的威望，我是一直深慕的。但春秋之义，不能越境交往，所以很久未敢联系，作为臣子的情谊，谅王爷应该理解。如今我国以宁远孤立一方，命我放弃宁远，镇守山海关，从而镇守东部边疆，防卫京城。不想流寇攻打北京，由于人心不稳，奸党开门投降，先帝不幸身亡。如今贼首僭称帝号，抢掠妇女财物，罪恶已极，真是赤眉、绿林、黄巢、安禄山之流，天人共怒，众叛亲离，马上就会失败。……各省宗室纷纷兴举义兵，山左江北，星罗棋布。我受国厚恩，不忍百姓遭难，据守边门。虽想兴师问罪，以安人心，但京东地小兵弱，特泣血求助。我们与你们通好200余年，今我们遭国难，你们应有恻隐之心，而乱臣贼子也不是你们所能容忍的。除暴剪恶，拯救危难，出民水火，是大仁大义之事；兴灭继绝，取威定霸，可得大名大功，何况流寇聚集了金帛子女无数，清军一到，都是王爷您的。王爷以盖世英雄的身份，在此关键时刻，希望考虑我这亡国孤臣的忠义之言，速选精兵直入中协、西协，我自率部直抵北京，灭流寇与宫廷。我报答贵朝的绝不仅仅是财帛，而将裂土以酬。……本应上书贵朝皇帝，但由于不知你们的礼节，所以只好请王爷转奏。

多尔衮看完信后久久没有说话。这吴三桂在耍什么花样？

多尔衮转过头，问多铎和阿济格："他是不是听说我们出兵山海关，故意来麻痹我们，搞缓兵之计啊？还是故意引我们上钩？他今率兵前来，是不是有攻辽之举？我们不可麻痹大意。来人！"多尔衮喊。传令官跑步上前。

多尔衮命令："立即赶回盛京，让郑亲王马上发锦州的汉兵带红衣大炮赶赴山海关！"他想了一想，又补充说："同时奏明皇太后和皇上！"

多尔衮又下令说："原地休息待命！"

多铎摇着头说："汉人诡诈得很，吴三桂尤其是个反复无常的小人，投降了李自成，如今又反叛李自成。他会不会引诱我们去打北京，然后在路途中袭击我们？"

多尔衮眼睛望着范文程和洪承畴，问："你们的看法如何？"

范文程拈着几绺胡须说："刚才我和洪总兵商议了一下，我们觉得这也许是个取山海关的好机会。"

"嗽？说说你们的想法。"多尔衮很感兴趣。

"吴三桂求救估计没有诈，他可能已经处于走投无路的境地。但是他却想借我们之手来打北京，通过攻打北京来解他目前的困境。我们以为，完全可以直取山海关。到山海关去解他的困境，然后看他是否真有诚意与我们共同进军北京。如果有诚意，我们可以联合起来以他的名义进京。如果没有诚意，在山海关消灭他！"

“对!”多铎和阿济格爽快地表示赞赏。

多尔衮拈着胡须,沉思地点着头。他慢慢地说:“我们要在这里故意多停留一些时间。让李自成的军队打到山海关,让吴三桂在燃眉之急下答应我们的全部条件!”

“他吴三桂到了山穷水尽的地步,居然还提出和我们共享江山。真真可笑!”阿济格不屑地说。

“请范学士起草答复吴三桂的回信,信中不要理睬他提出的条件,只说我们愿意帮助他,但是他得归降,可以封他个什么藩王。”多尔衮沉思着说。

第二天,多尔衮命令部队起程,同时派使节把回信送给吴三桂。信上说:“我们一向想与明朝修好,屡次写信,但明朝君臣不管国家受难,军民死亡,不曾有一言相答,所以我们三次进兵攻打,对明朝官吏表明我们的想法,就是要明朝皇帝考虑通好。如今我们不再这样做了,只有平定国家,与民休息而已。我听说流寇攻陷京师,明主惨死,不胜发指。于是率仁义之师,破釜沉舟,誓不返旌,灭亡流寇,出民水火。到平西伯遣使来信之时,我很高兴,于是率兵前进。伯想报恩,与流贼不共戴天,当然是忠臣之义,所以尽管一向与我为敌,如今也不必因为以前的事存有什么疑虑。……如果率众来归,一定封以故土,升为藩王,一方面报了国仇,一方面可保身家,子孙万代,永享富贵。”

四月二十日,多尔衮来到锦西连山驿,探子报说李自成的部队已经到了山海关。

多尔衮笑着说:“这吴三桂实在聪明,要是不采用缓兵之计,李自成一举进攻山海关,我们到山海关支援何人啊?怕是他早就成了李自成的囚徒。”

使节送来吴三桂的急信。信中说:

“接到王爷的来信,知大军已到宁远,救民伐暴,扶弱除强,义声震天地。您帮助我们实在是为了我们先帝,我的感谢是微乎其微的。我按您的指教,立即派出精锐到山海关以西的紧要处,引诱流贼速来。如今李贼亲率党羽驻扎永平一带,此乃自投陷阱,天意亡他。现在我已尽整精锐部队,希望看时机合适就出发,如果有幸王爷速率军队直入山海关,首尾夹攻,逆贼可擒,京东京西可传檄平定。另外您的仁义之师,首重安民,发布的檄文非常合适,但更请大军秋毫无犯,这样百姓心服,财物土地也可到手,什么事不能做成呢?”

多尔衮仰天大笑,说:“这次吴三桂不谈什么裂疆土分我半壁河山了!”他大声传令:“部队快步前进!”

“两京锁钥无双地,万里长城第一关。”多尔衮身旁的范文程顺口吟诵。

榆关十月马毛僵,手挽雕弓射白狼。
一阵雪花飘玉屑,西风犹趁马蹄忙。

多尔衮也随口吟诵。然后他回转过头,问:“大学士,这榆关可是这山海关?”

范文程在马上弓弓身,说:“回睿王爷,这榆关并不完全是这山海关,古榆关在抚宁附近,四周空旷,无险可据。明初徐达北伐残元势力,率军来到此处,见榆关东面80里处枕山近海，好似咽喉，于是下令把关城东移，它倚山临海，人们就叫它山海关。”

“是啊！所以先皇帝数次入关都避开山海关，绕道而行，以避免无谓的牺牲。”多尔衮叹息着说，“先皇帝的英明用兵如神够我好好学习。”

多尔衮命令部队停止前进，驻扎到山海关东的欢喜峰。“这名字吉利。”多尔衮想，“欢喜佛，欢喜功，欢喜峰。有意思。”他偷偷地乐：这一次，真要大欢喜了！

多尔衮和范文程迎着料峭的寒风，站在欢喜峰的威远台上，俯视山海关的动静。李自成的主力部队在石河西激战，另外几支农民军队在山海关的北翼和东翼攻打。吴三桂的守军危在旦夕。这时，侍卫上来报告：“吴三桂派人求见！”

“请进大帐来！”多尔衮走回大帐，范文程也紧跟着。五位明服打扮的当地乡绅走进大帐，跪下求见多尔衮。他们跪在地上，一起请求说：“吴三桂大帅请求王爷立即进关，解救生灵于水火。”

多尔衮和颜悦色地请他们站起，敬茶赐座，和他们商讨山海关目前的局势。范文程说：“睿王爷这是应吴三桂大帅的邀请，前来除寇安民。听说流寇逼死皇帝，至今尚未发丧，百姓心中不忍。睿王爷决定前来替崇祯皇帝发丧。睿王爷的部队素以爱民著称，尔等不必惊慌。大清国虽非汉族，但是皆为中华子孙，焉能不爱民如子？”

五位乡绅感激涕零，齐齐跪下称谢，说：“听王爷煌煌十数言，真是茅塞顿开。我们回去一定替王爷广为宣传，以安定民心。”

多尔衮又说：“回去请转告吴三桂大帅，请他亲自来见本王！”

众乡绅诺诺。

高大魁梧的吴三桂跪下，口称：“罪臣吴三桂拜见王爷！”

多尔衮头微微一点，算作应答，多尔衮没有说起来，吴三桂也不敢马上站立，只好跪着回答问话。

问了几句，多尔衮突然一拍大腿发现自己疏忽大意，连声说：“大帅请起，请起。”然后对侍卫喊，“还不看座？”

吴三桂只好说：“睿王爷进关，既救民于水火，又可马上进京。何乐不为？”

多尔衮笑了，说：“我如何进得北京？明军还有数百万在京畿一带与农民军斗争。他们听说大清军队进京，哪能不做拼死抵抗？”

吴三桂头上冒汗，心想：“看来此生只好当万人唾骂的汉奸了。”他说：“请王爷放心，有三桂兵在前，京畿守军定会以为是吴三桂回京勤王，他们会大开城门欢迎我们进入北京。”

多尔衮说：“那好。你要先造出舆论，说你打败李自成之后马上回师北京去拥立明皇，替崇祯发丧。如果进京顺利，本王可封你亲王，像我们的三王一样。”

吴三桂到了此时已别无选择。他打了个如意算盘，想靠大清力量来消灭李自成。他拼死固守孤城，亲娘舅祖大寿多次派人前来劝降，他都坚拒。但是他们，不管是明朝还是李自成，却都不信任他，拘禁他的家人，查抄他的家产，抢夺他的爱妾。

吴三桂没有讨价还价的资本，他只能听从多尔衮的安排。否则，多尔衮的八旗兵配合李自成的农民军夹击，十个吴三桂也死光了。

吴三桂终于答应了多尔衮的要求：开山海关投降，纳清军入关，然后以回京勤王的名义掩护大清军队平安进京。

多尔衮立刻叫侍卫备下牺牲神主神位，当即与吴三桂盟誓。

多尔衮拉着吴三桂的手说："王爷，今后我们一家，希望王爷不要出尔反尔，来回反复。"吴三桂脸上发烧，喃喃说："请王爷放心，三桂是知书明礼之君子，君子一言，驷马难追。"

多尔衮朗声大笑："那敢情最好，本王爷最佩服君子，生平最见不得反复无常的小人。小人如若落到本王手里，定叫他死无葬身之地！"说到这里，多尔衮脸色非常阴沉，阴鸷的眼睛流露出十分凶残的光，叫吴三桂心头一阵哆嗦。

多尔衮又补充说："今晚本王率大军进关，但是你们和农民军都是汉人，我们难以分辨，你要让你的士兵在肩膀上缠上白布条，以免误杀。"吴三桂答应。于是下山回去准备与清军联合作战大败李自成。

想到这里，炕上的多尔衮叹了口气，想：这历史也太具有戏剧色彩。其实他应该与李自成站在同一战线上，反对明朝。可是他居然和吴三桂联合起来打李自成。如果和李自成联合，那今天是什么局面呢？多尔衮笑了。想象不出，也无法想象。历史就是历史，不可能假设，也永远没有假设。

二十二日，大风狂吹，卷起沙砾尘土遮天蔽日，刚刚发青的树枝劈劈啪啪折断好像为这场恶战助威。多尔衮稳住将领的急躁情绪，把八旗主力部队面向大海，分层排开，紧紧咬住一字长蛇排开的农民军队伍。李自成发现吴三桂的队伍，急忙命令队伍包抄回去包围吴三桂。吴三桂率领部队，左奔右突，农民军像紧紧咬住蛇头的猛兽，怎么也摆不脱。从早晨到中午，又打到下午，吴三桂快支持不住。山头观战的多尔衮这才命令清军出击。生龙活虎的清军如万马奔腾，农民军很快就抵挡不住。李自成只好命令撤退。清军乘胜追击入关，在关内五里安营扎寨。多尔衮终于实现了从山海关入关的梦想。这是满洲努尔哈赤、皇太极整整两代人的梦想，由他多尔衮实现了。

下一步怎么办？多尔衮叫来洪承畴商量。洪承畴和农民军有多次交锋，对农民军的情况比较了解。洪承畴说："王爷要乘胜追击，不能给李自成以喘息的机会，否则他很快会东山再起。逆恶不除，士卒无所获，影响士气。"

多尔衮即封吴三桂以平西王，赏他玉带、蟒袍、貂裘、鞍马、玲珑撒袋、弓矢等物，命令他和多铎、阿济格一起率兵去追。吴三桂感激涕零，立即薙发，率一万马步兵前去追赶李自成。

仓皇回到北京的李自成，二十七日杀吴三桂全家30多口，悬首级于城上示众。二十九日在英武殿即皇帝位，颁布大赦诏书，定大顺永昌元年年号，身穿衮服冠冕，接受百官朝拜。然后将木柴硝磺运入承天门，二更时点火烧宫，五更时撤出北京。

多尔衮从山海关进京，一路上严禁八旗兵抢掠烧杀。他同时招抚汉族士绅，收买百姓，开仓放粮赈济灾民，很快受到降官降将和地主士绅的拥护。一路上，几乎没有遇到什么抵抗，八旗队伍浩浩荡荡开进北京。

北京紫禁城的大火已经被一场瓢泼大雨浇灭。

朝阳门外,锦衣卫准备好卤簿法驾,百官太监齐集,等着欢迎拥立太子回京的吴三桂。

马蹄得得,踏响了北京土地。远处尘埃扬起。

身后的八色龙旗在春风中猎猎飞舞。百官百姓看着马上军队异样的打扮,全都愣怔了。可是,很快就有聪明的官员领着百姓喊起了欢迎口号。明朝的百官明廷里的太监又像40天前欢迎李自成一样欢迎着大清国的八旗部队。

多尔衮在一片欢呼声中喜滋滋地缓步进入北京城。

炕上的多尔衮好像耳边还回荡着那撕裂绸缎般的口号声,那声震寰宇的山呼万岁的声音。他有些躺不住,又坐了起来。那木其吩咐使女为他装了一袋旱烟,他慢慢地喷着烟圈。使女端来热气腾腾的奶茶,放在他面前的炕桌上。

那木其关心地问:"王爷可歇息好了?"多尔衮摇摇头,说:"眼皮发沉,躺下硬是睡不着。头脑里老是晃动着这半年的情景。"

那木其笑着:"这半年变化太大,王爷太操心劳神,自然睡不着。王爷还是需要歇息歇息。现在,这开国大典也已举行,王爷还是告假歇息一下好。看王爷的脸色不好,人已经消瘦了许多。"那木其伸出手,深情地摸了摸多尔衮的脸颊。多尔衮就势捉住那木其的手,突然另一双细腻温热爽滑的手涌上他的心头。

开国大典上,那双手总是把小皇帝的手交给他,也总是顺便擦着他的手滑过去,在他心里留下一道温热爽滑的特殊感觉。

该去看看她了。多尔衮想。那第一次幽会的情景不由涌上脑海。

皇太后娇娆地转过身,嫣然笑着,请多尔衮坐到炕上。多尔衮急忙推辞:"我只在地上坐。请皇太后炕上坐。"皇太后袅袅婷婷地起身,走到睿亲王面前,双手放到右边腰间肃了肃,说:"睿王爷,请接受小女子的一拜,感谢睿王爷扶助福临登上皇位。"

多尔衮急忙曲身扶住皇太后,连连说:"皇姐不要这样,折杀小弟了。"他的双手触到皇太后那双细腻光滑温热的软绵绵的手,突然感到一股异样的冲动涌上心头。多尔衮有些眩晕,他感到一股热流从体内奔涌而出,直冲要害。他同所有满洲男人一样,具有惊人的容易形成的欲望和冲动,而且难以抑制。这种欲望,是那深夜来访之后逐步积累起来的。现在,这欲望找到突破口。

多尔衮情不自禁地握住皇太后的手,轻轻地抚摩着。

皇太后双颊绯红,虽然心里有所准备,但是还是有些羞赧,她垂下头慢慢抽出自己的手,慌慌张张地说:"睿王爷请坐,请坐。"皇太后抬起眼睛,羞答答又火辣辣地瞟了睿王爷一眼。那眼光分明是挑逗,是诱惑,充满哀怨充满喜悦充满羞怯又充满渴望,又是那压抑过久的旺盛的原始生命力的渴望。多尔衮的心猛烈跳动起来。

多尔衮慢慢蹭到皇太后身边,一双喷着欲火的火辣辣的眼睛紧紧盯着他很少敢正视的皇太极的福晋布木布太阿姐。在他的心里,皇后哲哲大阿姐像他的母亲一样慈祥关心他,布木布太阿姐像个姐姐关心他爱护他,他觉得正是有这两个阿姐的保护,他才能有今天,才能得到皇太极的重用与信任。所以他出于感恩图报的心理,接受了大阿姐的委托,没有自己跳出来争夺那原本属于他们兄弟的皇位。他拥戴了福临,放弃了争位的企图。现在,皇太后布木布太阿姐感谢他。这倒挑起他的另一种欲望与希冀。为什么不能把皇太极的福晋拥入自己的怀抱？如果她愿意的话？这不也是对皇太极一种报复吗？

皇太后慢慢退回到炕沿，她的心紧紧地被攫住，好像透不过气来。四年了。四年的孤独。她深深地叹了口气，这口气好像冲破她心里的最后一点防线。皇太后闭上眼睛，头微微后仰，等待她渴望已久的男人的爱抚和温存。

多尔衮紧紧搂抱住皇太后，把自己温热湿润厚实的嘴唇贴到皇太后渴望的唇上。皇太后有些眩晕。旋转中，她看到多尔衮的笑脸。大清国和他们母子以后岁月全要仰仗这英俊年轻的睿亲王王爷。这几年少不了他，一定要紧紧笼络住，皇太后想。万一他生了异心，他们孤儿寡母将依靠谁？

"不！"皇太后突然把头一摆，脸色突然严厉起来，"你，你，你！你怎么敢这样无礼？"

多尔衮一怔，急忙退后跪到皇太后面前，战战兢兢地说："皇太后饶命！小弟一时糊涂。刚才喝了点酒，有些犯迷糊，不知自己在哪里，也不知自己做了什么。"

皇太后莞尔一笑，说："睿王爷做了什么？自己还不知道？永福宫外有皇家侍卫，黄旗大臣，要是我这里一喊，他们就会进来捉拿于你。睿王爷，你可知罪？"

多尔衮想："这女人说得出做得出，怎么办？还是软化她吧，明明是渴望男人的爱抚，却要摆皇太后的威严。"多尔衮哀哀地请求着："小弟多年来一直偷偷喜欢皇阿姐，只是没有机会接近皇阿姐。今天有缘单独见到阿姐，阿姐这样漂亮迷人，叫小弟一时把握不住，这实在是阿姐的错。谁叫阿姐如此迷人如此亮丽呢？"

皇太后扑哧笑了，她用手一戳多尔衮的脸说："没想到睿王爷如此伶牙俐齿，说得这般动听。叫阿姐于心不忍了。"皇太后下得炕来，伏下身扶起多尔衮。她离他那么近，她丰满的胸脯几乎贴住多尔衮的脸。

皇太后感到这年轻男人的冲动。她紧紧搂住多尔衮的头，多尔衮把脸紧紧地贴在她丰满柔软极富弹性的胸脯上。

多尔衮半抱半拉地把皇太后拉到里间的寝宫的炕上。皇太后又挣扎出来，跪在佛像前，说："佛爷在上，睿王爷应该起誓永远不背叛我，我才依从睿王爷，要是王爷不起誓，我立时叫侍卫进来杀了王爷！"

多尔衮激情难耐，他马上跪在佛像前，宣誓说："我多尔衮永不背叛皇太后，决心以生命捍卫皇太后的利益！要是有不忠的地方，听凭佛爷惩处！"

皇太后一下扑到多尔衮的怀里，体内压抑太久的激情如火山爆发一样。

现在，终于结束了开国大典，他多尔衮可以也应该休息十天半月，然后再去部署更大更艰难的事情，去平定还没有平定的农民军和南明弘光政权，去实现大清国的完全一统天下。这大清国的一统，正等着他多尔衮去实现。

多尔衮探脚下炕，使女急忙趋步上前替他穿上靴子。

"王爷要出去？"那木其试探地问。多尔衮只是点点头，背起双手走了出去。那木其目送他的背影，深深地叹了口气。

孝庄皇太后坐在北京皇宫慈宁宫寝宫中，对着梳妆台前的大镜静静地欣赏着自己。

"看我老了吗？"皇太后端详着镜中的自己，问身后的苏嘛拉姑。苏嘛拉姑笑着说:“布主子和当年一样年轻漂亮。哪会老呢?”皇太后同所有的女人一样害怕自己变老,总是不厌其烦地询问同一问题。

今日的皇太后更加妩媚,脸上的红晕染到耳根。她抬起手理着乌黑发亮的云鬓,把珍珠花和赤金凤钗稍微正了一下。她最后朝镜子望了一眼,抬眼问苏嘛拉姑:“时辰到了吧？该来了吧?”苏嘛拉姑点点头。

这时,门外响起有力的脚步声。宫女太监都跪下作迎。

苏嘛拉姑恭身挑起明黄色锦缎门帘,多尔衮摄政王爷走了进来。皇太后从镜子前慢慢转过身,黑亮的眼睛从镜子里默默望着镜中走来的年轻王爷。

苏嘛拉姑急忙退出寝宫,在寝宫外的大殿门口坐下来指导宫女绣花。

皇太后在慈宁宫单独召见睿亲王,这是首次,是她想了千百次却一直不敢做的事。一年前那个深秋夜晚在永福宫单独召见睿王爷的激动似乎还在心头激荡,那时,她和睿王爷离得那样近,以至于听到王爷剧烈的心跳。这心跳感染了她自己,自己的心和着他的心一起跳荡起来。好几年的空虚,使皇太后年轻的心激荡不已。那时是她对睿王爷的报答,今天则是想对睿王爷做进一步的笼络。今天,她一定要做,她不能不做。

开国大典上,多尔衮俨然真正的主人。

十月一日,太阳刚刚升起,把金色阳光撒向大地,金秋北京,香山红叶红艳艳一片。修复一新的紫禁城又恢复了帝王的气派和神采。紫禁城里鼓乐齐鸣。现在吹奏的宫廷乐庙乐已经大学士冯铨、洪承畴等人起奏多尔衮批奏改名为平字乐。

宫内的福临磨磨蹭蹭,不肯痛痛快快地穿衣上辇。多尔衮几次派人催促。到了圜丘,在礼部官导引下,卤簿陈列,乐章排位,百官就位,祭告天地新皇登基仪式开始。

“我要尿尿。”福临开始小声哼哼,哼哼声淹没在祝读官朗朗的声音中,没有人听到。连身边的多尔衮也没有听到。他正心潮澎湃地欣赏着祝文。福临见没有人搭理他,他开始扭动着身体,像扭麻花似的,哼哼声也逐步提高越来越大,混合在殿前乐队的乐声中。

多尔衮瞪了他一眼,小声呵斥说:“忍一忍,一会就完了。”

福临开始在地上蹭脚,一会不肯安静,像平时他不高兴时一样。

多尔衮的大手狠狠地掐了福临的屁股一下。“哎呀!”福临大声喊了起来。多尔衮气恼地呵斥说:“小孩子,听话!不许胡闹!”

福临又要喊叫,多尔衮的大手捂住了他的嘴。

祝文宣读完毕,祝读官退下,礼赞官上前,大声唱和,说:“行礼!”多尔衮大手轻轻按着福临皇帝的头说:“跪下!”皇帝和大臣一起行三跪九叩大礼。然后礼赞官引导,经过亚献礼、终献礼、撤撰、祝帛、焚祝帛等程序。福临黄袍加身,连连打着哈欠问多尔衮:“还不完。我要尿尿。”多尔衮安慰说:“再坚持一会,马上就完,马上就完。”说着牵起福临的手,昂然登上龙椅,把福临安置在面南的大龙椅上,自己站在他身旁,文武百官立于两厢。大学士刚林捧着国宝玉玺上奏说:“皇帝已登大宝,文武大臣不胜欢忭。”礼赞官高唱:“文武百官朝贺吾皇万岁万万岁!”多尔衮退下,在文武百官之前,一起高呼“吾皇万岁万万岁”三遍,行三跪九叩。

福临打着哈欠从龙椅上站了起来,说:“憋死我了。”多尔衮命令太监吴良辅带福临去解手。

多尔衮望着顽童般的福临,感到自己肩头担子的沉重。福临只是个小傀儡,真正行使皇帝大权治理国家的只能是他多尔衮。他的肩上系着大清国的安危。多尔衮又自豪又感到责任的沉重。

过了几天,皇太后示意,举行大典表彰诸王的功绩,以摄政王多尔衮功为最高,礼部尚书郎球、侍郎蓝拜、启心郎渥赫给他树碑立传,把他的开国事迹刻于碑上,永世长存,封他为叔父摄政王颁赐册宝,

十月丁卯,福临又驾临皇极门,加封济尔哈朗、豪哥、阿济格、多铎等人,赏赐黄金白银锦缎马匹等。开国大典在赏封中全部完成。

皇太后冷静地注视着这种种活动。

皇太后一定要召多尔衮进宫。

多尔衮抱住皇太后,喃喃地说:“想死我了,皇阿姐。”皇太后并不太多的推辞,只是半推半就,倒在他的怀里。多尔衮厚实温热的嘴唇已紧紧贴在皇太后的唇上,两颗饥渴的心紧紧贴到一起。

皇太后从寝宫暖阁的炕上坐起来,梳理着散乱的云鬓,脸颊绯红,眼睛如横波生辉。多尔衮还懒洋洋地躺在炕上。

多尔衮终于走出寝宫,他的眼睛也炯炯发亮,人似乎更精神更神气了。多尔衮坐到南炕的主人位上,这是皇太后特意为他准备的专座。眼睛紧紧盯着皇太后,嘴里说:“皇阿姐,你更漂亮了。真叫小弟爱煞。我那些福晋,除那木其以外,没有一个叫我心动的。皇阿姐,要是能天天在一起该多幸福。”

皇太后嫣然一笑:“王爷可不是整日厮磨在儿女情上的男人,大清国的兴盛还要靠皇叔呢。”多尔衮叹了口气说:“是啊,我知道。我是无福享受的苦命人。”一丝悲哀突然莫名其妙的涌上心头。

皇太后急忙岔开话题,询问他国内形势。多尔衮脸色又开朗起来:不管多么苦命,他多尔衮肩上系着大清国的命运,他一定要把这使命完成。生他多尔衮就是派他来完成这艰巨的使命的。

多尔衮拿起长烟袋,说:“刚刚入关,一切还没有安定下来。南方的弘光政权需要尽快消灭,李自成的部队要乘胜消灭。这是今明两年的当务之急。需要双管齐下。朝政需要制定各种规章制度,后宫也需要制定各种规矩。祖宗留下的家法规矩有的需要发扬,有的需要更改,但是还需要制定许多新规矩才能统治这么个大国。这头几年是关键。”

皇太后点着头,说:“王爷所虑极是。想当年大清治理的只是关外一片地方,几千万人口。如今治理着整个中国,人口地方不知比过去增加了多少倍。这有多少新情况需要处理啊!福临年纪幼小,朝政大事均需王爷办理。王爷身上担负着大清的前途和命运。我都希望能为王爷分担一些负担。王爷尽可以把心思和精力放在朝政大事上,这后宫诸事王爷可不必忧虑。”

皇太后想了想说:“皇上现在年纪幼小,娶亲尚早。这后宫只好由皇太后打理,这也没有什么不合规矩的。等皇上娶了皇后,我自然还权于皇后。这正像王爷一

样,摄政终究要还政于皇上。是不是啊?"

皇太后拿眼睛瞟着多尔衮。多尔衮的眼睛里闪过一丝不快,他沉吟着不说什么。

皇太后急忙拿话岔开,柔声细语地问:"王爷准备派谁去征讨李自成?"

多尔衮说:"前面派去的部队征讨不够得力,李自成的大顺军两万多人已经渡过黄河,攻克了济源和孟县,击毙了提督金玉和,围攻沁阳。前线告急,我准备调多铎从山东前去陕豫,和阿济格、吴三桂形成南北夹击,集中力量消灭大顺军。多铎的部队估计十一月底可到孟津。阿济格、吴三桂绕道土默特鄂尔多斯,从后面进攻西安。估计他们能够在一月或二月在西安会师,彻底消灭大顺军。否则陕晋一带小股流寇更加猖獗,汉人说星星之火可以燎原,这流寇不灭,很可能酿成大祸。成败就在于我这两个兄弟。"多尔衮边说,边用手指在炕桌上给皇太后画着进军路线。

皇太后虽然不太明白,但是她马上领悟了多尔衮的部署。

"王爷英明。"皇太后衷心夸赞着。

多尔衮继续说:"等大顺军消灭之后,再派多铎南下,去对付弘光政权。这弘光政权,是明朝腐败的缩影。偏安一隅,朝不保夕,还争权夺利钩心斗角,窝里斗得正紧。我以为不会费什么大气力就可以消灭之。我准备对南明小朝廷采用先礼后兵的办法。七月二十六日,我请江南名士李雯写了一封漂亮的信给史可法,用招抚的办法拖延南明小朝廷,当大顺军消灭之后,再调集大批主力去消灭它。要是不起作用,就只好派兵武力征服。"

"王爷如何安排朝内事务?"皇太后轻声问。

多尔衮抽着烟,又呷了口奶茶,想了想说:"当初我入关时答应给崇祯皇帝发丧,五月发丧之后,上下说好。这官员的任用,就只好先用原有的旧官和降官,我们满洲暂时抽不出那么多官员。何况,治理汉人还得汉人。我们满洲官员只要牢牢把握朝政就可以了。等明年,按范文程的建议开考科举,当年先皇开考科举搜罗了不少人才,我也想从中选拔以后的各级官员,这就是以汉治汉吧!在机构设置方面,还遵循着先皇的旧制,采用三院八衙门制,内国史院内秘书院内弘文院,兵部吏部户部刑部礼部工部都察院和理藩院。地方机构暂时都以明朝旧制,不知皇阿姐有什么见教?"多尔衮很谦恭地问。

皇太后为多尔衮斟上一碗热奶,多尔衮端起来一饮而尽,连声称赞:"好奶子!这蒙古的奶子味道确实鲜美,我百饮不厌。那些汉人却享受不了这等美味。几天前江南名士钱谦益来拜访,我请他喝奶子,他喝了一口居然要呕吐,真是南蛮子!"多尔衮微笑着连连摇头。

皇太后问:"听说江南多名士,江南名士也多争斗,是吗?"

多尔衮笑了:"是这样的,明朝内部多党争,这党争,有士人结社的党派社团之争,也有地方籍贯之争。江南士子结社五花八门,虽说有政见的纷争,但是有许多也只不过是汉人读书人文人相轻的劣根性的表现。同样是投降之人,还要你攻击我,我攻击你。什么东林党复社什么阉党,都打着为国为民的旗号,实则全是为一己一党之私利。我招徕了一批江南名士,任用了一批明朝旧官,这里有东林党人,像陈名夏、龚鼎孳、吴伟业、钱谦益。也有明朝阉党,如冯铨、孙之獬、阮大铖。"

皇太后眉尖轻蹙,有些忧虑地问:"王爷把这些原本誓不戴天的仇人都搜罗在朝中,王爷不怕他们狗改不了吃屎,继续在我们大清朝中搞党争吗?"

多尔衮轻声笑出声来,说:"皇阿姐所虑极是。过去我曾有过担心。现在我对这些汉人读书人有了深入认识。他们之间争来争去,无非是狗咬狗,无非是想从主子那里多讨点骨头啃,这与奴才本性完全相同,别看他们都打着什么漂亮冠冕堂皇的旗号。不管他们如何争斗,他们终归还是想讨好主子。所以不怕他们争,在他们争斗得不可开交时,主子可以随意踢这个一脚,赏那个一块骨头。然后再换过来,踢那个一脚,赏这个一块骨头。这一打一拉,只能叫他们像我的那些狗一样听话。倒是怕他们不争。如果他们不争,他们团结齐心,主子的日子反倒不好过。所以汉人皇帝历来鼓励读书人争斗,还要想办法挑起他们的争斗,让他们你咬我我咬你。他们之间争斗得越凶,越要依靠主子的支持,越要讨好主子。你看我刚才说到的孙之獬,抢先剃发换衣冠,真真忠心。再如冯铨,我一写信去招抚,他马上前来朝见,瞧他有多忠心。读书人总是想做官的,给个官职就会感激涕零。"

皇太后微微笑了:"这样我就放心了。不过,王爷还是要提醒注意,这等反复无常的小人还是要多加提防的好。"

多尔衮连连点头:"这我自然会注意的。对奴才当然要时刻留意,一不小心,他们也会犯上作乱。我会下几道指令,禁止他们互相攻讦,影响朝政大事。另外我在处理他们的关系时也注意一下。最近浙江道御史吴达上疏参冯铨,接着有不少人联名弹劾冯铨,但都是南方汉官。吴达、陈名夏都是南方汉人,冯铨是北方人。冯铨说南人优于文而行不符,北人短于文而行可嘉,我还是满同意的。所以我还没有在冯铨问题上表态。"

皇太后说:"范文程不是北方汉人吗?南方汉人拥立明朝的什么皇帝,反抗激烈,花了我大清多少兵力?南人不可靠。南人一起攻击冯铨,是不是又犯了老毛病,想结党营私啊?此风万不可长!"皇太后一边为多尔衮倒奶茶、点烟袋,一边说。

多尔衮说:"皇阿姐所见极是,小弟也如此认为。我已经把大学士、刑部、科道各官召集到重华殿进行面审,严加申斥,禁止他们蹈故明陋习,结党同谋陷害。"多尔衮抽了一口烟,笑了起来:"最可笑龚鼎孳不服气,说冯铨依附魏忠贤。冯铨反咬一口说龚鼎孳投降李自成,作了北城御史。我明知故问龚,是真的吗?龚只好答应说是真的。他还说,魏微还归顺唐太宗呢!我正色说,己身不正,何以责人?龚鼎孳居然把自己比作魏微,把李贼比作唐太宗!真是可耻!以后闭上嘴一边呆着去!"

皇太后也轻轻笑了起来:"没想到这批汉官都如此无德无行!却各个装作道貌岸然的君子!如果不是新朝急于用人,断不可重用此等人物!这种有奶便是娘的小人总归是祸患。不过嘛,万物之道在于平衡,我以为治国之道也在力量的平衡。有几派势力正如王爷说是好事,但是万不可让一派占据绝对优势压倒另一方。要让几派在互相消长中保持平衡。这样才能保持国运祚胜。不知王爷以为如何?"

多尔衮惊诧地瞪大双眼,赞叹不已:"皇阿姐,真是像大学士范文程一样有谋略!小弟佩服佩服!"

皇太后连连摆手:"王爷千万不要夸奖。我这点想法,还不是从先皇从范文程还有从王爷你们那里学来的嘛！我虽然是个女人，但是我喜欢学习，学习历史明白了不少道理，尤其是治国的道理。”

多尔衮沉思了一下，谦恭地说：“皇阿姐，小弟有一事请教。满洲官员士兵大批入关，现在他们的生计成了问题，关外有肥沃的土地，可是京城里没有土地给他们，他们以后如何生活呢？不能全部依靠朝政俸禄吧，那样朝政负担太重，百姓徭役赋税太重导致李自成起义和明朝的灭亡。我们大清不能在开国之初就加大赋税的征收。相反，我准备吸收汉大臣的建议，下令减轻赋税。想请皇太后给以明示。”

皇太后皱着眉头，说：“是啊，这是个大问题，又是个大难题。一时还真想不出妥善的解决办法。”她以手支颐，沉思了一会，抬起头说：“我记得历史上有屯垦戍边的事，那是解决戍边士兵的吃饭问题。我们现在能不能在京畿地区再来个圈地运动，把那些无人种植的荒地圈给八旗，让旗人自己或者雇工耕种，以解决吃饭问题？”

多尔衮说：“皇阿姐和小弟不谋而合。小弟也想到只此一方，把荒地圈来开垦，这一定会促进京畿地区的繁荣昌盛，一举数得，何乐不为？小弟不日即下圈地令。”

皇太后自己也啜了一口奶茶，望着多尔衮问：“那汉人的剃发变衣冠的事推行了没有？”

多尔衮说：“刚入关时，推行了一阵，但是阻力太大，然后听从汉官的建议，废了剃发令，现在汉人的反抗情绪好像平了一些。我真不明白，为什么汉人把头发看得那样重，一推行剃发令，汉人便拼死反抗，提出宁死不剃头。想起来挺好笑的。”

皇太后脸色有些阴沉，不大高兴地说：“他们不剃头不说明他们不想归附大清吗？我以为王爷不应该在剃发问题上让步。既然他们提出宁死不剃发，我们就杀几个几百个给他们看看！否则我们大清的威风如何树立起来？”皇太后咬牙说。

多尔衮想了想，说：“也是。不过这废止的命令刚刚下达不久，不好朝令夕改。等弘光政权彻底消灭之后，大清江山一统，我再恢复剃发令。那时可以采取武力相逼，强行推行。皇阿姐以为如何？”皇太后点头称是。

皇太后突然又想起一件事，说：“汉人女子缠足，这实在是太不可理喻的事。我希望将来王爷能够下道命令，严禁女子缠足。”

多尔衮笑着说：“皇阿姐到底是女人，向着女人。这道命令皇阿姐可以以皇帝的名义晓谕全国。”

“看鞋？什么叫看鞋？”皇太后仰起脸，一脸的好奇天真，恰恰像个可爱的小姑娘。自言自语说：“皇阿姐这样子真好看。”

皇太后脸一红，收敛了自己的好奇，说：“回答呀，什么叫看鞋？”

多尔衮这才回过神来，急忙说：“是这样的，汉人姑娘出嫁前，要把自己缝制的衣物包括绣花鞋一起送到婆家去，让婆婆小姑妯娌邻居一起观赏，尤其要看那些绣花鞋，要看它的绣工好不好，更要量量鞋的大小。”

皇太后皱起眉头，用手比量了一下，惊呼着：“三寸？才这么长一点！这能走路吗？那么大个子的人，这么一点的脚，走路不摔跤才怪呢！不知哪个缺德男人想出这等摧残女人的办法。”沉默了一会，皇太后又说：“一定要把这种陋风改造过来。汉人有许多好东西，但也有许多东西太过陈腐。女人缠足，男人之乎者也文弱不堪，这样的民族如何强盛？所以在我们满洲面前不堪一击。大清国万万不能走这条路！王爷以为如何？”

多尔衮深情地望着皇太后说：“皇阿姐所见极其英明。皇阿姐真有男人的胸怀和抱负。以后小弟一定多多听从皇阿姐的指教。”

皇太后莞尔一笑：“王爷一言，驷马难追。我谢谢王爷的见爱和赤诚襄助。”说着，起身下地，又跪了下去。多尔衮十分感动，急忙跳下炕来，扶住皇太后，深情地把她揽入怀中。

北京的春节，喜庆气氛很浓厚，市井里家家户户新桃换旧符，家家户户门上都挂起了红灯，贴上鲜红的对联，还有倒贴着的大红福字。小孩子从腊月二十三开始，就到处燃放炮仗。

紫禁城里，冬月就开始积极忙碌地准备这入关后的第一个春节。皇太后传出旨意，宫里上上下下一定要过个热闹祥和的节日。

皇太后在寝宫的南炕上阅读这奏折。苏嘛拉姑站在地上伺候，同时发表自己的意见。“这春节一定要喜庆一定要热闹。”皇太后说，“要显示我们大清国的巩固安定，给老百姓安定祥和的感觉。”苏嘛拉点头同意。

“折子上安排的每一项庆祝活动都很好，只是我想加上一项喇嘛的跳神来庆祝，苏嘛拉，你看行不行？”皇太后问苏嘛拉姑。

苏嘛拉姑说：“奴婢以为皇太后这个想法很好。”

皇太后沉思着说：“前朝汉人以佛教活动庆贺春节，我们大清也应该有自己的宗教活动庆祝。我看喇嘛黄教的喇嘛跳神又热闹又能驱邪赈灾，这比萨满的跳神要显得好看。”

苏嘛拉姑说：“皇太后英明。满洲萨满的跳神确实不如蒙古喇嘛的跳神热闹好看。喇嘛跳神人多，萨满跳神只有一两个萨满，不大热闹。而且年节上用血祭也不如喇嘛黄教的白祭文明。”

皇太后说：“是啊！所以蒙古达延汗禁止萨满教而推行喇嘛黄教。那就把这一项加进去，安排在腊月二十九。”苏嘛拉姑恭身上前，接过奏折准备自己加上，但是皇太后却说：“文房四宝伺候！”苏嘛拉姑笑着问：“皇太后亲自动笔作御批啊？”说着把桌上的笔墨砚挪到南炕炕桌上。皇太后看着苏嘛拉姑准备笔墨，笑着问：“有几年没见你阿哥班布喇嘛了吗？”苏嘛拉姑说：“可不是，不知不觉有两年了。”

皇太后接过苏嘛拉姑递过来的毛笔，自己动笔在奏折上写下喇嘛跳神，她边写边大声对外面伺候的太监总管说：“传我的旨意，命侍卫到归化城大昭寺宣旨：着席力图召准备‘跳布扎’仪式喇嘛进京，由班布大喇嘛带领，在腊月二十五之前赶赴北京！”门外的慈宁宫太监总管刘兴桥急忙命书记记下，写成懿旨，着人去办。

皇太后看着奏折说：“这就是以后宫里过年的定例。腊月初一，由皇帝赏赐下属福字，这叫赐福字仪，让皇上写大福字赏赐后妃后宫及官员，这样一来，全宫中都是皇上御笔的大福字，多喜庆啊！初一那天，让懋勤殿首领太监在重华宫预先布置好龙笺、大笔、墨砚，皇上亲御重华宫用‘赐福苍生笔’写成斗大的大红福字，赐予后宫。到腊月十五，专为大臣将军们写，还是在重华宫吧！每召见一个写一幅。要是再赏赐点鹿肉，这不是应了汉人所希求的福禄双至吗？”皇太后说。

苏嘛拉姑接着皇太后的话说："皇太后真是想得周到。这鹿肉并不难准备，从南苑里进几头在腊月里宰杀，就能够让大臣将军福禄双至了。"

皇太后点着头说："大清国的兴盛，全在大臣将军是不是用心勤力治国，我们做主子的也要恩威并用赏罚分明，让大臣将军心甘情愿为国出力才是。刚才说到哪里了？"

苏嘛拉姑说："刚开始说腊月初一的安排。"

皇太后笑了："瞧我人还没老，记性倒变坏了。这往后还怎么主理后宫这大大小小的事情？以后各朝各代后宫规矩都要从我这里制定呢。"

苏嘛拉姑急忙说："都怨我打岔岔开话题，主子过人的好记性奴婢知道。"

皇太后继续往下看，边看边说："腊月初八吃腊八粥，这不仅是汉人也是佛教的规矩，据说是佛祖释迦牟尼在这一日成道，寺院以香谷果仁煮粥供佛。咱们喇嘛教也有这习惯。今年来不及了，等班布来以后，修建起新的喇嘛寺，我们也在宫内和喇嘛寺同时煮腊八粥供佛做一次大佛事。满洲也吃腊八粥，咱们在关外年年都煮腊八粥。记得吧？"

苏嘛拉姑笑着说："奴婢当然记得。布主子煮的腊八粥特别好吃。"

皇太后说："我喜欢想点花样，就在原来的江米黄米小米粥中加了栗子红枣松子榛子花生瓜子等花样，所以大家都说好吃。先皇特别爱吃。"皇太后眉飞色舞，高兴起来，"对，咱还这么煮腊八粥，再多加些东西。"

苏嘛拉姑说："北京这儿的桃仁杏仁核桃仁葡萄干等蜜饯都可以加进去，再加红糖白糖，一定更好吃。"

皇太后拿起笔说："咱把腊八粥的做法给它定下来，让御厨照着咱们的食谱做，看看大家喜欢不喜欢。不喜欢明年咱们再换过。"

苏嘛拉姑说："我现在口水直流，宫内人一定喜欢。"

皇太后笑了："是啊！我想着都好吃，也快流口水了。今儿是冬月，腊八快到了，你等着吃吧！"皇太后和苏嘛拉姑几乎笑出声来。

皇太后止住笑，说："别打岔了，我们接着看。腊八过后，腊月十七开始，在宫内燃放爆竹贺岁。从二十四日起，皇帝车驾出宫入宫，每过一道门太监就要燃放一枚爆竹。这节日的喜庆劲儿就出来了。二十三是祭灶，汉人这一天是打发灶王老爷上青天的，汉人胆小怕事，尤其害怕直接管他们的官。他们害怕灶王爷上天见玉皇大帝时说他们的坏话，这一天就要做好多好吃的给灶王爷吃，还给灶王爷吃麻糖，想粘住灶王爷的嘴，让他上天无法开口说话。你说这汉人狡猾不狡猾？"皇太后笑着问苏嘛拉姑。

苏嘛拉姑笑着点头，问："那我们满洲就不要过这个节日了吧？我们不过狡猾汉人的节日。"

皇太后笑着用指头点着苏嘛拉姑的脸颊说："瞧你，跟了我这么多年，还没有改掉那满洲人心眼小的毛病。汉人有那么多，我们不向汉人学习怎么治国？宫中也有许多汉人太监宫女官员，至于地方上我们更得依靠汉人治理，过过他们的节日有什么不好？"苏嘛拉姑急忙认错。

皇太后说："这刚刚建国，一定要处理好满汉的关系。满汉一体，先皇的做法就比先祖的做法好，先皇时期就没有发生那么多暗杀满人的事情。这以后，福临也须遵守他父皇的做法才好。”

苏嘛拉姑小声说了一句：“这样一来，满洲亲贵肯定要有意见。”

皇太后点着头，说：“是的。所以，满汉一体一定要保证我们满洲的尊贵地位不受到侵犯才行。”皇太后自己的思想转到治国大理之上。苏嘛拉姑只是肃立着，不敢打断她的思路。

皇太后轻轻拍了拍桌子，说：“瞧我，思想又跑马了。说到哪里去了？哦，祭灶，这祭灶我们宫里也有过。要过就完全照汉人的习惯过，叫汉人看看我们满洲人不死板也通汉人事情。不过嘛，我们宫中祭灶仪式要比宫外搞得更隆重一些，我们不妨把我们满洲的一些萨满祭祀加上。我们还要先搞打灶典礼。”

苏嘛拉姑想想说：“奴婢记得当年先皇做过一支曲儿叫《访贤曲》，词儿挺好的，曲儿也很好听的。先皇用它祈求天神派更多的贤人辅助朝政。奴婢想用它可以表示皇上的心胸。”

皇太后说：“就依你。用这《访贤曲》。”皇太后在折子上写下曲名，大声命令外间太监：“传我的旨意：着乐官排练出《访贤曲》！以后教给皇上演唱。”太监召书记记下写成懿旨，召人办理。

皇太后继续说：“要在宫中设供案神位香烛供品，供品就用我们喜欢的麻糖，还供上我们满洲喜欢的整只黄羊。跪拜后焚烧灶王神像，送他上西天，见玉皇大帝。”

苏嘛拉姑提醒着问：“主子让谁来主祭呢？在哪个宫主祭？”皇太后想了想说：“当然是让皇上和皇后来主祭，在坤宁宫主祭。现在嘛，只好先在慈宁宫主祭了。折子上写坤宁宫主祭。”苏嘛拉姑在折子上写下主祭宫主：坤宁宫。

“二十六日宫中挂门神贴对联。”苏嘛拉姑问，“宫中是按我们满洲的习惯还是照汉人的习惯贴对联？”

皇太后沉思说：“我们满洲的对联写在白绢上，镶红蓝边，汉人习惯写在大红纸上。虽然大红纸显得喜庆，可是我们满洲贱红重白。白绢在汉人眼里是丧事用的，有些不吉利，而红色在我们眼里是办丧事的。我看，还是保留我们满洲的习惯吧！”说着，皇太后又伏身写了下来。写完之后，她伸了伸胳膊，说：“背写疼了，你来写吧！”

皇太后半倚半靠，任小宫女轻轻捶着后背。

她接着说：“挂门神就还是挂秦叔宝和尉迟敬德的戎装像吧！”苏嘛拉姑急忙伏身写下来。

皇太后接着说：“我们还要在后妃宫里张挂宫训图，让画师画 12 幅古代后宫有懿德的后妃故事画赐给后妃在这一天一起张挂。像许后奉案、马后谏衣什么的，让大学士们去找吧，找它 12 个故事画成 12 扇屏，既教育后妃，又装饰后宫，不是一举两得吗？”苏嘛拉姑又伏身写下。

“以后，我们还要制定出后宫的各种规矩和制度。比如，后妃不得参与政事，这是先皇先祖都规定了的。比如防止母以子贵，皇子出生后交与保姆奶妈喂养，一个皇子配八个保姆八个奶妈。奶妈的条件，奶妈的选用手续，我们都要做出规定，有规定大家好办事。没有规矩不成方圆嘛。”皇太后突然想到这事，补充说。

苏嘛拉姑又要写，皇太后摆摆手，说："这与过春节无关，先不要写，我叫你记住这事，苏嘛拉，你可以先想想，想出几个条条道道来，哪天我们把它定下来。"

苏嘛拉姑说："主子这是为我大清国的稳定安宁，累一点也是值的。"苏嘛拉姑提醒皇太后说："折子上写挂灯在二十四日，主子有什么规定？"

皇太后想了想，说："张灯结彩，这灯当然是要挂的。从二十四日晚开始挂灯，在乾清宫上灯，还要悬挂灯联，乾清宫阶上挂万寿灯，阶下挂天灯，灯旁都张挂多幅金字灯联。除夕夜，增加五色八角圆灯，宫中的两廊、甬道及石栏上都设灯。每次设灯，要有仪式，要有乐工奏曲。传谕让礼部确定一首上灯的乐章。我懒得想它了。"苏嘛拉姑传话太监，太监记了下来。

皇太后接着说："张挂门神之后，我看大家该放年假了。皇上也该休息休息，把玉玺封存起来，封宝放假。地方官署也封印放年假。学馆里的学生散馆回家，这年说着就来了。"

苏嘛拉姑说："可不是吗！日子过得快着呢。这都到了二十七了。"

皇太后换了个姿势，让宫女继续给她捶着背。"这二十八，折子上是怎么安排的？好像没有什么活动。"苏嘛拉姑说："是的。二十九日布主子说要举行喇嘛的'跳布扎'。"

"是的，这是我们蒙古的习惯。二十九跳布扎。你说，今年来得及吗？"皇太后似乎有些不放心，抬头问苏嘛拉姑，又补充说："我实在希望这第一年就能举行跳布扎，让大清国在喇嘛的跳布扎中走向兴盛。"

苏嘛拉姑安慰皇太后说："一定来得及，归化城离北京只有千把里地，懿旨几天就到，班布喇嘛只需十天就可以赶到北京。"

想到这里，皇太后轻轻叹了口气。

苏嘛拉姑笑着问："布主子想起了跳布扎了吧？"皇太后说："是啊，那热闹劲儿好像在昨天。今年一定要把喇嘛的活动引进宫里。二十七、二十八、二十九这三天，着36名喇嘛在中正殿念《迎新年喜经》，让喇嘛为我们皇家求福消灾。二十九日的跳布扎在中正殿前举行，殿前设供桌、供品，设冠带履等赏赐，左边专设一个黄毡蒙古包小金殿，好像科尔沁草原一样，做皇上的御所。记下了吗？"

苏嘛拉姑点头，说："皇太后只管吩咐，奴婢一一记下了。等会儿再念给主子听，看有没有落下什么。"

"除夕嘛，"皇太后又翻了一下身，变换个姿势，"捶这里。"她指了指左背靠下的位置，对宫女说，又接着指示："除夕嘛，皇上在养心殿沐浴更衣，里里外外换上全新衣服，象征万象更新。然后行封笔仪式，到元旦开笔之前，皇上是一个字也不写了。万不得已，也只能口授，叫大臣代笔。夜里嘛，这事情就多了。要率领全体宗室去谒堂子，回来在坤宁宫拜祖拜佛，五更还要在坤宁宫接神，迎接那个上天的灶王爷归来人间。"

"这除夕的年饭要不要规定下来？"苏嘛拉姑记下皇太后的话后，放下笔问。皇太后对宫女说："得了，不用捶了，你下去吧！"小宫女退了出去。皇太后坐起来，叫宫女端来奶茶奶点，喝着吃着，继续制定清宫春节庆贺活动的规矩。这规矩要延续几百年的，皇太后不能不费心思。

“这年饭，也规定下来，要不过几年年轻人忘记了，把我们满洲习惯全改变了。我们也要保持我们满洲特点嘛。这年饭，还要吃年糕，吃饺子，饺子在交子时分吃。这饺子还要坚持我们满洲的习惯，吃素馅的，让皇上单独一个人在乾清宫的昭仁殿里吃，也要有一套仪式，比如桌子碗筷式样等，这让内务府去办理。”苏嘛拉姑又转告太监，太监急忙记了下来，着人去办理。这些在宫中当差多年的人懂得，对主子们吩咐的任何事，哪怕是针尖小事，也必须认真办理，也许主子说过之后就完全忘记了，可是万一哪天她突然想起来，来检查办理情况，你要是疏忽了没有办理，那就等于自找倒霉，轻则挨打，重则丢命。宫中有多少太监宫女为主子一时心血来潮交代的事情没有及时办理而丢掉性命的。

苏嘛拉姑插嘴说：“年糕可以做得更讲究一些，过去在盛京只是用大黄米小黄米磨面做，以后用豇豆铺在蒸笼里蒸熟，再将江米面用水拌匀、搓细，等蒸笼里的热气圆满，再分数次把江米面撒入笼内蒸熟。熟了以后，切成薄片，用红糖拌着吃。”皇太后奇怪地问：“你怎么知道这种做法？”苏嘛拉姑说：“这是一个朝鲜宫女说的。他们朝鲜人就这样做年糕，也叫切糕。北京城里有许多地方卖。”

“好吧！就依朝鲜这种年糕做法。”皇太后喝着奶茶说，“这才真正要过年了。元旦为一年之始，咱满洲一直重视这节日，留下许多庆贺礼制，我们看看哪些不变哪些变，好制定出贺典，让庆贺制度化。”

皇太后扳起手指，说：“这贺典要从子时开始。皇上起身，太监要备好水果蜜饯摆满一桌，让皇上吃苹果，取平平安安甜甜蜜蜜之意。子正一刻，皇上到养心殿东南室行开笔仪式。这开笔仪式，礼部已经制定出具体的方法。什么摆放‘金瓯永固’金杯、内注屠苏酒哇，什么摆放玉烛一支、朱漆雕云龙盘一个、内盛古铜八祉吉祥炉和香盘两个，什么特制御笔笔端笔管数支，笔管上还要刻上万年青万年枝，还有御用黄纸笺。皇帝要先饮酒后亲手点燃玉烛，再将御笔在吉祥炉上熏香，然后行笔书写。先用朱笔，再用墨笔，各写吉祥语句吉祥数字。麻烦着呢。这么多规矩福临能不能记住？这孩子，不是很听话的，也不很用心学习。真是叫人操心。这皇上不是那么好当的。瞧这过年规矩，就够人学的了。”

皇太后接着说：“开笔仪式之后皇帝要亲率宗室王公、贝勒及满族一品大臣到长安左门外玉河桥东的堂子，行祭天大礼。这是我们满洲传统，依然保持过去全部做法，让萨满做司祝。祭堂子毕，皇上回宫，三更去坤宁宫祭神。这同样是我们满洲传统贺仪。司祝要先上香，神位前要铺设皇上行礼用的毡垫，皇上来了之后，立于神位前方正中，加上乐师奏三弦琵琶这些丝竹乐器和鸣拍板这一项。你看，这样一变动，是不是显得更热闹也更庄重了？然后还是我们满洲那些项目：司祝先跪，皇上后跪，司祝擎神刀祷祝，颂神歌，司祝祝毕，皇帝起身，最后皇后行礼。”

苏嘛拉姑笑了：“皇太后考虑得真周到，连这些细节都没有遗漏。下面是礼部规定的贺礼仪式，你自己看看吧，实在太多了，我说得有些累，让我歇息歇息，喘口气。”皇太后说着，身子歪倒在靠枕上。苏嘛拉姑急忙为皇太后盖上毛毯，自己拿起奏折看着，给皇太后读了起来。

接着皇上赴奉先殿祭奠祖先及神位，再率王公大臣、侍卫、都统及尚书以上的官员到这慈宁宫行朝贺礼。

天明时分，皇上御太和殿宝座受外廷文武百官朝贺，这是君臣元旦大朝贺，热闹着呢。太和殿殿前设黄案，亲王、贝勒、贝子、群臣及朝鲜、安南、蒙古等外藩王子贡使都列班站立等候觐见。贝勒王子立于丹墀下，群臣自午门之右的西掖门入宫，外藩自午门之左的东掖门入宫。班次已定，乐班奏中和韶乐，群臣及外藩依品级高低向皇上行三跪九叩礼。

辰时，大朝贺结束，皇上到内廷乾清宫接收家人的祝贺礼。鼓乐声中，皇上升御座，皇后率妃嫔宫女上前行礼，皇子、诸王依次在殿前行三跪九叩礼。然后是公主、郡主入宫行礼。最后，皇上到乾清宫西暖阁，内外诸臣于太和门外向皇上住所毓庆宫行二跪六叩礼。朝贺到此全部结束。

苏嘛拉姑长长出了口气，问："皇太后还有什么补充吗？元旦大宴是不是按奏折上的办？"

皇太后慵懒地说："春节贺礼就制定这么多吧！元旦大宴也就那么着吧！对，补充一点。皇上和皇后回宫共进团圆饭，那团圆饭一定要吃我们满洲的素馅饺子煮饽饽，这是先祖努尔哈赤留下的规矩，其实是忏悔当年杀伐太重。我们要让子孙记住治国不可一味杀伐。"说到这里，皇太后想了想，又说："我们皇家节庆活动很多，以后全都要形成一定的礼制。汉人的节日还有很多，像人日、立春、清明、上元中元、中秋、浴佛节、端午节、七夕、重阳、冬至节等等，多着呢，我们以后每到一个节日就把庆贺仪式制定下来，成为祖制。今天我累了。"

十九　少年顺治

福临一个人在乾清宫的暖阁里玩耍。他骑在太监吴良辅的背上，用小马鞭抽着吴良辅，喊着"得得"的催马令。吴良辅趴在地上汗流浃背，三伏天的燠热已经叫人汗如雨下，何况又驮着一个8岁的小皇帝。他吃得白白胖胖，总有四五十斤。吴良辅的动作慢了下来。福临用马鞭抽着坐骑的屁股，两腿用力夹着他，催促着："快跑！快跑！"

吴良辅喘息着说："皇上，念书的时间到了，大学士已经在外面等着了。"

"不学，不学！我还没有玩够呢。快跑！"福临又狠狠地抽了一鞭。吴良辅疼得龇牙咧嘴，却不敢哼出声来。

乾清宫太监总管刘兴桥进来报告："报告皇上，念书的时间到了。请皇上到书房读书！"福临大喝一声："滚！我还要玩骑马！念什么书！不念！"

总管继续站在那里劝说："皇上，念书的时间到了，请皇上去书房读书！一会皇太后派人来检查，奴才们担待不起！"

福临一听太监总管提到皇太后，一下子来了气："我是皇上，我说不念就不念！"

趴在地上的吴良辅扭过头来劝哄说："皇上，念完书我们去骑真马，那才好玩呢。皇上不是最爱骑那匹小白马吗？皇上父皇也爱骑白马。"

福临想了想，说："好吧，就听你的话。"说着，从吴良辅背上跨了下来，太监总管要去扶他，他却摆手，自己一蹦，从吴良辅身上跳了下来，动作麻利敏捷。他站到地上，对吴良辅说："起来！伺候朕穿衣！"吴良辅爬了起来，用手擦了一下自己额头上的豆大汗珠，心里说："小祖宗！你可要累死我了。"这换衣原本是其他太监的事，可福临就是要吴良辅伺候，大家毫无办法。

太监总管急忙喊小太监上前，福临却又摆手："不用他，让小福子伺候！"

吴良辅伺候着福临穿衣，这实在是个苦差事。穿衣时福临故意缩胳膊缩腿，稍微用力拉扯他一下，他就会尖着嗓子叫起来说弄疼了他。开始太监总管责打吴良辅，后来看出这是福临故意捣蛋，也假装没听到，不去理睬，任小皇帝喊叫。喊了几次，见太监总管不理睬他，小皇帝也不那么大喊大叫了。最灵验的一着是哄他说："皇太后来了！"一听说皇太后来了，他就乖乖地伸出胳膊穿上衣服。福临很少见额娘，他心里很想念她很想见到她，他渴望能依偎在额娘的怀抱里撒撒娇，让额娘温柔细腻的手抚摩着自己的脸自己的手。这愿望是每一个小孩子天性的渴望，但是小孩子又不会表达这种愿望。这愿望满足了，他就高兴，就感到满足，就听话。这愿望得不到满足，他就哭闹，就发脾气，就破坏东西来发泄他的愤怒。福临同所有的孩子一样具有同样的心理要求。很长时间见不到额娘的福临，一听太监说皇太后来了，就止不住心花怒放，他希望额娘见到他时能像他见到额娘一样高兴，他就立刻变得听话顺从，乖乖地让太监为他穿衣。

皇太后没有来，福临发现自己上了吴良辅的当。他跺脚、尖叫、撕破衣物，摔打东西。同时向欺骗他的吴良辅疯狂报复，变着法子折磨吴良辅，让他当马，让他装狗，用鞭子抽打他，用脚踢他。

今天福临还算高兴，穿衣没有费很大劲儿。穿好衣服，吴良辅捧着福临的玩具跟在福临身后到书房去读书。今天读汉语学习汉字，学士跪在书房门口等候小皇帝。

顺治

"奴才给皇上请安！"学士叩头接驾。

"起来吧！"福临看也不看跪在脚下的头发花白的学士，径直走进书房。吴良辅急忙把他抱上炕，帮他脱去靴子，扶着他坐到炕桌前。

"开始吧！"太监总管对学士说。

学士坐到福临的对面，拿出《三字经》教福临识字写字。福临一见汉字就头疼。笔画那么多，他画都画不对。学士让他读了一遍上次教的内容。吴良辅为他翻开书，福临磕磕巴巴地读一遍。中间读错了好几个字，急得吴良辅头上直冒汗。因为按皇太后为皇子皇孙学习定下的规定，学不会老师可以打皇子皇孙板子，而皇上则有陪读的皇子皇亲代替挨打。小皇上没有陪读的皇子皇亲，代替皇上挨打的只能是他。福临最高兴吴良辅替他挨打，有时他明明会读却故意读错，然后看着吴良辅伸出手心呲牙咧嘴挨老师的大板子,自己在旁边又跳又蹦高兴得拍手大笑。

读了几遍,老师开始让福临描红。太监总管早已备好墨笔纸,吴良辅把它们恭恭敬敬地端到炕桌上。福临喜欢描红,他伏下头在描红本上一笔一画的描了起来。吴良辅这才松了一口气,悄悄朝刘兴桥做了个鬼脸,悄悄舒展了一下胳膊。

冷不丁中,福临扭过头来拿蘸得饱饱的毛笔朝吴良辅脸上画了几下,吴良辅立刻成了大花脸。福临高兴地把笔一掷,拍手大笑。老师正想发作,突然想起这顽童的身份,无可奈何地看着总管苦笑。老师对总管悄悄说:"小皇上没有学伴读书,太难教了。"刘总管点点头。这意见他曾经向摄政王爷奏过,可摄政王爷并没有放在心上。小皇上早就应该启蒙,大学士范文程和洪承畴都启奏过,摄政王爷只说他还小,直拖到这8岁半才正式开学。

吴良辅急忙上来为福临搓腿搓脚。福临捶打着吴良辅的背,嫌他没有解除腿上的酥麻难受的滋味。吴良辅一边揉搓一边安慰着:"一会就好了,一会就好了。"腿上的麻感渐渐消失了,但是福临还是哼哼唧唧地好像十分痛苦的样子。

吴良辅早明白福临的心思,他讨好地说:"皇上,下地到后院走走,就不会腿麻了。"福临点头。吴良辅急忙对师傅媚笑说:"师傅,我陪皇上到后院去走一趟,一会就回来听讲书。"师傅只好点头。

吴良辅跑上去为福临捡箭,数着靶子环数,大声喊:"皇上中了大满贯!"福临倒在地上连连翻起跟头。吴良辅伸出双手小心保护着,嘴里连声说:"皇上小心!"生怕他有个闪失。君臣二人在书房后院十分开心地玩着。

突然,外面侍卫高喊:"皇太后驾到!"吴良辅急忙拉住皇上,说:"不好了,皇太后来了!快回书房!"福临嘴里嘟囔着:"又来欺骗朕。"吴良辅从侍卫通报的声调中知道这真是皇太后来了。于是就硬拉起皇上,跑回书房,把皇上抱到炕上。师傅、太监都急忙站立起来,走出书房外迎接皇太后。福临还在炕上磨蹭,吴良辅急忙抱着他放到地上,福临一听额娘真的来了,心里如同小鹿撞似的,终于见到额娘了,有多长时间没有见到额娘?

福临喜滋滋地想着,想跑出去迎接额娘,然后一头扑进额娘的怀抱。

太监把门帘挑开,皇太后端端正正走了进来。福临正要扑进皇太后怀抱,皇太后脸色一沉,威严地拖出"嗯"一声,声调拖长,轻轻上扬和起伏,透出责备和不满。跪在后面的吴良辅急忙扯着福临的后袍襟。福临想起宫里见皇太后的规矩。只好跪下向皇太后问安。皇太后矜持地点着头,让他站起。苏嘛拉姑扶着皇太后坐在炕上。福临站了起来,他热巴巴地望着皇太后,希望她张开嘴说:"福儿,到额娘身边来。"那样他就可以猴到额娘身上,像四五岁时一样,像在盛京的永福宫一样。

皇太后翻开福临的描红,脸渐渐阴沉了。她抬起眼睛问总管:"谁给皇上安排的课程?"总管跪下回答:"回皇太后,是摄政王爷委托范文程大学士安排的。"

皇太后沉着脸说:"满文还没学会,怎么就开始学汉文?还是先学会满文再说。"

总管答应:"喳!"皇太后转向福临,依然沉着脸说:"你要好好学习满文,这描红就先放放吧!你是大清国的一国之君,不会写满文怎么行呢?"

福临觉得自己沉入了冰湖之中,浑身上下冰冷。刚才的欢愉倏然消失殆尽。

福临机械地点着头,嘴里机械地重复着吴良辅教给的话语:"回皇太后,儿臣记住皇太后的教诲。"

皇太后又教诲了一顿,然后站起身,微微笑了笑。福临的心一紧,一丝希望又浮上心来。皇太后该摸摸我了。他在心里祈祷着:额娘,摸摸孩儿吧!

皇太后对总管嘱咐了几句,总管连声喊着"喳",这声音像锤子砸在小福临的心上。看着皇太后袅袅婷婷地走出书房,他紧紧咬住嘴唇,拼命忍住要流出的眼泪。

吴良辅趴在地上,说:"万岁爷,来骑马玩一会吧!"

福临大吼一声:"滚!"抬腿朝吴良辅屁股狠狠踢了一脚。吴良辅爬起来,拍拍屁股,退了出去。福临对师傅大喊:"滚!滚出去!我不学了!"总管只好请学士暂且退下。

福临在暖阁里一蹦三尺高,他边蹦边喊:"出猎了!出猎了!"吴良辅急忙找来骑马的骑装为皇帝换衣。出猎换衣是最容易和痛快的事,福临的胳膊腿都柔软听话,全按吴良辅的指挥办理。福临穿着窄逼的箭袖小袍头戴出猎的凉缨帽,足蹬软麂皮的黄色马靴,手拿小马鞭蹦蹦跳跳地跑出宫门。吴良辅小跑着紧跟上去。

多尔衮王爷的马队已经等候在宫门外,他身后一队随从架着几十只猎鹰,牵着上百只猎犬,猎狗都伸着鲜红的舌头,带着出猎前的兴奋,不停地低声吠叫,不停地用前爪刨地。

福临出神地望着多尔衮左牵右擎的猎犬和猎鹰,问多尔衮:"皇父摄政王爷,你那些猎鹰猎犬有没有名字?"

多尔衮一听小皇上问他的猎鹰和猎犬,高兴地笑了起来。他急忙躬躬身说:"回皇上,我那些猎犬都有名字。"然后他指着马前马后跑动的猎犬说:"这只黄犬,叫黄虎,那只花色的叫花狼,那只奔跑的叫旱地蛟,因为它跑得最快。那只跳跃的,叫呼天彪。皇上看那只雪白的猎犬,它是朝鲜种,叫雪毛虎,它非常凶猛,撕咬猎物从不放嘴。"多尔衮如数家珍一一介绍。

福临听得如醉如痴,在书房里可没有这样的眼福和耳福。在书房在宫里在养心殿,多尔衮王爷只是向他汇报国家大事,人事安排,把那些大学士和通事已经拟就和翻译好的圣旨诏告给他读一遍,然后让他拿起御笔在上面签上自己的名字。如此枯燥的皇上生活!现在他可以向皇父摄政王爷问一些朝政以外的他感到新奇的事情。福临白白胖胖的脸上露出了笑容。

福临又指着马上养鹰侍卫手臂上架着的凶猛的鹰隼问:"皇父摄政王爷,那些凶猛的鹰隼能听人指挥吗?它们是那么野性凶猛?"

多尔衮哈哈大笑,说:"皇上不要看它们那么凶猛,再凶猛的野性动物也一样能够被人驯服得服服帖帖。驯鹰是个漫长的过程,也是个惊心动魄的过程。我亲自驯服了这只鹰。"多尔衮指了指离他最近的一个侍卫架着的一只苍鹰。这是一只年轻的鹰,披一身铁灰色的光华毛羽,苍劲有力的钩爪安详地站在侍卫的肩头,正用它尖锐弯曲的钩嘴轻轻地梳理着它的羽毛。时时还抬起尖锐的鹰眼望望主人,鹰眼里偶尔流露出一闪即逝的桀骜不驯的光芒。看来这是只刚刚被驯化的坐山雕。

多尔衮爱怜地说:"皇上过来,摸摸它。它的毛羽光华细腻,手感舒服极了。"

福临跑过来,伸出手轻轻抚摩着苍鹰一身光华细腻的羽毛,确实有一种极为舒服的触摸感觉。

多尔衮笑着说:"皇上,你看它多驯服多听话。可是四天前它可不是这般听话模样。那时要是接近它,它会扑上来啄瞎人的眼睛,凶猛极了。"

"皇父摄政王爷,你给朕讲讲你是如何驯鹰的?好吗?"福临像所有的小孩子一样撒娇磨缠着多尔衮。多尔衮心里涌上一阵慈父似的温情。他再一次涌上那强烈的念头:一定要有自己的子嗣,不管使用什么方法,他都愿意试一试。

多尔衮微笑着,心里甜丝丝的:福临这样喜欢他,真把他当作父亲一样看待。他自己一定要好好辅佐他。他说:"皇上,驯鹰叫熬鹰。熬鹰是一个相当残酷的过程,是让一个高傲自由灵魂屈服的过程。"多尔衮沉思着,慢慢说。多尔衮和所有统治者征服者一样喜欢熬鹰,他喜欢看一个高傲自由灵魂在煎熬中屈服,低下它高傲自由的头颅。

第一天,驯鹰人开始了对它的煎熬:在绳网外摆放着鲜嫩的羊肉和清水。高傲的坐山雕不屑一顾,仰着高傲的头,望着绳网外的蓝天白云,向往着驰骋翱翔蓝天的往昔生活。多尔衮一出现,它就愤怒地号叫着,振翅欲飞,把脚下的铁链摇动得哗哗直响。多尔衮在绳网外注视着,摇动手指逗引它,它更加愤怒,发出更大的呼啸,啸声悲壮苍凉。它扑向绳网,想用铁钩般的利爪撕裂他,用铁钩般的尖喙叼啄他。可是脚下的铁链拽住了它,绳网网住了它,它被重重地摔倒在地。它一次次挣扎,一次次失败,力量在一次次挣扎反扑中一点点消耗着。它变得愈加急躁,反扑与挣扎愈加激烈,体力的消耗愈发加大。

夜幕降临时,驯鹰人继续监视苍鹰。驯鹰人在绳网外生起一堆火,故意炙烤着苍鹰,让它不能闭眼睡觉。火焰照耀着它,它瞪着血红的鹰眼逼视着驯鹰人,驯鹰人也鼓着血红的眼睛与它对视着,互不相让。漫漫黑夜过去,苍鹰的体力消耗了一大半。

又一个寒夜来临,驯鹰人在绳网外又点起一堆篝火。绳网里的苍鹰慢慢移近火堆,眼睛里流露着乞求的光,望着驯鹰人。这时,响起驯鹰人安排的野兽的嚎叫,那声音充满嗜血的残暴。苍鹰缩紧自己的身体,全身战栗着,眼睛紧紧追随着驯鹰人。驯鹰人打开绳网走了进去,苍鹰慢慢地凑了上来。驯鹰人抱住苍鹰,用手慢慢地抚摩着它的头它的脖颈。苍鹰一动不动地依偎着驯鹰人,它感觉到安全和温暖,它像一个婴儿任由驯鹰人的手滑过它的修长的脖颈和宽阔的背脊。驯鹰人用手掌托起一块鲜美的羊肉凑近苍鹰,苍鹰轻轻叼起了羊肉把它一口吞下。驯鹰人把清水端到苍鹰的面前,苍鹰感激地抬眼望了望驯鹰人,驯鹰人点点头,苍鹰把修长的脖颈伸入水盆,甜甜地喝着。苍鹰终于懂得了服从的幸福,一个高傲和自由的灵魂从此消失了。

从此以后,苍鹰驯服地站立在驯鹰人的肩头胳膊,盘旋在驯鹰人的头顶,为驯鹰人去攫取任何猎物,换取主人抛出的赏赐物——肮脏的内脏骨头。

"这么残酷啊?"福临嘟着小嘴说。

"皇上不喜欢驯鹰吗?"多尔衮好奇地问。

"不喜欢。"福临摇着头说。

"皇上应该知道,驯鹰是必须的。没有猎鹰猎犬的帮忙,我们如何能够打到猎物？要想有得心应手的听话的猎鹰猎犬，就一定要先驯服它们。皇上记住了吗？”

福临嘟着嘴，不大情愿地说：“记住了。”他在心里却说：反正朕不喜欢驯鹰，太残忍。

“如果驯服不了，怎么办？难道就没有驯服不了的苍鹰吗？”福临又问。

多尔衮笑了笑说：“皇上问得好。当然也有驯不服的苍鹰。那只好除了它，不管它多名贵。”多尔衮说着随意做了个杀头的动作。福临一激灵，身上竟起了一层鸡皮疙瘩。

“皇上，治国与驯鹰一个道理，你对你的臣民，一定不能心慈手软，要想方设法驯服他们，如果驯服不了，就要毫不足惜除掉他们。只有这样，你才能治理好国家。”多尔衮趁机向福临教授治国的道理。这么个小孩子，什么时候才能学会治理国家呢？他有些不屑又有些忧虑地想。

“皇上上马吧，我们要出发了。”多尔衮看看升了起来的朝阳说。

福临点点头，看了吴良辅一眼。

吴良辅急忙在福临御骑前趴了下来，福临轻快地踩着吴良辅的后背蹬上马背，太监们小心地把福临扶着坐好。

多尔衮转身问：“皇上坐好了吗？坐好就出发了。”

多尔衮命令一下，大队滚出皇城，掀起滚滚烟尘，真是左牵黄右擎苍，万骑卷平冈。这次的围猎在京城外南苑猎场，以放养的鹿羊为围猎对象。

顺治六年夏天，多尔衮有些焦头烂额。他需要出来散散心。虽然他自己已经被晋为皇父摄政王，地位已经极大巩固和提高，摄政王济尔哈朗已被罢免，一些不听话的两黄旗势力如索尼、鳌拜的六人小集团已经被他又打又拉分化瓦解，正黄旗固山额真谭泰投靠了他，索尼、鳌拜等人被他治罪，力量大大削弱，两黄旗的势力已经小了不少。他自己的仪仗与皇帝御前卤簿相比，只差那么一点。他如今真是一人之下万人之上。但是国事并不那么顺利。自从顺治二年六月剃发令发布之后，汉人就开始了此起彼伏的激烈反抗。然后是李成栋、金声桓反清，十二月，大同总兵姜镶反清，多尔衮带兵亲征，次年二月和八月，又亲征两次，才平息叛乱。喇嘛道士萨满，还有西洋教士汤若望，都请来为那木其治病，只是没有效果。家中养了几个喇嘛几个道士，炼丹的炼丹，念经的念经，居然还是没有见效。这也叫他心焦。那木其是他的元妃，虽然多年不生活在一起，但是这元妃他还是很敬重的。她是皇后的亲侄女，是如今皇太后的堂姐，这关系确立了多尔衮的地位。他不是那种忘恩负义的人。

他自己的身体，也见瘦弱。原本就消瘦的身材，如今更加单薄。在松山战役中劳心焦思，亲自披坚执锐，过于劳累，种下病根。这几年的日理万机，更使他疲于奔命，每当事情一多，心情一烦，便头昏目涨，体中时时感到不适。皇太后知道这情况，特意嘱咐福临免去他面见皇上时的下跪礼节，特意允许他在府里处理一些朝事。他一方面吃药调理，一方面听从宫内太监的建议，延请和尚道士喇嘛为他炼制仙丹，以求子嗣和健康长寿。算命先生说他是无福之人的阴影总是笼罩在他的心头。难道他为之宵旰的事业竟不能享受吗？他不甘心。这次出猎，是他调养自己的一个好办法。

多尔衮骑在马上，深深地呼吸着野外清新充满着花香的空气，感到头脑清醒了许多。他心情很好，东张西望，大道两边的平坦沃野都是肥沃的良田。经过几年的圈地换地，他多尔衮和多铎掌握的两白旗已经占据了京畿一带许多良田沃土，两白旗的王公贝勒们高兴，他多尔衮的势力得到巩固。但是两黄旗王公贝勒极为不满，索尼、鳌拜等人时时进宫向皇太后诉苦。他多尔衮不怕他们告状，皇太后和他的心紧紧贴在一起。

多尔衮张望着大道两边的田地。正是夏天丰收的好季节，可是却看不到金黄的麦浪，田地上稀稀拉拉的庄稼好似快要秃顶的男人的毛发似的。绿树四合的村庄，鸡鸣狗叫，似乎透露出不安宁不祥和的氛围。

这是怎么回事呢？农民不安居乐业吗？多尔衮疑惑地想。这几年，他殚精竭虑的不是要营造一个国富民强安居乐业的大清国吗？

围猎的大队经过一个大村庄，绿树四合的村庄里人哭犬吠，鸡飞狗跳，乌烟瘴气。几个精壮的年轻男子手持棍棒追赶几个旗人官兵。后面追随的一大群男女老少，纷纷喊着："打死他们！打死他们！""报仇！""为族长报仇！"

多尔衮勒住坐骑，大喊一声："反了！给我拿下！"侍卫一拥而上，将那几个汉人男人拿下。旗人官兵见是皇上和摄政王爷的出猎队伍，吓得趴伏在地上不敢动弹。那几个被拿下的汉人小伙子反正是死路一条，被侍卫反剪双手气昂昂地死不下跪。村上百姓纷纷赶来，妇孺老人黑压压地跪了一地，哭喊着请皇上和摄政王爷做主，免去圈地和投充，容纳他们在自己的家园土地上继续耕种。

福临懵然，回转头问多尔衮："摄政王爷，圈地不是圈荒地吗？怎么圈这有人居住的村庄呢？"

摄政王爷一脸怒气。他在马上恭恭身，说："是的。皇上的旨令说得清清楚楚明明白白。而且这圈地早就在两年前禁止了，不知哪家大胆奴才还在违抗旨意？带过来！"多尔衮怒气冲冲地大声喊到。侍卫带来那几个旗人官兵。

"大胆奴才！你们是哪家的？"

领头模样的官员跪在地上，磕头如捣蒜般说："奴才回皇上和王爷，奴才们是肃亲王豪哥的家奴。封肃亲王之命，前来圈占土地。"

多尔衮说："该死奴才！你不知道圈地早在两年前都禁止了吗？这等狗仗人势！拉去砍了！"

那官员趴在地上，大声哭喊着请求饶命，却被侍卫拖拉开去砍了头。村民跪在地上感谢皇上和摄政王爷的英明。

"皇上，你看这肃王爷该不该处罚？"多尔衮恭身问。

福临想了想说："等我请示皇太后再作决定。"福临说完挺得意，他又有好几个月没有见到额娘。苏嘛拉姑代她来看望时总是说皇太后很忙，正忙着制定后宫各种制度规矩，没有时间来探望他。今天自己找了个亲自见她的借口，围猎之后就去见额娘。

多尔衮心里不高兴，他终于明白圈地运动失败的原因。都是这些宗室至亲不守规矩不听命令，仗恃地位为自己谋私利。

与圈地关联的是投充，失去家园的汉人只好投身旗人为奴，这"投充"法定于顺治二年三月，多尔衮正式下令："贫民无衣无食，饥寒切身者甚众，如因不能资生，欲投入满洲家为奴者，本主禀明该部，果系不能资生，即准投充。"投充法一出，旗人大肆逼迫汉人投充致使许多汉人逃亡他乡，土地荒芜。

逃人增多，旗人的奴隶减少，田园无人耕种，为了保护旗人、特别是满洲贵胄的利益，多尔衮又发布了逃人法，严厉禁止窝藏逃人，一经发现私藏逃人，株连邻居及全部亲属。但是不堪虐待的旗下人依然一批一批逃亡。严惩、逃亡、再严惩、继续逃亡。逃人持续了几十年之久。

多尔衮并不知道他推行的这三大恶政所带来的危害。他只是恼怒那些不听话的不为大清国家利益考虑的王爷。一定要重重惩处肃亲王豪哥！他恼怒地想。

来到猎场，多尔衮的情绪恢复过来，他亲自部署了打猎的路线，指挥八旗兵按各自的路线围猎。福临按照多尔衮的指挥跟着摄政王爷一起。王爷命令自己的几个将领紧紧跟随皇上保护皇上。自己便拍马投身到紧张刺激的围猎中。一只只早已按捺不住的猎犬窜出，猎鹰低回在半空，骏马咴咴，蹄声嗵嗵，西苑沸腾。

福临也扬鞭打马，胯下的坐骑腾起四蹄，飞在草地上。

围猎的队伍进了山林之中，福临也指挥自己的队伍进入山冈密林。山冈密林树木茂盛，骑马难以行走，侍卫和将领都下马慢慢行走。福临也只好下马，在密林中穿行。树枝时时扑打着脸面，路很难行，侍卫小心地替福临拨开挡在脸前的树枝，仔细寻找野兽的踪迹。

吴良辅嘟嘟囔囔："皇上小心！皇上小心！"他生怕皇上有什么闪失。他恨恨地看着那些将领，他们只管自己在密林里寻找野兽，并不认真照管皇上，这等怠慢皇上真该死！

福临却很高兴。树林里隐藏着秘密，他喜欢这山林。那野花，野草，那各种树木，都生机勃勃，激起他探求秘密的好奇心。这山林比烦闷寂静的皇宫生活有趣得多，新鲜得多。福临拨开每一丛灌木，采摘着野花野果。一串红艳艳的野果吸引了福临的注意，他急忙弯下腰，小心拨开树枝和草从，摘下那一串红果，一定很甜，一定很好吃。瞧它的水灵灵的样子多诱人。他摘下一颗，正要放到嘴里去品尝它的滋味。吴良辅一把抢过那小果，说："皇上，不能乱吃！让奴才先尝吧！"说着自己吞下那红果，然后又吐了出来，做出一脸难受的样子说："皇上，难吃极了！"福临的好心情好兴致突然消失殆尽。他一脸兴趣索然，默默走着。

吴良辅看出皇上的不高兴，极力想逗引福临，他喋喋不休地讲着小时候他自己采蘑菇的事。福临终于按捺不住，大喝一声："闭上你的臭嘴！"

福临走出山冈，一无所获。多尔衮从远处飞来，一群猎犬跟在他的马后，十几只猎鹰在他头上盘旋。他跑到福临身边，在马上恭身问："皇上打了几只猎物？"

福临一脸苦相，摇摇头。多尔衮大声笑了起来。这小侄子虽然是皇上，但是毕竟还是个小孩子。瞧他那样子，好像要哭了似的。"皇上别急，时间还早。"他急忙安慰着说，"皇上，请跟我来，保管皇上一下子打到一只大鹿。"他让福临上了马，扬起马鞭，朝马屁股上抽了一鞭。马又飞奔起来。福临也打着马，紧跟上去。

多尔衮兴奋地大声喊："皇上，准备好，野鹿快出现了！"喊声刚落，一只小鹿被几只猎犬追逐着从草丛中惊慌地跃出，张皇逃窜。

"皇上！搭弓！"多尔衮大声喊。

福临在马上坐直身体，拿起弓搭上箭，拉开弓，瞄准小鹿。小鹿惊慌地抬起头，美丽的鹿眼张皇失措可怜无助地望着他，泪光点点的目光里流露出哀怜祈求绝望无助。福临觉得眼睛有些发酸：这小鹿刚刚失去父亲，瞧他多可怜！他拉弓的手软了下来。

"射箭！"多尔衮大声喊着。

福临手中的弓箭耷拉下来。小鹿最后张望了一下，美丽的眼睛感激地亮了一下，飞快跳入树丛，消失在绿色中。猎犬狂吠着，猎鹰在低空盘旋，重新寻找目标。

多尔衮拈着胡须，忧郁地望着福临：这从小在深宫娇养起来的小皇帝，从没有经历过烈火和鲜血的考验，心慈手软，将来如何能担当治理天下的大事？多尔衮沉思着。他和先祖皇帝先宗皇帝都是从千征百战的血与火中打出来的。大清政权是靠马上驰骋打出来的，他们知道权力得来的艰难，知道心慈手软不能统治天下。以后的皇帝都是这样从小在皇宫中养大，他们从小娇生惯养、养尊处优，这政权这皇位如何能稳固？明朝灭亡，大约也是娇养的崇祯皇帝的无能，徒有大志，却没有君临天下的大才。

多尔衮很喜欢这小侄子，他自己没有儿子，为了这，他延请了许多方士巫师喇嘛，甚至还请教了西洋教士汤若望。现在他家里还有方士炼丹，喇嘛诵经，萨满跳神，为他求乞子嗣。假若福临不是皇上的话，他宁愿把他看作自己的儿子去爱护他教养他。可惜他不敢僭越地位。他只能把他当做皇上，毕恭毕敬地服从他，小心翼翼地侍奉他。他是皇父摄政王爷，如今权力大地位高，皇上见他身体不好，有头晕的疾患，特意容许他不跪拜。越是这样，他自己越要小心从事，谨慎从事。他知道有多少嫉恨恶毒的眼睛在暗地里虎视眈眈地盯着他，寻找时机，把他吞噬。正像他的父兄吞噬别人吞噬自己的亲骨肉一样。他曾经有过当皇帝的野心，但是从他推出小福临的那天起，他就泯灭了这野心，决心以自己的智慧才能来维护大清国的安定统一，实现父兄的遗愿。但愿他的辛苦努力不会付之东流。

福临眼巴巴地望着小鹿消失在丛林中，心中充满快乐。那只可怜的小鹿可以和它的额娘团聚，这该多幸福！他一点也不后悔放跑了那小鹿。

这时，又一只雄鹿被几只猎犬追了出来，那雄鹿威风凛凛，高昂着漂亮的一架大鹿角，左顾右盼，寻找出路。

多尔衮大声喊："皇上！搭弓射箭！"

也许是雄鹿的高傲，也许是怕多尔衮笑话，福临这次毫不犹豫搭上弓箭，飕的一声，箭射了出去。雄鹿应声而倒。侍卫部从响起一阵欢呼声。吴良辅拍马赶到前面，从草丛里抱起射中的雄鹿，踉踉跄跄地跑了回来。福临一勒马嚼，掉头而去。吴良辅愣怔了一下，急忙把死鹿丢给侍卫，自己跳上马，紧追福临。

多尔衮仰天大笑，高声欢呼："皇上！好箭法！好箭法！"刚才的担忧一扫而光。皇上毕竟是爱新觉罗的后裔，努尔哈赤、皇太极的血液在他体内奔流，大清不会重蹈大明的覆辙。

多尔衮转过头，再次向山冈奔去。那里的路难走，野兽荫蔽在树林里，射中的可能性更小，但是，在那里才更能锻炼福临。

福临有了主意,自己亲自去慈宁宫见皇太后,不必先通报。吴良辅要叫宫中皇上的便舆,福临摇摇手:“我们偷偷出宫,悄悄到慈宁宫去。”

吴良辅急忙跪下劝说:“皇上万不可胡来,让皇太后知道了奴才吃罪不起!”福临眼睛一瞪:“大胆奴才!你敢违抗圣旨?你就不怕朕治罪于你?”

吴良辅乖嘴巧舌,嬉笑着说:“皇上最疼奴才,舍不得认真治罪奴才。皇太后可不疼奴才,万一奴才得罪皇太后,皇太后会往死里整治奴才的!皇上不怕失去奴才?”

福临笑了,骂道:“巧嘴奴才!偏你知道朕的心理!那好,为了不连累你,朕派你出宫一趟!”

吴良辅依然跪在地上,说:“奴才不放心皇上一人在宫中走动,万一哪个奴才不认识皇上,冒犯了皇上怎么办?”

福临皱着眉头说:“那你说怎么办?”吴良辅说:“奴才不敢说,叫皇太后知道了,非打死奴才不可,说奴才教唆皇上违反宫中规定。”

福临生气了,大喊一声:“大胆奴才!总是你的理多!干脆朕把你打死算了,省得你总是怕皇太后!”

吴良辅急忙叩头谢罪。福临说:“说吧,不说朕今天非打死你不可!”

吴良辅嘟嘟囔囔说:“说是死,不说也是死,反正是死,就死到皇上面前算了。”他对福临附耳说了几句。

福临拊掌大笑。吴良辅急忙制止住福临,小声说:“小心外面总管听见。”

慈宁宫的暖阁里,多尔衮正坐在皇太后对面,向皇太后汇报议政会议议罪肃亲王违抗圣旨私自圈地的罪名。

多尔衮说了他出猎时的所见。

“议政王大臣什么看法?”皇太后问。

多尔衮皱着眉头说:“诸王议定肃亲王抗旨不遵,理应当斩。小弟以为肃亲王在顺治元年十月被封为和硕肃亲王,三年平四川张献忠有功,虽然对没继皇位难免耿耿于怀,在两黄旗拉拢索尼、鳌拜、何罗会等人,有结党营私之嫌,现在又以亲王之尊带头抗旨,确实罪大恶极。但是问斩似乎又处罚过重,皇太后以为该如何处置为好?”

皇太后想了一会说:“要是不斩,他难免心生怨恨,不但不会收敛他的行为,恐怕会变本加厉拉拢私人势力,与皇上和摄政王爷对抗。那时恐怕是养痈为患姑息养奸啊!坐在这位置上,也就顾不得什么骨肉血亲了。”

多尔衮点着头,说:“那就只好委屈他,终身囚禁吧!想他在囚禁中,也难于有什么作为。”

皇太后摇着头,说:“那很难说。我们满族有一句俗语,想必王爷也知道:房檐底下挂大葱,死皮不死心。心不死,人不死,说不定有一天就会卷土重来。既然这样,也由不得我们发慈悲善心。这是王爷先祖的教导嘛。”

多尔衮点起烟袋,疑疑惑惑地问:“皇太后之见?”

“斩草除根!”皇太后眉头一皱,挥了一下手,坚决地说。多尔衮点点头。多尔衮喷了一口烟圈,又说:“肃亲王有个小福晋也是蒙古科尔沁的博尔济吉特氏,皇太后不认识吗？长得很漂亮呢。”

皇太后说：“我们科尔沁博尔济吉特氏的姑娘，我怎么会不认识呢？她和那木其还有些亲戚关系。只是比我小得多，所以来往不多。加上肃亲王历来嫉恨于我，大约限制她与我们接触。你经常见她？”皇太后突然发问。

多尔衮急忙辩解：“也不经常见面，只是她偶尔来看望那木其，那木其是她的表姐。这几天，她来过几趟替肃亲王求情。”

皇太后沉默着，不再追问什么。

多尔衮站起身，走到皇太后身边，轻轻扶住皇太后的肩膀，恳求说：“皇阿姐。”

皇太后摇着头，说，“不方便。”

多尔衮今天又服食了道士炼制的秘制祖传丹方：金枪不倒传宗丸。此时药力刚刚发作兴趣正起。

这时，一个太监打扮的少年掀开门帘，喊着：“额娘！额娘！”

三个人全都定格似的，定在原位，保持着刚才那瞬间的姿势和动作。苏嘛拉姑急急冲了进来，拉住小太监打扮的福临，一边说：“皇上，先出来！”她一直守在外间，只是净手走开一小会儿，没想到闯进福临。

福临甩开苏嘛拉姑的拉扯，流着泪跑回乾清宫。总管刘兴桥和吴良辅急忙迎了上来，为他更衣。福临抬起左手一拳打在刘兴桥的脸上，刘兴桥的鼻子流出殷红的鲜血。吴良辅上来，福临抬起右手一拳，吴良辅踉跄着差点跌倒。福临冲进暖阁，扑倒身子在炕上，一动不动地趴着。刘兴桥和吴良辅互相看着，谁也不敢上前去劝说。

宫门外响起护卫的喊声：“皇太后驾到！”

刘兴桥和吴良辅惊诧的互相对视了一下，急忙出宫跪倒在院中，迎接驾到的皇太后。

福临听见外面的喊声，但是他并不理睬。心中充满一种怨恨。额娘是这种人！这叫他从没有想到。

皇太后问乾清宫太监总管刘兴桥：“皇上呢？”刘兴桥低头回答：“皇上身体不大舒服，正睡觉呢。”

皇太后走进东暖阁。福临依然一动不动地趴在南炕上。刘兴桥正要上前去禀报，皇太后摇摇手，让他和其他人全都退下。

福临偷偷望望静悄悄的暖阁，看见皇太后一人坐在炕沿上。

福临终于趴累了，他不声不响地爬了起来，坐在炕上，呆呆地望着额娘。

皇太后深深地叹了口气，叹息着说：“你总算起来了，我以为你再也不起来理睬你额娘了。”说着，伸出手去拉福临的手。她的手刚一碰到福临的手，福临却猛然把手缩了回去。

她压低声音说：“你给我听着，我不管你看到什么，你看到什么也不能改变你是我儿子的现实。你必须听话，我这样做完全是为了你，为了你能当上皇帝，实现这个多少人梦寐以求但却永远不可能实现的梦想。现在你当了皇帝，就必须把它当下去，这不仅是为你，也是为了你们黄带子爱新觉罗家族，为了大清国。你看到的，并不影响你的皇帝位置，只能巩固你的皇位。要是你捣蛋，我发誓要让你尝到苦头，虽然你是我儿子，但是为了大清国的利益，为了爱新觉罗，我说得出做得出！”

她站起身，威严地看了福临一眼，说：“你就等于什么也没看到，不许你对摄政王爷发脾气。要是叫我知道，小心你的屁股！”

福临眼泪汪汪，重心长地说：“福临啊，你已经不小了，都快12岁了，应该懂得额娘的一片苦心。没有摄政王爷的忠心辅佐，单凭我们孤儿寡母，这皇帝位置是坐不住的。那肃亲王，那英亲王，哪个不虎视眈眈，觊觎这皇位？幸亏睿亲王有勇有谋，辅佐你处理国家大事，让大清的一统江山渐渐安宁下来。你应该感谢他才是。万不可因小失大啊！”

福临点点头。皇太后替他擦干脸颊上的眼泪，轻轻地拍了拍他的头，说：“后宫有一大堆事情需要我去处理，我没有时间陪你，你要好好读书，学好满文才能处理国家大事。”皇太后说着起身回宫。

福临呆呆地望着窗外。他好像什么都明白，又什么都不明白。

宫外又传来侍卫的喊声：“皇父摄政王到！”太监总管刘兴桥急匆匆进来禀报：“皇父摄政王求见皇上！”

福临头一扭：“不见！”刘兴桥还想说什么，福临眼睛一瞪：“不见！你聋了吗？”

从此以后，12岁的福临努力读书学习，他不愿意见到摄政王爷，也不再想念额娘。

二十　多尔衮之死

多尔衮气呼呼地回到睿王府，多尔衮求见福临碰了一鼻子灰，气得七窍冒烟。没想到这小子居然还这么倔。

刑部官员前来报告说，被幽禁的肃亲王自尽了。多尔衮问了问详细情况。官员说，看守的侍卫接待了一位前来探视的喇嘛，喇嘛与肃亲王说了一会话，饮了喇嘛送来的马奶酒，过了一会就气绝身亡。

多尔衮

多尔衮想起肃亲王那漂亮的小福晋，她一定很伤心难过，应该去安慰安慰他。从福临闯宫发现他和皇太后的私情后，他和皇太后都不好意思再幽会。可是多尔衮服用道士炼制的仙丹之后，身体似乎虚弱了，但是欲望却强烈了许多。

那小福晋不大明白，疑惑地问：“摄政王爷为什么不放过肃亲王啊？”

多尔衮笑着说：“肃亲王问了死罪，

他的兄弟叔父就可以娶小福晋你啊！"

小福晋脸红了，更加动人。多尔衮也许就是那时动了娶这小福晋的心思。他把这想法跟那木其元福晋说了，病床上的那木其叹了口气说："都是我无能，不能给王爷生个儿子，让王爷一直为膝下空虚烦恼。也罢，娶我这表妹我没有意见，只是希望王爷顾及朝中的反应，怎么也要在肃亲王死后再娶进门。"多尔衮答应了那木其的请求，一直没有去找肃亲王的小福晋。如今肃亲王自己自尽，这倒给了多尔衮机会。

可是，元福晋那木其的病势却一日重似一日。多尔衮没有心情娶亲。

多尔衮立在炕头，紧紧拉着那木其的手。多尔衮的其他福晋也都静静立在炕前，两个科尔沁博尔济吉特氏福晋哭得泪人似的。肃亲王小福晋也守在表姐身边，哭成泪人。那木其已经昏迷，进入弥留状态。这科尔沁草原的姑娘，走完了她的一生。她很想再看看堂妹布木布太，可是她无法如愿以偿。如今的皇太后不能随便出宫。苏嘛拉姑代表她来探望过她。

多尔衮擦干脸上的眼泪，亲自料理那木其的丧事。火葬了那木其以后，多尔衮开始筹备他的婚事。睿王爷娶科尔沁博尔济吉特氏的消息传遍北京城。朝中人都知道，摄政王爷娶的福晋是肃亲王的福晋博尔济吉特氏。但是，民间却以讹传讹，传说当今皇太后科尔沁博尔济吉特氏下嫁摄政王爷，文人们还写成文章，编造了种种传说，生动描绘了皇太后和摄政王爷的亲事。

慈宁宫里，皇太后坐在南炕上暗自垂泪，苏嘛拉姑正小心地陪着皇太后悄言软语地安慰着她。皇太后听说了多尔衮娶亲的事，又难过又气愤。多尔衮在她的心中，和皇太极一样重要，她现在已经把自己的心全部给了他，可是他居然瞒着她又纳新福晋。

皇太后从头上慢慢取下多尔衮送她的赤金凤钗，把它放到炕桌上，用劲折成一小段，然后一点一点扔到窗外。多尔衮啊多尔衮，一切缘分都已尽了。皇太后明白，从今以后，一切销魂的欢愉都如云如风随多尔衮飘荡而去，刚刚35岁的她只能忍受那无边的难耐的寂寞！从今以后，那难耐的寂寞将永远伴随她的后半生，她的后半生将与男欢女爱永远隔绝。谁叫她是皇太后呢！今后她的幸福只能放在朝政大事上，放在辅佐福临当皇帝上。虽然多尔衮到目前为止还是很忠心的。可是人心隔肚皮，随着地位的上升，野心会不会也上升呢？

皇太后披上貂皮斗篷，和苏嘛拉姑走出慈宁宫。她们穿过月华门，来到寿安宫。多尔衮特意为老太后修建了一座漂亮的经堂，供老太后吃斋念佛，追悼皇太极和过去的岁月。

好久没有来这里了。皇太后想：老太后拒绝来访，她要独自一人与佛爷相处。

经堂的佛像神龛前，老太后盘坐在绣墩上，手抚念珠，眼睛半闭，嘴唇轻轻翕动，在念那些经文。蒙古使女轻轻走到老太后的身边，轻轻在她耳边说了一句："皇太后驾到！"通报了皇太后的到来。

老太后睁开了眼睛，看看自己的侄女，说："我料到你还要来见我一次。"

皇太后恭身问了安，老太后说："过来吧，我们还是依着满洲旧礼来个抱安，亲热一些。几年没见了，还是挺想你和那木其的。"

皇太后沉默了一下，难过地说："那木其已经于半月前去世了。"老太后叹息了一声，说："我这老婆子还没去，她那木其怎么就去了呢？她只比你大一岁不到，今年才36岁啊！"

皇太后劝慰说："姑姑也不老，你的头发还没白，你也才50岁出头，哪能算老呢？"

老太后叹息着说："今年精神已经明显不如前几年，我怕也是快到大限了。"她说着睁大眼睛，望着皇太后说："让我猜一猜这次你来问什么事。是不是与几年前一样，来问皇上的未来？是不是和摄政王爷有关？"

几年前，皇太后来请教老太后如何巩固福临的皇位。老太后为她掣了一签，签上是杜甫诗一句："花径不曾缘客扫，蓬门今始为君开。"老太后并不解释，让她自己去悟。后来，她以学习为名，请大学士找到杜甫的这首诗，并且让他解释了整首诗的意思。于是她领悟了诗句的意思，把自己的花径向多尔衮王爷开放。今天，她确实又是为摄政王爷而来。

老太后见皇太后不说话，微微一笑，说："看来叫我猜中了。说吧，有什么为难之处，说出来我们娘儿俩来共同想办法解决。在我们蒙古科尔沁这里，没有过不去的坎。"

皇太后感动地拉住老太后的手，说："姑姑，你永远是我最亲的亲人。"

老太后叹息着："谁叫我们流着相同家族的血液，又同侍一个男人呢？说吧，多尔衮是不是权大欺主了？是不是有些苗头了？"

皇太后摇了摇头，说："现在还不太明显，只是他在那木其刚死半个多月，就又新纳肃亲王的小福晋博尔济吉特氏为福晋。我怕已经笼络不住他，他会生异心的。"

老太后点点头，手捻念珠闭上眼睛沉思着。

许久，老太后睁开眼睛，慢慢说："摄政王爷身体不大好，没有子嗣是他的心头大患。听说他吃斋念佛求道拜仙，你可以介绍一个白云仙观的前朝道士给他，他会很感谢你的。这道士会炼制仙丹。你还可以介绍个喇嘛高僧给他，帮他实现他的愿望。"

皇太后心下豁然开朗。

皇太后起身，对老太后深深一拜，说："小侄告辞了。感谢老太后的指教。"

老太后望着离去的皇太后的背影，深深叹口气，跪到佛像前，喃喃祷告着。她知道自己将不久于人世。

风景秀丽的西山，一条通往山腰道观白云观的小山路弯弯曲曲，掩映在满山遍坡的松柏榆杨树中。弯弯曲曲的山路上，三三两两走着上山下山的人。

班布喇嘛和苏嘛拉姑，也走在上山的人中，慢慢往山间白云缭绕的白云观走去。

苏嘛拉姑换上汉人妇女的打扮，班布喇嘛扮作汉人模样，他们假装京城一个大户的总管与仆妇，去白云观为主人乞求子嗣。

班布喇嘛和苏嘛拉姑走进白云观的山门，扑面而来的是刺鼻的焚烧香火纸烛的气味。班布喇嘛在皇宫中是喇嘛活佛，地位很高，他主持宫中的喇嘛佛事。这次受皇太后密诏，出宫寻访炼丹的道士，肩负很重的任务。皇太后没有说明，但是他和苏嘛拉姑已经领会了皇太后的意图，知道皇太后是为摄政王爷的子嗣寻访仙丹。大清国目前离不开摄政王爷，所以皇太后没有示意除掉多尔衮，她只想让摄政王爷的身体慢慢坏下去。在这一方面，服食道士的仙丹可能是个最好的办法。蒙药还不具备这种能力。据说道士的丹丸里有让人慢性中毒的水银铅锡等物质。

班布喇嘛和苏嘛拉姑走上前去，点燃了手中的香烛和黄表纸，然后把香烛插到大鼎里。他们虔诚地跪下，向道士倾诉心事。

道士注意地倾听着，眯着眼睛观察跪在面前这两个人，从他们不寻常的打扮上判断着他们的身份。女人和男人都是汉人打扮，他们同样都有高耸的颧骨。他们穿着华丽的衣衫，面目表情上隐约现出一种得意的主子气度。

道士陶宗文心想：这两个满洲人乔装打扮来白云观干什么呢？他小心地观察着。

陶宗文是道教南宗正一派的传人。道教南宗既讲究修养，又讲究服食丹丸。陶宗文是明朝万历年间朝廷的正一派大师邵元节大真人和陶仲文的真传弟子。

陶宗文慢慢开了口说："两位施主前来，不知求乞何事？"苏嘛拉姑望望四周。陶宗文说："两位施主要是觉得不方便的话，请跟贫道来。"

陶宗文站起身，领着班布和苏嘛拉姑绕过大殿，进到殿后一间布置幽雅的小房间里。他请他们坐下，叫小道士端来香茶敬上。

苏嘛拉姑操着极不熟练的汉语，用生硬的腔调说："我们的主人是个很有钱很有势力的满洲亲王，他年届40，膝下无子。听人介绍说白云观道长法术无边，有可以起死回生长生不老青春永驻的仙丹。主人特意让我们二人前来寻访道长，为他炼制百子丹，让他膝下早生贵子。"

陶宗文一听，极为高兴。虽然他常到贵人大府上去为一些达官贵人炼制仙丹，或者做道场，但是至今他还没有进过满洲大官的府邸。听说满洲鞑子只相信喇嘛佛教，对中华的国教道教却不屑一顾。

陶宗文微微一笑，依然很持重的样子，慢腾腾地说："不知施主想让贫道炼制什么仙丹？贫道这里有几十种仙丹可炼制，有的主青春常在，有的主长寿百岁，还有的主……"陶宗文淫亵地哈哈笑了几声，不再往下说。

班布喇嘛急忙接上话茬，用更加生硬的语调说："任凭道长决策，只要能让主人感觉精力充沛，道长尽管决策。只是主人吩咐，炼制的仙丹药量一定要重，特别是关键的药量，如红汞、铅粉一定要重。否则不会见效的。"

陶宗文呵呵笑着说："贫道自有分晓。药量在炼制仙丹的过程中完全要根据病人的身体情况有所增减。这点可以请施主放心。不过水银的分量过重，可能不大有利，需要根据病人身体情况决定。"

班布喇嘛说："道长尽管放心，我们主人的身体很好，只是没有子嗣。不加重水银的分量怕是他不会聘请你。曾经有几个道长先后为他炼制过仙丹，结果都不见效，被主人鞭打发配充军去了。道长要想到王爷家里去炼制仙丹，主人一定会让道长有享不尽的荣华富贵。而且，我们主人与现今皇上有很好的亲戚关系，如果道长的仙丹见效的话，主人还会介绍道长进宫去长住。"班布喇嘛笑嘻嘻地说着，注意打量着眼前道士脸面的变化,心里却在暗暗地咒骂:装神弄鬼邪门歪道欺骗人的大骗子!

陶宗文心里喜滋滋的,连声说:"一切都依施主,一切都依施主。施主愿意使用多少药量,贫道都没有意见。"

他正色说:"我们主人不希望这件事情传出去。将来你进入王府之后,决不能对任何人说起今天的见面,连王爷也不能说。否则,传出去的话,你的小命恐怕没有人能保!"

陶宗文急忙保证,说:"贫道保证不会向任何人说起这次见面,施主尽可以放心!道家之人懂得沉默是金。"

苏嘛拉姑也正色警告他一遍。

班布喇嘛和苏嘛拉姑站起身,又补充说:"近几日,请道长等候在白云观,王爷自会派人来迎接道长。"

陶宗文点头,送出班布和苏嘛拉姑,兴高采烈地等待着进王爷府去炼制仙丹。

多尔衮在书房接见陶宗文。陶宗文跪拜了摄政王爷之后,双手捧着刚刚出炉的金枪不倒多子丹,进给多尔衮王爷。多尔衮拈着胡须,瘦削的脸颊露出满意的微笑。元福晋那木其的去世,迎娶豪哥小福晋博尔济吉特氏,迎娶来之后的狂欢,叫他失了元气。他显得消瘦了许多。

多尔衮接过那几颗乌黑发亮的丹丸,左右端详着。"这丹与其他道士的丹有何不同?"

多尔衮抬起头慢腾腾地问。

陶宗文媚笑着,疙里疙瘩的脸皮皱成核桃似的,说:"王爷有所不知。这金枪不倒多子丹是我们正一派的传家秘方,从不外传,只有掌门人才知道它的炼制秘诀。配方和炼制都是极其秘密的。只掌握秘方炼不成,只掌握炼制方法也炼不成。正一派历来害怕它外传,往往是分别传给两个掌门人。这两个掌门协作,才可炼制出真正的金枪不倒多子丹。我师傅喜欢我聪明伶俐,才把配方和炼制秘方一起传与我。道教中只有我一人能炼制出这仙丹。贫道见睿王爷是国家的栋梁,才愿献仙丹与王爷。"

多尔衮微笑着,虽然对道士这花言巧语有些不大喜欢,但还是被他的自吹自擂说动了心。"什么配方?能不能说与本王一二?"

"这……"陶宗文装作为难的样子,支吾着。

多尔衮脸色稍微沉了下来:"既然道长保密,本王不便追问,那你就退下吧!"

陶宗文见多尔衮变了脸色,急忙说:"贫道不敢向王爷保密。这仙丹有红铅、红粉、含真饼子,还有丹砂、汞、八石、白蜜6斤,在丹台的未济炉里使用阴阳制伏和火候飞伏,于钵中以玉槌轻手研磨令汞入尽,再置于阴阳炉即济炉中用坎离火候飞伏至12转,然后再加入千年灵芝菟丝子赤松子覆盆子五味子车前子龟板鹿鞭虎鞭蟒鞭,从甲子时于子门起火,用炭5两,丑门用6两,寅门用7两,卯门用8两,辰门用9两。"陶宗文喋喋不休地说着。

多尔衮打断他的话,问:"什么是红铅?红粉?什么是含真饼子?"

陶宗文的眼睛里闪过淫亵的亮光,脸上漾起淫亵的笑意,用一种淫亵的语调说:"王爷有所不知,这才是好东西呢。红铅是处女第一次经血,红粉是少男第一次的精液,含真饼子是刚出生婴儿口中的血。它们是金枪不倒多子丹的主要秘方。"

"有效果吗?"多尔衮不动声色地问。

陶宗文眯着眼睛谄媚地说:"万历皇帝服食了这丹以后,70 岁时又添了两个皇子。明世宗 60 岁服食了以后,每夜御几个妃子。"说完竟呵呵地笑了起来,满脸淫秽的样子,叫多尔衮生出许多厌恶。多尔衮把脸一沉说:"好了,等我试用一下,要是不像你说的这样见效,我会叫人砍去你的脑袋!退下!"

多尔衮按照陶道士所说,用黄酒服食一丸金枪不倒多子丹。服下不长时间,多尔衮感觉上腹部有热气升腾,在胃中旋转,然后热气沿着肠道进入下丹田。下丹田有热气旋转,冲击命门和下脘。

这仙丹的药力可真够大的。多尔衮暗想。

多尔衮来到后院。新纳的博尔济吉特氏小福晋走了上来,扶着多尔衮的手,轻声慢语,询问王爷的身体:"王爷,道士的仙丹炼出来了吗?"

顾不上回答小福晋的问题,一下子抱起小福晋,大踏步进入寝房。小福晋在多尔衮怀里挣扎着,把嘴贴在多尔衮耳边轻声说:"王爷,光天化日的,叫人看见多难堪。"

多尔衮喘着气说:"爷才不管那些呢!爷现在只想和你痛快痛快!"说着,他把小福晋撂在炕上,自己宽衣解带。他的手轻轻颤抖着,脸颊的肌肉微微哆嗦,上下牙关轻轻地磕碰着。"王爷,你怎么啦?"小福晋心里害怕,轻声问。

多尔衮摇摇头,说:"没什么,只是心中火烧似的。一会就好了。"他急不可耐地剥掉小福晋的衣服。

多尔衮仰面躺在炕上,精疲力竭。心中火烧似的感觉虽然缓解了许多,但是一种意犹未尽的感觉还是撩拨着他的心。这小福晋!他不满意地想。一点也不能让爷尽兴!他不由得想起慈宁宫那些狂欢之夜,那些销魂荡魄的时刻。他再也无福消受那令人神魂颠倒的幸福啦!想到这一点,泪水充溢了多尔衮的眼眶。此时,他多渴望拥抱住她的香酥软滑的玉体,和她共同修炼欢喜功,到达极乐世界的巅峰。

咳!多尔衮深深地叹了一口气。作为一人之下万人之上的皇父摄政王爷,他的权力无边,但是他却不能占有她,他真正喜欢的女人。

既然她这么无情无义,爷何苦还要苦苦思念她?爷也该再想方设法寻欢作乐才是。为了她,爷这几年都没有纳新福晋。这小福晋也是她断绝往来之后新纳的。爷对得起她!既然她无情,爷也只好无义。再多纳几个福晋欢乐欢乐吧!爷为大清国出生入死,宵衣旰食,是大清国的第一大功臣。爷能有什么好处呢?没有子嗣,无人继承这家业这王爷爵号。

想到这里,多尔衮穿好衣服,径自走出寝房。

多尔衮来到书房,喊来礼部尚书,让他立即召见朝鲜使臣。朝鲜使臣急匆匆地应召来到摄政王爷府邸。使臣跪见了多尔衮,多尔衮满脸堆笑,请他起立,然后说明了自己召见他的原因。多尔衮说:"本王听说朝鲜出美妇,而本王元福晋刚刚去世,本王愿意与朝鲜结亲。不知朝鲜可有合适公主相配?"

使臣躬身回答说:"朝鲜与大清国结亲将荣幸之至。只是现公主年仅两岁,如何能攀附王爷?"

多尔衮哈哈一笑,说:"公主年幼,则可择宗室中年龄相仿者,亦无妨。"

使臣想了一会说:"待臣回国禀报吾王,马上回复王爷。"

多尔衮命令礼部尚书来见,向他口授了一封致朝鲜的谕旨。谕旨说:"皇父摄政王敕谕朝鲜国王:予之诸王暨贝勒众大臣等屡次奏言,自古以来,原有选藩国淑媛为妃之例,乞遣大臣至朝鲜,择其淑美,纳以为妃,缔结姻亲。予以众言为然,特遣大臣等往谕亲事。尔朝鲜国业已合一,如复结姻亲,益可永固不二矣。王之若妹若女,或王之近族,或大臣之女,有淑美懿行者,选谕遣去大臣等看来回奏。特谕。"谕旨写好之后,多尔衮命学士盖上放于府中的皇帝玉玺,派遣大臣正白旗固山额真户部尚书巴哈纳与朝鲜使臣一起到朝鲜去选美女。

巴哈纳到了朝鲜,朝鲜国王立即下令在宗室大臣中为摄政王爷选美女。巴哈纳把16岁以上的女子逐个挑选了一遍,选出一个宗室的公主,一个16岁的小姑娘,留在宫中等待着大清的使臣。

自巴哈纳到朝鲜去,多尔衮就开始了漫长的等待。他定期服食陶宗文的仙丹,只觉得自己一日比一日难耐。服药之后的躁动,叫他兴奋激动。完事之后叫他失望疲劳,叫他渴望另一次高潮的出现。强烈欲火的炙烤,多尔衮越来越频繁的在自己福晋使女身上寻欢作乐。他朝思暮想盼望着朝鲜美女来疗治他的越烧越旺的欲火。他又写了一封信,派人去催促巴哈纳赶快带美女返回。

多尔衮立即命巴哈纳把朝鲜公主带到自己营帐。朝鲜使女搀扶着义顺公主来到多尔衮营帐。多尔衮亲自走到公主面前。16岁的义顺公主低着头,浑身颤抖。多尔衮用手抬起公主的下颌,端详着面前的朝鲜美女。16岁的公主皮肤白嫩娇艳,细长的眼睛清澈明亮,虽然说不上倾城倾国的容貌,但是也楚楚动人,颇有几分姿色。多尔衮浑身热血沸腾。他喝退侍卫,只留下朝鲜公主和朝鲜使女。多尔衮要尝尝朝鲜美女的滋味,这是他从没有尝试过的。

回到北京,多尔衮已经完全厌烦了朝鲜公主。"丑死了!"他看着公主扁平的大圆脸盘想。

多尔衮叫来陶宗文,大发脾气。他指着陶宗文的鼻子大骂:"你这个该死的蛮子!你的仙丹全不起作用!要是再炼不出真正有显著药力的仙丹,马上砍你的脑袋!"

陶宗文并不惊慌,他早已炼制出第二炉仙丹。这次他更加大了一些毒剂的分量,只有这样,才能激起作用。

多尔衮脸色阴沉,接过道士递上的仙丹,让他退下。多尔衮服食一丸仙丹,回到自己的寝房,命朝鲜公主和朝鲜使女前来侍候,他要寻找那种曾经有过的令人眩晕的快乐感觉。

多尔衮烦躁地从炕上坐了起来,他居然失败了,体内的灼热炙烤着他,但是他却不能起兴。他刚想站起来,眼前一黑,一头栽倒在炕上。

阿济格来看望多尔衮。多尔衮已经恢复了体力。望着多尔衮消瘦的脸颊,阿济格心里有些心疼,同胞三弟兄,多铎已死,如今只剩他们弟兄二人了。阿济格抽着旱烟袋,关心地看着多尔衮消瘦的脸颊,心疼地说:"王爷该爱惜身体才是,万不可过于劳累。我看王爷还是到喀啦城去围猎散散心为好。”

多尔衮也抽着旱烟袋,点着头,说:“阿哥的建议不错,我该再去围猎休息休息。身体确实越来越糟。”

这时,户部尚书巴哈纳、吏部尚书谭泰等人都来拜见多尔衮,一起劝他到喀啦城围猎歇息歇息,恢复体力。

连绵起伏的群山,郁郁葱葱的古松,清清的溪流,夹岸的缤纷野花。古北口外这处风景美丽的猎场,早就引起多尔衮的喜爱。他差不多年年都要来这里搞一次围猎——秋狝。队伍驻在蒙古语叫哈伦浩鲁汉语叫热河上营的地方。热河上下营成为古北口的围猎驿站。这里的牧场草肥水美,泉水清冽,树林茂密,野生动物数量多,有虎狼羊鹿,很适宜围猎。这里的山形怪异,湖泊清冽如镜,古木参天。多尔衮早就有意在这里修建一所盛夏避暑的行宫。今年着手兴建。

燕山的牧场上,披着鹿皮的士兵发出一声声呦呦鹿鸣,引诱着野鹿跑出密林草丛。一只只野鹿从草丛中探出它们美丽的鹿角,圆睁着它们美丽的大眼睛,小心翼翼地张望着周围。一声声马嘶犬吠,一只只猎鹰盘旋,多尔衮的围猎士兵从四周包围了过来。野鹿张皇失措,四下奔逃。

侍卫大臣惊呼着赶上前来,跳下马,从草地上抱起多尔衮。多尔衮勉强微笑着,挣扎着自己站了起来,说:“没什么,我只是头晕的毛病又犯了,歇息一下继续围猎。”

大家都劝摄政王爷回营地休息。多尔衮只是不允。侍卫只好扶多尔衮上马,继续围猎。突然,前面密林中一只斑斓大虎被士兵追赶着跳跃着跑出密林。多尔衮又兴奋起来,他在马镫上立起身,拉开大弓,飕飕射了三箭。多尔衮的脸色蜡黄,头晕目眩,勉强稳住自己,没有从马背上摔下来。侍卫首领命令收兵。

回到行宫,太医为他敷上金枪药,侍卫服侍他躺下休息。此时多尔衮感觉五内俱焚,心里烦躁得不可名状。他叫侍卫端来冷水,他大口大口地往肚里灌,想浇灭那一腔烈火。可是,内火被冷水一激,变成火石似的灼热块垒郁结脏腑之中,成为致死的原因。

半夜,多尔衮开始发烧,他感觉到自己已经病入膏肓。“叫阿济格王爷来。”清晨,感觉好一些的多尔衮吩咐侍卫。

阿济格流着眼泪伏在多尔衮的炕前。多尔衮颤巍巍地伸出手,握住阿济格的手说:“我看来是不能活着回到北京了。我知道你对我有意见,可是我为了大清国,有时只好牺牲我们亲兄弟的利益。今年本想对你做一些补偿,除了为你大修王爷府之外,还想再拨一些牛录给你,你现在只有13个牛录,势力比较弱。可是看来已经为时太晚。我去了之后,我估计你的日子要很难过,你一定要以大清国的利益为重,千万不可做出令亲者痛仇者快的事情。对皇上要忠心,但是要防备郑亲王济尔哈朗和两黄旗的反扑。要协助两白旗的旗主和固山额真护军统领一起维护两白旗的利益,千万不要让别人吃掉两白旗。”

多尔衮艰难地说着。他喘了几口气,又接着说:“皇上玉玺一直放在我的府上,你要抢先把它拿到交给皇上,千万不要落到其他人的手中。”多尔衮喘息着,闭上眼睛,接着又睁开眼睛,眼睛里溢满了泪水。他哽咽着说:“我没有子嗣,请你做主把多铎的小儿子过继给我,不知多铎福晋可愿意?”

阿济格哽咽着说:“这事我会替你办到的,你尽管放心。其实你的病还有机会恢复,不必说这些丧气话。”

多尔衮摇摇头,说:“我知道自己的病情。这病是没有希望的了。可惜我还想为大清国的巩固再多干一些事,看来是没有指望了。我只希望父皇打下的江山能代代传下去,不要走大明的路。只是我已经无能为力。”多尔衮深深地叹息了一声,轻轻合上眼睛,没有气力再说什么。

阴云四合的天空,戌时时分,突然响起一声沉闷的冬雷。有人还看见天边滑过一道刺目的亮光。一代天骄、年仅39岁的多尔衮驾着那亮光逝去。

皇太后站在慈宁宫的窗前,皱着眉头望着阴云四合的天空。顺治七年腊月,北京的冬天分外阴冷。

皇太后心里有些怨恨她的皇儿,她觉得自己为皇儿做出的牺牲够大的。她忍痛斩断了与多尔衮深厚的私情。

他现在的情况怎么样呢?皇太后还是不能不去想他。听着班布喇嘛经常前来报告陶宗文道士的活动情况,她心里隐隐作痛。多尔衮那俊俏的面容常常出现在她的梦中,多少次她哭着喊着他的名字醒来。可是她现在还是这么做了。为什么?为了谁?当然是为她的皇儿。多尔衮这一年的作为实在叫她寒心,叫她不放心。

皇太后在心里呼唤着。她回到佛堂前,跪在佛像之前。

苏嘛拉姑走了进来。

“怎么啦?苏嘛拉?”皇太后慢腾腾地抬起眼睛,问。

苏嘛拉姑慌慌张张,小声说:“奴婢刚刚听内务府总管说,摄政王爷去世了。”

皇太后一怔。虽说这是意料之中的事,可毕竟太叫人震撼。眼泪不由自主扑簌簌地落了下来。知冷知热的九阿哥,永远失去了。

“皇上驾到!”慈宁宫侍卫喊着。

皇上的玉辇由16个太监抬着,进了慈宁宫。吴良辅扶着福临走进暖阁。福临一见皇太后,立即跪下向母后问安。他已经有一年多不进慈宁宫。他抽泣着说:“孩儿向母后问安。”

泪流满面的皇太后扶起福临,说:“皇儿今天为何事前来?”

福临说:“孩儿不孝,有多日没有前来问安,叫母后伤心了。刚才接到喀啦城信使的急报,皇父摄政王爷在初九去世,至今已经去世五天。孩儿心里很难过,不知该如何处理才好?特来请皇太后明示。”

皇太后流着眼泪,哽咽着说:“摄政王爷为大清国的入关建国立下汗马功劳,皇儿应该重重嘉奖摄政王爷,追封王爷为义皇帝才好。”福临点着头,说:“孩儿听从母后教导。下旨给礼部,由礼部拟票追封事宜。皇太后以为皇父摄政王爷的丧礼该如何办?”

皇太后想了想,说:“皇儿马上下旨全国举哀,当皇父摄政王爷灵柩回北京时,皇儿亲率诸王、贝勒、文武百官换缟衣素服,到东直门外五里去迎接然后下旨举行国丧。服孝二十七日,一个月内举国禁止屠牛及音乐嫁娶。追封谥号之后,将摄政王夫妇同祔太庙。”

福临此时，已经六神无主，一切听从皇太后吩咐安排。这一年，他一直怨恨摄政王和皇太后，甚至连面都不想见他们。摄政王爷前来上朝，前来见驾，他都找出种种借口予以拒绝，摄政王爷只好在他自己的王爷府中办公，甚至把玉玺也拿回王爷府。大臣刚林、范文程等人多次劝谏他，但是福临就是不听，任多尔衮自行其是。

这时，他完全原谅了摄政王爷，他视做父亲的多尔衮。他也原谅了皇太后。

皇太后又说："皇儿，派大学士刚林去王爷府取回玉玺信符表册等，收存内库。如果落到他人手中，后果不堪设想。"福临急忙命令吴良辅去传大学士刚林，让他立即到摄政王爷府取回玉玺。

"另外，"皇太后又说，"为了预防万一，皇儿要命令皇家侍卫武装以待，调拨两黄旗骑兵把守城门，当摄政王爷的灵柩进城时，抢先拘禁英亲王。英亲王阿济格不可不防！当年他可是不大老实的一个，一再劝说摄政王爷登基。"

福临急忙按照皇太后指教，派人去部署兵力，安排国丧大礼。有皇太后的支持，小皇帝福临心情已经安定了许多。

顺治八年正月，国丧即将过去。

盛极必衰，到达顶峰，就是回落，可惜人们都渴望达到顶峰，却从不设想到达顶峰之后的出路。

郑亲王王府，济尔哈朗正在书房里会见索尼、鳌拜和遏比隆，这几个两黄旗的老臣，被多尔衮搞得一无所有，处境极为凄惨。

同是摄政王爷，郑亲王济尔哈朗早在顺治二年，便主动提出让位于睿亲王多尔衮，自己甘居于多尔衮之后。后来他又主动提出身体不好，干脆病休在家，把全部摄政的权力让与多尔衮一人。但是，顺治五年三月，他的侄子吞齐等几人一起告讦他。多尔衮抓住这个大好时机，把他降为多罗郡王，狠狠地打击了济尔哈朗。同所有的政治野心家一样，济尔哈朗表面做出服从和谦让，但是却掩藏着刻骨铭心的仇恨。他以韬晦静静地等待着。

索尼、鳌拜和遏比隆，作为两黄旗拥立皇子的死硬派老臣，在摄政时代这八年里，受尽了多尔衮的迫害和排挤，对多尔衮有着深仇大恨。索尼是大学士希福的侄子。当年，希福被投靠多尔衮的正黄旗固山额真谭泰陷害，被罢官没收家产奴仆。索尼便出面告发谭泰，说他隐匿圣旨，结果谭泰被解除固山额真，被削去爵位。谭泰并不善罢甘休，立刻报复索尼，向多尔衮揭发索尼冒功领赏，说他轻视多尔衮等，多尔衮立即命令刑部议索尼之罪。索尼以三罪论死，鳌拜等坐以包庇之罪等四罪，议以死罪。后来索尼求人向皇太后求情，才得以免死，处以革职鞭责罚银等。

鳌拜本是个巴牙喇章京，因为作战勇敢被皇太极授予巴图鲁称号，后来逐步升为正黄旗的护军统领，有了爵位封号。可是这一切，又被多尔衮完全剥夺了。

报复的时机到了。这几个同一战线的生死与共战友不约而同来到郑亲王王府。

济尔哈朗嘴里叼着旱烟袋，拈着胡须，嘿嘿冷笑着，说："多尔衮的好日子该结束了。爷们报仇雪恨的日子到了。"索尼和鳌拜都齐声应和着："八年了。我们可有了出头的时候。"

遏比隆也慢腾腾地附和着鳌拜的话："欺负了我们两黄旗整整八年啊！老天有

眼，让他只活了39岁。要不，我们何时才能出头啊？”

郑亲王济尔哈朗打断了他们没完没了的抱怨与感叹，说：“我们还是言归正传，一起来商量商量如何动作如何部署除掉多尔衮和他的势力。”

索尼急忙说：“王爷说的极是。我们还是赶快想办法才是。我们不能这样看着他人死了还享有登峰造极的声誉，而且这声誉日益提高。”

鳌拜虽然是个武夫，但是阴谋点子却极多。他皱着眉头，低着头想了一会说：“摄政时代，最有效的除人方法是有人出面告讦。当年索尼告讦谭泰，谭泰又反咬索尼，结果两人都获罪。郑亲王获罪不也是源于你几个侄子的告讦吗？”鳌拜大大咧咧地说。

济尔哈朗生气地打断鳌拜的话，说：“说这些陈谷子烂芝麻的干什么？说你的办法嘛！”

遏比隆也急忙出来打圆场，说：“鳌兄说远了点，还是说近一点吧！”

鳌拜不便于向郑亲王发火，却极为不满地瞪了遏比隆一眼。遏比隆急忙低下头，不再说什么。

鳌拜说：“我提起这旧事，是想给你们一点提醒，你们难道没有想出点什么办法吗？”

索尼恍然大悟：“我有些明白鳌老弟的意思。可是这告讦之人，哪里去寻？”

鳌拜哈哈大笑起来，说：“咱们满洲找别的东西，也许不容易找，但是要找个告讦之人，却是如低头捡块烂石头一样容易之极。看看我们这几十年，身边不是天天在发生着你告讦我我告讦你的事吗？儿子告讦老子，老子告讦儿子，像我们的代善亲王一家。侄子告讦叔父，像我们的郑……”

鳌拜又要提到郑亲王，济尔哈朗急忙打断他说：“我明白了鳌老弟的意思。可是你看找哪个人呢？”

遏比隆半天没有作声，但是他却在紧张地搜寻着人选。见大家都沉默下来，他这才慢腾腾地说：“我倒是想到一个人，好像听说比较合适。”

鳌拜性子急躁，见不得说话吞吞吐吐的人。他立时提高了声音，说：“遏老弟，你直接说出来好不好？卖什么关子绕什么弯子啊？”

济尔哈朗和索尼也一起催促着他说出名字。

遏比隆见吊起了大家的胃口，这才得意地微笑着拈着胡须说：“正白旗的苏克萨哈。”

“正白旗的苏克萨哈？”在座的几位一起惊呼起来。

鳌拜一把抓住遏比隆的衣领，说：“老弟，你不是发疯了吧？你有什么把握说苏克萨哈能够告讦多尔衮？”

遏比隆笑着说：“苏克萨哈与我有些亲戚关系，他的一个福晋是我的一个福晋的姐姐，有时她去我家找她妹妹。我曾经和她聊过苏克萨哈的情况，知道苏克萨哈对多尔衮很不满意。因为他自认为自己有功于白旗，但是没有得到公正的赏赐。”

鳌拜哈哈大笑着说：“女人的话能可靠吗？你不是和这女人有一腿吧？”

遏比隆不高兴地嘟囔着：“你这人真无礼，看你想到哪里去了？不像话！”

索尼和济尔哈朗急忙插了进来，说：“那我们不妨去试一试。请遏比隆老弟去探探他的口风。”

遏比隆说:“我敢保证他会做的。只是皇太后那里,恐怕……”

济尔哈朗点点头,说:“这是个问题。不过,我们可以软硬兼施劝说劝说她。索尼老兄和鳌拜老弟都是两黄旗皇太后的嫡系班底,她在诸多事情上都要依赖两黄旗。我想,只要晓以利害,她也不得不听从我们的安排。”

索尼和鳌拜都频频点头。

苏克萨哈是正白旗的护军统领,但是他对多尔衮一肚子不满。作为护军统领,他的地位被多铎和多铎的儿子剥夺得所剩无几。似乎他只是个傀儡,只有一切由他们安排好之后照着执行的义务。跟随多铎南征北战,奖赏并没有得到多少。多铎死了以后,他以为自己的地位会有所改善。可是多尔衮依然把两白旗的权力牢牢地掌握在自己的手中,他苏克萨哈还是一个无足轻重的小人物。

现在多尔衮死了,两白旗将来的命运如何呢?

苏克萨哈深深吸了一口旱烟,仰面向空中喷吐着蓝色烟圈,头脑里紧张地思索着自己的未来前途。

除非……除非他做出些什么事情证明他不是多尔衮的势力。可是能做什么呢?告讦?告讦成风的满洲人,走这条路最便当最见效。手中握点权力的人都害怕部下不服从他,告讦他的部下对他不恭,包准一下子就挑起他的仇恨,借他的手报复了自己的仇人。可是他敢去告讦多尔衮吗?多尔衮的忠心是无人可以怀疑的,何况他还有皇太后的支持。他苏克萨哈不想活了吗?

遏比隆掀开红缎门帘,一股热气扑面而来。苏克萨哈已经站到地上迎接遏比隆。苏克萨哈抱拳说:“欢迎大人!”

遏比隆急忙上前一步,单跪下右腿行跪见礼,口中说:“遏比隆给统领请安!”

苏克萨哈请遏比隆上炕坐下,命使女把火盆拢得更旺一些。苏克萨哈递过旱烟袋,遏比隆说他不抽烟。

遏比隆放下银碗,打着哈哈说:“统领这奶茶的味道实在鲜美,可是我那福晋的姐姐煮的?”

苏克萨哈哈哈大笑起来:“老弟,我们原来是连襟啊!”遏比隆也哈哈大笑起来。这一通开怀大笑,笑去了两人之间的戒备和隔阂。

遏比隆从炕桌上的果盘里拈起几粒瓜子放进嘴里嗑着,十分关心地问:“老兄,摄政王爷去了,你有什么打算啊?”

苏克萨哈点着头小心翼翼地说:“多尔衮爷去世,想来两黄旗要弹冠庆贺了吧?我们两白旗的好日子是到头了。不知你们两黄旗有什么打算啊?”

遏比隆哈哈一笑,说:“我以为你们白旗的日子要开始不大好过起来,不知老兄以为然否?”

苏克萨哈摇着头,说:“这是自然的喽。两白旗和你们两黄旗的不和也不是一天两天的事。摄政王爷的去世给了两黄旗反扑和报仇雪恨的时机。摄政王爷压制两黄旗的报应要落在我们这些白旗人的身上。”苏克萨哈抽着烟袋,悲哀地说。

遏比隆一脸同情嘬着牙花说:“老兄可是冤枉了。多尔衮时代没有得到什么好处,如今倒跟着他受连累。哎呀呀!老兄!你可是天下第一冤大头啊!”遏比隆把头摇得像拨浪鼓似的，装出一副遗憾同情的样子。

苏克萨哈受到感动，自己苦着脸，说："可不是嘛！我自己也是这么骂自己。不过，有什么办法呢？旗分是固定的。我生是白旗的人，死也是白旗的鬼了。"

遏比隆眯起眼睛，往前挪了挪身子，把头凑到苏克萨哈的脸前，神神秘秘地说："我看办法还是有的。旗分虽说是一定的，但立场是能够改变的。你完全可以选择你的立场嘛！"

"什么意思？"苏克萨哈一脸迷惑，一时不能领会遏比隆的暗示。

"咳！"遏比隆打了个咳声，挤出一脸的狡猾样子，说："老兄这么聪明的人，怎么就不明白呢？你可以和多尔衮断绝关系站到我们黄旗的立场上嘛！"

他犹犹豫豫地问："你的意思是……"

遏比隆肯定地点着头，说："是的。我的意思就是……"

苏克萨哈斜了遏比隆一眼："你老弟想害死我啊？我跟你无仇无冤的。"

遏比隆诡秘地一笑，说："这不是我一个人的意思，我是受两黄旗大臣的委托，和郑亲王的委托，来见老兄的。大家希望我们能够站在一起，为一个共同目标行事。你可以不干，只要你愿意走两白旗死硬分子的下场！"

苏克萨哈瞪着眼睛，盯着遏比隆，说："这可是真的？你们已经决定了？"

遏比隆肯定地说："这当然已经决定了。"

苏克萨哈连连摇头，说："不可能！皇太后她……"

遏比隆神秘地一笑，说："你就尽管放心吧！两黄旗不是皇太后的心腹力量吗？如果你能反戈一击，皇太后她一定会趁机把正白旗也收归皇上亲将，你说皇太后放着这么好的机会会不利用吗？她那么精明过人。你老兄还怕什么呢？"

他眼睛一转直直望着遏比隆说："可是，如何做呢？"

遏比隆诡秘地笑笑说："老兄这么聪明的人，一定能想出万全之策。这我就无能为力了。"

苏克萨哈心里骂：老狐狸！不肯指点具体办法。将来万一败露了，责任全推到我身上。他把脸一沉，说："老朽愚顽，还请老弟另请高明！"

遏比隆见苏克萨哈变了脸色，急忙赔着小心和笑脸说："老兄不要生气嘛！这办法是大家想出来的。只要老兄应承下来，我们会一起宣誓一起商讨办法的。"

苏克萨哈这才点了点头。

脸色有些憔悴的皇太后歪在暖阁的南炕上，皇太后好像大病了一场似的，精神显然不大好。

多尔衮丧事已经结束，大清国今后的命运完全系于她和她的皇儿福临身上。

福临14岁，可以亲政了。要先给他成亲，成亲以后的皇帝名正言顺亲政，谁也别再想干预朝政。皇太后想。

但是也不能放手把全部权力给他。让谁来辅助皇帝呢？谁可靠呢？皇太后沉思着。还是自己来辅助他吧，只有自己才是最可靠的助手。不能让别人控制皇上。

索尼、鳌拜、遏比隆三人跪见皇太后，皇太后赐座，他们坐在皇太后的下手，诚惶诚恐地述说了他们刚才听说的惊人消息：正白旗的统领苏克萨哈等人揭发摄政王爷多尔衮私制龙服，在陪葬物品中居然有皇帝使用的八补黄袍、大东珠、素珠、黑狐褂,殉葬的使女吴尔库尼把它们偷偷放进棺内。

皇太后心里十分震惊,她这才知道两黄旗的大臣对多尔衮的深恶痛绝。她沉吟着不知道说什么好。表态支持他们?那不是要加罪于多尔衮吗?不表态,不是开罪于自己的势力吗?自己没有心腹势力可是不行的。他们找上门来,就是表明他们的态度,他们愿意一如既往支持皇上和自己。这样的势力,如何能得罪呢?即使明知道他们的做法是错的,也要睁一只眼闭一只眼,依然要支持他们,只有这样,才能培植起忠于自己的私人势力。她不能不支持这极忠于自己的几个老大臣。

鳌拜抬起黑黢黢的络腮胡子的脸,疾言厉色地说:"皇太后,这可是大逆不道的僭越大罪啊!要株连九族灭九族才足以平民愤啊!"

索尼慢慢抬起眼睛看了一眼皇太后,小心翼翼地说:"皇太后需要三思而后行。摄政王爷的大逆不道传了出去,会影响大清国的安宁,尤其要引起两黄旗的愤怒。他假借皇上之命压制两黄旗,两黄旗已经到了忍无可忍的地步。皇太后若不为两黄旗着想,两黄旗的人心会大大失望。如果冷了两黄旗的心,皇上以后可依赖的力量可能会减弱许多。如果治罪多尔衮和白旗,皇太后可以趁此时机把白旗收归皇上亲自将领。这样,皇上自己将领三个旗,皇家势力大大加强以后,再也没有哪个宗室王爷可以和皇上相抗衡了。"

鳌拜却从心里藐视女人,尽管他恭敬地对待皇太后,可心里一直认为一个蒙古女人有什么能耐。所以他接着索尼的话,不大顾及措辞,大声说:"多尔衮的罪行已经铁证如山,皇太后如果不秉公处理,将会引起两黄旗的不满。那样……"他停住话,看了看皇太后的脸色。皇太后依然脸色平静如水,只是眼睛低垂着,不去直视眼前的大臣。

皇太后心里却如翻江倒海。

皇太后心里告诫自己。小不忍则乱大谋。这几个两黄旗的老臣是最忠心的部下,他们出于对多尔衮的愤怒,今天才如此粗鲁。虽然态度不大好,但是他们对皇上和皇太后的一腔热血和忠心弥足珍贵,决不能给他们的忠诚泼冷水。蒙古谚语说:一个篱笆三个桩,一个好汉三个帮。即使是皇帝,也需要一批忠贞不贰的大臣。

皇太后让自己露出嘉许的微笑:只有牺牲多尔衮的白旗势力来换取两黄旗的支持。多尔衮啊,你可不要怪怨我无情。你自己早就背叛了我,又是娶豪哥福晋,又是纳朝鲜公主,专门气我似的。

院外,传来侍卫的通报:皇上驾到!

皇太后心里一喜:皇儿来了。自从摄政王爷去世,这母子关系变得融洽多了。福临开始天天清晨来慈宁宫给母亲请安。刚满 14 岁的福临开始懂事了。皇太后孤寂落寞的心有了一些慰藉。

明黄锦缎门帘挑起,明显长高了的福临大步走了进来。叫皇太后吃惊的是,她在皇儿的身上竟发现了很有几分多尔衮的风范。

福临向前一步,伸出右腿跪下,用清脆开始有些变声的嗓音说:"皇儿给母后请安!"

皇太后微笑着扶起福临,拉着他到南炕上坐下,太监吴良辅为皇上脱去貂皮大氅,福临只穿着杏黄小袍褂,戴着缀着大东珠的红色结绒小帽,既精神又干练,浑身上下透着满洲青年男人的英武之气。虽然白白胖胖的脸上还是一副稚气未脱的样子,还没有他父辈的那股咄咄逼人的肃杀之气,可是依然可以看出满洲男人的蛮勇和狠劲。准备正式亲政的皇上好像突然长大了,皇太后禁不住满心喜悦地想。

福临坐到皇太后对面,笑眯眯地望着母后,喜滋滋地说:"母后,今天皇儿前来与母后商量几个大事。"

"唔?"皇太后有些吃惊地轻声问,"什么大事?"

福临有些兴奋地说:"郑亲王济尔哈朗启奏说,要把正白旗归到皇上的名下,由朕自将三旗。母后以为如何?"

皇太后想了想说:"正白旗是摄政王爷和多铎亲王的辖旗,现在归到皇上名下,当然好,这样加强了皇权势力,以后不至于出现能够抗衡皇上的亲王。只是……"皇太后沉吟着:"能不能稍微拖后一些?摄政王爷刚刚去世,就剥夺他的旗分,宗室大臣会不会有意见?"

福临还是很高兴的样子,笑嘻嘻地继续说:"宗室大臣都希望白旗很快归朕所有。正白旗的统领苏克萨哈揭发摄政王爷僭越,私自使用皇上的八补朝褂和大东珠,他们提出要治罪于他。朕已经交付议政会议去议他的罪行。"福临觉得很好玩。前几天,他为多尔衮的去世感到难过万分,用最高的级别追封他,现在他自己的下属却出来告讦他。这世间什么是真理呢?但是福临又有几分幸灾乐祸的感觉。这全是因为多尔衮太专横太霸道。当然更是因为福临不愿想的那个原因。

皇太后心中猛然一惊,她抬起吃惊的眼睛,问福临:"什么?已经交付议政会议了?"福临点点头,补充说:"郑亲王济尔哈朗正主持议政会议,朕专门来向皇太后报告。等一会议政会议结束之后,朕让济尔哈朗前来报告情况。"

皇太后心中猛然一沉,像掉入无边的深渊。这几个老家伙,自以为得到了我的应允,便欺骗小皇上来公开议多尔衮的罪行。其实已经剥夺了英亲王阿济格的权力,再寻找多尔衮势力中的几个代表人物治罪,就可以了。

福临见皇太后不说话,小心地问:"母后可有不同意见?"

皇太后摇着头,说:"皇儿处理得很好。只是这郑亲王不一定那么可靠,皇儿以后对他的话要有几分警惕。"

福临点点头。皇太后问:"参加议政会议可有两黄旗大臣索尼、鳌拜、遏比隆?"

福临说:"郑亲王提议让他们参加。"

皇太后点点头,说:"郑亲王对摄政王爷大有意见,如今是借两黄旗的忠心来公报私仇了。"

福临大吃一惊,望着皇太后迟迟疑疑地问:"不会吧?郑亲王难道不是为大清国的国事着想吗?"

皇太后语重心长地说:"等你亲政以后,大臣都会向你表白说自己全心全意为国着想为皇帝服务,但是有人是真的为国,有的人的为国只是他谋取私利为自己打算的美丽漂亮的旗号,皇儿以后要善于区分这两种人。对于前一种人,哪怕他有错误也要坚决支持他,对于后一种人,你只能暂时利用他,利用以后要及时除掉,不要养痈为患。这是你父皇经常教导我的。希望皇儿能够记住这些道理。"

福临只是点头。

院外传来侍卫的通报:"郑亲王济尔哈朗求见皇上和皇太后!"

福临说:"叫他进来!"

郑亲王进来,说:"奴才给皇上和皇太后请安!"福临看看皇太后,皇太后说:"请郑亲王起来说话。看座!"

慈宁宫太监为郑亲王搬来绣墩,郑亲王告谢之后坐到绣墩上。

皇太后问:"听皇上说郑亲王主持议政大会议摄政王爷的罪行,不知所议结果如何?"

郑亲王恭身回话说:"奴才正是前来向皇上和皇太后报告议政结果。议政会议的全体王爷贝勒大臣听了苏克萨哈的告讦,都非常愤怒,一致谴责多尔衮十恶不赦。大家一致决议废除他所有封号褫夺全部财产,家产人口入官,把他属下的正白旗直接归入皇上将领。议政会议已经拟订了罪诏书。"

郑亲王双手捧上罪诏书递给皇太后。吴良辅接过来,递给皇太后。皇太后看了一遍,上面拟了多尔衮九条罪状:有多尔衮妄自尊大不令郑亲王裕政;以皇上之继位尽为己功;将诸王大臣杀敌剿寇之功全归于己;所用仪仗僭拟至尊,皇上仪仗20种,他的仪仗居然有18种;府邸与宫殿相似,任意挥霍府库财物;假称太宗之位原系夺立;逼死豪哥不得善终,夺其妻子官兵户口财产归己;拉拢皇上侍臣;一切政事均自己处理,不奉上命,任意升降官员;以朝廷自居,令诸大臣日候府前;压制两黄旗,将两黄旗所属的人口财产尽收于自己之旗。罪诏说:"逆谋果真,神人共愤,谨告天地、太庙、社稷,将伊母子并妻所得封典,悉行追夺。"

皇太后递给福临。福临看过之后,竟自己做主,说:"明日以联名义把罪诏昭示全国,还要命令侍卫把罪人多尔衮的坟墓掘开,挖出金银葬器,改换陶瓷瓮罐。"福临说完之后,才想起应该先征询一下皇太后的懿旨。他转过头,微笑着问皇太后:"母后意以为皇儿的处理如何?"

皇太后见福临如此目无自己,心中已老大不高兴,却又不便当着属下发作,也不好驳回皇上的旨意,只得苦笑了一下,勉强说:"皇儿说的极是,罪人多尔衮应该遭受如此处罚。"

福临见皇太后称赞了自己,心中极为得意,笑着说:"多尔衮罪有应得。怨不得朕这样处理他。"福临沉思了一下,又说了一句:"不过摄政王当年还是有恩于朕。"

郑亲王用极锐利的目光看了福临一眼,福临再不说什么。

郑亲王济尔哈朗急忙说:"议政会议已经议过了。凡是多尔衮的心腹和紧紧依附他的势力,总计有:刚林、谭泰、巴哈纳、拜尹图五人集团,都要立即处理,不留后患。"

福临插话:"谭泰在告讦多尔衮中有所表现,是不是可以从宽处理?"

皇太后脸一沉,说:"这等反复无常的小人,留下终是祸患。从宽无益。"福临突然想起什么,说:"冷僧机也一样处理!当年告讦莽古尔泰和德格类,得到先宗皇帝的赏识,他又投靠多尔衮。上个月,他来请求朕加恩于多尔衮的养子多尔博,说这是让朕回报多尔衮当年顶住两黄旗大臣坚决拥立豪哥的压力坚决拥立朕的情义。岂有此理!听他的话,朕好像欠了他多尔衮的情似的!朕谁的情都不欠!"

皇太后脸色阴沉下来,咬着牙说:"今后若还有人散布此类言论要严惩不贷!

冷僧机和谭泰等人，全部斩首，家产入官！”

郑亲王心中高兴，望着皇上说：“奴才还有一事报告。英亲王阿济格在幽禁中极不老实，侍卫报告说他私藏刀具，派手下300妇女偷挖地道，与其子心腹谋划越狱。”

福临一拍桌子，说：“这还了得！把所有仆从减掉，严加看管！”郑亲王接着说：“已经加强监护，但是他还是不老实，扬言说要放火拆房。刚才侍卫报告说，监管房里传出劈啪劈啪的声音，原来是在拆房瓦！”

皇太后冷冷地说：“这等莽夫从宽处理也不会安分！令他自尽可矣！”

“对！母后所见极是！令他自尽去吧！”福临兴冲冲地重复着皇太后的命令。今天他第一次尝到了拥有皇权的酣畅淋漓的痛快，想让谁死，谁就得死。不管他是谁，不管他多么有功于皇室和大清国。

郑亲王微笑着听着小皇上的命令。

皇太后突然问：“郑亲王今年贵庚几何？”

郑亲王恭身回话，说：“奴才今已年过半百。”皇太后点点头，说：“年过半百，已近花甲，郑亲王也须好好休息颐养天年了。”

济尔哈朗心中明白：皇太后正暗示他退养，不想让他干预朝事。不！他想，自己正要趁多尔衮死这个好时机大干一场，怎么能退养呢？有索尼、鳌拜等人的支持，他这一次一定不再退让。

一代天骄多尔衮，在他死后两月从荣誉的顶峰上跌落下来，他所做的一切，都成了过眼烟云。没有后代的他，连累了他的兄弟侄子大臣，受到严罚的约有几十人。他在位时打击压制的阶下囚如今都得以平反成为掌权人。

二十一　顺治大婚

顺治八年的正月十二日，刚满14岁的福临，御太和殿，诸王群臣上表行庆贺礼宣布正式亲政。皇太后已经制定出选秀女的整个程式。这是她第一次实施这程式。

皇太后为福临第一次选秀女在顺治八年正月。因为处理多尔衮事情，这次选秀女有些仓促，备选的女子人数较少，以在京满蒙八旗官员的子女为主。

那一天，应选女子打扮得娇艳美丽，满头珠翠，梳着满族发式，身穿艳丽的丝绸锦缎各色满族旗袍，脚穿满族木制花盆底或月牙底高底鞋，鞋底与鞋帮都绣着美丽的图案缀着珍珠饰物，熠熠闪光。准备应选的秀女在家人的陪同下，坐骡车早早来到神武门，在那里下车，等着进见。太监按八旗顺序安排应选女子进入神武门，到顺贞门前集齐，再按八旗顺序排好每个女子进见的顺序，进入顺贞门备帝后选看。选看时，太监为每个女子准备一个身份名号牌，上面写着女子的姓名、年龄、旗籍、父母姓名等情况，供皇帝和皇太后翻看。每次进见，每六个女子一排，进到殿内，太监用金盘送上这六个女子的玉牌给皇上和皇太后。皇上或皇太后选中的，由皇上或皇太后翻转该女子的玉牌，太监记下这女子的玉牌，由专人领入宫中，准备封为答应、常在、贵人或者妃嫔。如果皇上没有皇后，也可直接封皇后。

那一天，福临和皇太后乘玉辇来到顺贞门大殿。

福临觉得很有意思。14 岁的福临已经成熟，吴良辅经常讲的一些宫中逸事奇闻，特别是男女之间的趣闻更增添了福临对年轻女子的向往，在宫中逼着宫女求欢的事也曾发生。

他和皇太后并坐在大殿高基上的宝座上，大殿里温暖如春，地道和火墙里的火烧得正旺，福临觉得有些热燥。面前已经站着一排年轻的花枝招展的小姑娘，福临细细地打量着。小姑娘们好像都受过特殊的训练，在皇帝和皇太后面前抬头侧身走步转身行礼，一个个做得中规中矩。福临仔细观察，想从中挑选一个自己合心合意的皇后。

第二排的六个又进入大殿。福临觉得哪个都行，又觉得哪个都不行。哪个都好像有闭月羞花之貌，沉鱼落雁之容。福临只想起这两句形容美女的俗套之语，竟怎么也想不到一句更文雅的诗词佳句来形容眼前的美人。在看了几排之后，福临有些疲劳和烦躁，他还是没有翻动玉牌。

心里着急的皇太后直拿眼睛望福临。福临感觉到皇太后的注视，故意装作没有看到似的，还是不去翻动玉牌。

皇太后只好轻声说："皇儿，你应该选一些妃嫔嘛。皇帝没有三宫六院的佳丽成何体统？这里的女子都是我们满蒙最好的女子，你不从这里选妃子从哪里选呢？别再犹豫，选几个吧！如果合意的不多，以后再选不迟。"

福临只好在眼前这一排中胡乱选中一个穿大红艳丽服装的女子。户部官员大声宣布说："皇上选定佟氏。"佟氏走出行班，向皇帝和皇太后叩头致谢。福临急忙看看玉牌上的介绍：佟氏，13 岁，佟图赖之女，汉军镶黄旗人氏，抬旗汉人。

皇太后嘉许地点着头。

又一排姑娘进来。福临集中精神，看着眼前这六个姑娘。皇太后轻声说："这里有你的表妹，你最好选她。"说着，皇太后抬手指了指其中一个姑娘。福临看了看皇太后指的女子。那女子明显是个蒙古姑娘，高颧骨，大脸庞，一双不大的细长眼睛，单眼皮，颧骨上染着两朵红晕。福临在皇太后那里见过她几次。她是科尔沁亲王吴克善舅舅的女儿。

突然，福临的视线被表妹身边的一个小姑娘吸引了过去。小姑娘白净秀气，身段颀长，一双大而明亮的眼睛忽闪忽闪地望着福临和皇太后。

这姑娘不错！福临想，顺手翻动了她的玉牌，丝毫没有理会旁边的皇太后轻轻提示似的咳嗽声，也没有理会皇太后在他翻动玉牌时越来越阴沉的脸色。小福临只知道自己已经被眼前这姑娘所吸引。"这是我选的皇后！"福临大声说。

户部官员走上来接过福临递过来的玉牌，正要宣布，皇太后低声对身边的苏嘛拉姑说了一句什么。苏嘛拉姑疾步走向户部官员，对他嘀咕了一句。户部官员犹豫地望了福临一眼，什么也不说，引着这一排姑娘走了出去。

福临大声问："为什么不宣布姓名？"

皇太后微笑了一下，说："皇儿不要激动，他们把旗分搞错了。"福临翻看手中的玉牌，上面写着：董鄂氏，13 岁，镶白旗人。福临疑惑地看着户部官员引走了董鄂氏。

以后，福临又进入心不在焉的状态，他不清楚自己总共翻了多少姑娘的玉牌。想着董鄂氏。

“额娘怎么了？她为什么不高兴？”福临嘟囔着问吴良辅。吴良辅小声说：“奴才以为皇太后不喜欢皇上选中的那个皇后。她老人家希望皇上选她的亲侄女。”

福临噘着嘴说：“不是让朕选皇后吗？”吴良辅不敢再说什么。

正月二十八日，福临正式行定聘皇后大礼。

福临怎么也不明白自己选中的皇后是他的表妹，皇太后的亲侄女、科尔沁卓礼克土亲王吴克善的女儿博尔济吉特氏。

“额娘，皇后怎么会是表妹呢？我当时没有选她啊，额娘是知道的。”福临询问皇太后。皇太后脸一沉，很不高兴地说：“你翻的玉牌，怎么来问我呢？”

福临只好又去问郑亲王济尔哈朗。济尔哈朗哈哈大笑，说：“皇上选的皇后与皇太后亲上加亲，不很好吗？你额娘的主张，谁敢违抗啊？”

之后便举行纳彩仪式。在太和殿里，礼部官员已经在正中设一节案，内阁官员把节陈于案上。

“齐班！”吉时一到，鸣赞官便喊道。正副使朝上行三跪九叩礼，升东阶，立站丹墀之上。“有制！”鸣赞官再喊，正副使就地跪下。这时，宣制官从殿左门入内，面向西宣制：“皇帝钦奉皇太后懿旨，纳科尔沁博尔济吉特氏吴克善卓礼克土亲王之女为后，命卿等持节行礼纳彩。”读毕，大学士从殿左门入内，到案前取节，由中门出，授给正使。正使受节后，带领副使从中阶之左走下丹墀。随后内务府官员率领校尉抬龙亭下中阶，卫士牵文马随行，御仗前导，从太和中门出，直到皇后府邸。

同一天，卓礼克土亲王在京的亲王府里，大门上张灯结彩。

然后是送大征礼，相同的仪式送去黄金 200 两，白银万两，金茶器一具，银茶器两具，银盆两具，缎千匹，全副鞍辔的文马 20 匹，另外还有闲马 40 匹，驮甲 20 副等。

八月十三日，福临和博尔济吉特氏举行大婚典和册封仪式。

京城上下，人人穿红戴绿，家家张灯结彩，万民同庆。大清国第一个皇帝的大婚仪式，既是以后皇帝大婚的典范，又是显示大清国稳定繁荣的象征，这是个隆重的婚礼。孝庄皇太后为此下了很大气力。她曾经和多尔衮多次闲谈计议过这仪式。

宫内各处御路都铺上红毡，门神对联更换一新，午门以内的各宫门、殿门，大红宫灯高悬。太和门、太和殿、乾清宫和坤宁宫悬挂双喜字彩绸。

前一天，皇太后派官告祭天地和太庙后殿。

吉时到，礼部堂官恭导皇帝礼服出宫，先去慈宁宫向皇太后行礼，再到太和殿阅视册、宝后升宝座。这时，鸣鞭作乐，正副使升丹墀，面北跪听宣制毕，大学士授节，正副使受节后下中阶，执事官取册宝随下中阶，将册宝分置龙亭内，皇帝还宫。正副使持节前导，次为册亭、宝亭和皇后仪驾，接着是内大臣侍卫等跟随。一行长长的迎亲仪仗队，由太和门左侧的协和门出，向皇后府邸进发。

皇后少坐，内掌仪司首领太监恭请凤舆入内堂正中。升舆吉时到，两名福晋先将凤舆内的如意安放旁边，皇后在女官的恭导下升凤舆，皇后母亲率诸妇送至凤舆前。太监执提炉引凤舆至大门外，銮仪卫校尉接凤舆。正副使乘马在前，皇后仪驾、册亭宝亭紧随，凤舆近前由命妇一人为前导，后有命妇七人为后扈，均乘马。内监在凤舆左右扶舆而行，内大臣和侍卫在最后乘马护从。

皇后凤舆入太和门，来到太和殿阶下，皇后降舆，换乘八人孔雀顶凤舆入坤宁宫。

坤宁宫原是明朝皇后的中宫，多尔衮已经根据孝庄的意思将它加以改建和修缮。西头大部分地方辟为祭神之所，东暖阁是皇帝大婚的洞房。东暖阁里靠北墙是龙凤喜床，床上悬挂着五彩纳纱百子帐，床上铺着特制的大红缎绣龙凤双喜字炕褥，放着图案优美绣工精细的明黄和朱红彩绣百子被。百子各个生动，神态自然逼真，象征皇帝子孙万代兴盛。喜床的东边是一套比较简单的宝座陈设，南边窗下的南炕上铺着蒙古最好的西乌珠沁羊毛精心织成的大红割绒炕毡，上面绣着龙凤百子和双喜字。这是帝后行合卺礼和进合卺宴的地方。

亲王的福晋四人，盛装，乘礼轿进入坤宁宫，在洞房等候恭侍皇后。宫殿监督领侍奏请皇帝吉服入坤宁宫。皇后梳双凤髻，戴双喜如意，御双凤同和袍。皇上皇后坐到龙凤喜床上，使女捧来子孙饽饽，由福晋四人率内务府女官请皇后梳妆上头，仍戴双喜如意，加添扁簪富贵绒花，戴朝珠，开始就合卺宴。皇帝在南边炕上居左，皇后居右，二人相对坐，福晋四人侍候合卺宴。

帝后进餐开始，结发的侍卫夫妇在宫外念“交祝歌”。宴后，合卺礼成。

晚上，皇帝和皇后再吃一顿长寿面。

第二天，寅时，帝后在坤宁宫洞房进团圆宴。

福临看着这满桌子的以汉族菜式为主的满汉喜宴，不由心生感叹：汉族文化真是博大精深，这一道鸭子就做出这许多花样，真是令人佩服。他又想：皇帝的生活也太奢华了点，这明朝皇宫里把精力是不是全放在吃喝玩乐上，难怪会亡国。

回宫后，又到慈宁宫向皇太后跪递金如意。皇帝还养心殿，升明殿宝座，皇后到皇帝前跪递金如意，皇帝也回送金如意。皇后还钟粹宫，升前殿宝座，各妃嫔、公主、福晋、命妇上前行六肃三拜九叩礼。第一天的活动算结束。

福临和皇后回到坤宁宫洞房里，福临注视着皇后，她那么像自己的额娘，美丽妩媚。他们原本是姑表兄妹，曾经见过几面，不过福临还从没有像今晚这么近这么仔细地端详过她。窈窕淑女，君子好逑。

一个太监进来跪下说：“今晚奴才值班，前来侍奉皇帝皇后就寝。请皇帝皇后宽衣解带。”

“秋香呢?”福临疑惑地望着皇后问。

皇后抬起大眼睛火辣辣地迎住福临的目光，说：“按照皇太后的懿旨，以后侍寝全换为太监，请皇上不必追问宫女的下落。”

福临心下恼怒：居然已经开始行使她皇后的权力了！行事都不和朕商量！

皇后走到福临身边，抬起眼睛，火辣辣的目光直直望着皇帝，充满对爱的渴望，丝毫没有新娘的娇羞。福临心里突然升腾起一种不可抑制的厌恶，眼前绝对是一个刁蛮凶悍的蒙古女人。福临一抬脚走出东暖阁。在中堂伺候的吴良辅急忙凑上去问：“万岁爷新婚大喜，到哪里去?”

福临大声说："起驾到养心殿！叫秋香到养心殿伺候！"吴良辅想说什么，福临却给了他一巴掌。

婚后第三天行皇太后的朝见礼。

孝庄皇太后的慈宁宫大宴已经摆好。

福临和皇后由乾清宫乘礼轿到慈宁宫，慈宁宫总管太监引领到皇太后宝座前，皇后行六肃三拜九叩礼。孝庄笑着走下宝座，请起自己的亲侄女，携起她的手，说："从今以后，你就是后宫之首，你要谨奉先祖的遗训，遵从妇德，管理好后宫，做好皇后的职分。"

皇后点头，但是眼睛里已经涌出泪水。

孝庄一见，急忙小声说："傻孩子，有什么委屈，也不能在这时流露出来。"说着，她笑着掏出手帕。

孝庄携着皇后到西房进宴。

接下来是庆贺礼。福临拜见皇太后之后在太和殿设朝，接受百官朝拜，颁诏宣示天下。百官穿着朝服，在太和殿拜礼之后全来到天安门外金水桥前，听候宣礼官宣读行礼。

庆贺礼之后，皇帝在太和殿，皇太后在慈宁宫设大宴，招待皇后之父母和族属，文武大臣和命妇等人作陪。

大婚之后，顺治十分疲累。他干脆搬入养心殿歇息读书，处理朝政。

皇后坐在皇太后的面前，泪流满面。皇太后用绸帕替自己的侄女擦去眼泪，心疼地说："苏亚啊，不要哭了。瞧你没出息的样子。眼泪能把皇上的心拴住啊？你倒是该好好想想，看皇上为什么不喜欢去坤宁宫。是不是你自己有什么不对劲的地方？"

皇后最后抽泣了一下，擤了一下鼻子，这才说："皇太后，不是侄女有什么不对劲。侄女对皇上一片热情，只是皇上心中有别的人。"

皇太后笑了，说："皇上不过刚刚 14 岁，他还是个孩子，心中有别的什么人？"

皇后绞着手中的绸帕，扭捏地说："是的，皇上喜欢一个宫女，他总叫这个宫女侍寝，太监都知道。所以我不让这个宫女在坤宁宫侍寝，皇上却把她调到养心殿去天天侍寝。"

"哦？有这事？这宫女叫什么？"皇太后站了起来。

"听说叫秋香。"皇后也随着站了起来。

皇太后不满地瞪了皇后一眼，说："一个大清国的堂堂皇后，居然治不了一个宫女。"

养心殿里，福临正在读明史。太监垂手肃立在门口。宫女秋香站在福临身边，为福临扇着扇子。

"皇上，歇息一会吧！"秋香说。这是个 16 岁的姑娘，8 岁进入明宫，在坤宁宫做扫院的宫女。秋香聪明伶俐，很得顺治喜欢。

福临放下书本，抬起眼睛，看着秋香。一年前那个令人心魂激荡的早晨又浮现在眼前。

一年前，睡梦中，福临做了一个奇怪的梦，梦中有一个苗条婀娜却面容模糊的女子睡到他的身边，她裸露出自己丰满的胸脯，紧紧抱住福临。福临顿时心旌摇荡，浑身热血沸腾，心跳加快，体下那软绵绵的东西竟突然直立起来，一股又一股的黏液喷射而出，湿了床褥。早晨，吴良辅服侍福临起床，他看到床褥上的湿乎乎的东西，马上跪下，磕了个大响头，说："奴才给皇上贺喜。恭喜皇上长大了，恭喜皇上成了男子汉了。"福临脸红心跳，但是梦中那无比快活、震撼心灵的感受却叫他难以忘怀。

宫女秋香端来漱口参汤。看着这个清秀的宫女，弯弯细长的黑眉毛，梦中那腰肢细长，身材苗条，走路袅娜，风情万种的女子，正是这宫女。怨不得他只觉得眼熟，在这宫女身上，福临领略了古诗里所描写的美人风致。

福临看了看吴良辅，吴良辅笑了，急忙退了出去。秋香正要退出，福临却拉住她的手，轻轻地抚摩着，然后，福临把秋香拥进自己的怀抱，重温了梦中的一切。

以后，福临指名要秋香侍寝。

现在，福临看着秋香，又觉得自己体下温热升起。他拉过秋香，把他拥入怀抱，亲着她的小嘴和脸颊。秋香不好意思地说："皇上，不好好念书，怎么又要捣乱了？"福临慢慢解着秋香的衣襟，一边说："谁叫你在我的身边诱惑我呢？"他抚摩着秋香的脸颊，抚摩着她高挺的乳房。

福临满头大汗，疲乏地躺在炕上。秋香头发凌乱，脸色绯红，也喘息着。她把头伏在福临的胸脯上，娇嗔地说："皇上，要是叫皇后知道，奴婢的小命难保。"

福临抚摩着她的头发说："朕是皇上，谁敢动你一个指头？朕将来一定封你做妃子，你就放心好了。"

秋香激动地流出泪，她抽泣着说："有皇上这话，奴婢就放心了。奴婢已经有了皇上的血脉，奴婢实在害怕。"

"什么？你有身孕了？"福临吃惊地一下抱住秋香，"真的？这么说朕就能当父亲了？"

皇太后冷冷地站在暖阁的炕前，皇后"哇"的一声哭了起来，捂住脸跑出养心殿暖阁。

福临急忙披衣坐了起来，宫女秋香浑身如筛糠般瘫软在炕上。

"来人！"皇太后大声喊。殿外的太监和侍卫应声而入。"把这个贱人拉出去乱棍打死！"

福临急忙跪倒在皇太后面前，抱住皇太后的腿，哀求着说："皇额娘息怒！都是孩儿的错！是孩儿强迫她的，请皇额娘饶了她吧！"

太监已经把秋香拖到地上，秋香哭着喊着请求皇太后饶命。皇太后把衣服扔给她，说："拖出去！快拖出去！"

福临抱住皇太后的腿不放，大声说："皇额娘，看在孩儿面上饶了她吧！她已经有了身孕，这可是我的血脉啊！"

皇太后咬牙切齿地说："小贱人！居然敢用怀孕作要挟！快！拉出去！"福临紧紧抱住皇太后的双腿，他嘶哑着大喊："皇额娘，放了她吧！求求皇额娘！放了她吧！求求皇额娘！"

皇太后推开福临，对侍卫喊："你们过来！把那贱人拉出去！快点！"两个侍卫过来，架起宫女秋香，拖出暖阁。秋香号叫着，哭喊着，声音越来越小。

皇太后坐到炕上，指着福临："你一个皇上，居然这样不知道自重，为个宫女贱人冷落一国的母后。你说，这是受了谁的勾引？叫吴良辅来！"

吴良辅急忙进来跪在皇太后的面前，浑身战抖，不断磕头，说："奴才该死！奴才该死！皇太后饶命！"

皇太后说："你这狗奴才，是怎么勾引皇上的？你是不是找死啊！掌嘴！"

吴良辅左右开弓，劈劈啪啪死命打着自己，一会，脸就红肿起来。皇太后还不解气，大声喊："拉出去乱棍打死！"吴良辅爬到皇太后的脚下，抱住皇太后的脚，哭喊着请求皇太后饶命。皇太后一脚把他踹开。他又爬到苏嘛拉姑脚下，抱住苏嘛拉姑的双腿，大声哭叫："苏姑姑，求苏姑姑救奴才一命！"苏嘛拉姑在皇太后耳边悄悄对皇太后说："奴婢求皇太后饶了他一命，以后还有用得着他的时候。他伺候皇上还是很卖力的！"皇太后冷着脸，说："拖出去！打40棍！"吴良辅跪在皇太后面前，哭着感谢皇太后不杀之恩。

福临脸色煞白，他站在皇太后面前，脸上流着泪，不知道如何才好。皇太后看着福临，用手戳着他的头，厉声说："马上到坤宁宫去，给皇后赔不是。"

福临擦干眼泪，嘟囔着说："不去，我才不去给她赔不是！"

皇太后怒喝道："你不去？你非去不行！要是不去，你就不要当这皇上。"福临直直地站着，别着脸，冷笑道："不当就不当，反正我不去，就是不去。"

皇太后气得浑身颤抖，她指着福临，嘴唇抖动着，半天说不出一句话来。苏嘛拉姑见他们母子这样僵持，急忙拉着皇太后，柔声劝解道："主子，皇上一会就会去的。主子还是先回宫歇息一下，让皇上换换衣服。这样也好见皇后啊！"说着，慢慢推着皇太后往门口去。太监也都跪下请求皇太后息怒。

浑身乱颤的皇太后在苏嘛拉姑的半搀扶半推拉中走出养心殿暖阁，上了玉辇。

福临倒在炕上大声号哭起来。

二十二　母子冲突

福临在养心殿叫来吴良辅，沉着脸问："小福子，我让你办的事怎么样了？打听出来了吗？"

吴良辅急忙趋前，右腿跪下打开马蹄袖，惊慌地回答："回万岁爷，奴才该死，奴才该死！奴才无能，还没有打听出来。希望万岁爷饶命！"说完之后，使劲磕头。

福临非常恼怒，大声叫着："该死奴才，连这点小事也办不了！"说着狠狠踢了吴良辅一脚："滚！"

吴良辅急忙爬起来，退到门口，跑出去。他急忙来到慈宁宫，向守门侍卫说要见苏嘛拉姑。

苏嘛拉姑出来，吴良辅小声对苏嘛拉姑说了几句。苏嘛拉姑点点头说："好，小福子，你做得很好。皇太后会喜欢你的。"说着，掏出几钱碎银，打赏了吴良辅。吴良辅急忙离开慈宁宫回养心殿。

福临在养心殿读了一会儿书，大学士来给他讲课。吴良辅悄悄地站在门外，垂手肃立,静静地等待福临的吩咐。

苏嘛拉姑等吴良辅离开之后,急忙回到正房的东暖阁,皇太后正在一心一意的练写毛笔字。桌子上摆着一大摞线装古书,有《明史》《元史》《诗经》《论语》《孟子》。她极喜欢读史书,从史书里她明白许多治国的经验和亡国的道理。

苏嘛拉姑走到皇太后身边,恭敬地说:"报告皇太后,刚才小福子来说万岁爷还在打听那个福晋。"

她这才问:"你刚才说什么来着?"

苏嘛拉姑说:"刚才小福子来报告说,万岁爷还在打听那个小福晋。"

皇太后放下茶杯,不动声色地问:"小福子打听出来了吗?"

苏嘛拉姑笑笑说:"那小福子猴崽子一样精,没有皇太后的恩准,他就是打听出来也不敢讲的。"

孝庄皇太后点点头,又端起茶杯饮了一口。皇太后扶着苏嘛拉姑站了起来,走到南炕,轻轻地问:"你打听出那个福晋是哪个王爷的福晋吗?"

苏嘛拉姑扶着皇太后坐到炕上,为她脱去鞋,把她的双腿慢慢移到炕上,拉出明黄锦缎龙凤团绣大靠枕垫到皇太后的背后。皇太后舒舒服服地靠到靠枕上,与苏嘛拉姑说话。

苏嘛拉姑说:"回皇太后。奴婢根据吴良辅说的样子,仔细回想了近一个多月以来来慈宁宫侍奉皇太后的福晋,估计是十一阿哥贝勒博穆博果尔的福晋董鄂氏。"

皇太后想了想说:"是不是那个细眉大眼细皮嫩肉高挑身材水蛇细腰高胸脯的福晋?"

苏嘛拉姑笑着说:"皇太后好记性好眼力,你这短短几个字就说活了那个小福晋。是的,我想就是她。"

皇太后点着头:"福临也是好眼力,一眼就瞅中这么个美人。"

苏嘛拉姑说:"皇太后可能忘记了,那个董鄂氏当年曾被万岁爷选中过。"

皇太后惊讶地哦了一声,坐直身子,瞪着吃惊的眼睛问:"可是真的?福临翻的玉牌可是她?"

苏嘛拉姑郑重地点着头。

皇太后深深地叹了口气,又靠到靠枕上,说:"这才是冤家路窄。"她陷入沉思,久久不说话。

皇太后恼怒地思索着眼下这难题。被废掉的皇后静妃跪在她的面前哭哭啼啼,更加深了她的恼怒。"起来吧!窝囊废!"皇太后生气地小声说。她最见不得这等无能的女人,除了哭,什么本领都没有。"流那么多马尿,能挣回你皇后的身份吗?"她拉起自己的侄女,替她擦去眼泪,嘟囔着。

"当初告诉你伴君如伴虎,嘱咐你要温良恭俭让,要谨守妇容妇德妇言妇行,告诫你要宽容大度,千万不要嫉妒他和其他妃嫔的关系,你总是不听。是不是仗恃你是皇太后的侄女就盛气凌人啊?连皇上也敢顶撞了?"

皇太后坐到南炕的主位上,申斥着她的侄女静妃。她用手指戳着侄女的额头说:"看看你,除了流马尿还有什么本事?你要是真听我的话,绝不会有今天的下场！不听老人言，吃亏在眼前。是不是啊？木伦？”皇太后转过头问站在静妃身旁也陪着垂泪的贵妃，她的侄孙女。木伦急忙拼命点头。太后则又想起了先前的废后之事。

一听说皇上要废掉皇后，她就立即传礼部尚书和员外郎进宫，向他们晓以废后的利害，汉人员外郎孔允樾分外尽心。他上了一份言语十分恳切的疏，痛陈：“皇后正位三年间，未闻有失德之事，只以‘无能’二字定废立案，安可服人？安可服后？君后犹如人之父母，如父要休母，子女即心知母有过失，也必定涕泣以谏劝；何况不知母之过失，焉能闭口不为母请命乎？”

但是福临却根本不听这几位汉官的劝谏，把废后之事交与议政王大臣会议议政。但是福临坚决拒绝，命令重议，责令礼部员外郎孔允樾再次疏言见解。孔允樾只得上疏引罪。议政王大臣也拗不过任性的皇上，只好撤除意见交由皇上自行决定。福临立即下诏，言尊皇太后懿旨，决定废后。皇太后真是哑巴吃黄连，有苦难言。

这一次不能全由着他的性子！皇太后决然地想。废了一个再立一个也就是了。幸亏她未雨绸缪早有安排，当时选皇后时不仅选了侄女做皇后，而且把侄孙女木伦选作贵妃。侄孙女是个听话温柔的小姑娘，对她这姑奶奶言听计从，立了皇后之后决不会动摇皇太后主理后宫的大权。

皇太后拉着木伦的手，刚刚13岁的小姑娘柔嫩得像一朵鲜花。我们科尔沁的蒙古姑娘都很漂亮健壮。皇太后自豪地想。

木伦扑通一声跪下，哽咽着说：“谢皇太后的恩德！臣妾一定谨从皇太后的教导，听从皇太后的指教，谨守妇德，让皇上无可挑剔！”

皇太后说：“好孩子！快起来！咱娘俩就这么约定。要是你有什么不听话的地方，也让皇上挑出什么毛病，可不要怪姑奶奶无情！姑奶奶虽然是后宫之主，但是姑奶奶也有姑奶奶的难处！你看她。”皇太后指了一下还在流泪的静妃，撇了撇嘴说：“你这不争气的姑姑，我有什么办法？只好眼看她受气了。”

满肚子委屈的静妃终于按捺不住“哇”的一声大哭起来。皇太后脸色一沉，压低声音威严地呵斥着：“你给我住口吧！再在这里号丧，看我不叫人割去你的舌头！”

静妃急忙收住哭声，抽抽搭搭地哽咽着。她心里极委屈，她知道这一切并不是自己的错，自己并没有如皇上所说，嫉妒他到其他妃嫔那里。可是，这原因她不敢向皇太后说明。再新立一个博尔济吉特氏的皇后，下场怕是和我一样，不信走着瞧！静妃心里说。

皇太后轻轻咳了一下。苏嘛拉姑立即走了进来。皇太后说：“立即召见礼部尚书和员外郎前来商议皇上大婚立后之事。”

苏嘛拉姑应答着立即出去传唤太监办理。

福临来来回回走着。不！他决不立一个博尔济吉特氏蒙古女人为皇后！哪怕她貌若天仙！他要寻找一个自己可意的自己喜欢的自己热爱的女子做皇后，哪管她的身份！“退下！”福临挥挥手，让礼部官员退下。

福临叫来吴良辅，沉着脸问：“小福子，你给朕打听出来了吗？”吴良辅睁着惊恐万状的眼睛,跪倒在福临面前,故意装作糊涂的样子说:“奴才该死!奴才该死!奴才不知道皇上让奴才打听什么事情。”

福临不动声色地用手抬起吴良辅的下颌,一动不动仔仔细细地注视着他的机灵的滴溜溜转动的眼睛。

福临把手一放,厉声向殿外站立着的侍卫总管大喊:“来人!把大胆欺君奴才吴良辅拉出去砍了!拿他的头来报告!”

吴良辅心里哀叹:“这下子算真正玩完了!”但是求生的欲望让他大声哭号着,“皇上饶命!皇上饶命!奴才冤枉!奴才冤枉!”养心殿太监总管刘兴桥急忙拉着一班太监跪到福临脚下,为吴良辅求情。

福临冷笑着:“冤枉?朕决不冤枉一个人!你有什么冤枉?说明白了再送你上西天!”侍卫又把他拖了回来。

“说!”福临怒喝着,“不说清楚,今天朕一定要送你上西天!”

吴良辅全身战抖得如筛糠一样,他跪在福临面前,断断续续地说:“奴才打听出皇上想要知道的那个福晋的姓名。只是奴才不敢说,奴才怕说了之后小命不保!”

福临大喝一声:“大胆奴才!朕今天命令你说,说了之后朕保你不死!要是不说,朕立即命令砍你的项上人头!”

吴良辅还是唧唧哝哝不敢说。福临大怒:“拉出去!”侍卫立即上来,架起吴良辅拖出大殿。

“先重鞭50!”福临命令。

一会儿,侍卫把浑身是血的吴良辅拖了进来,扔在大殿的地上。“拖出去!”福临冷着脸,命令总管刘兴桥。刘兴桥命令几个小太监把吴良辅抬回他自己的住处。福临冷冷地说:“好好伺候他!我还要等着他开口!”

“备辇!”福临喊。

福临跪在皇太后的面前,哀求着:“额娘,求求你,儿臣现在不愿意立即册封皇后,求额娘体谅儿臣的心意,再宽限儿臣一年半载,容儿臣寻找一个可意的新皇后主理后宫。”

皇太后端坐在南炕的主位上,面沉似水,并不回答福临的请求。

福临依然边叩头边哀求,两行清泪从他白胖的脸颊上滚落下来。

皇太后心中略微一动。不行!皇太后暗自告诫自己,一定要把持住自己,不能被他说服,否则以后他将越发任性胡作非为起来,这大清国的前途命运如何把持?

“不行!皇儿。不是额娘心肠太硬,实在是因为册立皇后为一国之大事,不可马虎,不可将就。既然你已经废掉一个,那么按理就应该马上册立新皇后以填充后宫。国不可一日无君,后宫也不可一日无后啊!没有皇后主理后宫,这后宫六院该如何管理才好?皇儿不可固执从事。”皇太后尽量温和耐心地劝说着福临。

福临说:“后宫有皇太后主理,儿臣十分放心。新皇后年纪幼小,未必能总摄后宫。还是额娘经验丰富,管理六宫自不在话下,额娘总摄后宫为好。”

皇太后微微一笑:“皇儿说笑罢了。这后宫历来归皇后主理,皇太后管理总归名不正言不顺,总归要还政于皇后的。这是祖宗家法规定的。”

福临又说:“这新皇后是皇太后的侄孙女,又是我的亲阿姐固伦雍穆长公主的女儿，论辈分是皇儿的小辈，要叫皇儿舅父，如今选她做皇后不合乎人伦。”

皇太后有些生气，她强压着心头的怒火，说：“我们满洲有我们满洲的人伦，皇儿大概是受汉人影响太多了吧？”

福临心中来了气，他极力压抑着心中潜升的气恼，慢慢地站立起来。他想：册封皇后原本是儿臣自己的事情，但凡额娘让儿臣一步，这大清国也未必就会毁于朕手。他一句话也不想再说，慢慢退出了暖阁。

既然皇太后死不相让，他做儿子的，又如何能违抗皇太后的懿旨呢？你册封你的，我将来再废她罢了。福临气哼哼地离开了慈宁宫。

“回宫！”福临大声喊。一个面目清秀的小太监跑过来伺候皇上上辇。吴良辅呢？他纳闷地想，怎么不见他来伺候？往常这时，他会顺便赏他一脚出气。福临想给这新太监一脚，可是看他原本就怯生生战战兢兢的样子，终于控制住自己的气恼，黑着脸上了玉辇。

回到乾清宫，急忙命令小太监去叫吴良辅。“要是他走不动，你们抬他来。”总管刘兴桥小声叮嘱。

吴良辅在两个小太监的架扶下，连走带拖来到养心殿。福临见吴良辅可怜的样子，心中有些难过，这小福子受苦了。不过，福临依然黑着脸，等吴良辅叩头。

吴良辅趴到福临身边，叩着响头说：“奴才吴良辅拜见皇上！”

福临说：“现在你告诉我，你为什么不敢说出那个朕让你打听的小福晋的姓名？”

吴良辅抬起头，四下看看，太监都在远处伫立着，福临身边没有人。吴良辅又叩了个大响头说：“奴才罪该万死！奴才说了，皇上可千万替奴才遮掩，不要叫皇太后知道。皇太后不让奴才告诉皇上，这小福晋是皇上十一阿哥博穆博果尔贝勒爷的小福晋。”

果然是这样！福临冷笑了一声。

“吴良辅！”福临怒喝着，“今后朕要是再发现你向皇太后报告朕的行踪，小心你的脑袋！”

吴良辅捣蒜般地叩头说：“奴才知罪！奴才以后再也不敢了！奴才只忠于皇上一人！”福临冷笑着：“谅你以后也不敢！你有几个脑袋！”

“一个！一个！”吴良辅嘟囔着。福临微微一笑，口气和缓了许多，说：“下去吧！好好养养！朕赏你养伤银两二十！去吧！早些回来伺候！”

吴良辅谢过皇上，退了下去。

顺治十一年春天，册封新皇后的典礼举行。

行册礼的当日早晨，太和殿内外陈设，都和三年前的大婚大典相同。

福临在正副使的陪同下，来到节案前，慢慢阅着那些他曾经阅过的册文宝文。他是大清国唯一一位在三年内两次阅读册文宝文的皇帝。

福临阅着，心里冷笑着想：我一定还要再阅一次！

他不动声色地登上龙座。

孝庄皇太后端坐在慈宁宫的殿座之上，头戴镶着 16 颗大东珠的凤冠，与皇帝相同。

孝庄皇太后笑吟吟地望着跪在脚下行大礼的福临和皇后，轻轻地说："都起来吧！希望你们和谐美满。"她用明亮的眼睛直视福临，福临却把眼光掉转了方向。孝庄皇太后心里轻轻叹息了一下，眼睛里闪出不高兴的光。皇后急忙趋步上前，说："启奏皇太后，臣妾一定牢记皇太后的教诲，帮助皇太后协理内宫。"

福临冷冷地笑了一下，心里说：可真会说话！协理？根据祖宗规矩，皇后是要主理内宫的。你敢吗？正因为你不敢主理内宫，所以皇太后才选中你做皇后！

孝庄皇太后看见这冷笑，心里不由一阵发冷。她仔细瞧着这16岁的万岁爷，她的亲儿子。她已经好长时间没有仔细瞧他了。

福临拜过母亲后，径直乘礼轿回养心殿。

吴良辅在养心殿出出进进，时时掩着发红肿胀的脸颊。

顺治十三年四月，新建的乾清宫、坤宁宫、景仁宫落成。皇太后和皇后站在新落成的高大巍峨的宫殿前，满面笑容。皇后谦恭地看着皇太后，小心地说："新宫落成，皇上是不是应该册封几个贵妃来充实后宫？不知皇太后以为如何？"

皇太后赞许地微笑着拉起皇后的手，轻轻抚摩着说："难为你如此大度，能替皇上分忧解难。皇儿只有几个妃子，后宫显然有些虚空，妃嫔太少，难以显现大清国入关这第一位皇帝的尊严和威风，连你这皇后我这皇太后脸上也无光。是要再替皇上选几位妃子了。"皇太后叹息着说。

"今年先册封东西宫贵妃吧！"皇太后说。

"这东宫贵妃选谁呢？"苏嘛拉姑小心翼翼地问。

皇太后摇着头，说："我还没有拿定主意。皇上执拗，不喜欢蒙古姑娘，我也不打算再给他选蒙古贵妃了。"

这时，一个满族装束的汉族姑娘走了过来，向皇太后跪拜请安："四贞给皇太后请安！"皇太后急忙拉着她的手说："四贞姑娘越长越漂亮，女大十八变，一夜变天仙。四贞从小在宫中长大，我几日不见，她就变个模样。瞧瞧，现在的四贞有多漂亮。"皇太后不住声地夸赞着。

孔四贞是定南王孔有德的女儿。顺治六年多尔衮命孔有德率领两万人平定广西，孔有德决定举家南迁。这时，皇太后提出，要定南王把他的女儿留在宫中陪伴皇太后。定南王知道皇太后的意思，这是不大放心他南去，想以他女儿作人质。

皇后和苏嘛拉姑对视了一下。皇后也上前拉住孔四贞的手，说："孔妹妹这样漂亮能干，又识书断字，来宫中帮我打理后宫事务如何？"说完，她偷偷瞍了皇太后一眼。皇太后的脸色很柔和慈祥，带着微笑，端庄地望着眼前的宫殿，似乎没有注意到皇后的话语。

孔四贞的粉脸蓦然通红。说："皇后姐姐说到哪里去了？四贞何德何能，如何有这般福分陪伴皇后娘娘？"

皇太后这才笑着说："难得你皇后姐姐这般贤惠，这般喜欢你。你要是愿意，我派人去向你父母说，选你作东宫贵妃。四贞，你愿意不愿意？"

孔四贞立刻跪倒在皇太后的面前，叩头感谢皇太后的恩典。

不久，皇太后下达懿旨：封孔四贞为东宫贵妃。

初夏的一天，微风吹拂着皇城外的垂柳，吹拂着护城河的河水，清澈的水面上泛起圈圈涟漪。

福临部署了十万大军去剿灭李定国和南明之事后，回到自己的养心殿。吴良辅早已替他准备好衣物。

“圣旨到！”吴良辅领着福临进了襄亲王府，大声喊。

襄亲王博穆博果尔正在书房和福晋董鄂氏一起读书。16岁的襄亲王面色白皙，略微有些肥胖。

董鄂氏正在和他一起读唐诗。17岁的董鄂氏身材颀长，走路袅袅婷婷十分好看。她本是正白旗人，父亲是个都统，母亲却是汉人，是当年随皇太极攻打辽东时俘获的战俘家属。

“青鸟殷勤为探看，这是什么意思呢？”博穆博果尔回转头，微笑着问董鄂氏。

董鄂氏略微有些嗔怪地说：“昨天刚刚把李商隐的无题诗讲过，怎么就又忘记了？这般熊瞎子掰苞米似的学习，什么时候才有长进？”

博穆博果尔不好意思地搔着头皮，说：“在我看来，这些汉字原本都差不多，这几首无题诗更好像差不多，我实在区分不清，还请福晋再多讲一次。”博穆博果尔站起身来，向董鄂氏抱拳鞠躬。

董鄂氏扑哧一笑，只好坐下来重新为博穆博果尔讲解李商隐的无题诗。这首无题诗里，好像隐藏着许多秘密，许多撩人心弦的秘密。诗中那种朦胧神秘的情愫叫她着迷向往。如果自己能亲自体验一下那种情愫该有多好！她突然感到面庞有些发烧。

正在这时，府中传来一片喧哗。有人大声喊：“圣旨到！”襄亲王博穆博果尔听说圣旨到，急忙换上亲王朝服，疾步走出书房到大厅接旨。

他跪倒在地，听着太监宣读圣旨：“奉天承运皇帝谕曰：承皇太后懿旨，着襄亲王选派福晋四人入宫侍奉皇后一月。钦此！”

博穆博果尔急忙叩头谢恩。选亲王贝勒福晋人宫侍奉皇太后皇后，这是很久以来的规矩。皇帝大婚都会选派亲王福晋去侍奉。但是像这次从一个亲王家派多个福晋的事情好像还没有。博穆博果尔懵懵懂懂，并不清楚具体规定，只是起身让家人侍卫为宣旨太监奉上热茶，请他们稍坐一下。

福临恭身站到吴良辅身后，深深地低着头，却在吴良辅耳边小声说：“让他把他的福晋叫出来让我们挑选，就说是皇太后的命令。”吴良辅小声说：“奴才不敢！”福临狠狠地掐了他一把。他“哎呀”一声叫了出来。

博穆博果尔急忙问：“什么事？公公？”吴良辅尴尬地笑着说：“没什么，被热茶烫了一下。”他眼睛转了几转，满脸堆笑，说：“皇太后听说襄亲王的福晋个个貌若天仙，她老人家命令我们从中选几个最漂亮的去侍奉皇后。襄亲王可否先让我们饱饱眼福，回去好回复皇太后她老人家？”

博穆博果尔笑了，说：“我的福晋人数不算多，只有八个。有两个正在产期，一个正在怀孕，我想她们不方便进宫侍奉皇后。我把另外几个叫出来让公公过目。”他回过头命令使女：“去叫福晋们出来！”

福临的心“嘭嘭”直跳，他暗自祷告：佛祖保佑，千万不要让她生孩子！

吴良辅打量着眼前这几个年轻的福晋，他一眼就认出了皇上在慈宁宫门口见到的那个叫皇上日思夜想的小美人。她比其他福晋高一点,亭亭玉立在她们中间,真有点鹤立鸡群的样子。他回过头去看福临。福临正呆呆地注视着绿袍的董鄂氏,忘情中把头抬了起来。

吴良辅急忙轻轻咳嗽了一下。福临这才意识到自己差点坏了事,急忙又低下头去,眼睛却禁不住依然偷偷盯住他为之断魂的可人儿。

“她、她、她,”吴良辅胡乱指了三个,最后指着穿绿袍的董鄂氏,说,“还有她,就这四个。不许替换,否则有欺上之罪。”吴良辅故意做出严厉的样子,过了一回主子颐指气使派头的瘾。

福临心中暗笑:这狗奴才!也会狗仗人势!吴良辅说:“襄亲王,明日一早把福晋送进宫去,请福晋做好准备。这一次要陪伴皇后一个月。”

博穆博果尔心里一紧:这么长时间啊!他回过头看了一下董鄂氏,不知为什么,他心里最留恋她,心里好像有一种与她永别似的感觉。

吴良辅和福临急急离开襄亲王王府。襄亲王注视着这两个太监,对那个总低着头一言不说的小太监多看了几眼。好像见过他。博穆博果尔想,却想不起在哪里见过。

福临一进养心殿,高兴得一蹦三尺高:“成功了!成功了!”

吴良辅小声提醒着:“皇上,还是小心点,不要走漏风声。”福临点点头,问:“小福子,你说,皇后她能不能配合?”

吴良辅想了一会,说:“奴才想,皇后知道的事情,皇太后不久也一定会知道。”

福临同意地轻轻“嗯”了一声。“是的,是这样。这个皇后惟皇太后马首是瞻,只会拍皇太后马屁。”福临说着,忧心忡忡地踱着步,“那怎么办呢?这一定得有皇后才行,哪怕她只露一下面。”

吴良辅眼睛转了几转,说:“奴才有个主意,不知该讲不该讲?”

福临停住脚步,催促着说:“快讲来让朕听听。”

吴良辅说:“古语说李代桃僵,不知皇上可曾听说过?”

福临满脸迷惑的样子,重复着:“李代桃僵?什么意思?”

吴良辅用些微炫耀的口吻说:“《古乐府鸡鸣篇》说:桃生露井上,李树生桃旁。虫来啮桃根,李树代桃僵。这是说互相顶替或是替人受过。皇上有没有悟出点什么呢?”

福临哈哈大笑:“好一个李代桃僵!传旨,朕今晚幸景仁宫佟氏!朕选中的这第一个妃子,她三月十八日为朕生了皇三子玄烨,朕还一直没有去看望她。朕去与她商量李代桃僵的事。”

(皇三子玄烨生于顺治十一年三月十八日景仁宫。母亲佟氏,时为妃。顺治九年八月入宫,立为贤妃,十二月晋封为皇贵妃,行册封礼。)

襄亲王王府中,几个准备进宫的福晋早早起床,

董鄂氏也很激动,她曾经进宫一次陪伴皇太后,印象深刻。

董鄂氏喜欢亲王福晋朝服中的天青色方形补子,虽然亲王福晋可以用蟒蛇图案的补子,但是她宁愿还使用以前博穆博果尔没有封亲王时的仙鹤图案,她不喜欢那凶恶的蟒蛇形象。

皇宫派来的轿舆来到亲王府门前。吴良辅指挥着侍卫太监安排福晋上轿。吴良辅仔细辨认着上轿的福晋。容光焕发的董鄂氏来到轿舆前,吴良辅这才松了口气。

福临在养心殿兴奋地走来走去。佟氏坐在暖阁的南炕上,面前的炕桌上摆放着几册史记唐诗宋词。刚刚生过孩子满月不久的佟妃白白胖胖,很是富态。不过十六七岁的女孩倒像个中年妇女,一脸的端庄威严,有几分皇后的样子。

"皇上,她们为什么还不来?"佟妃仰起头问福临。

福临心中比她还着急,但却偏偏装出若无其事的样子。他不能让佟妃知道他的秘密。他只告诉她,他想召几个亲王的福晋进宫来陪他读读书,不过他不想皇后在身边,他希望刚为他生了皇子的佟氏来养心殿。

养心殿外的院子里有了人声。来了!福临想,急忙步出暖阁来到大厅。

吴良辅引着几个福晋鱼贯进入养心殿大厅。福临一眼就看见那个一袭淡绿色袍褂的美人。她袅袅婷婷地走来,花盆底鞋把她高挑的身材衬得更显颀长,她面带些微的微笑,端庄又有些活泼,充满生机。她朝他走来,黑亮的杏核似的眼睛扑闪着,带着好奇、带着兴奋、带着探究秘密似的神情,四下望着这陌生的大殿。

福临的心欢快地跳动起来。主位上。

吴良辅把福晋引入暖阁,去见皇帝皇后。福晋们一字儿跪下,向皇帝和皇后问安。皇上福临慢腾腾地说:"都起来吧!赐座!"他的声音毫无表情,冷冰冰的,只有皇帝的威严。

董鄂氏也坐了下来,恭谨地等待着皇帝皇后的问话。

福临看了佟氏一眼,说:"朕和娘娘最近有些烦闷,想请福晋来陪伴我们几日。"

佟氏微笑着说:"皇上每日在养心殿读书,我来这里伺候,你们这些日子也就在这里陪伴,读书下棋说话聊天,也可以玩玩斗草壶戏。总之,你们大家要安心在这里住,到时候皇上会送你们回府。"

董鄂氏听了微微一笑。

福临正襟危坐,拿起面前炕桌上的一本书说:"朕今天想读一首唐诗,哪位福晋可以为朕介绍一首?"

董鄂氏站起来躬身说:"奴婢愿意试一试。"

福临心花怒放。他不动声色,抬眼望了望董鄂氏,十分冷漠而且还很有些怀疑似的说:"你?你行吗?"

董鄂氏脸红了,她被皇帝明显的轻蔑语调弄得粉脸通红。她微微抬起头,不卑不亢地说:"皇上不妨让奴婢试一试。要是不合皇上的心意,再改换他人不晚。"

福临很勉强地同意了,似乎是极不情愿的样子,游移不定地说:"那,那也可以吧!那就先试一试。"福临看着董鄂氏因为气恼而涨红了的脸,心中充满无限喜悦。这女子,很有个性。他想。

"你准备向朕读哪个诗人的哪首诗?"福临还是冷漠地问,偶尔翻起眼皮看了她一眼。

董鄂氏躬身回答:"回皇上,奴婢想读李义山的无题。"

"哦?"福临很是吃惊,李义山的无题多是一些晦涩难懂的诗,她倒要向朕来读?

她果真有眼力。

“皇后不喜欢读诗，皇后还是先和福晋们到西暖阁说话斗戏，一会来侍奉午餐。”福临对佟妃说。佟妃点点头，下了炕，由养心殿太监总管刘兴桥引领到西暖阁去。

心花怒放的福临见福晋们都离开东暖阁，马上让董鄂氏坐到自己对面。他把《全唐诗》递给董鄂氏。董鄂氏双手接书时，抬起眼睛看了福临一眼。她的脸马上热辣辣的。

董鄂氏找到了李商隐的无题，抬起明亮的眼睛，看着福临，问：“皇上，请问读哪一首？”

福临喜不自禁地说：“福晋自己做主。你最喜欢哪一首就读哪一首吧！”

董鄂氏说：“奴婢最喜欢李义山的‘春蚕到死丝方尽，蜡炬成灰泪始干’。奴婢给皇上读这首无题。”董鄂氏稍微清了一下喉咙，轻声读了起来：“相见时难别亦难，东风无力百花残。春蚕到死丝方尽，蜡炬成灰泪始干。晓镜但愁云鬓改，夜吟应觉月光寒。蓬山此去无多路，青鸟殷勤为探看。”

福临痴痴地听着。他的汉文虽然有了很大进步，但是彻底明白这些诗句还是有些困难。可是，听着董鄂氏抑扬顿挫的朗读，他好像豁然开朗了，诗句里暗含着的美丽意境让他感受到一种朦朦胧胧的魅力。

“你再读一遍。朕随着你一起朗读。”福临抬起眼睛，真诚地请求着。董鄂氏从那一双黑眸子里好像看到一个孤独的灵魂，那是活在李义山无题诗里的灵魂，是自己经常向往和同情，并且希望与之相遇的灵魂。董鄂氏心头突然闪过一阵震颤。

读了几遍，福临说：“朕已经能够背诵。我背诵一遍给你听。”福临背诵得十分熟练。董鄂氏衷心赞叹起来：“皇上的记性真好。”她有些气恼地想起博穆博果尔，读了几十遍还是背诵不下来。这时，她突然强烈地感受到这兄弟二人的天壤之别。

福临说：“现在朕要把它抄写下来。”吴良辅急忙上来准备笔墨。福临挥手，说：“让福晋伺候。”董鄂氏急忙站了起来，为福临研墨。福临喜滋滋地拿起狼毫小楷笔，慢慢地一笔一画地照着抄写。

董鄂氏走过来看福临写字，福临感觉到身后的轻微的呼吸和一股清香。问：“朕写的字如何？”董鄂氏端详了一会，说：“皇上的字好像有夫子庙堂碑的风格。”

福临掷笔于桌，惊讶地问：“福晋可是书法大家？你怎么一看就知道我练过夫子庙堂碑？”

董鄂氏笑了：“这只是巧合。臣妾在娘家学习写字，请的师傅是个和尚，叫道斋，他教我练的就是夫子庙堂碑。”

福临说：“看来我俩有缘，竟是师从一家啊！”

董鄂氏脸有些发红，福临自觉失言，急忙说：“你看我的字如何？”董鄂氏拿过福临的字，细细端详着，说：“皇上的字虽然笔走龙蛇，但是由于不够熟练，挥毫时还不够大胆，心手不能相忘，到底欠于圆活。”

福临惊讶地说：“你居然敢于直言朕的书法之不足？你可真够大胆。但是你的见解，更叫朕佩服。”

董鄂氏脸又红了，急忙跪了下来，说：“望皇上饶恕臣妾的大胆！臣妾的师傅在教导臣妾时常说，学习的事情不分尊卑，要讲真话，所以臣妾就无所顾忌胡乱说话。还望皇上饶恕臣妾！"

福临急忙下炕扶起董鄂氏，说："福晋请起，朕绝没有归罪福晋的意思。朕实在是真的很佩服福晋的胆量和勇气，更佩服福晋的才气。你刚才所说和大学士范文程说的一样。你细细说说你师傅对书法的看法，让朕再增加一些见识。"

董鄂氏站了起来，福临扶住她拉她坐到自己对面，热切地催促她："快说啊，朕实在想听听你对书法的高见。"

董鄂氏红着脸，说："皇上这般好学，叫奴婢实在惭愧。奴婢何来高见，只不过是听师傅教诲鹦鹉学舌罢了。我说了，皇上万不可笑话于我。"

董鄂氏朝福临笑着放胆说了起来："大约书始执笔，执则运，运笔斜，则无芒角，执手宽，则缓弱。运则书，书有法也，例则法之条也，法则例之概也，故次书法例，又次书法。书法例书法，功之始也。书功册例与法之终也。故又次书功。书思，致之极也，功又次书思。书丹法微矣。书致然后可以评人。故又次书评。"听到这里，福临微微一笑，打断董鄂氏的话，问："这么说你已经达到了书评的地步，那朕呢？朕处于哪个阶段？"

她急忙用嗔怪的语气说："看皇上笑话于我了吧？"说着撅起了嘴。这般娇嗔模样，叫福临好一阵发呆。

"皇上，还听不听了嘛？"董鄂氏红着脸小声问。

福临这才醒过神，说："听，朕当然要听。这般精彩的书法理论，朕还没有听说过。你快接着说。"

董鄂氏又说："自执笔至书法，手也。自书致至丹法，心也，书原目也，书评口也。心为上，手次之，目口末矣。我玩古人书旨，云有自蛇斗、若观剑器、若担夫争道而得者，初不甚解，及观师傅之师傅徐文长之云，他说听江声而笔法进，然后知向所云蛇斗等，非点画字形，乃是运笔，知此则孤蓬自振，惊沙坐飞，飞鸟出林，惊蛇入草，可一以贯之而无疑矣。如若只是一味壁拆路、屋漏痕、折钗股、印印泥、锥画沙，只不过是点画形象，非为妙于手运。所以师傅说书乃心手合一矣。"

听到这里，福临拊掌大笑，赞叹不已："说得真好，把书法之妙概括尽了。你的那个和尚师傅，不知能不能找到他？朕想和他探讨探讨书法，也想和他探讨探讨佛法。"

董鄂氏说："道斋和尚常在臣妾父母家来往，可以找到的。"

福临说："你写几个字叫朕看看如何？"

董鄂氏脸一红，说："臣妾在襄亲王府中，久已不写字，手腕生硬，东涂西画，何敢在皇上面前卖弄？"

福临说："你刚才不是说过，学问之事没有尊卑吗？如何又自卑起来？我们互相切磋互相琢磨，不是提高得更快些吗？朕深感独学无友孤陋寡闻的苦恼，所以才想找几个福晋来陪朕读书学习，但是一直找不到合适的人。今天朕才算找到合适的学伴了。难道你不想与朕共学吗？"

董鄂氏心中很感动，她自己的心里话被福临完全说了个明明白白。

福临高兴地说："我现在要默写这首诗了。"

这时，福临心中一片宁静和恬淡，只有那首美丽的诗朦胧的意境笼罩着他。

福临的玉辇来到慈宁宫，他正要下辇，便见郑亲王与老臣索尼、鳌拜、遏比隆等人从慈宁宫出来，急急转过墙角而去。

福临心中一沉，今天少不了又要挨皇太后一顿数落。这几个老臣，仗着皇太后的支持，常常来慈宁宫告状，真叫福临恼火，但是又无可奈何。

福临抬起眼小心地看看皇太后，正如他所料，皇太后的脸色不那么平和温柔，罩着一层凝重。

"皇儿坐下吧！"皇太后说，指了指自己对面的位置。福临盘起腿坐了下来。

"皇儿可有大事要奏明吗？"皇太后望着福临严肃地问。福临说："儿皇正要禀告母亲皇太后，近日准备任命洪承畴为南方五省经略，去招抚南方反叛，安定南方。不知皇太后懿旨如何？"

皇太后沉吟着。刚刚在慈宁宫接见郑亲王济尔哈朗和老大臣索尼、鳌拜、遏比隆等人，朝中一些大事已经了如指掌。

皇太后微微笑着，问，"郑亲王，今日进宫有什么事情见教？"

济尔哈朗低头说："多日不见皇太后，进宫一来问安，二来想和皇太后聊聊家常。"

皇太后笑了："郑亲王的心意我领了。郑亲王身体硬朗，朝中诸事尚须亲王监督。不知亲王有无发现皇儿处理不当的地方？"皇太后替他们直接点明他们此番前来的目的。

济尔哈朗说："汉官动议减轻窝人法和逃人法，按老臣的看法，皇上似乎同意汉官的意见。这样，我们满洲宗室的利益，如何得到保障？十三衙门的设立，背离了祖宗法制，将来会不会导致宦官专权？坏了大清的江山？"

济尔哈朗越说越激动，声音也不由高了起来。

皇太后只是微笑着静听。索尼见济尔哈朗有些激动，轻轻地咳了一下，提醒这老亲王。济尔哈朗明白了索尼的提醒，放低了声音继续说："汉官进入六部的人数也多了起来，这汉官历来有结党营私的传统，他们一旦掌握大权，势必故态复萌，朋比为党，控制朝政。内有宦官，外有汉官，这大清江山到底属于谁家？望皇太后垂怜祖宗先皇事业，力挽狂澜。莫要把大好江山拱手相送给那些狡猾的蛮子。"济尔哈朗声音又止不住高了起来，满眼含泪，高亢的声音中有了几分哽咽。

皇太后很感动。宗室至亲对皇上和皇室的一片赤诚之心可嘉可奖，但是她还是没有表态。她不能在外人面前批评她的儿子。尽管心中恼火，但是那恼火只能面对儿子发泄。在外人面前，她一定要竭力维护儿子的声誉。

索尼慢慢地开口说："汉官行为放荡，一些汉官衣冠不能严格遵守我朝制度。皇上罢了王公贝勒贝子管理部务以后，汉官越来越有恃无恐。"索尼叹息着说。

皇太后好言安抚这些老大臣，各自赏赐了一些小珍玩，老大臣们心情舒畅地离开皇太后，各个感恩戴德不尽。

皇太后沉思地看着福临，想了一会说："洪承畴的忠心我不怀疑，对他的任命我也没有意见。范文程常说：以汉治汉，当年打入关内平定李自成，也多亏了洪承畴、吴三桂等人。但是，汉人毕竟是汉人，任命他们进入议政会议主理六部总须有些节制，现在掌握重权的汉官数目过多，已经引起满洲亲贵的忧虑。皇儿不能不加以检点。”

福临说：“皇太后所说极是。只是皇太后经常教导的这满汉一体的方针还是坚持的好。”

她不满地瞪了福临一眼，说：“满汉一体，这原是刚入关时为平息汉人的反抗提出的权宜之计。大清国终究还是满洲的，这首崇满洲才是根本的治国大计，是永远不能改变的。皇儿难道忘记了吗？”

福临诺诺，说：“儿臣不敢忘记。自亲政以来，儿臣只想满汉一体，不论满汉新旧，不避亲疏恩怨，不拘资格大小，取真正才守之人，让满汉大臣同心同德，齐心协力，安定天下，让我大清国一统天下固若金汤。儿臣没有丝毫重用汉官的意思。”

皇太后点点头说：“皇儿这样说我就放心了。希望皇儿牢记，这满汉一体，只是一种说法，一个口号，可以大声喊喊，但是却不必当真，也不能当真。而首崇满洲，才是治国之本。不管采用何种措施，这才是根本的不可改变的治国方针。有了它，才能获得满洲亲贵的积极支持。要记住，大清国的江山是满洲人流血流汗打下的，就一定还要靠满洲亲贵的支撑来坐天下。满洲人才是大清国的主人，一定不能引起他们的不满。至于汉人，我们要笼络他们，控制他们，但是决不能依靠他们，他们中有太多的反复无常的小人和两面三刀的奸佞。特别是那些读书人和做官人，他们卑劣自私贪婪，又好拉帮结派，好互相倾轧，明朝覆灭的经验教训不能不记住。另外，听说最近有些汉官散布什么要想天下平安须留发复衣冠，可有此事？”

福临额头沁出密密的小汗珠。

皇太后白了福临一眼，说：“你不要遮掩了吧！我知道你爱才心切，爱惜陈名夏是个人才。你也多次提醒告诫过陈名夏，让他检点他的行为。可惜他并不自重，辜负了你一片好心。他对宁我完说了这话，宁我完已经写好告发的折子了，这几天就会交到你那里。你可要认真处理啊，不要叫忠心于大清国的老臣寒心啊！”

福临说：“儿臣亲政以来效法儒家，以宽为治，恒谓洪武诛戮大臣为过，由今以观，太宽亦不可也。”

皇太后说：“皇儿所见极是。汉官确实很贱，你对他们好一些，他们就会蹬鼻子上脸，以为你软弱好欺，一点一点地夺取权力。你不能不防他们这一手。我还听说一些汉官衣冠随便，可有此事？”

福临不敢再否认，连声说：“儿臣马上下令，以后汉官衣冠务照满式，不许异同，如仍有参差不合定式者，以违制定罪。”

皇太后点着头说：“治国确实很难，我知道皇儿的难处。所以我想方设法尽自己所能帮助皇儿，希望皇儿能够明白额娘的这份苦心。这皇位，不知多少人在觊觎着，怕只有额娘才是一片真心。宫内太监也会祸害朝政，前明宦官专权的教训也得记取啊！额娘对你在宫内设十三衙门也有些担忧。”

福临急忙说：“儿臣对太监有所防范，儿臣已经规定：寺人官不超过四品，内员不许招引外人，非奉差遣不许出皇城，职司之外不许干涉外事，不许交接外官，不许使弟侄亲戚暗想交结，不许假弟侄等人名义置买田屋。儿臣还准备效仿洪武立铁牌于宫内，铁牌上镌刻满汉文字严禁太监预政，严禁太监交结满汉官员，越分擅奏外事，评论官吏贤否，违者凌迟处死，决不姑贷。立此铁牌，世世遵守。”

皇太后点头说：“皇儿的办法可以起到一定的警示作用，但是我恐怕还是不能禁止太监的预政。太监都是汉人，他们在宫中多年，身上更是集中了汉人官吏的所有弊病，搞阴谋诡计，阴一套阳一套，就已经叫你防不胜防。将来还会有一些善于钻营的汉官利用同乡同宗同门亲戚等各种关系来贿赂你身边的太监，交通内监，以谋私利。皇儿不可不防。”

福临说：“皇儿一定记取皇太后的教导。”

皇太后说：“你去吧！首先把那个散布谬论的汉官陈名夏治罪，治理一下南北党争，压压汉官的气势。不过，不必提他所说的那句话，只以结党营私治罪就行了。”

福临急忙答应了下来。对陈名夏和一些汉官，他确实已经开始感到恼火。他一再向汉官表白，他“不分满汉，一体眷遇委任”。

对！行动行动，杀杀汉官的气焰，看他们谁还敢无事生非？现在就回去拟写圣旨。

福临下了炕。外面太监进来报告说：“襄亲王博穆博果尔拜见皇太后。”

福临想知道襄亲王见皇太后的目的。董鄂氏几个福晋进宫已经十几天，他越来越舍不得放董鄂氏回府。

襄亲王正是为他的福晋而来。

皇太后笑着说：“十一阿哥长大了，个子也高了，只是瘦了一些。”

博穆博果尔恭敬地说：“谢皇太后的关心。皇太后和皇阿哥近来可好？我的福晋侍候皇后可得力？”他转向福临问。

皇太后尖锐地瞅了福临一眼，不动声色地问：“你的福晋侍候皇后——”福临急忙打岔说：“额娘，自从十一阿哥封了亲王之后，好像懂事多了。”皇太后也笑了，说：“可不是，昨天我还在和他额娘懿靖大贵妃夸他呢。十一阿哥越长越英俊。最近学习了没有？”皇太后关心地问。

博穆博果尔正要回答皇太后的问话，福临却慌慌张张地打断博穆博果尔，说：“皇额娘，我想带十一阿哥到乾清宫走一趟，皇额娘同意吗？”

博穆博果尔一听，极高兴，他对皇太后撒娇似的说：“皇太后，准许我到皇上那里去一趟，我极想我的福晋。”

皇太后正要发问，福临急忙抢着说：“皇太后同意的，我们走。”说着拉起博穆博果尔就往外走，一边走一边向皇太后告退。

皇太后望着急匆匆走出去的福临背影，对苏嘛拉姑说：“我怎么瞅着不对劲儿。皇儿好像有什么事情瞒着我。刚才我听见十一阿哥说他的福晋进宫来侍奉皇后，我正要问，被皇上打了个岔。最近怎么没有见小福子来报告情况了？你赶快去找小福子问问情况。不，不用了。去把皇后找来。不，还是我去皇后那里走一趟，顺便到养心殿看看。”

苏嘛拉姑急忙命令太监准备玉辇。玉辇穿过景和门，来到华丽的坤宁宫前。护门侍卫向里面通报皇太后的到来，太监宫女都跪倒在地，迎接皇太后的到来。皇后急忙走出坤宁宫跪伏在廊檐下。

皇太后让皇后坐到对面，开门见山地问："你近来可曾召襄亲王的福晋入宫侍奉？"

小皇后睁着惊慌失措的眼睛摇着头说："不曾召过。孙女每次召亲王福晋都要禀报皇太后祖母的恩准。孙女不敢私自行事。"

皇太后微微点了一下头，轻轻叹了口气，说："我能估计到。最近皇上可到坤宁宫来？"

皇后脸一红，轻轻叹口气，摇了一下头："皇上大婚后几乎没有来过。"说着眼睛一红，眼泪涌上了眼眶。

皇太后不满意地哼了一声，心里想：这样窝囊的皇后，连皇上的心都笼络不住，也是可怜。她心中有些气恼：怎么博尔济吉特氏的女子越来越懦弱？蒙古女人的泼辣刚强哪里去了？皇太后又随便说了一些闲话，便起驾回宫。皇后跪送。皇太后对苏嘛拉姑说："看来这让亲王福晋进宫侍奉皇上的祖制需要废除，不能让皇上胡闹。"

皇太后直奔养心殿。

养心殿的太监正要通报，皇太后却摆摆手禁止他们出声。见皇太后驾到，都急忙跪了下来。苏嘛拉姑掀开暖阁的明黄锦缎门帘，皇太后走进东暖阁。

吴良辅惊讶地睁大双眼，轻轻地"哦"了一声，急忙扑通一声跪到地上。福临还坐在书桌前一笔一画地抄写李商隐的"身无彩凤双飞翼，心有灵犀一点通"诗句。他一边抄写一边对坐在对面正研墨的董鄂氏说："李义山的无题，确实有一种神秘朦胧的意象，这心有灵犀说得多贴切准确，怕是许多人有过如此感受，却说不出来。还有昨天学的那首'梦为远别啼难唤，书被催成墨未浓'，说得多有味道，真是字字句句珠玑，说到人的心里去了。特别是最后两句'刘郎已恨蓬山远，更隔蓬山一万重'说出了朕此时的感受。"

福临脸色一变，声音抖抖地说："儿臣不知皇太后驾到，有失远迎，儿臣该死！"董鄂氏也急忙跪了下去。

皇太后脸色沉着，坐到主位上。她冷冷地扫了董鄂氏一眼，从牙缝里挤出声音慢腾腾地问："这可是襄亲王的福晋董鄂氏？"

福临急忙回答："回皇额娘，她正是襄亲王福晋董鄂氏。"

皇太后冷冷地问："襄亲王呢？你不是带他一起来了吗？"

福临急忙回答："他和他的那几个福晋在西暖阁说话下棋玩耍。"

皇太后威严地提高声音说："把他给我叫来。"然后对福临说："你赶快给我站起来。老跪在这里像个万岁爷吗？"

福临急忙站了起来。

西暖阁里，襄亲王正和福晋们玩得高兴，突然太监前来传唤，说皇太后叫他，他嘟囔着："我刚才从皇太后那里出来，哪又有皇太后来？"

一进东暖阁，博穆博果尔看到阴沉着脸的皇太后，他急忙敛声屏气，立到炕前等着皇太后问话。

皇太后说："马上带着你的福晋回府！永远不许她们再进宫！"

福临却扑通一声跪倒在地，哀求皇太后说："皇额娘，请您高抬贵手，不要赶董鄂氏回襄亲王府。儿臣还要向她学习唐诗。”

皇太后冷着脸说：“叫大学士来教，她一个妇道人家，有多大学问？”

福临说：“儿臣只要她教！只有她教儿臣才能学会。”

皇太后生气了，恼怒得拍了一下炕桌，厉声说：“放肆！一个皇帝说出这般没有理智的话，成何体统？走！带着你的福晋赶快回去！”

福临突然站了起来，伸开双臂，挡住他们的出路，嘴里说：“朕不让她走！朕不让她走！”

皇太后猛地一拍炕桌，说：“福临！不要忘了你的身份！赶快让他们走！”

福临站到门口，大声喊着：“不！朕坚决不让她走！”

博穆博果尔吓得脸色煞白，他浑身战抖着，拉着董鄂氏不知该如何办。

皇太后站了起来，大声呵斥着：“福临！你过来！让他们出去！”

福临只是不挪动一步，嘴里只是嘟囔：“不！决不！”

皇太后下了炕，疾步走到福临身边，拉着福临说：“你让开！让开！”

福临像脚下钉了钉子似的，一动不动。皇太后的脸一下子气得雪白，眼泪也止不住流了下来：“你……你……反了你！”她呼呼喘着气，指着福临，断断续续地说。

福临此时什么也不顾了，他只是坚持着。“朕就是不让她走！放她走，除非朕死！”福临咬牙切齿地说。

皇太后对博穆博果尔大声喊：“十一阿哥！你这窝囊废！赶快领你的福晋走！你能看着他抢你的福晋？走啊！走啊！”

16岁的博穆博果尔早已惊吓得发呆，倒是董鄂氏扯了一下他的手，暗示他赶快离去。博穆博果尔用手拨拉着福临，想冲出去。

福临岿然不动。博穆博果尔用力扯开了福临，拉着董鄂氏冲出门。福临却不顾一切地扑了上来，紧紧拉住董鄂氏的手，不让她迈出门槛。博穆博果尔“哎吆”一声，松开手捂住自己的脸。皇太后一惊，也松开手，去看博穆博果尔。博穆博果尔泪流满面泣不成声。他“哇”的一声哭着跑了出去。

福临趁势把董鄂氏拉到自己身边，咬牙切齿地说：“今天朕倒要看看，谁敢从朕身边把她抢走！朕今天准备拼命了！”

皇太说：“皇太后，还是先回宫吧！皇上正在气头上，怕是越搞越僵。”

皇太后流着泪点了点头，说：“我们回宫！”福临气咻咻地送走了皇太后，把董鄂氏留在养心殿。

董鄂氏簌簌地浑身颤抖，流着眼泪说：“皇上的一片心意奴婢心领了，只是这样得罪于皇太后，奴婢心里不安。奴婢还担心襄亲王，从没有受过气，会不会想不开，闹出点事故来，奴婢心中不安。”

福临冷笑着：“你担心这担心那，就是不担心朕！你居然这般无情无义！朕为你可以豁出一切！你居然连一句关心体贴的话都没有！”

两行清泪从董鄂氏的大眼睛里流了出来，慢慢地滚落到她白皙的脸颊上。他歉疚地走到董鄂氏身边，替她擦掉脸颊上的眼泪，温柔地安慰说：“朕没有生你的气，朕是生自己的气。朕是大清国的皇帝，连一个自己喜欢的女人都不能拥有，这皇帝做他作甚？还不如到五台山出家去做和尚算了。”

董鄂氏急忙伸出柔嫩的手捂住福临的嘴，说：“皇上，万不可乱说。皇上想要奴婢留在身边，也要让皇太后高兴才行。”

福临点点头，他亲吻着董鄂氏，说：“这20多天，是朕最幸福的日子。朕想你，想把你揽在怀里，但是朕却竭力克制自己这种不洁净的想法。朕和你在一起，觉得自己变得伟大洁净多了。过去，朕是想让谁来陪朕睡觉，就马上把她召来，睡过觉后连她的模样都想不起来。朕从来没有想过要讨好哪个女子让她高兴让她喜欢朕。只有你才能让朕生出许多美好的想法，比如朕要学好唐诗，来和你讨论，学着把字写得好看一些，好能配得上你。这大概就是汤玛法所说的爱情。20多天，朕连一根头发丝儿都不敢碰你，朕生怕你不愿意，生怕亵渎了这份美好的感情。今天，朕可是无法再克制压抑了。你就是朕的生命。”福临喃喃地说着，如梦呓一般。

董鄂氏也醉了。

腊月里天气已经很冷，阴云密布的天空飘着纷纷扬扬的鹅毛雪花，慈宁宫院子的地上已经铺满了厚厚的白雪，皇宫里外一片洁白。

刚刚起身的皇太后站在慈宁宫门口，像个小姑娘似的喊了起来：“下雪了！下雪了！”皇太后像所有的北方人一样很喜欢雪。“快去请老太妃们来！”皇太后高兴地对苏嘛拉姑说，又对太监总管说：“快去准备几桌点心果品奶茶奶酒！我们几个老太婆要赏雪喽！”一到下雪，她就把老太妃们邀来赏雪。

皇太后眨巴着眼睛，转过头问苏嘛拉姑：“能不能想出点赏雪新花样？我们几个老太婆年年赏雪，是不是腻味了点？”苏嘛拉姑正在苦想，皇太后却突然一拍手，大声喊了起来：“我有主意了！快去把皇子们抱来一起赏雪。老太婆加几个小娃娃，这聚会才热闹，是不是？”

苏嘛拉姑笑着说：“皇太后并不老，看皇太后的脸色，还像姑娘似的，没有一丝白发。千万不要自称老太婆，叫来叫去，倒是把自己叫老了。”皇太后哈哈笑了起来：“好，依你，不再自称老太婆。快去传话吧，让乳母把皇子打扮得漂漂亮亮干干净净的，不要带着奶腥味。”

不大一会，怀里抱着铮亮的铜手炉、戴着昭君式貂皮帽、穿着各色鲜艳锦缎貂皮大氅的老太妃们嘻嘻哈哈打着招呼陆陆续续来到慈宁宫。

皇太后让她们各自上炕，坐到各自的位置上，笑着说：“今天请老姐妹来赏雪，行酒令，玩斗牌，还要叫大家赏童子面茶花。”

“童子面茶花？”

“什么颜色？”

“摆在哪里？”

老太妃们都像小孩子一样笑着说着，叽叽喳喳。其实这些老太妃不过四十来岁，与皇太后年龄相仿。

皇太后狡黠地眨巴着眼睛说：“等一会你们自会见到。这是世上最漂亮的童子面茶花，也最能安慰我们这些老太婆。”

这时，院子里传来脚步声。皇太后神秘地说：“来了，童子面茶花来了。你们等着好好瞧吧！”

苏嘛拉姑笑着急忙迎到门口，掀起门帘。几个乳母保姆抱着包裹得严严实实的皇子走了进来。

老太妃们全都惊呼起来,夸张地大呼小叫。她们知道,这样最能叫皇太后高兴,皇太后要的就是这种效果。

皇太后急忙让乳母放下皇子。

慈宁宫一下子热闹起来。4岁的二皇子福全、3岁的三皇子玄烨,满地乱跑,扎煞着小手,要老太妃们抱起来吃桌上的小点心。

"过来!福全!"皇太后喊着,朝福全伸出手。三皇子玄烨却急忙跑了过去,脆生生地喊:"皇阿嬷,抱我!"说着,就猴到皇太后身上,自己蹬着双腿往皇太后身上爬。他爬到皇太后腿上,抱着皇太后的脖子,把自己的小脸紧紧贴到皇太后的脸上,蹭来蹭去,皇太后一下子抱住三皇子玄烨,喃喃地说:"小心肝!小宝贝!小祖宗!"

几个保姆抱着一个明黄锦缎的貂皮斗篷包裹着的婴儿进来。

"这可是董鄂妃生的四皇子?"老太妃们问。

皇太后微笑着点了头。

这是董鄂妃十月初七生的四皇子。福临宠爱董鄂妃,这四皇子,也受到福临的特别喜爱。也许福临有意立四皇子为嗣。虽然福临没有向她明说,但是她能估计到。立哪个皇子,这是福临自己的事情,她还不想干涉。可是,以董鄂妃代替皇后,这可是她不能容忍的。

当然,皇太后没有流露任何对董鄂妃的不满。皇后来哭诉过几次,都被她呵斥了回去。

皇太后欢喜地让乳母解开斗篷,一个粉团玉琢的白胖婴儿拍着小手,黑亮的眼睛骨碌碌转着,好奇地看着周围的人。皇太后看着这般可爱的婴儿,笑得嘴都合不上。这几个皇孙中,这四皇子最像当年的福临。皇太后的脑海里浮出当年福临的模样:白白胖胖,张着小手。皇太后的眼睛有些发热,不由自主地向四皇子伸出手,像当年她去乳母那里看望福临一样。

皇太后从乳母手中接过四皇子,刚刚降生三个月的四皇子却"哇"的一声啼哭起来。皇太后哄着他,他却恁是不肯停止啼哭,而且越哭越响,好像在向所有人宣布他不喜欢这老太婆。皇太后有些狼狈,不知所措地看着乳母,乳母急忙接过小皇子,他一下子安静下来。皇太后又试着抱过来,他却又扯开喉咙大声响亮无所顾忌地大吼起来。

皇太后一声不响,把这不识好歹的婴儿递给乳母,颇为不悦地抱起玄烨逗他玩。

房中的气氛一时冷淡下来。皇太后看了看大家,笑着说:"这玄烨三阿哥,抓周时叫大家吃了一惊。他面前摆着金银元宝、纸笔墨砚、刀枪剑戟,他啊,一手抓了一支笔,一手抓了一把刀,哪个都不放手。"

老太妃们感叹地说:"这皇子将来一定文武双全,文治武功精通。这是我们爱新觉罗的好接班人,是大清的福分,也是皇太后的福分啊!"

皇太后点头说:"看来我们要好好培养这孩子。"说着她低下头亲吻着玄烨的小脸,亲昵地问:"三阿哥,你长大以后想干什么?"

玄烨抬起头来，奶声奶气地说："皇阿嬷想让我干什么？"

皇太后用手指轻轻地点着玄烨的小脸说："皇阿嬷想让你成为你父皇那样的人，效法父皇，勉心尽力，造福大清。跟我说一遍。"玄烨小脸上漾着笑容，奶声奶气地学着说了一遍。

"记住了没有？"皇太后把嘴凑到玄烨脸颊上，一边亲一边关切地问。

"记住了，皇阿嬷。效法父皇，勉心尽力，造福大清。对不对，皇阿嬷？"玄烨把脸紧紧贴住皇太后的脸，蹭来蹭去。皇太后亲着他的小脸，不断地说："聪明的孩子！有出息！有出息！"

皇太后对老太妃说："这阿哥还没有出痘，恐怕今春要出宫居住，去躲避出痘。"大家都叹息着，说满族人在关外从不出痘，不知为什么，进关以后，这痘魔总来找麻烦。宫内死于痘症的真不少。老太妃边叹气边数落着出痘的阿哥、格格的名字。

皇太后说："我已经命令在皇城内广建喇嘛寺庙，让喇嘛经常念经乞求痘神保佑黄带子觉罗的平安。我还在宫内设了痘神娘娘的神位，四时拜祭，我们的诚心一定会感动痘神娘娘的，她一定不会光顾我这心肝宝贝。"皇太后说完，轻轻合上眼睛，口中念念有词祷告着。玄烨懂事地坐了起来，学着皇太后的样子，闭上眼睛，双受合十，小嘴翕动着好像祷告一样。

不懂事的四皇子不知为什么，又"哇哇"哭了起来。皇太后厌恶地皱了一下眉头，挥挥手，乳母急忙抱着他走出暖阁。

"这孩子真令人讨厌！"皇太后对苏嘛拉姑说。

二十三　红颜薄命

董鄂妃憔悴地走出钟粹宫，她强自支撑着去巡视各宫。"上辇吧！"钟粹宫太监总管说。董鄂妃摇摇头，她想在宫内各处走走，散散步，让悲伤的心灵恢复一下。从正月十四日她的皇儿夭亡以后，她从没有真正恢复过来。福临天天幸钟粹宫，天天搂着她劝：没有关系的，明年你会再生一个皇子，那时朕还立他为太子。可是，她就是高兴不起来。但是作为皇贵妃，她还得强压悲伤于心底，在天天去向皇太后皇后请安时脸上露着微笑，在替皇后巡视各宫时，还要强颜欢笑。她的心里在流泪，在流血。

董鄂妃走在宫中，太监宫女紧紧跟随着。她走进寿康宫，这里住着懿靖老太妃，襄亲王博穆博果尔的母亲。她很害怕来这里，可是又不能不来，皇后吩咐她的职责她不敢违抗。董鄂妃对后面的太监宫女摆摆手，不让他们跟进，自己慢慢走进寿康宫。

老太妃跪在佛像前喃喃地说："佛爷保佑，佛爷有眼，惩罚那狐狸精吧！"她一边说着一边站了起来，端起佛像前的一个小盆子，揭开盖子，把自己的手指刺破，让自己的血滴了进去。一边说："蛊啊，蛊啊！你再显现灵，让那狐狸精一辈子不能再生育，让她早日死掉。这是我的心愿，也是皇太后的心愿。"

董鄂妃怔在那里，一动不敢动。这不是蛰蛊吗？蛰蛊是一种很古老很恶毒的巫术。汉武帝的太子和卫皇后因为蛰蛊被杀，后汉和帝的皇后阴后让其外祖母邓朱为她供奉巫蛊诅咒她所痛恨的人,被和帝灭了阴后一门。明朝宫中也有偷偷的整蛊活动。

董鄂妃

怎么也传入清宫中?董鄂妃全身颤抖起来,她听说过整蛊的后果,凡是被整蛊的人没有不死的。小皇子被这老太妃整蛊死了,现在她又在整自己。怎么办?上去抓住她,揭穿她的阴谋!董鄂妃想。可是,这老太妃毕竟是襄亲王的生身母亲,襄亲王的自杀,使董鄂妃心中总残留着一丝阴影。如今,只要把这事张扬出去,皇上杀她是无疑的。

董鄂妃悄悄退出佛堂。

董鄂妃来到慈宁宫向皇太后问安。皇太后看着董鄂妃煞白的脸,关心地问:“贵妃脸色难看,是不是身体有病?”

董鄂妃勉强笑着,摇摇头,说:“谢谢皇太后的关心。奴婢有一事想请教皇太后,整蛊能不能把人整死?”

皇太后笑了,说:“整蛊这是汉人民间搞的把戏,我们满蒙都不相信。贵妃怎么想起这个问题?”

董鄂妃心里安宁了许多,她不再恐惧,也不相信皇太后与懿靖老太妃整蛊的事有关联。可是,皇子之死还是一个谜。白天活泼泼的,到了晚上,突然抽搐起来口吐白沫,不省人事,半夜就死了。

这一切,董鄂妃只能自己一个人琢磨,她不敢把自己知道的告诉别人,包括福临。

董鄂妃抱歉地笑着说:“奴婢刚才偶尔听太监说起整蛊,故而发问请教皇太后。现在奴婢安心了。”

皇太后说:“汉人的邪门妖道多得很,要顶住他们的危害,只有靠我们喇嘛教和佛教,你要相信喇嘛教和佛教。福临最近开始接近佛教,他从杭州接了几个高僧到宫里,与他谈经论佛,这可是好事。哪天我也想见见那几个高僧。”

董鄂妃急忙说:“奴婢回去传话皇上,让皇上带和尚来见皇太后。”

皇太后心中突然生出一丝不悦:听她说话,这皇上好像受她指使一样。

皇太后冷眼观察着董鄂妃。

“贵妃脸色不好,改日我叫太医去给贵妃看看病,宫中有几个太医专治妇科,曾经治好几个妃子的病。明日在宫里等着,我让苏嘛拉姑领太医前去。”皇太后笑着说。

董鄂妃急忙叩头:“谢谢皇太后的关心。”

（董鄂妃的儿子是顺治十四年十月初七生，十五年正月二十四日卒，三月二十七日追封为荣亲王，准备立为皇太子，顺治亲制的《董后行状》说："后于丁酉冬生荣亲王，未几王薨，后意岂必己者为天子始慊心乎，是以绝不萦念。"）

羸弱憔悴的董鄂妃流着泪紧紧拉着福临的手，泣不成声地说："臣妾入宫不到四年，备受皇上的恩宠和信任，皇上一片真心待臣妾，臣妾虽死无憾。臣妾遗憾的是不能继续侍奉皇上，替皇上分忧。皇上肩上担着大清国的前途，国事繁杂，臣妾很想能侍奉皇上左右，以尽臣妾的微薄之力，与皇上解忧。今日看来，这愿望已是永远的不可能了。"

垂泪坐在董鄂妃身边的福临已是泪流满面，他用手捂住董鄂妃的口，哽咽着说："不要说这不吉利的言语！朕不让你离开朕一天！"

董鄂妃凄惨地勉强微笑着说："皇上不要说傻话了。人的寿命有定数，时辰到了，阎王绝不敢多留一刻。皇上也无能为力。臣妾自觉时辰已到。这两年臣妾一直想再为皇上生个一男半女来慰藉皇上。皇太后也关心臣妾，特意为臣妾延请蒙古喇嘛太医多方调理，不想事与愿违，这身体却一年不如一年，生育能力不知为什么竟然断绝，现今只觉精力日竭，连喘气都觉吃力。这般模样，生不如死，与其苟延残喘做个活死人，不如就此诀别，不再拖累皇上。臣妾已经决定从今日开始，绝米绝水，只求速死。"董鄂妃停下来，大口喘气。

福临大声喊："不！你不能这样做！难道你忘记了我们七夕之夜的盟誓吗？你怎么可以背弃盟誓呢？"

董鄂妃苍白的脸上流露出幸福的微笑。去年七夕之夜，福临和她在养心殿，让太监备了果品香案，福临屏退所有太监，紧紧拉着她的手，双双跪到香案前。"来，让我们学着唐明皇和杨贵妃的样子上香发愿，在天愿为比翼鸟在地愿为连理枝，不能同生愿为同死。"福临依偎着董鄂妃悄悄地说。董鄂妃笑着连连摇头说："学唐明皇和杨贵妃，我们就不能白头偕老了。"毫不在乎的福临说："我们只学他们发愿，一定能白头偕老。不要胡乱猜想。来吧，我们一起说。"

董鄂妃气息微弱地说："臣妾从没有忘记那星光灿烂的七夕夜。臣妾何尝不想恪守誓言？可是臣妾已经无法恪守誓言了，希望皇上能理解臣妾的一片苦心，和皇后重修于好，孝敬皇太后，把大清国治理得万世太平，叫皇太后和祖宗高兴！"

福临气恼地说："不要提皇后！朕不想你提到她！她是皇太后的皇后，不是朕的皇后！只有你才是朕心目中真正的皇后！"福临抽泣着说。

董鄂妃微微点点下颌，说："臣妾知道皇上对臣妾的一片真心，可是，臣妾不忍看到因为臣妾的缘故，让皇太后不悦，致使皇上母子失和。那样一来，臣妾将成为大清国的千古罪人。皇上爱臣妾，岂不是害了臣妾吗？"

福临只是抽泣，无话可说。

慈宁宫，暖阁里一片狼藉，皇太后把瓷器花瓶摔了一地，暴怒地走来走去。福临入慈宁宫跪见，皇太后已经平静下来，她坐在南炕的主位上，低头垂泪，对福临的拜见不理不睬。

"皇儿叩见皇太后！"福临说。

东暖阁里寂静无声。过了一会，福临又说："儿皇给皇太后问安！"依然没有声音。苏嘛拉姑小心翼翼地凑到皇太后耳边，悄悄地说了一句。许久许久，皇太后才开口咬着牙根说："你还认得你的额娘啊？你心中早就没有了额娘！你来干什么？来看额娘气死了没有？"

福临诚惶诚恐地跪在地上不敢抬头，连声说不敢。

皇太后说："谁让你停了皇后的中宫签奏？你想干什么？你已经废了一个皇后，难道还想再废一个不成？你想把祖宗的规矩全破坏不成？"

福临唯唯诺诺，试图替自己辩解："皇额娘不要生气，儿臣因为皇后不尽孝道，不能在皇太后龙体不适时侍奉于前，失了定省之仪，才出此办法以示警诫。皇太后明鉴，儿臣没有其他用意。"

皇太后冷笑了一声："不要以为你聪明，你的心意我知道。你无非是在找茬子为废后做准备罢了。我告诉你，这一次我绝不依你！要么你恢复皇后的签奏，要么我打董鄂妃入冷宫！你衡量着办吧！"说完，皇太后往身后的靠枕上一躺，说："苏嘛拉姑，我累了，想闭眼睡一会！"苏嘛拉姑急忙上前扶着皇太后躺好。福临见皇太后没有发话让自己退下，只好依然跪着。

苏嘛拉姑见皇上依然跪着，小心问皇太后："皇太后小憩，皇上他……"

皇太后故意装作没有听到，闭着眼睛不说话。苏嘛拉姑对皇上微微摇摇头，一脸无可奈何。

福临跪着，见皇太后故意不予理睬，心中越来越气恼。

接着，满族亲贵不断上奏，请求皇上恢复皇后的签奏，领侍卫内大臣鳌拜更是五次三番在他耳边聒噪，死缠烂磨，劝说他恢复皇后的签奏，劝他听皇太后的话。福临真想撤了鳌拜的职。可是福临知道，这撤职之事在议政会议上根本无法通过。索尼、遏比隆、苏克萨哈等人决不会同意这事的。福临突然觉得自己是那样孤独无助：皇帝也不过如此。

董鄂妃拉着福临的手，把他的手紧紧贴到自己的脸颊上，喘息一阵，继续说："臣妾离去之后，皇上要多保重自己。大清国还没有完全平定，南方的郑成功、李定国还没有平定。皇上要励精图治，与皇太后勠力合心，奉行满汉一体的方针治好国家。臣妾虽死心安。"

福临摇着头流着泪哀叹着说："皇贵妃一去，朕只怕也觉生不如死，朕不会有什么励精图治的宏图大志了。"

董鄂妃一听，急得浑身乱颤，她挣扎着爬了起来，跪在炕上，连连叩头："臣妾罪该万死！臣妾生不能辅佐皇上，死还要让皇上挂心！臣妾罪该万死！"

福临急忙扶着董鄂妃，劝她躺下去。董鄂妃挣扎着甩开福临的手，哀求着："皇上，答应我不再有丝毫这样的想法，臣妾才敢躺下安心死去。要不臣妾死不瞑目！"

福临叹口气，小声说："朕答应你，可是朕也许不如出家做和尚的好！"

董鄂妃继续哀求着："皇上，答应臣妾励精图治治理国家，不要让皇太后失望！她全部心血就是希望看到你成为一个年轻有为的皇上，把大清国治理得繁荣昌盛。你万不可让她失望！"

心疼地说："好，我答应你。你赶快躺下吧！瞧你累的。"他把董鄂妃紧紧抱在自己怀里，亲吻着她的脸她的嘴唇。

董鄂妃躺在福临的怀抱里,心里充满幸福,她微笑着,慢慢合上眼睛。

福临抱着董鄂妃哭喊着,撕心裂肺的哭喊声传出高高的宫墙。

皇太后在慈宁宫的暖阁里坐着,喝着热腾腾的奶茶。她侧耳倾听了一下,放下银碗,问苏嘛拉姑:“你听到哭声了吗?”苏嘛拉姑也侧耳听了一会,摇摇头:“奴婢没有听到。”

皇太后端起碗,啜了一口,又朝窗外倾听了一下:“不对,好像是福临在哭。”说着,就下炕来。苏嘛拉姑笑着说:“养心殿虽然离慈宁宫最近,却也听不到皇上的声音的。主子一定是心中太忧虑皇上了吧?”

“不!你忘了福临小时候由母乳喂养时离我那么远,每次他一哭我就知道。你啊,没当过母亲,不知道母子之间心灵是相通的。这一定是福临在哭。他这样大哭,一定是董鄂妃死了。不知这小冤家又要闹出什么荒唐事。我得去看看。”

去年的八月二十五,朝廷得到郑成功进兵江南官兵屡败的消息,福临完全失去了他平日的镇静,他在养心殿里走来走去,胡乱摔打养心殿里的瓷器宝物。他嚷叫着:“这将士如此无能,连个郑成功都打不了,这大清江山怕是坐不住了。我们回盛京去吧,这大清国我不坐了!”说着,他拿起玉玺就往地上摔。总管刘兴桥和吴良辅吓得团团转,只好派人去请皇太后。皇太后见福临这样胡闹,气不打一处来,她走上前去,扬起巴掌,打在福临的脸上,怒喝着:“你哪点像努尔哈赤的后代?哪点像先皇的儿子?他们打下天下,你却连坐都坐不了?你还算满族的子孙吗?退回盛京?亏你说得出口?!胆小鬼!我怎么生出你这么个胆小鬼?!”

福临被皇太后打得眼睛冒出金星,他怒喝着:“我就是不想当这个皇帝!你不是想当吗?你来当好了!”说着,他抽出宝剑,高高举起说:“但是,朕不是胆小鬼!朕要亲自出征福建,不打败郑成功誓不班师回朝!朕若言而无信,就如这御座一般下场!”说着,福临抡起手中的宝剑猛地砍向御座。

“皇儿果然还是我满族的热血男儿!皇儿亲征一定能打败郑成功,只是杀鸡焉用宰牛刀?我大清国有的是勇猛将士,何用皇儿亲征?”

皇太后见福临来了死脾气,只好软化下来,好言相劝。

福临喊:“来人!记朕的谕旨!”翰林官王熙和麻勒吉捧着纸笔墨砚进来。福临说:“朕要亲自征讨郑成功,你们马上起草谕旨!”两位学士犹豫地望着皇太后,说:“皇上亲征,未必合适,还是从长计议的好。”福临大怒,又抡起宝剑,朝御座砍去,把御座砍成粉碎。“再有人阻挡朕亲征,即如这御座一般下场!”当时就把谕旨张贴出去。

皇太后见福临如此胡闹,气得脸色煞白,跺着脚说:“不管他!不管他!任他折腾吧!”说着拂袖而去。大臣急得不知如何才好。

福临使皇太后越来越感到失望和不放心。

皇太后起身往外走。苏嘛拉姑急忙吩咐备辇。

钟粹宫里乱成一团。太监总管正慌乱地命令小太监去报告皇太后。福临的哭声撕心裂肺,皇太后心里发酸,眼睛里已经流出眼泪。

福临看见皇太后进来,哭声更大更响更为凄惨伤心。皇太后把福临揽进怀里,自己哽咽着劝说福临。皇太后轻轻抚摩着福临的黑发,自己也哽咽着说:“人死了不能复生,皇儿要节哀顺变,千万不要哭坏了身子骨。"

福临从皇太后怀里挣扎出来,大声哭喊着:"皇贵妃死了,我还活着干什么?我不活了。"说着,下地往墙上撞去。左右太监宫女急忙扑上前,有的死死拉住皇上的胳膊,有的拼命扯住皇上的袍据。吴良辅扑倒在地,死死抱住皇上的双腿不放。福临在众太监和宫女的包围中死死挣扎着,一次次往墙上撞去。皇太后拉住福临的胳膊,哭喊着:"皇儿,你不要这样!不要这样!"福临只是不听,哭着喊着"不活了",一次又一次扑向柱子扑向墙壁。

福临见摆不脱太监宫女的纠缠,怒喝着:"皇贵妃死了,要你们有何用处?你们都必须为皇贵妃殉葬!"

宫女太监扑通跪倒在地,感谢皇上的赏赐。

皇太后见拉不住福临,便放开手,脚一跺,突然怒喝一声:"放手!让他去死!"这声音犹如一声惊雷在暖阁炸响,跪倒在地的太监宫女都哆里哆嗦着不知道如何办。

暖阁突然静得无声无息。福临怔住了,不知道发生了什么事。他一时竟战栗起来。

皇太后厉声说:"你胡闹够了没有?看你还像不像一国之君?死个皇贵妃,就这样胡闹,你如何能治理好国家?真没出息!大丈夫顶天立地为国为业,你却为个女人觅死觅活?你像不像个男人?你还有没有黄带子觉罗的血脉?"

皇太后越说越气,身体都轻微地颤抖起来。为什么我这样命苦?丈夫为一个女人抛弃了大业,儿子竟又重复这悲剧?为什么?她不由自主伸出双手,在心里呼唤着上苍。

皇太后紧紧咬住嘴唇,拼命抑制自己如火山一样沸腾的感情。等自己平静下来,她转身对总管说:"把皇上扶到养心殿,这里有我安排!"养心殿总管太监刘兴桥急忙扶着福临,趁着他还没有醒过神,和吴良辅一边一个架着他的胳膊出了钟粹宫。"给我日夜看好他,出了事拿你们是问!"皇太后在后面喊着说。

顺治十七年八月二十一日,顺治发谕诏:

皇贵妃董鄂氏,于顺治十七年八月十九日薨,奉圣母皇太后谕旨,皇贵妃佐理内政有年,淑德彰闻、宫闱式化、倏尔薨逝,予心深为痛悼,宜追封为皇后,以示褒崇。朕仰承慈谕,特用追封,加之谥号,谥曰孝献庄和至德宣仁温惠锻敬皇后,其应行典礼,尔部详察,速议具奏。

九月十日将遗体火化。

(《汤若望传》引《汤若望回忆录》:皇贵妃死,"皇帝陡为哀痛所攻,竟至寻死觅活,不顾一切,人们不得不日夜看守着他,使他不得自杀。太监与宫中女官一共30名,悉行赐死,免得皇妃在其他世界缺乏服侍者。全国均须服丧,官吏一月,百姓三日。为殡葬的事务,曾耗费极巨量的国币。按照满洲习俗,皇妃的尸体连同棺椁,并那两座宫殿,连同其中珍贵的陈设,俱都被焚烧"。)

二十四 多情皇帝

福临走出南苑的寝宫，望着南苑的一片海子。福临叹口气，想，今年他已经全无滑冰围猎的兴趣。董鄂氏死后，他一直居住于南苑。皇太后以为在这里他不会睹物思人过于悲伤，可以使他早日恢复精神。南苑，在京师永定门外20里。

顺治慢慢走到南苑佛堂。杭州来的高僧溪森和尚在这里等着他的接见。身穿袈裟的溪森和尚拜见福临，福临赐座予他，二人相向而坐。福临望着溪森，说："朕真羡慕你们出家人来去自由没有羁绊，愿老和尚不要把朕当作天子看待。"溪森双手合十，深深一躬。福临又说："朕于财宝固然不在意中，即妻孥亦觉风云聚散，没甚关情。过去有皇贵妃安慰，尚觉情事留恋，今天皇贵妃已逝，甚觉时世如烟，无甚可恋。朕想剃发为僧，到五台山出家修行。不知高僧可否为朕剃度?"

溪森和尚急忙起立双手合十，躬身肃立，缓缓地说："皇上是一国之君，断不可生出这等想法。皇上虽然痛失皇贵妃，但是还有皇后妃嫔，还有嗷嗷待哺的皇子公主。特别是皇太后一生以皇上为念。皇上万万不可让亲人挂念。"

福临眼中垂泪，轻轻叹息着说："若非皇太后一人挂念，朕便可随老和尚出家去。皇太后为朕呕心沥血，朕如今也实在不忍心让她老人家伤心。可是朕又确实觉得无甚意义，只想修行以静自身。老和尚既然不肯为朕剃度，总可以帮朕起个法名，让朕在百无聊赖时以作寄托。"

溪森和尚急忙说："老僧愿意为皇上起个法名，但是剃度之事，万望皇上见谅，老僧不敢从命。"

福临说："那你就为朕想个法名吧!"

溪森和尚到桌子旁边，拿起笔在纸上写下一些名字，递给福临，说："请皇上自己选择一个喜欢的法名。"

福临接过纸，仔细地看着，口中轻轻念叨着那些法名："悟静，觉惠，了空，能悟，都俗了一些。行痴? 行痴。这倒还有些意思。朕喜欢这行痴。人要是过于精明，怕是不能长寿。老人说聪明不要全占尽，留得三分给儿孙，可不就是说要痴一些吗? 好，就用这行痴法名。"

福临说："老和尚既然已经为朕起了法名，老和尚就等于收了个弟子。既然是佛门弟子，这头发不剃度总是不大合适的。还请老和尚主持剃度仪式才好。"

溪森连声乞求皇上饶他性命，说："剃度之事，老僧实在不敢，万望皇上饶过老僧。老僧以为，若以世法论，皇上宜永居正位，上以安圣母之心，下以乐万民之业；若以出世法论，皇上宜永做国王帝主，外以护持诸佛正法之轮，内住一切大权菩萨智所住处，又何必一定出家?"

福临微微一笑，说："朕思上古，惟释迦如来舍王宫而成正觉，达摩亦舍国位而为禅宗，朕仿而效之亦能成正果。朕的决心已下，老和尚是阻拦不了的。我当着老和尚的面自己削发，老和尚奈何?"说着，从袍下掣出一把锋利的蒙古刀，一把割去脑后油光光的大辫，把头上的头发胡乱割去。老和尚阻拦不住，浑身乱颤，不知如何是好。吴良辅急忙走来拦住福临。

福临哈哈大笑:“朕已削发为僧,只等到五台山找个合适的寺庙出家去了。”

皇太后在暖阁里走来走去,她眉头紧锁,心事重重。“下去吧!”她挥挥手让前来报告福临情况的太监退下。这可如何是好?她轻轻地自言自语。福临寻死觅活过后,还算平静地安排了董鄂妃的丧礼。追封董鄂氏为皇后,她原本是不准备同意的,福临一副不达目的誓不罢休的样子,也只好让步。可是,现在几个月都过去了,皇上还是住在南苑,还是用蓝笔批奏本。

皇太后烦躁地走来走去。“召杭州高僧溪森师父玉林琇前来见我!”皇太后传话。慈宁宫太监总管急忙派人去叫玉林琇。

玉林琇60多岁,皓须鹤发,精瘦的身材很有些佛骨仙风,皇太后简单地询问了一下他的情况,便开门见山地说:“出家人以慈悲为怀,剃度凡人出家,是行善。但是剃度不该出家的人出家,老和尚以为是什么呢?”

玉林琇急忙合十回答:“回皇太后,剃度不该出家之人出家,那是犯戒。”

“犯戒之和尚,佛家可有处置之法?”皇太后不急不慢地追问。

玉林琇想了一会,回答说:“回皇太后,处置之法有,但是佛家以慈悲为怀,很少使用。”

“请问老和尚,如何处置呢?”皇太后继续追问着。

玉林琇有些为难,回答:“处置有轻有重,轻者罚他禁闭,重者嘛……”玉林琇欲说还止。

皇太后目光灼灼,定定地望着玉林琇,慢慢重复着问:“重者如何?”

玉林琇只好如实回答说:“重者可以烧死。”

皇太后眼睛闪了一下,若有所思地轻轻唔了一声。她低头思索了一会,抬起头,眼睛定定地看着玉林琇,声音十分冷静坚定地问:“要是你的高徒犯戒,你能从重惩罚他吗?”

玉林琇犹豫不决地说:“如果他违反了佛家的大戒,老僧一定会从重惩罚,以戒后人。只是不知他究竟犯了何戒?”

皇太后冷冷地、一字一顿地说:“他撺掇皇上出家!”

玉林琇惊得一下子把手中念珠掉在地上,脸上颜色大变,他急得结结巴巴说不出话来,只是毫无意义地重复着:“这怎么可能?这怎么可能?”

皇太后懒得解释,只是吩咐太监:“赶快准备玉辇,马上出发到南苑!”

福临顶着一头青青的光头皮进到佛堂,外面传来杂沓的脚步声和说话声。前锋营统领前来报告,说皇太后驾到。

福临心中一沉:她怎么来了?原本准备瞒着她,等一切都安排妥当,再禀告她。看来消息灵通的她已经得到消息,前来阻挠劝说。福临摇了摇头,心里说:任是谁也别想劝说朕回心转意,朕去意已定!

皇太后看见一个光秃秃亮铮铮的脑袋,眼泪止不住扑簌簌地落了下来。

“儿臣拜见皇太后,皇太后这几日身体可好?恕儿臣未能天天去请安。”福临说着,故意用高兴的口吻说,好像没有什么事情发生一样。

这满不在乎的语气突然激怒了皇太后,她的眼泪不再涌出。她冷冷地瞅了瞅福临,冷冷地问:“给你剃度的和尚可是这人?”她用手一指福临旁边跪着的溪森,转头问紧跟着的玉林琇:“他可是你的徒弟?”

玉林琇急忙上前回话:“回皇太后,是老僧的徒弟溪森。”

皇太后怒目圆睁,咬牙切齿地说:“他教唆皇上出家,私自为皇上剃度,扰乱国家正常秩序,破坏国家安定,罪该万死!按佛家规矩,烧死他!老和尚,你可有什么话说?”

玉林琇浑身颤抖,说不出话来。

“来人!”皇太后命令,“带这和尚到院子里去,立即架柴堆烧死他!”

溪森哭喊着冤枉,哭求着皇上饶命,皇太后饶命。福临直起身,向皇太后解释说:“皇太后息怒!剃度之事是儿臣自己的决定,与和尚毫无关系,请皇太后饶过他!”

皇太后冷冷一笑:“与他无干?没有和尚的唆使,皇儿会突然决定削发?皇儿会不与额娘商量?不烧死这妖僧,皇儿不知还要闹出什么荒唐事体!不烧死他,不足以平息他对于大清国的损害!要想他活,除非你并没有真正出家的打算,削发只是胡闹而已!”

皇太后大步流星朝佛堂门外走去,她要亲自看着烧死这妖僧。到了门口,她大声喊:“点火!”

福临急忙站起来,疾步奔向门口。

院子中间的大柴堆已经燃了起来,和尚发出可怕的喊叫声,声音凄厉高亢,由于极端恐惧,这声音刺激着福临,他浑身战抖着扑到皇太后的脚下,不假思索地说:“求皇太后开恩!儿臣只是感到削发好玩,想给自己换换形象,并没有出家的打算。请皇太后放过这和尚!皇太后吃斋念佛是极慈悲之人,千万不要为儿臣坏了自己的慈悲之心!”。

皇太后急忙低下头扶起福临,她已是泪流满面,哽咽着说:“我从没有想到皇儿你会如此胡闹,叫额娘伤心欲绝!”福临也泪如雨下,双手抱着皇太后呜咽。皇太后急忙拉着福临走入宫中,让鳌拜放了和尚。

母子二人相拥着走进宫室,皇太后心里很高兴,这一下终于唤回了福临的心。

腊月里,福临回到紫禁城,平平静静,一如往常处理朝政大事。

皇太后密切地观察着福临。福临处理的几件大事都挺讨她的欢心。明年正月,是福临的生日,又是她自己四轮的本命年,48岁生日要庆贺一番。福临似乎提前想到这一点,全国大赦就是为了明年的皇太后生日和为了给皇太后本命年消灾禳福。多孝道的孩子!皇太后心里感动地想。自己过去待他太严厉了一些,可这也是没有办法的事。

只有吴良辅,发现福临似乎已经下定什么决心似的。

腊月二十四日,福临把礼部学士王熙叫到养心殿,说:“朕的奶娘李氏自朕诞生即入宫以奶养朕,对朕亲如自家儿子。朕每想到她撇下自己嗷嗷待哺的亲生骨肉,便觉惭愧。朕以为人应当有报恩之心,朕见她日益年迈,不忍心她晚年孤独,你替朕草拟一道谕旨,嘉奖她的功劳。”

福临想了一会,说:“你记吧!”王熙饱蘸了笔墨,提笔等着福临。福临面容平静,声音却流露出深深的伤感,慢慢地说:“乳母李氏当朕诞毓之年入宫抚哺,尽心侍奉。睿王摄政时，皇太后与朕分宫而居，每经累月方得一见，乳母竭尽心力，多方保护诱掖，皇太后赖以宽慰，即读书明理者不过如此，此其贤德，今昔罕闻，乃一旦溘然长逝，深堪悯悼，追封恩恤，宜从优厚。钦此。”

吴良辅听得落泪。福临言语中流露出一种忧伤悲戚。

腊月二十九，福临把吴良辅叫到身边，说：“你跟朕十几年，察言观色，先意承志，忠心耿耿，朕很念着你的忠心可鉴。谁知你同一切小人一样，得志便猖狂，十五年十六年时你不顾朕的严令，与外官陈之浚等人勾结交通，买卖官位，透露情报为人说情，触犯宫禁惹起众怒，朕虽然气愤，终还是念着你的感情未加严惩。但是，朝中势力多样，满族亲贵对朕的满汉一体亲近汉俗遵从汉制大为不满，朕怕是以后难以保护你。朕想你该为自己寻找一个较好出路。”

吴良辅泪流满面泣不成声，他趴伏于地，哀哀地乞求：“奴才该死，奴才辜负了皇上的一片爱心。皇上可以杀奴才以谢天下，只是希望皇上保重龙体。奴才全靠皇上荫蔽才得以有今天，奴才还想背靠皇上得以生存。”

福临苍白的脸上露出微微的凄惨的笑容，说：“朕是保护不了你，你还是赶快寻找出路的好。否则……”福临吞回了到嘴边的话。

吴良辅趴到福临的脚前，哭泣着说：“皇上你不念皇后妃子和皇子的情分，也该念皇太后拉扯你的艰辛和呕心沥血的苦心。”

福临摇着头说：“所有这些，对联已经毫无意义。朕已经全想过了。朕的决心已定。朕与皇贵妃相约，不能同生但求同死，联不愿失信于皇贵妃。”

吴良辅哭着继续乞求，说：“皇上肩上担着大清国的命运，皇上不能任性而为啊！”

福临讥讽地微笑着：“你的腔调怎么和皇太后一个样？朕早就听腻了，耳朵都听出茧子了。你不要多说了，朕已经为你联系了西山的寺庙，现在就送你过去。你去不去？”

吴良辅急忙叩头谢恩，连声说：“奴才愿意去，愿意去。只是奴才舍不得皇上！”

福临又凄然地微笑着说：“天下没有不散的宴席。你先去吧，朕会亲自去参加你的剃度仪式。朕不久也要自找出路。你不必挂念朕了。”

吴良辅知道皇上主意已定，谁也说服不了他，只好大哭着拜别皇上起身出去。

腊月三十，正是除夕夜，宫里到处张灯结彩，一片喜庆。皇后一次又一次派太监去请。太监慌慌张张地回来回话说：“皇上卧床不起，说得了痘症。”

啪！皇太后手中的碗摔到地上，摔成碎片。太监总管急忙高声唱到：“岁岁平安！岁岁平安！”

皇太后脚步踉跄夺门而出。苏嘛拉姑急忙跟上，喊着太监备辇。皇太后跌跌撞撞地冲出宫门，深一脚浅一脚地直奔养心殿。她的福临，怎么会患痘症？

乾清宫里，年饭满满摆在桌子上还没有撤下去，乾清宫太监张才秀总管愁眉苦脸地站着，不知如何是好。皇太后进来，张才秀跪地迎接。

皇太后望着一桌满汉年饭，冷冷地问：“皇上呢？”张才秀回答说：“回皇太后，皇上到养心殿去了。”

“他没吃年饭？”

“回皇太后，皇上从早晨到现在没有吃一口东西，也没有喝一口水。”

“为什么没有人来报告？”皇太后怒喝着。

张才秀哆哆嗦嗦地回答说：“皇上不想让皇太后难过，他严禁走漏风声，奴才不敢去报告。”

皇太后冷着脸问：“皇上呢？”佟国维跪下回答说：“皇上在暖阁里躺着，已经一天不吃不喝了。”

皇太后走进东暖阁，太监总管刘兴桥跪迎皇太后。皇太后走上去扇了刘兴桥一个大嘴巴，怒喝着：“混账奴才！为什么不报告皇上的情况？”

刘兴桥说：“奴才该死！皇上一直都很好，只是晚上才说疲乏要睡觉。所以奴才就没有去报告！”

皇太后怒不可遏地说：“混账奴才！给你们讲过多少次，让你们不管大事小事凡是关于皇上的都要报告。你们就是不听！现在闹到这个地步，马上就要到子时，皇上要举行开笔仪式，要率领宗室百官去谒奉先殿拜祖宗，这如何是好？”皇太后走进了暖阁。

暖阁里面的寝宫里，火墙火地火炕一起烧着，把寝宫炙烤得暖烘烘如初夏。见皇太后进来全都跪下迎接，皇太后把手一挥：“全退下！”她掀开帏帐，侧身坐到福临的身边。

福临睁开了眼睛。他用无神的目光望望皇太后，又慢慢闭上眼睛。

皇太后把手放到福临的额头上轻轻抚摩着，轻声问：“皇儿，哪里不舒服？为什么不吃年饭？”

福临只是微微摇了一下头，什么也不说。皇太后抚摩着福临的脸颊。

皇太后温软细腻的手滑过福临的脸颊，福临的心里泛起一阵温热。

这时，皇太后叹着气说：“今天是元旦，有多少国家大事等着你去做，你怎么早不病晚不病，偏偏在这节骨眼儿上病。”

福临恼怒了：她可真是识大体顾大局！她从没有关心过她的儿子，她只关心她的大清国！他霍地扭过身去，不再理睬皇太后，任她说。

皇太后继续谆谆教导着福临：“子时快到了，你还是起身吃点素馅饺子，然后去举行开笔仪式，率领百官谒堂子拜祖先。这开年大典关系大清国一年的命运，你不能任着性子。即使有点不舒服，你也应该学习先祖先宗精神，忍着点，挣扎着去把这大典举行完。”

福临呼地坐了起来，一句话不说，穿鞋下地。皇太后急忙喊：“伺候皇上！”太监总管刘兴桥和几个太监急忙走了进来，伺候福临穿衣。

皇太后松了一口气。

穿好礼服以后，时刻已到。福临说：“起驾！”太监总管刘兴桥扶着福临登上礼舆出宫，内大臣侍卫前引后扈如常仪。至太和殿门阶下降舆乘上金辇，皇帝起驾，午门上大鼓擂鸣，报告皇帝出宫。法驾卤簿前导，导引鼓吹设而不作。

福临要到长安左门外玉带河桥东的堂子去拜祭。

福临走出堂子，长长地松了一口气。天还是漆黑一片，几点星光闪烁在漆黑的天幕上。鸿胪寺官员导引着福临上了礼辇。福临要去祭拜太庙。

皇帝由太庙街门左门入,就拜位前面北而立。典仪官高喊:"乐舞生登歌,执事官各供乃职!"跳武舞的八列演员进。赞引官高喊:"就位!"皇帝就拜位立,开始迎神。司香官各奉香盘进,司乐官高唱:"举迎神乐！奏贻平之章!"音乐响起,赞引官恭导皇帝到太祖高皇帝香案前上香,接着又来到太宗文皇帝香案前上香。

福临上完香,抬头望着太宗的画像。太宗正严肃忧郁地望着福临。福临凝视着太宗威严庄重的神情,似乎听到太宗深沉的叮嘱:"福临皇儿,一定要挺住,把大清国治理好,不要让我和太祖失望!"眼泪涌上福临的眼眶,他在心里问:"太宗,儿皇错了吗?"

赞引官高唱:"复位!"

福临静静地站立着,凝视着太宗,全神贯注地等待着太宗的回答。

赞引官见福临没有动,只好走上前去悄悄提醒福临:"皇上,请复位。"福临遗憾地看了太宗一眼,心里有点高兴,太宗没有回答他,他不必改变自己的主意。福临平静地走回原位。

福临机械地遵从着各种礼仪跪下站起,接下来该干什么呢?他晕头晕脑地想。觉得自己已经坚持不住。他拼命鼓励自己:"坚持！坚持住！快完了！这是最后一次。"想到这里,他有点高兴起来。宫中各种大典都这般繁复刻板叫人厌烦,想起来就叫人头疼。以后就好了,不会再受这份罪了。好就是了,了就是好。

这时,赞引官高赞:"撤馔!"撤馔仪式开始,奏光平之章。这时,太常官跪告礼成于神,举还宫乐,奏平之章,福临再率群臣行三跪九拜礼。有司奉祝,然后奉帛奉香,恭送燎所。皇帝福临转立拜位旁西向,等候祝帛经过才复位。音乐起,等帛燎半,赞引官高赞:"礼成!"恭导皇帝福临由戟门左门出。

福临突然一阵头晕目眩,他扶着太监刘兴桥勉强走着,至外垣南门外神路右的金辇前,眼前一黑,一头栽倒在刘兴桥的怀里。

这时,午门大钟嗡嗡敲响,向紫禁城和北京城宣告皇帝拜祖回宫。

这是顺治十八年正月初一元旦的寅时。

元旦太和殿皇上大宴群臣取消。

初二,福临挣扎着去参加了吴良辅的剃度仪式。回宫以后,发了一道大赦天下的谕旨。以后就卧床不起。不久,宫里传出皇太后的懿旨:毋炒豆,毋点灯,毋泼水,除去宫中张挂的彩灯门联等一切喜庆标志。

皇太后坐在福临身边,柔声劝说着福临,这声音是低沉浑厚喑哑的,在福临听来并不温柔。福临紧紧闭着眼睛,心里默念着金刚经。皇太后也已两天两夜没有合眼坐在福临身边不停地劝说,她口干舌燥,精疲力竭。虽然她已经以皇上出痘为名晓谕全国,但是她依然希望能够说服皇儿福临,让他放弃自己的打算,好好当皇上。如果皇儿放弃自己弃世的打算,她准备放弃自己干涉朝政的做法,放手让皇儿去做自己想做的事情,让他按照自己的想法去治理大清国。如果他想废掉皇后,就让他废掉算了。

皇太后苦苦哀求:"皇儿,你不要这样好不好?万事好商量。你有什么想法说出来让额娘帮助你,额娘一定有解决的办法!"

福临心里冷笑:你有解决的办法?大言不惭！皇贵妃死了,能死而复生吗?要是皇贵妃不死，真的是万事好商量。现在还有什么好商量的呢？哀莫大于心死，我的心已经死了，什么也没得商量了！

皇太后拉住福临的手，轻轻地抚摩着，说："皇儿，你年轻有为，不要这么想不开。额娘知道你喜欢董鄂妃，可是人死了不能复生。以后还会有皇贵妃那样漂亮温柔招你喜欢的女人。额娘答应你，让你自己选妃子……"

福临眼睛里的亮光最后熄灭了，他绝望地闭上眼睛。

皇太后继续说："皇儿，你有什么要求和心事，说出来嘛，说出来额娘一定帮助你。"

福临心里说："我所有的心事你不是不知道，我多次求过你的，你哪件答应了？哪件照我的愿望做了？我想废掉皇后，你允许了吗？我想革去鳌拜侍卫内大臣的职务，你批准了吗？我想立董鄂妃子做皇子，他就不明不白地死了。为什么喇嘛去给他看病？为什么看过当天晚上就死了？谁搞的鬼？你念了母子情吗？"福临苍白憔悴的脸上没有一点表情。

皇太后终于说到了伤心处，哽咽起来："福临，你难道一点也不可怜额娘？额娘就你这一个儿子，只能指望你啊！"

福临心里有点发酸，眼泪顺眼角慢慢地流了下来。皇太后伏在福临身上痛哭起来。福临有点幸灾乐祸："早知今日，何必当初？""我要把皇位传给弟弟。"

"什么?!"皇太后像突然被雷击中似的，厉声反问："你刚才说什么?!"

福临艰难地说："立十二阿哥为皇帝！"

"不行！"皇太后厉声说完便哭诉起来，"当年两黄旗极力保举皇子即位，那么多忠心耿耿的王公大臣冒着生命危险来为你争位，你现在却说传给兄弟，这不合祖宗的规矩！"

皇太后强压住满腔愤怒，压低声音咬牙切齿地说着，令福临浑身颤抖起来："你不想活，死了算了！我也不想再费口舌，你早就伤了我的心。但是，你别想按照你的心愿选择继位皇子！"

福临在枕头上抬起头，用商量的口吻说："皇太后不同意立皇弟，那就立皇子福全吧！皇太后意下如何？"

皇太后立住脚步，说："立哪个皇子作皇嗣子，不是你说了算，这需要从长计议。等我想好了再作决定。"

福临恳求地说："儿臣已是将死之人，人之将死，其言也善，额娘就不能听儿臣一次？让儿臣做主一次？"

皇太后流着眼泪，放低声音说："立君为一国之大事，额娘不能不为大清国的前途着想，不能不慎重从事。额娘这也是不得已为之。希望皇儿能体谅额娘的一片苦心。"

福临长长地叹了口气，说："额娘总是为大清国着想，就是没有为儿臣着想。如果……"福临说不下去，也不想往下再说。这些话只能招来皇太后哭诉数落他的不孝和忘恩负义。果然正如福临估计的那样，皇太后开始哭诉着自己抚养他的艰难和苦心。

福临厌恶地闭上眼睛，说："立皇子的事，以后再商量，儿臣想歇息一下。"

皇太后回到慈宁宫,急忙召见领侍卫内大臣鳌拜。

“召见汤若望!”皇太后传令。

高大的汤若望来见皇太后。这些年,汤若望经常出入皇宫,经常与福临见面,也时不时见皇太后。顺治元年十一月他被任命为钦天监监正,顺治八年三月治好皇后的病和皇太后的病,被皇太后以父礼相敬,顺治以玛法相称。顺治十年,赐汤若望封号,特谕免行三跪九叩礼。

汤若望已经明显地衰老了。“汤若望跪见皇太后,给皇太后请安!”汤若望走进慈宁宫东暖阁。皇太后急忙请起汤若望,苏嘛拉姑急忙拉出绣墩给汤若望坐。汤若望谢过,稳稳地坐了下去。

汤若望关注地望着皇太后,问:“皇太后,发生什么事情啦?”皇太后一脸憔悴,神情极其哀伤黯然,人好像瘦了一圈。“皇上圣体欠安,现在如何?”

皇太后哀伤地说:“汤玛法知道,痘症是不治之症,我担忧皇上凶多吉少。有些事情想和汤玛法商量一下。皇上他一直敬重汤玛法,汤玛法的话他总是听的。皇上卧病不起,这立嗣成为紧要之事。皇上现有六子,除皇二子福全和皇三子玄烨,其余几个皆年幼,尚在襁褓之中。以我的意见,我想立玄烨为嗣子,因为玄烨聪明伶俐讨人喜欢,福全虽然年长,但是愚笨痴呆一些,不够机灵,恐怕难以担负起一国之君的大任。只是皇上病中执拗,他决意立福全。皇上一向敬重汤玛法,我想让汤玛法出面劝说皇上改变主意。不知汤玛法可愿意?”

汤若望迟疑了一下,说:“老臣愿意为皇太后肝脑涂地,如果皇上问到老臣的意见,老臣自会把这意思向皇上说明。只怕皇上不会问到老臣。皇太后明鉴,皇上自从接近僧徒之后,接见老臣的次数已经大大减少了。”

皇太后点着头说:“这我知道,我会想办法让皇上询问汤玛法的意见。还请汤玛法想出一些能够说服皇上的理由,说服皇上立玄烨为嗣子。”

汤若望眨巴着蓝色大眼睛,想了一会说:“老臣记得几年前皇子中有一个得了痘症,不知可是这玄烨阿哥?”

皇太后点着头说:“正是他,这玄烨4岁时出痘,差点要了性命。如今额头上还留着几个痘疤,不过并不明显,一点也不影响他的面容。”

汤若望高兴地说:“这是个极好的理由。痘症这样猖狂,选择一个没有出痘的皇子,不是一件很冒险的事吗?出过痘,就没有什么可担心的了。”

皇太后一拍手,说:“多亏汤玛法,这是个最好的理由,一定能说服皇上改变他的主意。那就请汤玛法过一会到养心殿去看望皇上。皇上一定会提起此事。”

“汤玛法求见皇上!”养心殿太监总管刘兴桥进来通报。福临勉强睁开眼睛,点了一下头。

汤若望流着眼泪走进暖阁扑通跪倒在福临的床前。

福临转过头,看着汤若望,艰难地说:“汤玛法,朕不是已经免了你的三跪九叩礼了吗?”

汤若望抽泣着说:“几日不见皇上,皇上就这般憔悴,叫老臣心里难过!”

福临勉强微笑了一下说:“佛祖说生即是死,死即是生,生生死死,轮回不已。死是进入极乐世界,是可喜可贺的事,汤玛法应该为朕高兴才是。”

汤若望抽泣呜咽着，断断续续地说：“皇上都是受了那班僧徒的蛊惑，才生出如此想法。”

福临说：“那也不要怪罪和尚。朕原本就是佛门弟子转世，自然亲近佛家。”

汤若望说：“皇上龙体违和，不知可有什么事情须老臣效力？”

福临说：“朕今日自知病入膏肓，以后怕是不能孝敬皇太后。皇太后抚养朕自是不易，朕不能尽孝于前，自是不孝。朕自责于心，但是情势如此，又奈何不得。朕希望汤玛法能够照顾皇太后的身体，不要叫喇嘛误了她。”汤若望点头。

福临大喘了几口气，又说：“朕立嗣子之事还没有决定下来，朕也想听听汤玛法的意见。”

汤若望诚惶诚恐地说：“立嗣子是国家朝政大事，老臣不敢多口。”

福临说：“朕想听听汤玛法的意见，汤玛法一贯直言忠心，朕知道你的一片忠诚，但说无妨。”

汤若望犹豫了一下说：“老臣知道皇上有六个皇子，只有二皇子和三皇子年岁稍大。年龄太小怕是难以承继皇位。”汤若望注意看了皇上一眼。福临正集中注意力听着他说话，还微微地点着头。

汤若望接着说：“如果二皇子和三皇子中有出过痘的即位，老臣以为这会避免许多麻烦，利于大清国的长治久安和安定团结。”

福临点着头，慢慢地说：“汤玛法说的有道理。看来这嗣子该是三阿哥玄烨了，他已经出过痘。这玄烨，甚得皇太后的喜欢。”福临深深地叹息着，很无可奈何的样子。

汤若望不敢再说什么。沉默了一会，福临说：“就是玄烨了。这也算朕对皇太后最后尽的一点孝心吧！”

二十五　送别亲子

正月初六，大清早，皇太后还没有起身，鳌拜急急来到慈宁宫求见，太监总管进去通报。苏嘛拉姑走到皇太后的寝帐前，隔着明黄锦缎帏帐注意倾听了一会。帏帐里的皇太后轻轻地翻身，又有了轻轻地咳嗽声。苏嘛拉姑这才轻声柔气地说：“皇太后早晨吉祥！总管通报鳌拜内大臣求见皇太后。”

皇太后霍地坐了起来。她撩开帏帐，急急地问：“什么事？是不是皇上他……”她做了一夜噩梦，仅仅睡了一更觉。福临叫她忧心难眠。

苏嘛拉姑一边为她穿衣服，一边安慰说：“主子不要太着急，穿好衣服叫他进来。”

“现在就传他进见。”皇太后一边拢着散乱的头发，一边吩咐苏嘛拉姑。苏嘛拉姑放下帏帐，吩咐总管让鳌拜进见皇太后。

鳌拜走进东暖阁，站在寝宫门口的苏嘛拉姑招手让他过去。他急急来到寝宫门口，苏嘛拉姑努努嘴，鳌拜走进寝宫。

“鳌拜给皇太后请安！皇太后早晨吉祥！”鳌拜跪在门口。皇太后问：“鳌大人一早来见有什么事？可是皇上……他……”

皇太后不敢往下问。

鳌拜跪在地上回答："奴才回皇太后。皇上他昨天遣内大臣苏克萨哈传谕：京城内除十恶死罪不赦外，其余死罪罪犯悉行释放。之后又深夜召见学士王熙和麻勒吉，他们在养心殿一直呆到现在。"

"现在出去了吗？"皇太后急急地问。

"还没有。所以奴才赶来报告。"鳌拜讨好地说。

皇太后急忙让苏嘛拉姑为她穿好鞋，说："马上把守养心殿，不要让王熙和麻勒吉走出养心殿一步。我马上过去！"

鳌拜"喳"了一声急忙退下回养心殿部署。

皇太后坐到梳妆台前让苏嘛拉姑快点为她梳头。"梳快点！苏嘛拉！你可是显老了，瞧你慢手慢脚的！"皇太后一个劲催促。

鳌拜

皇太后出了慈宁宫门转过遵义门，西向南便是养心门。走进养心门，养心殿前一株蜡梅正开放，散发出阵阵幽香。一棵碧桃已经枯黄，赫赫在目。皇太后下了便舆，疾步步入西暖阁（乾隆时期叫三希堂），内大臣鳌拜和苏克萨哈都在那里等待皇上的差遣。鳌拜和苏克萨哈跪拜皇太后。鳌拜说："王熙和麻勒吉还在东暖阁，皇上有令不许一切人进。"

皇太后冷笑了一下，说："我也不许进吗？"

养心殿总管刘兴桥在暖阁门口跪见皇太后。皇太后问："皇上如何？"边问边向门里走去。苏嘛拉姑急忙掀起门帘。总管急忙连连叩头说："奴才报告皇太后，皇上说此时不见任何人。"

皇太后并不理会，径直走了进去。

福临已经被移到东暖阁的南炕上，两个学士王熙和麻勒吉在地上跪着，面前摆着炕几，正在写着什么。福临气息微弱很艰难地说："治国坚持满汉一体，废止首崇满族的提法。谁坚持首崇满族，谁是大清国的敌人，大臣要共讨之。"

皇太后刚好听到最后一句，冷冷地问："要讨谁啊？"

王熙和麻勒吉抬头看到皇太后站在身边，连连磕着响头，请求皇太后饶恕他们不接圣驾的大罪。

皇太后一摆手，说："起来吧！"转向炕上的福临："皇儿，今天好些了吗？"福临衰弱得几乎说不出话来，他勉强答应着，挣扎着想起身给皇太后叩头请安。

皇太后眼睛一酸，泪水止不住又流了下来。她急忙走到炕边，坐在炕沿上，拉住福临的手，不让他起身。

"你们在干什么？"皇太后明知故问。

王熙和麻勒吉互相看了一眼，支吾着不知如何回答才好。

初二那天半夜里，皇上把他们秘密召进宫。躺在卧榻上的皇上说："朕誓将不起，尔可详听朕言，速撰诏书，即就榻前书写。"老臣王熙和麻勒吉五内俱摧，老泪纵横，泪不能止，他们抽泣着呜咽着奏对不成语。皇上苦笑着说："朕平日待尔如何优渥，训尔如何详切，今事已至此，皆有定数，君臣遇合，缘尽则离，尔不必如此悲伤，此何时，尚可迁延从事，致误大事？"

王熙和麻勒吉只好忍住悲声，擦去眼泪，在皇上的卧榻前听着皇上的嘱咐起草诏书。皇上气息微弱，说话吃力，王熙跪下启奏："皇上圣体违和，说话恐劳圣体，容臣封过面谕，详细拟就进呈。"

王熙和麻勒吉到乾清门西围屏内撰拟。两次进览两次钦定之后，昨夜他们进宫最后请皇上钦定。没想到皇太后于此节骨眼儿来到养心殿。

"皇儿今天感觉如何？"皇太后用手试了一下福临的额头。

福临没有气力回话，他闭上了眼睛。

皇太后转向王熙和麻勒吉，说："你们退下吧！"王熙和麻勒吉答应着退了出去。福临想留住他们，却没有气力说话。皇太后看着福临说："皇儿还是吃点东西吧！要不先喝点鲜奶？"皇太后让太监端来一碗热气腾腾的鲜牛奶，自己接过来端到福临嘴边。强烈的牛奶腥味刺激着福临的胃，空虚的胃突然剧烈地蠕动，福临干呕起来。

苏嘛拉姑流着泪劝说皇太后暂且先离开皇上，让太医诊治。皇太后泪流满面，拿起地上炕几上的纸张，与苏嘛拉姑离开福临寝宫。

皇太后回到慈宁宫，坐到南炕上打开福临的诏书，聚精会神读了起来。诏书说："朕承嗣丕基，18 年于兹矣。今病势沉重，自知不起，太祖太宗创垂基业，所关至重，元良储嗣，不可久虚，朕子玄烨，佟氏所生，年 8 岁，歧异颖慧，克承宗祧，兹立为皇太子，即遵典制，持服 27 日，释服，即皇帝位。"

诏书上这段话首先映入皇太后的眼帘。皇太后眼睛一酸，眼泪又止不住流了下来。这是儿子福临的遗书，叫她读着如何不伤心？皇太后勉强抑制住心中的悲哀，擦去眼泪，继续往下读："朕自亲政以来，纪纲法度，用人行政，仰法太祖、太宗谟烈，谨慎行事，以至目前。"接下来福临对于自己亲政以后政事作了评价。福临认为自己亲政以后作了八件利国利民的大事。它们是：安定全国，推行满汉一体；亲近汉俗，缓和满汉矛盾；平定郑成功，收复台湾，统一中国；恢复农业；整顿吏治，惩治贪官；肃立规章，建造朝制；设官分治，唯德是用；听言纳谏，有过自知。

皇太后读到这里，冷笑了一声，抬起头对苏嘛拉姑说："他对自己评价蛮高的。"说完又接着读下去："朕自弱龄，即遇皇考太宗皇帝上殡，教训抚养，惟赖圣母皇太后慈育是依，隆恩罔极，高厚莫酬，惟朝夕趋承，冀尽孝养。今不孝子道不终，诚悃未遂，是朕之一憾也。皇考殡天时朕止 6 岁，不能行孝，终天抱恨，惟侍奉皇太后，顺志承颜，且冀万年之后，庶尽子职，少抒前憾。今永违膝下，反上廑圣母哀痛，是朕之一憾也；端敬皇后于皇太后克尽孝道，辅佐朕躬，内政聿修，不能奉朕长久，是朕之一憾也……"

皇太后读到这里，把福临的诏书啪的扔到炕桌上，说："净是胡说八道！这诏书如何能平复满族亲贵的愤怒？他们最不满意皇上的就是他推行满汉一体重用汉官，他却把这说成他的功劳！这可怎么好？这诏书如何布告中外，咸使闻知？”

不一会，索尼、鳌拜和麻勒吉急急赶来。麻勒吉眼睛通红肿胀，他一进门就下跪，号啕大哭，说：“皇上已经背过气去，只怕熬不过今天。”索尼、鳌拜也大哭了起来。

皇太后自己擦着眼泪说：“看着他这样，我心里难过，却毫无办法。你们也想开一些吧！我叫你们来，不是听你们号哭的，我这里有重要事情和你们商量。”

几个人急忙擦干眼泪，听皇太后指示。皇太后说，“我这里有皇上的诏书，你们看看。”说着把福临诏书给索尼和鳌拜。鳌拜本一介武夫，不大识得字，汉字更是不识一个。他只好凑到索尼身边，请索尼为他宣读。索尼自己老眼昏花，又只好请麻勒吉读。

麻勒吉把自己和王熙起草的诏书读了一遍。读完之后，皇太后试探着问：“你们以为这诏书如何？”

索尼和鳌拜沉默着，他们在揣摩着皇太后的心思。

索尼谨慎地回答说：“皇上立了皇三子为嗣子，想必是合于皇太后心意的。”

皇太后点着头。

鳌拜吞吞吐吐地说：“皇上诏书中肯定了过去的一些做法，但是奴才以为，有些做法可能不一定正确，比如设立十三衙门，就有些太监干预政事的嫌疑。”

皇太后说：“鳌拜大臣心直口快，还是我们满族的脾气，索尼大臣已经很有涵养了，说话少了痛快。依你们之见，这诏书公布对我们大清国是利还是弊？”

鳌拜受了皇太后的夸赞，免不了心里生出几分得意，便意气风发抢着说：“奴才以为，这诏书发表，会滋长汉人的威风长南蛮子的志气。”

“有这么严重？”皇太后吃惊地反问。

这索尼迎合着鳌拜的话说：“奴才也有相同的看法啊！皇太后明鉴，这任用汉官满汉一体做皇上的功绩加以肯定，这不是等于给汉官一个要求重用的口实吗？皇太后首崇满族的思想怎么能得到贯彻落实？”

皇太后沉思了一会，说：“两位大臣言之有理。看来，这诏书于大清国不利的因素要多。那该如何办理才好？”

鳌拜犹豫了一下说：“皇太后聪慧过人，只要皇太后大主意拿定，这并不难处理。”

皇太后疑惑地望着鳌拜，忧虑地说：“这办法要合乎祖宗规定才好，要于情于理都能说过去。”

鳌拜说：“麻勒吉是起草诏书的学士，麻勒吉会重新修改皇上的诏书。不是吗？”鳌拜直直地望着麻勒吉，眼光凶狠。

麻勒吉吓得扑通跪倒，一个劲磕头，说：“皇太后饶命，鳌大臣饶命，奴才不敢擅自修改皇上诏书！”

皇太后看看鳌拜和索尼，用目光征求索尼的意见。索尼也点了一下头。

皇太后慢慢抬起眼睛，慢条斯理地说：“麻勒吉学士对皇上的一片忠心皇天可鉴，我很感激。可是这诏书对我大清国不利，学士能置国家利益不顾吗？学士可是我满族亲贵,也算黄带子觉罗的后裔,所以才叫你来。”皇太后目光变得严厉,语气也由温和转为庄重威严。

麻勒吉匍匐在地,口里说:“奴才不敢!奴才不敢!”

皇太后的语气更加严厉起来,说:“学士是识大体顾大局的聪明人。何去何从,早做定夺!你要是不愿意,鳌大臣可以重新选人。是吗?鳌大臣?”

鳌拜急急地回答说:“皇太后所言不差。奴才这就去找王熙,他还留在乾清门。”说到这里,他转过头,恶狠狠地望着麻勒吉说:“不过,你可不要想回家了!”

麻勒吉浑身颤抖着说:“奴才听从皇太后吩咐!”

皇太后微笑了一下,声音和缓温柔地夸赞着:“我说麻勒吉是个聪明人,你们看他不是已经同意了吗?不过……”皇太后的声音又严厉起来:“这事只有我们四人知道,万万不能走漏风声!”鳌拜急忙拉着索尼跪下,说:“奴才鳌拜、索尼向皇太后发誓,如果走漏风声,让我们遭天打五雷轰!”麻勒吉也发了誓。

皇太后微微一笑,说:“好了。麻勒吉你就动手吧,把皇上诏书改为罪己诏。麻勒吉,你不是为皇上起草过多次罪己诏吗?就按照那些罪己诏的写法写,把诏书的功绩全改成罪过。你起草吧,然后我们一条一条议。立皇太子的部分保留不动,然后加上辅政大臣的名字。这辅政大臣,当然应该有索尼、鳌拜,还要加上两个。你们看,还有谁能担当这辅政大臣的大任呢?”

鳌拜一下子就想起他的亲家翁遏比隆,说:“奴才以为遏比隆可以做辅政大臣。”皇太后点着头,同意了。

“索尼,你推荐什么人?”皇太后问。

索尼想了一会儿,说:“奴才以为应该从正白旗中找一个,这样上三旗都有辅政大臣比较合适。”

皇太后赞许地想:“还是这索尼老成持重,办事出于公心,是个可以依靠的人。”她问:“索尼大臣认为正白旗的哪个大臣合适?”

索尼假装思索了一会儿,说:“正白旗只有苏克萨哈还差强人意,勉强可以胜任。”

皇太后问鳌拜:“鳌大臣有没有其他人选?”鳌拜本来准备推荐正白旗的班布尔善,他的一个死党,经常携带重礼上门请求关照的一个部下,但是见索尼提出苏克萨哈,他也不便反驳,急忙说同意。

“那么,就定苏克萨哈吧!这四个辅政大臣要写进诏书里。麻勒吉,动笔吧!”

麻勒吉“喳”了一声,起身到桌子边,开始动手起草另一份截然不同的诏书。

苏嘛拉姑小跑着从养心殿跑回慈宁宫。

麻勒吉的诏书已经写好,经过皇太后一条一条地斟酌过目已经定了下来,他正在紧张地抄写着。

苏嘛拉姑冲进东暖阁,上气不接下气地呜咽着:“皇上已经不行了,太医说晏驾就在这一时两刻!”

皇太后一听,浑身乱抖。她语不成句地说:“快点!快点抄写!写完我们过去!”麻勒吉连声应答着,加快写字的速度。麻勒吉放下笔,说:“报告皇太后,诏书已经缮写完毕,请皇太后过目!”皇太后接过诏书,仔细看了一遍,说:“鳌大臣,送麻勒吉和诏书到养心殿!"鳌拜和麻勒吉起身回养心殿。皇太后也下地穿鞋到养心殿去。

养心殿里已经哭声一片。

紫禁城里黑乎乎的,闪闪烁烁的灯光在后宫里明灭,哭声在寒风中飘荡,飘出高厚的红墙,隐隐约约飘荡到皇城四外。这是顺治十八年正月初七的子时。皇城的人在熟睡中。接着,紫禁城午门凤凰楼上的大鼓大钟一起鸣响,钟声鼓声惊醒了熟睡的人,向全国报告皇上殡天的哀号。

皇太后脚步踉跄奔进养心殿寝宫。她一头扑倒在福临的身上,放声大哭。"福临!等等我!我同你一道去!"她大声呼喊着,朝寝宫的炕沿上一头撞去。苏嘛拉姑死死地拉住了她,紧紧地抱住不放。皇太后撕心裂肺地哭喊着,扑向她的皇儿。

福临静静地躺在炕上,脸上挂着平静的微笑,追随着他心爱的董鄂妃进入冥冥之国。

苏嘛拉姑拉着皇太后,在皇太后耳边轻轻提醒说:"主子,亲王贝勒大臣一会就都来了,他们还须皇太后恩准听取皇上遗诏呢。请皇太后节哀,部署国家大事。"

皇太后慢慢放低了哭声。她慢慢地擦干眼泪,脸上一点一点地恢复着威严和尊贵。

领侍卫内大臣鳌拜前来报告,说:"宣读!"鳌拜和礼部尚书立即去召集亲王贝勒大臣,麻勒吉向在场的皇太后和侍卫太监总管及宗室亲王宣读了皇上的遗诏。

太监总管刘兴桥和乾清宫太监总管张才秀听着皇帝罪己的14条罪状,面面相觑,他们大气都不敢出。王熙也被从乾清门叫来听取皇上遗诏,他趴伏在地,仔细听着他和麻勒吉用一天一夜在福临指示下字斟句酌拟写的诏书时,心里发慌。

乾清宫设起灵堂,乾清宫大殿和东西两庑,挂起白幔,乾清门两边,旌旗旗幡林立,摆起喇嘛佛道三个道场,身穿红黄袈裟的和尚喇嘛和玄色道袍的道士日夜诵经焚香烧纸。乾清门前香烟缭绕,木鱼铙钹声不绝于耳。

皇太后身穿玄色长袍,在苏嘛拉姑的搀扶下走下玉辇。

皇太后在哀乐声中,走进乾清宫来到灵堂前,她慢慢地跪下,向福临梓棺灵位磕了三个头,喃喃地说:"皇儿,额娘来给你送行,你要走好。"说着,她泪流满面泣不成声。但是她立即想到自己的责任,拼命抑制住自己,不让自己在大臣面前失态。

皇太后下意识地抿着自己的头发,这几日的煎熬,头发中已经出现缕缕白发。她缓缓站立起来,转身走出大殿。

乾清门外的火堆已经点燃起来,脸色苍白的皇太后接过苏嘛拉姑递过来的福临的皇冠,缓缓走向火堆,低声呼喊着她的皇儿,把皇冠丢进火堆。皇太后注视着火中的皇冠,它像只火凤凰一样在火中飞舞。

皇后率领着妃嫔把皇上的衣物丢进火堆。乾清宫太监总管张才秀捧着皇上的袍褂走到火堆前,慢慢地把龙袍皇褂丢进火堆。然后是养心殿太监总管刘兴桥捧着皇帝读过的四书五经子集经史文房四宝等,把它们一件一件慢慢丢进了火堆。

在大臣的一片哭声中,在哀乐低回中,皇太后拖着沉重的步伐,慢慢走回玉辇。

二月初二清晨,慈宁宫东暖阁里汤若望送的自鸣钟刚刚敲过寅时,皇太后就醒了过来。苏嘛拉姑急忙过来说:"时辰还早,主子再多睡一会。"

皇太后却起身坐起来，说："睡不着了。今日福临移往景山的寿皇殿，在那里举行'大丢纸'，我是一夜都没有睡安宁，总梦见福临搂着我喊额娘。"皇太后声音哽咽了。苏嘛拉姑急忙为皇太后披上貂皮大氅，然后端来淡参汤让她漱口，一边安慰着皇太后。

卯时到，十三衙门司礼监总管佟方派来的玉辇停在慈宁宫门口，太监进来请皇太后起驾。皇太后问："佟方来了吗？"司礼监太监回话说："佟总管忙着安排大丢纸仪式，没有前来接皇太后。"

皇太后心中不悦，想："这司礼监佟方总管也太傲慢，居然不亲自接驾。这司礼监会不会越职代替礼部职责？看来这十三衙门非撤不可。不然这班太监奴才真会蹬鼻子上脸，狐假虎威做起主子梦来。那吴良辅和这佟方两个奴才首当其冲要除去！"皇太后冷着脸上了玉辇。"起驾！"太监喝着，皇太后的队伍向乾清门灵堂走去。

文武百官从寅时就聚集在东华门外，等着排班就祭。

哀乐低回，钟鼓低鸣。

寿皇殿外，马驼背负的绫罗绸缎金银珠宝已经完全卸了下来堆在火堆旁边，等着大丢纸仪式举行时全部投入火堆烧化，让福临在阴间依然可以享用不尽的荣华富贵。

福临的梓棺安放在寿皇殿，停放百日之后，由溪森和尚主持，在寿皇殿外火化。

全部仪式举行完毕之后，皇太后的黑发变得花白了。每天吃斋念佛，她感觉自己成了佛爷。苏嘛拉姑看着她的富态样，说："主子，你真像个老佛爷。"

"是吗？那你们就叫我老佛爷吧！"皇太后说。

二十六　太后辅政

顺治十八年（1661年）正月初七日，顺治帝逝世，留下遗诏，指定帝位继承人。遗诏写道："太祖太宗，创垂基业，所关至重，元良储嗣，不可久虚。朕子玄烨，佟氏妃所生，年八岁，岐嶷颖慧，克承宗祧，兹立为皇太子，即遵典制，持服二十七日，释服，即皇帝位。"

以遗诏的形式指定皇三子玄烨为帝位继承人，完全反映了孝庄太后的意图。

皇太后在几位皇子中，之所以特别喜爱皇三子玄烨，多少与其母佟妃的家世有关。佟妃系"辽东旧人"佟养真的孙女。佟养真先居开原，后迁抚顺。天命三年（1618年），清太祖努尔哈赤兴师抗明，攻克抚顺，养真携家并族属归顺后金。天命六年（1621年）从征辽阳，以功授三等轻车都尉世职。奉命驻守镇江（今辽宁丹东市东北），因遭明军毛文龙部的偷袭，养真与长子丰年并从者六十人均遇难，堪称清代开国功臣。养真死后，其三等轻车都尉世职由次子佟盛年承袭。佟盛年后改名佟图赖，即佟妃之父，因多年从征，开国有功，历任正蓝旗及镶白旗汉军都统、定南将军等职，晋爵至三等子，世袭。顺治十五年卒，赠少保兼太子太保，谥勤襄。佟图赖的叔父佟养性，在天聪五年（1631年）正月，刚刚组成汉军一旗时，即被授以昂邦章京，总理汉人军民一切事务。可以说佟氏的家族是八旗汉军的骨干和中坚。入主中原以后，汉军不仅随同征战，更在缓和满汉民族矛盾，沟通两族的友好与交流方面起着特殊的作用。

佟氏由于有这样不寻常的家世，所以虽然她也是庶妃，但毕竟在众多庶妃之中，引起了皇太后的注意和宠爱。佟氏怀孕后，有一天到慈宁宫向皇太后问安，在跪安后将要回去时，皇太后看见她衣服的大襟上，似乎有龙盘绕，感到很惊异，问后方知有娠，便对近侍说：我早先身怀顺治皇帝时，左右之人即曾看见我衣服大襟有龙盘旋，赤光灿烂，后来果然诞生圣子，统一寰区。"今妃亦有此祥征，异日生子，必膺大福。"这实际上是太后制造的一种"祥征"，借以传达意向。

玄烨生来即惹人喜爱是更为重要的原因。据说他"天表奇伟，神采焕发，双瞳日悬，隆准岳立，耳大声洪，徇奇天纵。"即我们通常所说的大眼睛，大耳朵，高鼻梁，五官端正，声音洪亮。按宫中规定，不许亲生母子同居一宫。因此，玄烨从呱呱坠地时起，即由保姆抱走，交由早已准备好的乳母抚养。玄烨的保姆、乳母各有数人，与其相处最久的乳母是正白旗包衣曹玺之妻孙氏（其子曹寅后被康熙任为江南织造）。除保姆、乳母之外，还配有针线上人、浆洗上人、灯火上人、锅灶上人等。离乳母之后，添内监若干人为谙达（朋友、伙伴），教之饮食、言语、行步、礼节。乳母和太监是他最早的启蒙老师。当然，玄烨的成长，更主要的还是得到了祖母皇太后的特殊钟爱和培育。这位远见卓识的皇太后设计的教育方案，不言而喻，是以培养皇帝接班人为目标的。

祖母认为孺子可教，特令自己的侍女苏麻喇姑协助照看这位孙儿。

祖母也经常亲自教诲孙儿。据康熙后来回忆说："朕自幼龄学步能言时，即奉圣母慈训，凡饮食、动履、言语、皆有矩度。虽平居独处，亦教以罔敢越秩，少不然即加督过，赖是以克有成。"皇太后按照帝王的标准严格训练孙儿。如"俨然端坐"一项，是皇帝举止修养最基本的功夫。为了养成这种习惯，皇太后时刻告诫他："凡人行为坐卧，不可回顾斜视"，"此等处不但关于德容，亦且有犯忌讳"。所以玄烨自幼年登基，直至日后与诸臣议事，与讲官论证经史，与亲属闲话家常，"率皆俨然端坐"。用他自己的话说，"此乃朕躬自幼习成，素日涵养之所致"。

由于皇太后"望孙成龙"心切，竟使幼小的玄烨承受力不能及的学习负担，以致玄烨一度体弱多病，必须针灸治疗。后来他最怕针灸，形成条件反射，每闻艾味即感头痛。当然，这种认真、严格的教育是很有成效的。玄烨"自幼好读书"，"自幼嗜书法"，"自幼留心典籍"，"自幼喜观稼穑"，"自幼不喜饮酒"，"自幼未曾登墙"，以及"自幼习射"而不看无聊书籍等。这些良好习惯的养成，均非一日之功，都是自幼经祖母皇太后谆谆教导的结果。所以，康熙成年之后，深有体会地说："教子必自幼严饬之始善"。

尽管祖母对玄烨热心培养，寄以重大希望，但年轻的父亲顺治帝，却对这位皇三子并不重视，有时甚至显得冷酷无情。其原因不在康熙本身，而在顺治帝和佟妃的关系比较一般。因为顺治帝从顺治十三年开始，疯狂地迷恋董鄂妃。十四年十月，皇贵妃董鄂氏生皇四子，顺治帝欣喜若狂，立即认定为"朕之第一子"，实际是欲立他为皇太子，准备让他继承帝位。与此同时，对皇二子福全及皇三子玄烨，都极为冷淡。顺治帝借口幼小的皇三子未曾出痘，令其与保姆别居于紫禁城西的一座府第,那里后来改为喇嘛庙福佑寺。康熙在五十九年十二月回忆起这段生活时,说道:“世祖章皇帝因朕幼年时未经出痘,令保姆护视于紫禁城外,父母膝下,未得一日承欢,此朕六十年来抱歉之处”,话语之间仍有不胜凄凉之感。

但仅隔三个多月,皇四子便因病不幸去世。董鄂妃忧伤过度,身体欠佳,未再生育。玄烨在祖母的极力维护之下,处境逐渐好转。祖母按既定目标培养他。玄烨五岁时,依清制,教之随众站班当差,并入书房读书。朝参时,黎明即起,戴特制红绒绣顶小冠,穿起四团龙补小袍及小靴,杂于诸王之列,立在皇父之前。因个子太小,跨不过门槛,由太监抱进门内。但他比较懂事,“举止端肃,志量恢宏,语出至诚,切中事理”,像大孩子一样。据说玄烨幼年读书之地在乾清宫西庑之懋勤殿。他读书十分认真,“间有一字未明,必加寻绎,务至明惬于心而后已”。他自幼虚心好学,不仅向老师学习,还经常向有经验的老年人请教。他后来回忆说:“人多强不知以为知,乃大非善事,是故孔子云:‘知之为知之,不知为不知’,朕自幼即如此,每见高年人,必问其以往经历之事而切记于心,决不自以为知,而不访于人也”。自幼养成这种求实的学风,对他后来治理国家大有裨益。正因他勤奋努力,“好学不倦,秉夜披阅,每至宵分”,故对“帝王政治,圣贤心学,六经要旨”,初步有所领悟。祖母还经常给他讲述祖父当年披坚执锐,艰苦创业的故事。他听后暗下决心,一定争取做一位像祖父那样的英杰。顺治十六年,玄烨六岁时,曾和他的哥哥福全、弟弟常宁,同去宫中向皇父请安。皇父问起每人志向,常宁仅三岁,自然不能回答;福全深明事理,知祖母宠爱玄烨,不敢与争,“以愿为贤王对”;玄烨早已从祖母那里接受了继承父位的思想,便果断地回答:“待长而效法皇父,黾勉尽力”。

据说,顺治帝直到病危时,仍未确定立谁为太子。皇太后敦促皇帝,尽快做出决定。顺治曾想立一位兄弟继位。这可能是他考虑到四位皇子都小,怕难当重任。但是这一设想,遭到皇太后和亲王们的反对。大家都希望皇帝能从皇子中选择一位继承者。顺治拿不定主意,遣人征求汤若望的意见。汤若望完全站在皇太后的一方,认为被皇太后所选择的一位皇子为最合适的继位者。这样,皇帝最后受到汤若望的劝告,舍去年龄稍大两岁的皇二子福全,而封刚刚八虚岁的皇三子玄烨为帝位继承人。当时为促成这样一个决断所提出的有力理由,是皇三子玄烨在福佑寺居住时已经出过天花,从而有了免疫能力,不会再受到这种病症的伤害。而虚岁已到十岁的皇二子福全,尚未曾出过天花。

这次以遗诏形式指定帝位继承人,是在孝庄太后主持下,对原有帝位继承制度的大胆改革。在此之前,新君之立,皆由八旗亲王、郡王、贝勒等商议而定。清太祖努尔哈赤于天命七年(1622年)亲定八和硕贝勒共治国政制,规定新汗由八和硕贝勒商议后“任置”。清太宗皇太极死后,亦由八旗王公大臣议定拥立新君。而且,新汗、新君,并非只从先汗、先帝之子中选立,其他非皇子的王、贝勒,也有资格被拥立为新君。然而这次的帝位继承,并不经过八旗王公大臣议立,而是由顺治帝采纳孝庄太后的荐举,指定皇三子玄烨为帝。皇帝临终能指定帝位继承人,是皇权进一步加强的结果。

正月初九,玄烨在其祖母孝庄皇太后亲自主持下,“恪遵遗诏,俯徇舆情”,即皇帝位。是日,卤簿大驾全设,玄烨分别遣官祭告昊天、地祇、太庙、社稷,并亲至已故皇父灵前行礼受命，又具礼服诣祖母所居慈宁宫行礼毕，乃御太和殿（俗称金銮殿），升宝座，鸣钟鼓（因父丧免奏乐朝贺），文武百官行礼毕，颁诏大赦天下，改明年为康熙元年。定顺治帝谥号曰章皇帝，庙号世祖。康熙一词，满文（Elhe taifin）原意安定太平，表明清统治者在遭到人民长期抗击之后，渴望出现太平、安定的局面。顺治帝生前已基本实现了中原地区的统一。但活跃于东南沿海的郑成功仍有相当势力。他入据台湾后，仍不时骚扰大陆；侵入黑龙江流域的沙俄势力亦有待于驱逐；漠西厄鲁特蒙古和漠北喀尔喀蒙古尚需进一步加强管理。总之，统一全国、保卫边疆、轻徭薄赋、察吏安民等任务相当繁重，确实需要祖母继续给予支持。

玄烨即帝位刚两个多月，江南桐城县生员周南，到皇宫门前条陈十款。其中第十款即是："请垂帘以襄盛治之隆。"即援引宋代皇太后临朝称制的先例，建议孝庄太后垂帘听政。然而，她一心辅佐皇孙，不想当女皇，故断然拒绝。众人皆知，康熙是中国封建社会一位有作为、受后人称道的皇帝。何以能如此？其中重要因素是祖母的教导和辅佐。康熙元年（1662 年）八月，康熙尊祖母为太皇太后，尊母后为仁宪皇太后，生母为慈和皇太后。太皇太后让皇孙登上皇帝宝座，并未减轻自己的负担。实际上从顺治帝驾崩，她就开始掌管起一切重大朝政。康熙即帝位第五天，她谕诸王、贝勒、大学士、都统、尚书等文武官员说："尔等思报朕子皇帝（即顺治）之恩，偕四大臣同心协力以辅幼主，则名垂万世矣"。不过，这种直接发布的谕旨并不多见，更多的是她指导幼帝康熙，让他学会亲自执政。康熙刚即帝位时，她做书训诫说：自古都说当皇帝难，众多的百姓对居于其上的皇帝寄予殷切的期望。所以皇帝必须深切领会"得众则得国"的道理，使全国都安乐富庶，大清江山才能永远巩固。你要"宽裕慈仁，温良恭敬"，一言一行，时刻谨慎，以便承担起你祖父和父亲留下的基业，让我放心。康熙不负祖母所望，牢记她的教诲。有一次，太皇太后在众官员面前问他有何愿望，他便按祖母所教答道："唯愿天下人安，生民乐业，共享太平之福而已。"官员们听了，一致赞颂，认为"盖抚驭万方，驯致太平，其基已肇于此"。康熙即帝位之后，仍时刻注意作风、习惯的修养。康熙二年，某大帅于军前得一罕见的黄鹦鹉，为讨幼帝欢喜，以黄金作笼，贡予京师。康熙并未奖赏，而是"却其献，严饬之"。十岁孩童何以能舍却逗人喜爱的鹦鹉？都是祖母太皇太后平时教诲的结果。祖母曾经给他讲过，祖父太宗皇帝，拒绝下属进贡铁雀的故事。康熙帝毕生俭朴勤政。清宫中饲养过各种专供玩赏的动物，据考证，皆康熙以后诸帝所为。他幼时在乳母家学会吸烟，即位后，觉得"禁人而己用之，将何以服人"，因而毅然将烟戒掉。

顺治帝在遗诏中指定皇太子同时，还从直属皇帝的上三旗中选任四名亲信大臣，令其辅助幼帝，佐理政务。遗诏宣称："特命内大臣索尼（正黄）、苏克萨哈（正白）、遏必隆（镶黄）、鳌拜（镶黄）为辅臣。伊等皆勋旧重臣，朕以腹心寄托，其勉矢忠荩，保翊冲主，佐理政务，布告中外，咸使闻知"。这一决策，是采纳孝庄太后博尔济吉特氏的建议，并在其亲自主持下实现的。它标志康熙初年四大臣辅政体制的建立。自此至康熙八年（1696 年）五月，捉拿鳌拜，废除辅臣体制，凡八年零五个月，史称"辅政时期"。

孝庄太后决定不用旧制，改由上三旗元老重臣共同辅政。可见，孝庄太后创建四大臣辅政体制，也是对传统旧制的大胆改革。

四大臣中的三名两黄旗大臣——索尼、鳌拜、遏必隆，原系太宗旧部，早年即跟随太宗南征北战，屡立战功，备受信任。太宗逝世，启心郎索尼、护军统领鳌拜，曾联合两黄旗都统、护军统领等重要大臣六人，"共立盟誓，愿生死一处"，坚决主张拥立皇子即帝位。顺治初年，摄政王多尔衮拉拢分化黄旗大臣，见索尼、鳌拜等仍不附己，便罗织罪名，将索尼尽革所有职衔，赎身，黜为民，徙居昭陵，追夺赏赐。"其兄弟子侄为侍卫者，俱革退"。将鳌拜免死赎身、削爵。遏必隆亦因与以多尔衮为首的白旗诸王有隙，"设兵护门"，被夺世职及佐领，籍家产之半。直到顺治八年世祖亲政，才分别将他们召还复职。索尼晋一等伯，擢内大臣，总管内务府，赐敕免死二次，鳌拜晋二等公，加少傅兼太子太傅，任议政大臣，擢领侍卫内大臣。遏必隆与其兄图尔格二等公爵，并袭一等公，任议政大臣、领侍卫内大臣，加少傅，兼太子太傅。苏克萨哈与索尼等有所不同，原系睿亲王多尔衮属下近侍。睿亲王去世后，他"与王府护卫詹岱等，举首其殡殓服色违制及谋迁永平诸逆状"。因此，立即得到顺治帝及太后的信任，被提升为镶白旗护军统领。正白旗归属皇帝以后，苏克萨哈以功晋二等子，任领侍卫内大臣，加太子太保。可见，早在顺治帝逝世之前，这四位大臣在反对多尔衮的斗争中，已经坚定地站在顺治帝与孝庄皇太后一边，并深得太后的赏识与信赖。他们被委任掌管宫廷戍卫和上三旗实权，经常守卫在皇帝和太后身边，参与议论军国大事。太后有事，经常通过索尼、鳌拜、遏必隆等传谕，"启知皇帝"；太后有病，鳌拜、遏必隆、苏克萨哈等"近侍卫护，昼夜勤劳，食息不暇"，受到皇帝嘉奖。可见，任命此四人为辅政大臣，实非偶然。

四大臣唯恐变革旧制引起诸王不服，所以在将遗诏奏知太后当众宣示之后，便立即对下五旗诸王贝勒等明确提出这一问题。索尼等跪告说："今主上遗诏，命我四人辅佐冲主，从来国家政务惟宗室协理，索尼等皆异姓臣子，何能综理？今宜与诸王、贝勒等共任之。"诸王岂敢应合？连忙答道："大行皇帝深知汝四大臣之心，故委以国家重务，诏旨甚明，谁敢干预？四大臣，其勿让。"四大臣原本无意强辞，见诸王既已明确表示不敢干预，便奏明太后，并祭告于皇天上帝及顺治帝灵前，宣誓就职。

其中特别强调"不私往来诸王贝勒等府受其馈遗，不结党羽，不受贿赂，唯以忠心仰报皇帝大恩"，表明四大臣维护皇权抑制诸王的决心。十四日，安亲王岳乐、康亲王杰书以下，及大臣官员等，奉太后谕旨，齐集于西安门内南侧之大光明殿，分别向皇天上帝及先帝灵位设誓。

表示偕四大臣，同心协力，以辅幼主。这样，在顺治帝逝世后仅七、八天之内，便确立了一个新的统治核心。其特点是："以太后为中心，遗诏为根据，惩于前次摄政之太专，以异姓旧臣当大任，而亲王贝勒监之"。

辅政大臣与摄政宗室诸王相比，有以下不同之处：

第一，地位不同：摄政诸王皆近支宗室，皇帝之长辈，本身又是一旗之主，极易侵犯皇权，如多尔衮即是。至于辅政大臣，虽然亦皆劳苦功高、地位显要，但毕竟是异姓臣子。他们与太后及皇帝之间除君臣关系之外，还有旗主和旗员之间的严格隶属关系。四大臣公开承认太后和皇帝是他们的女主和幼主。因此，相对而言，辅政大臣不敢轻视太后和皇帝而擅自专权。据朝鲜使臣反映:“四辅政担当国事,裁决庶务,入白太后”。

第二,与皇帝的利害关系不同:下五旗诸王虽系皇帝懿亲,但他们往往更多关心本旗的发展和个人权势的增长,而不大关心朝廷的利益和皇帝的地位。辅政大臣则不同,他们既是皇帝的臣子,又是上三旗的属员,同皇帝的关系,上朝是君臣,下朝同父子,利害荣辱,息息相关,一旦帝位动摇,他们也会一落千丈。所以,他们虽是异姓臣子,但对皇帝却比诸王更加忠实。

第三,职权不同:“摄”有代理之意,摄政即代君听政,代行皇权,摄政王能一人自主处理国家大事。因此,摄政期间的皇帝谕旨,往往不反映皇帝意图,实际上是摄政王的命令。辅政大臣则根本不同,其职能仅为佐理政务,与幼帝共同听政。而且,为防止个人专断,在四大臣之间确立了协商一致的原则,明确规定:“凡欲奏事,公同启奏”。即不许单独谒见皇帝或太后,亦不得个人擅自处理政务,必共同协商,请示皇帝或太后,然后以皇帝或太后谕旨的名义发布。因此,辅政时期的皇帝谕旨,虽然也加进了辅政大臣的意见,但必须是太后和皇帝同意的,在很大程度上还是反映了太后和皇帝的意图。

总之,摄政王权高位重,幼帝和太后都被排斥;而辅政大臣则可以有效地防止诸王干政,保护皇权,并使太后能实际上参与决策国家大政。可见,四大臣辅政体制较之亲王摄政,更加适合太后辅助幼孙登基之需要。

辅政期的指导思想,集中体现在顺治帝的遗诏之中。遗诏除在最后一段指定皇三子玄烨为皇太子即帝位,由四辅臣佐理政务外,其余大部分内容是顺治帝自责的十四罪。顺治帝于弥留之际,深刻反省,想起平日母后教导之言未能认真贯彻,甚感抱歉,因而一一自责。兹将顺治遗诏中十四条“朕之罪”的主要内容列述于后:

一、“自亲政以来,纪纲法度,用人行政,不能仰法太祖、太宗谟烈,因循悠忽,苟且目前,且渐习汉俗,于淳朴旧制,日有更张,以致国治未臻,民生未遂。”

二、“朕自弱龄即遇皇考太宗皇帝上宾,教训抚养惟圣母皇太后慈育是依,隆恩罔极,高厚莫酬,惟朝夕趋承,冀尽孝养。今不幸子道不终,诚悃未遂。”

三、“皇考宾天时,朕止六岁,不能服衰绖行三年丧,终天抱恨。惟侍奉皇太后,顺志承颜,且冀万年之后,庶尽子职,少抒前憾。今永违膝下,反上廑圣母哀痛。”

四、“宗室诸王贝勒等,皆系太祖、太宗子孙,为国藩翰,理宜优遇,以示展亲。朕于诸王贝勒等,晋接既疏,恩惠复鲜,以致情谊睽隔,友爱之道未周。”

五、“满洲诸臣,或历世竭忠,或累年效力,宜加倚托,尽厥猷为。朕不能信任,有才莫展。且明季失国,多由偏用文臣,朕不以为戒,而委任汉官,即部院印信,间亦令汉官掌管,以致满臣无心任事,精力懈驰。”

六、“朕夙性好高,不能虚己延纳,于用人之际,务求其德与己相侔,未能随才器使,以致每叹乏人。若舍短录长,则人有微技,亦获见用,岂遂至于举世无材?”

七、“朕于廷臣中,有明知其不肖,不即罢斥,仍复优容姑息,”“诚可谓见贤而不能举,见不肖而不能退。”

八、“国用浩繁,兵饷不足,而金花钱粮尽给宫中之费,未尝节省发施,及度支告匮,每令会议,诸王大臣未能别有奇策,止议裁减俸禄,以赡军饷,厚己薄人,益上损下。”

九、“经营殿宇，造作器具，务极精工，求为前代后人之所不及，无益之地，靡费甚多，乃不自省察，罔体民艰。”

十、“端敬皇后于皇太后克尽孝道，辅佐朕躬，内政聿修。朕仰奉慈纶，追念贤淑，丧祭典礼，过从优厚，不能以礼止情，诸事逾滥不经。”

十一、“祖宗创业未尝任用中官，且明朝亡国亦因委用宦侍。朕明其弊，不以为戒，设立内十三衙门，委用任使，与明无异，以致营私作弊，再逾往时。”

十二、“朕性耽闲静，常图安逸，燕处深宫，御朝绝少，以致与廷臣接见稀疏，上下情谊否塞。”

十三、“朕每自持聪明，不能听言纳谏，”“以致臣工缄默，不肯尽言。”

十四、“朕既知有过，每日克责生悔，乃徒尚虚文，未能省改，以致过端日积，愆戾愈多。”

我们从顺治帝自责的第十四条罪状即可看出，母后从一开始，即在他每天问安时，就上述的某些问题提出批评和劝告，他当母后之面也能“克责生悔”，但就是不改，“以致过端日积，愆戾愈多。”在临辞世之前，以遗诏的形式自责，以向母后承认错误，表示歉意。临终之人，说话不一定有条理，重点也不一定很突出，可能也会有所遗漏，是经孝庄太后看过，授意修改后才公布的。例如，将委任使用宦官列为罪己一项，也不似顺治帝一向优容奄宦之举动。福临死前六日，尚亲自参加为所匿太监吴良辅剃发仪式，如何几天后顿悟前非，痛加自责？所以，我们完全可以将顺治帝这篇罪己诏，看成是孝庄太后责备儿子之言。从中可以看出顺治帝亲政以来母子之间的主要分歧所在，也可看出康熙初年的辅政时期，孝庄太后将用什么思想指导制订方针政策。

在这十四条“朕之罪”中，第一条是最主要的，既然将更张祖制，渐习汉俗看成是错误的，那就意味辅政时期将逐步恢复太祖太宗时期的“淳朴旧制”，而对汉族文化、习俗的影响，则设法节制和抵御。这一点，符合孝庄的一贯思想。孝庄对汉族传统文化成见颇深，据朝鲜史料记载：“太后甚厌汉语，或有儿辈习汉俗者，则以为汉俗盛则胡运衰，辄加禁抑”。所以，可将第一条看成是孝庄从政的总纲和指导思想。

以下除二、三条属于恨自己未能尽孝道，向皇考及母后致歉外，其他各条几乎都可以被看成是检讨更张祖制、渐习汉俗的具体表现和不良后果。如四、五条疏远宗室、满洲，重用汉臣；六、七条未能用人之所长，亦未荐贤退不肖；八、九条奢侈靡费，“罔体民艰”；以及十至十三条的丧葬逾滥、委任宦官、绝少御朝、不能纳谏等。当然也都在必改之列。这些可以看成是孝庄从政的具体规则。

另外，内大臣索尼于顺治十七年(1660年)六月二十九日，遵谕上言十一事：一为小民之冤抑宜伸。二为情罪质审宜详。三为行间之罪案宜正。前拟出征福建将士罪案内，大将军屠赖止解任，而各营众官乃尽行革职解任，轻重不均。四为世职官员应袭与否理宜分别。凡初入北京时有世职者皆系军功所得，应准世袭；以后除出征所得外，凡因办事或恩诏所得，俱不得给世袭敕书。五为外藩之法令宜宽。今令蒙古遵内地法令，不许再醮同族之人为婚，恐男女之间反滋悖乱，强绳之非理也，应仍照旧例。六为豪强霸占宜清。近闻南城地方势豪及满洲大臣唯知射利，罔恤民艰，霸占行市，恣行垄断，百计掊克，以攘货财，乞敕谕严察，令各还原业。七为四方血脉宜通。今各省商民负载至京者，满洲大臣家人出城迎截、短价强买者甚多，乞严察禁绝。八为诸王及贝勒大臣等私引玉泉山之水灌田宜禁。九为诸大臣霸占边外采木，使商不聊生，应严行禁止。十为诸大臣不力殚公事，惟修饰第宅，兴作不止，宜概行严禁。十一为无告穷民宜矜。五城审事各官遇满洲家人或富强之人与穷民构讼，必罪穷民，是朝廷设官乃为豪强者傅虎翼也，请严谕申饬。奏上，引起顺治帝重视，认为"诚属实事""殊为可恶"，令"严察议奏"。

四大臣辅政体制，体现太皇太后、年幼皇帝和四大臣的集体统治。凡事由四大臣共同商议，奏请太后决策，年幼的康熙帝与辅臣共同听政，逐步成长到能在某些问题上发表见解，起一定的决策作用。辅政时期所制定的政策措施，大多数值得肯定，尤其辅政初期更是如此。以下仅举数例说明。

第一、革除内宫十三衙门，恢复内务府。

顺治帝设置内宫十三衙门，委任宦官，被太后认为是更张祖制、渐习汉俗的主要体现。况且，撤销原有太后使用方便的内务府系统，另设由皇帝直辖的内宫十三衙门，无异于剥夺太后对后宫及朝政的指挥权。因此绝对不能容忍。乃于顺治十八年（1661 年）二月十五日，断然革除内宫十三衙门，恢复内务府，以上三旗包衣担任各方要职，仅留少数太监供使令。以皇帝名义向吏部、刑部及大小各衙门。

革除内宫十三衙门，恢复内务府，是太后得以顺利行使权利的组织保证，并能有效地防止宦官干政局面的重演。这一举措，给刚即位的康熙帝留下极为深刻的印象，并成为清代宫廷的永远定制。康熙后来曾训谕他的子孙说："太监原为宫中使令，以备洒扫而已，断不可使其干预外事。朕宫中之太监，总不令在外行走。有告假者，日中出去，晚必进内。即朕御前近侍之太监等，不过左右使令、家常闲谈笑语，从不与言国家之政事也。"

第二、重新设立理藩院，扩大其职权。

顺治帝撤销理藩院，将外藩事务划归礼部管理，是他更张祖制，渐习汉俗的又一重要事例。礼部管理外藩事务，一般仅限于对前来朝贡者设宴接待和颁发赏赐，明朝即是如此。至于对外藩内部事务的管理，以及朝廷对外藩的重大决策，礼部都无权过问。所以，顺治年间与外藩蒙古的关系明显有些疏远。如：顺治十三年八月，遣官赍敕慰谕外藩蒙古各部亲王、郡王等，顺治在敕谕内承认："乃朕自亲政以来，六年于兹矣，未得一见"。这次也不是亲自接见，只不过纸上谈兵，说一点安慰之话而已。

第三、修订"逃人法"，缓和民族矛盾。

顺治年间的"逃人法"与其他各朝不同，具有明显的民族压迫特征，表现在：1.轻处逃人，重处窝家。逃人基本都是八旗奴仆，一般逃走三次才处死，并遇赦得免，竟有逃走七次才被处死者。而窝主一旦被发现，立即将本人正法，妻子、家产籍没给主，遇赦不赦。邻佑、十家长一并连坐；2.轻处旗人窝主，重处民人窝主。民人窝主家破人亡，而旗人窝主仅鞭一百、罚银五两；3.对讹诈和诬陷，长期无处罚，后定例处罚也极轻。因此，顺治年间满洲家人私结伙党、唆逃行诈之事屡见不鲜。甚至竟有将某生员私自填入户部投充档案，然后指为逃人索诈财物者。这便使汉人地主和普通汉人深受其害，是造成民族矛盾尖锐化的重要原因之一。故广大汉官纷纷冒死上疏，要求轻处窝家，重处讹诈。斗争贯穿于整个顺治朝。

辅政时期开始不久，即对“逃人法”的某些条款陆续有所修订。如康熙元年(1662年)十一月二十一日谕兵部督捕衙门：“窝隐逃人，邻佑及干连人犯向来流徙宁古塔(黑龙江省宁安市)，以后俱著流徙尚阳堡(辽宁开原东40里)。”虽仍流徙，但距离近些，气候和生活条件稍好些。康熙三年(1664年)四月二十六日降旨规定：“凡佥妻流徙人犯，夫死其妻免流；若有子或无子有仆，仍应流徙；其只有一子尚未离乳者亦免。”这虽然不能算什么大的让步，竟是顺治年间汉官冒死力争而不可得的。同年十二月二十五日，兵部督捕右侍郎马希纳等疏言，近有奸民藉缉捕逃人，结党伙告，恣行吓诈，及至提审，多属子虚。虽将原告治罪，而被告人已家产荡然，有死于路毙于狱者。马希纳是满官，能敢于上疏提出这一问题本身，便可证明事先得到了当政者的某种意图。因而奏疏递进，当日立即降旨规定：“以后有首告逃人在某处某家者，将首告之人拿送地方官，照发去口供，只将窝隐之人令出质问，若无逃人，而挟仇控告，或牵引妄扳，将诬告之人加等治罪”。这是清代第一条制止唆逃行诈的法令。

康熙四年(1665年)正月初七日，即顺治帝去世四周年之际，为进一步采取措施，解决讹诈和诬陷问题，

从谕旨可以看出，太皇太后既注意保护满洲贵族的合法权益，又考虑到采纳汉族地主的合理要求。这次修订“逃人法”，体现了严惩讹诈的精神，同时对窝主的处罚也有所减轻。如规定：“凡棍徒在地方犯罪，卖身旗下，仍回原籍借逃行诈，拿解审实者，交刑部正法”；“凡棍徒结党，借逃报仇，诈害良民者，无论旗下、民人，俱照光棍例治罪。”按大清律规定，光棍为首者斩，为从者绞，都是死罪，罚很重。与此同时，逐步减轻对窝主的处罚，不仅免死，并废除窝主刺字之例，“停给旗下为奴”，改为流徙尚阳堡。对两邻、十家长及地方官的处罚也相应减轻，“免其流徙”。由唆逃行诈造成的顺治年间的严重社会问题，至此基本得到缓解。当年顺治帝曾试图解决，因诸王阻挠，未能如愿以偿。太皇太后在顺治帝去世四周年之际抓这项工作，不仅为了缓和满汉民族矛盾，也是为了悼念已故的儿子顺治帝。

第四、对台湾郑氏采取以抚为主的方针。

顺治十八年，清朝最后消灭退守云南的南明永历政权，但对于驱逐荷兰殖民者收复台湾的南明延平郡王郑成功的征讨，则显得无能为力。因为清朝军队特点是陆军强大而水师薄弱，当时又无力大量发展水师。被郑成功从台湾赶走的荷兰殖民主义者有机可乘，一再主动提出，欲与清朝合作，攻取金门、厦门及台湾，“惟应以自由贸易和恢复台湾为条件”。即消灭郑成功之后，将台湾拱手交给荷兰殖民者。对此，清政府的态度非常明朗，断然拒绝荷兰的舰队支援，不拿原则做交易，决心靠自己的力量解决台湾问题。在这种形势和背景之下，以太皇太后为首的辅政体制，对台湾郑氏采取了以抚为主的方针。

郑氏内部矛盾激化，也为清廷推行以抚为主的策略提供了有利时机。康熙元年(1662年)五月初八日，郑成功于台湾病逝。其弟郑世袭暂时协理政事，因受人

怂恿,欲继承兄位。世子郑经接讣音,于厦门继立。从此叔侄二人势同水火,诸将互相猜疑,人心动摇。清福建总督李率泰、靖南王耿继茂乘机于七、八月间遣效用总兵林忠等前往厦门,贻书招抚,进行郑经继位后的第一次和平统一的尝试。郑经本无和谈诚意,只因考虑其叔郑世袭已踞台湾,如果断然拒绝清朝和议,"则指日加兵,内外受困,岂不危哉?不如暂借招抚为由,苟延岁月,俟余整旅东平,再作区处"。于是他阴令郑泰、洪旭等与清谈判,并上缴明朝敕命、公伯爵印及所缴获的清朝各州县印和海上军民土地清册,以换取清朝信任。次年五月,台湾内变平息,郑经"请如琉球、朝鲜例,不登岸、不剃发易衣冠",拒绝招抚,和谈因而失败。康熙二年(1663年)十月,清军攻克厦门、金门,郑经退守铜山,清廷再次从福建、广东两处派人到铜山招抚。郑经仍要求按照朝鲜藩国待遇,甚至表示:"若欲削发登岸,虽死不允"。

郑经虽然拒抚,但并未动摇清廷的招抚决心。清朝的招抚政策对铜山郑军产生巨大的瓦解作用,因郑军中大多数人不愿远离家乡,流浪海外,故"纷纷离叛",投奔清营。郑经"仅存数十艘,乘风遁走台湾",临行前安排周全斌、黄廷两员著名大将断后,结果这两个人也都投降清朝。至此,郑氏沿海据点扫灭殆尽。据管理福建安辑投诚事务户部郎中贲岱于康熙三年七月疏报:"自康熙元年至三年止,合计投诚文武官三千九百八十五员,食粮兵四万九百六十二名,归农官弁兵民六万四千二百三十名口,眷属人役六万三千余名口,大小船九百余只"。此后,仍不断有人从台湾、澎湖等地投奔大陆。清廷广事招徕,取得巨大成功。

康熙三年(1664年)七月,清廷收复铜山,欲乘胜攻取台湾,授福建提督水师总兵官施琅为靖海将军,以承恩伯周全斌、太子少师左都督杨富为副,以左都督林顺、何义等为佐,命他们"统领水师,前往征剿",并告诫说:"凡事会议酌行,勿谓自知,罔听众言"。然而从康熙三年十一月至翌年四月,施琅、周全斌等三次向台湾进发,都因遭台风袭击而被迫中途返回。可见武力进取条件不成熟,故继续推行以抚为主的方针。

第五、改革关税制度,防止困苦商民。

康熙四年(1665年)正月十二日,为避免"骚扰地方,困苦商民",命以后关税税课均按定额征收。停止原规定"缺额者处分,溢额者加级记录之例",也停止轮流差遣部员征收关税。

第六、孙儿大婚,不再找科尔沁。

太皇太后吸取强迫顺治帝娶蒙古姑娘引起反感的教训,给孙儿成亲不再从科尔沁找蒙古姑娘。这时,满蒙联盟已牢不可破,不必再以联姻做维系的纽带。相反,与满洲勋旧大臣的关系倒有必要进一步加强。于是选择首席辅政大臣索尼的孙女何舍里氏为康熙的皇后。何舍里氏为内大臣噶布喇之女,顺治十年十二月十七日生,比康熙大一岁。康熙四年七月初七行纳聘礼。九月初八日,举行大婚礼。十二岁的康熙帝升太和殿,阅册宝毕,授册封使臣捧册宝至皇后府第宣读。皇后谢恩讫,銮仪卫陈仪仗、车辂、鼓乐前导,皇后由大清中门行御道入中宫。康熙身穿礼服,至太皇太后宫、皇太后宫行礼。还宫行合卺礼。礼毕,升大和殿,赐皇后亲属及诸王百官筵宴。皇太后到太皇太后住的慈宁宫筵宴。诸王以下免行礼,公主、王妃以下免会宴。搞的既隆重又俭朴,较有节制,皆大欢喜。

以上各项举措,对缓和民族矛盾、促进国家统一、推动生产发展都有一定积极意义。

当然,除了成功的举措之外,也有某些不大合适的做法。如康熙三年七月,徽州府新安卫官生杨光先与西洋教士汤若望之间发生的历法之争,本来是一项科学技术问题。然而处理时,竟过于简单化,将科技与政治问题混淆起来,轻率地废除新历,恢复差错更多的旧历,并杀了好几位钦天监的官员。任命杨光先为钦天监监正,结果将历法搞得一塌糊涂。此外,发生在顺治十八年六月的"江南奏销案"及康熙二年五月的文字狱"明史案"等,都是对江南汉人的打击和摧残。大学士中唯一的一名南人大学士金之俊于康熙元年致仕后,内三院再未补充南人大学士。这些不当之处,康熙亲政后都逐步地予以纠正。

四大臣辅政体制也存在一些弊病,因系新设立的机构,难免要代替和侵犯一部分原属其他机构的乃至皇帝的职权。例如,它不仅要代替内阁大学士入直和票拟,甚至还要代替年幼的皇帝执行批红之权。票拟也称条旨,是大学士为皇帝起草的、批复奏疏的初步意见,小票墨书,贴各书面以进。批红,一般指皇帝亲自御笔朱批之谕旨,如系别人代批,臣下亦当作皇帝亲批遵行。由于辅臣同时掌握了票拟和批红这种至高无上的实权,便使他们中的个别人有可能乘机进行擅权乱政。

为使辅臣行使职权,就必须对内阁、翰林院等机构进行调整。顺治十八年六月二十日,以皇帝名义发给吏部的谕旨称:"世祖章皇帝遗诏内云:'纪纲法度,用人行政,不能仰法太祖、太宗谟烈,渐习汉俗,于淳朴旧制日有更张'。朕兹于一切政务,思欲率循祖制,咸复旧章,以副先帝遗命。内三院衙门自太宗皇帝时设立,今应仍复旧制,设内秘书院、内国史院、内弘文院,其内阁、翰林院名色俱停罢。"按清制,太祖时期和太宗初年,辅佐汗的秘书机构是文馆,又称书房。至崇德元年(1636年),太宗称帝,始改文馆为内三院。顺治十五年(1650年),世祖又仿明制改内三院为内阁,同时设立翰林院。至此,又停罢内阁和翰林院,复设内三院。

但是,这次所恢复的内三院并不是太宗时的,基本上是顺治初年的。太宗时的内三院,大学士随时入直,极受信任。自鳌拜辅政,(内三院)大学士皆不入直,疏奏俱至次日看详"。大学士入直和票拟之权均被取消,由辅臣代办,而辅臣又必须共同商量票签内容,请示太后,并且代替幼帝朱笔御批,所以必待次日看详。这个过程给辅臣鳌拜等人擅权乱政以可乘之机。

首先,他们可以在入直和票拟时,掺杂私意,任意轻重。如世祖遗诏所说"于淳朴旧制日有更张"问题,本来将"更张"之处改正就可以了,充其量也只能理解为继承和发扬太祖、太宗时的优良传统,这反映了太皇太后的一贯思想,本来是无可非议的。而经过辅臣之手所票拟的谕旨,则将这一基本正确的思想推向极端,提出所谓"率循祖制,咸复旧章"的口号。对于提法上的这种微小变化,太皇太后未必能引起注意,然而做起来却与其原意大相径庭。后来鳌拜安插亲信党羽担任户部尚书时,即以"太宗文皇帝时设有二员"为借口,主张"今亦应补授二员",将马迩赛徇情补用。

其次,鳌拜利用奏疏"次日看详"之机,带回家中,任意更改,以逃避皇帝和太后的审查，与诸辅臣的公议。个人专断，私家办公，不利于国，太祖时早有规定："凡事不可一人独断，如一人独断必至生乱。国人有事当诉于公所，毋得诉于诸臣之家。"鳌拜竟不遵守，可见他的所谓"率循祖制"，纯为摘取所需。

再次，辅臣掌握批红之权，代替皇帝朱笔御批。批红之后，有时又不经六科抄发，径直下达部院执行。因而六科给事中和都察院御史根本无法执行封驳和监察之权。即使经六科抄发之红本，亦有"取回改批者"，给事中仍然无法监察。甚至在秋审勾决情实重囚这样事关人命的重大问题上，辅臣亦极不严肃，"每年勾决动至百余人"。

黄、白旗的矛盾，始于太宗初年的改旗。皇太极于天命十一年（1626 年）九月初一即汗位后，便将自己掌握的两白旗改为两黄旗，分别成为左、右翼之首，使其地位大大提高。同时，将努尔哈赤留给阿济格、多铎、多尔衮三幼子的两黄旗改为两白旗，居左翼之中，地位显著下降。从此种下黄、白旗之间长期矛盾的基因。顺治初年，圈占北京附近田地分给八旗将士，各照左右翼次序分配。摄政王多尔衮利用权势，擅将水平府一带镶黄旗应得之地给了自己的正白旗，使之跃居左翼之首。

鳌拜为挑起黄白旗的矛盾，旧事重提，于康熙五年正月，借口地土不堪，授意呈请更换，欲以蓟州（今蓟州区）、遵化、迁安正白旗屯庄改拨镶黄旗，另于玉田、丰润、永平（今卢龙）、滦州（今滦县）、乐亭、开平等处圈拨民地给正白旗。正白旗国史院大学士兼户部尚书苏纳海上疏反对。他说："地土分拨已久，且康熙三年奉有民间地土不许再圈之旨，不必更换，请将八旗移文驳回"。

鳌拜等欲扫除阻力，于三月称旨支持镶黄旗圈换土地，移回左翼之首。同时，立即圈拨北京东北顺义、密云、怀柔、平谷等四县地给镶黄旗，造成已经迁回左翼之既成事实，而且，除上述四县地之外，还称旨欲将正白旗通州（今北京通州区）、三河迤东、大路北边至丰润县地、永平府（府治今河北卢龙）周围留剩地，拨给镶黄旗，另将滦州（今河北滦县）、乐亭等县民地圈给正白旗。至秋，户部尚书苏纳海、侍郎雷虎等，奉前旨，率固山、牛录、科道、部曹多人出发丈量准备圈换之土地，拥众数千，旗民汹惧，"群言勘地之扰，流闻禁中"。康熙借问安之机向祖母奏报，"太皇太后切责四辅圈地扰民，事将中止"。恰在这时，直隶、山东、河南总督朱昌祚、直隶巡抚王登联于十一月同时上疏，"请罢圈地"，并指出这次圈换并非"出自庙谟"，乃鳌拜背主所搞非法活动。鳌拜见苏纳海等不阿其意，"必欲置之于死地"。年仅十三岁的康熙帝深感事态严重，于同年十二月特召辅臣，赐座询问。这时，辅臣中两黄旗与正白旗形成尖锐对立，出现三比一的局面，"鳌拜、索尼、遏必隆，坚奏苏纳海等应置重典"，独苏克萨哈不相符合。康熙帝不同意鳌拜等人重处苏纳海等的错误主张，"终未允所奏"。可是，鳌拜等人竟依仗他们在辅臣中的优势，捏造"不愿迁移，迟延藐旨""妄行具奏，又将奏疏与苏纳海看"等罪名，矫旨将苏纳海等三人处绞。之后，强制推行圈换土地。

圈地事件之得逞，以及苏纳海等人的被诛，表明四辅政大臣协商一致的原则已被打破。辅臣中之多数即可执行票拟和批红之权，启奏并决定重大问题，而不必一致同意。这便为个人结党营私、进行擅权乱政活动开了方便之门。

自从鳌拜挑起圈地事件，朝内百官惴惴不安，要求皇帝亲政的呼声越来越高。

刑科给事中张维赤首先上疏:“伏念世祖章皇帝于顺治八年亲政,年登一十四岁。今皇上即位六年,齿正相符,乞择吉亲政”。辅臣索尼等亦于康熙六年三月,奏请皇上亲政,理由与张维赤所提相仿,强调说:“世祖章皇帝亦于十四岁亲政,今主上年德相符,天下事务,总揽裕如,恳切奏请”。同年六月,索尼去世。康熙遂于七月初三,以“辅政臣屡行陈奏”为由,率辅臣往奏祖母太皇太后。太皇太后对康熙仍不放心,说:“帝尚幼冲如尔等俱谢政,天下事何能独理?缓一二年再奏。”鳌拜见有机可乘,忙不迭地抢先说:“主上躬亲万几,臣等仍行佐理”。太皇太后当时对鳌拜仍无深刻了解,感到这一方案可行,表示赞成,命择吉亲政。礼部遵旨选择七月初七日为吉期。

是日,康熙躬亲大政,御太和殿。王以下文武官员,上表行庆贺礼,宣诏天下。诏书指出:“天下至大,政务至繁,非朕躬所能独理。宣力分猷,仍惟辅政臣、诸王、贝勒、内外文武大小各官是赖”。这里虽然仍首先提到辅政臣,但同时也提到诸王、贝勒及内外文武大小各官。表明了广泛依靠广大官员治理国家的决心。而且,当天即亲御乾清门听政,走出内廷,直接与政府官员见面,“嗣后日以为常”。

这时,鳌拜的擅政野心进一步发展,欲乘机越过遏必隆、苏克萨哈,代替已故之索尼,攫取启奏权和批理奏疏之权,使自己成为真正的宰相。最初,他绞尽脑汁企图主持起草皇帝亲政大赦诏书,借以捞取政治资本。康熙根本未予理睬,而是另用他人,密拟赦诏,“临朝颁行”。他见一计未成,又生一计,以“商议启奏应行事宜”为名,试图拉苏克萨哈同他一起干预朝政,耸人听闻地扬言:“恐御前有奸恶之人暗害忠良,我等应将太祖、太宗所行事例敷陈”。苏克萨哈诚心归政于皇帝,坚决抵制鳌拜的卑劣行为,斥责说:“教导主子之处,谁有意见各行陈奏,何必共同列名?”鳌拜的权力欲得不到支持和满足,便转而陷害苏克萨哈。他抓住苏克萨哈在皇帝亲政后第六天,上疏往守先帝陵寝,其中有“如线余生得以生全”之语,大做文章。以辅臣等称旨名义指责说:“兹苏克萨哈奏请守陵,如线余生得以生全。著议政王贝勒大臣会议具奏”。然后,他于七月十七日排斥可能持异议的大学士,操纵议政王大臣会议,颠倒黑白,给苏克萨哈编造“不欲归政”等大罪二十四款,以大逆论,议将苏克萨哈及其长子内大臣查克旦皆凌迟处死,余子六人、孙一人、兄弟二人皆处斩,家产籍没。康熙深知这是鳌拜与其同党对苏克萨哈罗织诬陷,“坚持不允所请”。鳌拜攘臂上前,强奏累日,最后仅将苏克萨哈从磔改为绞,其他均按其原议行刑。

鳌拜为什么能在康熙亲政之后,公然抗旨冤杀苏克萨哈全家?原因不外两个:一是皇帝虽然亲政,辅臣领导内三院及议政王大臣会议的政治体制并未立即改变,辅臣朝班位次仍排在亲王之上,并继续掌握批理章疏大权;二是鳌拜党羽已经形成,而且势力比较强大,仅据后来谕旨点名分据军政要职者,即不下二十余人。其中有鳌拜的弟弟镶黄旗满洲都统穆里玛、内秘书院大学士班布尔善、吏部尚书阿思哈、侍郎泰必图、兵部尚书噶褚哈、侍郎迈音达、已故工部尚书马迩赛、一等侍卫阿南达、内秘书院学士吴格赛、山陕总督莫洛等。此外,敬谨亲王兰布、安郡王岳乐、镇国公哈尔萨等人,也先后设法谄附、夤缘辅臣鳌拜。尤其在上三旗中,鳌拜已居绝对优势。镶黄旗全被控制,正黄旗随声附和,正白旗遭到严重打击和削弱,而当时宫廷戍卫完全由上三旗承担。

辅政体制虽有弊端可被鳌拜利用进行擅权活动,但辅政大臣毕竟不同于摄政王,对幼帝不是取代而是辅佐。因而随着康熙的成长,抵制权臣的能力也在增强。在听理政事过程,曾多次对鳌拜进行抵制。

康熙在祖母支持下亲政,标志皇权的提高,每日亲御乾清门听理政事,逐步改变与辅臣共同听理政事的状况,开始进入独自处理政事的阶段。一次康熙帝听政,有人援引恩诏误赦一人,便问大学士李霨。李以为既已误赦,宜听之便。康熙不无所指地批评说:“宥人可听其误,若杀人亦听其误可乎?”表明对鳌拜抗旨冤杀苏克萨哈等人之事不会善罢甘休。又一次,康熙帝与辅臣等共听读本,鳌拜闲谈,往往忽略。康熙立予严斥:“此内有关系民命者,尤不可不慎,伊等皆经行间效力,不以杀人为意,朕必慎焉”。这些事,康熙于每日请安时,都随时告诉祖母,并得到祖母的称赞与鼓励。年轻皇帝敢于弹劾权奸,使满朝正直大臣无比振奋。

康熙七年(1668年)九月,内秘书院侍读熊赐履疏言:“朝政积习未除,国计隐忧可虑”,并引用宋儒程颐“天下治乱系宰相”一语,点明关键在于鳌拜其人。此疏反映了满汉大臣的共同心声:是捉拿鳌拜的重要舆论准备。康熙认为时机尚未成熟,便斥之以“妄行冒奏,以沽虚名”,并声称要给予处分(实际未处分),借以麻痹鳌拜。实际上他却悄悄部署各项准备工作。例如,选侍卫、拜唐阿(执事人)年少有力者,“为扑击之戏”。这是康熙鉴于鳌拜在侍卫中影响较大,不足依靠,特选忠实可靠之侍卫及拜唐阿年少有力者,以“扑击之戏”为名,另外组成一支更为亲信的卫队——善扑营,后来成为公开的正式建制。这是康熙擒拿鳌拜的组织准备。

二十七　智擒鳌拜

五月的北京,天气开始好了起来。

太皇太后站在御花园的藤萝架下,望着藤萝垂下的紫花,沉思着:到时候了吧?她对苏嘛拉姑说:“我们去乾清宫看看皇上的布库。”苏嘛拉姑转身叫便舆,太皇太后却摇着头说:“我们走过去吧,天气这么好,我想走走,活动活动筋骨。”

苏嘛拉姑扶着太皇太后,慢慢向乾清宫走去。

太皇太后不让乾清门侍卫通报,径直走了进去。康熙正在乾清宫后面,看着索额图训练布库。

太皇太后轻轻走了过来,站到康熙身后,看着布库扑打擒拿。索额图对一个布库说:“出手要再快一些,要再狠一些,一下子要制服对方。来!重新练一次!”

布库按照索额图的教训,互相扑打擒拿。

“好!”康熙喝彩。

太皇太后也轻轻地拍着巴掌。

索额图和布库翻身跪下。康熙走上去给太皇太后问安。康熙关心地说:“老祖宗不乘舆,不怕累着?”

太皇太后笑着说:“宫中这几步路,还累不坏我。我们满人靠强健体魄打天下,以后还要保持时时练武习射的好传统,让我们的后代能骑善射能征善战才是。”

康熙急忙说:“老祖宗所言极是,孙儿要记下来做后代的箴言,让世世代代遵照老祖宗的教训行事。”

太皇太后招手叫过索额图,问:“刚才那摔跤的布库叫什么名字?我要赏赐于他。”太皇太后叫太监总管回慈宁宫取银两和果品。索额图把布库召集到太皇太后面前,太皇太后每人抚摩着每个布库的头,一个一个问他们的姓名和旗分,一个一个地夸赞道:“好身体!”“好个头!”“好身手!”“多壮实的小子!”“瞧着这一身腱子肉!”“可怜见的,才15岁!倒像18岁一样!”

太皇太后慢慢地询问着布库的情况,与小布库拉着家常话:“来宫里当差,想不想家啊?”“家里还有什么人啊?”布库们眼含热泪,一个一个回答着太皇太后的问话。他们还没有这么近与太皇太后这老佛爷在一起过。

太监总管端来银两和果品,每人赏赐了一份,对刚才那个布库,太皇太后特意赏赐了双份。太皇太后说:“这是我的赏赐,皇上还有另外的赏赐。以后皇上要你们做他的贴身卫士,你们愿意不愿意?”

布库大声回答:“愿意!”

太皇太后又接着说:“做皇上的贴身卫士,要求你们誓死忠于皇上。你们能做到誓死忠于皇上吗?”

“能!”布库回答。声音震天。

“好!我相信大家说到做到。”太皇太后对布库们微微一笑,说,“继续训练吧!”索额图带领着布库又投入训练之中。

康熙看着热情高涨的布库,笑着问太皇太后:“老祖宗,时候到了吗?”

“时候到了吗?”这是最近几个月以来玄烨一见太皇太后就问的问题。祖孙俩相视一笑。玄烨多希望太皇太后笑着说:到了。可是太皇太后总是摇着头不紧不慢地说:“不急,不急!还不到时候呢。”

这一次,太皇太后笑了,反问道:“你看呢?”

康熙笑眯眯地回答:“孙儿看时候已到。”太皇太后拉着高大壮健的康熙,走进东暖殿。

太皇太后在南炕上坐定之后,很感兴趣地问:“你根据什么断定时候已到?”

康熙说:“孙儿根据以下这些原因判断:第一,痈疮已经出头,再不采取措施则可能影响朝政,其结党营私已经使满朝文武大臣极为不满。内秘书院熊赐履等人上疏说‘天下治乱系宰相’,这不是已经点明了吗?第二,痈疮已经开始流脓。工部尚书玛尔赛死,他要求加封。孙儿明确指示他说玛尔赛有何显功何德何能不准赐封,但是公然违抗赐予谥号。连班布尔善都公然违抗旨意,自行其是。这般混乱朝政的奸党,此时不除,更待何时?索额图训练的布库已经成熟,正好捉拿奸党。”

太皇太后赞许地点着头:“是的,时候已到,不能再养痈为患。但是,这事情关系重大,一定要万无一失才好。你准备怎么办呢?”

康熙笑着说:“有老祖宗的运筹帷幄,孙儿心中有数。孙儿在这个把月中,已经做了些准备工作。”

“哦?说出来,让我听听。”

康熙说:“孙儿见他今年安插亲信太多,恐怕举事时不利,就逐步有计划地把他的党羽亲信陆续调出京,既不引起他的注意,又削其势。”

"好!"太皇太后拍手叫好,"说得具体一点。"

"他的胞弟内大臣巴哈和镶黄旗都统穆里玛,被孙儿差往察哈尔审理案件。孙儿派他的亲侄儿侍卫苏尔玛和亲信巡视科尔沁,将他的姻亲理藩院左侍郎和吏部尚书派往苏尼特编定扎萨克事务,另外一两个尚书差到南方福建广东一带去巡海。这样京中就不剩几个人了。"

太皇太后连声说:"真是长大了!真是长大了!"说着站了起来,在暖阁中走来走去,边走边说:"这事关系重大,计划一定要严密周全,千万不能出一点纰漏。"

康熙郑重地点着头。

过了端午节,亲王大臣就有活动慈宁宫太监总管和苏嘛拉姑的。太皇太后决定扩大邀请范围。五月十四,宫中传懿旨,召亲王辅臣及一品大臣的福晋、格格及未成年的小公子到西苑瀛台赏月,一直到清晨。消息传出,各亲王大臣福晋都兴高采烈,这是多大的荣誉啊!

鳌拜的大福晋和几个小福晋各自带着自己的格格和小公子总共十几个人去参加太皇太后的赏月会。

夏日炎热,康熙的御门听政便在瀛台进行。接见外藩朝正,宴请王公卿士,以及征率劳旋武科较技,也在这里的涵元殿、瀛台、紫光阁举行。冬天太液池的冰嬉,既是游戏又是习武,叫太皇太后和康熙迷恋。分队列阵的打冰球更是激烈的拼抢游戏,八旗队员身穿短衣,革皮护膝,发令官大旗一挥,队员个个争先抢后,闪如曳电,疾如奔星。喊声震天,欢呼如雷。

太皇太后赏月在待月轩。待月轩东室有顺治题写的楹联:写楹常看霞生际,对坐宛当月上时。西室的楹联是:半衾绿水菱花对,一幌青山画幅横。待月轩前有六方亭建于石崖上,绿树环绕,一株桑柘树苍翠傲立,临水迎月。

待月轩里已经摆放了几榻桌椅,可坐可卧,几桌上摆放着点心和干鲜果品,热奶茶清茶红茶供福晋任选。看来这是一次很轻松的赏月会。各家福晋带着自己的格格和小公子陆续来到待月轩时,太皇太后已经到了。她穿着家常袍褂,头戴凤簪,脖子上挂着108颗大东珠和珊瑚串子,十分随和平易。福晋都轻松起来。跪拜过之后,太皇太后让她们自己找地方,或坐或卧,待月出东山时赏月。

太皇太后把鳌拜和遏比隆的几个福晋和格格公子叫到身边,随意聊着天,苏嘛拉姑献上奶茶果品。这时,一轮金黄的圆月从太液池的东边跳了出来,山林后面一阵悠扬婉转的箫声和笛声,伴着月亮慢慢升起。

"美不美?"太皇太后问鳌拜福晋和遏比隆福晋。她们连声回答美极了。

太皇太后微笑着说:"确实太美了。我就喜欢这圆月清风之夜。上元中秋赏月,还是觉得没有赏够,所以又举行这中元赏月。男人们赏月都要作诗吟赋,我们女人没有他们那样的文才,只好吃吃喝喝。你们大家边吃边拉家常,边说笑话,我们的赏月也好热闹啊!"福晋都哄笑起来,气氛热闹多了。

太皇太后又说:"鳌大臣和遏大臣劳苦功高,我早就应该亲自登府去探望你们,只是宫内事务繁杂,皇后年纪幼小,一时还帮不上手,我就难得抽出时间。今儿难得一聚,你们就陪着我,让我们娘们说些家常话。"福晋们受宠若惊,陪着太皇太后不敢走开。

乾清宫里，东暖阁的灯光亮了一夜。索额图和皇上几乎也一夜没有睡。

十六日清晨，鳌拜得到通知，乾清门听政取消，皇上要在乾清宫南庑书房召见辅臣，并且要他带上遏比隆的玲珑刀，皇上想再欣赏欣赏。

鳌拜气昂昂去朝见皇上，一等侍卫阿南达今天在乾清宫值勤，鳌拜十分放心，虽然福晋公子们一夜未归，他也没有生出丝毫疑心。赏月嘛，自然需要赏一夜。

鳌拜和遏比隆一起来到乾清宫。乾清宫侍卫都是那些熟悉的面孔。一等侍卫阿南达也在门口当值。他和遏比隆径直走向南庑书房。一等侍卫索额图在门口恭迎辅臣。鳌拜和遏比隆走进书房。索额图轻轻地关上沉实厚重的大门。鳌拜没有发觉。

皇上坐在御座上，鳌拜和遏比隆上前跪下请安。突然几只有力的手狠狠地按住了他的头，叫他无法抬头。鳌拜愤怒地大声喊叫起来："你们要干什么？"他挣扎着，把几个人掀翻在地。他这才发现，是小布库扑倒他。"干什么？想和当年的巴图鲁过招啊？"鳌拜笑了，大声说。他正想站起来，十几个小布库又一拥而上，把他紧紧压倒在地。好像不是玩耍！他极力抬起头，看着康熙。康熙坐在御座上，脸色十分严肃，没有一点笑容。他对索额图说："都捆起来！"索额图命令布库拿来绳子，把倒在一边的遏比隆紧紧捆绑了起来，然后又来捆鳌拜。鳌拜这才明白这不是游戏。他叹息了一下，不再挣扎，让索额图和布库把他五花大绑捆了起来。"跪下！"索额图命令道。

鳌拜大声喊了起来："皇上，我们犯了什么罪？！"

索额图冷笑："你带刀进宫，这是十恶不赦的大逆之罪，还问犯了什么罪？"说着，把从鳌拜身上搜出来的玲珑刀交给康熙。康熙接过刀具，笑着说："朕日思夜想，今天终于归朕所有了！"鳌拜气得七窍冒烟，他大声喊起来："皇上，你太狠毒了！为了一把刀，你设计暗算老夫！你这是欲加其罪何患无辞！"

康熙冷笑一声："狠毒？比起你朕算狠毒吗？你冤杀苏克萨哈、苏纳海等人，你囚禁汤若望时，不是欲加之罪吗？朕这是以其人之道还治其人之身！"

遏比隆浑身发抖，说："皇上圣明，奴才辅政有日，没有功劳也有苦劳，即使奴才有不当之处，也望皇上宽宥！"

鳌拜不屑地瞥了遏比隆一眼，恶狠狠地说："皇上这是有预谋的诛杀老臣，你求也无用！你看我征战一生，当年为救太宗皇上，身上负伤，至今伤痕仍在，他都不顾惜，何况你？求也白搭！"说着便闭上嘴，不再说话。

康熙冷笑道："看来你还不服气。让朕历数你的罪行：你徇情任用官吏，结党营私，以欺朕躬；你于朕前办事不求当理，稍有拂意之处，就叱呵部将；你在朕前办事，高声喝问，全没有臣属的声气和平；你闭塞言路，禁止官员条陈；你任用私人，文武各官尽出门下；你凡事在家议定，然后施行；你依仗权势，残害忠良。总之，你贪聚贿赂，奸党朋比，上违君父重托，下则残害生民，种种劣迹，难以枚举。你还有什么不服的吗？"鳌拜无话可说。

康熙对索额图说："传旨！传议政王贝勒大臣会议，审理勘问鳌拜、遏比隆逆党罪行！"

"太皇太后驾到！"侍卫高声通报。康熙急忙立起，迎接太皇太后的到来。太皇太后笑眯眯地走了进来。康熙提着的心安定了。

太皇太后问："这里情况还顺利吧？"

康熙笑着回答："顺利极了。太皇太后哪里呢？"

"一切顺利。鳌拜福晋和遏比隆福晋都交代了投靠他们的死党，交代了他们在家谋划的阴谋。佟国维、佟国纲带领的包衣营已经查抄了鳌拜、遏比隆的府邸，抓了主要死党。"太皇太后满意地说，"一切都在秘密之中进行，没有引起任何恐慌，更没有动武。这是最成功的地方。"

康熙说："这一切全仰仗老祖宗的周密部署。老祖宗真像老佛爷一样神通。"

太皇太后打断康熙的话，说："先别得意哦。这只是第一步，以下还有许多事情要做。处理不当，还会引出许多意想不到的麻烦。比如如何定罪？如何处理有关联人员？是从严定罪还是宽大处理？你现在心中有没有数呢？"

康熙不好意思地挠着头皮，说："老祖宗这一提示，真叫孙儿惭愧，孙儿只是高兴，还没有认真想过这些问题。幸亏老祖宗提醒。"康熙皱着眉头，在殿里走来走去。自鸣钟的报时小鸟跳出又跳进，清脆地报告着时间。想了一会儿，康熙愤愤地说："鳌拜罪大恶极，他残害了那么多大臣，恐怕不严惩不足以平民愤。孙儿以为严惩不贷为好！至于那些依附鳌拜的死党，他们助桀为虐，为虎作伥，比鳌拜还坏，更应该严惩才好！"

太皇太后语重心长地说："鳌拜虽然可恶，但是他毕竟是三朝老臣，曾经救过太宗皇帝的性命。他辅政有日，头几年还是很尽心力，做了许多事情。将功补过，我以为可以免其一死。遏比隆更应该免死。他的女儿作为你的妃子，一直恭谨顺从，侍候皇后皇太后还是很孝顺的。我的意思看在她的情分上免遏比隆一死。"

康熙有些为难地说："孙儿已经交与议政会议议定，康亲王杰书等人都一致认定他犯30条大罪，定革职问斩，其亲子兄弟亦斩。遏比隆同样，班布尔善、阿南达等死党全部革职问斩。这样除恶务尽，不留后患。"

太皇太后说："过去我也是这样想。不过年纪大了之后，觉得汉人讲究仁政治国，有些道理。这同佛家教导慈悲为怀有些相同。得人心者得天下，这是你父皇经常说的话啊！当时我不以为然，现在我好像想通了，也许你父皇的话是对的。你再想想吧！总之，不要牵扯太多的大臣，不要让人说我们过河拆桥残杀老臣。"

康熙点着头说："老祖宗说得十分有理，孙儿也觉得杀人是件太可怕的事情。人死不能复生，有错想改都改不了。孙儿至今为鳌拜杀苏克萨哈、苏纳海等人难过。"

太皇太后轻轻地抚摩着康熙的手，说："孙儿这样说叫我高兴。皇上的仁慈是生民的福气，孙儿有这样的仁慈心肠是大清国的福分。"

康熙愧疚地说："老祖宗过奖了。老祖宗经常教导孙儿宽厚仁慈，温良恭敬，但是一到处理具体问题时，孙儿又难免意气用事，真是愧对老祖宗！孙儿想这样处理鳌拜和遏比隆，老祖宗看如何？鳌拜免死处终身监禁，遏比隆削去太师及后加的公爵位，班布尔善等几个死党助桀为虐应处死，其余依附之人或者是因为畏惧，或者是因为有所图不得已为之，全都责其洗心革面痛改前非，姑从宽免。老祖宗看如何？"

太皇太后慈祥地说："具体如何定罪，全凭你和内阁大臣商议，我没有具体意见。不过我敢肯定，孙儿这样处理一定会得到全朝满汉大臣的拥戴的。"

康熙八年五月二十五日，康熙发表谕旨给吏、兵部，历数鳌拜结党专权、紊乱朝政、罔上行私等罪行之后，赦免其死罪，他的子弟也免死拘禁，遏比隆削去爵位，处死者只局限于班布尔善等几个死党，余者都未严究，连阿南达也只鞭100下。

二十八　祖孙情深

皇上亲政以后，她大大松了一口气。她算是完成了任务，对得起满族的列祖列宗。50多岁，她可以颐养天年安享晚年，今后她不能再预政了。

太皇太后不由得又叹了口气，翻身坐了起来。

苏嘛拉姑送上热奶茶，太皇太后呷了一口，递回给苏嘛拉姑。她好像没有心思喝。苏嘛拉姑轻轻说："主子，去花园看放鹰吧！"

太皇太后摇摇头："没心情。"

苏嘛拉姑说："那今天干什么呢？去请皇太后过来打牌？"

太皇太后又摇摇头。

苏嘛拉姑有些发愁：怎么才能叫主子开心高兴呢？

太皇太后拿起一本书随意翻看着。通事翻译的明史她已经翻看了多次，明代的史实她记得很清楚，从中找出了她认为值得借鉴的教训。明代后期皇帝的昏庸无能，叫她触目惊心。嘉靖皇帝昏聩迷信，差点被宫女勒死，令她为满族后代担忧。她能教育康熙，可是康熙以后的子孙呢？她叹了口气，心里说：管不了那么多那么远啦，儿孙自有儿孙福，好好安度晚年吧！

现在，她要让自己习惯这没有权力的生活，要克服自己的权力欲望，强迫自己习惯这种恬淡的没有人请示汇报不操心朝政大事的生活。一年来，她早晚在佛堂中诵经，佛经给了她安慰和鼓舞。康熙特意为她重新修建了慈宁宫，后殿的佛堂上高挂康熙的手书额匾：万寿无疆。新修的慈宁花园，种植了名花异卉，布列亭台阁宇，池桥假山。花园前宇的咸若馆供着欢喜佛，是太皇太后念经的好地方。左侧的宝相楼和右侧的吉云楼，供太皇太后消遣看戏。吉云楼的南面是延寿堂，供太皇太后吃斋念佛。池上有临溪亭。夏日，太皇太后可以到亭上凭栏远眺，享受清风绿水，蓝天白云。

太皇太后放下书本，又坐了起来。苏嘛拉姑问："主子要出去？"

太皇太后说："去佛堂坐坐。"苏嘛拉姑搀扶着太皇太后下了炕，走出东暖阁到后殿佛堂去。宫女太监们已经把佛堂打扫得一尘不染，香炉里青烟缭绕。太皇太后为佛爷上了香，坐在绣团上颂了一遍金刚经。闭目诵经的太皇太后，头发几乎白了一半，丰满的脸颊有了松弛的肌肉。老了，站在一旁的苏嘛拉姑满怀怜悯地想，主子可是见老了。

太皇太后颂完经文之后，睁开眼睛，对苏嘛拉姑说："我刚才看见了福临，他说他想玄烨。"太皇太后说着声音竟哽咽起来。苏嘛拉姑急忙上前搀扶着太皇太后站立起来，为她小心地擦拭着眼泪。太皇太后不好意思地说："你看我，这是怎么啦？

好像个老娘婆似的,动不动就流泪。”

苏嘛拉姑安慰说:“主子不要这么想。哪个人不流泪?奴婢现在更好流泪,高兴流泪,不高兴也流泪,别人流泪我就流泪,想到流泪就流泪。主子要是想哭就哭一场,这里没有别人,奴婢陪主子一起大哭一场。我也想为先皇大哭一场呢。”说着,真的开始流起泪来。

太皇太后反倒被苏嘛拉姑逗笑了,她说:“这里哭没有用的,我想到他的山陵面前哭一场,让他听见。”

苏嘛拉姑急忙擦着眼泪惊奇地说:“主子,奴婢这可是第一次听主子这么说。主子真的想去先皇山陵?”

太皇太后点点头,说:“是的。近几天我一直这么想,我还希望带着皇太后、皇上和皇后,皇后已经生了小皇子,应该一起去看看他,告诉他这好消息。已经十年了,我们谁都没有亲自去看望他,他一定很孤单。”太皇太后的声音又有些哽咽。

苏嘛拉姑说:“容奴婢去启奏皇上。”

康熙走出康熙八年重建后的乾清宫,站在汉白玉的高台基上欣赏着巍峨壮观的宫殿。

鹰房放鹰的时间到了,一群苍鹰盘旋着飞上蓝天。康熙望着蓝天下翱翔的苍鹰,心里充满豪气。

清孝陵

今天要和太皇太后、皇太后以及皇后去孝陵拜谒父皇孝陵陵寝,他早早就醒了,再也睡不着。

清除鳌拜奸党一年来,他一直忙碌,到眼下,朝政各项事务已经安定平静走上正轨,他可以松口气稍微歇息一下。太皇太后那里已经好长时间没有去问候,他很想念老祖宗,老祖宗也很想念他,只是为了不影响他的工作,太皇太后坚决不让他到慈宁宫问安。“有皇后的问安就行了。”太皇太后总是这么说。前几天皇后传过苏嘛拉姑的话,说太皇太后想带着全家去拜谒孝陵。康熙高兴极了。

太皇太后终于原谅了她的儿子。康熙知道,太皇太后对父皇的死一直很生气。

现在,她主动提出一家四代去探望他,这里有多少思念和追悔啊!去!立刻动身!

康熙命令礼部作具体安排。

太皇太后和康熙在侍卫队的护送下,第一天过东岳庙到燕郊行宫过夜,第二天过棋盘庄三河到白涧行宫过夜,第三天经独乐寺行宫壕门村到隆福寺行宫过夜。

八月二十七日,旭日从东方升起,把金色阳光洒向燕赵平原和北方的燕山山脉,大清国至尊的祭谒孝陵的队伍进入西峰口,第一次来到这群山中间。

队伍来到孝陵,远远便看见一座五间六柱十一楼的高大的石牌坊耸立在蓝天下群山间。福临的山陵躺在昌瑞山主峰下。

高大的石牌坊全部用汉白玉石卯榫而成,上面浮雕着二龙戏珠、双狮滚球以及各种旋子大点金彩绘花纹。

队伍走过石牌坊,来到石牌坊后面的大红门,这是单檐庑殿顶三个门的建筑。大红门两侧的红色风水围墙像两条长臂把陵区抱拢起来。

礼部和内务府官员请太皇太后、康熙下车,太监掀起锦缎绣龙车帘,苏嘛拉姑搀扶着太皇太后走下车。

太皇太后伫立在大红门前,遥望着北面蜿蜒的群山和高远湛蓝的天空。福临陪她来这里打猎的情景一时浮上心头。马上的福临,刚刚成年,英气勃发,他眺望着这崇山峻岭,看着山上葱茏树木和华盖一样的山峰,赞叹起来:“这山王气葱郁,可为朕寿宫。”说着,就取下身上佩带的一块玉珏,朝远方扔去,说:“玉珏落处,定为穴。”

太皇太后把目光拉回来,远眺山脚下高大的孝陵。十年间,陵寝周围的松树已经长了起来,郁郁葱葱的,掩映着陵寝的建筑。眼前这座高大的圣德功德碑亭是康熙亲政后修建的。太皇太后缓步来到功德碑亭前,碑额上镌刻着:大清孝陵神功圣德碑。

太皇太后缓步走进亭子,伫立在碑前,凝望着大石碑上的满汉文字,久久不说话。这些文字是康熙亲自撰写的,歌颂了顺治的功绩。

康熙和皇太后、皇后一起伫立着,看妈抱着长子承祜跟在后面。太皇太后慢慢地说:“这碑需要盖一个高大巍峨的亭子来遮蔽,这亭子太简陋了。它最好能像皇城凤凰楼那样的规模。”康熙说:“孙儿记下。”他喊来太监把太皇太后的懿旨记下。

太皇太后、康熙换过青长袍褂稍事休息后,缓步走上建神路。康熙说:“老祖宗,上轿吧,这一段路还很长呢。”太皇太后执拗地摇着头,慢慢前行。皇太后和康熙只好随行,官员远远跟随着,康熙命令轿子随行,以备太皇太后劳累乘坐。

康熙上前扶着太皇太后,关心地问:“老祖宗,累不累?要不要乘轿?”太皇太后还是摇头。10年来她第一次来到儿子身边,她要在儿子身边多呆一会儿。

太皇太后停在小碑亭前,上面用满、汉、蒙三种文字镌刻着福临的庙号,碑下是黑青色大理石的石雕赑屃。

东陵总管内务府衙门、陵寝奉祀礼部、陵寝工部兵部官员、守陵八旗官员和兵丁在东西朝房前跪了一片迎接皇上和太皇太后。这里是内务府制作供品的地方。东为恭膳房西为饽饽房。

太皇太后稍稍休息了一会,马上催促动身。

康熙和太皇太后等人肃立于祭台前，随行官员在陵寝门外按次序排好，等待拜谒仪式开始。

陵寝内务府礼部官员司拜褥官早已将明黄锦缎拜褥铺在祭台南，康熙在孝陵礼部礼赞官的唱引下行三跪九拜礼，然后起立，站到东旁，面西而立，内务府官员进祭奠的桌几、酒、爵。礼赞官退下后，皇太后和抱着儿子承祜的皇后跪在拜褥上，三跪九拜礼，奠酒三爵，每奠一酒行一拜礼。奠毕，又东旁西向立，恸哭举哀。陵寝外的官员同时举哀。

太皇太后走到祭台前，默默地为儿子奠酒。她举起爵，弯下腰，慢慢地把酒洒到祭台前，两行清泪从脸颊上慢慢地滚落到地上。福临，额娘对不起你！她在心里呼喊着福临，向他倾诉自己的痛苦和悔恨：你的治国思想是对的，可是额娘那时太年轻气盛，权力欲望太强烈，额娘太独断专行，额娘压制了你，是额娘的不对。可是你知不知道，你用死来惩罚额娘，这惩罚有多重！叫额娘多伤心！额娘多思念你！你知道吗？

太皇太后轻轻地抽泣起来。过了一会，她又举起爵，把第二爵酒慢慢洒在地上：额娘现在带着你的儿子和孙子来看望你，你能原谅额娘吗？额娘已经将功补过，把你的儿子培养成大清国的国君，他能够接替你的治国之道，治理国家，你可以安息啦！

太皇太后举起第三爵酒洒到地上：皇儿，原谅额娘，愿你保佑你的儿孙，让大清国永远繁荣昌盛！

皇太后终于忍受不住，号啕大哭着扑到太皇太后的膝下，恸哭得死去活来。10年的孤独10年的思念10年的痛苦，都融进这撕心裂肺的哭声中。康熙也扑到太皇太后的膝下，放声大哭。陵园里一片哭泣声。

太皇太后慢慢止住哭泣，她擦去满脸的眼泪，扶起皇太后，对康熙说："起来吧！我们去宝顶上为你父皇敷土吧！"

礼赞官陵寝内务府官员给太皇太后等人的鞋护上黄布护履。

康熙问陵寝内务府大臣："敷土准备好了吗？"

陵寝内务府大臣回答说："回皇上，已经派人担到宝城上，等着皇上使用。"按照清制，敷土礼在清明节举行，清明那天，等皇帝登上宝城时，由敷土大臣跪捧献给皇帝敷土的筐，随皇帝上到宝顶的敷土处，然后再由皇上跪接，双手举过头后把土添在敷土处。

康熙说："吩咐守兵把土筐担下来，朕要亲自把土捧上去。"

太皇太后转过头说："不必了吧，恐怕太劳累你。"

康熙流着泪说："朕没有在父皇面前尽一天孝心，朕要表表自己的心意。"

太皇太后不说话了。

康熙捧着一小筐土，一步一步登上宝城。他跪了下来，让皇后把土筐放在背上，跪着膝行，一步一步匍匐到宝顶的敷土处。皇太后和皇后过来帮他从背上取下土筐，太皇太后为他擦去额头的汗水，皇太后和皇后帮他把土筐高高举过头。他把土筐恭恭敬敬地放置在地上，从筐里一捧一捧地捧出土，恭恭敬敬地放在宝顶之上，喃喃地说："父皇，孩儿来看您了。孩儿和太皇太后、皇太后及您的孙子为您敷土,愿您安息舒适。”说着,眼泪又一大滴一大滴地落在敷土中,和着敷土敷在福临的宝顶上。

皇后赫舍里氏带领着康熙的贵妃贵人妃子前来给太皇太后请安。赫舍里氏现在已经成熟了许多,自主理后宫至今已经四五年,每日到慈宁宫给太皇太后请安,是规定的内容。

皇后玉辇在慈宁门前停下来,皇后降辇。贵妃遏比隆的女儿钮枯禄氏、佟国维的女儿佟佳氏都随其后。

赫舍里氏带领着妃子们走进慈宁宫东暖阁。太皇太后歪在南炕上,苏嘛拉姑正用碧玉如意给太皇太后挠背。

皇后赫舍里氏跪下问安。钮祜禄氏和佟佳氏也齐齐跪下:“给老佛爷请安!”

“老佛爷,哪里不舒服?”皇后问。

太皇太后坐了起来,说:“冬天一到,我这身上就奇痒难忍,皮肤上生出许多小红疹,吃药调养都不管用。唉,这可是老了。”

赫舍里氏说:“皇上说起老佛爷的病症,他听说宣化府赤城温泉可以治疗这痒症,已经传旨下去准备洗温泉的行程,这几天就能动身。老佛爷的顽症可以治愈了。”

太皇太后笑着说:“皇上他还能想到我,真难为他。巡幸盛京回来不过一个多月,那么劳累,每天要处理那么多朝政大事,可怜见的,不要为我劳神了。”

赫舍里氏急忙说:“老佛爷这是怎么说的?皇上尽孝道是本分,皇上要为庶民百姓做出表率。老佛爷不必夸奖。”

太皇太后说:“你也是个懂事的孩子。承祜可好?明天领过来陪我玩一天。”

皇后答应了。

正月二十四日清晨,已经做好周密准备的康熙,陪着太皇太后启程到宣化府赤城温泉。天刚麻麻亮,康熙穿着貂裘皮帽来到慈宁宫。太皇太后已经穿戴好,全身裹在貂皮里。苏嘛拉姑捧着手炉,贴身太监刘忠捧着暖壶扶着太皇太后走出宫。料峭的寒风扑面,正月的天气还很冷。康熙扶着太皇太后,问:“老祖宗,冷不冷?”

太皇太后笑了,说:“你看我裹得这么严实,哪能冷啊?只是你要骑马,可要多穿点衣服。手套皮靴行不行啊?”

康熙笑着说:“老祖宗总是想着孙儿。孙儿年年到南苑行猎,习惯这天气了。只怕老祖宗坐在车里时间长了会冷的。”苏嘛拉姑说:“皇上放心,车已经检查过了,四围已经围了双层毛毡,车里放了火盆,还铺着毛毡羊皮貂皮,不会冷的。”康熙扶着太皇太后上了凤舆。36人抬起凤舆,康熙步行,走出神武门,太皇太后要换乘明黄仪车。康熙从凤舆里扶出太皇太后,扶着她上了明黄仪车。

仪车与宫中凤舆形状相同,车顶为两重拱形盖,装饰着金凤,盖上覆盖着镂云纹镏金顶,车前设双开门,车辕横杆垂檐均有金凤装饰。康熙亲自掀开黄缎缂丝绣金凤的两层毛毡车帘。康熙扶着太皇太后上了漆成浅红色的车。

马慢慢地往前走,康熙翻身上马,拉了拉黄色马缰。队伍向北出发了。

中午时分,队伍来到清河行宫,康熙下马来到太皇太后仪车前,苏嘛拉姑下了车,康熙扶着太皇太后下车。“冷不冷?老祖宗?”19岁的康熙问。

太皇太后靠着孙子有力的臂膀，心里暖洋洋的，说："不冷，不冷。你骑马可冷？"康熙说："天气很好，一点儿也不冷。老祖宗不必牵挂孙儿。"

康熙扶着太皇太后来到行宫，早有内务府官员太监在行宫前迎接圣驾。康熙扶着太皇太后来到行宫宫中，看着官员太监安排太皇太后进膳，自己才由官员太监护送着去自己行宫休息进膳。饭后，康熙来到太皇太后的行宫，下马趋前侍立，等待太皇太后登上仪车，扶着辕驾行走数十步，太皇太后从车里探出头来催促着："上马吧，上马吧！"康熙这才上马随行。

第二天清早，康熙早早来到太皇太后行宫前，等候太皇太后动身。太皇太后在苏嘛拉姑的搀扶下，走出行宫。康熙跪下请安："孙儿给老祖宗请安，老祖宗夜里休息可好？"

太皇太后弯下腰，扶起康熙，说："玄烨起来吧，我昨夜休息得很好，行宫安排得很周到。你休息得如何？累不累？"

康熙说："孙儿年轻力壮，还没有感到劳累。老祖宗可要歇息好，这路程还长呢。"

太皇太后说："我还没有觉得自己衰老，你放心，我能坚持。我们满族人，靠马上工夫打天下，那时甚重骑射。方今天下太平，四方安宁，但是古人说居安思危，安不忘危，闲暇时仍然要训练武备才好。"

康熙说："老祖宗所言极是，孙儿近来也在考虑这问题。孙儿打算在口外喀拉沁翁牛特一带开辟一个更大的围猎场，每年秋天去哨鹿围猎和阅兵，来训练八旗兵。老祖宗以为如何？"

太皇太后说："这是个不错的主意。可以在昭乌达、卓索图、锡林郭勒和察哈尔四盟交界的地方，着蒙古札萨克贡献牧场建立一个大大的围场。就叫它木兰围场。"

康熙说："老祖宗明鉴。以后孙儿带满汉大臣去考察一下，选一个水草肥美野兽出没的大围场，每年在那里举行秋狝，接见蒙古王公。等老祖宗洗罢温泉回京，孙儿就在南苑先搞一次最大规模的八旗阅兵活动，训练八旗兵。"

太皇太后说："那样很好。我早就想对你说这事，只是一见你说起其他事就忘掉了。哎，人老了，记性也坏了。"

康熙笑着说："老祖宗刚才还不服老，怎么说着说着就老了呢？"太皇太后也笑了。康熙扶着太皇太后上车，自己翻身上马。队伍又启程了。马上的康熙迎着刚刚升起的旭日，扬鞭催马。马儿跑了起来，"得得"的马蹄声，"吱吱扭扭"的车轮声，在平坦宽阔的砂石驿路上响起。皇帝的行幸仪仗的旗鸾招展，卤簿的刀叉剑戟在阳光下闪闪烁烁。

突然，康熙勒住马缰，翻身下马。太皇太后的车也赶上来，太皇太后命令车夫停车。太皇太后从车里探出头询问："出了什么事吗？"

康熙正垂着头站在路边。太皇太后探出身张望，也看到了沟里倒卧的白骨。太皇太后知道康熙心中难过，急忙命令侍卫："找有司掩埋了。不要让这可怜的人暴尸原野。"

康熙叹息地说："过去读曹孟德的'白骨露于野'和杜工部的'朱门酒肉臭，路有冻死骨’,还不解其意,这下是全明白了。”

太皇太后也说:“是啊!为国之君如果有你这样的慈悲心肠,这样的事就可以减少许多。”

康熙叹息了一下:“看来,朕还是治国无方啊!没有让生民安居温饱安康。”

太皇太后笑了,说:“看你,也学会你父皇那种自责了。这哪能怪你呢?走吧!”太皇太后坐回座位。康熙摇着头上了马。

夕阳西下时,前面的侍卫来报,说南口行宫还没有准备好。康熙皱起眉头:“怎么搞的?朕去看看。”说着扬鞭催马跑了起来,侍卫急忙催马跟随而去。

南口行宫的总管正忙着布置,见康熙前来,急忙跪下请求饶恕。他们还没有把太皇太后的住所布置好。康熙下马走进行宫,查看了一遍,说:“朕的住所没有问题,只是太皇太后的住所过于狭小幽深,火炕烧得不热,地龙火不旺,另换一间!”

总管有些为难地说:“回皇上,恐怕来不及了。再说,行宫里再也找不出更好的房间了。”

康熙有些恼怒,说:“混账!朕不是让内务府拨专款修缮行宫了吗?”他想了一下,又说:“以后再找你们算账!暂且这么办!把朕的住所调给太皇太后住,朕住太皇太后的住所!”

康熙头也不回地上马去迎接太皇太后。他扶着太皇太后走进热乎乎的行宫,太皇太后连声说:“不错,真暖和。这屋子宽大明亮,住着舒服极了。”她转过头问康熙:“你的行宫如何?领我去看看。”

康熙急忙说:“老祖宗不必为孙儿操心,孙儿的行宫与这一样,老祖宗还是先早点歇息吧!”康熙扶着太皇太后坐下,自己告退。明日要过居庸关,道路情况如何,他不放心,要亲自去探视一下。康熙飞身上马,朝居庸关奔去。

旭日照在八达岭绵延的崇山峻岭间,莽苍的群山和蜿蜒的长城都染上一层橙红色,使巍峨的山岭更加雄壮。太皇太后的仪车行到关沟深谷之间,两边陡峭的山峰如刀削斧劈一般,山岭重叠,连绵起伏。太皇太后不顾寒冷,掀起车帘,观看风光。康熙骑马缓步走在车旁,为太皇太后指点风景。“这里是居庸关,这里叫居庸叠翠。夏日这里树木葱茏,景色非常优美,是燕京八景之一。”康熙指点着说。太皇太后连声赞叹:“真美,真壮观!”心中不由涌起自豪和骄傲:我没有辜负这大好河山!

到了居庸关前,守关的八旗将士列队迎接康熙和太皇太后。太皇太后掀起车帘,向守关将士微笑致意。居庸关的中心,有一座雕刻得十分精美的白石台子,上面坐落着一个塔,台子下面雕刻着四大天王和许多佛像,栩栩如生。“这个台子叫云台。”康熙说,“下面还刻有梵文、藏文、蒙古文等六种文字的佛教经文和陀罗尼经咒呢。”

太皇太后听到佛教的经文,高兴地问:“有我们满族文字吗?”

康熙笑了:“没有满族文字,它是元代建的。”

太皇太后嘟囔着说:“怎么没有满族文字?以后要叫人刻上才好。”康熙心里好笑,嘴上却答应着:“听从老祖宗吩咐。”他想:做晚辈的,只有让老人高兴心情舒畅才算是孝顺嘛。他当然应该嘴上答应太皇太后这可笑的懿旨。

车行到八达岭山麓,康熙下马,扶着太皇太后的车辕,慢慢行走。太皇太后心疼地说:“你上马吧,步行太劳累。”康熙摇着头:“这里山高路陡,道路险峻,孙儿一定要扶辇整辔,才安心。”太皇太后心疼不已。

康熙安慰太皇太后说:“老祖宗,你不要看孙儿,你望一望八达岭上的明代长城。瞧,这长城多壮观!”太皇太后望了一下,万里长城蜿蜒起伏,绵延在群山之巅。

“壮观吧,老祖宗?”康熙问。

太皇太后心疼走路的孙儿,嘴里便嘟囔着:“是壮观,可是这壮观结实的墙还是挡不住流贼李自成的进攻,李自成不是只三天就破了居庸关吗?国法不行而人心去,什么墙也挡不住灭亡。”

康熙笑着说:“老祖宗说出的话句句是至理名言,一句顶一万句,孙儿一定谨记老祖宗的教诲。”

太皇太后嘟囔着说:“什么一句顶一万句?一句不就是一句吗?别说那么多了该上马了吧!这里道路已经平坦了许多,你就上马吧!”

康熙说:“前面还有一个浮桥,等孙儿亲自试着走过去,自会上马。”太皇太后摇着头说:“你要累坏的。”

“老祖宗,这关沟里有72名胜,您不想让孙儿讲给您听吗?这里有点将台、青龙桥、天险、五鬼头、弹琴峡、仙人桥、望京石等好看的景致呢。”康熙顽皮地说。

太皇太后说:“我只是怕累着你。”

太皇太后在温泉里泡着,舒服极了。身上的顽症已经减轻了许多。多亏玄烨,真是没有白疼他一场。

太皇太后每天一起床,用过早膳就泡到这温泉水里。水里散发出强烈的硫磺气息,虽然有点呛人,却也并不难闻,正是这硫磺味,才能医治太皇太后的皮肤顽症。泡了一个月,太皇太后觉得自己好多了。

太皇太后披着柔软的裘衣,惬意地躺在温泉宫里的卧榻上,苏嘛拉姑捧着茶壶伺候太皇太后饮茶。

“皇上来了吗?”太皇太后问。

“还没有,主子知道,皇上行宫离这里还有七里地,要走一个时辰呢。不过,快到了。”

太皇太后又嘟囔着说:“这地方这样狭窄,只能建一个行宫,以后一定要选一个能建两个行宫的温泉。”苏嘛拉姑偷偷一乐:这话太皇太后差不多每天说一次。

“小蹄子,又在偷偷取笑我啰唆?是不是?你不知道我多想念他!小蹄子,都是你没结过婚,没有儿孙的缘故,体会不到这心情。当年叫你依了太宗吧,你死活不依。瞧,不懂这心情了吧?”太皇太后心情很好,唠叨起这陈年老账。

苏嘛拉姑撅起嘴:“主子,瞧您!又来了!奴婢还不是因为忠于主子您啊!要不早就去挖主子的墙角了!”

“你敢!要是那样,我早就废了你!”太皇太后笑着说。

“奴婢为什么不敢?主子又不是不知道,当年太宗多想要奴婢去伺候他。”苏嘛拉姑不服气地说。这话题,在她们主仆之间是第一次提起。苏嘛拉姑大着胆子说,偷偷地瞥着太皇太后的脸色。

太皇太后笑着说："我怎么不知道？我就是喜欢你的这份忠心，相信你的忠心。"

苏嘛拉姑感动了，她擦着涌出的热泪，哽咽着说："有主子这话，奴婢死都值得，何况没有儿孙？"

太皇太后说："等以后皇上生的皇子多了，我叫皇上把哪个妃子的儿子给你抚养，聊解你晚年的孤独。"

苏嘛拉姑急忙跪下，抽泣着说："奴婢感谢老佛爷的关心！"

康熙骑着马朝温泉行宫走来，一边走一边想，以后要为太皇太后建一个避暑行宫。多尔衮选中的承德围场也不错，将来去考察一下，选一处建一个皇家避暑胜地，那就方便老祖宗洗温泉了。

康熙每次总是怀着一种急不可耐和欢欣的心情去看望太皇太后老祖宗。突然，一句诗涌上他的心头：不尽欢欣踊跃回。多么好的一句诗啊！康熙高兴起来，他还没有正经做过诗。为什么不试一试呢？

康熙皱着眉头继续想。不一会，他又得了一句：晨昏敬睹慈颜豫。

好！有了！康熙马上猛一勒缰，胯下腾云白马奔跑起来。随从侍卫大臣急忙拍马跟上。康熙勒住马，等待翰林高士奇赶上来。翰林高士奇以书法诗词闻名，康熙闲暇无事常与他谈论品评书法作品。

"高卿，"康熙满脸笑容，年轻的脸上写满得意，说，"朕在马上得诗一首，请高卿指点。"

高士奇急忙表示祝贺："皇上才思敏捷，写诗本不成问题，只是皇上爱好书法，自以为写不了诗。请皇上读出来叫臣子欣赏。"

康熙朗朗地颂了出来："定省深宫寒气催，承恩献寿捧霞杯。晨昏敬睹慈颜豫，不尽欢欣踊跃回。"

"好诗！好诗！"高士奇连声夸赞，"写出皇上对太皇太后老佛爷的一片真情。事真景真情真，诗贵真也！"

他信马由缰地走了一会，马上又得一首："温谷神丹力不穷，五云暖流绕行宫。圣躬喜得今康豫，宇宙欢欣旧日同。"

高士奇大为惊讶，说："皇上莫非得了神人天助？怎么这么快就又得一首？皇上真是聪颖过人啊！"

康熙说："古人说江山之助，朕确实得了这么壮丽江山的帮助。快走！朕要把这两首诗献给老佛爷。"说着，在马的臀部抽了一鞭，坐骑如腾云般奔跑起来。

康熙见过太皇太后，把两首诗朗诵给她听。太皇太后高兴地拉着康熙的手直说："乖乖，看我这皇孙，真是了得，会作诗了。汉人的诗词讲究那么多，有多难学！你什么时候学会的？"康熙和随他来的大臣都笑太皇太后那老太太的慈祥唠叨话。

这时，侍卫走到康熙身边说："报告皇上，京城信使到。"康熙对太皇太后说："老祖宗还是再泡一次。孙儿要接见信使，看朝中有什么事情。"太皇太后说："你去处理国事吧，一会再过来一起用午膳。"

康熙来到行宫的大殿，信使交来宫中的来信。康熙打开内务府呈子来看，看着看着脸色阴沉了下来。

康熙的眼泪扑簌簌地落在手中信上，哽咽着说："承枯死了。"

索额图不相信这消息，怎么会呢？他们离开皇宫时，皇后还拉着承祜来给皇上送行，他还亲了亲自己的小外甥。

"什么病？"索额图问道。

康熙说："不知道，信上没有细说。"说着，他抽泣起来。从14岁他和马佳氏生第一个皇子以来，已经不明不白地死了三个。承祜是他和皇后生的头生子，他原本准备立他为太子的，那么聪明伶俐的承祜，太皇太后最喜欢的曾孙子。他怎么把这消息告诉太皇太后？她老人家能承受这打击？不！不能让太皇太后知道！

康熙擦干眼泪说："谁也不许把这消息告诉太皇太后！不能让她老人家伤心！要是谁走漏了风声，朕必严惩不贷！"

太皇太后正好走了进来，问："走漏什么风声？"

康熙急忙说："老祖宗，没有什么，只是关于藩王吴三桂的事情。没什么大不了的，老祖宗安心疗养。"

太皇太后说："我这右眼皮直跳，古人说：右眼跳灾，不是有什么坏消息吧？莫不是平西王吴三桂那里有了什么苗头？去年有人上血书给吴三桂的事情发生之后，我总放心不下，对这反复无常的小人一定得多加提防。"

康熙点头又急忙摇头，但是眼睛却有些发红。

太皇太后正和索额图说话，这才问："什么事？"

内务府官员说："请皇上明示，如何处理皇子的后事？"

康熙流着泪说："承祜虽然没有正式立为皇太子，但是朕一直把他当作皇太子看待，后事规格自然高于其他小皇子为好。"内务府官员叩头而去。康熙站在殿外，让眼泪干去，才进入殿中陪太皇太后说话。

太皇太后说："早晨苏嘛拉陪我到行宫外散步时，我们看到一个石碑上有这样一个帖子，你们看看。"太皇太后拿出一个帖子交给索额图，索额图交给康熙。上面写着：害天下之民者，给事柯耸是也。"这柯耸何许人也？为什么说他害天下之民呢？"太皇太后问道。

索额图说："从来匿名飞语，多是光棍害人之计，纵使写出姓名，也可能是怀挟私仇乘机诬陷。"

太皇太后笑着说："也不尽然。百姓以匿名方式控告，大抵是因为害怕官威报复，不得已为之。这事情也可私访私访，看这柯耸给事是否是贪赃枉法之徒。如若属实，治罪于他，朝廷往往是被这些贪官污吏搞坏了的。他们借助手中权势，狐假虎威，作威作福，欺压百姓，结果官逼民反，让朝廷蒙羞。如若挟私报复，查访出来，那是陷人者自陷之，也不轻饶！"

康熙说："孙儿这就着人去办！"

太皇太后又说："至于在朝诸事，岂无此类事情？有忠诚入告者，也有诬告者，假公行私的不肖之类，把那些溜须拍马的依附者当作知己大加推举提拔，加以引进，把那些不听话的加以陷害，不知枉害了多少贤良，重用了多少奸佞。孙儿为人君，只要虚公裁断，一准于理，不会出现差失。"

康熙说："太皇太后教诲孙儿谨记在心。"他对高士奇说："你要把太皇太后这段话原封不动地记下，写进起居录中，让后辈与朕同记在心！"

太皇太后笑了，说："我这只是随便说说，不记也罢。"她说着又仔细瞧瞧康熙的眼睛，关切地问："你的眼睛……"

康熙说："外面北风刮起尘土，迷了眼睛。老祖宗，这温泉水可是温泉水滑洗凝脂啊？"

太皇太后笑着说："瞧这傻小子，拿我比起杨贵妃了！真是没大没小！"大家都笑了起来。

皇太后孝康章皇后愁兮兮的，陪着太皇太后玩纸牌。

37岁的皇太后，脸色黄黄的，看起来好像四十多岁的样子。从没有享受过夫妻生活的女人犹如没有阳光雨露滋润的花木一样易枯萎。

太皇太后瞥了皇太后一眼，就问："近来你也清闲了吧？皇上有了新皇后，你不必为后宫操心了，就好好陪我玩一玩。看你好像有心事一样？"

皇太后叹了口气说："这几年都是我替老佛爷和皇上操持后宫。新皇后就位这几个月，我清闲了，却很有些不习惯，心里总好像空落落的，好像少点什么事情似的。"

太皇太后笑了："权力这东西真是个妖魔，它可以叫人着迷。你怕也是得了权力病，放不下它了。"

皇太后脸色一红，不好意思地说："老祖宗明鉴，孙女是有点舍不得那后宫主事的主位。可是，这新皇后钮祜禄氏却不比赫舍里氏那样孝敬和明事理，她可不把我这婆婆放在心上。"

太皇太后吃惊地扬起眉毛，问："有这事？"

皇太后吞吞吐吐地说："可不是咋的？这才几个月，都把皇上狐媚到神魂颠倒的地步，又是为皇上绣菊花荷包，又是天天缠着皇上为他阿玛建庙。当年遏比隆伙同鳌拜把持朝政，老祖宗和皇上慈悲为怀没有治他的罪，她这里倒蹬鼻子上脸，趁当了皇后来为他翻案。老祖宗，你看不是太过分了吗？"

太皇太后皱起眉头，问："这给遏比隆建家庙的事，皇上准许了吗？"

皇太后不满意地说："皇上那么仁慈的菩萨心肠，如何能架住她天天吹枕边风？已经批准了，正要建呢。"

婆媳正说着，宫外传来侍卫和太监通报的喊声："皇后驾到！""给老祖宗请安！给皇太后请安！"皇后和妃嫔齐声说。

太皇太后望着钮祜禄氏。与赫舍里氏一起进宫的遏比隆的女儿，如今已经25岁，正像盛开的花朵一样娇艳美丽，皇后的服饰打扮起来，自有一种雍容华贵的气派，她的颀长身段苗条婀娜，穿着花盆底鞋，更增添了袅娜风情。

太皇太后沉吟着：确实是个狐媚人儿，这十几年可是委屈了她。如今可是觉得熬出了头？要在皇后位置上大显身手了吗？

皇后钮祜禄氏见太皇太后没有说话，便微笑着说："老祖宗，清明快到了，皇上决定恢复在清宫里安置秋千的秋千节，我建议在清明的第二天到新修好的畅春园去过花朝节，不知老祖宗和皇太后可否同去？"

太皇太后沉着脸摇着头说："秋千节是前明的宫中游戏，前明的皇帝沉溺于后宫之中，我大清入关以来一直禁止在后宫搞这丧志的游乐。皇上怎么会想出这种主意呢？不是有人怂恿吧？"

皇太后冷冷地说："肯定是后宫妃嫔中哪个狐媚子的主意。"说着眼睛只望着皇后。皇后心中有些慌张，但是立刻镇定下来。从入宫起，她一直居于妃子的地位，这心中的委屈不知有多大。可是她却只能强颜欢笑，四年前皇后难产死了，她大喜过望，以为自己当皇后的时机已到，没有想到皇上对皇后一往情深，一定要守丧三年再立皇后。现在她终于等到云开雾散，自己如愿以偿，荣立主位。这是她十几年的努力，她怎能不珍惜这机会呢？她要把自己的聪颖才华和能力都显现出来，把后宫治理得有条有理，让皇帝满意。十几年对后宫的观察，她发现一些后宫的弊病，一定要想方设法改变它，把死气沉沉的后宫变成一个生机勃勃的温暖的大家庭。所以她想了一些新活动，这秋千节便是她的主意。太皇太后反对，就由她反对去好了。她已经年高不理后宫，只要敷衍她把她当神一样高高供起来，就不会影响到自己。

想到这里，钮祜禄氏笑着说："老祖宗圣明，老祖宗说的极是。我也这样劝过皇上，只是皇上说，后宫生活过于单调，想多设个节日供宫中女子乐一乐。在坤宁宫、翊坤宫和其他几个东西宫已经树起了秋千架，后妃和宫女都可以玩耍。皇太后要是高兴也可以玩的。"钮祜禄氏说着，调皮地看了看皇太后。

皇太后有些恼怒，她恨恨地哼了一声，阴沉着脸，低下头不理睬皇后。

太皇太后听了解释，笑着说："既然是皇上的主意，那就由他去吧！这花朝节又是怎么回事？"

钮祜禄氏见太皇太后没有生气，便兴高采烈地走到太皇太后身边，为太皇太后轻轻地捶着后背，一边说："花朝节是百花节日，我想在畅春园里举行百花会，请太皇太后老祖宗和皇太后去赏花。"

皇太后脸上更显阴沉，只是碍着太皇太后的面子不敢发火。太皇太后扭过头来，对皇太后说："这倒是新花样，我们娘俩也去凑凑热闹。"

清明过后，位于北京西直门外海淀附近的畅春园迎来它第一批最尊贵的主人。

皇后钮祜禄氏率领着一大队妃嫔宫女来到畅春园，她们人人头上都插着柳枝。

太皇太后和皇太后的玉辇来到园中。苏嘛拉姑扶着太皇太后下了辇，皇太后来到太皇太后身边，指着园中花丛树下的钮枯禄氏说："老祖宗，您瞧，她那张狂样，哪有皇后的庄重？"

太皇太后抬眼望了一下，说："是不像话。"

钮祜禄氏这才发现太皇太后和皇太后来了，急忙率领妃嫔前来跪接。

太皇太后望着满园飘舞的彩绸问："这是你的主意？"

皇后钮祜禄氏回答："回老祖宗太皇太后，是我的主意。我看满园花儿还没有完全开放，就想以绸代花，把园子装扮得更热闹一些，让太皇太后和皇太后高兴。"

太皇太后笑着说："小蹄子的幺蛾子还不少。"

钮祜禄氏得到太皇太后的夸奖，心里高兴，急忙卖弄自己的聪明，说："老祖宗，那边还有更好的游玩项目，请太皇太后和皇太后过去观看。"

皇后钮祜禄氏扶着太皇太后，绕过假山花丛，来到一片开阔的地带。

皇后安排太皇太后和皇太后坐下，自己来到太监宫女身边，大声说："猴崽子们，动手吧！"

宫女和太监纷纷脱去宫中衣饰，立刻变成农夫渔夫酒保樵夫桑妇织妇等，他们走进"农庄"，开始模仿自己的角色，干起各自的农活。

太皇太后高兴地拍起手说："真好看，这些猴崽子还挺像的，真还有农家景象。皇后，这叫什么节目呢？"

皇后说："还想请太皇太后给这活动起个名字。"

太皇太后想了一会说："这好像一幅画儿的景象，那画叫什么？"她转过头去用眼睛征询苏嘛拉姑，苏嘛拉姑却轻轻地摇摇头。太皇太后又看了看皇太后，她却干脆掉转眼光，不去望太皇太后。太皇太后轻轻叹口气：这皇太后，只有个好性子，对汉族的东西总是抵制，结果却孤陋寡闻。

钮祜禄氏急忙说："老祖宗圣明，这正是老祖宗所说的画儿，这就是摆演的清明上河图哇。"

太皇太后点点头，重复了一下："清明上河图。真不错，这主意真不错，热闹了大家，还叫我们这些常年住在深宫的人见识了农家生活。你这小蹄子，真还聪明，有些幺蛾子鬼点子。"太皇太后连声夸赞着。

站在太皇太后身后的皇太后的脸色更显阴沉。

太皇太后严厉地看了苏嘛拉姑一眼，苏嘛拉姑急忙低下头。

皇太后的脸色更难看，她咬着嘴唇，心里嘀咕着：只有靠自己了。

太皇太后见皇太后总是阴沉着脸，便拉了她一下，说："我们难得出来一趟，我们过去走走，看看农村这良辰美景。"皇太后勉强做出欢颜，扶着太皇太后起身顺着田间阡陌朝村庄走去。太皇太后开导着皇太后，说："我看这钮祜禄氏还算机灵聪明，主理后宫也就由她吧！你就陪着我落个自在清闲不是很好吗？"

皇太后嘴里诺诺着，心里却不大满意地反驳着：您老祖宗主理了一辈子后宫，我却只主理了四年时间，这未免有点不公平吧？

皇后让太监宫女伺候着太皇太后和皇太后游了农庄，伺候她们登上玉辇，来到畅春园喜寿堂，这里正要上演花朝节戏。皇太后端起银碗呷了一口，小声嘟囔着说："不够味，太淡了。要再加点盐才好。"

四月八日，皇太后到慈宁宫与太皇太后一起过浴佛节。太皇太后和皇太后一起吃着结缘豆，一边说着闲话。

皇太后说："听说皇上有意追封遏比隆为亲王。老祖宗，您看这事合乎祖宗规矩吗？"

太皇太后停住手中的筷子，吃惊地问："你说要追封遏比隆为亲王？这是谁的主意？"

皇太后生气地说："还不是那个狐媚子皇后的幺蛾子？她又缠着皇上让皇上追封遏比隆为亲王，还要皇上为遏比隆写文颂扬他的功绩。"

太皇太后喔了一声，不再说什么。

皇太后小心地看看太皇太后的脸色，又说："这钮枯禄氏，真是人心不足蛇吞象。她已经向皇上提出要求恢复她阿玛遏比隆的一等公爵位，这又提出要晋升他为亲王。我们祖宗有这规矩吗？亲王历来只封黄带子觉罗，或者是功勋封王。他遏比隆封王算什么呢？”

太皇太后点了点头，嘟囔着说：“是的，是的，没有这规矩。祖宗规矩不能破坏。封王这大事是要慎重的。异姓封王除了开国初年功勋王之外，还是没有先例的。”

“是啊！老祖宗说得极是。”皇太后见太皇太后同意自己的说法，立刻高兴起来。她兴冲冲地说：“这先例一开，内戚不是都要求封王了吗？这亲王还有什么尊贵之处？我们黄带子觉罗的尊贵如何保持？祖宗不怪罪我们吗？”

太皇太后皱起眉头，小声说：“那该如何是好呢？”

皇太后伏在太皇太后耳边说了几句悄悄话。太皇太后把头摇得拨浪鼓似的，连声说：“不行，不行，那不行。废皇后一定要由皇上提出来，我提出来很不合适，我已经早就不主持后宫了。”

皇太后说：“要不我向皇上提出？”

太皇太后生气地看着皇太后，说：“你还是这么没有脑筋，你又不是皇上的亲生额娘，他对你一直是比较冷淡的，你难道看不出？你这里突然要他废掉他喜欢的皇后，他能听你的吗？就算他勉强听了你的话，以后他不会怨恨你吗？以后你如何与他相处？”

皇太后满脸羞惭，垂头默然，无言以对。

太皇太后心疼地看着自己这至亲的侄孙女，爱怜地戳着她的额头，说：“小蹄子，你可真是要我的命。为你，我得操碎心。”太皇太后对苏嘛拉姑说：“去告诉刘忠，让他去传贵妃佟佳氏来见我。告诉他，悄悄去，不要惊动其他妃子。”苏嘛拉姑答应着出去。皇太后感激地握住太皇太后的手，说：“老祖宗，老佛爷，我全靠你的关心了。”说着，眼泪竟不由自主地流了下来。这女人，心里的苦太多。

贵妃佟佳氏惴惴不安地来到慈宁宫。第一次接受太皇太后的单独召见，是福还是祸？佟佳氏是佟国维的女儿，进宫也有几年了。康熙喜欢自己的母舅，把两个母舅佟国纲和佟国维都委以重任，又把佟国维的女儿封为贵妃。

佟佳氏给太皇太后和皇太后请安问好之后，太皇太后微笑着拉着她的手，对皇太后夸奖说：“瞧这小蹄子，进宫几年，越发出落得漂亮了。今年多少岁了？有了没有？”

佟佳氏红着脸回答了太皇太后的问话，太皇太后拉着她的手让她坐到自己身边，爱抚地抚摩着她的头发，说：“要抓紧时机，为皇上生个一男半女，皇上准会喜欢的。你和皇上是姑表兄妹，这亲上加亲，注定你比其他人受皇上宠爱。”

皇太后接着太皇太后的话茬说：“是啊！你可是皇后的接班人，像钮枯禄氏一样接皇后班的只能是你，你可要听话啊！将来皇后万一有个不测事故，这皇后位置非你莫属啊！”

佟佳氏不敢说一句话，心中咚咚直跳：难道是太皇太后和皇太后觉察了我想当皇后的心思，叫我来套我的想法吗？还是皇后来告我的状，她们来试探我？

太皇太后接着说：“我知道，哪个妃子都想当皇后，想当皇后，没有什么不好，只是要守规矩。你是个乖孩子，我和皇太后都喜欢你，皇上也喜欢你，你只要听话，这当皇后的事也不是没有希望的。以后宣你父亲进宫，把这话稍微说给他听，他会有办法的。”

佟佳氏明白了太皇太后的用意，她的心狂跳起来。

皇太后严厉地说：“只是不要泄露今天的见面，否则你可能招致大祸临头。”

佟佳氏急忙说：“太皇太后和皇太后的宠爱，臣妾没齿不忘，臣妾绝不敢违背太皇太后和皇太后的旨意。”

太皇太后又说：“今天是浴佛节，内廷可以赏赐大臣结缘豆，你今天就可以宣佟国维进宫接受赏赐。是吧？”太皇太后问皇太后，皇太后点着头。

太皇太后望着康熙。康熙唇上已经留起了胡须，像他的皇太极玛法一样的胡须。原本的长脸形已经变成尖下颏，脸色黑黄，黯然没有光华，眼睛里布满血丝。

从平息三藩叛乱以来，康熙就没有睡过一个好觉。三藩汉王从顺治初年征讨南方，便立足于南方各自为政，靖南王耿仲明的儿子耿继茂拥福建，平南王尚可喜和儿子尚之信拥广东，平西王吴三桂及子拥云南、贵州，各自垄断财政，鱼肉百姓，成了独立小王国。康熙十二年，尚可喜年届70，上书康熙要求带领藩下闲散孤寡老弱二万四千余口归老辽东。早就有撤藩意思的康熙立刻准予，降旨说：平南王欲归辽东，请词恳切，具见恭谨，很识大体，提出是否全藩撤离王下官兵家口，令议政王大臣会同户、兵二部却议具奏。议政王大臣会议体会了康熙的意思，认为应该同意平南王的奏请，复归辽东，但该王之子尚可信仍带领官兵居于粤东，则是父子分离，藩下官兵父子兄弟宗族亦致分离。今粤省已经安定，既议迁移，应将该藩家属兵丁均行议迁。尚可喜接到诏书，恭顺地服从，开始做撤藩的准备。耿继茂和吴三桂闻讯之后也上书提出撤藩申请。吴三桂的谋士刘玄初劝阻说：“上久思调王，只是难于启口，现在王主动上书，必将上疏朝上而夕调王。”吴三桂说：“我上疏，是表明自己的不恋藩王的态度，做做姿态而已。不做这姿态，恐怕招致皇上的怀疑，做了这姿态，皇上必不敢撤藩。”康熙却立即批准两地撤藩的请求。朝中一些大臣害怕吴三桂反叛而反对撤吴三桂的藩王称号。康熙说：“三桂等蓄谋已久，不早除之，将养痈成患。今日撤亦反，不撤亦反，不若先发制人。”康熙派大臣去云南广东经理撤藩之事。吴三桂于康熙十二年十一月二十一日集合部下杀了拒绝从叛的云南巡抚朱国治，扣押朝廷使臣，自称天下都招讨兵马大元帅，蓄发易衣冠，用白色旗帜，自号为周。

太皇太后心疼地问：“是不是没有睡好觉啊？”

康熙忧郁的眼睛闪过一丝苦笑，说：“老祖宗，事情太多睡不着。自吴三桂叛乱始，这天下开始不安宁。孙儿真有些招架不住。尚藩耿藩随即响应，这在孙儿的预料之中。可是这孔四贞的夫婿孙延龄跟着闹事，却是我没有想到的。”

太皇太后扬了一下眉毛，有些吃惊地“哦”了一声，接着问：“什么时候？”

康熙说：“刚收到南方驿站的密报。”

太皇太后站了起来，轻轻咬住嘴唇，说：“这四贞太叫我失望了。当初念她父亲孔有德为国捐躯，把她接进宫，认作我的干女儿，封和硕公主养着，想把她许配给你父皇，可是她说她从小许配给孙可望的儿子。我依了她，把她以公主身份嫁给孙延龄，满以为她能够为朝廷出力，笼络好这南方的汉将。她怎么这样无能？连个夫婿都管不住？让孙延龄跟着吴三桂胡闹？”想了一会，太皇太后又说：“这孙延龄的事，你不必操心,我写信给四贞,她会听我的话把孙拉出反叛队伍的。"

康熙点着头说:"我也是这样想的。四贞姑姑不会不念老祖宗的恩德。"

太皇太后不大高兴地说:"我相信她,可是也难说。你也要做好坏的准备。这吴三桂的儿子吴应熊不也是额驸吗?不一样没有拴住吴三桂?这些汉人反复无常,我们不能不防。"

康熙说:"还有一事要禀报老祖宗,西北的王辅臣、马宝也响应吴三桂。糟糕的是察哈尔的布尔尼也趁火打劫。老祖宗以为谁去平蒙古比较合适?"

太皇太后又走动起来。她蹙着眉头,心里十分恼怒。

太皇太后坐了下来,抬起头说:"我看图海去比较合适。"

康熙有些吃惊:"图海?他可是坚决反对撤藩的大臣啊!"

太皇太后说:"非他不行!他是正黄旗人,又是安费扬古的嫡孙。安费扬古当年随太祖太宗南征北战,知道如何用兵如何调动士兵士气。图海从小受他玛法的影响,只有他能够带动八旗家奴兵。"

康熙想了想,说:"就依老祖宗所见,任命图海为将军征讨察哈尔。"

太皇太后沉静地望着康熙,慢慢说:"眼下你正处于困难时期,你唯有沉住气,才可以取胜。如果自己先乱了阵脚和方寸,大臣就会乱成一锅粥,局面不可收拾。另外,这些叛乱的汉将,有的为利有的是为了泄私愤,目的并不一样,真正为了复明的可以说没有一个!吴三桂那小人,更是为了一己之私利。所以,他们并没有多大的号召力。你只要抓住首恶,分别对待,分化瓦解,有的打有的拉,有的给以利益的招抚,有的给以金钱的赎买,有的给以地位权利的许诺,很快就能从叛乱队伍中拉出几个,削弱吴三桂的力量。这些叛军没有什么可怕的。"

康熙心里安稳了许多。

一片嘈杂声传进东暖阁,太皇太后从枕头上抬起白发苍苍的头,心想:是不是又地震啦?七月,康熙的弟弟和硕纯亲王隆禧病逝,同月地震,京城倒塌房屋无数,人畜死亡很多。今儿这又是咋的?她惊慌失措地喊:"苏嘛拉,宫里发生什么事?是不是又地震啦?"苏嘛拉姑说:"回主子,没有地震,宫里起火了。""哪里起火?"太皇太后说着就起身。苏嘛拉姑急忙说:"刘忠总管已经派人去打探,老佛爷你先穿好衣服再说。"

"我要去乾清宫,去乾清宫。"太皇太后说着急急探脚下地。苏嘛拉姑边为她穿衣服,一边安慰说:"老佛爷不要着急,可能只是哪里的下人房起火,不会影响乾清宫的。"

太皇太后急急地说:"不行,我要去乾清宫看看才放心。"苏嘛拉姑只好扶着她走出东暖阁。太监总管刘忠进来报告说:"报告太皇太后,太和殿起火,火势不大,已经被控制住了。"

"皇上呢?受惊了没有?太子呢?"太皇太后急急地问。

刘忠说:"老佛爷不要挂念,皇上正在太和殿查看火情,他叫奴才传话给老佛爷,他过一会过来慰问老佛爷。请老佛爷还是先回去安歇。"

太皇太后说:"我要等着皇上,看他有没有事。"刘忠不敢拗老佛爷的旨意,赶快命宫女给太皇太后端来椅子,让太皇太后坐在宫门边等着康熙。

康熙匆匆走来。“老祖宗你怎么坐在这里？天还冷，小心着凉。”他说着脱下自己的斗篷给太皇太后披上。

“你没事吧？”太皇太后拉着康熙手问，“太子怎么样？没有惊着他吧？”

“没事儿，只是让老祖宗受惊了。老祖宗回宫去吧！”康熙扶着太皇太后，走进慈宁殿，回到东暖阁。“时间还早，”康熙看了看自鸣钟，说，“现在才到丑时，老祖宗再睡一觉。”说着扶太皇太后躺到炕上，为她掖好被子，说：“老祖宗，我要去听政了。”

太皇太后说：“你今天还是先暂停一次听政，夜里没有睡好，再回去睡一觉吧！”

康熙说：“朝臣此时已经聚到乾清门，孙儿去了。”

太皇太后对苏嘛拉姑说：“可怜见的，这些年他可太辛苦了。”太皇太后想。

需要劝说他再立皇后。太皇太后想。

朝政方面，平息三藩叛乱的战事已经进行了多年，还没有结束，康熙为此“午夜迢迢刻漏长，每思战士几回场”。

太皇太后自言自语：“这样不行，这样不行。”

苏嘛拉姑问：“主子说什么不行？”

太皇太后说：“皇上明显消瘦了许多，这样下去不行，他需要歇息几天。可是他不听话，放不下朝政，这怎么好？”

苏嘛拉姑说：“这好办。主子您下道命令，命令皇上到南苑歇息几天。皇上至孝，一定听的。”

“对！就依你。刘忠，你去传话内大臣阿鲁哈大学士索额图明珠，说太皇太后有懿旨命皇上歇息。让他们草拟一个懿旨给皇上。”

太监刘忠立即起草了一份懿旨，他念给太皇太后：“皇帝自入秋以来，未甚爽健。且此数年间，种种忧劳，心怀不畅。顷者抱恙，今虽痊愈，当尚未甘饮食。念南苑洁净，宜暂往批、彼颐养。又昨火灾，闻太子亦惊慌，可令同往。传语皇帝，无违吾命。”

太皇太后说：“就这样，去传令吧！不，等一会儿，我还有事交代。”太皇太后看着刘忠，说：“着人从慈宁宫的宫俸中拨出5000两白银，发给平叛的将士，再把宫中各种绸缎拨出500匹赏赐平叛将军家眷，鼓励将士努力杀敌。”

刘忠出去以后，苏嘛拉姑摇着头抱怨说：“宫中俸禄并不宽余，主子这赏赐恐怕更加重宫里负担。太皇太后的圣寿节快到了，到时恐怕连庆宴都办不好。这批绸缎，是皇上让江宁织造、苏州织造和杭州织造为太皇太后圣寿节专门敬献的新产品，都是那么精美的贡品，太皇太后也舍得。”

太皇太后说：“我现在老了，无法为皇上分忧，只能这样尽尽心意，也睡得安稳。银两绸缎虽然不多，但是作为我的赏赐，也还是能激励将士士气的。”

“主子替皇上分忧，奴婢理解。可是那绸缎，实在漂亮，叫奴婢心疼。那江宁织造的云锦，像美丽的云霞，那妆花织金缎，五彩闪色，晕色华丽，看着都爱人。苏州织造的宋式蓝地金佛手石榴莲蓬纹锦，锦面金碧辉煌，富丽堂皇。杭州织造的杏黄团年吉庆江绸和五色勾莲蝶花丝缎，都是过去少见的精品。太皇太后竟不心疼，全送了。唉，奴婢还想让主子赏赐几件衣料呢，这下没希望了。”苏嘛拉姑竟也唠唠叨叨着。

太皇太后笑了,说:“苏嘛拉,我看你真是老了,竟如此唠叨。那庆寿诞之事,年年都可以庆的。佛堂里万寿无疆的匾额不就是皇上为我的寿辰题写的吗?去年刚刚庆祝65岁寿诞,皇上敬献的锦衣不还没有穿过吗?皇上写的诗你还记得吗?”

苏嘛拉姑笑着说:“奴婢当然记得,奴婢这就背诵给主子听:‘喜得万方同孝养,千秋福德并穹苍。宫中尧舜兼文母,恭捧南山万寿觞。’”

太皇太后说:“有了这些诗文,我就心满意足了。这寿诞献诗比什么礼物都叫我高兴。现在,我只想如何助他一臂之力,把三藩之乱及早平息。”

苏嘛拉姑说:“奴婢知罪了。主子为皇上分忧解难,将来实在应该受尊号。”

太皇太后说:“我可不受什么尊号。皇上焦心劳思,运奇制胜,才能削平盗寇。我身处深宫之中,既不能杀敌于外,又没有运筹帷幄之中,受尊号是欺世盗名,于心不安。这尊号只有皇上受之无愧。”

苏嘛拉姑说:“主子对皇上的一片赤心,一定会感动列祖列宗。”

太皇太后有些神色黯然,说:“但愿我这一片苦心能使在天的列祖列宗原谅我。”

刘忠这时返了回来,向太皇太后报告。太皇太后着急地问:“皇上怎么说?他答应了吗?”

刘忠说:“回老佛爷,皇上听了之后,笑着对索额图说:看老佛爷这一片苦心,总要把朕撵出皇宫歇息才罢休。这番苦心朕不能不顾及。好,传话给太皇太后:太皇太后念朕躬偶恙,屡蒙降旨,朕钦遵慈命,即幸南苑,明日当徐徐起行。”刘忠模仿着康熙的声音说。这刘忠模仿康熙说话声气的本事,是宫里第一人。

太皇太后长长嘘了一口气,说:“皇上这下可以歇息一阵,调养一下精神,我就放心了。”

太皇太后又问刘忠:“太子散学了没有?”刘忠说:“太子还在上书房读书,没有散学。皇上说等他一散学就让他来给老佛爷请安。”

太皇太后说:“可怜见的,才豆丁大点儿的小子,就天天早上寅时进书房,先习满蒙古文,然后学汉文,还要学骑射,直到申刻散学,多劳累啊!请安就免了吧!”

苏嘛拉姑笑着说:“先皇和皇上不都是这样长大的吗?先皇早上总是哭鼻子不起床,主子一点也不可怜他,经常命令奴婢拉他起来。”

太皇太后笑了:“是啊,那时只是恨铁不成钢,没有怜惜的心情。现在想起来懊悔得很,对福临太严厉了,才……”

苏嘛拉姑急忙说:“都是奴婢不好,又勾引起主子的伤感。一会太子就来了。”说着,吩咐刘忠准备太子喜欢吃的小点心和干鲜果品。

太皇太后还是有些伤感,幽幽地说:“福临活着时总说要到五台山出家,被我呵斥得死了这念头。不知这五台山可真是佛家胜地?我是不是应该去五台山拜佛,替福临还愿呢?”

苏嘛拉姑说:“班布喇嘛也盛赞五台,说出家人不能不去五台。主子如果想去,奴婢可以奏明皇上,请皇上安排。”

太皇太后长长叹了口气:“现在不是时候,平藩战事还紧,等以后看情况再做安排吧！我要先出资在五台山菩萨顶上兴建一个喇嘛庙，从京城派一些喇嘛去主持，替我礼佛膜拜诵经超度福临。”

二十九　芳魂永存

满头白发的太皇太后从枕头上抬起头，说：“苏嘛拉，我又做了个梦，梦见福临说让我去五台山替他还愿。”

苏嘛拉姑笑着说：“梦是心中想，日有所思，夜有所梦，主子是太想去五台山了。主子，不用急，皇上早就知道主子的心思，正在安排着呢。去五台的日子不会太远啦。”

太皇太后在东暖阁坐着，皇太后陪着说话。康熙的太监总管张得顺来禀告太皇太后说：“奴才给太皇太后、皇太后请安，皇上让奴才禀告老佛爷，皇上准备先行去五台山菩萨顶礼拜，替太皇太后还愿，同时也是先行勘探修整道路和寺庙，等皇上回来以后，再安排太皇太后到五台还愿。”

太皇太后高兴地说：“皇上安排周全，显示了他的一片孝心。告诉皇上，去五台山菩萨顶礼佛，从慈宁宫拨1000两白银赏赐喇嘛庙的喇嘛。”

九月十三日，来到河北涿州。康熙来到祖母的仪车前，对太皇太后说：“老祖宗，前面道路崎岖，孙儿先行，去巡视道路。”又对福全、常宁说：“你们陪着老祖宗慢慢行。”康熙率侍卫和太皇太后身边太监赵宝先打马快行。

康熙扶着太皇太后上了炕，太监刘忠把柔软的靠枕放在太皇太后身后，扶太皇太后躺下休息。康熙叫过刘忠问：“太皇太后一路上吃得消吗？”

刘忠说：“太皇太后精神很好，见山见水都要问奴才它们的名字。”

康熙点头说：“这就好。太皇太后刚刚从古北口塞外避暑回来，朕生怕她老人家吃不消。上山的路很难走，车上不去，只有乘轿上山。你要吩咐准备好轿子。”

“喳！奴才马上去办。”

康熙进入房里，太皇太后正坐着喝奶茶。康熙问：“老祖宗，累不累？”

太皇太后兴致很高，说：“累倒是不累，只是坐得有些腰困。一路上这景色好看，看着看着就到了。”

康熙笑了，说：“太皇太后看了九天风景，就看到五台山了。只是上山的路太艰难，老祖宗上不上山顶，请老祖宗定夺。”

太皇太后说：“千里跑来，就是想上山替你父皇还愿，了我的一桩心思，我都71岁了，怕哪天一蹬腿就无法实现这心愿。这山顶，是一定要上的。”

康熙默默地点着头。

清晨，红日照亮太行山。轿夫抬着太皇太后的轿子，走在崎岖的山路上。走在轿子后面的康熙大声吆喝着：“走稳点！奴才！”自己赶上前去扶住轿杆。随行侍卫急忙替换康熙紧紧护住轿。

太皇太后坐在轿子里，被颠簸得十分难受。她掀开轿帘。苍茫的群山泛着赭色，山上树木不多，丛丛灌木把群山染成苍翠。

轿夫深一脚浅一脚地在崎岖的山路上走，轿子也高一下低一下地上下颠簸。

太皇太后在轿里喊:“停下来,停下来。”轿子停了下来。康熙走上前问:“老祖宗,有什么事情?”太皇太后说:“山路太难行走,这校尉抬轿行走太吃力,我坐得也不舒服。还是乘车上山的好。”

康熙命令把仪车赶过来,扶太皇太后上车。太皇太后说:“让轿夫下山去吧!”康熙回答着,挥手让轿子退后,悄声对刘忠说:“命轿子近车随行!”

康熙

康熙心中惊慌,对太皇太后说:“老祖宗,仪车这般颠簸,老祖宗如何吃得消啊?”

太皇太后苦着脸说:“可不是,再行一段,就把我的五脏六腑都颠出来了。”

康熙说:“老祖宗,还是改乘轿子吧!”

太皇太后撅起嘴,嘟囔着:“我已经换了车,这荒山野岭的,到哪里去找轿子啊?”

康熙狡黠地对刘忠眨了眨眼,刘忠朝后面一扬手,轿夫抬着轿子急急走了过来。

康熙像个想讨好大人喜欢的顽童,说:“老祖宗,您看,那是什么?”

太皇太后惊喜地看着站在眼前的轿子,连声说:“好孝道的皇上!这般细小的事情,都难为你想得如此周到!在路途之中,你时时处处想着我,真是大孝啊!大孝啊!”

康熙说:“老祖宗快不要这样说。孙儿没有老祖宗,何以有今日?孙儿这样做都是应该的。”太皇太后感动得唏嘘不已,在康熙搀扶下又登上轿子。

轿子行在崎岖的山路上,山路越来越陡,轿子几乎要直立起来。康熙对福全说:“这一段路轿子是上不去的。怎么办?”

福全说:“只好请老祖宗下轿来看看,请她定夺。”

康熙走到太皇太后的轿子前,说:“老祖宗,前面是一线天,山路崎岖,轿子上不去,请老祖宗下来看看风景,再行定夺。”

太皇太后走下轿子。太监搀扶着她,康熙指点着那条白色羊肠小路,说:“老祖宗,那就是一线天。”太皇太后顺着康熙手指的方向望去。只见陡峭的山崖中间一条灰白色的小路,崎岖蜿蜒,通向山顶。

“眼看着就到了。”太皇太后叹息着。“我走上去行不行?”她问康熙。

康熙说:“老祖宗,孙儿上去尚需三个时辰,而且累得脚软腰疼。老祖宗断不能走上去。老祖宗执意要上,只能让校尉背着上。但是孙儿还是不能放心,这路实在太险峻。万一有个闪失,孙儿这辈子不能原谅自己。”

太皇太后望着山顶，喃喃地说：“是太险峻了，一个人走，都要手脚并用，哪能背个人啊？只是眼瞅着到了跟前，上不去，真是心有不甘啊！”福全上来劝说：“老祖宗，心到就是人到。老祖宗已经来到这里，上不去全是因为山路险峻。老祖宗已经人到心到了。父皇在天之灵会感念老祖宗的情义的。”

太皇太后笑着说：“小猴崽子会说话！对！我只能到此了。我的诚心已尽，佛祖会明了我的一片心意。山顶上的寺院只好请皇帝代为礼拜，就等于我亲到佛前烧香还愿。”

康熙说：“老祖宗放心，老祖宗想对佛爷说什么，孙儿心中完全明白。孙儿自会在佛爷前上香，把老祖宗的心里话说给佛爷听。”

太皇太后遥望着菩萨顶，嘴唇轻轻翕动，喃喃地倾诉着她心里的秘密。

康熙二十六年八月，慈宁门前的那两个蹲踞着的黄色金麒麟也披上红绸，宫门上悬挂起大红宫灯，上面都贴着大红寿字，大门上也张贴着大红剪纸寿字。

大殿鼎炉里的龙涎熏香冒着袅袅青烟，散发出令人心醉的香气。太皇太后的宝座前，摆着一盘盘鲜艳的大寿桃，还有几尊与人等高的彩陶老寿星。

内务府礼部礼赞官站在大殿门口向等待在外的宗室和内眷们高唱：太皇太后拜寿开始！

皇帝康熙率领着皇子公主和宗室成员向太皇太后拜寿。康熙和皇子们一起高呼：“祝太皇太后万寿无疆！万寿无疆！”

礼赞官高唱：“皇上敬献圣母太皇太后万寿表！”

康熙率领着皇子宗室王公向太皇太后行三跪礼，高呼：“祝太皇太后万寿无疆！万寿无疆！万寿无疆！”礼赞官展开皇上用黄绫书写的贺表，高声朗读起来：“臣玄烨恭奉太皇太后万寿圣诞，上贺表祝贺圣母太皇太后万寿无疆！臣幼荷深恩，长资明训，孝养难酬，罔极尊崇，聊展承欢，伏愿景命弥新，纯禧益茂，叶八千岁以为春，东朝永莅，锡亿万年而成算，西母常来，臣踊跃欢忭之至。”

礼赞官读完贺表，高唱：“皇上敬献圣母太皇太后寿礼！”

康熙跪在太皇太后脚下，说：“老祖宗，孙儿向太皇太后献上祝寿的礼品，祝太皇太后万寿无疆！”刘忠走下来接过皇上敬献的礼品，吃力地捧到太皇太后眼前，恭敬地放在太皇太后面前的几案上。太皇太后高兴得眉开眼笑，仔细端详着眼前的礼品。那是一尊高 73 厘米的黄铜镀金四臂观音菩萨像，太皇太后双手合十，说：“阿弥陀佛！菩萨保佑！”她眯着昏花的老眼，看着佛像底座上刻写的满、蒙、汉、藏铭文：“大清昭圣寿恭简安懿章庆敦惠温庄康和仁宣弘靖太皇太后，虔奉三宝，福庇万灵，自于康熙二十六年，岁次丙寅，恭奉圣谕，不日告成。永念圣祖母仁慈，垂佑众生，更赖菩萨感应，圣寿无疆。”

太皇太后轻轻抚摩着菩萨，说：“孙儿知我喜爱礼佛，送这样一尊大佛给我，真是至孝！”

接着是皇太子、亲王和各位皇子敬献寿礼。太皇太后心里想，所以她答应康熙的请求，让他停止一天御门听政来为她举行这规模隆重的盛大庆贺活动。

这一两年，老祖宗的身体明显衰弱，精力已经大大不如从前。去年八月深夜，老祖宗突然中风，肢体麻木，右半身活动受阻，言语不清。经过太医精心疗治，病情迅速缓解。从塞外星夜赶回来的康熙亲侍汤药,服侍到深夜。又按照蒙古大喇嘛班布图克图的建议,请了48位喇嘛在慈宁宫花园里诵经。一个多月,老祖宗身体恢复了。为感谢神明助佑,康熙修葺庙宇,选吉日去白塔寺进香礼拜。康熙望着红光满面笑容可掬的太皇太后,不禁心花怒放:老祖宗身体健康,是他最快乐幸福的事情。

康熙凑到太皇太后耳边,故意装作神秘的样子说:“老祖宗,太子二阿哥也要献一件礼品给老祖宗。”

“什么?”太皇太后侧过脸偏着头问。康熙提高声音又说了一遍:“二阿哥要送老祖宗一件礼品!”

太皇太后笑得眯起眼睛,说:“什么礼品?快拿上来叫我看看!”

太子胤礽上前来跪下,奉上礼品。刘忠走下来接了过去,恭奉给太皇太后。太皇太后轻轻地笑着,接了过来。又是一尊佛像!太皇太后高兴地把它抱在怀里,一会,才放在几案上端详着。这是她听说过但是没有见过的象牙雕刻的藏佛,听说只有扎布伦寺的大喇嘛才有的诸天法像龛!

太皇太后轻轻抚摩着莲华生大师,说:“大师,今日幸会了。”莲华生是她心目中的英雄。他第一个冲破西藏本教势力的反对,在西藏建立起第一座寺庙桑耶寺,亲自剃度了西藏第一批佛教弟子,主持翻译了第一批藏文佛教经典,对藏传佛教的形成和确立做出极大贡献。布达拉宫里专设莲华生殿。

太皇太后把牙龛高高举起,放在眼前仔细地端详着这珍贵的礼品。

太皇太后抚摩着精美的雕刻,连声说:“太精美了。瞧这吉祥天母,瞧这金刚,多生动,一人一种表情。真是好礼物!多年来一直想见他一面,都没有如愿。今天总算如愿以偿了。”

四皇子好奇地问:“老祖宗,这佛像那么狰狞可怕,为什么您这么喜欢它?”

太皇太后说:“傻小子,这是佛教最高境界,寸许之间,具三界万里之意。三界指欲界、色界、无色界,每一界中又分出许多天,欲界6天,色界16天,无色界4天,这就是所说的佛界诸天。世俗众生,就依于善恶果报,禅定修行,各自升沉往来于高低不同的天界中。人啊,一定要虔诚修行,以求善果。”

康熙说:“老祖宗,花园里已经准备好戏文和杂耍,请老祖宗去观看。”

“什么戏文?”太皇太后笑吟吟地问,瘪着没有牙的嘴。

康熙扶着老祖宗的肩膀说:“都是老祖宗喜欢看的京腔昆曲,有宝莲救母、五女拜寿、大闹天宫。”说着让便舆抬到太皇太后的宝座前,康熙亲自扶着太皇太后上了舆,来到慈宁花园的延寿堂。延寿堂中间设高大卧榻和龙椅,周围设桌椅,杂耍在院中敬献。院中铺着红地毯。

太皇太后半倚在卧榻上,康熙坐于旁边的龙椅上,观看南方戏班的《五女献寿》。接着是杂耍,小丑表演引得太皇太后像孩子似的呵呵笑着。杂耍快表演结束,康熙对太皇太后说:“老祖宗,我出去一会。”

杂耍和戏班全都得到太皇太后的赏赐,离开慈宁宫。一个穿着花衣的高大魁梧的戏人上了场,他在红地毯上跳着满族舞,接着又跳起蒙古的马刀舞。然后用一个漂亮的雄鹰展翅的亮相动作,在太皇太后面前俯身跪下,大声高呼:“祝老祖宗老佛爷万寿无疆！万寿无疆！万寿无疆！”在座的皇子们全都跪了下去附和着一起高呼。

太皇太后哈哈朗笑起来，她这才认出这舞者是她的爱孙康熙皇帝！康熙见太皇太后这样高兴，自己也站了起来哈哈大笑。延寿堂里一片欢笑。

据《康熙起居注》记载，二十六年（1687年）十一月二十一日，“太皇太后圣体违和”。所谓“违和”，便是生病。但这次并非牙疼、气喘之类的小毛病，而是瘆疾，并从一开始就很重。所以康熙从第二天起，即亲自在慈宁宫侍疾。最初几天还能出来到乾清门听政，从二十九日起，已不能再到乾清门，因祖母病情进一步加重，时刻离不开人。康熙亲自在床边护理，昼夜不离左右，“检方调药，亲侍饮馔”。祖母宁憩之时，他“隔幔静候，席地危坐，一闻太皇太后声息，即趋至榻前，凡有所需，手奉以进。”

十二月初一日，早六时左右，康熙亲率诸王、贝勒、贝子、公等及文武官员，自乾清宫步行到天坛致祭，恭祈太皇太后万安。行礼过后，太常寺官员宣读写在祝版上的康熙亲制祭文，词意恳笃，字字至情，极其激切。其文说：

“嗣天子臣玄烨，敢昭告于皇天上帝曰，臣仰承天佑，侍奉祖母太皇太后”，她虽高年，承蒙庇佑，借得安康。“今者瘆患骤作，一旬以内，渐觉沉笃，旦夕可虑。”臣日夜不安，寝食俱废，处治药饵，遍问方医，未能奏效。五内忧灼，莫知所措。窃思天心仁爱，无方不覆。况且臣我，多蒙慈眷。回忆幼年，早失父母，“趋承祖母膝下，三十余年，鞠养教诲，以至有成。设无祖母太皇太后，臣断不能致有今日。成立罔极之恩，毕生难报。值兹危殆，方寸溃迷，用敢洁蠲择日，谨率群臣，呼吁皇穹，伏恳悯念笃诚，立垂昭鉴。俾沉疴迅起，遐算长延。若大数或穷，愿减臣龄，冀增太皇太后数年之寿。为此匍伏坛下，仰祈洪佑，不胜恳祷之至。”

康熙边听边哭，“涕泪交颐”。陪祀诸王、贝勒、贝子、公等及文武官员“无不感泣”。祭毕，康熙立即回慈宁宫侍疾。皇孙的虔诚表现，使祖母受到莫大的安慰，因心中高兴，“饮膳少加”。

太皇太后是明白人，已意识到病情难以好转，又眼看皇孙过于劳累，日益削瘦，感到心痛，便屡降慈旨，命康熙回乾清宫休息，“少宜自爱”。内阁、部院等各衙门堂上官及诸王贝勒、贝子、公、内大臣、侍卫等，于二月初十和十二日，分别上疏说：“皇上自太皇太后圣躬违豫以来，日在慈宁宫侍奉。当此严寒天气，昼夜席地，寝食捐忘，忧劳过甚。臣等愚见，乾清宫与慈宁宫相去不远，伏乞皇上间一回宫，稍为休息。皇上诚孝如此肫笃，臣等焉渎奏？但见圣容清减，臣等跼蹐不安，故敢冒昧奏请。”“且太皇太后慈爱至深，见我皇上劳瘁非常，慈怀必有未慊。伏愿皇上仰体太皇太后之勤倦，俯念中外臣民之诚悃，每日早还宫寝，调养圣躬，以时御膳，则太皇太后圣心自大慰安。”尽管诸王群臣如此劝谏，康熙还是不允所请，答复说：“朕念幼蒙太皇太后抚养教训三十余年，罔极深恩，难以报答。今见病体依然，五内焦灼，莫知所措。朕躬寝处，何暇顾计。览奏，具见大小臣工爱君诚悃，但当此时不竭尽心力,少抒仰报之忱,异日虽欲依恋慈闱,竭朕心力,岂易得耶!”又说:“太皇太后病势渐觉沉笃,朕心忧灼,片刻难离,朕即回宫,亦亦不得安也。诸王、大臣等所奏知道了。”

其时,祖母病势渐增,实不思食,有时故意索取未备之品,不意随所欲用,一呼即至。祖母甚为感动,用手抚着皇孙之背,垂泪赞叹说:“因我老病,汝日夜焦劳,竭尽心思,诸凡服用以及饮食之类,无所不备。我实不思食,适所欲用,不过借此支吾,安慰汝心。谁知汝皆先令备在彼。如此竭诚体贴、肫肫恳至,孝之至也。唯愿天下后世,人人法皇帝,如此大孝可也。”

同年十二月二十五日,半夜十二时左右,太皇太后病逝于慈宁宫,享年七十五岁。她在遗诰中,简单回顾自己连遭夫死子丧的不幸,但对晚年的生活甚感满意,说:“今皇帝至孝性成,诚切肫恳,视膳问安,朝夕罔间,备物尽志,无所不周,屡荐徽称,尊崇斯极,终始唯一,几三十年。予因兹敬养,遂使两世哀感之怀,大为宽释。……顷当寝疾,皇帝躬省药饵,寝食捐废,步祷郊坛,竭诚呼吁。乃数尽难挽,遽至弥留。予寿七十有五,得复奉太宗文皇帝左右,惬予夙心,夫亦何憾?”最后劝康熙勿过于悲痛,“宜勉自节哀”,以国家大事为重;合“中外文武群臣,恪恭奉职,勿负委任,以共承无疆之福”;其丧制,“悉遵典礼,成服后三日,皇帝即行听政”;其持服,“以日移月,二十七日而除”。

康熙悲痛欲绝,“擗踊哀号,呼天抢地,哭无停声,饮食不入口”。诸王、贝勒、文武大臣等,公疏奏请皇帝节哀,高度评价太皇太后一生功绩,写道:“伏念太皇太后顺德承天,徽音衍祚。佐太宗文皇帝肇造丕基,启世祖章皇帝式廓大业。迨我皇上缵承洪绪,手定太平,克享耆年,流光亿祀”。康熙深怀对祖母怀念之情,说道:

> “朕自八龄皇考世祖章皇帝宾天,十一岁又遘皇妣章皇后崩逝。早失怙恃,未得久依膝下,于考妣音容,仅能仿佛,全赖圣祖母太皇太后抚育教训,三十余年。朕竭此衷诚,期近孝养,朝夕侍奉,未敢少懈。近值太皇太后违豫,虔诚祈祷,躬奉汤药,三十余日,不离左右,尚冀痊安,永享遐福。讵意竟遭捐弃,五内摧迷。顾念慈恩,罔极难报,哀号痛切,情何容已!”

此后,康熙一直不忘“太皇太后教育恩深”,“每念教育厚恩,哀痛实难自禁”。表明他与祖母的感情,确实十分深厚,以致终生难忘。

第二部分　擅权乱政

中国皇后专政第一人——吕雉

人物档案

吕雉：名雉，字娥姁，秦代单父县吕后（今山东省单县）人，汉高祖刘邦结发之妻。通称吕后、汉高后等，与唐朝的武则天并称为"吕武"。吕雉早年嫁给泗水亭长刘邦，生下刘盈和鲁元公主。刘邦即位后，吕雉参与诛杀韩信、彭越。汉惠帝刘盈即位后，她被尊为皇太后，成为史上有记载的第一位皇后和皇太后，也是秦始皇统一中国后第一个临朝称制的女性。公元前180年8月18日，吕雉去世。

生卒时间：公元前241年～公元前180年8月18日。

安葬之地：与汉高祖合葬长陵（陕西咸阳市渭城区窑店乡三义村）。

性格特点：性格刚毅，能干善忍，狠毒，有男人的坚韧，也有女人的善妒。

历史功过：她统治期间，尊崇黄老之学，奉行无为而治的方针，实行与民休息的政策，支持汉惠帝废除挟书律，鼓励民间藏书、献书，恢复旧典，为后来的"文景之治"打下了坚实的基础。但另一方面，吕雉屈杀功臣韩信，又重用吕家人，开启了汉代外戚专权的先河；同时重用宦官，给多个宦官封侯，开启汉代宦官封侯的先河。

名家评点：司马迁评价说："孝惠皇帝高后之时，黎民得离战乱之苦。君臣俱欲休息乎无为。故惠帝垂拱，高后女主称制。政不出房户，天下晏然。刑罚罕用，罪人是稀，民务稼穑，衣食滋殖。"

一　结发刘邦

公元前259年正月元旦，在赵国首都邯郸（故城在今河北邯郸）秦公邸，诞生一男婴。孩子的父亲异人（子楚）是秦国公子，当时正作为人质长期质于赵国，母亲赵姬为邯郸城著名歌妓，生得袅娜娉婷，秀美中带着几分妖野。异人少年得子，满面生辉，因爱子为正月出生，遂取名一个"政"字。这个嬴政就是日后叱咤风云、改写中国历史进程的一个风流人物——秦始皇。

三年后的一天，在"西楚"沛县丰邑（今江苏沛县）的一家农户，又降生一个男孩。孩子的父亲人称刘太公，是个老实巴交的农民，母亲人称刘媪，也是一个普通的农家妇女。夫妻俩先前已生育二男，此儿最小，因以季为字，取名为邦。

光阴似箭，一晃过去了30余年，秦王嬴政一举吞并六国，统一天下，做上秦王朝的始皇帝。

刘邦则生性懒散，不喜耕稼，专好四处游荡，结交朋友，又嗜酒如命，在闾巷寻花问柳。太公屡教不悛，斥之为"无赖"，他的两个嫂子意见更大，时常话里话外说家里白养了一个大活人，挑唆他的两个哥哥闹分家。太公无奈，只好让老大、老二另起炉灶，刘邦仍和父母一起过。刘邦成年以后，还是旧习不改，争逐酒食，有时怕回家受老人训斥，就去两个哥哥家食宿。不久，大哥过世，大嫂孤儿寡母，日子过得很是艰难，刘邦不但不能帮助长嫂做些田里的农活，反而时常领几个朋友去混酒饭，这使长嫂越发厌恶他。

不久，刘邦在好友们的引荐下，谋得泗水亭亭长一职。此时的刘邦已过而立之年，自然对个人的前途有所考虑，因此很注意同县衙内的实权人物交往，像功曹掾萧何、狱掾曹参、狱吏任敖、廄司御夏侯婴等县中豪吏都跟刘邦交往甚密。刘邦交友不分三教九流，凡志同意合者无不结为宾客，如以屠狗为业的樊哙、以织蚕薄为生的周勃等，他都广泛交结。萧、曹、夏侯诸人每过泗上，刘邦一定跟他们畅饮，倾谈肺腑，脱略形骸，偶尔也谈些国家大事。这些亡国之民对秦灭六国并无多少抵触情绪，反而认为六国之亡咎由自取，对秦始皇的功业都心怀敬仰之情。

刘邦由于职务之便，经常往来县府，免不了和樊哙、周勃之流到酒肆饮酒调侃。这一天，当他刚刚来到县上，就听有人议论说县里新住进一户姓吕的人家，还是县令的好友，吕家的三个姑娘生得如何如何漂亮。刘邦听着也没介意，没走几步，迎面碰上了樊哙。樊哙乐呵呵地拽起刘邦的衣袖直奔酒店，并神秘地说有条重大新闻相告。进了酒店，樊哙也不等酒保端上小菜，捧起酒坛咕噜噜早把一坛醇酒喝个精光，一面伸手抹一把沾满酒沫的边鬓胡子，一面眉飞色舞地夸起吕家小姐来。

原来，砀郡单父（今山东单父）有一吕姓大户，户主人称吕公，吕公有两个儿子，三个女儿。长子名吕泽、次子名释之；长女名长姁、次女名吕雉、三女名吕媭。吕公因事与本县另一大户结下仇怨，遂酿成两大家族之间的武力械斗，后因势力不敌，被迫举家投奔沛县县令。县令不忘旧交，待为上宾，并安顿吕公在沛县定居下来。

这当儿只听樊哙绘声绘色地讲道："那一天，我正在市面上卖狗肉，忽然一队马车风尘仆仆地驰过，只觉一阵清香透过满街膻腥酒气扑面而来。我好奇地抬头望去，一下子就被坐在车里的几个姑娘的容貌慑住了。其中的两个以袖掩面，偷着拿眼左顾右盼。只有靠在车厢边上的那位，昂首挺胸，旁若无人，生得天仙似的，脸蛋白里透红，一双眸子楚楚动人，说真的，看得我口水都快淌出来了……。"

"我说，你可别在那丢人了，你说的那个姑娘叫吕雉，漂亮是漂亮，可也有几分妖冶，几分坚忍。"不知什么时候萧何转了出来，站在樊哙身后插嘴说道。

刘邦本来一直津津有味地听着，扭头见是萧何，赶紧起身施礼让座。萧何就坐后，挺神秘地对刘邦说："老兄，县令来了贵客，县里的官吏豪杰都纷纷持礼前去祝贺，你去不去呀？"

刘邦明知萧何是在调侃自己，乐呵呵地答道："既然县令有贵客，我当然要去凑凑热闹，一酒会群杰吗！否则，不就显得我这个堂堂泗水亭长太小气了吗？"一席话说得二人哈哈大笑，刘邦捋捋山羊胡子，装出一副正经面孔，眼中却射出一道希望之光。

次日，刘邦身着褒衣大裙(袴裆)，脚踏勾履，头戴纱帽，大摇大摆来到县衙。这时，萧何正在门前负责接待，对前来的客人高声喊道："贺礼不满千钱的，坐在堂下。"当时，县令在公堂上设宴款待客人，还不像后世那样，以客人的身份高低排定座次，而是以贺礼的多少为序。刘邦来之前就打定主意，要在酒宴上显示一下自己的才干，决不能错过这个露脸的机会，于是一本正经地递上贺笺，同时大声唱道："贺钱一万！"实际上他分文没有。

吕公听说来了一位贺钱上万的贵客，又惊又喜，急忙起身把刘邦迎进大堂，邀至上座。吕公素来善于相面，看着刘邦仔细端详，只见他宽宽的额头，高高的鼻梁，漂亮的胡须，确实仪表不凡。再见他谈笑风生，举止潇洒，更觉得此人与众不同。这时萧何进来，见吕公对刘邦一脸敬重之情，就过来悄悄提醒他说："刘邦向来爱说大话，不办实事，您可千万别上他的当。"吕公自信地笑笑，并不介意。

待到酒阑席散，客人们纷纷起身告辞时，吕公示意刘邦留下。刘邦会意，坚持到终席。等其他客人都走了以后，吕公对刘邦说："我很早就喜欢为人看相，相过很多人，从来没有见过你这样的贵相，不知你娶亲没有？"

刘邦爽口答道："不怕您老笑话，只因囊中羞涩，至今尚无妻室。"

吕公接着说："我有一个女儿，名叫吕雉，字娥姁，年已及字，想许配给你做妻子，请你不要嫌弃。"

刘邦对吕雉的容颜已有所闻，只是可望不可及，听吕公这般说来，当即翻身下拜，欣然应允，这桩婚事就算定了下来。

吕公送走刘邦，转身见妻子正一脸怒气地望着自己，忙问发生了什么事。妻子怪罪说："你经常和我讲娥姁有'贵人'相，将来一定许配贵人，为吕家带来好运。如今沛令对我们有恩，来为他家公子求婚，你都婉言谢绝，可今天却要无端地许配给刘邦这个穷光蛋。"

吕公正在兴头上，耐心地对老伴解释道："这些事哪是你妇道人家晓得的，你就相信我的眼力吧！刘邦乃大器晚成，将来一定发迹。沛令虽然有恩于我，但他一脸淫气之中暗含凶兆，将来不会有好结局。"妻子拗不过丈夫，只好作罢。

刘邦一个铜钱没花，不仅白乘了一顿酒饭，又唾手得到吕家如花似玉的二小姐，真是喜从天降，于是忙把这一特大喜讯告诉给萧何、樊哙等人。萧何调笑说："真个老天有眼无珠，像刘邦这种靠打野食混日子的人，竟也能交上桃花运。哎，只可惜一朵鲜花插到牛粪上了。"

刘邦跟吕雄成婚后，继续在泗水做亭长。吕雉在丰邑家乡侍候老人，因刘家并不富裕，仅靠几亩薄田维持生计，故也常到田间做些农活。新婚伊始，小俩口恩恩爱爱，日子过得还算红火。吕雉虽出身大户人家，可也并不娇气，家里家外的事儿经她料理，都井然有序，有条不紊。又心灵手巧，生性妩媚，把个刘邦惹得隔三岔五就告假回家，夫妻俩便天天厮守在一起，如胶似漆，没多久就喜得一女，取名鲁元，就是后来赵王张敖的妃子。过了三年，又生下一子，取名刘盈，就是后来的汉惠帝。

刘邦有职在身，总不能天天往家跑，亭长的事情又不多，除了以酒会友，便也寂寞难忍，所以新婚不久，便又经常到烟花柳巷闲逛。凑巧有一曹姓女子，生得小巧玲珑，冰肌玉肤，又性情放荡，野味十足，刘邦偶与交欢，就如鱼得水，爱不释手，大有相见恨晚之慨。如此一来二去，那曹女竟早于吕雉怀上野种，生下一男，取名刘肥。后来刘邦做了皇帝，仍念念不忘旧情，乃封刘肥做齐王，封地广至70城。由此可见刘邦与曹女之间的关系，绝不同于一般的逢场作戏，以至人们都称曹女为刘邦的"外妇"，只差没有娶进家门做庶妾。

过了几年，刘邦的日子就不能像以前那般潇洒自如了。原来，秦法日益繁苛，用刑严酷，老百姓触法收监的越来越多。

刘邦好歹也算是一个地方小吏，免不了要履行一些侦察、逮捕人犯的事情，所以，吕雉在家总是寝食不安，担心丈夫在外发生什么意外。刘邦每次回家，吕雉都要对他千叮咛万嘱咐，让他得饶人处且饶人，并常对他说："秦始皇刚刚统一海内的时候，老百姓都希望能过上好日子，可如今'男子力耕不足以供粮饷，女子纺绩不足以供帷幕'，被处死的人堆积如山，大路上服刑的人络绎不绝。这样下去，秦的气数恐怕很快就要尽了，你可千万不要再替那始皇老儿卖命了，以免充当替罪羊。"刘邦每闻此言，内心都倍感惊奇，对吕雉的深爱，又增添几分敬重。

据说有一次，刘邦抽空回家探亲，走到村外自家地界，却见吕雉正站在路边，两手交叉扶锄撑着下颌，神采奕奕地在那窃笑。刘邦一时摸不着头脑，忙问发生了什么高兴的事儿。吕雉被他的问话吓了一跳，回身见是丈夫，非常神秘地说："哎呀，你回来的正好，刚才有一老者经过，向我讨点水喝，我怜他年老，就特意给他取了些东西吃。老人吃过后问起我的家世，我就向他略述一二，他竟慈祥地微笑道：'我一向善长相术，如夫人相貌，日后定是天下贵人。'我听后又惊又喜，忙把盈儿叫来请老人给相相面。老人端详一会，惊喜地说：'夫人所以贵者，便是因有此儿。'你说这事怪是不怪。"

刘邦听后，心里直犯嘀咕，始皇帝不是说过"东南有天子气"吗？难道会应在我刘邦身上？于是急切地问老人去了多久。吕雉说刚走一会儿，也许不会走得太远。刘邦顺着妻子所指的方向大步追去，未行里许，果见老人正踯躅前行，遂抢步上前施礼，恳请道："老丈善相，可否为我相上一面。"

老人抬头将刘邦上下打量一番，徐徐说道："适才我在村头遇见一位夫人及两个孩儿，想必是足下的家眷吧！"刘邦惊言："老丈何以晓得。"

老人说："夫人子女都为贵相，都是因足下得贵，足下的相貌可谓贵不可言也。"

刘邦欢喜地答谢道："将来诚如老丈所言，一定不敢忘了您的恩德。"

老人摇头笑道："我平生为人相面，向来不图施报。"说完抬腿便走，转眼早已不见踪影。

后来刘邦称帝，派人四处打探老人的去处，竟无人知晓。

二　牢狱蒙羞

秦二世元年，朝廷发出诏书，命各郡县将牢中所囚之罪犯，统统押至骊山，充当修建始皇帝陵墓的苦力。

沛县县令接到此诏，便在牢中挑选了精壮男性罪犯数十人，择期赶赴咸阳。刘邦由于担任亭长期间，数次擒凶，立下奇功，因此众公差极力推荐由他担任押解工作。

回到家中，刘邦茶饭不思，在屋里踱来踱去，吕雉看他愁眉紧锁，转来转去，便问："出什么事了，转得人眼晕。"

刘邦说："晚上你帮我收拾一下行李，明天我要负责押犯人，带他们去骊山服役。"

吕雉若有所思地说："噢，原来你烦的是这件事。"刘邦叹口气，说："不错，就是这件事。今天在衙门里，那些同事为求自保，一起推举我做这件事，分明是损人利己。其实，都是吃公门这碗饭，谁又不知道那些亡命徒有多硌牙呢？"

吕雉又问："那你想怎么办？"

刘邦答道："我能怎么办，只能是走一步说一步，不过我思来想去，总觉得这是一个机会。"

第二天一早，刘邦准时到监牢提出被选中的囚犯，押解上路。

吕雉则如往常一样，把主要精力放在那块小菜地上。不过，与以往相比，这次她对丈夫多了一份期盼，希望他在路上能够平安无事，希望他能早些回来。

汉代玉器——玉辟邪

不久，吕雉一直担心的事终于发生了，刘邦在路上出事了。

这天，她正打算下地，两个衙门的捕头突然闯了进来。吕雉一看，都是县衙门的人，以前也曾打过交道，便过来行礼，问："两位是来找刘邦的吧，他因公事去骊山了，你们不知道吗？"

两名公差对视了一眼，其中年长的一个拱手道："嫂夫人，我们这次来是奉县太爷之命，专程来请你到衙门中去商量事情的。"

吕雉觉得很奇怪，便问："找我有什么事？"

那人答道："这个我就不清楚了，我想嫂夫人到那里自然就知道了。"

进了衙门，堂上有不少公差都是熟人，看她进来却并不过来打招呼。倒是县太爷显得颇为热情，吩咐左右搬把椅子给她，寒暄几句后问道："刘夫人，刘邦去骊山这些天来，可有家书报平安呀？"

吕雉说："没有收到，想是路上奔波，不方便写。"

不想，县太爷听了这话，脸一板，抄起惊堂木重重地拍了一下，呵斥道："大堂之上，草民见到本官为何还不下跪？"

吕雉都蒙了，没想到县太爷是属变色龙的，一会儿一个模样。不过，在县令和众差役的威喝下，她心里多少有些害怕，只得依言跪下。

县令又拍了一下惊堂木，说："大胆刁民，竟敢在本官面前隐瞒丈夫的行踪，该当何罪？"

吕雉心中一惊，不知丈夫出了什么事，忙说："这件事民女确实不知，请问大人，刘邦他不是奉您的命令押解犯人去了吗？"

县令愤愤地说："不要在我面前提他，这个家伙真不是东西，他私自放走囚犯，然后畏罪潜逃，害得本官无法和上面交差。"

吕雉这才知道出了大事，方才县太爷假惺惺的，不过是想借谈家常套自己话，看看没什么利用价值便狗急跳墙了。

想到这里，她低下头，默默不语。县令看看也问不出什么，便说："刘邦罪犯欺君，理当问斩，目前在外逃亡，本官已通知各郡协助缉拿。至于你，作为他的老婆，按律当受株连，即日起收监候审，待捕到刘犯之后一同发落，退堂！"

就这样，吕雉无缘无故作了丈夫的替罪羔羊，也给县令的用人不利做了台阶。直到萧何悄悄来探望她时，才道出个中原委。

自从离开沛县地界之后，道路也变得越来越难走。刘邦看着自己押解的这几十个人，心里一直在不停地盘算着。

随着时间的推移，事情看来也越来越糟，已经开始有犯人乘夜深人静的时候逃跑，估计今后会越来越多。刘邦也想过，来个杀鸡给猴看，抓一两个逃犯回来处治，可是又不允许，如果延误了，自己依然性命不保。

这天中午，天热得不行，刘邦等人走得口干舌燥，好不容易见到一个卖水的老汉，连忙飞奔过去。刘邦一边擦着汗，一边和老汉搭讪，询问前面的路况。老汉倒很健谈，说："前面比这里还要难走，是一个大沼泽，地面很湿滑，一定要沿着现有的路走，否则陷进去可就没命罗。"

刘邦又问："那里会不会有很多鱼呢？"

老汉笑道："要想抓鱼，你可就来迟了，本来呢，这里鳝鱼、泥鳅比比皆是，最近却抓不到了，听常去那里的人讲，看样子是有蛇在那里，把这些小活物都吃掉了。"

刘邦听到这里心念一转，看看囚犯们不是喝水，便是躲在其他树荫下休息，他便低声对老汉说："老人家，你天天卖水那么辛苦，现在有个赚大钱的机会，不知你有没有兴趣？"

此后，两人耳语了几句，刘邦写了个条子递给老汉，又把随身带的盘缠悄悄塞给他。老汉接过之后，连卖水挑子都不要了，健步如飞地走了。等到他的身影完全消失之后，刘邦对囚犯们呵斥道："这两天星夜兼程，大家都走累了，不如今天不走了，好好休整一下。"说完又吩咐他们把旁边的一块空地打扫出来，就地露营。

第二天，天还蒙蒙亮的时候，有两个人骑马从这里狂奔而过。经过这个临时营地时，其中一个向这边做了个手势，倚着树干看守囚犯的刘邦脸上流露出一丝不可捉摸的微笑。当囚犯们醒来的时候，那个卖水的老汉也出现了，他这次不光卖水，还卖起了干粮，最特别的是，担子的另一头还有一坛酒。

刘邦是个天生的酒徒，这次出来一路上都没能开怀畅饮，这个机会自然不会错过，他和老汉商量道："老人家，你家住得若是不远，不妨回去再拿几坛来。"

老汉一笑，道："这位官爷，老汉早知不够，只是不便携带。不过，我已吩咐孙儿，让他过会儿再挑几坛来。"

刘邦大笑道："好，好，真不愧是生意人。"

时候不久，老汉的孙儿还真来了，不仅带来美酒，还有一些腌蛋和咸肉。刘邦让众囚犯把干粮取走，而且还赏了些肉蛋给他们，自己则坐在树下有吃有喝。

不知不觉间身边只剩下几个东倒西歪的空酒坛了。

此时，天已将黑，满脸通红的刘邦对囚犯门大声说："各位，我要说一件事，一件非常重要的事。你们到骊山之后，势必会终生干苦力，流血流汗，假如有一天，那皇帝陵建成了，你们的死期也就到了，皇帝老子为了不让别人挖他的坟，肯定要把你们杀死作陪葬，这样才能封住口嘛。我刘邦，一路上和大家同甘共苦，深感各位虽然身为囚徒，却并非大恶之人，更不应该就此白白丢了性命，因此我决定……。"

他顿了一下，接着说："我决定放大家一马，给你们一条生路，各自逃命去吧，从现在起，你们与我无关，生死之事自己把握。至于我嘛，喝完这坛酒也会自寻生路。"

众人都是一愣，面面相觑，迟迟没有移动。刘邦看大家有顾虑，便把身子缓缓转过去，面向大树，背向囚犯。

众人看到他有这种举动，才敢起身，一声呼喝纷纷散去，转眼间走了个一干二净。刘邦则又靠树坐下，对着初升的明月自斟自饮。偶尔也向路边看看，仿佛是在等什么人。

果然不出他所料，时间不长，逃跑的囚徒有十几个人又回来了。其中一个看似为首的说："刘大人，我们几个深感你的救命之恩，特意回来，希望今后能跟随左右，以效犬马之劳。"

刘邦哈哈大笑，道："我没看错人，你们都是讲义气的英雄好汉，只是我何德何能，不敢凌驾于各位之上，不如这样吧……。"

他从怀里把匕首掏出来，说："我们歃血为盟，做好兄弟。"众人齐声叫好。

当最后一个喝完血酒后，大家开始按年龄排定顺序，刘邦虽一再推辞，但因年届五十，依然做了老大。待平静下来之后，大家开始商量下一步去处。

刘邦说："我们现在都成了逃犯，按律抓住是要被砍头的，而对我们最熟悉的便是沛县，因此那个地方绝不能回去。所以我想，不如继续往前走，找个隐秘之处藏身。"

众人也觉得这番话很有道理，便点头称是。

刘邦又说："如果各位兄弟身体无恙，我们不妨星夜兼程，以免白天行走引人注意。"

就这样，他们很快便走进了大沼泽，踏上了泥泞的小路。

刘邦回头对其中两人说："五弟、六弟、你们辛苦一趟，在前面给大家探探路。"这两人是飞贼出身，脚下甚是灵便，很快便消失在黑漆漆的沼泽里。

刘邦和剩下的人依旧沿小径缓缓而行。不想没过多久，两个探路人风一般跑回来，好像风鬼似的，看到大队，颤声道："不要走了，前面有蛇，有蛇呀！"

刘邦也说："男子汉大丈夫，难道会怕蛇吗？"

那两人依然面色煞白，哆嗦着说："那蛇好大呀，足有几十丈，我这辈子都没见过，身上的鳞片是白色的，两只眼睛闪闪发光，口中还会喷雾。"

刘邦一听，笑道："听你这一说，好像是遇见龙了，众位兄弟，我们去看看好不好。"

大家轰然答道："好！"

可是两个探路人却任凭众人讥讽，死活不向前挪动半步。

刘邦无奈之下只得和众人先走。大约走了一袋烟的工夫，只听前面传来一阵嘶嘶声，他们探头一看，都惊呆了，一条巨大的白蛇横在路上，高高地昂着它的头，顶上还有一颗西瓜大小的暗红色肉瘤，最奇怪的是，沼泽中一些硕大剧毒的癞蛤蟆争先恐后跳进它的血盆大口中。

"百毒之王！"人丛中有人惊呼一声，撒腿就跑，其他人也紧随其后。

一口气跑到沼泽边上，回头看看大蛇没有追来，这才停下脚步，加额相庆。

早先探路那两个人这回来了精神，问："怎么样，各位，不都是顶天立地的大英雄吗？怎么看见条小蛇就跑呀？"

有人不甘心，反唇相讥道："废话！那是小蛇吗？简直是蛇妖，你没看它吃东西本不用动，那些毒虫会自己往里跳，多可怕，我们再过去不成傻子了吗？"

又有人说："你这就不懂了，那些送死的毒虫又何尝不想逃呢？只是它们被大蛇牢牢吸住了。"

突然又有人惊叫一声："老大呢，老大怎么没出来？"

众人这才发现，刚才走在最前面的刘邦竟然踪迹不见。正狐疑间，大泽深处传来呼喊声，夹杂着那怪蛇的嘶嘶声。

有人叹息道："刘大哥待人一向很好，不想这次却命丧蛇口。"

这时，一个熟悉的声音传过来："各位兄弟，各位兄弟，你们在哪儿呢？"

大家忙答道："在这儿呢，快过来吧！"

听到大家答话，刘邦吟吟地从长可没人的芦苇后面转过来，手中提着那把秋露，身上的衣服则东湿一块西湿一块的。

这时有人假惺惺地说："老大，我们正商量怎么救你呢。现在你回来可太好了，不如我们从别处绕着走吧，那条大蛇太凶恶了。"

刘邦一笑，将手中匕首高高举起，大声说："各位兄弟，那条白蛇现在已经血溅五步，死于非命了。"

看着大家疑惑的神情，他又说："刘某不才，已经力斩此蛇，众位兄弟请随我来。"说完转身又往大泽深处走去。

众人将信将疑，小心翼翼地跟在后面，回到方才大蛇盘踞的地方。刘邦指向不远处的泥沼，说："我已把它抛进去了。"

众人凝神一看，果然几段白色的东西在那里若起若浮，离得最近的是那个狰狞的蛇头。

这时，刘邦突然面色苍白，萎顿在地，不省人事。

众人大惊，其中有人略通岐黄之术，便说："想是方才乍遇大蛇，吃了一惊，此后在搏斗中有幸力斩此蛇，保全性命，又是大喜过望。这一喜一惊，令人体难以承受，能够支撑到现在已是不错了。"

说完，又伸手过去摸了摸脉，点头道："老大身体并无大碍，脉虽细却很平稳，只是一时昏睡过去，我们不妨等待他醒来。"

刘邦再次睁开双眼，已是黎明时分。他舒展一下身体，问："怎么搞的，我怎么会躺在这儿？"

众人便将昨夜之事又说了一遍。他又问："那蛇呢？"

众人告知除蛇头外已沉入大泽。待刘邦把血衣换过之后，众人才开始上路。

这次与以前不同，由于不知该去向何方，大家都走得很慢。

正在漫无目的走着，一个苍老而凄厉的声音从后面传来，"儿啊，儿啊，我苦命的孩子啊！"

众人觉得奇怪，这荒郊野外怎么有人哭号呢？于是均驻足观望。

稍许，一个须发皆白的老太婆从后面赶上来，看见刘邦他们，才止住哭声。刘邦过去行礼，问道："老人家，出了什么事吗？"

老太婆似乎体力不支，一屁股坐在路边的怪石上，抽噎着说："我儿子是身穿白衣的帝王，化身为蛇在后面那个大沼泽里，不想却被红帝王杀死了，可怜啊，可怜，"说完又是号啕大哭。

众人面面相觑，心想原来是个疯婆子，便不理她，继续向前。走了没几步，有人偶一回头，好像见了鬼似的，惊叫道："那个老太婆呢？"

大家回头一看，那个疯子已没影儿了，不禁议论纷纷，有人说："这事真奇怪，按说这里只有一条路，这么短工夫她怎么能消失呢？"

刘邦则笑道："这人疯疯癫癫的，满嘴胡话，什么白帝王、红帝王。如此说来，大蛇为我所杀，我岂不成了红帝王，当真可笑。"众人均觉甚是离奇。

又向前不远，地上扔着一卷绢书，有人拾起，打开一看，上面写道："红帝王当兴。"

正纳闷间，绢书迎风起火，转眼间化成灰烬。刘邦惊叹道："这是天书啊！"

当萧何讲到这里的时候，一脸关注神情的吕雉不禁嫣然一笑，心想：原来这里又出了一个陈胜。

萧何问她有什么好笑，她也不置可否，只是反问："这些事你是怎么知道的？"

对方答道："刘邦他们后来进山躲避官兵抓捕，其中又有人半途退出，被我们抓获，这才得知。"

说到这里，萧何看吕雉没什么反应，便说："弟妹，我希望你能明白，现在刘大哥身犯不赦之罪，又有这种犯上的传闻，我们做公差的不好再替他说话，而且呢，恐怕今后我也很少能再到这里来。不过，我会托付这里的兄弟，好好关照你。"

吕雉也知道他的苦衷，便说："萧大哥今天能来看我，我已是感激不尽。"萧何这才告辞。

沛县地方不大，监牢也未分男女，所以看守吕雉的狱卒也是个男的。此人每天送饭都会和吕雉聊上几句，言语中颇多轻薄挑逗之词，有时更会趁机动手动脚。吕雉是又气又怕，可是又没什么办法，那些号称刘邦朋友的人为求自保，根本就不露面，使她没了依靠。

看看没人帮她，狱卒胆子越来越大，这天，他拎着酒壶，搬把椅子坐到栅栏门那儿，色眯眯地看着吕雉。

这个女人虽然生过两个孩子，看起来依然风韵动人，让人难免心猿意马。

他一边喝酒，一边说："小娘子，那个刘邦现在不知躲到哪儿去了，把你一个人扔在这多可怜。本公爷一向怜香惜玉，你不如顺了我的意，将来即便不能放你出去，好吃好喝也少不了。"

吕雉低着头远远坐着，也不吭声，她对这种无聊人已经习惯了。虽然心中有气，却不能和他发生正面冲突，以免对方来个霸王硬上亏，自己名节不保。

对方看她不吭声，又说："我看得上你，是瞧得起你。你知道自己是什么人吗？死囚的老婆，也就是死囚。有朝一日被刽子手大刀一挥，你就什么都没有了，难道你就不想临死前有个男人，能够再尝尝那快活的滋味？"说完，狱卒便要开门进来。

吕雉腾地站起身来，大叫道："你要敢无礼，我就一头撞死在这，到时候看你怎么向县太爷交差！"

狱卒犹豫了一下，悻悻地说："臭娘们，算你狠，总有一天老子让你就范。"说完往地上狠狠唾了一口唾沫，转身走了。

转眼间，刘邦和他的十几位兄弟在芒砀两座大山中，已躲了一个多月。这里是他们所能找到的最好的藏身之处，与其他地方不同，这里有很多天然岩洞，而且洞中有洞，人一进去便很难找到。至于洞外，则是蔽日遮天的树木和形态各异的怪石。

此时正是秋天，山中果实极多，刘邦他们倒不愁吃的，只是，像刘邦这样嗜酒如命之人，可就只能活受罪了。

这天午后，他又觉得胸中有如百爪挠心般难过，却独自走出山洞，进到树林里闲逛。一只不知原来藏匿于何处的野兔被人声惊动，从草丛中狂奔而出。刘邦大喜，拔腿就追，不知不觉间远离自己的住处。

追到一个小陡坡时，野兔箭一般跳了下去，重又窜入草丛不见了。刘邦这才停住脚，看看周围，仿佛都差不多，根本没有人走过的痕迹。他苦笑一声，转身向回走，努力找寻自己来时的路线，可是事情就是这样，专注地去找却反更易迷失方向。

刘邦越走越觉陌生，转过又一片树林，面前赫然出现一个碧波荡漾的，小小的湖。湖水绿得像一池透明的液体翡翠，在太阳下反射着诱人的绿光。周遭的树木在水中映出无数的倒影，摇曳波动。

这些还都不足为奇，最令人眩惑的，是湖边的草丛中，零乱地长着一丛丛的红色小花，和那碧波相映，显得分外的红。

眼前奇特的景致让刘邦整个人都呆住了，他从没想过，也不敢想山里会有这样一个小湖。正在心神恍惚间，身后传来一阵浓郁的腥臭气，他的思绪也一下子被拉回到现实。回头一看，刘邦几乎吓尿了裤子，一只斑斓猛虎正在那里搔首弄姿，仿佛也在以湖为镜。

刘邦刚要悄然拔脚离去，那猛虎便炯炯有神地瞪着他，喉咙里发出“呜呜”的声音。这一下刘邦不但再也迈不开腿，而且连呼吸仿佛都停止了。

在这千钧一发之际，不远处的树林中传来一阵悠扬的笛声，本想饱餐一顿的老虎像被催眠了一样，丢下刘邦向林中跑去。几乎在同时，刘邦瘫软在草地上，大汗淋漓地喘着粗气。

过了一会儿，令人惊奇的一幕发生了，那只猛虎又回来了，与刚才不同的是，它背上端坐一人，悠扬地吹着笛子。刘邦惊诧不已，赶紧掏出秋露护住自己，然后颤声说：“你是什么人，为什么驱赶猛兽伤人？”

那人放下笛子，从虎背上跃下，答道：“实在对不起，我本是放这只大猫出来喝水，没想到它会有伤人之心。”

刘邦这才看清，对方竟是个面庞清秀的女人，看年纪不过20几岁。

刘邦又说：“你能不能管住它，这样我可以安全通过。”那女人笑着说：“当然没问题，但不知先生这么晚要往哪里去，此地猛兽甚多，安全难保，不如我们护送你一程。”

刘邦这才发现，经过这么一折腾，天色已渐渐暗淡下来。他一下子也没了主意，回去吧，又找不到确切地点，于是敷衍道：“我是过路的，我就出山去。”

听他一说，那女人大笑道：“从这里出山根本就没路，真不知道你是怎么跑到这儿来的，这样吧，今晚我先带你去个地方，明天再送你出山。”

说完，她拍了一下身边的猛虎说：“这位先生，请坐上来吧！”

刘邦打了个寒战，畏缩着说：“不，不，这哪坐得。”

那女人看他那副样子，便讥讽道：“你这也叫男子汉大丈夫，简直连女人都不如。”

被她一说，刘邦感觉一股热血直蹿头顶，他二话不说，过去一下便跨到虎背上。那女人一笑，坐到他前面，低声说：“抓住我，千万莫要撒手。”

说完用手中玉笛轻轻拍了一下虎背，说：“大猫，我们回家去吧！”

那猛虎仿佛能听懂人言，腾身而起。

刘邦看到身边树木飞一般倒退，悬崖峭壁一晃而过，吓得赶紧闭上双眼，死死抓住那女人的衣服，到后来干脆抱住她的腰不放。

时间不长，老虎终于停了下来，那女人拍拍刘邦的手，俏皮地说：“行了，大英雄，撒手吧！”

刘邦睁眼一看，已是进入一片竹林，面前是用竹子搭成的几间颇为别致的小房子，其中最大的一间在上面写着“天人阁。”

走进之后，发现里面几乎是竹子的世界，几乎所有的东西都笼罩在那种悦目的新绿之下。

饱餐了一顿山珍之后，刘邦问：“你从哪儿来，怎么一个人住在山里？”

那女人叹息道：“这事说来话长，其实都是让人逼的。”刘邦惊异道：“有谁敢逼你？”

那女人看了看他，也不隐瞒，道：“是让以前的皇帝。其实我本来并不是一个人，只是由于父母被杀，才成了现在这样。”

刘邦知道触动了对方的心事,不便再问。

便把自己的来历,如何在沛县当差,如何放走犯人,如何力斩大蛇,说了一通,最后叹息道:"你我其实是同病相怜啊!"

曹珮瑛满脸好奇地问:"那大泽有白蛇吗?我住在这里这么久怎么没听说过?"刘邦一笑,也不搭话。

过了一会儿,曹珮瑛又问:"那你将来又有什么打算?"

刘邦眨眨眼说:"你信不信,我的抱负可大着呢,现在虽然躲在山里,但将来总有一天会杀出去,杀掉狗皇帝,把他的江山夺过来。"

曹珮瑛说:"就凭你,连我都打不过,怎么可能去打江山?"

刘邦一笑,指指自己的脑袋,说:"打天下靠的是这个,而不是拳头。现在天下大乱,二世昏庸,荒淫无道,这正是夺取江山的好时机,正所谓得人心者得天下,现在只要能够抓住人心,天下简直是唾手可得。"

曹珮瑛听得满头露水,只是一脸崇敬地看着他在那里口沫横飞。

此后,刘邦又在这里住了几天,两人白天骑虎在林中驰骋,晚上则抵足而眠,除了没有那事儿之外宛若一对置身事外的神仙伴侣。不过,刘邦的确是大丈夫,虽然处处留情却并不留恋,他在珮瑛的帮助下最终返回石洞。

一进石洞,众兄弟先被猛虎吓得乱窜,看清是刘邦在上面骑着之后,又是一阵惊呼。等珮瑛告辞之后,众人这才围过来问长问短。刘邦并没有据实作答,添油加醋说自己如何降服猛虎,如何巧遇仙女,说得众人发出一声声惊叹。

此后,刘邦站到一块石头上,居高临下道:"各位兄弟,现在已近深秋,长此以往,到了冬季我们不被饿死,也会被冻死,再说,这样躲起来做缩头乌龟,也不是大丈夫所为。"

下面有人问:"老大,你说咱们该怎么办,我们听你的。"

刘邦点点头,说:"众位兄弟,如今二世无道,天下群雄揭竿而起。你们如果信得过我,不如随我一起打天下,将来事成之时,大家同为开国元勋,共享荣华富贵。"

听到这话,众人有的喊好,有的嘀咕。

在刘邦主持下,大家用红包袱皮做了一面旗子,代表红帝王之旗。就这样,他们打着这个旗子,一起走出芒砀山。

三 沛县起义

吕雉出狱后,由于心里惦记丈夫,就在樊哙的陪同下,不远几百里山路来寻找丈夫,每次来都能轻而易举地找到刘邦。刘邦感到很奇怪,暗想她一个妇道人家随时能找到我们,若是官兵进山围剿,那不就太危险了吗?所以就郑重其事地问吕雉:"我们的住地很隐蔽,而且下了许多工夫把通向外面的山路伪装起来,不知你是凭借什么标志能这么快就找到我们?"

吕雉嗔怪说:"妾还当你问什么,原来是为了这个事呀,你有所不知,不论你躲在哪里,只要不跑出天地之间,能瞒住别人,可就是瞒不住贱妾。"

刘邦听得云山雾罩,一脸疑惑地追问是怎么回事。吕雉有些兴奋地说:"不瞒你说,无论你藏在什么地方,半空中总是旋绕着一团五彩云气,跟着这团云气走,很容易就能找到你。你别担心,这团五彩云气一般人还看不见,不信你问樊哙,他来了这么多趟,每次都是由贱妾带的路。"

刘邦故里——沛县

刘邦听吕雉说得这么玄乎,虽然有点半信半疑,可联想到"东南有天子气"的说法,心里还是觉得美滋滋的,也就宁信其有而不信其无了。

这一天,被刘邦派到乡村搞粮食的弟兄在山下抢了几家大户,弄到好多吃喝,还捎带着绑回几个大户人家的黄花闺女。刘邦一看别提有多高兴了,自打进山以来,除了吕雉来过几趟,讲些山外反秦斗争的信息,还没闻过女人味呢,他这个好色之徒哪里能憋得住。

正在这时,樊哙满脸大汗地找了上来。

原来萧何担心派别人找不到刘邦,也怕刘邦不放心,这才让樊哙前来联系。樊哙哪见过这种场面,愣得半天说不出话来,转而就对刘邦破口大骂:"好你个刘季,家里的弟兄天天为你担惊受怕,你倒有雅兴在这荒郊野外玩女人,还当你是什么人,不过是一个在逃犯罢了。还没等成什么气候,就欺男霸女,真让弟兄们伤心哪!"刘邦被骂得很不自在,一边示意手下把姑娘们带下去,一边低声下气地向樊哙认错。过了好半天,刘邦见樊哙还在那里喘着粗气,就问他这次来有什么要紧的事。樊哙这才回过神来,忙掏出沛令的信件递给刘邦,并把县里的决定经过详细做了说明。刘邦一个字一个字地把信看完,表情严肃地向手下们做了一番简短动员,然后放了几个姑娘,带领大家跟着樊哙下了山。

刘邦深知沛令是个反复无常的人,怕夜长梦多,一路上顾不上休息,披星戴月,200 多里山路一昼夜就走完了。可当他们赶到沛县城下时,还是有点晚了,但见城门紧闭,城上守兵来回游动。

当天夜里,萧何、曹参买通狱吏,在夜幕的掩护下潜逃出城,和刘邦等人汇合。大家好久不见,自是一番欢喜,寒暄几句后,话题便回到今后的行动上来。樊哙心直口快,提议拂晓攻城,有不从命者格杀勿论。其他人也齐声称是,斗志很是高昂。萧何却说:"依我看来,攻城并非良策,如今沛令已经有了准备,仅凭我们这百十来号人是很难攻下的。况且,周围各县都有官兵把守,我们一旦仓促发动,久攻不下,各县官兵必定来援,到那时,我们恐怕连条退路都没有了。"

众人听了,都一下子安静下来,纷纷把目光集中到刘邦身上,等他拿主意。刘邦扫了一眼大家，并不急于表态，转脸对萧何说："萧老弟，别在这卖关子了，有什么子主意快说一说，别埋没了你'智囊'的美名。"萧何说："据我所知，城中百姓未必都服从县令，不过迫于形势才为他守城。我们不如先写封信投进去，向他们讲清利害，这样，城中的弟兄才好发动人们造反，等城里有了动静，我们再发动攻击，成功的把握就大了。"

刘邦一听，觉得很有道理，就让人找来一块麻布，铺在地上写起信来。说话间，天已大亮，刘邦让人用箭把信射进城去，等待消息。

刘邦在信中是这样讲的：

> 沛县的父老乡亲，天下苦于秦朝的酷政已经很久了，而今你们反而替沛令守城。眼下英雄豪杰纷纷起兵反秦，很快就将打到这里，等诸侯军攻破城池，全城百姓都将遭到屠杀。如果大家能行动起来，杀掉县令，推举一个能干的人做首领，以响应诸侯，妻子老小就能相安无事。不然的话，你们为一个沛令而惨遭杀戮，不是太不值得了吗？

这封《告沛县父老乡亲书》很快就在城中传开了，任敖、夏侯婴、周勃等人听说刘邦的大队人马已经开到城外，更是到处煽风点火，鼓吹大家举行暴动。城里的一些被称为"少年""恶少年"的人，原本就与官府持不合作态度，他们平时满城游荡，斗鸡走狗，好勇斗狠，唯恐天下不乱，如今听说有人领头闹事，很快就集合起几十人来。他们平时跟樊哙、周勃等人打得火热，现在自然听令于周勃。周勃得到这些人的支持，马上亲自去找城中的父老们商量对策。在周勃等人的鼓动下，父老们一致同意杀掉沛令以迎接刘邦。就这样，父老们亲自率领一群"少年"向县衙冲去，在他们的影响下，全城的青壮年男子都纷纷参加到起义队伍中来，很快就汇集起来几百人。

沛令听说刘邦不攻城，反而投进一封告民书，知道大事不妙，于是一面派人追查信的下落，下令有私下议论者，就地正法；一面命家仆收拾细软，准备一旦有变就溜之大吉。可他万万没想到，还没等他准备停当，外面就传来喊杀声，吓得他一边拉起小妾往后院跑，一边给侍卫下死令，让他们堵住大门。哪知这些侍卫也见风使舵，不但不去阻挡冲进来的人群，反而和众人一起乱刀把沛令砍死。

那一头，夏侯婴也带人杀向城门，除了几个不从命者被手刃之外，其余的守城士兵都纷纷响应起义，打开城门，把刘邦等人迎入城中。

众人相拥来到县府大院，共同商讨反秦的大计。各位父老都有意让刘邦作沛令，率领大家保境安民。

就这样，大家共同拥立刘邦为"沛公"。刘邦派萧何、曹参、樊哙等人到沛县辖境内征集兵马，很快就组建起一支3000多人的起义队伍，然后带领大家杀牲取血，衅鼓立旗，旗为红色，取赤帝子杀白帝子之义，正式举行起义，以响应陈胜、吴广。

四　霸王初现

在江东会稽东门外的一条大路上，几个手持利刃的差役押解着一个披枷戴铐的中年汉子。他在炎炎赤日下艰难地移动着脚步,稍有迟缓,差役的鞭子便会狠狠抽到他的身上,怒斥道:"快走,快走!"

终于到了县衙,县官王丙成向下问道:"下面所跪何人,身犯何罪?"

负责押解的差役答道:"此人系楚国人,国败之后躲到这里,数年来不断制造言论,辱没先皇及当今皇帝,小的们忍无可忍,才把他锁来。"

王丙成问那人:"你可知罪,速速报上名来。"

那汉子昂首道:"狗官听着,你爷爷我行不更名,坐不改姓,项梁是也。家父项燕,官拜楚国上将军之职,在当初秦楚一战中为国捐躯,血流五步。此后我便到这里务农,今天无故锁来,不知身犯何罪?"

"啪",王丙成重重拍了一下惊堂木,指着下面道:"项梁,照你这么说,难道是本官冤枉你不成,你且把平日里如何诬蔑先皇及当今皇上的话重复一遍,本官自有定论。"

王丙成和项梁辩了几句,自觉理亏,吩咐左右:"此人如此气焰嚣张,可见你等所言不虚。来人呀,打他五十大板,拖入大牢候审。"

项梁被押走之后,一些在衙门外听堂的老百姓议论纷纷,都说这个姓项的不过是就事论事,所讲并无虚言,官府却依仗权势又打又抓的,真不像话。

这时,一个铜锣般的声音在人群外响起:"各位乡亲,我的叔父项梁被押到哪儿去了?"

众人一看,来者是个身材高大魁梧的小伙子,长着一脸如钢针般的连鬓络腮胡子,身上穿着六色衣裤,看上去很是威武。

此人便是项梁的侄子项羽,也是忠良之后,因始皇帝加害,亲戚无一幸免,从此便跟着叔父。

项梁在侄子几岁时,便开始传授他武功。最初是学习剑术,不想练了没几天,项羽就搁撂子了。只是说:"这柄剑轻飘飘的,拿在手里像持着一个树叶,真没意思。"

项梁想了想,说:"也好,那我就从敌数十人教起,然后再到敌万人,自古以来,兵器谱上最霸道的兵刃非槊莫属,此物似刀非刀,似棍非棍,挥舞起来旁人无法近身,进攻之时则犀利无比。而且此种兵刃与独脚铜人一样,分量很沉,正符合你的要求。"

项羽高兴地说:"这个我学,这个我学。"

此时,始皇帝已收尽天下兵器。项梁没办法,只好找人打造了一个铁扁担,代替兵器来教项羽。

过了几年时间,项羽已有所成,把铁扁担舞动得虎虎生风,招数也渐成熟。

项梁便又把他叫过来,说:"今天我们就开始学习万人敌。"

他嘱咐项羽说:"这些都是我们项家祖传的绝学,只要你能把它学懂,万人敌不过吹灰之力。"

项羽毕竟年幼,虽然每天能耐心听讲,却无法将内容融会贯通,偏他又有个坏毛病,就是学东西没常性,这次能坐下来听这么久已属不易。

这天,趁项梁外出,他又跑到破庙那儿,找自己的伙伴玩。看项羽来了,他们叫道："喂，咱们到邻村去吧，听说皇帝要从那里经过，好威风呀！"

项羽也很想看看，便和众人一起前往。

此时正是始皇帝出巡，周围守卫严密，他们几个只好远远地爬到树上眺望。

只见车水马龙，众人簇拥，果然是威风八面，众人不禁赞叹不已。

唯有项羽摆出一副不屑一顾的样子，说："这有什么，将来我也可以做到。"

伙伴中有人不服，道："皇帝有这么多人听他的，你连我们都说不服，怎么能像他一样。"

这句话刺到项羽的痛处，他虽然勇武过人，口齿却不灵活，一着急还有些结巴。一听对方哪壶不开提哪壶，心中的火儿腾地升上来，说："那，那你说，怎，怎么样才，才能听我的？"

看他急得满脸通红的样子，同伴哈哈大笑，其中一个学他，道："不，不如我们比，比力气吧，谁，谁力气最，最大就听，听谁的。"

众人见他学得惟妙惟肖，笑得差点儿从树上掉下来。项羽可当真了，说："比就比，谁，谁不比谁是孙子。"

他们跑到一座老君庙前，用那里的铁鼎来比试力气。其中一个自以为力大的抢先去扛鼎，希望占个先机，不想使出吃奶的力气，那鼎竟然纹丝不动。

又有一个身材粗壮的小伙子分开众人走过去，绕着鼎转了一圈，伸手扣住上面的铁环运了口气，大喝一声道："起！"这只鼎还真应声晃动一下，不过并没起来。

如此又试了两次，少年气力已尽，那鼎却一如既往。众少年一时议论纷纷，无人再试。

一个在旁边扫地的老僧过来说："各位小施主，此鼎重逾千斤，别说你们，就是20几岁的粗壮汉子也未必举得动。我劝你们还是到别处去玩，以免伤了身体。"

话音刚落，有人如炸雷般喊道："不，我要举！"

众人一看，又是项羽，不禁暗笑。

项羽看大家神情，心中有气，便逐一问道："要是我能把它举起来，你们就服我，干不干？"

众人被他问烦了，便说："只要你能举得了，一切依你。"

项羽看来再无异议，便大步走到鼎旁。他先用三成力试探一下，大鼎纹丝不动。又用五成力，大鼎随之晃动一下。项羽心中有数，用手抓住两边的鼎环，左右晃动晃动，以免此鼎摆放时间长了，与地气相通。一切做完之后，他抓住鼎环，大喝一声："起！"

大鼎应声而起，已至项羽胸前，他再一用力，将其举过头顶。

旁观众人一个个目瞪口呆。不想项羽把大鼎举起还不算完，又在院中连走数步，这才将鼎轻轻放回原位。

一时之间，项羽在乡中名声大噪，被奉作神人。

一天，村民慌慌张张来找人说："不好了，芦苇里有妖怪出没，见人便咬，好厉害。"

项羽闻讯赶去。

定睛一看，却是一匹野马。看见又有人来，野马嘶叫一声，扑将过来。

项羽喊了声:“来得好!”扭身轻转闪过,待那野马又蹄踏地之后,他伸手一把揪住它的鬃毛。那怪马一惊,扭头又是一口,不想项羽早有防备,又转到另一边。

野马怪叫一声,扬蹄便踢,项羽再次闪开。与此同时,他举起自己的拳头在那马肉厚之处狠狠一下,刚才还活蹦乱跳的家伙顿时倒地。不过,野马倒很经打,在地上打个滚,起来又要咬人,却被项羽再次击倒。这样也不知反复多少次,那野马趴在地上死活不再起来。

围观众人欢呼道:“好啊,它被打服了。”

项羽得意地向空中挥舞着双拳,对那马儿说道:“起来,不然我打死你。”

说也奇怪,那马儿仿佛得了圣旨,腾的一下站起身来。项羽伸手拍了拍它的脖子,腾身而上,那马儿哆嗦一下,便再不反抗,任他骑乘。

一个外地来的车把式说道:“这匹马叫作抱月乌骓,是八骏之一,全天下没有几匹,均做上贡之用,却不知怎么会流落民间。”

项羽听了喜不自胜,说:“这是老天爷赏我的。”

得了宝马,项羽又找人私造了一把真正的槊,每日在家中练那马上地下的功夫。

这天,正练得起劲儿,有人跑来告诉他,项梁被抓。项羽想了想,暂时把乌骓马和兵刃放在家中,自己一路小跑到了县衙。

众人对他都比较熟悉,便把刚才情况说了一遍。项羽问道:“那牢狱在什么地方?”

经人指点之后,项羽二话不说,朝那边走去。到了狱门前,守卫差役伸手拦他,不想却被他突施重拳,呼呼两下,两名守卫均被震断心脉,口吐鲜血而死。

然后他抓起大铁锁,大喝一声:“开”,便将锁头硬生生扯开。

由于牢狱从未提防有此变故,所以此时已无旁人。项羽进去高喊道:“叔父,叔父!”

项梁被打了几十大板,此时正趴在地上,听到项羽喊他,忙答道:“我在这儿呢!”

项羽走过来,一脚将木栅栏踏成好几截,俯身进去把项梁抱了出来,大踏步向回走。

出门一看,那些年轻朋友都聚在门口。原来方才项羽直奔牢狱,熟悉他的人便暗叫不好,知道他为人直率,做事鲁莽,忙悄悄跟来。

现在真出了大事,他们一时不知如何是好。倒是项羽早有主张,挥臂一呼道:“各位兄弟,狗官当道,为害百姓,你们若信我,不如一起反了。”

众人一听,均无异议,可见秦朝气数已尽。

项羽找两个人把项梁送回家,自己则带领大队杀奔县衙。不想刚拐过大街,迎面走来一支队伍,却是镇守这里的官兵。

众人手无寸铁,连忙停下来。项羽虽然第一个看见官兵,脚步却连缓都没缓,经直迎上去。官兵中为首一人喊道:“项羽,我是统领季布,已把王丙成杀了,特地来投靠你。”

说完,把一个血淋淋的人头扔了过来,有人认得,惊叫道:“这真是县太爷的脑袋。"

自此，会稽已落入项羽囊中。待项梁伤愈之后，他便出面主持大局，命侄儿招兵买马，打造兵器。

由于项羽声名远播，他们很快便召集到八千名青壮年。

经过几天休养生息之后，项梁排摆祭台，向上苍祈福，而后自封为将军，项羽则成为副将。此后，他们率队连续攻破数座县城，队伍也迅速增至两万人。

不久，项梁收到陈胜派使者送来的信，请他派人到广陵参加英雄大会，共同商讨推翻秦二世。他想了想，决定派项羽去，这样一来可表示自己的诚意，二来也可让雄群看看项家的神勇。

项羽受命远行，走到广陵附近的时候，突然探子回报："前面虞家村有人械斗，好像是在抢亲。"

项羽让大队在路旁扎营，自己则带几个亲信进虞家村看个究竟。

在一家庄院外，他听到刀剑相撞的叮当声。进去一看，里面已乱作一团，一顶红色花轿歪倒在院中，几个黑衣人正在轮番进攻一个女子。

项羽一时看不出头绪，只是看不惯这么多人欺负一个女人，怒喝道："住手！"

白胖子也吓了一跳，看了他们一眼，说："大胆，哪来的刁民，敢搅了大爷的事！"

项羽一听，口中轻蔑地问："听你这么讲话，看来是一位官爷，不知在何处高就呀？"

白胖子胸脯一挺，说："说出来吓破你的胆，老爷便是这广陵的总镇，我的叔父便是当今的丞相。"

项羽故作惊异道："噢，你的叔父便是那个阉人赵高啊，他没球没蛋的，怎会有你这门亲戚，莫非你也是……"。

他边说边伸出蒲扇般大手抓过去，白胖子没想到有人敢如此放肆，吓得向后倒退间，被椅子绊了一个大马趴，他在地上指挥手下，道："你们这些饭桶，还不快把他拿下！"

那些奴才如梦方醒，又呈扇形围攻过来。

项羽看着眼前闪烁不定的剑光，哈哈大笑，道："我早说这东西不管用，你们还是放下吧！"

说话间，他身形转动，如鬼魅般穿梭于剑光之中。那些人只觉得持剑的手腕一阵剧痛，禁不住将剑抛在地上。

项羽见已天下太平，转身便走。不想那女人和老汉赶过来，跪在地上，说："多谢大爷救命之恩！"

项羽忙伸手把他们扶起来，开玩笑说："我可不是什么大爷，不过是个乳臭未干的毛头小子，你们叫我项羽好了。"

老汉一听，忙问："你可是那个力可拔山举鼎，手下有八千子弟兵的项羽吗？"

"正是。"项羽没想到这个地方还有人知道他。

老汉拉着项羽死活不让他走，一定要进客厅饮茶休息。项羽坚辞不过，只好吩咐手下先回去，自己一个人留下来。

这时，随着一阵细碎的脚步声，虞姬从后面走出来，很大方地坐在父亲旁边。

项羽看了她一眼，暗叹：果然是个绝色美女，难怪那狗贼会动淫心。

虞姬此时衣着与方才不同，而且又重新梳妆过，所以自然是美艳动人。她注意到项羽在看她，豪爽地一笑，道："多谢英雄搭救。"

项羽一时分心，只是听到她宛若天籁的声音，却不知讲的是什么。

虞姬的父亲也发现项羽的失常举动，便轻咳一声，说："项将军，项将军，小女在向你道谢呢。"

项羽这才回过神来，忙说："噢，不必不必，举手之劳。"

老汉说："我这个女儿就是这样，为人豪爽，说话率直，希望项将军莫要见怪。"

项羽摇头道："怎么会呢？这才是江湖儿女所为嘛！"

话一出口，他发现自己又说错了，人家明明是个会武功的小家碧玉，怎么突然变成江湖儿女呢。

好在老汉不以为忤，说："项将军，我请你留下来，是有一事相求。"

项羽问："什么事？"

老汉看看虞姬说："今天出这样的事，我们恐怕要及早搬家。这样的话，我希望你能把这个孩子收留在身边，不让她再被坏人欺负。"

他这句话一出口，项羽和虞姬两人的脸都红了，一时低头不语。

过了一会儿，项羽抬头说："老人家，现在时值乱世，项羽不才，恐怕难负重托。"

老汉说："此言差矣，经过今天，老夫看来，普天之下能护吻我女儿的人恐怕就只有你了。"

当晚，项羽便在这里住下。第二天临行前，他又赠送给虞姬 一块祖传玉佩作信物，约好待从广陵返回之后接她。

大军再往前走，迎面突然过来另一支军队，为首一支军队，为首一将甚是威武，手持一杆三尖两刃枪。看到他们，便问："来者何人？"

项羽答道："我乃会稽八千子弟兵的首领项羽，你是何人？"

那员猛将答道："我乃英布是也。人常说出师有名，你们不过是些无名草寇，不如放下武器，回乡种地去吧！"

项羽大怒，正要上前擒他，身后有人高喊："英布，桓楚在此。"

英布大惊，道："哥哥，你怎么也在这里？"

桓楚道："此事说来话长，不妨下马一叙。"

于是三人各抛兵刃，聚到一起。

桓楚指着项羽说："这位是楚国上将军项燕之后，他的叔父目前拥兵数万，誓破秦朝。兄弟你要信我，不若也投奔过来。"

英布道："大哥之言，小弟岂敢不信，不知项将军可否收留？"

项羽忙拉住他的手说："正所谓千军易得，一将难求，英将军愿意加入我军，项某是求之不得呀！"

回到会稽之后，项羽把沿途经过详细讲给项梁，当听到收了一员大将英布，又有了侄媳虞姬之后，项梁大笑不已。

项羽心里也很高兴，不过他不失清醒，说："叔父，目前军队之中可谓兵精粮足，战将众多，与大秦对抗应不成问题。只是正如人不可有勇无谋一样，军队也不应没有谋士,却不知这件事如何解决?"

项梁道:"我听说此不远有个隐逸山庄,庄里有个年近七十的老人,名叫范增。此人足智多谋,对兵书战策无一不精,只是为人颇为古怪,空有一身才学却不愿为他人效力,实在可惜。如果我们能请他来,大秦想不亡国都不行,只是……"

这时,季布接话道:"将军不必多虑,季某对此人仰慕已久,此番愿充作陪客前往。如若范增能够归楚,则国仇家恨均可得报。"

项梁大喜,吩咐多备金银珠宝作为礼物,由季布携带前往。

据传,隐逸山庄便在距此不远的天柱山中,可是真到了那里,却发现颇为难找。

季布带着一行人在山中转来转去,却始终看不到有房舍屋宇。正彷徨间,突然听到有人放声高歌:

季布听听颇觉有趣,便迎了上去,那个歌者却是一个樵夫。

季布拱手道:"这位小哥,年纪轻轻便能参悟禅机,可喜可贺。"

樵夫笑道:"我不过是个砍柴的,能懂什么?刚才那歌却是一位高人教的。"

季布又问:"不知是何高人,可否给我们引见一下?"

樵夫道:"此人名叫范增,寻常人他是不见的。上次若不是我砍柴摔伤了,恐怕也很难见到他。"

季布想了想,说:"樵哥,你能告诉我们他住在哪儿吗?"

樵夫说:"那里叫作栖霞峰,范老先生便住在上面。你们可以沿山路上去,不过记住,每逢岔道口,要以松树为记向左转,否则便会偏离隐逸山庄,也就是那老先生隐居之处。"

谢过樵夫之后,季布带人沿崎岖山路缓缓向上,果然如那人所讲,每到岔道口便有松树指路。

可是,走到最后却没了路,只见前面一块石壁上写着:"敲"季布过去拍几下。

这时,不知从哪里发出声音,问:"来者何人,有何贵干?"

季布看这情形,不敢据实答复,便扯慌说:"小人季布,从东海远来,在山下的居巢镇做些小本生意。不想此地与家乡风土人情不同,生意却做越赔,新近又突发大火,将店铺化为灰烬,一时间连老本都赔光了,现在连家乡都回不去了。小人素闻范老先生机智过人,且怜悯众生,所以希望能向他讨教生存之道。"

那声音又响起:"范老先生隐居此地,已不问世事,你们还是回去吧!"

季布说:"我现在身无分文,已是无家可归,现在又求助无门,倒不如死了的好。"

说完拔出佩剑,照脖子上便抹。此时,一颗石子不知从何处飞来,重重地打在他的手腕上,那把宝剑也"当啷"一声掉在地上。

那声音再次响起:"钱财身外物,世人偏偏沉溺于此,你们在这儿等着,我这就去通报。"

等候期间,季布在那里转来转去,想看看声音到底从何处来。正在搜寻间,斜刺里如雨点儿般飞出数粒石子,众人先是觉得一麻,而后便不省人事。

再次睁开眼的时候,他们已置身于一个宽敞的大厅里。一个苍老而有力的声音传过来:"你们绝非本地客商,为何要骗我?"

季布循声看去,一个鹤发童颜的老者盘膝坐在石台上,他的样子颇为古怪,后背佝偻着像个锅盖,四肢却颇为长大。

季布忙向上行礼,解释道:“范老先生,小人季布,的确并非行商,而是会稽大将军项梁帐下谋士。适才之事,皆因求见老先生心切,才出此下策,尚请见谅。”

范增一笑,道:“你能利用老夫仁厚之心进入此地,实属不易。俗话说:既来之,则安之,你不妨把真实来意讲一讲。”

季布令随从先把礼物奉上,然后说:“始皇帝死后,二世之残暴较其父有过之而无不及,天下众生叫苦不迭,因此各方群雄并起,欲与秦廷较一短长。他们杀掉那些狗官,以此来呼应诸侯,从而为百姓除害。我家主人项梁为楚国大将军项燕之后,目前拥兵近十万,麾下广有战将,却苦无谋士,所以想请先生出山主持大局。”

范增道:“项梁有你这样的人做谋士还不够吗?”

季布答道:“若为恢复楚国,季布之才勉力可为,若为平定天下计,季布不过是井底之蛙,难见天日。当此乱世之秋,像先生这样胸中有雄才大略之士,若只知隐逸山林,逃避世事,岂非是暴殄天物。再者,先生身为惊世骇俗之人,难道不希望有朝一日名垂青史吗?”

范增沉思良久,并不作声。季布看他犹豫不决,便撩衣服跪倒在地,说:“请先生为受苦难的苍生着想,扶助我主。”

范增道:“老夫好容易归隐此地,希望能够颐养天年,不想你却找上门来。这样吧,我自问你一个问题,如果答的合老夫心意,老夫便重新踏出此山。”

季布心中又惊又喜,忙说:“什么问题?”

范增说:“如果有一天让你在苍生和江山面前选择,试问你是要江山还是要苍生?”

季布想了想,说:“要江山。”

范增道:“那就是说你宁愿为得江山而牺牲苍生,为什么?”

季布道:“只有把握江山,才可能救苍生出水火,那些为保江山而死的人,不过是大势所趋而已,此时绝不可有妇人之仁。”

范增一笑道:“不错,若是你家主人有你这等智识,老夫便可无忧了。”

第二天,季布等人醒来之时已在一辆奔驰的马车上。看他们醒来,坐在前面与车夫聊天的范增回头道:“季先生,待会儿见到了会稽你负责指路”。

离会稽还有一段距离,他们远远看到,一支人马从城中奔驰而出,排列成一字长蛇阵,为首的旗帜上一个斗大的“项”字。接近大队之时,一人从阵中跃马而来,直接到范增车前,然后滚鞍下马,道:“项羽奉命前来迎接范老先生。”

范增还未看清此人,便已感受到一股浓重的杀气,不禁暗暗吃惊。

季布介绍道:“这位将军便是我家主人的侄儿。”

范增上下打量他道:“好威风的汉子。”

进到县城,项梁也是早早迎接出来,与范增携手走进中军宝帐。

落座之后,项梁说:“项某早就听说先生上知天文,下晓地理,兵韬战略无所不通。无奈军务繁忙,一直无缘与先生谋面,今日一见,真是三生有幸。”

范增拜道:“我不过是个山野村夫,承蒙先生不弃,能够以礼相待,范增定当尽力而为。”

项梁又说：“前日我得到消息，陈胜被杀，大军已经溃败，却不知先生对此有何看法。”

范增沉吟一下，说：“此事可以作为借鉴，以免重蹈覆辙。依我之见，陈胜落到如此悲惨结局，要有很多原因。”

听完范增所讲之后，在座诸人都点头称是。项梁更是喜不自胜，赞道：“范先生思路果然不同常人，能得到你的帮助真是项某大幸之事。”

此时，座中便有人提议：“项将军，现在陈王已死，新王未立，这个位置不如由你来坐。”

此言一出，马上便有很多人附和。项梁心中有些愿意，便问范增：“老先生看这事如何？”

“荒唐！”范增从牙缝里挤出两个字。

大家为之一愣，范增不理旁人，单问项梁：“你现在兵强马壮，可知道为什么别人从大老远来投靠你？”

项梁一时语塞，心想：无非是找个能吃饭的地方。

范增接着说：“当初秦始皇无故侵吞六国，楚国是最不幸的，楚怀王进入秦国便一去不返，国人十分想念他。有一位隐士南宫先生曾讲楚国即使剩下三户，也可以把秦国打败，这是因为楚得到大家支持。现在各方都来攀附将军，因为你是项燕的后代，尤其是那些名门望族，他们更希望你能复国，所以才不加阻挠，给予各方支持。”

项梁还是不太懂，便说：“那么先生的意思是我不适合当楚王罗？”

范增叹了口气，心说我是跟错人了。只好又解释道：“正是，楚怀王虽不在人世，但他后裔尚在，如果你能把他找到，扶植起来，到时一定四方归顺，何愁天下不得呢？”

项梁这才开窍，觉得自己虽然吃点亏，这却是个扩大势力的好主意，于是吩咐手下分头去找。

这些人中有个叫钟离昧的，对手下说：“楚王之后为逃避战乱，一定不会在市镇之中，我们不妨到农村去找，可能会有收获。”

这天，他们经过南淮时，看见一群牧羊娃正在追打一个年纪相若的孩子。那个小童相貌颇为不俗，大耳垂轮，是富贵之相，众人追他，他也不生气。

钟离昧一时看不过，大叫一声，将那些孩子赶跑。

他叫过那小童问：“他们干吗追你？”

小童答道：“这些孩子是为自家放羊，我却是给别人打工，他们笑话我，我就和他们说：‘你们虽是亲生之子，却不过是普通百姓，我虽然为别人干活，却是王侯之躯。他们说我吹牛，便开始追打我。’”

钟离昧又问：“你为什么说自己是王侯之躯呢？”

小童一笑，说：“事实如此。”

钟离昧看他天真无邪，绝不会撒谎骗人，便又问：“你姓什么，到底是谁的后人？”

小童不答，只是说："母亲不让说。我不敢说"。

看看没办法问出，钟离昧便让小童指路，到住处去找他母亲。

来到一处茅草屋，小童一溜烟跑进去，过会儿便和母亲一起出来了。

那女人行礼道："这位官爷，找我不知有什么事？"钟离昧指着小童说："小孩子对外宣称自己是王族之躯，我想问个究竟。"

那女人脸色微微一变，说："那不过是小孩子瞎说，将军不要当真。"

小童这时不乐意了，嘟囔着说："明明是你讲的，现在反来怨我。"

钟离昧一笑，知道对方心存芥蒂，便把自己的情况详细讲了一遍。当听到要光复楚国之时，那女人激动地问："你可当真？"

钟离昧郑重地说："我可以对天发誓，如有半句虚言，天打雷劈。"

那女人说了声："你们等等。"

转身便回了内室。时间不长，便手捧一件黄色旧汗衫回来，递给钟离昧道："孩子身世便在上面。"

钟离昧接过来，迎着阳光仔细一看，只见上面斑斑驳驳写着："楚怀王嫡孙米心，楚太子夫人卫氏。"再看后面，端端正正盖着一枚国印。看罢之后，他连忙跪倒在地，行君臣大礼。

此后，雇车将两人送回大营。

说也奇怪，王室毕竟不同于寻常人家，虽然落难，礼仪却依旧十分标准，在这一点上连小王子都是如此。双方见面之后，大家共同推举米心为怀王，王妃卫氏为王太后。

怀王则下旨，封项梁为武信君，项羽为大司马、副将军，范增为军师，季布、钟离昧为都骑，英布为偏将军，桓楚、王英为散骑军。

五　吕雉偷情

听张良讲完之后，刘邦赞叹道："像项羽这样力可拔山举鼎，斩上将首级如探囊取物的大英雄，今后我一定要和他好好交往。"

张良则对范增大为赞赏，称今后若与此人为友还好，若是为敌一定要小心。

两人正说得热闹，有人来报，称外面有一女子求见，说是沛公的亲戚。

刘邦一听挺纳闷，心说吕雉就在后面，这人是谁呢？总不会是妈妈或嫂子吧！

他犹豫一下，说："请她进来。"

不久，那女人走了进来。刘邦一看，高兴得不得了，原来这人是芒砀山中的曹珮瑛，几月不见，她又漂亮了许多。

张良看他们两人情形，便拱手告退，又把屋内的侍卫都叫了出去。

刘邦看众人出去，便把珮瑛拉到身边，心中仿佛有千言万语，一时却又说不出。还是珮瑛先打破了沉默，说："你回山洞之后，我心里很挂念你，便常跑到湖边去等，不想没见到你，却遇见一桩怪事。"

这天珮瑛在湖边漫步，看着那一团温暖的绿色。突然，她怔住了，一团银色的光芒从水中折射上来，飘飘荡荡地仿佛是一条巨蛇。

珮瑛想起刘邦提过的白蛇，连忙把佩剑找出来，目不转睛地注视着那团银光。过了许久，那团白色的东西仿佛在动，又仿佛不在动，水纹的波动完全影响了判断。

曹珮瑛两只手紧握住剑柄，一步一步走进水中，向那条白蛇逼近，再逼近。

奇怪的是，白蛇似乎并未察觉，依然在原地不动。眼见已经走到附近，曹珮瑛腾身而起，使一招拨云见日，扬手一剑，狠狠刺入水中。她只觉得一股大力从剑上反弹回来，迸的一声，宝剑竟断为两截儿。再看那白蛇，居然没有丝毫变化，珮瑛大惑不解，以自己一剑之力怎会无法伤到它，即使是石头恐怕也砍进去了。她大着胆子伸手摸了一下那东西，如水般冰凉、溜滑，似乎毫无生息。

汉高祖刘邦

曹珮瑛用双手去拉，那东西沉甸甸的，抱上岸一看，的确是一条蛇，却是用白银铸成的，不禁哑然失笑。她用笛声把猛虎召来，这才将银蛇运回住处。此后，她跑到山洞想告诉刘邦这件事，不想已是人去洞空。

回到住处，她开始更加想念刘邦，想念那唐突的一天，想念那迷人的男子汉的气息。

第二天，辗转反侧一晚的曹珮瑛便在猛虎的协助下，把银蛇运到山下，尔后雇人推着，一路寻找刘邦。本想找个逃犯必然颇费周折，谁想此时的刘邦已经是远近闻名，被人称作沛公了。

在乡人的指引下，她很快便找到大营。

听珮瑛讲完，刘邦十分好奇她说："那银蛇现在在什么地方?"

珮瑛手向外一指，说："就在门口小车里，我打算把他送给你作军饷。"

刘邦大喜，笑着说："真是我的好老婆。"

两人正缠绵间，门口一阵大乱，有人激烈争吵着。刘邦还没来得及问怎么回事，吕雉已经进来，他忙把珮瑛推开。

守卫随后跟进来，说："夫人非要进来，我实在挡不住。"刘邦摆摆手，说："你出去吧!"

守卫出去之后，刘邦对吕雉说："你来得正好，我给你介绍个人，她叫曹珮瑛，在芒砀二山中救过我一命"。

吕雉笑吟吟地对珮瑛说："呦，这姑娘长得多水灵呀，还是山里的水土好，干吗跑到山外来呀?"

珮瑛说："我是给刘大哥送军饷的。"

吕雉摆出一副如梦方醒的样子，又说："噢，是为这事呀，那我也替你刘大哥谢谢了。不知你准备什么时候回山里呀，到时候我也送些礼物给你。"

曹珮瑛一时不知怎么说才好。

刘邦插话说："吕雉，你别多事，珮瑛这次不走了。"

吕雉白了他一眼，说："我和小姑娘聊天怎么叫多事。珮瑛，珮瑛你叫得倒是满亲的。"

刘邦知道她心中有气。

到了后堂，吕雉吩咐侍女打来洗澡水，自己则坐在一边。众人退去之后，她指着澡盆对珮瑛说："你一路劳累，洗个澡解解乏吧！"

珮瑛犹豫了一下，看看吕雉四平八稳地坐着，一点儿没有要走的意思，笑道说："怎么，还怕嫂子看呀，都是女人有什么关系。快洗吧，一会儿水该凉了。"

珮瑛不好拒绝，只能缓缓把衣服脱了，溜进澡盆里。

看着珮瑛晶莹剔透的胴体，她皮笑肉不笑地说："妹妹真是好身材，怪不得你刘大哥这么迷恋你。"

珮瑛尴尬的不行，恨不得马上就能洗完。

吕雉看她不搭话，话锋一转，道："唉，男人呀，个个都像馋嘴猫一样，看见女人就挪不开步了。"

珮瑛实在洗不下去了，站起来草草擦干身体，迅速把衣服穿好。在吕雉旁边坐了一会儿之后，她才有勇气开口，说："大嫂，我从山里出来不久，不懂世事，有什么做得不对的还请多指教。"

吕雉打着哈哈儿说："不敢当，不敢当。"

珮瑛又说："我走得累了，你看能不能找间房让我先休息一下？"吕雉故作惊讶道："怎么，你不和我们睡在一起吗？"

她说话间有意无意把睡字拖得老长。珮瑛脸腾的一红，说："不，不了。"

吕雉笑道："好，好，那你不如睡在隔壁吧，来，我带你去。"

整个下午，她都坐在那里，把自己的脸尽可能地美化，甚至为那些浅而细碎的鳞纹叹息不已。

刘邦回来的时候，吕雉已换了一件让胴体若隐若现的衣服，坐在椅子上，摆出一副优雅的样子，品着香茗。一股飘忽不定的幽香引起了刘邦的注意，他打了一下喷嚏，问："什么味儿？"

吕雉按捺着兴奋的心情，淡淡地说："是龙涎香，还记得吗？这是你最喜欢的。"

刘邦若有所思地说："噢，我说鼻子有点儿不对劲。珮瑛呢？她到哪儿去了？"

吕雉不理他，站起来扭动着身躯，说："相公，你看我今天漂亮吗？"刘邦这才注意到有些变化。

说："这是军中，你怎么穿这种衣服，明天别穿了。"

吕雉气得要命，二话不说，当时就把衣服换了。刘邦又问："珮瑛到哪儿去了，我忙昏了头，也不知道她吃饭了没有？"

吕雉酗酗地说："放心吧，谁敢让她饿着，晚饭我让人送过去了。她现在就在隔壁。"

刘邦本想这就过去，看看吕雉，又坐下来，说："老婆，家里突然多个人，我知道你不高兴。"

吕雉噙着眼泪,说:“我没有,我怎么会不高兴。”

刘邦又说:“珮瑛这个女人很可怜,没爹没娘,一个人在大山里与虎豹为伍。再者一说她又救过我一命,所以我打算收她做妾,不知道你怎么看?”

吕雉深深吸了口气,说:“你现在是一方之主,娶个小妾很平常,犯不上跟我讲。”

刘邦点点头,说:“还是老婆你能深明大义,好,天色已晚,不如早点儿休息。”说完,他起身到隔壁去了。

吕雉实在忍受不住了,她冲出房门,冲出大营,漫无目的向郊外跑去,直到喘息着坐在一棵大树下面。她感觉头脑中一片空白,又仿佛有很多幅画面不停浮现出来。

想着想着,吕雉哇的一声哭出来,两手在树干上狠狠地挠着。正在号啕大哭之时,林中有人阴沉着说:“小姑娘,我看你很久了,你为什么要哭呀?”

吕雉吓了一跳,蹦起来问:“什么人,什么人在这里,快出来!”

那个声音又飘然而至“没有人在这里,没有人。”

吕雉想道:“你不是人吗? 还敢躲在这里,我已经看见你了,出来吧!”这时,林中四面八方都响起声音,有古怪的笑声和那种时候才有的呻吟声。

吕雉缓缓坐在地上,自言自语道:我不管你是什么,人也好鬼魂也好,你都吓不住我了,反正我已要死了。所有声音一下子消失了,一条灰白色的身影像落叶一般从树上飘到她身边,一个低沉的女人声音响了起来:“小姑娘,你活得好好的,干吗要死?”

吕雉叹息道:“我不是小姑娘,早就不是了,我有丈夫。可是现在就要没有了,他在别人的床上,不回来了。”

那个女人又说:“你太傻了,为了那些臭男人去死,值得吗?”

吕雉说:“没试过,又怎么知道不值得?”那女人说:“我知道,因为我试过,而且差点儿进了鬼门关。”

吕雉被逗笑了,说:“看来你还是个人。”

那女人隔着面罩的脸上似乎也有了笑容,说:“当然是人,我刚才不过是和你开个玩笑。”

吕雉说:“你干吗不把面具摘了,这样说话太费劲了。”

那女人说:“我不想吓你。”

吕雉说:“我死都不怕,难道会怕看你。”

那女人伸手缓缓把面具摘了下来,吕雉忍不住惊叫一声。

在眼前的根本不能算一张脸,只不过是几个高低不平,有窟窿的肉洞而已。吕雉一叫,那女人迅速把面具带了回去。很难想象,一个身材修长的女人会拥有这样一副尊容。吕雉定了定神,说:“我知道你过去一定很漂亮,我从你的眼睛里看得出,可是为什么会变成现在这样?”

那女人恨恨地说:“因为男人,一个忘恩负义的臭男人。想当年我也是远近闻名的大美人,上门求亲的踏破门槛,可是我瞎了眼,偏偏看上他,把自己的全部都给了他。没想到,为了荣华富贵,他竟娶有钱有势的员外家的女儿为妻,还把我们的事宣扬出去,让我没脸见人。”

说到这里,有泪水顺着面具淌了出来。那女人用手抹了一下,接着说:“我一时想不开，便放火烧自己，希望得到解脱。”

吕雉问道：“那后来呢？”

那女人说：“后来，后来我活得很好。你知道为什么吗？当烈焰吞巫我皮肉时，我突然想开了，我没有犯错，更不该死，该死的是那些不负责任的臭男人。就这样，我在他们正式成亲那天混进洞房，预先躲在床底下。待他们晚上苟且之时，我一刀一刀把这对狗男女砍了个稀巴烂，那一刻我真高兴，哈哈……。”

那女人笑过后，又颇为得意地说：“你知道我现在干什么吗？我是一个让人闻声丧胆的采花贼，那些男人没有不怕我的。”

吕雉被她逗笑了，一脸羡慕地说：“你真了不起，可是你怎么能斗得过那些大男人呢？”

那女人答道：“其实呢，我虽然会些武功，但终究是个女的，力气上很难与男的对抗。不过呢，我有法宝。”她从怀中掏出一个小瓶，说：“这是我从云南滇池找到的，是从一种叫作苦情花的野花中收集的花粉。你可不要小看它，不管是什么样的男人，只要嗅到一点儿便会心猿意马，和他第一眼看到的女人做那种事，若是吞下一点儿，则会终身成为那个女人的性奴仆，普天之下无药可救，你说神奇不神奇？”

吕雉说：“我还是不太明白，这样你不是依然要失身给男人吗，怎么反倒认为自己占了便宜呢？”

那女人解释道：“好妹妹，你还是已婚之人，怎会不知其中奥妙。其实世界虽大，不过分作阴阳两极，男女之间有那种事再正常不过，关键是谁是主动，谁是主宰者？当你看到那些男人为了得到你的恩宠，连舔脚趾之类的事都肯干时，你就会明白什么叫作真正的女人。”

吕雉听得心旷神怡，两眼紧盯着那瓶药，恨不得自己也能拥有这种神奇的力量。那女人一笑，把药递给她，说：“咱们姐妹有缘，这剩下的就送给你吧！这种苦情花每隔七年才盛开一次，且产量极少，你要好好使用噢。”

吕雉连忙接过来，揣在怀里。她想了想，又问：“那些男人要是醒过味儿来，实施报复怎么办？”

那女人笑道：“你这人真是啰唆，看事儿不得不告诉你了。其实，如果一个男人服食了此物，就相当于他身上种了一朵苦情花。此后，若是没有那个他第一眼看到的女人的爱，或者说是得不到她的肉体的话，就会每隔半月便如同毒虫附体，热血沸腾，奇痒难当。你猜这时他会怎么样呢？”

吕雉摇了摇头。那女人笑道：“他就会自己身上抓呀，抓呀，直到皮开肉绽，鲜血四溢都不会停，那种求生不得，求死不能的感觉可不是一般人想得出的。”

吕雉点头道：“这样的话，真的可以控制住他们了。”

那女人一笑，说：“我还要去享受，告辞了。”

说完腾身而起，几个起落便已消失在茫茫夜色之中。

有了这番经历，吕雉的心情一下子开朗了许多。不管苦情花粉会不会真的很神奇，她都重新找回了自信，在那个瓶子里，是令人振奋的希望。回到大营，四周已是静悄悄的。放哨的卫兵见有人来，忙举起手中长枪，仔细一看却是沛公的夫人，便闪开条路让她进去。吕雉大步流星回到房里，躺在床上美美睡了一觉。

第二天一早，吕雉刚刚起床，珮瑛便过来请安。看着这个夺走自己幸福的人，吕雉的心里很不是滋味，她调侃着说：“呦，好妹子，不必多礼，从今往后咱们就是一家人了。哎,你的眼圈有点儿发黑,是不是昨天晚上折腾时间太长了?"

此后几天,刘邦每天回来直奔珮瑛的房间,连吕雉的正屋都不进了。直到有一天,刘邦突然来了,吕雉强打精神说:"怎么舍得回来了?"

刘邦没接这个茬儿,只是说:"昨天从我阳里老家来了个男孩子,他是临街五婶的孩子。我看了看,这孩子手脚柔弱,不是打仗的材料,不如就安排在后院干活,你看如何?"

吕雉满脸不高兴,说:你跑回来就是为这个。但嘴上说得倒还顺耳。

刘邦见她同意,便又转到隔壁去了。第二天,那个男孩子来了,长得白白净净,两只大眼睛忽闪忽闪的,一点儿也不像个乡下人。吕雉问他:"你叫什么名字,多大了?"

"审食其,十六岁了。"

吕雉又说:"你到这儿来,是侍候人的,你能吃得了这个苦吗?"

审食其答道:"吃得苦中苦,方为人上人。我会很快适应这个环境的。"

此后,审食其果然如其所说,每日里在后院奔波。由于他年龄最小,肯干活,所以连那些女佣人都对他呼来唤去。虽然把别人的活也干了,但他毕竟因此有了一个好人缘。吕雉对他也很喜欢,经常让他到房中聊聊。审食其年纪虽小,人却十分乖巧,一张小嘴甜甜的,整日"姐姐长,姐姐短"的,让吕雉高兴不已,感觉自己年轻了许多。

沛公在此休养生息已毕,便带数十人独自去找项梁借兵,余下的人依然留在大营候命。吕雉他们这些家眷自然也没有跟去。

这天,吕雉闲着无聊,便去找审食其。此时天气颇热,审食其所住小屋却房门紧闭。吕雉以为那孩子不在,便欲转身回去。不想,有哗哗的水声从里面传出来,她一时好奇,透过缝隙向里偷窥。一看才知道,原来审食其正在洗澡,吕雉目不转睛地看着,心说:这孩子皮肤细如凝脂,即使在女人当中也是少见。此时审食其已经洗完,从盆中站了起来,一直偷看的吕雉吓了一跳,没想到他在某些方面已经和成年人一般不二了。

回到住处,吕雉脑子里一直在想着审食其,正想着,审食其却自己找上门来,说:"姐姐,今天可有什么事要做吗?"

吕雉心念一转,说:"没事,不妨坐下一起饮茶,给我讲些家乡的故事。"说完,命人端进两杯香茶,两人各自坐下。

吕雉看他喝完,便问:"在乡下有没有女孩子喜欢你?"

审食其点点头,说:"有是有些,不过我因此经常被别人欺负。"

吕雉好奇地问:"为什么?"

审食其答道:"我也不知道,看到女孩子总来找我,有些人便不高兴,他们还骂我娘娘腔,或不男不女,什么的,其实我根本不是。"

吕雉点点头,说:"这个我知道,你的确是个男子汉。"

一会儿,吕雉站起身来说:"食其,你去把屋门关了,我要换衣服,这天太热了。"

审食其犹豫了一下,走出去便要关门。吕雉又叫了一声:"你把门关上,人留在屋里就行,不用出去。"

关上门后,吕雉便缓缓地脱衣解带。审食其下意识地把身子背过去,不想已脱得一丝不挂的大姐姐却如蛇一般游过来,紧紧地缠在他身上。一双纤纤玉手在他身上抚摸着,甚至手伸向了……"

审食其突然间觉得自己仿佛变了个人,浑身上下热热的,痒痒的,当他的头被扭转过来的时候,仿佛一个惊雷在里面炸开。

审食其艰难地说:"我很难受,姐姐,我不知该怎么办?"

吕雉笑道:"你只要听话就不会难过,我告诉你怎么办。"在她的引导下,审食其终于完成了一件他从未想过做过的事。

有了这次云雨交会之后,两个人每天见面聊天时间更多了,吕雉也经常会中途换衣服。这天,正当他们在换衣服的时候,有人在外敲门,吕雉吓了一跳,问:"谁呀?"答话的人是珮瑛。

吕雉尽量用一种平静的口吻说:"噢,是珮妹呀,你且到隔壁等,我换了衣服就过去。"这件事就这么敷衍过去。

晚上,吕雉躺在床上越想越怕,想来想去,她悄悄起床,趁人不备又溜进审其食的房间里。

此时审食其也正在辗转反侧,久久不能入睡。当他再次转过身来的时候,突然看见一条影站在床前,悄无声息地望着他,禁不住大叫一声:"谁?"

吕雉低声说:"嘘,是我。"跟着挤到他床上。

审食其身上瑟瑟发抖,颤声说:"姐姐,我有点儿害怕。"

沉默半晌,吕雉说:"我也是。不过你放心,只要我们齐心,这件事一定可以摆平的。"

审食其又问:"咱们应该怎么办呢?"

吕雉笑道:"你还自称男子汉呢,让人逗就吓成这样,真没用。我早想好了解决办法,明天我会和那个女人好好商量,如果她有异心我就设法除掉她。"

说着,在脖上做了一个下切的动作。

审食其嘀咕道:"她会武功,你怎么杀得了呢?"

吕雉拍了拍他的脸,说:"那好,杀不了她,不如就杀了你。"

审食其连声说不。吕雉笑个不停,她终于体会到那个神秘女人所说的那种感觉,那种居高临下,视男人如奴仆的感觉。过了一会儿,她说:"你要是不想死也可以,出去找些蒙汗药来,下到饭菜里给那女人吃了,她不就会任人宰割了吗?记住,别想趁这机会逃跑,否则老娘一定将你碎尸万段"。

第二天,吕雄借口一起做女红,把珮瑛请了过来,珮瑛从小便跟随父母行走江湖,小小的绣花针在她手中比金箍棒都沉,和吕雉学了一会儿,就坚持不住了。吕雉也不勉强,微微一笑,也放下手中活计,同她一起喝茶闲聊。

吕雉问:"沛公不在这些天,你是不是觉得有些寂寞?"

珮瑛答道:"是有一点儿,不过没办法,好男儿志在四方,沛公做的是兴国立业的大事,我们女人是不好用儿女私情来给他添麻烦的。"

吕雉哼了一声,说:"你倒想得开。要知道,你和他分开才几天就觉得孤独,我和他却经常一分开就是几个月,那种滋味,唉。"

珮瑛沉默半晌,说:"姐姐,我虽然从深山野岭中来,但是作为女人,你的心情我能理解。另一方面,你真正想说什么我也清楚。"

吕雉心中咯噔一下,问:"你说我想说什么?"

珮瑛盯着她,低声说:"放心,你和审食其的事我不会告诉任何人。"

吕雉已知纸里包不住火,便有心拉拢珮瑛,她硬生生挤出几滴眼泪,拉着珮瑛的手说:"好妹子,你能理解姐姐的苦衷,我真是感激不尽。其实呢那些男人能够三妻四妾,走到哪里觉得寂寞便找个女人来消遣,我们女人为什么又要苦守一个男人呢,这实在是不公平呀,你说是不是?"

珮瑛听这话觉得有些别扭,一时却又想不出什么来反驳她,便说:"小妹初通人事,对这些的确不知。"

吕雉又说:"沛公已是近五十之人,精力体力与青年人不可同日而语。要我说,小妹不如也和审食其行周公之礼,尝尝那美妙滋味。放心,在这方面,姐姐绝不会吃醋。"

珮瑛一听,心里火儿腾就上来了,她站起来吟吟地说:"这件事不要再提,以免节外生枝。我有些累了,这就回房休息,告辞。"说完,转身回到隔壁。

珮瑛前脚走,吕雉后脚便到审食其房里。看他正在屋中,便问:"我让你找到东西找到没有?"

审食其一皱眉,说:"找是找到了,不过你不是说和她先谈谈吗?"

吕雉怒道:"废话,要是谈得好,我还找你干什么。记住,在丫鬟送饭途中把药下进去,然后再由丫鬟送过去,这件事千万不能让任何人知道。"

审食其又问:"什么时候动手?"

吕雉想想说:"此事宜早不宜迟,不如就下在晚饭里。等到夜深人静,那女人无力反抗的时候,我们就一起动手将其除去。"

半夜三更,审食其一身黑衣黑裤溜进房里,吕雉吓了一跳,骂道:"你从哪儿找这么身衣服来?"

审食其低声说:"我这是正宗的夜行打扮,逃跑的时候别人不好找。"

两人悄悄走到隔壁,吕雉用手轻轻拍门,低声叫道:"妹妹,妹妹,睡了吗?起来开一下门,姐姐有急事找你。"

屋里依旧静静的,一点儿反应都没有。吕雉又用力拍了一下,门却应声开了,屋里黑洞洞的,什么也看不见。她向审食其使个眼色,两人蹑手蹑脚走进去,直扑小床。在床上,影影绰绰可以看到人形,原来珮瑛已被蒙汗药迷倒了。吕雉抽出事先准备好的匕首,狠狠地刺过去,一下,两下,不停地刺,好像疯了一样。审食其在旁边都看傻了。

好容易等她刺完,审食其说:"快走吧,被人发现就不好了。"

吕雉则说:"不行,把灯点着,看看她死没死?"

审食其哆嗦着说:"一点灯别人不就知道是咱们杀她吗?"

吕雉低吼道:"笨蛋,难道别人不会以为是珮瑛自己点灯吗?少废话,快把灯打开!"

审食其这才摸索着去把灯点上,不过他断然不敢去看那已被刺得千疮百孔,浑身血肉模糊的女尸。就在桌上灯被点亮的一刹那,屋内发出一声女人的尖叫。

发出这声尖叫的却是吕雉,在灯光下,她看到令人惊诧的一幕,床上除了一床团着的薄被,此外一无所有,本应死在那里的珮瑛竟然不知去向。审食其还以为死尸太恐怖,吓得忙把眼闭上。吕雉看着那床被刺得乱七八糟的薄被,不禁苦笑一声,没想到自己计划了半天,却失手了。

她低声说:"食其,我们走吧"

审食其颤声问:“尸体,尸体怎么办,总不能就这么放着吧?”

吕雉这才发现他还闭着眼,笑道:“尸体我已放在你脚下了,不妨睁眼看看。”

审食其忙后退几步,说:“不,不,我们还是快走吧!”

吕雉看他吓得够呛,便说:“你把眼睁开吧,那女人不在房中,又哪来的死尸呢?”

说话间,她环四周,却看到桌上的饭菜似乎并未动过,心中已明白大半。过去一看,桌上还有一卷绢书,只见上面写着:你我姐妹相称,为何用下三烂手段害我。世间险恶,我回山去了。

吕雉愣了一下,把那绢书在烛火上烧成灰烬。审食其这才缓过神儿来,问:“你烧什么呢?”

吕雉若有所思地说:“那女人早就走了,她今后再也不会来烦我们了。”

刘邦此时正在进攻丰乡,他把从项梁那里借来的五千人马,全都派上用场。丰乡这里本来就是个小地方,那些由农民组成的守卫,一看到威风凛凛的正规部队,腿先软了。未及被攻,很多人便弃械而逃。刘邦率队轻松破门而入,将丰乡诸父老全部集结起来,狠狠训斥一顿,至于那些顽固不化的叛党则格杀勿论。

待到班师之时,他急于把胜利的消息告诉珮瑛,未卸甲胄就跑到后堂。不想吕雉听他回来,早已在院中恭候,一见面便说“相公,出事了。”

刘邦一愣问:“什么事?”

“珮瑛走了。”吕雉答道:“什么?”刘邦问:“她为什么要走?”

吕雉说:“我也这么问她,她只是说过惯了闲云野鹤的生活,对这种军营的打打杀杀看不过眼。”

刘邦顿足叹道:“珮瑛就是这样,为人善良惯了,可惜我未能早点回来开解她。”

珮瑛走了,刘邦整晚都闷闷不乐。吕雉偷偷从怀里摸出苦情花粉,犹豫了一下,乘刘邦不备弹到枕头上一点儿。

躺下不久,刘邦便闻到那股异香,便问:“这是什么味道?”

吕雉撒娇道:“怎么搞的,这不是你老婆的龙涎香嘛,你不是最喜欢闻它吗?”

刘邦支吾了一声,转身便想睡去,可是不知为什么,口干舌燥却无法入睡。吕雉有了给审食其下药经验之后,胆子也大了许多,她把自己一条光溜溜的玉腿紧紧压在刘邦身上,轻轻摩擦着。

刘邦瞪了她一眼,不想却看到一些许久未看的东西,心情一下变得怪怪的,很快便如同猛兽一般扑了过去。吕雉此时感觉自己就像一只木船,被惊涛骇浪打来打去,每到浪尖儿上,她都会发出快意的尖叫。洪水退去之后,刘邦大汗淋漓地躺在床上,嘀咕着:“今天怎么搞的,好身体都不是自己的了,真奇怪。看来我是离不开女人。”吕雉在一旁暗笑。

第二天一早,探子慌忙来报:“沛公,大事不好!”

沛公脸一沉说:“军中事体,无论大小,都不可如此慌张。”

探子又说:“小人得到消息,武信君项梁被秦朝第一猛将章邯所杀。”

沛公也是大吃一惊,前两天还在一起喝酒,如今竟已命丧黄泉,当真匪夷所思。他指着下面说:“你快把此事详细讲来。”

六　助夫设计

刘邦借兵走后，项梁也率领一支人马，继续攻打秦朝城池。项羽、范增等人则被安排留守，这一做法为其后带来隐患。沿途之上，大军所至，灰飞烟灭，项梁也是得意不已。转眼间已杀至定陶，守卫此处的秦将名叫章邯，有万夫不当之勇。项梁对他虽有耳闻，但根本不放在眼里。

驻兵城下之后，项梁派人前去讨敌骂阵，不想章邯却高悬免战牌，如此一连三天。项梁对谋士宋义说："别人都说章邯是秦第一勇士，不想却是个缩头乌龟，看来传言真不可信。"

吕雉助夫设计

宋义道："武信君自从渡江以来，可谓攻无不克，战无不胜，威名远播。然而宋义以为，这个时候既是最让人高兴的，又是最让人害怕的。打了胜仗之后，为将的人容易骄傲，当兵的人容易懒惰，而这恰恰是打败仗的预兆。不知道武信君注意看了没有，现在营里的人都懒洋洋的，别说斗志，就是一点戒备之心都没有，要是章邯此时杀来，那该如何是好？"

项梁笑道："他若有种杀来，正好给老夫祭刀，只怕他没有这个胆量。"

宋义苦劝道："武信君，章邯有秦朝第一勇士之称，既不是他自己吹的，也绝非浪得虚名。如今他见楚军风头正劲，所以闭门不战，一方面是削减我方士气，另一方面也是在等援军。如此险恶用心，武信君不可不防呀！"

项梁此时正在兴头上，哪里听得进去，哈哈一笑，道："宋先生，不要着急嘛，攻城又岂在时一刻。来来来，章邯那厮死守不出，你我不妨喝个痛快。"

宋义暗中叹息，知道自己说什么都没用了，便道："我还有一事要办，请武信君准许。"

项梁皱了皱眉，说："你这人可真啰唆，说吧，什么事？"

宋义说："此地距离齐国不远，我想去向他们借些兵马，阻止章邯的援军。"

项军怒道："你这人当真固执，章邯鼠辈，公何足惧，我说了这么半天你偏不听。好吧，你既然去意已决，不妨就去，返回之后如定陶已破，众人笑你我却不管。"宋义点头退出。

目送宋义出了大营，项梁吩咐排摆酒肉，大家尽情吃喝。一边喝酒，项梁一边嘀咕："宋先生号称足智多谋，没想到却如此爱钻牛角尖儿。天都黑了还去什么齐国。"

酒过三巡，菜过五味，已是半醉的项梁一时胸中豪气万丈，带头喝起楚歌来，众人随声附和，倒也响遏行云。正在群情欢腾之时，半空中忽然一声霹雳，紧接着狂风大作，飞沙走石，项梁忙大喊道："把酒菜都搬到屋里去！"

此时，倾盆大雨已如利箭般刺向地面，打得四处尘土飞扬，转眼间便泥泞不堪。项梁手举酒杯，向远方大叫道："宋义，宋义，这回你可成了落汤鸡了，哈哈。"

一阵冷风从营外吹了进来，项梁酒意大作，一时只觉天旋地转，忙躺在床上。酒这东西最是古怪，每个人喝多之后均有不同体现：有的人平日里寡言少语，醉后则口若悬河，滔滔不绝；有的人倒也简单，一头睡去。项梁身为武信君，这方面也与众人不同，虽已头重脚轻，手足无力，却偏偏睡不着。正恍惚间，忽然一员秦将持剑直入帐中，过来抬手就是一下，把项梁人头砍下。

听探子讲到这里，刘邦叹息道："正所谓胜不骄，败不馁。武信君久经战阵，竟然不明此理，岂能不败。"他吩咐手下，打点行装，准备去和项羽大军会合，共同辅佐楚怀王。

回到后面，刘邦对吕雉说："夫人，我们接下去就要去投奔楚怀王，沿途之上要经过秦的领地，两军作战在所难免。你和孩子们是不是回到丰乡去，那样安全一些。"

吕雉想了想，说："丰乡是你的家乡，比较而言却是最危险的。敌人一旦与你正面作战不利，很有跑到那里去挟持人质来要挟你，到时我和孩子都不能幸免。再说，人常言：'嫁鸡随鸡，嫁狗随狗'，不管你走到哪里，不管有多少危险，我还是要和你一起的。"

大军会合之后，楚怀王看手下兵强马壮，便有心转守为攻。这天，他召集群臣，道："当今天下，秦二世暴虐于民，远胜其父，引得怨声载道，其气数将尽矣。而始皇所灭六国至今俱已复国，能灭秦者自然可执天下之牛耳。虽然武信君新败，但本王以为机不可失，仍希望有勇武之士统兵杀奔咸阳，将大秦一举推翻。"

众人面面相觑，不知如何答复。其中一个老臣出班道："陛下，西进咸阳宜缓不宜急。俗话说：百足之虫死而不僵，秦朝虽呈颓势，却非一时可以推翻。"

群臣皆点头称是。

楚怀王叹道："难道楚国之中找不到一个愿与秦拼死一搏的勇士吗？"

话音刚落，一人挺身而出，道："微臣愿往！"

此人却是刘邦，他因为初来乍到，不好去抢头筹，但后来看看情形，人人畏缩，他本就心怀大志，此番自然当仁不让。楚怀王暗叹，自己空有千员战将却被外人抢先。正犹豫间，殿下一阵大乱，有人高喊道："西进咸阳我也要去！"

大家一看，却是一身孝服的项羽。楚怀王笑道："项将军叔父新丧，不在家中休息，为何又上朝来。"

项羽行礼道："项羽从小父母双亡，全靠叔父拉扯长大。如今叔父为秦将章邯所杀，此仇项羽焉能不报，希望陛下能给微臣这个机会，一举杀入咸阳。"

楚怀王大喜道："项将军有万夫不当之勇，破秦之事自然少不了你。"

楚怀王贵为人主，颇懂激励之法，便说："两位将军能在国家用人之际，挺身而出，朕十分满意。只是一支大军不可能有两名主帅，何况你二人本来就不分轩轾，谈不到何人为主，何人为辅。这件事本王倒有个办法可以解决，进攻咸阳可分为南北两路，你们各统率一支兵马分头前进，不知意下如何？"

项羽瞪了刘邦一眼，说："好！"

刘也拱手道："一切皆听从楚王安排"。

楚怀王又问:“你们自己希望走哪一路呢?”

刘邦抢先道:“臣愿走北路。”

项羽怒道:“不行,杀我叔父的章邯正是在此路,这北路我要定了。”

楚怀王一皱眉,心想:项羽为人粗暴,虽为大将,却不识礼数。不过,这种人天性如此,却不知对手肯不肯让?想着便扭脸看刘邦。

刘邦一笑,道:“既然项将军执意要攻打北路,刘某选择南路就是。”

楚怀王脸上这才露出笑容。

楚怀王见诸事已定,便大声宣布道:“诸位爱卿,项羽、刘邦两将各领一支人马出征咸阳。其中项羽从北路进攻,刘邦从南路进攻。本王承诺,二人谁先杀人咸阳则为关中王,后人咸阳者为辅。现在,请你们二人在殿前当着众人击掌定约。”

项羽龇牙一笑,伸出蒲扇般大手,说:“来吧,刘将军。”

刘邦也伸出手来迎了上去。只听啪的一响,刘邦全身剧震,打了个趔趄。此后紧接着又是两下,所幸并未跌倒。刘邦强忍着手上剧痛,挤出一丝笑容说:“项将军果然天生神力,刘某自愧不如。”项羽禁不住仰天狂笑。

晚上,刘邦一口饭菜没动,只是不停饮酒。吕雉问:“相公,什么事让你心烦?”

刘邦恨恨地把今天殿上发生的事讲了一遍,怒道:“项羽小儿,仗着有两把傻力气,让老夫出丑。”

吕雉笑道:“你既知他不过是逞一时刚猛的匹夫,又何必与他计较呢?更何况南路守军不多,你先进咸阳已成定局,又何必忧虑呢?”

刘邦忧心忡忡地说:“你个妇道人家,哪懂什么军事。项羽虽是只擅用力的匹夫,却也是勇冠三军,世间无人可挡。北路秦军虽多,却未必能挡得住他,重压之下说不定还会举手归顺。”

吕雉想了想,说:“我虽是女人,一力降十慧的道理还是懂的。只不过事在人为,项羽自出道以来战无不胜,攻无不克,这是不可否认的。只是每到一地,他都会遇到殊死反抗。为什么?因为他每攻克一处城池,便会将那里的秦军统统活埋。试想一下,在这种情况下,秦军就算明知不敌,也要拼死一搏,怎么会投降呢?换个角度说,你对俘虏一向宽待,他们身处绝地,自然会选择投降。所以说你比他有优势。”

刘邦想想也对,不过还是担心项羽会比他快。

吕雉又说:“相公,我倒有个主意,可以延缓项羽出兵。”

刘邦问:“好老婆,你又有什么办法?”

吕雉问:“你说普天之下,谁说话项羽会听?”

刘邦想想说:“如果在以前,项梁说话他肯定听,现在恐怕只有怀王了。”

吕雉说:“那就对了,国君的金口玉言,项羽胆子再大也不会违抗。我们不如从这里下手。”

刘邦又问:“怎么下手呢?”

吕雉答道:“你只要请张良做说客,带丰厚礼物到那些楚国老臣家中,陈明厉害,说服他们进谏就可以了。”

刘邦想想可行便依计照办。

老臣们对项羽年纪轻轻,为人便如此专横早就心有不满,此番又得了刘邦好处,怎能不效犬马之劳呢?于是连夜便有人进谏。

见到楚怀王之后，老臣说："项羽这个人残忍成性，上一次攻襄城的时候，打了一个多月才得手。他因为嫌时间太长，不但把襄城守军全部活埋，甚至连那里的老百姓都杀得一个不留。此后转战数地，又活埋了很多人。远的不说，今天他在殿上的态度大家有目共睹，颇多微词。现在陛下既然想攻打秦国，单用暴力是不够的，一定要派一个忠厚长者，能够约束手下不骚扰老百姓，从而取得人心才行。只有这样，天下人才能知道大王的恩德，知道陛下与秦二世的不同，才会甘心臣服。"

楚怀王微微点头道："那么卿家认为谁去最好？"

老臣道："项羽万万不可，不如只派刘邦一人。沛公自出道以来，一向以宽大为怀，天下闻名。"

楚怀王对沛公依然心存芥蒂，毕竟此人并非楚国后裔，便说："容朕再考虑考虑。"

正如吕雉所料，楚怀王、项羽，老臣之间存在着相互制约的关系，项羽听楚怀王的，楚怀王则听老臣的。对于这些老臣的进谏，楚怀王是不会怠慢的，更何况当晚竟先后来了四、五拨。此时他对项羽的信心也是大减，不过既已立下誓约，要收回又谈何容易，只能暗中助刘邦一臂之力。

第二天，楚怀王正在犹豫，不知如何留住项羽。此时一个赵国使者，衣服散乱，披头散发奔上殿来。楚怀王接过国书一看，原来是秦将章邯在杀了项梁之后，乘胜攻打赵国，目前已将国君围在城中，形势十分不妙。因此赵遣使者特来求援。楚怀王眼珠一转，把国书传了下去，让大人臣看过，问："章邯勇猛无比，赵国岌岌可危，特此求助，不知各位卿家有何高见？"

项羽一听见章邯的名字，眼珠子就红了，出班道："请陛下给我一支人马，臣愿前去为赵国解围，为叔父报仇。"

楚怀王摇头道："这可不行，报家仇事小，报国仇事大。你既然答应朕起兵进攻咸阳，朕也决定让你和刘邦即日起兵，现在怎能跑到赵国去。"

项羽一听，扑通一声跪在地上，恳求道："陛下，项羽从小父母双亡，叔父对我有养育之恩，视同生父。如今仇人近在眼前，我若不报此仇，枉称男儿，也会为天下人所耻笑。请您给我这个机会，杀了章邯之后，我一定会直捣咸阳。"

楚怀王正色道："军中大事岂可延误，你执意与章邯一战，朕也不便拦你。只是刘邦先你出兵，若先人咸阳，你亦不可悔约。"

楚怀王见目的达到，便命刘邦、项羽两人各自起兵，一个杀往咸阳，一个杀往赵国。

项羽带领近二万人，浩浩荡荡赶奔赵国。途径黄河，大军乘坐各种船只摆渡而过。过河之后，项羽号令三军，前面就是章邯大营，大战在即，不必埋锅造饭，每人只许带三天干粮，其余一律弃去，饭锅就地砸烂，渡船也全部沉入河中。众人虽然照办，却依然议论纷纷，有人说："项将军把事做这么绝，没了后路，万一败了怎么办？"又有人说："项将军这么做就是要我们把生死置之度外，速战速决。"

项羽在黄河边的所作所为，被秦军的探子看得清清楚楚，连忙回报章邯。

他不敢轻敌，吩咐升帐。诸将来齐之后，章邯下令："王离、涉间、苏角、孟防、韩章、李遇、章平、周熊、王官等将听令，项羽勇猛善战，不可力拼，我拟采用车轮战法。你们每人领一支人马，在大营四周按九宫八卦设小营，形成一个九宫连环阵。稍后，我会去讨敌骂阵，将项羽大军引来，你们则将其遥遥围住，领军轮番来攻。"众将皆称妙计，各自出去点兵。

章邯也自领兵一万，迎着项羽杀了过来。两军对峙，章邯一挥手中九耳刀，骂道："项羽小儿，项梁已被我祭刀了，你又跑来送死，还不下马把人头奉上！"

项羽气得哇哇大叫，催动乌骓马，提槊狂奔向前，章邯也不甘示弱，单手持刀迎了上去。两马相会之际，项羽举槊从半空中砸将下来。章邯素知此人力大，但心中不服，偏要试他一试，于是将大刀横举，用刀杆想要磕开他的槊。只听得"当"的一声巨响，刀槊相碰，火花四溅，章邯连人带马都矮了一截儿。他只觉虎口已被震破，连忙调转马头跑回本队。项羽在后面边追边喊："章邯，有种你再接一槊。"

章邯虽然败阵，嘴里却不服软，边逃边喊："有种你就来追"。

秦军早知诱敌之意，见章邯败下阵来，大队便如潮水般退向中央无极土。他们看似丢盔卸甲，实则有条不紊，一环紧扣一环。范增一看不好，高声叫道："项将军，谨防有诈。"无奈项羽坐骑乃是天下罕有的宝马良驹，跑没两步，就把距离拉开，再加上他报仇心切，已是一路追了下去。范增只得临时把队伍分成三路，其中一路追随项羽，其他两路则在左右遥相呼应，避免中计之后损失过重。

项羽放马追出不到三里，斜刺中秦将王离率队杀出。看到项羽只是单枪匹马，王离不禁笑道："抓你这等鲁莽小儿，何须费神，章邯真是多虑了。"说完，催马与项羽战在一起。不想交手未满三合，两马相交之时，项羽伸手硬生生将王离从马上扯了过来，在肋下狠银一夹。王离只觉得一阵剧痛，浑身骨头咯咯直响，此后便不省人事。项羽见他不动，顺手扔在地上，正待再追，章邯却又杀了回来。

原来章邯见项羽只是一人，便奋起精神，挥刀来救王离。有了上次经验，章邯也学乖了，虽然刀刀直逼项羽要害，却绝不与长槊相碰。这样来了十来个回合，项羽已看出其中奥妙，马上改变攻法，不与章邯斗什么招式，只是将大槊从空中砸下。章邯接又不敢接，不接又不行，无奈之下只好后退。项羽砸了三下，章邯连人带马退了三步。所谓人有脸树有皮，章邯枉称秦朝第一勇士，却被打得毫无还手之力。他自己也觉得无脸再战，掉转马头再次败走。

项羽随后又追，秦将涉间又拍马赶到。两人相斗不足十个回合，项羽一手持槊压住对方兵刀，另一手则抽出九节鞭横扫过去。涉间眼看九节鞭挂着风声打来，却无法腾手去挡，只好勉强在马上扭身一闪，依然被扫中左肩，大叫一声，翻鞍落马。章邯不得已，提刀正要再次杀回，却见楚国大军已经赶到，只好率队退回大营。

范增命手下把两员秦将捆绑起来，然后大军就地扎营。项羽虽然大胜，却依然懊悔没能捉到章邯。范增一笑，道："我料章邯贼心不死，今晚必来劫营，项将军不妨给他来个瓮中捉鳖，以了心愿。"

项羽大喜道："不知亚父有何高见？"

范增道："我们山上另外扎营，这里则堆积些草人草马，立些我军旗帜，引诱敌兵前来偷袭。一旦敌人来犯，潜伏之人将柴草点燃，作为信号。由桓楚、于英、丁公、王霸四将接应，暗中埋伏，一旦火起，则从四面杀出。"

三更时分，章邯果然故伎重施，率队悄悄潜入楚营。与上次相同，沿途无人拦截，他提着大刀直奔中军帐，心中暗自得意。不想刚走了一半儿，营中四处起火，手下慌忙来报："章将军，营中只有草人草马，并无楚军。"

章邯暗叫不好，率队匆忙撤出。此时，四面已是喊杀声连天，四员楚将从各方包抄过来。章邯无奈，只好奔向山口，不想远远看到项羽正在那里，吓得魂飞天外，掉头便走。

章邯虽然勇猛不及项羽，却也绝非寻常人，他硬是在四员楚将的包围中撕开一个缺口，向大营方向逃跑，不过，所带的人马却已陷入重围。眼看快到大营，英布如神人般从天而降，拦住章邯去路。两人刀来枪去，杀了个天昏地暗。大约战了近百回合，章邯招数虽然精纯，体力却已不支，暗叹：我命休矣。正在勉力支撑之时，孟防及时赶到，接住英布，章邯退到一边，伏在马上大口大口喘着粗气。

孟防来的虽及时，却绝不是英布对手，不出几合，已呈败势。章邯力求自保，一咬牙落荒而逃。桓楚看道，暗想：能捉住他岂不胜过数万秦兵。于是率队便追到一个小山坡，章邯由于人困马乏，一下子马失前蹄，被掀翻在地。桓楚大笑，跃马挺枪直冲过来，可此时韩章偏偏及时赶到，又救了章邯一命。桓、韩两人旗鼓相当，势均力敌，章邯也借此机会逃入李遇的大营之中。

此时天光已是大亮，项羽下令鸣金收兵，楚军大胜而归。章邯看楚军潮水般退去，这才舒了一口气，开始清点残兵败将。苏角死于项羽之手，孟防死于英布之手，算上此前被抓的王离、步涧、章邯连折四将，至于兵士更是死伤无数。

时间过得很快，又到红日西沉。章邯估计楚军会乘胜前来劫营，便想以其人之道还治其人之身，吩咐李遇领兵五千，埋伏在大营南边，韩章领兵五千，埋伏在大营北边，至于他本人，则率大队在营后埋伏，准备给项羽来个三路合围。三更时分，项羽果然率队前来，距大营尚有一段距离便摇旗呐喊，停步不前。李遇、韩章不知是计，率队杀出，不想却有英布、桓楚早早埋伏在暗处，大家战成一团。

项羽见敌方伏兵尽出，这才指挥大队前进，放火烧毁大营。章邯以为自己人放信号，便领军杀出，不想却是项羽在此等候，连忙后撤，大队一进退，前后不能协调，兵士未曾交手便已伤亡多多。此时另外两路人马也已败回，伙同大军一同逃跑，项羽则和英布、桓楚会合，一起向前猛追。

大约追出 20 里，秦将章平、周熊、王官率队分别来救，项羽这才鸣金收兵，至此赵国之围已解。章邯带队再退数十里，远远扎营，同时命人急送书信，将前敌情况禀明秦二世，恳求速发援军。

秦将在外作战，宫廷之上也是暗起硝烟。秦二世整日沉溺于吃喝玩乐之中，除了偶尔上朝之外，根本不过问朝政。这天，赵高陪他闲聊，问："陛下既然是真龙天子，可知道为什么大家这么怕你吗？"

二世一时语塞。

赵高又说："大家所以敬畏有加，是因为只闻其声，不见其人，所谓神龙见首不见尾。以前先皇在的时候，大家绝不敢胡言乱语，否则便会被斩首示众。天子自称为朕，而朕则当朕兆讲，也就是有声无形，使人可望而无可及。"

二世连称有理，又问："朕如何能做到这一点呢？"

赵高道："陛下今后不如在宫中办公，所有奏本由臣从朝上取来，这样也不会误事，更不会因为言语上的差迟被大臣轻慢。众大臣见您处事有方，若再生议论，便是有意与陛下为难，这样趁机除去，一方面严明了朝纲，另一方面也为陛下树立了威信。"

秦二世本就资质平庸，一听升殿议事就犯怵，因此觉得赵高这个主意不错，便说："这样也好，不过卿家要在宫中帮朕才是。"

赵高忙说："臣必效犬马之劳。"

此后，二世果然不再上朝。赵高虽代理朝政，却不嚣张，每天收取大臣奏折时都是恭恭敬敬。这天，他前来拜见丞相李斯。两人寒暄一阵之后，话题便转到六国并起，关东大乱上。李斯不住叹息道："没想到先皇创下的基业这么快便消耗殆尽。"

赵高也说："现在关东匪类成患，每天都有战事，而且多以我方城池被破为结局。可是皇上呢，却整个沉溺于声色之中，像个二流子，不问朝政。当此千钧一发之际，皇上还要将精壮百姓用于修建阿房宫，而不是到前线打仗。这不，最近他懒的连朝都不上，实在太不像话。赵某是个阉人，在他眼中不过是条狗，说起话来人微言轻。可是大人贵为国家一品大员，为何对这种情况坐视不管呢？"

李斯叹道："李斯身为国家命官，岂能坐视不理，只是皇上这些天来深居宫中，连日不理朝政，我又怎能进谏呢？"

赵高想了想，说："不如这样，赵某在宫中当差，对皇上的生活倒是知道得一清二楚。丞相如有意进谏，我会在主上不忙的时候，派人来送信。"李斯连声称好。

时隔不久，李斯便接到宫中传来的信息，连忙穿了朝服，前去求见二世。不想二世此时正在开怀畅饮，听到丞相有事，大怒道："每天上朝不说，却偏要到后宫来说，搅我酒兴，让他明天再来。"

其实李斯每天都有奏折，只是被赵高暗中扣下。第二天，李斯又整装而至，秦二世早将此事抛在脑后，便问赵高："有这种事吗？"

赵高恭恭敬敬地说："为臣一直在陛下身边服侍，根本不知有这件事，想是他们记错了。"

二世点头道："你说的不错。"于是吩咐手下让李斯回去。

又过两天，李斯又接到赵高催他进谏的消息，赶到宫门外，二世却又不见。李斯连续三次被阻，心中大急，一怒闯进皇宫。宫人知他是丞相，也不敢拦。李斯见宫中屋宇众多，不知圣上去向，便大喊道："陛下，陛下，老臣李斯有要事求见。"

此时虽是青天白日，二世却正骑在一江南女子身上大显龙威，正在享受床第之欢时，不想李斯又来搅局，一时兴致全无。他悻悻地穿上衣服，怒冲冲走出来，骂道："李斯，你怎敢擅闯皇宫，还在这里大呼小叫，难道不要命了吗？"

李斯见皇上衣冠不整出来，已知自己中了赵高奸计，连忙向上叩头道："目前关东匪类成灾，我大秦城池接连失守，江山岌岌可危。赵高身为宫人，却对外把持朝政，欺上瞒下，望圣上明察。"

二世本要处置他，又听他讲得如此危急，便问："不是说只是小股匪患，目前章邯已经快平定了吗？"

李斯痛哭流悌："微臣刚才所讲绝非危言耸听，实是陛下被赵高等人蒙蔽视听，望陛下明察"。

二世叫他先回去，自己则派人找来赵高。

赵高对这里发生的事一清二楚，心中也自有对策。二世见他赶来，便问："赵高，怎么李斯所报匪情与你不同？"

赵高振振有词："当然不同，陛下请设想一下，如果有个臣子擅闯皇宫，犯下欺君之罪，他有什么办法才能逃开处罚呢？"

二世若有所思，道："你是说李斯推脱责任，故意夸大事实，好引开朕的注意力。"

赵高奉承道:“皇上圣明。”

二世又说:“不会吧,若是其他大臣闯进来,朕二话不说便会将其处死。可是李斯身为三代老臣,闯宫又为国事,朕自然不会对他治罪,这一点他应该很清楚,怎么会因为害怕去编造谎言,这岂非罪上加罪。”

赵高深鞠一躬,道:“皇上胸怀宽广,真乃贤明之君也。只是李斯本人身为国家重臣,对律条烂熟于胸,内心已知犯下大罪,做出保护也是自然而然的事。”

二世听着也是微微点头。

赵高又说:“李斯这么做还有另外一个原因。目前关东大乱,三川贼寇横行,与当地官员有很大关系。皇上可知那里由谁负责吗?”

二世摇摇头,说:“朕广有四海,拥有无数臣民,怎能确知地方官员是谁呢?”

赵高道:“此人名叫李由,却是李斯的长子。他办事不力,才造成匪患泛滥,连绵不绝。李斯故意夸大斯辞,也是为了给其子洗脱罪名,给圣上造成敌人过于强大,地方才弹压不住的假象。”

二世点头道:“原来如此,丞相用心颇深呀!”

赵高见他对自己的话已开始偏听偏信便趁热打铁,道:“皇上爱惜臣子,令人感慨。只是让李斯在皇宫中胡作非为,不加处罚,实在有些说不过去呀!再说,他的长子李由办事不力,也应处罚。”

二世摇头道:“此事万万不可。李斯是三代元老,也是我朝老臣的代表,处罚他很可能波及其他老臣,造成朝纲不稳。到于李由,他的事情我还要派人调查一下。”

赵高又说:“皇上这么纵容李斯,如果今后有人学他,擅闯皇宫又当如何是好呢?所谓王子犯法戌庶民同罪,请圣上三思呀!”

二世瞪了他一眼,说:“朕是金口玉言,现在李斯已走,你难道让我把他抓回来。”

赵高见皇上动怒,不敢再说。

二世又说:“你安排一下,明天我要上朝,听听那些文官武将怎么说。”

第二天,秦二世召集群臣来朝。他收到的第一份奏折偏偏又是李斯带头与人联名所写,其意大概分两层:一是皇上宠信近臣,特别是赵高等宦官,疏于朝政;二是建议停修阿房宫,诚轻四方徭役,以平息百姓骚动。二世看罢大怒,又想起昨天的事,指着李斯说:“赵高乃是国家栋梁之材,为人做事颇有见地,这是有目共睹的。朕难道因为他是个阉人,就不能听他发表自己的见解吗?你们这种做法,分明是嫉贤妒能!”稍后。他又说:“修建阿房宫出自先帝,朕只是帮他完成心愿。亏你们是老臣,竟然将先帝遗愿置之脑后,因为死了几个工匠就来指责朕。”说完把奏折狠狠扔到地上。

李斯仍不知趣,出班道:“先帝修建阿房宫,是为了让百姓对他肃然起敬。而今天下大乱,人心浮动,继续修下去只会适得其反。这次老臣们联名上书,足见人心所向了。”

二世尚未答话,赵高在他耳边嘀咕道:“联名上书,分明是以多欺寡,有谋反之心。”

二世也对李斯处处反对他颇为恼火,便厉声说:“朕贵为天子,想做之事谁敢不从。至于匪患,你身为丞相为何不能将其除去,反来怪朕,怪什么修建阿房宫。身为老臣,上不能报先皇之恩,下不能为朕尽忠,只知依仗人多对朕进行要挟,这样的大臣,我岂能留在身边。”

看到龙颜大怒,老臣人们尽皆跪下,李斯更是浑身瑟瑟发抖,全没了方才的勇气。赵高则趁机添油加醋道:“这些人有意与皇上过不去,恐怕是与匪类结交的缘故,将来若是来个里应外合,大秦江山岂不毁于一旦。皇上不若及早动手,把为首的抓起来,除去官职,细细审问,看有无内情。”

二世点点头道:“爱卿所言正合朕意,此事就由你全权负责。”

几天后,赵高兴冲冲拿着一卷供词来见二世。打开一看,却是李斯亲笔所书,内容是如何与陈胜等反贼串通之类,倒也写得有声有色,颇见功力。二世看罢,大惊道:“若非赵君警觉,朕几乎遭人暗算。”

赵高又问:“李斯私通匪类,却不知如何处置才好?”

二世凶残有乃父之风,决不容他人对自己构成威胁,恨恨地说:“李斯身居一人之下,万人之上,竟然做出这等事来。朕若从轻发落,其他人又有什么不敢干呢?朕决定将他户灭三族,让天下人知道背叛朕的下场!”

赵高大喜,依言照办。李斯落到这种下场,也是他贪生怕死之故。若是他在重刑之下不被屈打成招,让赵高抓住把柄,那么顶多也就是死在刑具之下,好歹落个英烈之名。可他偏偏是个软骨头,不但自己的命没保住,还把全家都赔上了。

除去李斯,赵高顺理成章坐到他的位置,只是是否稳固,尚需一试。这天,他禀明二世,西域送来一匹世间罕见的千里马。二世大喜,命拉上来供大家观赏。少顷,一个大铁笼被推了进来,其中赫然竟是一只梅花鹿,群臣大惑不解,议论纷纷。赵高走到笼前,指着里面向上奏道:“圣上,这匹马的确是稀罕之物,你看它头生双角,看实与众不同。”

二世一皱眉,睁睁眼又仔细看看,才说,“爱卿,你说错了吧,这难道不是一只梅花鹿吗?”

赵高笑道:“老臣虽然年迈,却未眼花,怎么连马和鹿都分不出呢,这的确是一匹马嘛,不信陛下可以问问诸位大臣。”

二世看他态度如此认真,自己也有些糊涂,便问群臣到底是什么。众人答案各不相同,有猜到赵高心意的不是推说,年迈眼花看不清,就是干脆一口咬定是马,甚至有些人到笼子前仔细看过之后,仍说是马。不过,也有些人不以为然,虽知赵高所想,却依旧不为所屈,愤然道:“有眼睛的人都能看出这是只鹿,有什么可说的。”

二世被吵得没了兴致,起身回后宫休息。此后不久,凡是指鹿为马的人均连升三级,而那些坚持说是鹿的人则陆续被关入大牢。

赵高虽善于弄权,却不是行兵打仗的材料。前方军情紧急,二世虽然不知,赵高却是每天都能接到探报,刘邦,项羽从两个方向率军直逼过来,沿途之上势如破竹,估计很快便会杀入咸阳。赵高一时想不出对策,便将三弟和自己的干女婿招来议事。

坐定之后,赵高把大致情况说了一下。干女婿阎乐是咸阳令,负责这里的守卫,他说:“岳父需要早想对策,否则反贼如若打到咸阳城下,圣上势必会知晓我们一直瞒着他,那样的话恐怕会被满门抄斩。”

赵高也说:“的确如此,而且即使皇上未及治罪,咸阳城已被攻破的话,反贼也会对我们下手,这么多年来的荣华富贵一时便会化成乌有。这却如何是好?”

阎乐想了想,道:“我倒有个两全其美之计,只是要冒着天大的风险。”

赵高听阎乐有办法，便说："有风险咱们不怕，至少比没有机会强。你有什么妙计，不如说出来听听。"

阎乐看看周围，压低声音道："我的意思是咱们与其坐以待毙，不如先下手为强，把那个皇帝……。"

说到这里，他用手快速做了个抹脖子的动作。

"啊，你疯了！"赵高的三弟忍不住叫出声来。

赵高瞪了三弟一眼，说："阎乐这主意不错，只是却如何应对贼寇呢？而且要杀那个人也很麻烦呀！"

阎乐说："我是这么想的，现在老百姓都希望那个人早些死，咱们就成全他们。等到贼寇打到这里的时候，咱们把城门一开，把那人脑袋向上一献，难道还不能因此谋个一官半职吗？"

赵高想想也对，便问："怎么才能杀死那人呢？"

阎乐一笑，道："我手握咸阳兵权，杀个把人有什么问题。虽然此人非同一般，我依然有办法办到。你们只管等候消息。"

从赵府出来，阎乐直奔校场点兵，他对手下说："各位兄弟，当今天下生灵涂炭，想必你们的亲朋好友也多受株连。为今之计，只有进宫杀了那狗皇帝，不知各位可有胆量随我同去？"

秦二世作恶多端，也该他有现世报，这些负责镇守城内的兵士一大半都愿同去。阎乐又对其他人说："你们不愿谋反，我不强求。只是你们不要告密，也不要与我们为敌，否则玉石俱焚。"

此后，他便率队直奔皇宫。卫队中有认识阎乐的，迎过来问："阎将军，此处乃是皇宫禁地，你带这么多人来干什么？"

阎乐正色道："我奉皇上之命，特到宫中讨贼。"

卫队将领诧异道："宫中有贼吗？我们怎么不知道？"

阎乐一笑，说："你的意思是我骗你了？"

那将说："不敢，只是你凭什么说宫中有贼呢？"

阎乐见混不进去，便对左右暗做手势，口中却说："有圣旨在此。"边说边从怀中掏出一物，守卫还没看清，小腹上便已多了一把明晃晃的匕首。

与此同时，其他宫门的守卫均被悄然而至的兵刀砍倒在地。

阎乐吩咐手下："弓箭手走到大队前面，进宫之后有挡路者杀无赦。"

此时宫内已经大乱，多数人趁这机会拿些值钱东西躲起来，伺机逃命，只有少数人出来阻挡，未及交手便被射成刺猬。秦二世得到消息，吓得手足无措。大喊："来人呀，快来护驾。"

他嗓子都要喊破了，终于有人闻声进殿，却是杀红了眼的阎乐。秦二世看见是他，脚一软扑通一声坐在地上。阎乐抢前两步，用剑指着二世，厉声道："你为人凶残，作恶多端，今天是你的死期了。"

二世此时已知在劫难逃，心境反倒平静了许多，说："朕死不足惜，只是要死个明白，你能不能告诉朕，是谁叫你来的？"

阎乐也不隐瞒，便说："丞相赵高。"

二世听说是赵高，感觉不亚于一声晴空霹雳，心中已知受骗，却又觉有一丝希望，便说："朕待丞相一直不薄，不知能否求他放过朕，朕可以把大秦江山双手奉上，自己则远走他乡,永不再回。"

阎乐一笑,道:"江山,你的江山早被别人抢去了。至于你嘛,天下人人得而诛之,你有机会跑出去吗?"说完举剑欲砍。

二世叹息一声,抽出随身所配金剑,自刎而亡。

秦二世的死讯很快传到赵高耳中,他连忙赶到宫中,直入大殿把传国玉玺抢到手中。而后召集群臣,将玉玺高高举起,道:"玉玺在此,如见真命天子。"

众人连忙跪下。他说:"想必大家已知道,当今天子作恶多端,迫于形势,已畏罪自尽了。不过,国不可一日无君,公子婴为人一向宽厚,不如由他来坐此位。"众人此时岂敢反抗,均点头称是。

公子婴骤遇此变,一时也没主意。他知道自己只不过是个傀儡,可若是反对又可能招来杀身之祸,便含泪同意。

赵高又说:"三天后即是吉期,我们可在宇宙行即位大礼。"

回到家中,子婴心绪难宁,思来想去,普天之下唯一可以信任的便是亲生骨肉。他把两个儿子唤到身边,说:"赵高欺人太甚,杀了二世,又强迫我做傀儡,当真是视大秦如无物。"

两个儿子出身皇族,倒颇有胆识,均说:"不如设计杀了那阉狗。"

婴子叹道:"我亦有此心,只是不知能否做到。"

两个儿子都表示,虽然二世为人痛恨,赵高杀主也是冒天下之大不韪,杀他是顺天意。

三天一晃便过,赵高唯恐夜长梦多,早早便到宇庙等候。不想吉时将至,子婴却未露面,只是差仆人来通报,说是身染风寒,无力前来。赵高大怒,道:"这等大事,岂能推脱,老子倒要亲自去看看他的病情。"

说完,气冲冲找到子婴府上。一进门,便看见香烟缭绕,子婴头缠白布躺在病榻之上。赵高走过去,伸手便要撩被,不想从帐后突然冲出两人举刀就砍。他正欲逃走,却被子婴死死抓住手。转眼间,赵高便已死于非命,他的眼睛此时大大睁着,仿佛根本没想到会有这一天。

子婴从儿子手中取过兵刃,一下把赵高的头切了下来,用手提着,直奔宇庙。在此等候多时的群臣见子婴浑身血迹,手提人头冲进来,不禁大骇。子婴将人头举起,高声道:"阉人赵高,把持朝纲,为非作歹,已被我斩了。"

众人一片沉默,稍后便欢呼不已。此后,子婴又差人把阎乐等一并拿获,将人头斩下祭祖,自己则在一片血淋淋的人头前登基称帝。

朝中大乱,前线尚且不知,章邯得到的还是以前的消息。不过这个消息令他气愤不已,赵高以他作战不力为名拘禁了他全家。正恼怒间,赵国有使者送来劝降书,其中写道:"白起为秦将,南并鄢郢,北抗马服,攻城略地,不可胜计,而卒赐死;蒙恬为秦将,北逐戎人,开榆中地数千里,竟斩阳周。何者?功多秦不能封,因以法诛之。今将军为秦将三世矣,所杀之人已十万数,而诸侯并起。兹益多被赵高素谀日久,今事急,亦恐二世诛之,故欲以诛将军以塞责。使人更代,以脱其祸。君居外,多内悖,有功亦诛,无功亦诛。且天之秦,无愚智皆知之。今将军内不能直谏,外为亡国将,孤立而欲长存,岂不哀哉?将军何不还兵,与诸侯为从,南面称孤,孰与身伏斧钺,质妻子为戳乎?"

看完之后,章邯连连点头,道:"说得不错,只是赵国难成气候,比较而言楚国更具实力,可是我却杀了项羽的叔父,若是去投降他岂不成了飞蛾扑火?"

司马欣道:"看当今天下,能够灭秦者,非楚莫属。将军若能识大体,及早降之,不仅可免全家之祸,他日更可作为开国将军,尽享荣华富贵。至于项羽那里,我想只要能晓以利害,他定会网开一面。"

章邯此时已有心降楚,便派司马欣前往。

项羽自出道之日便活埋数万人,可谓是个天杀星。司马欣又怎敢冒死求见呢?这里却有一些原因。他祖辈与项家便有世交,自从项梁落魄之后,他更是每逢年节便去看望,走时还要留下些钱物。项羽一向把他当哥哥看待,虽然此后两人各为其主,书信却时有往来,正因如此,所以司马欣才主动请缨。

两人相见之后,项羽果然热情异常。司马欣便趁机说:"我这次是来做说客的,章邯将军有意降楚,不知道你能不能收他?"

项羽一听,脸当时就变了,厉声道:"哥哥,咱们是世交,你怎么跑来替外人说话?章邯杀了我叔父,你不替他报仇也就罢了,怎么反来帮他?"

司马欣笑着说:"好兄弟,你先别生气,听我慢慢说。章邯杀了叔父,我心里也很难过。可是正像我们小时候玩的官兵抓贼,他是官呀,杀贼是职责所在,并不会因为考虑对手是谁而误了国事,这才是大丈夫所为。再说,我与他朝夕相处,要是突施暗算必然得手,为什么没下手呢?因为我看他为人正直,文武双全,是个难得的人物。至于我今天能到这里来,也是因为我了解你,知道项兄弟你能够识大体,顾大局。"

项羽听他说完,脸色好看了些,只是心中那个结仍解不开。他正不知如何作答,却看见范增在一边使眼色,便说:"哥哥,我现在心里很乱,你不妨出去休息一下,稍后我会给你个答复"司马欣起身出去。

范增等他走了,便对项羽说:"项将军还记得与刘邦的约定吗?现在我们人马虽强于他,可是对手也比他的强得多,所以才会被耽搁更长的时间。就我们这一路而言,秦将中骁勇善战的就是章邯,他表示投降可不是因为惧怕我们,而是由受到朝廷排挤所致。俗话说:千军易得,一将难求。项将军如果能够抛弃旧怨,把私仇放下,进咸阳指日可待。你设想一下,那些可能投降的秦将一看连章邯都被接受了,他们又会有什么顾虑呢?另一方面,如果章邯转投他国,联合起来攻打我们,那情况是不是会更糟呢?"

项羽如醍醐灌顶,一下子醒悟过来,说:"多谢亚父指教。"

司马欣再次被召入中军帐,项羽说:"哥哥,我觉得你说的话很有道理,就请让章邯速速来降,我绝不会再记前仇。"

司马欣道:"你能有如此胸襟,真乃大丈夫也。只是两军对垒,谨防有诈,你能不能当着众人发个毒誓呢?"

项羽一心要收章邯,便道:"大丈夫一言,驷马难追,哥哥你对我太不信任了。不过,为示诚意,我愿对天发誓,如若再害章邯,誓如此箭。"说着,他取出一支箭来,一把折为两段。递给司马欣。

回到秦营,司马欣把发生的事叙述一遍,又把断箭给章邯看。章邯大喜,命手下将赵国使臣斩首,自己则升帐与诸将说明原委。众将见今已落败,都恐无命回去,即使苟且偷生又恐被二世治罪,因此都愿一同投降。

章邯既降,项羽又添一得力助手,浩浩荡荡前行,所过之处无人敢挡。范增心中牢记刘项之约，一直在默算时间。这天，探马来报！秦二世为赵高所杀，赵高又为子婴所杀。项羽等人大惊，没想到宫中出了这等大事。范增说："项将军，现在宫中剧变，后来者必然无力抵御外敌，我们只有日夜兼程，才能拔得头筹。"

项羽也有此感，命大军暂时分开，由他率一支精锐之师先行，体弱者均留在后营。不想，又过两日，探马来报：沛公已带队杀至咸阳最后一道关口。

此时项羽军队离咸阳尚远，他不禁懊恼不已。范增劝道："项将军不可因败丧志。不错，照目前情况看，咱们就是累死也赶不上了，所以我们干脆缓行，养精蓄锐。"

项羽说："亚父，可是我输了，今后就永无出头之日了。"

范增道："没关系，你不过是输给一句话而已，将来的事还很难说。"

再过数日，探马来报：子婴开城投降，沛公顺利进入咸阳。

沛公此时已在咸阳宫中闲逛，怡然自得。此帝王之家果然与众不同，亭台楼阁无一不全，珍珠财宝俯拾皆是。更有吸引力的，便是那些明眸皓齿，姿色过人的嫔妃宫娥，她们听到沛公来了，俱都整妆出迎。刘邦一下子看到这么多美人，高兴得口水都快流出来了，他扎入人群中摸摸这个，抚抚那个，叹道："皇爷老儿可真会享受。"于是随手点了两三个眉清目秀的带人正殿，陪他饮酒作乐。

正得意间，樊哙怒冲冲闯进来，说："沛公你是想得天下呢？还是要沉迷在酒色之中，做个土皇帝呢？不如快撤出此地吧！"

沛公懒洋洋地说："这些天跑得那么累，你就让我在这儿休息一下好不好？对了，外面美女如云，你也去挑几个，享受一下。"

樊哙气哼哼出去找张良，把刚才的事一说，张良扭头便进来找沛公。

他对沛公行礼道："秦朝倒行逆施，失去人心，你才能打到这里。现在要使天下安定，绝不可以效仿那秦二世，在此吃喝玩乐。否则昨日秦亡，明日公亡，我们好容易得到的东西，仅仅因为寻找一时安逸，便又轻易失去，这岂不是功败垂成？愿沛公能听此肺腑之言，及早回头才是。"

沛公志向远大，只是一时被迷心智，一经点拨便已幡然悔悟，出去号令三军，不得以任何形式骚扰居民，违令者斩。

晚上，沛公正与吕雉闲谈。张良来了，对吕雉深鞠一躬，道："嫂子，我今天要做一件对不起你的事。"

吕雉对今天宫中的事已有耳闻，本想感谢张良，不想他反倒跑来谢罪，便说："什么事这么严重，不妨说来听听。"

张良道："我刚刚为沛公做主定了一门亲事。"

沛公也觉得奇怪，便问："你是说给我找了个女人？"

张良笑道："不敢，我怕嫂子杀了我。俗话说：父母之命，媒妁之言。我方才为你们的公子定亲，却没有通知你们，这不是得罪了嘛。"

吕雉这才舒了口气，说："张良此言差矣。你不过是做了媒人而已，并无得罪之处。"

张良则说："这门亲事非比寻常，关系到沛公前程，根本没有讨价还价的余地。"

沛公眉头一皱，问："到底怎么回事？"

张良说："如今沛公抢先进入咸阳，项羽不服，必然会设计加害。我以为沛公之力，不足以与其对抗，因此必须要了解项羽动向才行。可是何人来做内应，却很伤脑筋。想来想去,终于让我想到一个人。”

刘邦知他为己着想,便笑着问:“是谁呢?”

张良答道:“此人便是项羽的另一个叔父,也是他目前唯一的亲人项伯。我便说服他与你成了儿女亲家,这样一来项羽营中的一举一动,我们便会知道得一清二楚了。”

吕雉问:“他为什么不帮项羽,反来帮你呢?”

张良答道:“我曾经偶然救他一命,这是其一;其二,他与项羽虽为至亲,关系却是一般。”

刘邦听他说得恳切,便应允了这门亲事。

没过几天,项伯果然起了作用,他慌慌张张前来报信,对张良说:“项羽现在屯兵鸿门,听范增建议,明天就要来攻打沛公。”

吕雉在一旁说:“项羽目前拥有精兵强将已达四十万之多,而公只有十万,两下对比悬殊,真打起来岂非以卵击石?”

张良也说:“嫂子说得不错,对项羽这样的人只能智取,不可力敌。”

沛公问:“你说怎么办,难道等他来攻我,抑或是咱们弃城而逃?”

张良知道:“两者均非大丈夫所为,正所谓不入虎穴,焉得虎子,沛公不如与我同去鸿门见项羽。”

“啊!”吕雉惊叫道:“项羽正要抓他,你们偏偏自己去投,这岂不是自投罗网吗?”

张良说:“不然,项羽之所以对沛公不利,是因为怕他对自己构成威胁。如果看到沛公手无寸铁而至,项羽这样惯于喋血疆场的汉子反而不会出手。”

此时,项伯正在项羽帐中。他说:“你曾经和沛公兄弟相称,为什么要去攻打他呢?”

项羽说:“我是担心他成了气候,将来我反无立足之地,而且亚父也一再催促我将他除去。”

项伯说:“我看你是多虑了,沛公绝非能成大器之人,他之所以能先人咸阳,不过是因为你把秦朝大军吸引住了。再说,他自进城之后,财物女色均不敢动,实际上是在等你到来共同商议处置办法。连这种事他都十分谨慎,怕得罪你,你说他将来会对你不利吗?”

项羽听着也有道理,不过还是说:“只是亚父认为他不近女色,不劫掠财物,是为了收买人心,好做大事。”

项伯连连摇头道:“此言差矣。你若信不过我,不若明天听沛公自己说。”

项羽纳闷道:“我明天能见到他吗?”

项伯答:“正是。据我所知,刘邦明天会上门谢罪。试想一下,如果他心中有鬼,有没有胆量到这里来呢?”

七　设宴鸿门

第二天一早,刘邦果然率张良、樊哙前来求见。项羽也不出迎,只是在他们被兵士引入之后,才微微摇动身躯,当作行礼。

沛公虽然听从张良计谋,独闯虎穴,可见项羽这样对他,心中十分紧张。他扑通一声跪下，说："刘邦刚刚得知项将军已入关中，因此特来请罪。"

项羽见他行大礼，心中火气自然平息不少，便说："你可知罪吗？"

沛公再拜，把张良事先教好的话说了一遍：

项羽貌似刚强，却是个好面子的耳软之人，经不住别人求他。再加上沛公所言与项伯所言类似，重复听起来倒颇有真实感。

他说："贤弟，看来是我错怪你了，不妨与我一起把酒言欢，重修旧好。"

鸿门宴

此后吩咐手下排摆宴席。范增实在看不过眼，便悄悄对项羽说："刘邦此人外表憨厚，内藏奸诈，实为第一劲敌。你切不可对他有妇人之心，待会儿酒席宴间，我于帐外暗布刀斧手。待时机成熟之时，我会举玉佩示意，到时你摔杯为号，大事可成。"项羽点头称是。

沛公虽然勇猛不及项羽万一，酒量却是不俗，一上来便和对方连干数杯。项羽大喜道："兄弟好酒量，看来你我今日可畅饮一番，来人啊！"他吩咐兵士给刘邦倒上十大杯，自已也如法炮制，就这样一杯一杯斗起酒来。

范增心急，开席不久便连举三次玉佩，不想项羽酒兴正浓，连看都不看一眼。没有办法，范增只好出帐与项羽的表弟项庄商议，他说："不如你去借舞剑助兴为名，刺死沛公，以绝后患。"

项庄点头，换身短衣走进大帐，向上拱手道："各位，光是喝酒吃菜有何情趣，不如项某舞一趟剑为大家助兴。"说完，拔剑即舞，却是七七四十九路夺命连环剑。这路剑法看似轻灵，实则毒辣无比，剑身在快速舞动中有如一条吐着信子的毒蛇。

张良看他眼神，已知欲对沛公不利，连忙示意项伯。项伯本是练武之人，自然看清楚，便拔剑起身。

此时，项庄已舞至刘邦身边，瞅准时机，一招"有凤来仪"直接刺向他的咽喉。不想剑刚刺到距离咽喉二寸的地方，另一支剑斜刺里砍了过来，挂着风声直削他的脑后。项庄情急之下，向侧面一闪，回剑格开偷袭之剑。定睛一看，却是项伯手捧宝剑，笑吟吟站在那儿。

他怒道："你为什么要暗算我？"

项伯摇头道："不然，不然，我只是想和你对舞而已。"

项庄看了范增一眼，见他在脖上快速抹了一下，已知其心意，便仗剑与项伯真刀真枪拼了起来。

张良一看情况不好，捂着肚子说："哎呀，不知吃了什么，这么痛。"说完便走出帐外,看左右无人,一路小跑去门口找樊哙。

此时樊哙正在门口看守车辆,随时准备保护沛公。张良大叫道:“樊哙,快去大营,沛公快被项庄刺死了!”樊哙大惊,抄起盾和剑就向中军帐冲去。

樊哙本是一介莽夫,此时一门心思只想闯去救人,对身边那些卫兵全不畏惧,糊里糊涂地进入中军帐。此时帐中对舞形式已变,由势均力敌成了项伯只守不攻,而且从他脸部涨红、大汗淋漓看已支持不了多久。沛公看剑光越来越逼近自己,更是吓得坐立不宁,脸上满是惊恐。说时迟,那时快,在樊哙如一头受惊的猛兽般撞入账内的时候,项伯手中剑也已拿捏不住,被挑得直插到刘邦桌前。

项羽指着闯入者问:“你是什么人?竟敢擅闯中军宝帐。”

樊咐左手持盾,右手执剑,瞪着一双牛眼看着他,全身的肌肉紧张地绷紧着,竟然一句话都说不出。

刘邦看着桌上仍在微微颤动的宝剑,更是吓得魂不附体。幸亏张良已经赶到,趋前一步,说:“项将军,比人是沛公的车夫。”

项羽、樊哙这两截黑塔对视良久。项羽忍不住大笑道:“他真像我,好一条汉子。来人啊,给他一斗酒和半条生猪腿。”

樊哙将盾放在地上,把斗中酒一饮而尽,然后用剑从猪腿上旋肉,旋一片吃一片,很快便吃得干干净净,大帐中的人都看傻了。

项羽看他吃完,便问:“勇士,你还能喝酒吗?”

樊哙朗声答道:“我死都不怕,难道还怕几斗酒吗?”

项羽笑道:“你来做客,我与你酒肉,为何要提起死来?”

樊哙道:“我说这话是万不得已。其实沛公与项将军有约在先,天下皆知。现在沛公先入咸阳,却未敢居功称王,而是退出在外驻扎。这么做是为什么?不就是等于礼让将军为王吗?可是你偏偏听信小人所讲,要杀沛公,这样做难道不怕天下人耻笑吗?樊哙冲进来,就是要冒死说句话,如果项将军一意孤行,我宁可和沛公死在一起。”

项羽当着众人面,被数落的脸上一会儿红一会儿白的,心中不是滋味,却找不出反驳的话。

张良看时候差不多,便暗中示意沛公。沛公此时已回过神来,站起来指着樊哙,骂道:“大胆奴才,项将军与我兄弟相称,又是一代人杰,岂会做这种不合情理,为人不齿的事。”

项羽经这一折腾,肚中的酒反涌上来,脸红红地说:“不错,我怎么会杀兄弟呢?”

刘邦看他已醉,便趁乱拉起樊哙,道:“我喝得有些多了,速带我找地方方便。”张良也趁机随他们两人出来。

一出大帐,张良便说:“沛公,此时形势危急,此地不可再留。你和樊哙可以弃车骑马从小道逃跑,至于我会回去拖住项羽。”

说完,他从沛公处拿了来时带的礼物,一双白璧和一只玉斗,独自返回。临进账之前,他故意装作在地上找东西,磨蹭了好长时间,估计刘邦他们走远,这才进去。

范增连施两计,均未得逞,不禁心急如焚。看沛公他们出去良久,未料到敢私自逃走,只以为是在商议对策。

少顷，见张良独自一人回来，心中大疑，忙问："沛公呢？"张良也不理他，只是手捧白璧和玉斗对项羽说："将军，我家主人因不胜酒力，恐失仪态，先行告退，此时恐怕已到营中了。"

项羽接过玉璧，见晶莹剔透，毫无瑕疵，心中十分高兴，一边把玩一边说："沛公何必不辞而别呢？"

张良则趁机说："沛公此行，除不胜酒力外，还有一层原因，便是怕将军为人利用，做下不仁不义之事。"

比时范增头脑也已冷静下来，自言自语道："真是后生可畏，张良这小子反间计用得如此纯熟，老夫竟在恽然不觉之中着了道儿。"他忙吩咐项庄，快去带人抓捕张良，见面之后格杀勿论。

过了很长时间，项庄悻悻地回来，报说张良已消失得无影无踪，一直追到距刘邦大营一里处都未见到他。

范增忍不住扼腕叹息。

看沛公慌慌张张跑回来，一直在等他消息的吕雉，忙迎上来。她亲手倒了杯茶，递过去说："来，先压压惊。"

刘邦抹了一把脸上的汗水，把鸿门宴上发生的事说了一遍。吕雉连称好险。

刘邦定了定神，说："为今之计，以避开项羽为好。不如咱们率大队回丰乡老家罢。"

吕雉一听，心中不悦，正色道："相公此言差矣，男子汉大丈夫岂能贪生怕死。再说，如果项羽有心杀你，别说是丰乡，就是躲到天涯海角他也能把你找出来。"

沛公知道吕雉说的没错，叹息道："不错，只是我虽也拥有诸多兵将，却绝非项羽对手。此时若不乘机避开，恐怕凶多吉少，正所谓留得青山在，不怕没柴烧，又何必白白死呢？"

吕雉点头道："以现在军中实力，的确无法与项羽一争短长，只是想要保全自己未必非要逃避，这样说不定会引起对手的疑心，反倒招来杀身之祸。"

刘邦问："夫人有何高见呢？"

吕雉答道："高见倒是没有。我总是在想，普天之下何止数千万人，为什么项羽非要揪住你不放。想来想去，发现答案很简单，他要争天下，认为你是障碍，所以要除掉。可是现在你已甘居弱者，以项羽这种飞扬跋扈、目空一切的人，在几次试探之后，他会很容易忽视你。换句话说，目前他不会再加害你。"

刘邦又问："那以后呢？"

吕雉一笑，说："你借机休养生息，项羽则过把帝王瘾，此人一介莽夫，必然大失人心。将来两军对垒，你说谁会赢呢？为妻虽是一介女流，却也知得人心者得天下的道理。"

两人正说着，张良也气喘吁吁地跑回来。刘邦迎他进来，拱手道："多谢军师搭救，刘某几乎丧命于小人剑下。"

张良摆手道："不妨，正所谓大难不死，必有后福。只是沛公对今后可有打算吗？"

刘邦喝茶，清清嗓子，洋洋洒洒说了一大通。

吕雉在旁边一听，差点儿没笑出声来，原来丈夫把自己的话一股脑借用过去。

张良听后，频频点头道："沛公机智，不同凡响，虽身处险地，却能置身物外。从大局着眼，当真令人佩服。只是要想让项羽彻底安心，还要做些文章才行。”

刘邦问：“不知军师有何高见”？

张良心中早有答案，侃侃而谈道：“以前项羽唯恐师出无名，所以假借兴楚才得以出兵讨秦。现在大局方定，他必杀楚怀王，我们无力阻拦，不如反送他一个人情，先把秦三世献出去博取信任。另外，我会和项伯、陈平等人商议，争取在项羽分封诸王之时抢得先机。”刘邦犹豫道：“子婴开城投降，我已许诺绝不杀他，这都是因为此人诛杀赵高，对百姓有益无害。如今出尔反尔，是否会引来众怒？”

吕雉插话道：“不但不会，相反百姓还会倾向于你。在他们看来，动手杀人的是项羽，而不是沛公，此乃借刀杀人之计也。”

张良也说：“嫂子果然明察秋毫，张良所讲正是此意。希望沛公不要有妇人之仁，他日才可有所作为。”

次日，沛公依计召来子婴，陈说利害，劝他另降项羽。子婴俯伏在地，痛哭流涕道：“我因沛公为人忠厚，方才开门投降。如今叫我去投那杀人魔王，岂非自入虎口。”

沛公黯然道：“项羽毁约，非我所能阻拦。你若及早降他，方可有一线生机，否则兵戈一起，玉石俱焚。”

子婴见求助无望，只好身着素缟，嘴里咬着降书，去见项羽。可怜他身为王族，只坐了几十天的金銮宝殿，如今尚不如一只丧家之犬。

项羽见他来降，心中大快，命人取过降书，展开观看。

项羽看完之后，冷笑道：“你落到今日这番田地，难道还想苟且偷生吗？”

子婴答道：“当初破灭六国的是我的先祖，鱼肉百姓的也不是我。如今天下百姓并未将我当成罪魁祸首，你却要杀我，有什么理由吗？”

项羽看这个末代皇帝鸭子煮烂了嘴还硬，心中一时火起，怒道：“理由，我杀你需要理由吗？正所谓顺我者昌，逆我者亡。普天之下，老子要杀谁便杀谁！”

子婴黯然道：“可惜可惜，我力斩赵高，为天下除害，没想到竟死于一个浑人手中。”

项羽起身离座，大踏步走到子婴面前，两眼如利剑直直地盯在对方脸上。子婴此时已面如死灰，只是呆呆地发愣。项羽环视四周，说：“想当初我们项氏一门何等威风，却为其祖父所灭。今天我便要报此仇。”

说完，手起一刀，干净利落地把秦三世的人头砍了下来。那个人头掉在地上骨碌碌直转，接近项羽时，竟张开嘴狠狠咬住他的大脚。项羽又惊又怒，奋起一脚，将人头踢出门外。

只听门外传来一声尖叫，发声的却是张良。他本想到此来探虚实，不想人未进门，一颗血淋淋的人头倒先飞了出来，一时不免失态。

项羽一看是他，便说：“你来得正好，我有事问你。”

张良定定神，问：“将军有何指教？”

项羽一笑道：“我曾听刘兄弟讲，你不仅智谋过人，而且博古通今，所以才会找你。如今天下已定，我准备对有功之臣授以爵位，自己也选个合适的王号，你如有好主意，不妨说来听听。”

张良想了想，为难道：“此事关系重大，恐怕需先禀明楚怀王，过个三五个月才能定下来，臣不便多说。”

项羽脸色一变，道："楚怀王是我立的，难道我要称王还要通过他吗？你有想法尽管说来。"

张良暗忖，项羽果然一介莽夫，为争名号，竟然逆天而行，气数不久矣。不过，我没必要点醒他，倒是可以趁机引他入瓮。

想到这里，他正正衣襟，向上朗声道："恭喜大王有鸿鹄之志。对于古之封号，微臣略知一二。自有人道之后，便有三皇五帝，其中三皇为扶羲、轩辕、神农；五帝为少昊、颛顼、帝喾、帝尧、帝舜。我就从五帝说起，少昊帝名挚，字青阳，本姓姬。"

项羽一心想找个适合自己的封号，便耐着性子听着，可是听完三皇五帝，又是上古诸王，均是些不善作战，只会抚慰百姓的家伙，与自己脾性不合。便说："这些人虽然名头不小，在我看来也不过是些迂腐之辈，不知道有没有能征善战，令天下人心惊肉跳的君王呢？"

张良心中暗笑，道："昔日天下曾出过五霸，能征善战，人皆恐惧，与项将军所讲的很符合。"

项羽忙问："这五霸是个什么东西？"

张良道："五霸不是东西，而是五个人，也就是曾名动天下的齐桓公、宋襄公、秦穆公、晋文公、楚庄公。"

项羽又问："以你之见，我有没有霸王之才，能不能选个合适的封号呢？"

张良忙正色道："项将军攻城拔寨如履平地，灭大秦不费吹灰之力，才能足以与霸王相称。至于封号，既然将军出身楚国，且占据之地多在西楚，不如就叫西楚霸王。"

"西楚霸王，西楚霸王，"项羽反复念了几遍，点头道："好，不仅朗朗上口，而且霸气十足，正合我意。"于是吩咐手下打造印信，撰写公文，择日即位。

回到大营，张良把此事对刘邦一说，刘邦不禁拊掌大笑道："项羽徒有其表，原来不过是个大草包。古人云：大霸不过五，小霸不过三。单凭武力只能服人外表，而不能服人心，他连这么简单的事都不懂，还想坐天下，真是痴人说梦。"

吕雉听到也说："项羽自称霸王，必然失去人心，看来相公你有机可乘了。"

刘邦警觉地看看周围，把声音压低一些，说："我们此时尚立险地，应防隔墙有耳。"

过了没几天，项羽果然自封为西楚霸王，并对破秦诸将进行分封，其中：刘邦为汉王，得巴蜀汉中地，都南郑。

做了王爷夫人，应了当年父亲所说的富贵之命，吕雉心中却并未十分高兴。犹豫再三，她还是决定与丈夫谈一谈。

两人坐定之后，吕雉说："相公由贫贱之躯一跃而成人中之龙，不知可否心满意足呢？"

刘邦沉默良久，说："夫人你看呢？"

吕雉说："我乃一介妇人，国家之事不宜多说，相公何去何从更不便干预。只是所谓旁观者清，为妻看这次分封颇多古怪，很想提醒相公一下。"

刘邦问："有何古怪？"

吕雉道："始皇昔日破六国，如今六国之后人并立为王，项羽偏偏不让他们回到自己熟悉的国土，而是遣到异乡为王，其用心无非是希望借此削弱各王的力量。对于其他人的分封也是如此，有能力的偏偏派到荒芜之地，昏庸之辈却得到肥沃之土，这难道不是怪事吗？”

刘邦笑道：“夫人所说极是，这方面我也有所注意，估计是范增那老儿在背后捣鬼。”

稍后，吕雉又说：“既然项羽心存不轨，相公你一定要小心应对，以免遭到不测。”

刘邦豪爽地说：“大丈夫岂能贪生怕死，只是人生在世，如若不能做出一番大做为，岂不荒废了自己。”

吕雉心中涌出一股热流，道：“相公能有鸿鹄之志，为妻欣慰不已，只是为妻尚有一事相请。”

刘邦看她满脸认真的样子，便说：“你我夫妻一场，应知我自来不拘小节，有什么话但说无妨。”

吕雉说：“相公不日便要到巴蜀赴任，当可休养生息，图谋大事。为妻如果随同前往，恐怕有拖后腿之嫌，此外两家的老人年事已高，身边无人照顾也不妥当，因此我想暂回丰乡，只是这样一来，为妻就不能每日与相公为伴了。”

刘邦一听忙说：“夫人果然是明事理之人，为夫感谢不及，又怎会阻拦呢？”

第二天，吕雉便与审食其及侍女等一起回乡，本以为能让丈夫安心，不想却险些招来杀身之祸。

八　慧眼识英

走在平坦而宽敞的大路上，吕雉的心情仿佛舒畅了许多。回首逐渐远去的咸阳宫，她的心里仿佛卸下一块沉重的巨石，毕竟那看似平静的都城里，潜伏着的是不可预知的杀机。放着尊贵的王妃不做，偏要回乡去做个侍奉老人、抚养孩子的村妇，这是吕雉处世的圆滑之处，也是一般人所不能理解的，即使像审食其这样的枕边人，对吕雉的所作所为也感到莫名其妙。

作为一个绝顶聪明的女人，吕雉这么做也是经过深思熟虑的，虽然天下方定，但受封诸王貌合神离，她断定不出一年大战便会卷土重来，与其被迫避祸，倒不如提前脱离这个是非圈子。

这天，他们路过一座大山，不经意间听到一阵呼喝声和野兽的嚎叫声从旁边竹林传来。吕雉虽然是个胆大的女子，听到那种低沉而又充满威胁性的怪异叫声，她的心里也有一些紧张。

相比吕雉而言，审食其这方面的见识要广博一些。他“呛啷”一声拔出宝剑，抢步挡在众人身前，低声道：“是山猪，大家小心些。”

吕雉听罢，暗笑道：原来不过是只猪，值得这么紧张嘛。审食其本能意识到自己没说清楚，便补充道：“山猪虽非大型兽类，却凶狠成性，如野狼一般。况且每次出击都是雌雄联袂而至，令对手防不胜防，即使是猛虎与其对阵也是凶多吉少，因此遇到山猪，还是避开为上，却不知是什么人这么鲁莽，去招惹它们？”

听他详细一讲，吕雉心中也有些打鼓，可是又有些按捺不住好奇心。随着林中的声音越来越大，她也一步步越走越近，不知不觉竟走到了众人的前面。透过竹林缝隙，吕雉终于看到里面发生的一切。

在疏密错落的竹林中央，意外地有一块看上去不算太小的开阔地。一个手持宝剑的青年人面色凝重地站在那里,距他不远则卧着一只体毛呈灰黑色、四肢短粗的怪物,口中不断发出颇为怪异的嚎叫声,想来便是审食其所谈的山猪了。

吕雉正在纳闷,不是说每次出去都是成双结对吗?怎么会只有一只在这里。这时,她看到有一团黑影从青年人背后的竹林里悄无声息蹿了出来,忍不住大叫一声:“小心背后!”

那青年人虽然一直呆立在那里,对这突如其来的袭击倒好像早有防范,身躯微动,便已将山猪的凶猛攻击化于无形。山猪由于冲得太猛,一时收不住脚,干脆直奔发声处扑来。吕雉这才看到这怪物的正面,阴森森的金黄色眼珠,突出嘴外的一对亮闪闪的獠牙,让她瞬间起了一身鸡皮疙瘩。山猪体形巨大,速度却快得出奇,未及眨眼的工夫它身上那股腥臭气味已经逼近吕雉。

一直在后面的审食其跨步挡在吕雉身前,正迎上已腾空扑来的山猪,忙将手中剑疾刺过去。其实,审食其武功根基极浅,不过是会一些三脚猫的功夫,若在平时,他绝无胆量与此等恶兽为敌,此时由于救主心切,反倒将生死置之度外。

说来也巧,山猪循声而来,一心置吕雉于死地,不料想斜刺里突然有人偷袭,闪避不及,恰好被审食其从其颈下软皮处一剑刺入。虽然意外得手,审食其却也瘫软在地,那一百来斤重的山猪由于惯性连着宝剑狠狠砸在他的身上。

竹林中的青年人此时也已仗剑赶到,看看无人受伤,便转身返回。他从怀中掏出一只铁哨,放在唇边抑扬顿挫地吹了几声。过了片刻,吕雉看到一件令人毛骨悚然的事情,随着哨声的起伏,身边的竹林发出哗哗的闪动,一条足有碗口粗细,长逾数丈的巨蟒竟然从自己身边的翠竹上滑行而下。审食其此时也已看到,忙从山猪身上用力拔出宝剑,想要再次起身护主。可是看着那面目狰狞的大蟒,他的腿却怎么也不听使唤。

这条五彩斑斓的巨蟒仿佛有意和吕雉他们过不去,悠然地在审其食身边扭动着硕大的躯体。突然,它的长颅高高扬起,血红的信子频频从口中吐出。审其食明知它是在蓄势待发,却也无力趁此机会抢先攻击,只有双目一合,卧以待毙。

这时,诡异的铁哨声变得更加尖厉,巨蟒也随之浑身一抖,一口叼住仍伏在审食其身上的野猪,拖向林中。那青年人看它进来,并不惧怕,反倒迎上前来,伸手轻抚它头顶的红色肉瘤,说:“蛇弟,好久不见,今天送只山猪给你。”

那巨蟒仿佛能听懂他的话,把身子优美地扭动了几下,好像人鞠躬一般。

由于众人对刚才发生的一切心有余悸,所以走起路来是步履如风,好像逃荒一般。竹林距最近的县城本有数里之遥,他们却很快便走完了。看到高高的城墙,大家悬起的心才又重新放回原位。迎着刺眼的阳光,吕雉仔细地看着城楼上高悬的匾额,却是龙飞凤舞的“淮阴”二字。

看罢之后,吕雉大喜,对紧随其后的审食其说:“小弟,前面便是淮阴。家父与此地一位乡绅有八拜之交,我们既然路过这里,不妨去探访一下。”

吕雉要找的人曾在官府当差,后因年纪大了才脱离官场。此人在当地却颇为有名,是以稍经打听便已知其府地所在。

吕雉要拜访的人,也是姓刘,此时正着一袭员外袍,悠然坐在庭院中的太师椅上。

只是在一边侍候他的书童刘吉,却越来越对这种幽雅宁静的场所产生疑心。此人虽然退出官场,却绝非是能够静心清修的人。而今天却是例外,将近一个时辰过去了，刘太公一直静静地坐在太师椅上，两眼若睁若闭，甚至连坐姿也未改变一下，更奇怪的是那碗杯盖未揭，香气四溢的极品碧螺春。

时间在一点一滴过去，刘吉实在忍不住，缓步走到刘太公身边，低声道："太公，太公，茶凉了。"

对方并未吭声，甚至连身体都纹丝未动。刘吉伸手把了一下脉，发现竟已毫无跳动，他心中禁不住一阵狂跳。不过，他深知此时绝不可以惊慌失措，看看左右无人，便稳定心神奔到后宅，禀告夫人。

刘夫人乍闻噩耗，简直无法相信自己的耳朵，怎么早上还红光满面，谈笑风生的丈夫会突然过世呢？她忙吩咐刘吉："你快去把大夫和衙门的捕快找来，切记不要让别人知道此事。"

刘夫人这样做有她的用意，因为在潜意识当中总觉得此事有些不寻常。看刘吉匆匆离开之后，刘夫人也带家人赶到庭院。此时刘太公依然安详地坐在太师椅上，面色虽有些苍白，却与常人并无二致。刘夫人看他一动不动的样子，也觉得大势已去，但却并不死心，伸手去触摸他的身体，不想一摸之下，竟是冰凉刺骨，禁不住惊叫一声。与此同时，院外传来叩击门环的声音。

敲门的正是吕雉一行人，他们在路人指点之下到刘府拜访。虽然时隔多年，刘夫人还是认出了为首的吕雉，心中不禁又喜又悲，喜的是与故人之女相见。淮阴并非闭塞之所，对于这个当年的千金小姐如今的汉王妃所经历的事还是颇有耳闻，自知将来又可多一依靠；悲的是丈夫猝然离世，无缘与故人见面。

吕雉见刘夫人眼圈发红，脸上表情难以捉摸，便说："小女路经此地特来给太公及夫人请安。夫人面色不佳，却不知所为何事？"

刘夫人又简洁地讲了一下此事的前因后果，吕雉一时不知如何去安慰她，只是喃喃地说："奇怪，奇怪。"

正在这时，大门外传来一阵喧哗之声，甚是让人心烦。吕雉对刘夫人说："不知什么人这么讨厌，我和家人出去看一下。"

吕雉这么做其实是为了打破沉默的尴尬局面，刘夫人也是心领神会，自然不会阻拦。

出了院门，外面果然围了一群人，吕雉他们站在刘家高高的青石台阶上，很轻易便可看到其中发生的一切。

人群中央站着两个人，其中一个裸露着黑黝黝的上半身，正在那里高叫着："各位乡亲，我朱五生来天不怕，地不怕，最讨厌那种装模作样的人。这个小子每天佩把宝剑，在城里乱转，分明是不把老子放在眼里，今天我就让他出丑。"

他对面是一个年轻人，站在那里似乎有些不知所措。

吕雉居高临下看着，觉得此人似乎颇为眼熟，却一时想不起是谁。审食其眼睛很尖，惊呼一声："怎么是他呀？"

吕雉问："我也觉得那个年轻人有点儿面善，却不知是谁？"

审食其答道："嫂子可记得竹林中那个与巨蟒称兄道弟之人吗？"

吕雉这才恍然大悟，这个年轻人不就是那个年轻人嘛。

朱五此时又叫道："韩信，你这个逃兵，有种便过来刺死我，否则便当着大家面说你服我！"

那个名叫韩信的年轻人犹豫了半晌，说："我服你。"

朱五得意地狂笑道:“大声说。”

韩信倒也听话,又重复一遍。吕雉在旁边看着,觉得十分奇怪,心想这个姓韩的小伙子连那么凶狠的山猪都不怕,为什么会轻易向他人低头呢?

看对方服软儿,朱五更加得寸进尺,把两腿一岔,道:“你这么怕死,不如从我的胯下钻过去吧!”

围观的众人不禁乱作一团,有说朱五欺人太甚的,有说韩信缺乏男子气概的。韩信的脸则憋得通红,一只手紧紧地攥在剑柄上。

吕雉心中暗道:那个姓朱的这回要倒霉了。不知什么原因,她此时好像已倾向于韩信这边。谁知那个年轻人也真没骨气,竟真的俯身向对方胯下钻去。

朱五在众人的哄笑声中更是得意非凡,两腿用力夹住韩信,大屁股在他身上扭来扭去。

吕雉看到人群外有个老太婆在摇头叹息,便走过去,问道:“这些人在干什么呢?”

老太婆看了她一眼,说:“这位夫人,你是外乡人吧?”

吕雉点了点头。老太婆又说:“那个逞凶的朱五是本地一个混混儿,在城东靠杀猪为生,为人刁蛮,专爱欺负老实人。”

吕雉又问:“那个韩信又是什么人呢?”

老太婆叹口气,说:“这人说来倒是个苦命人,他的家人很早便在战乱中死掉了,自己又没什么本事,靠大家接济过活。前些年到外面去跟一个姓项的将军打仗,却不怎么得志,别人都升官发财了,他反而又回到这里来了。”

吕雉想了想,又说:“朱五就因为这个欺负他吗?”

老太婆摇了摇头,说:“那倒不是,韩信人虽老实,却爱夸口,常说自己有了不得的才学,只是未遇明主,所以才惹来祸端。不过想想也是,明明没什么本事,干吗还要吹牛呢?前些天,我看他连饭都吃不上,便出于怜悯多做了一份儿,你猜他怎么说?”

吕雉摇头表示猜不出,老太婆接着说:“他竟许诺我将来一定以重金报答,你想他连口饭都混不上吃,说报答岂不是痴人说梦嘛。”

吕雉不置可否,心想:若是她也曾看到竹林那惊心动魄的一幕,便不会这么说了,正所谓燕雀安知鸿鹄之志呀!

此时,审食其已看不下去,便吐气扬声高叫道:“呔,那个混账东西,青天白日欺负老实人,莫非想吃官司吗?”

说来也怪,自古以来阎王怕小鬼,小鬼怕恶人似已成了不变的定律。经他这一搅和,不但众人纷纷散去,连那凶神恶煞般的朱五也呆了一下,摇了摇头抬腿走了。

众人走后,韩信这才爬了起来,掸掸身上浮土,转身准备离开。看他要走,吕雉忽然想起了什么,高声叫道:“小兄弟,请留步,我有事请你帮忙。”

韩信循声回头,见是他们,不禁满脸羞愧,狐疑道:“你说什么?”

吕雉一字一顿地说:“我说有事请你帮忙。”韩信苦笑道:“刚才的事你也看到了,难道我还有资格帮别人吗?”

吕雉斩钉截铁地说:“有!”

看她的神情,仿佛真的有什么事缺了对方就不行。听她这么一说,韩信的眼中突然如火花迸现般亮了一下,问:“什么事?”

吕雉也不答话，只是转身回刘府，韩信稍稍犹豫一下，便跟了过去。

进入刘府之后，他们很快便开始各司其职，季大夫紧紧扣住刘太公的寸关尺，张捕头则目光如炬地扫视着院中的每个角落和每一个在场的人。

医者诊病，自上古之年便分为望、闻、问、切。如今面对气息全无、神态却如常人的刘太公，季大夫便只剩下切这一种方法了。他也的确不愧于妙手回春之名，居然从刘太公冰冷的肌肤上，摸出了一点儿门道，只是这情况又过于诡异以至于季大夫竟没有勇气说出诊断结果。

张捕头在四下巡视之后，把庭院中的各种布置，甚至花草树木都看过了，却并未发现有何异常，最后目光死死地盯在茶杯上，问："刘吉，这茶是……。"

刘吉道："这是世间罕有的极品碧螺春，也是我家老爷的心爱之物。"

"噢？"张捕头在打开杯盖的同时发出了诧异的声音，那里面分明满满当当的一杯如碧玉般的茶水。此时茶早已凉了，叶子也已沉入杯底，但沁人心脾的清香却依然源源不断地传来，可见这是多么诱人的茶中珍品。

张捕头又问："这茶是谁沏的？"

刘吉答道："是小的，不过老爷好像没喝。"

说话当中，张捕头的目光如利刀般在他的脸上刮了一下。

刘夫人心急如焚插话道："两位一个是本城的名医，一个是地方上的名捕，不知对这件事有什么看法？"

张、季两人对视一下，双方脸上均有一丝无奈的神情。

正在众人一筹莫展之际，一直沉默不语的韩信开口了："刘夫人，小的也略通岐黄之术，不知能否获准检视一下老爷的身体。"

听他一说，众人都是一怔，连吕雉都想：正式大夫都说不出个子丑寅卯，你去行吗？

刘夫人也是颇为犹豫，丈夫既然已死，又何必受到诸多打扰呢？

吕雉想了想，觉得还是应当替韩信说上几句，毕竟他是自己请来帮忙的，便劝刘夫人道："老先生突然遭遇不幸，我们都很难过，不过此事颇多蹊跷，若是能搞个水落石出则是再好不过。俗话说：一人技短，两人技长。你不妨让他试试。"

刘夫人此时，心乱如麻，也不愿过于计较，便胡乱地点了点头。

韩信见得到许可，便大步上前，正待伸手诊脉，旁边有人呵斥道："且慢！"

说话的人是季大夫，他得知自己查不出死因已是丢人，若是死因被别人查出，则是大大的丢人，于是上前喝阻，希望对方知难而退。

他上下打量韩信几眼，冷笑道："阁下倒也是这淮阳城中的有名之人，游手好闲，无所事事，却不知何时习得岐黄之术，该不是到此招摇撞骗，混口饭吃吧？"

韩信一时语塞，脸涨得通红。吕雉虽是女子，却是性情中人，大步走上前去，道："刘夫人允他检查，你却无端阻拦，是何居心，莫非太公是命丧你手？"说完，顺手在韩信背上狠狠推了一把。

季大夫没想到这女人说话竟如此尖刻，一时想不出应对之词，只是指着她说："你，你……"

他这一犹豫不要紧，韩信已经擦肩而过，单腿跪在刘太公身边，拉起他的衣袖在裸露的手臂上敲了几下，竟与敲在东北的冻梨上一般，显见在肌肤之中形成了一层薄冰。

韩信对在身边观望的吕雉说:“这位老爷从外表上看像是被突然置人寒窟冰穴之中,全身的行血、内脏都在极短时间内被冷冻凝结起来……”

季大夫一直在注意他的一举一动,对他所说的每一个字更是要竖着耳朵听,是以韩信对吕雉所说的话他也没有错过。

韩信目光一直专注在刘太公身上,对于季大夫的举动根本没有察觉。又过了相当长的一段时间,他才点点头,站起来退到一边。

季大夫见他并不说话,便踱了过来,问:“怎么样,你除了会拾人牙慧,还有什么高见吗?”

见对方没反应,他又说:“年轻人,你应当知道医术一道是博大精深,并非一日可以洞悉其门径的。想当初老夫足足用了十年时间才学到一些皮毛,像你这样的毛头小子又能懂什么呢?”

吕雉与韩信先后两次见面,虽然未及深谈,却总觉得对方身上似乎蕴藏着无穷的潜力。另一方,她对韩信的性格也有了深入的了解,知道此人由于自幼父母双亡,寄人篱下,因此,信心全无。想到这里,吕雉用一双大眼睛盯在韩信脸上,心中默念:你能行,你是最棒的,露一手让他们瞧瞧。

说来也怪,吕雉的意念真的感染到了韩信,他第一次感受到了别人的信任,虽然只是一道热辣辣的目光,却像温馨的阳光一样映照在他整个心田,暖洋洋的令人陶醉。

旁边季大夫并没注意到他表情的变化,依然在聒噪不休。

韩信冷冷地打断他道:“枉你活了这把年纪,却只会倚老卖老。殊不知为学求道以先达到高境界者为先生,年龄大小并非关键所在。三岁小儿,如能获取仙家妙方,当然可以行医济世,享有神医之名;似你这等须发皆白之人,纵然学上五六十年,如若不能洞悉门径,又有可用?”

季大夫气得胡子都抖动起来了,手指着韩信的鼻子道:“你,你放肆!也不撒泡尿照照自己,算什么东西。刘夫人恪守妇道,足不出户,对你没有耳闻倒也不足为奇。可是老夫一向行医民间,怎么不知你是个身无长技,擅讲大话之人,现在竟敢跑到这里胡闹,当真不知羞耻。张捕头,这样的人留在这里有害无益,不妨抓起来,兴许对查明刘太公的死因会有所帮助。”

张捕头虽然听见,却纹丝未动,心说:“这老头想必是气疯了,自己说不过别人便拉我进来,要知道人可不是随便乱抓的。纵然此人是本县的一个泼皮,带他进来的人又是谁呢,是否和刘家有很深的渊源呢?”想到这里,禁不住又瞄了吕雉他们一眼。

吕雉对形势的变化洞若观火,知道今天一定要出个结论,否则对大家都不利,于是对韩信说:“季大夫年事已高,火气却大,你不妨向他请教请教。”话虽平淡,却是充满信任。

韩信心中又泛起一丝暖意,笑吟吟地说:“夫人尽管放心,韩某自有分寸。”

说完缓缓转过头来,目光紧盯在季大夫脸上,不紧不慢地说:“这位大名医,你方才也已进行过检验,不知可有什么发现呢?”

季大夫没好气地道:“该说的老夫已对刘夫人讲过,你在旁边想必也已听到,我又何必重复呢。”

韩信点头道:“不错,你刚才的确说了一些狗屁不通的道理,我仿佛还听到尸体二字,不知是否听错?"

季大夫一怔,怒道:"你这是什么意思? 难道是说我们面对的不是一具死尸吗? 老夫行医多年,该不会有眼无珠到把死人当成活人吧?"

韩信点点头,冷冷地道:"韩某要说的正是这个,刘太公明明只是受伤,你为何说他老人家已经去世了呢?"

在场的人无不为之一震。刘夫人停住悲声,问:"你说什么,我家相公并未离世吗?"

韩信朗声说道:"不错!"

季大夫几乎不敢相信自己的耳朵,喃喃地说:"怎么可能,他的脉搏、气息已没有多时了,又怎会尚在人间呢? 此事绝无可能!"

韩信也不理他只管对吕雉说:"仅以脉搏、气息断人生死,是庸医之举。其实早在数年前,韩某便听说在东天竺国有人练就瑜伽之术,可以不食不饮,深埋地下数日仍可生还。这全是因为在练功之时脉息自然断绝,不消耗自身能量所致"。

若是换成别人,恐怕对韩信的话会嗤之以鼻,毕竟这种事过于匪夷所思,可是吕雉自从看他用哨声驱蛇之后,已知天外有天,人外有人,自然会相信这种说法,便问:"据你所说,刘太公是在习练瑜伽之术吗?"

韩信一笑,道:"并非如此,我只是借此说明某些人在胡说八道。"说完他又用眼睛扫了季大夫一眼。

吕雉有心助他,便附和道:"不错,不错,当真是老而无用!"

他们两人在这里一喝一和,配合颇为默契。站在一旁的张捕头听得有些不耐烦,便粗声粗气地说:"小子,你说刘太公受伤,不妨把伤处指出来让大家看看。"

韩信知他心中生疑,便不再卖关子,把刘太公后背的衣襟轻轻撩起,指着一处道:"伤处就在这里。"

韩信见众人无言,便解释道:"这几个圆点儿实际上是人的手印儿。"

吕雉好奇地问:"怎么会有青色呢?"

韩信说:"这件事要从头说起。刘太公身体之所以僵而不硬,全是因为被人用一种极怪异的掌力所伤。这种掌力使他体内形成一层坚冰,血脉无法畅通,而那几个圆印儿之所以呈青色,也是因为那里是血脉最先开始凝聚的地方,是人体血气上涌所致。"

张捕头听罢若有所思,道:"依你所说,这种掌力似乎是失传已久的寒冰指。"

韩信拱手道:"张捕头虽为公门中人,对武学一道当真颇有见地,见闻广博得着实令人佩服。"张捕头不好意思地干咳了几声,道:"小兄弟,你既然知道刘太公并未死去,而是被寒气封住经络,不知道可有什么破解之法吗?"

韩信道:"寒冰指虽然伤人于无形,却并非无法可医。只要能在12个时辰内找到一位会用纯阳内功的人给刘太公推宫过血,便可起死回生。"

本来大家都觉得有了一丝希望,听到这里不免又有些丧气。

刘夫人叹息道:"难道我们只能看他命丧于此吗?"

"那倒未必",韩信接话道:"韩某不才倒也学过一些内功心法,想来倒是符合救人的条件,如果夫人不弃,我倒想试一试。"

刘夫人忙拜倒在地,说:"拙夫文弱,如此长久受制,只怕难以支撑,还望壮士早些出手相救。如若有个三长两短,我们绝不会追究的。"

韩信见大家都无异议,便将刘太公从椅子上搬下来,靠在茶几旁边,自己则就地盘膝而坐,双掌抵住他的后心,准备发功。

在发功之前,他特意请刘夫人准备热姜汤备用。

站在一旁的吕雉心中暗想:此人年纪虽轻,外貌亦不出众,心机之缜密却非别人可比。他方才明明已看出刘太公为寒冰指所困,却并不急于出手相救。待到众人信服之后,这才施展神功,不仅得到赞誉,还可在失败之后推卸责任,当真是一举两得。

韩信此时已把手掌按在刘太公后心上,开始发功。大约过了一炷香的时间,他的身子逐渐出现一层薄薄的白霜,化成水气之后很快便又覆盖上一层。与此同时,周围的人也都感到从他身上传来的一丝丝寒气。

又过了一段时间,韩信身上的冰霜越积越多,反观刘太公身上,肌肤则是由惨白逐渐恢复红润。突然,刘太公的手指轻微抖动了一下,众人心中也为之一跳。

紧接着,刘太公由四肢到躯体都开始不停抖动,仿佛被人从冰窖之中拉出来一样。

韩信轻轻放开一只手,另一只手则扶住太公的身体,对刘夫人说:"请用力撬开他的牙齿,把姜汤分多次灌入,每次只灌一点儿,以免救人过急反伤其身。"

灌过姜汤之后,刘太公面色较之前又红润了许多,显见已经还阳,只是双目紧闭,依旧不省人事。

刘夫人疑惑地看了一眼韩信,韩信起身解释道:"老爷身上的寒气我已替他吸出来了,夫人不妨将他搬入暖阁,取出几条被子盖在身上,估计晚间即可完全苏醒。另外由于老爷受伤较重,需要让季大夫开些活血药出来服用,一定可以事半功倍,早日康复。"

安顿好了一切,韩信又对张捕头说:"这寒冰指失传已久,不知为何又重现江湖。我深恐行凶之人去而复返,希望张捕头能够伸出援手。"

张捕头此时对他已佩服得五体投地,忙拱手道:"有何吩咐,但说无妨,我自当全力以赴。"

韩信便对他附耳说了几句,然后对吕雉眨眨眼,道:"夫人能够如此信任韩某,我真是感激不尽,今天晚上就请欣赏一出瓮中捉鳖的好戏。"

子夜时分,淮阳城内几乎漆黑一片,只有刘府依然有光亮传出。庭院中,十几个上书黑色'祭'字的白纸灯笼在微风中摇曳着。

不知什么原因,庭院中此时已空无一人。报时的梆子刚刚敲过的时候,院中悄然来了一位黑衣人。他机警地扫视一下四周,看看没人,便大步走到灵棚前。

看着牌位上的姓氏,此人竟发出了一连串刺耳的笑声,说来有趣,他在笑过之后,竟然一屁股坐到棚口的太师椅上,与棺材中的死者聊起天来。

半晌,棺材中虽没有反应,黑衣人却越说越激动,他痛斥道:"姓刘的,要不是你在县衙中胡作非为,我哥哥金眼雕也不会丧命,只留下我一个人活在世上。"

稍许,他又得意地说:"不过,你也算办了一件人事,否则我又怎么能学会世间绝学——寒冰指呢?正所谓快意恩仇,不是不报,时候未到。老天爷看我们哥俩儿可怜,才赐我绝术,取你性命,真是苍天有眼。"

黑衣人看来此前根本没有想过会有报仇的一天,因此虽然得手,自己也受了很大刺激,在灵前边说边哭,边哭边笑,当真与疯子一般无二。

说到激动之处,他拍案而起,又冲进灵棚,一眼看到旁边的纸人上写着:来宾叩首。怒道:“你这无耻之徒,死了还要别人叩首,真是痴心妄想。”说罢,抽出宝剑恶狠狠地砍过去。

剑光所至,纸人一分为二。令人意想不到的是,一团石灰粉从里面激射而出,其速度之快,仿佛是被机关驱动一般。

黑衣人显然也吃了一惊,身手虽然敏捷,却依然没能完全避开。

他一边揉着眼睛一边骂道:“姓刘的老狗,见了阎王爷还要做这种坏事,当真不得好死。今天我就打开你的棺材,把尸体大卸八块,然后扔到林中喂狗,看你将来如何轮回。”说完,他便走到棺材旁,伸手要去打开盖子。

手伸到一半,他又缩了回来。心想:那姓刘的诡计多端,自己还是小心些好。于是,黑衣人把宝剑插入棺缝中,人则退出一段距离,将真气运于手臂,低喝一声:“开!”

此人力气果然惊人,尚未钉死的木棺应声而开。

棺木里的刘太公面色依然惨白,在灯光的照耀下真可称得上是面无人色。黑衣人冷笑一声,举起手中宝剑,恶狠狠便要刺下去。

突然,棺材中传出一声轻响,寒光一闪,一柄匕首出其不意地刺了出来,正中黑衣人的小腹。

黑衣人疼得一把将宝剑甩在地上,捂着肚子蹲了下去。与此同时,棺木中先后爬出两个人来,前面是刘太公,后面则是韩信。

黑衣人见势不妙,手捂伤口,强忍疼痛站起来。此时对方一掌业已打到,他侧身躲闪不及,干脆使出分盘错骨手,直接抓住对方的手腕,希望将其顺势擒住。刘太公果然是文人出身,攻出之招看似凶猛,还未使完便被对方扣住脉门。

也许是黑衣人受伤在前的缘故,他的身手显然有些阻滞。

刘太公瞅准机会,借势反推,将黑衣人拉他的力道也借用上了,两股力道夹在一起,向对方攻去。黑衣人反应倒还算快,连忙松手,向后急退,堪堪避开。

正在暗自庆幸之际,腿上却传来一阵刺痛,他哎哟一声倒在地上,原来韩信从棺中出来之后,并未马上参与打斗,由于自身武功有限,他只是躲在一边窥探形势,当见到黑衣人节节败退,自顾不暇之时,便悄悄绕到他身后,蹑手蹑脚刺出一剑,果然大获成功。

吕雉他们一直躲在房中偷看,见韩信一击得手不禁发出欢呼之声。黑衣人坐在地上,已知大势去矣,想要施展腾挪之法,越墙而去,却发现自己身上力道在一点点儿逝去,不禁惊骇不已。

韩信看他那副样子,哈哈大笑道:“鼠辈,你纵然是大罗金仙,今晚也逃不出我的手心儿了。”

这时,刘府上下都已走到院内,纷纷向韩信道贺。原来能擒住此贼,韩信的功劳却是最大的。自从救活刘太公之后,他便开始精心布置,叫人大张旗鼓去购买名贵棺木,造成刘太公已死的假象来迷惑藏在暗处的敌人,自己则暗中找木匠在棺木上做了手脚,打了出气孔和夹壁,甚至将棺木两侧的下半部挖空,以便偷袭。

至于灵棚的设计也是大有文章,他故意摆一把舒适的太师椅在那里,就是诱使敌人去坐,而桌上的香炉中燃放的,则是一种少见的迷香,虽然色味与普通线香一般无二,却有散人功力的神奇功效。黑衣人复仇之后心情激荡,显然没想到自己也会遭人暗算,以致到后来逃跑不成。

有了这些精巧的设计之后,再加上那向外喷洒石灰的纸人,黑衣人就真是插翅难逃了。

吕雉心中暗道:韩信果然是个人才,明知石灰不会伤到对手,却偏要设下这一机关,借以分散对方注意,同时激怒对方。此后趁敌人心情大乱之际,又设下一棺双人的妙计,从棺底一击得手。最绝的是,黑衣人认定刘太公已死,韩信就偏要将张捕头装扮成刘太公,借以打击对方的信心,真可谓绝妙的攻心之法。

被擒的黑衣人显然也已想通其中关节,躲在一边一言不发。

张捕头见他不说话,上去照腿上就是一脚,骂道:"狗贼,落到这番田地,还不如实招认,莫非想要尝尝刑具的滋味。"

韩信在旁边劝道:"官爷息怒,此人虽然被擒,但武功高绝,不失为一条汉子,我们对他还是敬重些好。"

黑衣人听他说话,心中竟有一丝感激之情。不想韩信表面上假仁假义,笑眯眯地在他耳边劝说,所讲的都是极具威胁的话。他说:"这位好汉,你还是招了吧,要是被带到衙门里一切都不好办了。我也知道你是钢筋铁骨,可是自古以来衙役杀人不用刀,他们的手段绝不是你能想得出的。前些天,这条街上有个泼皮闹事,被抓去灌了一肚子大粪,今天我还看到他在街角吐呢?"说完,他故意做出一副呕吐的样子。

吕雉看他在那里连比带画的不知道说什么,便对审食其说:"这个人满身鬼机灵,当真有些古怪,你说他要是到了军中会怎样?"

审食其想了想说:"行军打仗绝非儿戏,仅靠小聪明断然不够。更何况此人胆量甚小,竟会被寻常泼皮逼得忍受胯下之辱,这种人恐怕很难面对真刀真枪的战场。"

吕雉微微一笑,说:"我看未必,正所谓男子汉大丈夫,能屈能伸,何必计较一些无所谓的得失呢?自古以来那些自以为宁折不弯的人,又能哪个落下好下场了?"

就在他们两个说话的时候,韩信这边又一次大功告成。黑衣人的确不是当大英雄的材料,在对方威逼利诱之下,自信和自尊都在一瞬间崩溃了。他勉强爬起来,向四方作揖道:"各位英雄,小人一时糊涂,闯下大祸,还望海涵。如果各位能够放过在下,今后自当舍生忘死,效力于鞍前马后。"

说着说着,竟然像小孩子一样哭了起来。

看大家面容趋缓,黑衣人心中也涌现出一线生机,他尽可能继续套近乎,说:"各位英雄,不知你们用了什么高明的手段使我的功力渐渐逝去?"

韩信得意地一笑,说:"灵棚前的香炉你可曾看到,刚才没有觉得有什么古怪吗?"

黑衣人沉吟道:"我闯荡江湖数载,迷香、蒙汗药又怎么能够近身呢?看到香炉时我也提防有诈,只是那香火并无异常,甚至一点儿味道都没有。"

韩信插话道:"你这人江湖阅历倒也有些,只是头脑不够灵光。异香扑鼻当然是怪事,没有香味难道就不奇怪吗?"

黑衣人这才恍然大悟,追悔莫及,原来他只顾寻找可疑之处,却忽略了不可疑反而更凶险。

刘太公遇害一事到此算有了个结果,只是如何处置黑衣人却是很让人伤脑筋,如果带回衙门,一方面置不了大罪,另一方面他身有武功,是个大患,如果放走他,恐怕会卷土重来,那时就很难对付了。

张捕头是公门中人,地方上有事他自然要先说话,想来想去也只能硬着头皮道:"各位,我这就把此贼押回衙门,暂拘牢中候审。"

听他说完,吕雉不紧不慢地说:"张捕头,我看你也是个练武之人,不知与此人相比,谁强谁弱?"

张捕头想了想,说:"我不如他。"

吕雉又问:"何以见得?"

张捕头道:"他先后中了迷香,石灰和刺伤,仍可与我一较短长,若不是韩言暗中相助,恐怕双方仍要有一场恶斗,由此可见,若是双方身体状况相同的话,我必远逊于他。"

吕雉笑道:"张捕头为人率直,不愧是性情中人,只是也没有必要把他捧得太高。此人既以被抓获,如何处置便要多加考虑,以免招来后患。"她特意把后患两字拖得又长又低。

自从刘府出事之后,张捕头一直对吕雉一班外来人心存怀疑,可是当韩信被力荐救人成功,又智擒飞贼之后,他对吕雉的态度可以说,是来了个一百八十度大转弯。现在一听对方说中自己的心病,忙问:"不知这位夫人有何高见?"

吕雉没有马上答话,只是使个眼色,自己走向一边。张捕头心领神会,忙不迭地跟了过去。

看看远离人群,吕雉才低声说:"依我之见,此人绝不能留在世上。"

张捕头心中微微一颤,暗想:真是最毒妇人心,看不出这个风韵犹存的女人如此残忍,便说:"我是公门中人,怎好草菅人命呢?"

吕雉一笑,道:"杀人何必做在明处呢?只要再拖延些时候,这个狗贼便要一命归西了。"

张捕头一时没反应过来,又问:"难道他会畏罪自杀吗?"

吕雉心说:此人真是蠢不可及。只好又解释道:"这种贪生怕死之辈,要他自杀恐怕比登天还难。只是目前他身上有重伤,鲜血如能继续流下去,你想会怎样呢?"

张捕头看了看面无血色,手捂剑伤的黑衣人,咬了咬牙,对吕雉说:"就按夫人的吩咐办吧!"

他踏步走回去,解开铁链,高声吆喝着:"站起来,站起来,和我一起回衙门。"

黑衣人看看没办法,只好忍着剧痛,颤巍巍地站了起来,刚一站直,便觉得天旋地转,眼前一黑,重重地摔回地上。

这一摔可不得了,没有回到原地,反倒是一头撞在原先拴铁链的石柱上,黑衣人马上血流满面,不省人事。

吕雉在一旁呼道:"天哪,他真可怜,这样下去会死的,要找个大夫来才行。"

旁边,季大夫凑了过来,说:"夫人,老朽虽然没帮上刘太公的忙,但这种区区外伤我自信还是能够手到擒来的。"说完便取过药物,准备为黑衣人疗伤。

吕雉瞪了他一眼,心说:这个老儿,真不知好歹。便恶狠狠地说:"姓季的,你差点儿误了刘太公一条性命,怎么还敢在这里谈论救人之道。"

季大夫脸一红,辩驳道:"所谓医者父母心,我怎么能眼看病人流血不止而死呢?"

吕雉没好气儿地说："这你不用操心，要治病也轮不到你，这里比你水平高的人有的是。"

季大夫行医多年，形形色色的人也见过不少，却从没被一个女人当众奚落过，一时羞辱难当，扭身回医馆去了。

看他渐渐远去，吕雄才对张捕头说："这人受了重伤。我们绝不能见死不救，你马上找个德高望重、医术高超的大夫来给他疗伤，记住现在市面上滥竽充数者居多，你要好好识别，切不可再领一个季大夫来。"

张捕头此时已是心领神会，笑道："夫人尽管放心，我会对全城的大夫逐一进行识别，直到找出一个适合治他的病的人来。"说完，他向院中众人告辞，径直回家睡觉去了。

张捕头走后，吕雉又吩咐随从，把黑衣人重新用铁链锁住，自己则对刘夫人说："时候不早，还是快回去休息吧，太公那边也需要人呢。"

刘夫人对她感激不尽，深深一揖道："多谢各位帮忙，救我夫君生还。"

韩信拱手道："夫人不必多礼，还是及早回去休息吧！"刘夫人谢过众人之后，吩咐家人为来客安排住处，自己则回后堂休息。

看看没什么事，韩信转身便要走出刘府。吕雉在后面喊一声："你到哪里去？"

韩信漠然道："这里的事都已解决，你还要我何用？"

吕雉一笑，道："我要你不但无用，恐怕还会有违妇道，不过我的夫君那里尚需用人，不知你有没有兴趣？"

韩信心中一动，很快又恢复平静，道："多谢夫人好意，韩某虽衣食无着，却胸有大志，绝不会为五斗米而折腰，去做那些粗人做的事。"说完，便又要离开。

吕雉叹道："那个破庙真的对你有这么大吸引力吗？"

韩信一怔，道："你怎么知道的？"

吕雉笑道："鼻子下面有嘴，我不会问吗？再说，你瞒得过外乡人，却瞒不过本乡本土的人呀，像你这样正值壮年，应该事业有成才对，何必委身于破庙之中呢？"韩信长叹一声，道："我又何尝不想有所作为，只是皇天有负苦心人。"

说到伤心处，这个七尺男儿一泓热泪竟夺眶而出。吕雉暗叹："世间之事变化多端，机遇的确是太重要了。听他这般说法，想必那位老人也有了不测。"

果然，过了一会儿，韩信接着说："我跟着师傅学了很多兵韬战略和一些修习内功的基本心法，正待学习上乘武功之时，师傅却突发重病，卧榻不起。看来纵然是武功再强，智慧再高，也是难以与天命相抗衡的。师傅临终之前，嘱咐我说：'你天资不错，又熟悉兵法，不如投效军中，将来会有一些出息。'"

吕雉插话道："你师傅说得有理，只是我曾听本乡一位老婆婆讲，你投效军中颇为不受重用，悄悄逃回来了。"

韩信点头道："正是，我离开师傅之后，便投入项羽军中。要说不受重用也是事实，虽然一度官拜中郎将，可是却是有名无实。项羽本人刚愎自用，即使偶尔听人讲话也是唯范增是听，我苦心策划多时的事情，往往还没说完便被封杀了，实在让人窝火。"

吕雉点头说："项羽为人的确如此，不过你既然已获官爵，只要听从上峰吩咐，加官晋爵指日可待，为什么要弃官而去呢，难道仅仅因为你的意见不被人采纳吗？"

韩信犹豫了一下，说："那种日子要是苟且偷安，对上头阿奉承的话，倒也的确可以有所发展，只是铁骨男儿不应做对不起自己的事。何况，我自以为很了解自己，做个好下属不易，做个好统帅倒有可能。”

吕雉点头道：“你说的不错，古人曾讲：贤明的君主，治大国若烹小鲜。可在我看来，如果真让国君做菜的话肯定会贻笑大方，所以说真正有才能的人往往会偏向一面。能够面面俱到的恐怕绝无仅有。”

韩信叹道：“这些年来，那些碌碌之辈都笑我无能，今天能够遇到你这样的明事理的人，真可谓三生有幸，却没有请教这位夫人来自何处，姓甚名谁？”

吕雉道：“你才客气了，论才学我不及你，方才只是就事论事罢了。至于我嘛，夫家姓刘，乃是新近受封的汉王。”

韩信一惊，扑通一声跪在地上，向上叩道：“草民韩信，叩见王妃。”

吕雉轻扭腰肢，闪到一边，说：“不要这样，这是刚才那样痛快。”

韩信本是性情中人，见此情景便免去俗礼，起身拱手道：“刘夫人如此聪慧，可见汉王也必是超凡脱俗之人了。只是据小人所知，汉王此时已远赴蜀地上任，为何夫人却跑到淮阴来了。”

吕雉微微一笑，道：“此事与你无关，我且问你，愿不愿意辅佐汉王？”

韩信想了想，道：“以我目前的情形，是应该找个地方谋生计，只是方才我已说过，像普通人一样过日子我没兴趣，更不希望去辅佐没有雄心抱负的君王。”

吕雉问：“依你看来，怎么样做才算有抱负？”

韩信答道：“能够统一天下，泽被苍生的君王才算得上有抱负。”

吕雉又问：“那你凭什么认为我夫君不能做到这一点呢？”

韩信一笑，说：“夫人，汉王为人忠厚天下皆知，只是韩某认为，大丈夫行事不可有妇人之仁。想当初他与项羽在楚怀王面前盟誓，先人咸阳者为关中王。可是当汉王领先一步占据咸阳之后，不但未要求项羽践约，反而在对方毁约之后委曲求全，献出三世子婴。由此看来，此人不过是个贪生怕死之徒，纵然是人间奇才，也很难有更大的作为。”

吕雉道：“对于汉王的为人，我自然比你了解得多，至于他现在的所作所为，也不过是以退为进，掩人耳目罢了。对于这一点，我相信你是一点就通，其实你那天甘受胯下之辱，与我夫君的做法就极为相似。”

韩信一怔，道：“看来刘夫人对韩某当真是十分了解，我想不为汉王效力都不行了。只是我是个新人，初来乍到不可能得到汉王的赏识，而下属也不会服气，那该怎么办？”

吕雉暗道：韩信这人心机颇多，他这么说明明是在挤兑我。既然方才已说得很清楚，由我来保举他，又怎么会有这方面的担心呢？要不是看他才干超群，我才懒得理呢。

想到这里，她笑道：“这一点你不用担心，别忘了是我推举你去的，只要将来你功成名就之时，不要忘了嫂子有恩于你就行。”

韩信见她这么说，忙拱手道：“嫂子放心，我韩信是知恩图报之人，绝不会做过河拆桥的事。如果他日真有飞黄腾达之时，任凭嫂子调遣。”

吕雉点头道：“好，男子汉大丈夫一言九鼎，我信你！”

想想让韩信就这么去蜀中投军也不是办法，吕雉从怀中掏出一块玉佩，作为韩信与刘邦见面时的信物。

韩信出身富豪商家，虽不知此乃宫中贡品，却也知此物非同凡响，忙说："嫂子放心，韩某决不会辜负你的一番好意。"

吕雉他们也拜别了刘氏夫妇，继续开始长途跋涉。

韩信急于见到刘邦，自然要走栈道。临到山前，放眼望去，竟然见不到修建已久的栈道，只有几块黑黝黝的东西在那里飘来飘去。正疑虑着，一个肩扛扁担麻绳的小个子凑了过来，搭讪道："这位客官，可是要到蜀中去吗？"

韩信看他一眼，知道是本地的土著山民，便拱手道："这位小哥，能否指点一下，栈道在何处？"

小个子翻了翻眼皮，说："你是外乡人吧，消息也太不灵了，难道不知道，自从汉王人蜀之后，栈道便被烧毁了吗？"

韩信一听，急道："难道此外便无人蜀之法了吗？"

小个子狡黠地一笑，道："还有山路可以走，不过外乡人要走，却是凶险异常，不是被野兽所伤，就是不小心跌落山崖，轻者断手断脚，重者恐怕连性命都保不住。"

看他那副得意的神情，韩信已知此人是靠引路为生，便说："小哥，你给我做个向导如何，进入蜀中之后我少不了给你赏钱。"

小个子点头道："你这人倒还聪明，既然舍得出钱，我带你一程倒也无妨。"说完，一把抢过韩信行李，用麻绳捆好，挂在扁担上，手法熟练，显然已做过多次了。

刚才赶路的时候，韩信只觉得气喘不止，心跳加剧，虽然有些累倒并无大碍，可是一旦坐在松软的草地上，他突然觉得浑身像散了架子似的，一步也不想再走了。

那个小个子倚树站着，依然喋喋不休道："客官，稍微休息 一下就得了，我们还要走老远呢，要是天黑之前出不了山，恐怕就只能留在这里过夜了。"

韩信此时巴不得能多休息一会儿，便想方设法与此人闲聊，好拖延时间，他问："小哥，这栈道修建多年，利国利民，却不知是谁这么缺德，放火把它烧掉了？"

小个子道："说起这个人，倒是大大的有名，想当初辅佐汉王占据咸阳，他是头功一件。"

韩信想了想，说："你所说的人是不是汉王的军师张良？"小个子诧异道："看不出来，你知道的事蛮多的嘛。"韩信笑道："哪里，哪里，我哪有小哥你见闻广博呀，还是请你多给我讲一讲这方面的事吧！"

小个子受人奉承，谈兴渐起，眉飞色舞地说："张良你听说过，他烧栈道你却不知，至于他为什么要烧栈道你就更不知道了。"

韩信听他卖关子，也不答话，只是在心中暗暗想着原因。

小个子见他不吭声，便说："这栈道是蜀中与外界沟通的唯一阳关大道，张良偏偏将它烧了，便是考虑到我们这些山民衣食无着，给我们找个饭碗。自从栈道被烧之后，这里的山民都成了领路的向导，收入可多了。不瞒你说，我那老婆每天都要把钱数上一遍，高兴得不行。"

韩信才智过人，此时已想通张良烧毁栈道的原因，无非是想打消项羽的疑心。长期以来，刘邦便被看作是项羽的第一劲敌。如今他自毁出路，龟缩在物产丰富的蜀中，给人一种安享太平的错觉，待敌人疏忽之时，再伺机择路杀出，一举获胜；另一方面，毁掉栈道还杜绝了项羽进攻蜀地的可能，保证自己可以休养生息，因此，烧毁栈道正可谓一石二鸟之计，韩信也不禁暗中叫绝，又听那小个子说得有趣，忍不住哈哈大笑。

这么一笑，韩信身上又来了力气，起身继续赶路。他们就这样边说边走，只是时间也在不知不觉间流失，天色逐渐暗下来，直到完全黑了。

小个子停下来对韩信说："咱们不妨就地休息吧！山中每逢夜晚必有寒气，林中路滑，即使道路熟悉，也不宜冒险。"

韩信也有所感觉，便点头同意。小个子是山中的常客，随身带有火折子，以备取暖之用。他对韩信说："你用宝剑砍些柴枝，我把它们堆积起来，点着后晚上可以御寒。"

篝火生起后，韩信从背囊中取出在山下买的面饼，与小个子一起食用。草草吃过之后，他因为过于劳累，早早便在火堆旁边和衣而睡。一觉醒来之时，已是天空显露鱼肚白，他揉一揉眼，站起身来，突然发现有些不对。

小个子和扁担、行李都已不知去向。韩信一惊，忙把手伸入怀中，果然，那块玉佩也已不知所踪。

韩信年纪虽轻，却也算有些阅历，懊悔一阵之后，心情便已平静下来。他对周围观察了一会儿，选择了一个方向继续前进。每隔一段距离他便找些石头堆在一起，作为记号，以便被迫返回时重新确定方向。虽然被人骗走包袱盘缠，他的运气倒也算不错，中午时分竟然离开莽莽大山，进入蜀中。

在旁人的指点下，韩信直接找到刘邦设置的招贤馆。负责接待的两位此时也正在吃饭，瞥了他一眼，说："你在外面长椅上坐一下，我们一会儿就出去。"看着桌上冒着热气的饭菜，韩信的肚子里'咕噜'一声巨响，他脸上一红，连忙退了出去。

苦苦守了近半个时辰，那两位才剔着牙悠闲自得的踱出来。韩信见状，忙起身迎上去。其中一位取出一个大本子，递过来一支笔，道："你把自己的情况写下来，我们会据实上报。"

韩信随手翻了翻，见里面人名众多，心想：我是个名不见经传的年轻人，排在这里何时才能出头呢？于是合上登记簿，拱手道："我此次来，是有你们汉王妃亲自推举的，希望能够作为另例对待，不要与其他人混在一起。"

那两人对视了一下，其中一个笑道："这人倒也聪明，知道王妃轻易不露面，便打着她的牌子到处招摇撞骗。"

另一个则虎着脸对韩信说："年轻人，不要这样，你是不是想当官想疯了。"

韩信本来连走背字儿就窝了一肚子火，现在又遭此奚落，不禁破口大骂道："两个狗奴才，怎敢对客人如此无礼，想我七尺男儿，难道会为五斗米折腰吗？若不是刘夫人贤明，我才不会答应来这儿呢，受辛苦不说，连……。"

韩信在招贤馆中大吵大闹，声音传到街上，引来众多路人围观。其中一个越生火越大，见他要走，迎上前来一把将衣襟抓住，怒道："小子，汉王为人仁厚，岂容你这般诽谤。"

韩信火气未消，见有人挡路，便用力格开他的手，道："汉王就教你如此迎客吗？"

此人反诘道："你能算客人吗？"说完便一掌打过来。

韩信躲避不及，只好硬着头皮，挺左掌迎了上去。只听嘭的一声，两人各自退后一步。那个人惊诧道："好小子，内力不错嘛。"

当下不敢轻敌，摆个架势重又攻过来。方才由于是比试内力，韩信并不逊色，可是双方一旦拳脚相加，他便有些支撑不住。未及十合，他便被打倒在地。

夏侯婴费了九牛二虎之力才把韩信押到法场，喘了半天粗气，对当值刽子手说："这小子在招贤馆无理取闹，诽谤汉王，我把他押来问斩。"刽子手犹豫道："夏侯将军，杀人可是要有上边的批文才行，你这样做似乎于法不合。"

夏侯婴见他迟疑，骂道："汉王怎么找你这么个废物，闪开，老子亲自动手。"

刽子手见惹不起他，只好递过鬼头刀，自己退到一边。韩信见大事不好，连声大叫道："来人啊，救命啊！"夏侯婴手握鬼头刀，冷笑道："胆小鬼，老子送你去阴间叫救命吧！"说完将鬼头刀高高举起。

说时迟，那时快，夏侯婴正要动手，已有一人飞马赶到。马上高声叫道："刀下留人！"话音未落，已是连人带马冲了过来。

夏侯婴见势不妙，忙闪身躲开。那匹马冲得太猛，竟将骑手甩了下来。此人坐在地上，一手捂着腰，仍在大喊："刀下留人！"

夏侯婴定睛一看，来的竟是汉王刘邦的一条右臂。萧何能够及时赶到，救韩信一命，可以说是扭转乾坤的一步。说起来，与其说韩信是被他人所救，还不如说他是自己救了自己。方才在招贤馆，他见桌上有文房四宝，自己又闲来无事，便顺手写了几笔，正是这不经意之作，救了他一命。

萧何是在他们离开不久到的招贤馆，无意间看到桌上有篇文章，正所谓文人天性，少不得拿起来看几眼。

拍案道："写得好！"

他召来馆中官员，问："此篇文章是哪位贤人所写，能否请来一见？"众人面面相觑，其中一人大着胆子说："丞相这个人你恐怕见不到了。"

萧何问："为什么，难道他另投别处了吗？那样可真是太遗憾了。"

那队又说："此人尚在蜀中，只是因为诋毁汉王，被夏侯将军抓去了。看他们走的方向，可能是将此人送去法场杀头了。"

"啊！"萧何大叫一声，连称："糊涂，糊涂，夏侯这个莽夫，当真有眼无珠。"言犹未尽，他已冲出招贤馆。来到大街上，恰好有一官差骑马经过，萧何忙伸手拦住，道："借我一用。"当堪堪赶到法场之时，他看到夏侯婴手举钢刀，这才高喊一声，救了韩信性命。

丞相亲至，夏侯婴纵有天大的胆子，这刀也已落不下去了。韩信此时已是通身冷汗，暗想：好险，好险！连忙跪地叩头道："多谢官爷救命之恩。"

萧何此时，已爬起身来，瞪了夏侯婴一眼，向韩信道："你站起来吧！"

韩信依言，束手旁立。

萧何又问："适才在招贤馆，我见到一篇关于审时度势的文章，不知是否为你所作？"

韩信答道："不错，正是小人打发时间所做。"

萧何道："此文眼光独特，意味深长，真不愧是一篇惊世之作。"

韩信道："大人过奖了。"

危机解除之后，大家不免互报家门，韩信这才知道初入蜀地，便遇到两位大人物。

安顿好韩信之后，萧何带着那篇文章直奔大殿。汉王刘邦此时正在办公。

自从进蜀之后，诸事繁多竟胜过当初驰骋疆场，他第一次体验到古人所讲的：打江山易，坐江山难。

萧何见他抬头，便恭恭敬敬地把文章呈上，道：“此文颇有见地，请汉王赏析。”

说实在的，刘邦是个马上的皇帝，对满是之乎者也，引经据典的文章没什么兴趣，也看不懂，不过，他还是装模作样地看了看，边看边说：“丞相文采逼人，不同凡响，写得好，写得好！”

萧何向上行礼道：“汉王，此文并非萧何所作，乃是新近入川的一位贤人所作。”

“噢”，刘邦哼了一声，说：“是什么贤人？”

萧何答道：“此人名叫韩信，淮阴人，年纪虽轻，却见识过人，他对汉王十分仰慕，特地不远千里前来投奔。”

萧何被他说得直纳闷儿，心想：汉王的脾气也真古怪，快赶上小孩脸了，说着说着怎么就来个大转弯呢？他还有些不死心，便说：“韩信这个人非同一般，放眼蜀中也很难找到第二个，汉王切不可错过。”

萧何还想力争，看刘邦面色已不太好看，只好说：“多谢汉王。”

回到住处，他找来韩信，说：“你的事我与汉王讲了，他果然十分赏识，只是……。”

韩信见他面有难色，便说：“萧大哥有事尽管直说，小弟不会在意。”

萧何说：“韩兄弟为人心胸豁达，萧何十分佩服。其实汉王倒也没说什么，只是怕一上来便授予兄弟高官，人心不服，因此提出先让韩兄弟从低微之处做起，有一定功绩之后自当提升。”

韩信听到这里，心中已有些不快，但前有吕雉，后有萧何，都是盛情难却，因此也不便翻脸，勉强笑了一下，说：“汉王知人善任，所讲也在情理之中，却不知到底让韩某做什么？”

“治粟都尉，”萧何看了韩信一眼，接着说：“韩兄弟，你别看这个官职卑微，却关系到国计民生。俗话说：兵马未动，粮草先行。汉王委派你负责此事也是别有苦心呀！”

韩信心说：恐怕是别有用心吧！不过，想虽这么想，话却不能这么说，他拱手道：“萧大哥，你放心，我一定会尽心尽力，将后援工作做好。”

当天下午，韩信便走马上任了。

韩信以前虽收管过粮食，眼睛却不容沙子，完全没有被面前的假象所迷惑，他边走边问：“老先生，这里粮食这么多，不知道哪些是今年的呢？”

老都尉笑道：“大兄弟，你不是种田人出身吧？”

看对方点头，他又接着说：“现在秋收未到，又怎么会有当年的粮食呢？”

韩信点了点头，没多说什么。再向前走，他抽出佩剑随手在一个小粮仓上捅了一下，金黄色的玉米粒儿顺着裂缝哗哗地流淌出来，韩信抓了一把，塞到嘴里，还没嚼就吐了出来，对老都尉说：“这是什么粮食，都馊了。”

说完，又指着那堆粮食说：“你看，还有小虫子呢。”

老都尉表情有些尴尬，干咳了两声，说：“蜀中这个地方属于盆地，四面大山环绕，潮气凝聚在中央不得发散，因此，粮食极易发霉变质。老夫在任之时也曾想过一些办法，却不能奏效，这个难题今后就要留给小兄弟你罗，希望你好自为之。”说完还颇为同情地拍了拍韩信的肩膀。

看罢粮仓，又开始交接账目。韩信接过仓库记录，随手翻了翻，不禁皱皱眉，又扔了回去。老都尉看他神情，便附到耳边小声说：“韩兄弟，粮食这东西损耗大，难以记录。其实你只要保证一些大户粮仓不空,便可高枕无忧了。”

说完,他又摸出一张单子递过来。韩信一看,上面写着几个人名,其中赫然就有萧何。

他不动声色地揣进怀里,问:“老先生的意思是不是说这些人吃粮不交钱呢?”

老都尉点了点头,韩信又问:“我看他们多是朝廷命官,应该是按制吃粮才对呀!”

老都尉笑了笑,道:“小兄弟,你还是年轻呀!不错,按制吃粮是无须掏钱,可那只是给一个人的,并不是给全家的。朝廷命官,大多户族庞大,单以粮食一项而论,付出费用巨大,他又怎么舍得呢?”

韩信点头道:“多亏老先生指点,否则韩某恐怕就要闯下大祸了。”

治粟都尉是个芝麻粒大的官,自然不会分给府第,因此,韩信还是借住在萧何家中。回到萧府之后,他找到救命恩人,把那张黑名单递了过去,说:“萧大哥,小弟第一天上任就要触你的霉头了。”

萧何接过一看,上面全是熟人,甚至于还有自己的名字,便问:“这是什么意思?”

韩信道:“能在这个名单上的人,都可以享受一种特权,那就是不管使用多少粮食,都不用掏钱。”

萧何皱皱眉,道:“也就是说我也成了鱼肉乡里的人,是不是?”

韩信点了点头,道:“方才我去你府内的粮仓看过,果然装得很满。”

萧何叹道:“真没想到,我萧某人一心为百姓着想,却做下这种无法无天之事。”

韩信劝慰道:“其实,我在讲这事之前,早已知道萧大哥为人清廉,出这种事全是由属下不听教训所致。”

萧何说:“上梁不正下梁歪,不管我事先知道不知道这件事,这个责任都应在我,况且,此事如果传扬出去,老百姓肯定讲萧何不是东西,而不会去指责我的管家私占公粮。”

第二天,韩信正式取代老都尉,走马上任,他招来手下说:“诸位,从今天起由我负责这里的事务,希望各位能够合作。”

待大家平静下来之后,韩信便开始分派任务,首先是清理存粮,将那些陈米和发霉变质的米全部从粮仓中清出来。能做饲料的无偿送给百姓,不能做饲料的则投入河中,供鱼儿食用。

清理的结果着实令人吃惊,原来盛得满满的粮库一下子空了一半儿还多。韩信并不着急,吩咐手下据实登记,向上禀报。

手下人担心道:“都尉,这样做恐怕不妥,我们这里年年考核都是以粮食多少为依据,现在少了这么多,恐怕无法交代。”

韩信道:“不妨,你们只管照吩咐办事,天塌下来有我顶着。”

为官之道,贵在欺上瞒下。韩信关于缺粮的报告却突破层层关卡,直接被送到汉王那里。

看着这篇奏折,刘邦拍案大骂道:“韩信这个混账小子,才来一天就把粮库搞垮了,真是罪该万死。”

正在发怒之时,萧何带一帮重臣来了,刘邦劈头便是一顿牢骚:“萧何,你看你保举的人,把粮库搞得天翻地覆的,还说他有多高的才干,我看倒是个捣蛋的天才。”

萧何一笑，道：“汉王请息怒，这件事我也有耳闻，并且到现场去看了。虽然从数目上看粮食储备少了很多，可是目前的库存都是可以用来吃的，不像以前，数目庞大，粮食充实，可是装的却多是些陈米、坏米，别说人，连猪都不会吃。”

刘邦想他既然亲自去看过，讲的便应有些道理，肝火也就消了一大半，道：“就算这是整改粮库的手段，可是目前这种状况，让我拿什么来维持国计民生呢？”

萧何道：“我与诸位老臣一齐上殿，便是为此事而来。汉王遇到难处，我等自当竭力相助，经过商议，我们决定节衣缩食，将家中储备之粮拿出大部分，纳入粮库。”

刘邦惊道：“果有此事吗？”

众人一齐点头道：“正是。”

看众人如此忠诚，刘邦不禁感慨道：“各位当初与我出生入死，如今又能替我解决难题，足见至诚，他日国家安定，必将封官晋爵。”

众人又是齐呼！“多谢汉王。”

韩信这次能够赢得开门红，其实更多的还是倚仗萧何的权势，若不是这个大丞相按黑名单找到诸位大臣，说明利害关系，自然也不会有今天这种情况。

可是，韩信做事也真够绝，他充分利用萧何为人忠厚的性格，以此为突破口，以至于萧何明明做了他的枪手，替他摆平了汉王和诸臣，自己却并不知道，还在内心里感谢韩信不举报他贪污公粮之恩。

实际上，韩信自始至终都没想过要把黑名单公布于众，他深知那样做后患无穷，别说官职，就是性命都很难保住。

做足了表面文章，韩信也要拿出些真本事才行。他首先做的便是清除鼠患。

粮仓里除了看守人员之外，平常很少人来，一到夜晚，老鼠便会倾巢而出，钻进粮仓里大咬大嚼。韩信对付这些鼠辈也是手到擒来，他干脆把自己驯蛇的本事传给手下，让他们每晚吹动铁哨，驱蛇捕鼠。不出数日，被恐惧和饥饿困扰的鼠辈们便举家迁徙，再不踏进粮仓半步了。

只用了不到一个月的功夫，韩信便让粮食发生了脱胎换骨的变化，这时真的可以说是高枕无忧了。

然而就在这时，他却做出了让所有人瞠目结舌的举动，弃官出走。临行前，还在住处墙上留下墨宝。

萧何最先看到此书，不禁大惊失色，暗道：汉王不听我劝，眼看将失去贤人，若不能及时追回，恐怕是天大的不幸。于是顾不上换装，骑马直追而出。此时已是夜晚，街上行人不多，萧何用手中鞭子狠劲儿抽打坐骑，恨不得肋生双翼。

好在要想离开蜀地，只有一条路可以走。萧何追到第二天正午，终于看到在前方溪边，有一个人正在饮马，仔细看去，却是自己苦苦追赶的韩信，连忙大喊道：“韩老弟，我们相处甚好，你何必不辞而别呢？”

韩信见已躲不过，便说：“汉王轻视我的才能，你又何必苦苦相留呢？”

萧何下马，扯住韩信苦苦相劝，希望他能回心转意。

双方正在各执一词之时，又有一骑飞奔而至，马上之人却是夏侯婴。他一见韩信便说：“好兄弟，我找你找的好苦。”

看看萧何和夏侯婴诚恳的样子，韩信叹息道：“二位真是忠心不二之臣。像两位这样，以大局为重，礼贤下士的真是世所罕见，韩信即使再不明事理，一意孤行，今后也不会私自离开了。”

萧何也动情道：“韩兄弟，只要有你在，汉王就不愁平定天下之事。这次回去，我一定会以身家性命保举你，如若汉王仍不重用，可见此人并非明主，你我当可共同另投他处。”

夏侯婴也在旁边拍着胸脯，极力承诺，韩信见他们说得坚决，也就点头答允。

当萧何走进大殿之时，刘邦正在那里踱来踱去，有如热锅上的蚂蚁，见他进来，怒道：“萧何，你我共处多年，难道要不辞而别吗？”

萧何说：“做臣并无此意，这两天是去追赶一位贤人，由于时间紧急，未及告假，还望汉王原谅。”

刘邦长出一口气，道：“那就好，我也觉得你不会把咱们的手足之情当作儿戏，却不知什么人让你这般大费苦心？”

萧何道：“此人上知天文，下晓地理，有经天纬地之才。大王若能将他留住，统一天下有如反掌之易。”

刘邦一笑，道：“普天之下，能有你说的这种人吗？”

萧何正色道：“此人目前正在殿外，汉王召他一叙，便知萧何所言不虚。”

刘邦点头应允。

韩信俯伏在地，向上叩首道：“治粟都尉韩信，参见汉王。”

刘邦皱了皱眉，心想：怎么又是他，这个人看起来平平无奇，丞相却能始终以他为年轻人之翘首，真让人搞不懂。

萧何见他犹豫，便说：“汉王，千军易得，一将难求。汉王如果只想在蜀中安享太平，韩信一无是处。汉王如果想择日东归，图谋天下，没有韩信则是万万不能。现在汉王如果不重用韩信，萧何也无话可说，只是恳请你能允我辞官，回沛县养老，以免今后成为项羽的阶下囚。”

刘邦和萧何是多年的患难知交，当然不希望他因为这件事离开，便说：“丞相稍安勿躁，待我与他谈过之后，再作决定不迟。”

之后，他转向韩信，道：“自从你来到蜀中之后，丞相便屡次向我推荐。不过，朝廷重臣，非寻常人可得，因此我特意飞鸽传书调查你的情况。”回信中写道：“韩信，淮阳人，亲死不能治葬，无谋也；寄居亭长，乞食漂母，无能也；受辱胯下，乡人贱之，无勇也；事楚多日，官止执戟，无用也！你对此可有什么解释吗？”

韩信道：“正所谓虎落平阳被犬欺，汉王用人应看到他的长处，而不是短处。众所周知，世间先有伯乐，而后有千里马，望汉王明鉴。”

刘邦又说：“我将用人为将，必将付以全责，将属下三十万兵马，七十余员将官归其所用。如果你只会纸上谈兵，空有辩才，临事不足，我岂不是将国家之安危，三军之存亡立于危崖之下了吗？到时候，你让我如何面对诸位父老呢？”

韩信道：“口舌锐利，正说明一个人的思维清晰，反应敏捷，这与临敌作战并不矛盾。做人贵有自知之明，如果无法胜任大将军之职，为臣是绝不敢强求的。”

刘邦见他并无退意，便说：“你口口声声要做大将军，那就不妨谈一下为将之道吧！”韩信道：“自古以来，将有五才十过。所谓五才者，智、仁、信、勇、忠也。智则不可乱，仁则能爱人，信则不失期，勇则不可犯，忠则不二心也。要想做将军的人，首先要具备这些条件。至于十过，则与此相关，即有勇而轻死者，有急而心速者，有会而好利者，有仁而不忍杀者，有智而不心怯者，有信而妄信人者，有廉洁而不爱人者，有谋而心缓者，有刚毅而自用者，有懦而喜任人者。想做将军的人如有此十过，就不够格。所以真正的将军，要具五才，去十过，这样才可以攻无不克，战无不胜，无敌于天下。”

刘邦听他说的头头是道，又问：“你所说的是古人如何为将，有没有想过，自己做将军时该怎么办呢？”

韩信说：

若信为将，非敢自为夸张，实出古兵法，但人不能知耳。用之以文，齐之以武，守之以静，发之以动。兵之未出也如山岳，兵之既出也如江河。变化如天地，号令如雷霆，赏罚如日时，运筹如鬼神。亡而能杀，死而能生，弱而能强，柔而能刚，危而能安，祸而得福。机变不测，决胜千里。自天之上，由地之下，无所不知；自内而外，自外而内，无有或违。十万之众，百万之多，无有不辨，或昼而夜，或夜而昼，无有不兼。范围曲成，各极其妙。然犹洞达古今，精明易学。定安险之理，决胜负之机，神运用之权，藏不穷之智。奇正相生，阴阳始终。然后仁以容之，礼以立之，勇以载之，信以成之。如此则成汤之伊尹，武丁之传说，渭水之子牙，燕山之乐毅，皆我之师也！此乃信为将之道，养之素日，不敢不实告也。

刘邦见他说话如滔滔江水，连绵不绝，心中已暗自佩服，笑道：“丞相眼光果然不错，与信一谈，我竟有惺惺相惜之感。来人啊，准备座椅，我们君臣好好谈一谈。”

待韩信他们坐定之后，刘邦又问：“贤士能否分析一下当今形势呢？”

韩信道：“信正要禀报，关中百二山河，天府之国，自古为帝王建都之地。项王舍此不居，而迁都彭城，是失势之举。现在汉王虽然迁于此地，却可以养精蓄锐，有猛虎在山之势，即使是有智谋的人也没有能力对您有所图谋，可以说也有所得。项王所到之处，灰飞烟灭，诸侯从表面上看都怕他三分，可是私下里却恨其残暴，有背叛之心。因此当今天下看起来安定，实际上却有隐患。倒不如这里地处偏远，人心单纯，易于收服，不会受到外界干扰。项王屡行不义，自以为强大，这不过是匹夫之勇罢了，怎么能够用来降服人心呢？人心不服，又如何能够一统天下。章邯等三名降将，作恶多端，百姓恨之入骨，项羽却偏偏封其为王，大失人心。如果汉王出兵讨伐，百姓一定会鼎力相助，则大业可成。”

刘邦想了想，说：“依你之见，何时出兵最为适宜呢？”

韩信道：“机不可失，失不再来。如今项羽东迁，诸侯离叛，百姓嗷嗷，急欲思主，三秦不为严备，汉军正可趁机击之。现在若不东征，恐怕诸侯有起野心者，举兵西向，先取咸阳，次取三秦，扼守要害，则我兵永无出蜀之日。”

韩信见他仍在犹豫，知道事关重大，不好轻做决断，便给他深入分析，道：“韩信以为，汉王在勇猛善战，兵强马壮方面都不如项羽，但在人品方面却远远超过他。以前，我曾经做过项羽的部下，对他的为人了解很多。项羽天生神勇，在呼喊咆哮的时候，可以将数千人吓倒在地。但由于不能任用贤能的将领，这充其量也就是常人之勇罢了。项王待人恭敬慈爱，言语温和，看到有人得了病，也会同情流泪，把自己的饮食分送给他人，但当别人有功应当加封爵位时，却把刻好的印信握在手里，摩弄得印角都没了，还舍不得授予人家，这是那种妇人的仁爱。项羽虽然称霸天下，将诸侯看作臣子，却不据守关中而定都彭城。他违背义帝先入咸阳者为王的约定，反把关中分封给自己的嫡系，令天下人不平。他的军队所到之处，烧杀劫掠，无恶不作，老百姓无不怨声载道。此人虽然号称西楚霸王，却已大失人心，所以说他的强大只是徒有其表。汉王如果能反其道而行之，任用天下勇敢善战的人，有什么敌人不可以诛灭呢？若是把天下的城邑分封给有功之臣，又有谁不会服从呢！率领仁义之师和顺应将士们思乡东归的愿望去作战，哪有什么敌人打不垮呢？"

汉王听他说得在理，一时引发胸中豪气，大声说道："好，项羽既然倒行逆施，本王自当将其除去。过两天，由丞相挑个黄道吉日，我要登台拜将。另外，韩信你也回去准备一下，面对三军的时候莫要令我难堪。"

韩信的确需要准备一下，从治粟都尉一下子成为兵权在握的大将军，这可不是一般人的心理所能承受的。不过，也许是对自己充满自信，韩信对这一变化似乎并没有过分激动，相反，他的头脑变得更加平静。

最奇怪的是，他的脑海里一下子出现了刘夫人，也就是刘邦的结发妻子吕雉的身影，她笑盈盈的，仿佛已知道自己保举的人已经得偿夙愿。韩信虽然与吕雉交往不深，这次能够受到重用与她关系也不大，但内心深处却总有一种冲动，想要把自己的现状告诉对方。

九　密访太公

吕雉在历经长途跋涉之后，已回到阳里乡，和公公婆婆住在一起。所不同的是，这次她并不需要做那些费心费力的粗糙活，只要嘴皮子一动，便会有许多人过来帮忙。

现在的刘太公已是八十开外的人了，可是自从儿子有了出息之后，他的精神反倒一天比一天好，每天都要拄着拐杖到街上走一走，那种威严的姿态甚至快赶上帝王出巡了。

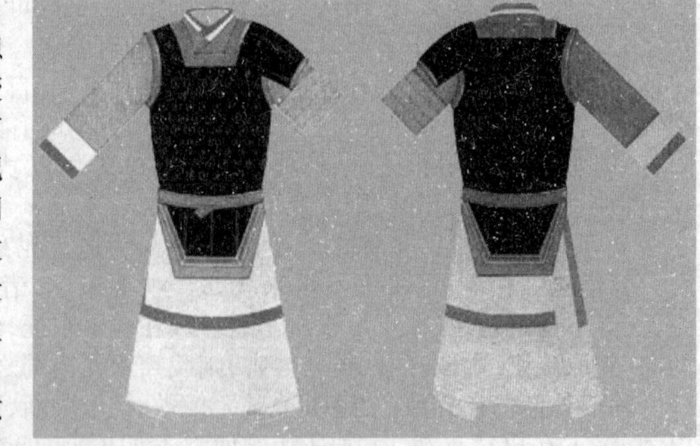
汉代将官铠甲

吕雉是个精明的儿媳妇，她也注意到公公的变化，心中暗笑：老人家真有意思，想当初一门心思要把儿子踢出门外，去当游荡四方的丧家犬。如今儿子发迹了，他又悠然自得地享受起来，仿佛什么事都没发生过一样。

另一方面，吕雉也注意到另一件事，自从她回家之后，从来没有看到婆婆显露过一天笑脸。这是一件很奇怪的事情，尽管离家多年，吕雉却一直认为婆婆是个开朗的人，是什么改变了这一切呢？

经过这么多年的奔波，再次回到这里，吕雉觉得自己真应该好好享受一下。踱在纵横交错的田埂上，吕雉颇为感慨地对紧随其后的审食其说："几年前，我还像个农妇一样,在这里背着孩子种地呢,现在……"

审食其奉承道:"大哥、大嫂是命中注定的贵人,纵然历经磨难,也是苍天不负有心人。"

吕雉看看左右无人,笑道:"是不是贵人,要看能不能干掉项羽,倘若真有那一天,才真正能成为人中龙凤,至于你吗,也少不得会跟着沾光呢。"

吕雉又说:"这附近山里隐居着一位高人。现在天色还早,我们去探访他一下如何?"

吕雉所讲的那位高人,其实与她从来不曾谋面。这个人便是刘邦的一招之师,他目前是否仍在山中不能确定。

吕雉多次听刘邦讲起此人的神异之处,那种莫名的神秘感一直缠绕着她,以至于好奇心在不断地膨胀。前些年,由于跟随刘邦在外奔波,吕雉只能把自己的好奇心压制下去。可是现在不同了,终于有机会去揭开这个谜底,看一看刘邦当年的师傅是个什么样子,看看他到底有什么特别之处,吕雉自然不会轻易放过。

听她讲过大致方位之后,审食其便在前面引路,两人一起赶往那座无名山。

由于距离并不甚远,走了大约半个时辰,他们便已来到山脚下。从山下向上望去,郁郁苍苍,什么也看不到。吕雉有些犹豫,问:"这里有没有寺庙什么的?"

审食其想了想,说:"好像有一座小庙,不过我小时候曾经路过那里,似乎已经破旧不堪,无人居住了。"

吕雉说:"正所谓神龙见首不见尾,小庙虽破,不一定没有大菩萨。咱们既然来了,干脆上去瞧瞧。"

审食其见她兴致那么高,自然也不反对。

这座山虽然不高,爬起来也很吃力,当他们找到那处庙宇时,已是大口大口喘粗气了。吕雉稍微歇了一下,走进庙里。

吕雉向四周看了看,高喊道:"有人吗?请住持出来一见。"

过了一会儿,殿后才传来一个苍老的声音:"女施主,此处乃是清修之所,恕不接待香客,你请回吧!"

吕雉心想:我费了那么大劲才找到这儿,怎么会轻易回去呢?便说:"老和尚,所谓佛度有缘人,我历经千山万水而来,可谓有缘于此,你难道不能屈尊出来一叙吗?"

后面沉默了一阵,那个苍老的声音才又响起:"女施主,你言重了。老衲并非故意失礼,只是因腿脚不便,身染重病,只好如此了。"

审食其在旁边插话道:"嫂子,看来这个人不是我们要找的那个人,他连走都走不动,又怎么称得上是高人呢?"

吕雉也有些失望,但仍不死心,便问:"大师,你可听说过汉王刘邦吗?"

话音刚落,那个苍老的声音便响了起来,慌慌张张地问:"你说谁,是不是那个家住阳里的刘邦?"

吕雉道:"正是此人,不知大师可否与他有一面之缘?"

苍老的声音反问道:"你是他什么人?"

吕雉道:"我是他的原配夫人。"

"噢",那个苍老的声音显得热情了一些,说:"夫人若不嫌弃,请到后面禅房一叙。"

吕雉对审食其说："我们一起进去吧！"

不想禅房里的人好像能听到他们低语，说："禅房狭小，夫人一个人进来就可以了。"

吕雉见他坚持，也只好从命。

刚一踏入禅房，一般酸臭的气味便扑面而来，吕雉禁不住皱了皱眉头。

这时，阴暗的角落里有人说话了："女施主，实在抱歉，老衲由于近日身体不适，所以疏于打扫。"

吕雉虽然爱干净，却不会因此失礼，忙说："大师不必客气，是我不请自来，打扰您修行了。"

吕雉站在原地，对着那个方向道："大师，我曾听刘邦讲你身负绝学，因此出于好奇特来拜访。此外，如果大师能够出山，到军中指导众将士武功，那么我们一定会感激不尽。"

老和尚嘿嘿一笑，道："女施主，你说的所谓绝学不过是修身养性之道，并非杀人夺命之利器。许多年前，我便对刘施主讲过这个道理，可是他却听不进去。时隔多年，没想到你们的想法还没有变。"

吕雉一笑，道："大师，正所谓他山之石可以攻玉，武功固然可以用来强身健体，又何尝不可以用来杀敌呢？现在天下大乱，正需要有人出面统一，可是如果没有过人之处，恐怕也很难成功，太师为何不愿助我相公一臂之力呢？"

老和尚反问道："女施主，你可知我今年有多大岁数？"

吕雉一愣，心想：这人是刘邦的师傅，如今刘邦已经五十多岁了，他到底应该是多少岁呢？

看她不吭声，老人便继续说："老衲如今已年近九十了，俗话说：人活七十古来稀，又何况九十呢。多年面对青灯古佛，老衲已心如止水，对红尘之事不再贪恋了。"

吕雉见劝他无用，便说："以大师目前情况，的确不便强求，只是这样一来那份武功绝学岂不湮没在这深山古庙之中了吗？"

老人微微摇头道："女施主，你有所不知，老衲所修行的主要是内功，对于那些与人搏击的花巧招式并无兴趣，也不擅长。而这内功修行是开发人体潜能的必由之路，练得好的可以肉身成圣，练得不好就很难说了。"

吕雉听他言谈中颇有凄凉之意，便问："大师莫非曾因此受到伤害吗？噢，我明白了，您现在躺于病榻之上便是为其所害了。"

老和尚叹口气道："女施主果然冰雪聪明，难怪刘施主会看上你。不错，老衲由于练功之中一时不慎，走火入魔，造成双腿瘫痪，现在与一个废人也相差不多。"

吕雉这才明白他为什么始终并不起身。便说："太师修炼多年，未曾出错，怎么现在会有意外呢？"

老和尚沉默良久，说："也许是天意，前些天我在树林中修习吐纳之术，不料却有一熟人从此经过。我一时心神不宁，造成真气顺经脉逆行，四处游走，幸亏老衲内功深厚，能够及时调整，否则恐怕连性命都保不住了。"

吕雉觉得话中颇为矛盾，便问："大师，既然是熟人，你怎么会如此心绪混乱呢？"

老和尚叹道："我说此人是熟人，是因为他与老衲有数十年的渊源。说起来，此人也是我想见而又不敢见之人。”

吕雉若有所思，道：“此人莫非是大师的仇家吗?”老和尚摇了摇头，只是叹气。

吕雉又说：“既然不是仇家，那么恐怕就是一个女人了。”

虽然光线依然昏暗，吕雉还是感到老和尚的身体微微抖动了一下，知道被自己言中了，便劝慰道：“老人家，其实凡俗之事是每个人都避免不了的，纵是得道高僧恐怕也很难置身事外，你又何必为此耿耿于怀呢?”

过了很长时间，老和尚才说：“多年之前，我也是个贪恋红尘，享受物欲之人，只是后来遇高人点化，才削发为僧。不想游方途中，遇到那位女施主，竟然不能自控，竟然做下伤天害理之事。这件事在我心中数十年，仍挥之不去，若不是今天你来这里，恐怕我到死也无处倾诉。”

吕雉听他如此悔恨，便说：“大师领悟佛法多年，何必提及生死呢?男欢女爱，本属平常，即使是偶有做错，也是无心之过，何必这么自责呢?”

老和尚黯然道：“女施主有所不知，自从我双腿瘫痪之后，行动有所不便，更难过的是心中凡事未了，孤寂难耐。假若当初我没有做那件事，抑或及早还俗，恐怕便不会受今天这种煎熬了。”

吕雉也被他的凄凉感染了，心想：一个人到了这把年纪，无亲无故实在是可怜。她站在那里，一时竟不知道该说什么。

还是老和尚及时打破了这份尴尬，换个话题说：“刘邦现在好吗?”

吕雉也借势发挥，道：“他现在已成为蜀中之王，可以说好得不能再好了。等您身体康复之后，不妨到那里去看一看。”

老和尚又说：“刘邦这孩子心胸博大，聪慧过人，是个可造之才。或许有一天他会成为天下之主。”

吕雉听他说得滑稽，忍不住笑出来，道：“大师，你这个孩子已经快六十了。”

“我的孩子，我的孩子，”老和尚喃喃地道：“他真的是我的孩子吗?”

吕雉本是无心之言，没想到竟如一块投入湖中的巨石一样，激起无数水花，她不免暗暗惊诧。更主要的是，这件事越来越离奇，倘若老和尚不是想亲人想疯了的话，那么他和刘邦之间便真的存在着不可告人的关系。

吕雉顾不上许多，干脆直截了当地问：“大师，刘邦其实是你的儿子，是你和那个女人生下的，对不对?”昏暗之中，老和尚已是泪流满面。颤声道：“冤孽，冤孽呀!”

吕雉本来急于证实这件事，可是一经证实，只觉得头脑之中‘嗡’的一声，她缓缓地坐在地上，一言不发。

老和尚仍然在忏悔着。

吕雉对他喋喋不休已不感兴趣，她一直在琢磨另一件事，一件关乎人名誉的大事。

吕雉此时的心情有如翻江倒海一般，可是现实又容不得她过多思考，便说：“老人家这件事已过去这么多年，相信大家不会怪你。只是人多嘴杂，希望你今后不要再对第二个人说起，至于刘邦那里，我会想办法让他理解，然后让他亲自到这里来认亲。”

老和尚眼中一亮，道：“如果能在临死之前见到他，我真是终生无憾了。”

看看时间差不多，吕雉便起身告辞。老和尚忙说：“姑娘，你不要着急，我还有一件事。”说完，摸索出一件东西，递了过来。

吕雉接过来，一时却看不清是什么，只觉得人手滑滑的，圆圆的，仿佛是粒珠子。

老和尚道：“刘邦现在贵为王爷，想必正在用人之际。我在十余年前先后收过四个关门弟子，他们都颇得真传，不仅武功超绝，而且见识广博，如果他日你能有缘与他们相见，不妨邀其帮助刘邦。这四个人江湖上并称为商山四老，他们虽然才华过人，却行事一向是闲云野鹤一般，不受约束。不过，如今你既得了老衲的信物，相信他们会鼎力相助。”

吕雉这才知道此物十分重要，忙收入怀中，致谢道：“多谢老人家关心，我一定会把这件事转告给刘邦，让他得到四位贤人之助，有如猛虎添翼一般。”

回到刘府，天色已有些黑了。婆婆含始迎上来，说：“媳妇，你到哪儿去了，这么晚才回来？”

不知为什么，吕雉看到婆婆时，心里生出一些厌恶，她先吩咐审食其退下，然后独自坐在椅子上一言不发。

含始见她一言不发，又苦口婆心地说：“媳妇，你出身名门大家，按说我不该指责你，只是乡下人虽不比城里，礼数却是很严的，现在你和一个男人出去这么久，又这么晚才回来，若是被左邻右舍看到，恐怕难免有人说闲话。”

吕雉愈发反感，冷地道：“我和他又没做什么，有什么怕人说的？倒是有些人，老是摆出一副贤妻良母的样子，做的事却未必光彩。”

听他话中有话，含始也有些生气，道：“你这是什么意思，最好把话说清楚。”

吕雉也不示弱，盯着她一板眼地说：“我今天去了一个破庙，那里有个奄奄一息的老和尚，他给我讲了一个有趣的故事，你要不要听？”

话虽不多，在含始耳边却像响起了一声惊雷，她跌坐在椅子上，口中喃喃地说：“是嘛，真的很有趣吗？”

“不错，有趣得很。”

吕雉接着说：“他讲从前有一个不知廉耻的有夫之妇，和他……”

她还没说完，含始已经疯了一样插口道：“不是，不是，你听他胡说，那个女人并不是不知廉耻，真正不知廉耻的是这个和尚，那个女人根本就是被迫的，她也不想的。”

话说到一半，她的泪水已经夺眶而出了。吕雉也是得理不饶人，道：“你怎么对这件事知道这么清楚，其实那个女人就是你，是不是？”

含始指着她说：“我，我……”话未说完，竟一头栽倒在地上。

吕雉本来是逞一时口舌之利，没想到会有这种结果，一时也吓得手足无措，忙大喊道：“来人呀，审食其，你快来呀！”

审食其正在隔壁吃饭，听她喊得这么慌张，忙放下筷子跑过来，进屋一看，也被吓呆了。

吕雉见他过来，忙说：“我婆婆晕倒了，你看怎么办呀？”

审食其是局外人，比她要清醒一些，说：“你去找人把她扶到床上休息，我到乡里去请大夫来。”

等到大夫赶来的时候，含始已经躺在床上了，只是人依然昏迷不醒。此时，刘家上下大小都守在床前，连很少露面的老太公也坐在那里。

大夫简要问了一下情况，便过去诊脉，一边探查病情一边摇头。看大夫号完脉，吕雉问："我婆婆怎么样了？"

大夫叹道："她本来身体就弱，现在又受到意外刺激，恐怕命不长久了。"

太公心中纳闷儿便颤巍巍地说："你说她受了刺激，可是晚饭时她还好好的呢。"

大夫对此倒不意外，淡淡地说："老人家，正所谓病来如山倒，病去如抽丝，像这种忽然发病的例子我见得多了。依我看，你们不如及早准备后事，以免到时候来个措手不及。"

吕雉在旁越听越气，怒道："救死扶伤是大夫天职，哪有像你这样，劝人准备后事的。来人呀，把他赶出去！"

审食其过来连哄带劝把大夫推出家门。看他走了，吕雉依然恨恨地说："真没想到，天底下还有这种人，再让我碰见一定对他不客气。"

赶跑了大夫，实际上等于间接要了含始的命。这位老人家在病榻上坚持了几天之后，终于被一口痰堵住，再也缓不过气来。

吕雉这些天倒是尽心尽力，始终守候在床前，帮助擦身换洗，直到老人去世。在外人眼中，她可真是天下一等一的好媳妇，只是谁又知道其中的隐情呢？就连自认对吕雉很了解的审食其也没有想到这个看似温柔贤淑的女人便是真正的罪魁祸首。在她心中，巴不得婆婆早些去世，把这个秘密带入九泉之下。

灵棚搭起的时候，吕雉又是第一个守候在那里。而且她就像每一个失去亲人的女人那样，悲痛地哭号着。前来送行的人暗中议论着：看看人家刘太公的儿媳妇，和婆婆感情多好。其实他们哪知道，吕雉心里正在默念：老太婆，你死是因为自己作孽，将来成了鬼魂可不要来找我，就怪自己命不好吧！

忙忙碌碌好几天，终于有机会喘口气了。吕雉躺在床上，静静地想：人命真是脆弱，好好个人说没就没了，看来我今后一定要多为自己着想，这才不枉此生呀！

第二天，她找到审食其，说："我们再到山上去看看那位老人家，怎么样？"审食其这些天都没机会接近吕雉，听她这么说，以为是个暗示，忙点头答应。

再次来到破庙的时候，一切都没有太大的变化。吕雉连招呼都没打，便经自走进禅房。

老和尚正在调息练功，有人突然闯入着实吓了他一跳，问："谁？"

吕雉带着哭腔答道："是我，吕雉。"老和尚叹道："小姑娘，你真没记性，怎么又在我练功的时候闯进来，难道想要了我的命吗？"

吕雉道："大师，实在对不起，只是出了一件大事我这才一时忘了礼节，才闯进的。"

老和尚见她说的那么严重，忙问："出了什么事，难道是刘邦他……"

"不是，不是邦哥，"吕雉打断他道："是我的婆婆。"

老和尚着实吃了一惊，问："你婆婆，她怎么了？"

吕雉颤声道："她已仙去了。"说完更是放声大哭起来。

老和尚听罢，只觉得两胁气息翻滚，好像两条怪蛇般翻转上来，他一时镇压不住，胸口发热，张嘴吐出一口鲜血。

吕雉见状，忙上前扶他，道："老人家，你怎么样了？"

老和尚此时已是老泪纵横，好久说不出一句话，只是摇头叹息。

吕雉在一旁细声细气地劝说着："大师，您节哀吧，我婆婆临终之前曾跟我说，她自从前些天再次看到你，回忆起许多事，心中也十分想念你。"

老和尚紧紧抓住她的手，问："是呀，她还说什么？"

吕雉没想到一个老人竟能有这么大气力，疼得眼泪都流下来了，这次可是真真正正发自内心的，她为了敷衍，随口说道："我婆婆讲，当年她其实是乐意的，叫你不要内疚。"

老和尚听到她骨节咯咯直响，这才意识到自己有些失态，忙松开手，口中喃喃道："你婆婆真是个好人，其实当初明明是我点了她的晕睡穴，她自己根本无力反抗。现在反过来这么说，无非是想安慰我罢了。"

走出破庙，吕雉始终闷闷不乐，她心里一直在想：倘若世人知道汉王出身如此卑贱，又有谁会再为他卖命呢？那样的话，自己的前途又从何谈起呢？

审食其见她脸上泪迹尚在，便说："什么事让你这么难受？"

吕雉眼前一亮，哽噎着说："你别问了，我可没脸说。"

审食其坚持要打破砂锅问到底，吕雉忸怩了半天，才说："屋里哪个老和尚，其实是个大色鬼，我第一次来他就对我动手动脚的，这次他又……"

审食其吓了一跳，道："你不是说那个人都八十多岁了吗？怎么还会这样？"

吕雉嗔道："你这是什么意思，古时候人到百岁还可以生孩子，何况他才八十多。你这么问，难道认为我会拿这种事来骗人吗？"

审食其忙说："不是，不是，我只是奇怪，你第一次来为什么不说呢？"

吕雉幽幽地道："他虽然对我行为不轨，可毕竟是刘邦的师傅啊！"

审食其想想也对，恨恨地说："这个老畜生，我真想一剑刺死他。"

吕雉忙接茬儿道："好啊！你这就去刺死他。"

审食其尴尬地摸摸头，道："我不过是说说罢了，哪能随便杀人呀！"

吕雉气得一跺脚，说："我就知道你不是个男人，眼看自己的心上人被欺负，却无动于衷，只会说些风凉话。"

审食其被她说得脸上有点挂不住，便大声道："好，主母，我这就去臭揍他一顿，给你出气。"说完便要往里走。

"慢着，"吕雉叫住他，说："我问你，你是不是曾拜过师傅，学过什么惊人的武功？"

审食其被问得丈二和尚摸不着头脑，只能照实说："没有。"

吕雉又说："那老和尚内力精湛，武功高强，你就这么闯进去，岂不是以卵击石吗？"

审食其才明白她的意思，心说：还不是你逼我去的。

吕雉见他不说话，便从怀中摸出一个纸包递过来，说："这里面是十香软筋散，专门用来化解练武之人的内力，你只要将它在老和尚的上风头点燃，相机而动，就不会有事了。记住，自己一定要在上风头，否则也会受它影响。"

审食其接过来便要进去，吕雉却又喊住他，说："我刚才想了想，你要是有机会，最好还是杀了他，否则的话，将来老和尚难免会到阳里来寻仇。"

看审食其再次进去，吕雉悄然躲到路边的一块巨石后面，静观其变。大约过了半个时辰，审食其慌慌张张地从破庙中跑了出来。吕雉并没有马上出来，过了一会儿，看老和尚没追出来，这才现身，问："怎么样？"

审食其正在四处张望,没想到她从背后冒出来,吓了一跳。

吕雉笑道:“你胆子怎么这么小,那个老和尚呢?”

审食其脸上露出恐惧的神情,结巴着说:“老,老和尚,他,他死了。”

吕雉拍拍他肩膀,说:“干得好。”

审食其脸上表情十分复杂,过了一会儿才说:“他不是我杀死的,这件事说来真奇怪,我觉得迷香差不多起作用之时,便屏住呼吸挥剑冲进去,不想却看到,看到……”此时他眼中充满了疑惑。

“看到什么?”吕雉追问道。

审食其说:“我看到一个老和尚躺在地上,胸口插着一把匕首,地上流了很多血,已经气绝了。最可怕的是,老和尚那时眼睛似乎一直在盯着我。”说到这里,他忍不住打了个寒战。

吕雉见他怕得要命,便伸手搂住他说:“你别害怕,我想那个老家伙是在做了伤天害理的事之后,忽然又良心发现,羞愧自杀了,他的死和你没有丝毫关系。”

其实,吕雉心中早已想明白这其中的奥秘,老和尚自杀不过是为了和她的婆婆在阴间做一对同命鸳鸯罢了。

老和尚意外自杀让吕雉去了一块心病,她知道自己的前进道路上又少了一块绊脚石,心中兴奋不已。

一路无话,他们两个闹着别扭回到阳里,刚踏进刘宅,一个使女迎了上来,行礼道:“主母,有人飞鸽传书给你。”

吕雉接过来一看,微微一笑,对审食其调侃道:“你看看人家韩信,说当大将军就当大将军,你再看看你,给你登台机会,都做不成大将军。”

审食其听她一语双关,心中有些生气,嘟囔道:“他能有今天还不全靠你,什么时候你帮我一把,我也行。”

吕雉今天心中高兴,也不愿再和他斗嘴,便说:“你回房去好好休息一下,晚上我找你说事情。”说到这里,她特意把语调拉得很长。

两人对此心照不宣,各自回房休息,养精蓄锐等待夜幕降临。

正午时分,刘宅突然来了客人,口口声声要找刘夫人。吕雉闻声迎了出来,却不认识来的这批人。其中为首的一个趴在地上叩头道:“小人张龙,叩见王妃。”其他人闻言,也齐刷刷跪在地上。

吕雉虽然论名分是个王妃,可军中那些出身草莽的人,很少拘泥礼节,她自然也没享受过这种待遇。现在这种场面让她心花怒放,腰杆儿挺直了许多,既不应允那些人站起来,也不伸手去扶,直到刘宅的人都闻声出来,她才颇为得意地说:“你们起来吧!”

众人起身之后,张龙抱拳拱手道:“王妃,小人奉汉王之命,特来接家眷赴大营。”

吕雉吃了一惊,道:“大营?汉王现在不在蜀中吗?”

张龙道:“王妃地处偏远,对前方发生的事有所不知,汉王现已离开蜀中,发兵攻打项羽,图谋天下。他担心项羽的部下会到此骚扰,特命属下到此。”

吕雉还要问几句,张龙却接着说:“属下此行,沿途经过不少郡县,发现汉王担心不无道理,为了防止项羽派人偷袭,还请王妃及早与家人收拾细软,离开这凶险之地。”

吕雉见他说的紧急，便和太公稍微商量一下。刘太公此时年事已高，本来不想背井离乡，可是又怕真成了项羽的刀下鬼，便说："那好，我们就雇上几顶轿子，与这位官爷一起去吧！"

由于一路上都是坐轿，吕雉他们倒并不觉得疲惫。

转眼间，十余天过去了。这天，正行进间，张龙高喊道："王妃，大营就在前面了！"

吕雉掠开轿帘一看，好一座雄伟的大营，绵延竟有数里之遥。放眼望去，她突然觉得有些不对，大叫一声："停。"

轿子缓缓停下，审食其问："怎么了？"

吕雉紧盯着营中飘扬的旗帜，惊恐道："这，这是怎么回事？"

顺着她视线望去，那面大旗上赫然写着一个项字。

还没等他们反应过来，每个人颈上都多了一把明晃晃的长剑。

十　军中受辱

吕雉等人被俘以后，很快就被带到项羽的大营。那个小头目心想这次可以立个大功，就抢着进账禀报，没想到项羽这几天心情极坏，怒气冲冲地嚷道："抓不住刘邦，抓他老婆有个鸟用，放了算了。"楚军小头目马屁没拍成，沮丧着脸刚想离开，范增在一旁拦住说："项王，臣以为既然已经抓来，就暂时押在军中做人质，或许以后有用得着的时候。"项羽嗯了一声，表示同意，就对小头目说："人是你抓来的，就由你负责看管吧！你要记住：一不许把人看跑了；二不许把人看死了。"小头目窝了一肚子火，又不敢声张，只好接受命令退下。

从此，吕雉、太公和审食其就在楚营中开始了囚徒生活。

对吕雉来说，做些重活她倒不怕，最令她难堪的是晚上。那个小头目在主子面前受了气，因此总是千方百计地在吕雉身上发泄，有时强迫吕雉侍候他喝酒，有时强迫吕雉为他烧水洗脚，稍有不从，就要遭到一顿毒打，直到他想休息时，才把吕雉关进竹笼。可想而知，把吕雉跟两个大男人关在一起，显然会有种种不方便，尽管审食其能给她一些体贴和温暖，但她连小解也无法背着自己的公公，也实在让她无地自容。

有一天夜晚，楚军小头目因自己的从兄在前线阵亡，就找来几个同乡在营帐里为他的从兄超度亡灵。祭典快要结束时，有人提议干脆把吕雉杀了当祭品，也好为死去的将士报仇，小头目赶忙声明项羽已给他下了死令，如果杀了吕雉，大家谁也别想活。另一个军吏说："不杀她也行，但总得让她出点血。"众人都表示赞同，于是就把吕雉带上来，令她跪在地上向死者的灵牌磕头。吕雉倔强地昂着头，宁死不从。早有一人走过去，对准吕雉的下身猛踢一脚，只听一声惨叫，吕雉便晕倒在地。想不到这一声叫却因祸得福，由此改变了她以后的囚禁生活。

原来，项羽有位虞姓的姬妾非常受宠，经常跟随项羽东征西讨。虞姬不仅人长得漂亮，而且心地善良，极富同情心。这天晚上，她刚好陪着项羽出外观星赏月，忽听一声女人的惨叫声，感到非常奇怪，就问项羽是怎么回事，项羽也感到莫名其妙，就差侍卫前去查问。当虞姬听说被折磨的女子原来是汉王的妻室，顿生怜悯之情，恳请项羽不要再让士兵折磨吕雉。项羽于是下令将小头目等每人责打二百军棍，并把吕雉单独软禁起来,不再让她从事繁重的杂役。这已经是吕雉被俘半年以后的事了。

从此,吕雉的情况多少有所好转,肉体上的折磨减少了,但受到的人格污辱还在继续。吕雉心里明白,她能否获得自由,完全取决于刘邦在战场上的胜败。

十一 汉王临幸

漆黑的夜晚,暗淡的星光,驻守萧县的汉军大营中,将士们刚刚进入梦乡,就被凌乱的脚步声和突如其来的马嘶声惊醒了。

刘邦自从杀出天府之国后,在韩信的帮助下,连战连胜,终于结束了逢项必败的局面。近日他又打入彭城,难免心高意满。这里与别处不同,是个大地方。刘邦及众将日夜有美色相伴,自然乐不思蜀,搞些左右逢源的美事;此外,觥筹交错的酒会,香气四溢的美食,都让大部分出身于黄土地的汉军难以控制自己,放开肚子大吃大喝。

萧县距彭城不过数里之遥,城头失守的消息很快便传到刘邦耳中,他着实被吓了一跳,一方面对项羽来势凶猛始料不及,另 一方面目前自己手下无可用之将足以拒敌,韩信等得力干将均远征在外,他稍做思忖,暗道:项羽真是善战之才,居然猜到我这里是空城。不过,正所谓兵来将挡,水来土掩,区区一个莽夫,何足惧哉!想到这里,汉王抖擞精神,出宫升帐,调齐大队人马,准备开城应战。此时,来自阵前的几声轰响又搅乱了汉王刚刚平静的心绪。

“楚军已兵临城下。”负责瞭望士兵的报告声在刘邦耳际回响。

形色仓皇也罢、心神慌乱也罢,刘邦终归还是披甲提枪,率领一支散发着酒气的军队出城,列开阵势迎战了。远远望见项王跨着乌骓马,身披金甲,刘邦又颇具煽动性的大叫道:“杀呀!”同时自己也催马向前冲去。不想,楚兵楚将虽少,却个个凶悍无比,反而杀得汉兵溃不成军。连战连败,阵前的刘邦禁不住手足无措,感叹回天乏术。

正在进退维谷之际,突然,一声大吼,如晴天霹雳般在耳边响起,霎时镇压住了阵前的厮杀声。刘邦定睛一看,是手执巨槊的项羽。汉将知道此人厉害,因此重赏之下依然没有勇夫,根本不敢向前与其交手,真是战一合,败一合,战十合,败十合。

项羽的一通乱杀,直杀得汉营昏天黑地,日月无光,汉军一溃千里。

刘邦看自己的上将如此狼狈,知道大势已去,便悄然拨转马头,二话没说逃之夭夭。一些眼尖的官兵见主子跑了,心中更加惊慌,开始四散逃命,只有一些老部下还追随着刘邦。

刘邦及部下逃了一程又一程,始终摆脱不了项羽部下的追赶,当逃到灵璧县时,又被楚军包围。这次比逃跑前好不了许多,竟被先后赶到的楚军围了里外三层。已是尘土满面、狼狈不堪的刘邦,看着苦苦追随自己的士兵,心里一阵酸楚,仰天长叹道:“我们这些人能冲出重围吗?”

叹罢,他忍不住涕泪纵横,随从的士兵们也无不凄然泪下。人数众多的楚军干脆不再进攻,只是紧紧围住,等待项王赶来发落。说来也怪,不知是汉王今日的落魄得到了上苍的怜悯还是注定要兴汉,反正就在这会儿,天色突然变了。

霎时狂风大作,飞沙走石,拔木扬尘,弥漫天际。

狂风到处，楚兵站立不稳，东倒西歪。倒是汉兵不畏生死，与刘邦一起从敌人身边硬挤出去，不过他们当然也不敢恋战，立即率队冲杀，终于逃出了包围。

狂奔一段之后，回头望去，远处竟然仍是漆黑一团，这实在是太奇怪了。“真乃老天助我也！”刘邦仰面向天深深地三拜之后，又重新上马赶路。然而，刘邦的劫数却显然未尽，逃出几里之后，又有两路楚兵追了上来。

刘邦回头一看，觉得统兵的两员大将似乎很面熟，估计是当年自己在楚怀王帐下的旧相识，便在马上高声呼喊道：“两位贤将，何必苦苦相逼，不如放我一马，日后定将加倍图报！”

说完这话，刘邦马不停蹄继续向前逃走，为首的那位楚将一听他称自己为“贤将”，心中不禁一阵欢喜，干脆与同伴止步不前，卖个人情，有意放他们一条生路。等到其他人追过来的时候，刘邦他们已没了踪影。

再次脱险的刘邦看着茫茫天地，一时不知该向何处去。如果此时去找韩信他们显然不妥，一方面自己身为人主，却带头打了个大败仗，面子上有些说不过去；另一方面，两地距离遥远也是问题。想来想去，他眼前突然一亮。

“这里大约离家乡不远了，不如回家接上父老妻儿，免得落入项羽之手。另一方面也可以趁机补充一些士兵和给养。”刘邦主意一定，便带着随从一路向家中急驰。他判断的没错，骑马不过两个时辰便已到了丰乡阳里村。

奔至家门前，刘邦觉得松弛了许多，轻巧地跳下马，走进昔日熟悉的大门。奇怪的是，他连喊数声都无人答话，看着院中地上的一片狼藉，一种不祥之兆袭上他的心头。家门依旧在，故人已不存。刘邦有种感觉，知道家人可能已遭不测了。这时，院外传来一个苍老的声音：“谁呀，谁要找刘家的人呀？”

刘邦闻声迎了出去，看见问话的原来是村中的族长，忙过去行礼。族长盯着这个蓬头垢面的人好半天，才惊诧道：“你，你是那个做汉王的刘老三吗，怎么这样了？”

刘邦顾不上多解释，只是问家人的下落。族长沉吟了一下，说：“现在看来，此事恐怕有些蹊跷。”

见他答非所问，刘邦急道：“老人家，你说什么呢？”

族长解释道：“前些天，有人来接走他们，说是你派来的……。”

听他说完此事的前前后后，刘邦只觉得自己的脑子里一声巨响。很明显父亲和妻儿都被人骗了，至于被骗到哪里就不得而知了。不过，就现在形势看来，他们十有八九是被项羽的人掳去了，如果真是那样的话，恐怕现在……。

想到这里，刘邦突然觉得应该说两句什么，他转向随从说：“各位，今天的事你们都看到了，我刘邦为了铲除逆党连家都没有了。不过，我深信，只要大家齐心协力，就没有做不到的事，你们有没有信心？”

“有！”虽然人不多，声音却比平时响了很多。

“走！”刘邦一行人继续前行。

一天的失败，搅得刘邦心神不宁。由于疲于奔命，他暂时忘却了饥饿，当摆脱了追兵，紧张的神经完全松弛下来后，他才感到腹中已是饥饿难耐，鼓声如雷。

此时天气寒冷，人困马乏，一行人在乡间的小路上艰难地前进。“停下！”刘邦实在忍不住了，举手示意道。队伍停下后，他又接着说：“鞍马劳顿了一天，大家都已疲惫不堪，不如原地休整一下吧！”

突然，身边一位将官纵马上前，对刘邦说道："汉王，万万不可如此，我们侥幸逃过楚军的围追堵截，倘若在这里休整，楚军极有可能尾追而来，那么我们就又要重蹈覆辙。不如再坚持一下，待到天黑之后宿营会安全些。"

"此话有理！"刘邦点头道。于是，大家继续拖着疲惫不堪的身体前进。

"汪！汪！汪！"几声犬吠恰到好处地响了起来，众人听上去简直有如仙乐。"前面果然有村落，这回食宿可有着落了！"刘邦的头脑中顿时闪过这样的念头。大家抬头向犬吠的方向望去，只见前面是一片树林，透过树林缝隙，看见有灯光闪烁，影影绰绰仿佛有人烟。这微弱灯光足以点燃刘邦及一行将士们心中的希望。

"加速前行。"刘邦命令道，灯光使倦意一下子从他脸上褪去。

一行人纵马扬鞭来到村口，恰巧碰上一位白发老者，看他悠闲的样子，想必是饭后出来散步的。"老人家，我们一行人，奔波一天甚是疲劳，请借贵处休息一夜如何？"刘邦翻身下马，对着白发老者深作一揖，态度诚恳地说道。

老人举起灯笼，仔细打量了一下眼前这人，不禁暗暗称奇，只见这人虽然尘土蒙面，着装散乱，但仍不失气宇轩昂，颇有帝王风度。他心知这个外乡人一定非同寻常，不是一般人物，忙躬身还礼道："看将军气宇不凡，却不知来自何方？"刘邦并不避讳，如实相告。老者闻言，立即倒身便拜，说："不知汉王大驾光临，有失远迎，还请恕罪，恕罪！"

在老人的盛情邀请之下，他们进入了村中的一间茅舍。

可是说来说去，老人竟似越来越精神，刘邦此时已感到前心贴后心了，忍不住打断他说："老人家，这里何处可以买酒买饭？"刘邦实在饥饿难忍，这时他已顾不了什么汉王不汉王的，只好直接提醒老者。

老人擦了擦眼，突然想起还没有招待汉王一行吃饭，难免有些内疚，忙说："这里是穷乡僻壤，根本没有市集，好酒好饭就是拿上钱也买不来，如大王不嫌弃，我家中倒还有一些薄酒粗饭，可供大王及众位充饥。"不等老人说完，刘邦连连点头称谢。

"女儿，准备酒饭，有贵客来了！"老人向内室喊道。

大约过了一炷香的功夫，房中有一个年纪在二十岁左右的美貌姑娘，手中拿着酒食，步履轻盈地走了出来。

"啊！想不到民间竟有这样的丽质佳人，清纯脱俗，与宫中精挑细选的脂粉美人又有所不同，别具一番特色。我刘邦虽然阅女无数，倒没有尝试过这样的娇娃。"刘邦在心里暗想，他的脸上也不由自主地流露出一丝暧昧。

老者偷偷瞄了一眼刘邦，心中暗喜，看来我这个穷窝里要飞奔出金凤凰了。

就这样，刘邦在那里大吃大喝，戚家父女二人则一旁作陪。几杯酒下肚，刘邦的困乏也渐渐消失，话也多了起来，白天那惨败的狼狈样子和失去家人的惆怅也暂时放到了一边。"老人家，不知令嫒是否已许配人家？"刘邦试探地问道。

"小女尚未许配。先前有个算命的术士曾说，小女是富贵之相，将来可要做贵夫人。今天幸遇大王，不知是不是前缘注定？如大王不嫌弃，愿小女侍奉大王起居，不知大王意下如何？"说罢，老者笑眯眯地看着刘邦。

刘邦心里大喜，老者的话正合他的心意。不过，他考虑到自己是汉王，妻妾成群，总不能见一个要一个，好像很没出息的样子，于是便故意推让道："寡人逃难到此，承蒙老人家盛情款待，已经使我刘邦感激不尽了，如何还敢委屈令嫒当姬妾呢？

不行不行,万万不行!"

老人道:"大王何必过谦呢?该不是小女不配侍奉左右吧!"

刘邦见火候儿差不多,便不再玩儿虚的,说:"既然老人家有这样美意,刘某就恭敬不如从命。"当下为表诚意,他主动解下玉带,递过去作为聘礼。

"女儿,给汉王敬酒!"攀上一门好女婿的老戚激动不已,说话嗓门儿也大了不少。戚家女双手把酒杯送到刘邦面前,说:"大王请干这杯酒。"说完之后,她大大方方的翩然起舞,以助酒兴。

刘邦自己也察觉到了变化,脸上不免流露出一丝尴尬,他偷眼向旁边望去,不禁长出了一口气。原来一直在旁边陪坐的戚老爹竟然恰到好处地消失了,想必是趁他和戚女眉目传情的时候走掉了。少了这个障碍,刘邦显然轻松了许多,他将剩下的酒一饮而尽,把杯子往桌上重重一放,朗声道:"来,给我再斟杯酒!"

戚女应声走过来,刚把酒壶拿起来,一只大手便悄无声息地搂住她的身躯。戚女只是象征性的扭动了几下,便服贴地随他去了。刘邦是对付女人的大行家,见她如此配合,自然开始得陇望蜀起来,一双手在戚女身上轻盈地游走着,就好像是一条灵蛇。最可怕的是,这条灵蛇专门在一些敏感位置转悠,时间不长,戚女的身躯便发生了一些变化。

等到被褥铺好,罗帐放下,借着酒劲,刘邦拉住戚家女的双手,将她拥到床前。戚家女已是大姑娘了,对男女之事自然明白,她不再推辞,听任刘邦为自己宽衣解带,而后扑向了他的怀中……。

十二　献身楚霸王

第二天清早,刘邦起床后拜见了老人,带着随从便要离去。戚家父女不想天赐良缘仅此一宵,苦苦挽留刘邦,希望他能多留几日。可这时刘邦更加清楚,自己要干的是大事业,岂能过分儿女情长?打不下江山,一切都会化为泡影的。"岳父大人,爱姬,"刘邦一手拉着一个,对戚家老人和戚家女说道:"我军惨遭失败,大部分将士还不知散落何方,我绝不能在此久留。等我集结好军队,有大的城池可以居住时,一定会回来接你们父女前往。君子一言,驷马难追,我身为汉王,绝不会食言。"

面对他那真诚的话语,戚家父女自然也没说的,流着泪送刘邦上马赶路。归根到底,还是男子汉有魄力,刘邦硬着心肠,道声珍重,出门上马,扬鞭而去,重新踏上漫漫征程。

走着走着,突然前方烟尘四起,大约有数百骑奔驰而来,惊得刘邦一行人赶忙躲进树林里。骑兵临近之时,刘邦从树叶的空隙中偷眼望去,发现来的并不是楚军,而是自己人马。为首一将不仅长得黑壮,而且还身穿黑甲,头戴黑盔,正是部将夏侯婴。夏侯婴此时已被封作滕公,兼职太仆,负责保护汉王的战车。这次刘邦中途仓皇逃跑,丢下众将不说,连笨重的战车也弃之不用,这才与夏侯婴走失。夏侯婴倒也尽职,守着空车四处寻找刘邦,现在终于相遇。

"大王,请换马登车!"刘邦这两天骑马骑得屁股都疼了,对这一建议自然满口应承。换上了战车,抚摸着环绕的铁甲,他又重新拥有了帝王的自信。

刘邦的车队向南行进,沿途看到的都是些逃难的老百姓。走着走着,经过一队难民,其中两个幼童引起了夏侯婴的注意。他们虽然尘土蒙面,可是相貌依然十分面善,总觉得自己似乎在哪里见过。那一男一女两个小孩子对这边也很注意,频频向战车上看。

夏侯婴抚摸着自己的后脑勺,冥思苦想,他们到底是谁呢?他偶一回头,看到刘邦,突然大叫一声:“是他们!”正在思索下一步对策的刘邦被这声惊叫吓了一跳,怒道:“你没事瞎喊什么?”夏侯婴指着车下说:“这两个孩子莫非是大王的一双儿女?我看不清楚,请大王仔细辨认一下。”顺着他手指的方向,刘邦果然看到自己与吕雉生的两个孩子正混迹在难民丛中。他忙吩咐夏侯婴把他们找来,带到车上。两个孩子骤然遇到亲人,心里高兴得不得了,围着刘邦连喊:“爸爸,爸爸!”

他的担心并非没有道理,车子还没跑起来,不远处已是尘土飞扬,一队楚兵又追了上来,领头的是楚军大将季布。

车轴的转动跑不过马的四蹄,汉王逃一程,季布便追一程,距离越缩越短。眼看着楚兵就要追上,刘邦心急如焚,为了减轻车上的重量,他一把将自己的一双儿女推向车下。心想:这样或许能快点。“大王,这是何意?”夏侯婴手疾眼快,边说边把两个孩子抓住,重新放到车上。走了一阵,刘邦眼看季布就要追上,心急如焚,他又第二次把孩子推下了车,但随即便被夏侯婴再次放回到车上。如此反复几次,刘邦发怒了,厉声呵斥道:“我等万分危急,难道为两个孩子,断送我们自己的性命吗?”“可他们是大王的亲生骨肉呀,你怎么舍得送他们去死?”夏侯婴抗拒道。刘邦见后面越追越急,干脆拔出佩剑,恶狠狠的向他砍过去。夏侯婴万万没想到会出这种事,一时猝不及防,差点被砍中,要不是车子恰好被石头咯了一下,他还真有点儿悬。

“你胆敢再言,别怪我剑下无情了!”说着刘邦又一次把孩子踢下了车。夏侯婴真的不敢再说话,他直接跳下车,任凭刘邦的御车无人驾驭,落荒而去,自己则从手下那里要过一匹马,飞身骑上,伸展左右两腋,轻轻夹住两个孩子,紧跟在刘邦车后。

的确,扔下孩子的车辆跑得是快得多,季布追赶不上,只好掉头返回了。

摆脱了追兵,刘邦紧张的心情才放松了一些。夏侯婴保护着刘邦一双儿女随后也赶了上来,刘邦下马接过孩子,一只胳膊揽一个,用手抚摸着他们的头发,嘴角抽动了几下,想说什么,但最终什么也没有说。

刘邦等人到了下邑,这个地方在场县东,是吕泽驻守的地方。吕泽是吕雉兄长,刘邦的妻兄。

在这里,刘邦总算有个固定的落脚之处了。刘邦心想,只要有个落脚的地方,就不愁部队集结不起来。刘邦到了下邑,一些逃散的将士也陆续趋集过来,不久,军队便扩大了起来,声威与以往相比有增无减。

时光轮转,日月更替,吕雉在楚营已经有半年之久了。在这半年时间里,项羽对吕雉既不提审,也不过问,一日三餐尽是可口饭菜,对刘太公和审食其也没有虐待。

这一天,吕雉突然让狱卒传话,说她想见项羽。

项羽很痛快地答应了,并当即让手下把吕雉带到了帐中。

“大王在上,犯妇叩见大王。”吕雄一进账,就跪地施礼道。

“刘夫人请起。不知刘夫人要见项某,有何要事?”

“大王言重了,阶下之囚,何言要事?只是我已来到大王营中半载有余,大王既不杀也不打，这首先得感谢大王宽大的胸襟。不过，像我这妇道之人，有儿有女的，时日长了难免患儿担女，实在是难耐孤独，犯妇斗胆请求大王放我们回乡，我们将尽力劝阻我夫刘邦化干戈为玉帛，平息战乱，共享天下太平。不知大王意下如何？"

"这个……，"项羽确实没有料到吕雉会提出这么个问题。按理说，像她这样的人，掳入营中不杀不斩，已够知足的了，没想到她还……项羽心里暗想：这女人确是个有胆有识的人。因此，心里更加增添了几分敬意，同时，还把原先埋在心底里的那股对吕雉的占有欲撩拨了起来。于是，他对吕雉说："刘夫人刚才说回去的理由是'思儿想女'，仅仅如此吗？""那……那还有何解释？"

"思儿想女，人之常情，项羽完全理解。不过，夫人正值风月年华，如此空房之寂，难道不是另一个原因吗？"项羽试探地说道。

"大王戏言了。犯妇自与刘邦结发后不久，他就南征北讨，常年不在家，一年半载也难以团圆一次，空房的寂寞我早已习以为常了。"

"不对吧，我看那位与你同来的家仆审……食其随时可以填补刘邦的空缺嘛。"

"大王莫要开这些玩笑了。"吕雉羞愧难当，低头说道。

"哈哈哈，开个玩笑，何必见外。项某也是人，这儿女情长，花前月下的事，我深感理解。这样吧，我让狱卒把你们房间封闭一下，今晚你等着，我会安排审食其去你房里陪伴，好解夫人长夜之苦。"

"这个？"吕雉心里一阵窃喜，但她又拿不准项羽的话是真还是假，于是，她抬头看了一下项羽，见项羽那色眯眯的眼睛直盯着自己，一下子便明白，这是不可能的，天底下不会有这样的好事。

吕雉自从第一次见了项羽之后，就感觉到他对自己有一种垂涎三尺之心，也许碍于他的身份才没有……既然如此，他便根本不可能在狱中安排审食其与她共度长夜。再者说，即使那样安排了，那也是一个阴险的计谋。对于吕雉来说，那样做等于自毁名分，自掘坟墓。如果有人把这事传到刘邦耳朵里，哪还有她的活头？想到这里，吕雉猛然浑身一阵战栗，心想：好险啊，我差一点上了项羽借刀杀人之计。

项羽见吕雉一直低头沉思，便问道："夫人意下如何？对项某这种安排可否满意？""回大王，如果大王决意要杀犯妇，那我什么都不说了。不过，大王没必要这样强人所难，我与家仆审食其乃主仆之身份，素来清白，大王让犯妇做那种丧伦常天理的事，还不如趁早杀了犯妇。"

"哈哈哈！"项羽又是一阵大笑后接着说："开个玩笑，开个玩笑而已。"吕雉不失时机地给项羽投去一个嗔怪的飞眼，项羽见了，又是一阵大笑，笑毕，问道："请问刘夫人，我与刘邦，在你看来谁优谁劣？"

"这个……"吕雉欲言又止。

"哎，有话就直说，项某是个直性子，看不惯那些不直爽的人。"

"既然大王问到此，那我就直说吧，我夫刘邦有勇有谋，一表人才，可谓内外皆优者。而大王……"

"我怎么样？"项羽问道。

"大王当然也有勇有谋，一副虎相，虽不及我夫外表秀美端庄，却气度刚直，一派阳刚男子气度。总之，我夫与大王都属于大丈夫，可称为美男子也。"

"好，好，说得太好了。"项羽兴奋地说道。

"犯妇所说，既然大王也认为有理，那么有一点，我就不明白，当今天下英雄应该当属大王与我夫刘邦，可为什么就不能合二为一，谋取天下，成就霸业，而非要互相残杀呢?”

项羽用手摸摸那钢刷似的长发，说道：“这是个很难说清的问题，不过今天你我二人就不要讨论这样的问题了。项某高兴，要为刘夫人设宴敬酒，以示项某对夫人的敬意。”

“犯妇实在不敢当。”

“哎，什么敢不敢的，就这样定了，你先回房收拾一下，等酒宴准备就绪我亲自去请。”

“这个……”

“来人!”

几个武士循声走了进来。

项羽说：“先送夫人回房。”

吕雉没再说什么，只是瞪了项羽一眼，便跟着武士回去了。

酒宴摆好后，项羽果真亲自去接吕雉。

吕雉是个极聪明的人，她明知项羽今日酒宴的目的，但还是要去的。因为一来她认为要想保住性命，非得走这条路不可，所以她提出要见项羽的目的就在这里。二来，既然项羽也愿意，那么，这档子事就不会轻易传到汉营，因为项羽也需顾及脸面。

说是酒宴，其实就只有项羽和吕雉两人。两个人互敬几巡，犹如一对久别的情人，项羽欣喜地抱起吕雉转向了屏风后面的床上，…。

自那次以后，吕雉每隔一天便被项羽召去军帐“问话”，如此，过了又是半年多。

一次，吕雉与项羽进行完床笫之欢后，便斜躺在床上闲聊。她用手抚摸着项羽那胸前的长毛问道：“请问大王，我与虞姬美人，谁好?”

项羽拍拍吕雉那圆润光滑的大腿，随口说：“都好。”

“不嘛，我是说谁最好?”吕雉固执而娇态万种地说道。

“非要我列出个谁最好来?”项羽低头问道。

吕雉用含情而富有挑战性的眼睛盯着项羽，微微点了点头。

“你们二人嘛，都很好。不过，各有各的长处。”

“如果让大王选其一呢?”

“嗯，没有人能强迫我选其一，再者说二者本无法选出其一，只能兼而取之。”这回项羽回答得相当干脆。

听了项羽的话，吕雉再没有继续往下问，她陷入了沉思之中。吕雉心里在揣度，项羽对虞姬真是一往情深，就是在这种情形下，他也丝毫不掩饰对她的爱慕。由此，她想到了刘邦，她不知刘邦对她怎样看，也同项羽一样，把她视为清淡高雅的兰花?那么，别的女人呢?审食其，他又是怎样的呢?刘邦、项羽在她眼中都有了位置，而从未给审食其定个什么位置，难道仅仅是为了报仇而已?

“夫人，夫人。”正在吕雉胡思乱想的时候，项羽又凑过来紧紧搂住了她。一阵亲吻之后，项羽把吕雉抱起来，横放在腿上，说：“我项某戎马半生，得了虞姬，我认为已心满意足，不枉为男人一场。但自从见到夫人你，使我又认识到天底下还有对我能勾魂的女子。于是，我多次设想，要是我同时拥有‘牡丹’和‘兰花’，那我这一生才叫没有白活呢。夫人，你看呢?”

“好倒是好，只是……”

“只是什么？”项羽急切地问。

“只是时过境迁，兰花已有了主儿，大王还是收了此念的好。”

“只要夫人愿意，自然一切都是水到渠成的。”

看着项羽那股认真的样子，吕雉心下一惊。她深知，项羽是个粗人，说到办到，况且自己现在是他的阶下囚，要是把他惹急了，他干脆来个强行迎娶，她从也得从，不从也得从，到那时，可就说啥都没有用了。

吕雉稍一思索，坐起身来，用被子围住身子，说：“大王真是聪明一世，糊涂一时。”

“怎么讲？”项羽问。

“要是那样，你把我那公公怎样处置？对汉营、对刘邦、对天下人又怎样解释？”吕雉装作很认真地说。

“哎！我当是啥要紧事呢。老头干嘛，我高兴，留他吃了喜酒之后送回汉营去，噢，还有那个审……什么什么审食其，也一同放回去。”

“你呀，这就是你的糊涂之所在。”吕雉叹了一口气，接着说：“大王戎马半生，四处征战，图的是什么？难道就是为了图个把美人佳丽吗？”

“这自然不是了，大丈夫以成霸业为重啊！至于美人佳丽嘛，那就像身上衣，喜爱拿来便是，岂能与成就霸业相提并论？”

“这就对了，可是，如果大王将犯妇留作妻妾，那至少有三点不利。”

“哪三点不利？”项羽瞪起了眼睛，不服气地问道。

吕雉不慌不忙地说：“这一会儿给天下人之口实，说大王不仁不义，不利于大王成就霸业。这二呢，会给敌对的对方增加战心，夺妻之痛，加上成就霸业的雄心，二者交织在一起，刘邦会不顾一切地与大王死拼，并且大王是行不义在先，刘邦是讨不义在后，天下百姓自然心向刘而背向大王，那自然是很不利的了。”

项羽听得津津有味，问道：“那么，三呢？”

“这三嘛，是退回一步之假设。假设大王治军有方，征战有功，终于打下了江山，成就了霸业，可任何成就霸业者，都得以百姓为基础。大王试想，您今天的不义之举已遭百姓厌恶，即便是大王强行成了霸业，那百姓也难以俯首听您的，最终还是……”

“嗯，有些道理。”项羽低下头思考了一下，又说道：“不过，我还有另外一法。”

“何法？”吕雉好不容易说服了项羽，正在一边暗喜，突然听他这一说，不禁心里又是一阵紧张。

“我索性把老头子和那个审什么人一起杀掉，给汉营传去话，就说连你也一并杀了，看他刘邦如何？”

“那样更为不利，如我前面所说，这在夺妻之恨上，又加了个杀父之仇。”

“那我把老头子放了，也放出风声，就说你在我大营之中逃跑了，这样一来，我既不用担不义之名，又可与夫人同枕共眠，岂非天下妙事？”

“这也不行。”

“哎，夫人不愿意就直说不愿意，不要绕着弯子逗我了。这也不行，那也不行，究竟怎样才行？”项羽真的有些不高兴了。

“大王听我说，大王宫中军士林立，戒备森严，就凭我，一个手无缚鸡之力的妇道之人都能在大王的牢里逃走，这一来没人相信，二来就是有人相信了，也让人贻笑大方，笑话大王治军无能，竟连个犯妇都看管不住。”

“唉，这事在你眼中怎么都是如此之难？惹恼了我，我就……”项羽瞪大了眼睛，那毛刷似的胡子也翘了起来。

吕雉微微一个苦笑，往项羽身边挪了挪道：“大王别生气，就凭大王这种英雄，要紧的是成就霸业，干一番大事，岂能为一妇人坏了一世英名？说心里话，我对大王也是倾慕有加，爱之至深，我何尝不想一生陪伴大王身边？但那样使大王落个不仁不义之骂名，世人自然会把一切罪过归在我的头上，确实是我不敢从命啊！大王爱我，我也相信是真的，你我已享受了人间最美好的美事，还有啥不够的呢？如果大王绝然不允，犯妇我就咬舌自尽，以死来保全大王的霸业。”

“别，别，千万别这样，我依你不就成了吗？”项羽着急地说。

“这才是英雄本色。”吕雉笑道。

十三　暗中助夫

光阴似箭，日月如梭。一转眼，吕雉在楚营里已度过了三载时光。三年来，她集凌辱和快乐于一身，共折磨和享乐于一体，整日里，生活在极度的兴奋和极度的痛苦的矛盾之中。不过，她凭着自己的美貌和机敏，安然无恙地活了下来。

三年后的刘邦，重整旗鼓，军队不断壮大。这时，他已移师与项羽形成了对立之势。这期间，战过几回，相持不下，刘邦便请求彭越在项羽的后方，截断了项羽的粮草供给。

刘邦对项羽实行的是围而不打、拖而垮之的战术，项羽因军内粮草缺乏，想尽快决战，但刘邦就是不出战。无奈，项羽只好天天到刘邦阵前叫骂，逼刘邦出来应战，刘邦置之不理。

西楚霸王项羽

一天，忽有军士慌里慌张跑来报告：“大王，不好了！项羽将太公押在阵前，准备要烹杀了。”

“啊？快快出去看看。”

刘邦急速来到阵前，一看果然是这样。只见项羽把太公押在阵前，看见刘邦出阵，便厉声喝道：“刘邦小子你听着，你若再不出来投降，我就把你老父下锅烹杀了。”

项羽的吼声震动山谷，也震动着刘邦的心。

“这可如何是好？”刘邦焦急地说道，像在问别人，也像是自言自语。

“大王不必着急，项羽是恨我军不出战才设这样一条毒计，故意引诱大王出战，现在只要大王严词决绝，他们的诡计就会不攻自破！”张良在旁边说道。

刘邦当然也知道这是项羽逼他出战，但他同时又担心项羽真的加害于老父，便说：“现在不出战，惹恼了项羽，他要是真的烹煮了老父，那我将如何为人，如何为子？”

张良又接着说:“现在楚军营里,除了项羽就算项伯最有权力。项伯与大王有着私人交情,想必此事他会全力化解的。”刘邦心想只有这样了。

项羽在外面率队等着,心想:这次你总不能坐视不理吧!

过了一阵,汉营中果然传出话来:“汉王说,我与项羽同朝共事,情如兄弟,我父即是你父,如果项羽想吃你父肉,请分我一勺汤喝。”

项羽听了这话,立即气得七窍生烟,大骂道:“刘邦小子,你是个十足的无赖。”随即命令军士把太公推进大锅,点燃锅下干柴。正在这千钧一发之际,突然从项羽身后走出一人来,高声叫道:“且慢!”来人正是项伯,他走到项羽的眼前,朝项羽说:“将来之事现在还说不定,千万不可做得过了头。今天你杀了刘邦之父,与我军战事毫无益处,白白惹得仇上加仇,还不免被世人笑话大王胸怀不宽。”

项羽听后,也觉有理,就命军士把太公又押了回去,跟从前一样软禁起来。

此后,项羽又派使臣对刘邦说:“现在天下形势动荡,朝野不安,这一切无非都是因为我们两人之间有恩怨、相持不下造成的。我现在愿意和汉王亲自打上数合,一决雌雄。项某如果不能取胜,一定脱下战袍,回乡种地。何苦长此战争,劳疲兵民呢!”

汉王笑着对来使说:“种地?我看项王一定是把好手。不过呢,我没兴趣和他打。这样吧,你不如回去跟他说:我愿斗智,不愿斗力。”

楚使如实回报项王。项王勃然大怒,一跃上马,跑出营门,挑选壮士数十骑,特别是嗓子很大的那种,让他们来做先驱,跑到涧旁向汉王挑战。

汉王听到回报,虽然有些惊心,但又不便始终示弱,何况现在隔着深涧,对方再厉害也跳不过来。

于是,他也带队出营,与项王隔着深涧谈话。

项王又挑衅道:“刘邦,你敢不敢像个男人一样,和我刀枪相对的打上几个回合?”

汉王心想:这个蛮牛,竟然想给我一个颜色看看,不如我也说你两句吧!

于是,他清清嗓子,道:“项羽休得逞强,你身上背着十恶不赦的大罪,难道还敢向我饶舌吗?”

此时,便有无数弓箭手赶了上来,向对面一阵乱射,放出许多飞箭,跃过断涧,令人防不胜防。

汉王光顾着慷慨陈词,数落项羽,发泄心中的恶气。可是他万没想到木瓜脑袋竟然开窍了,正想赶快回马,身上却已经被射中了。一时疼痛得了不得,险些跌落马下。幸亏身旁将士,上前救护,把马牵转,驰入营中。

于是立即传召医官,取出箭头,敷上金疮药。此时,张良走了进来。他本来是在营中处理别的事,听说刘邦中箭,忙放下手中工作赶来。一进屋,医官就迎上来。

张良问道:“汉王伤得重吗?”医官答道:“箭伤不深,应该不致伤命,可是……”

“可是什么?”张良焦急地问道。

医官回头看了一眼平躺着的汉王,低声说:“小人怀疑箭上有毒,可是却查不出来。”张良吓了一跳,问:“你既然查不出来,为什么还会这么想?”

医官又说:“汉王被救回营盘时,小人就在身边,当时明明听到他对群臣说中箭在脚上,可是小人给他做单独检查时,却发现是射中了胸部,要不是护心镜挡了一下的话,恐怕命就没了。”

张良凝神一想,已经知道汉王说错,并非是中毒导致神志不清,而是为了稳定军心,故意如此。他也故作神秘地对医官说:“中毒的事没有把握,你千万不要瞎说,以免汉王治罪。先回去休息,有事我会叫你。”

“多谢军师,我一定对王爷的箭伤守口如瓶。”说完,他转身出去了。

汉王中箭回营,项王转怒为喜,要不是山涧难越,他恐怕早就过去追杀了。项王归营以后,专门派人出去探听汉营动静,准备汉王一死,便乘虚进攻。汉营里面的张良早已料着他的想法。

医官走后,张良来到床前,低声说:“汉王诈称被箭射中脚趾,可是怕军中不安吗?”汉王身子一颤,费力地点点头。

张良又说:“现在不仅是我军将士,就连项羽都在关注你的生死,如果汉王不露面的话,恐怕后果不堪设想。微臣恳请汉王,忍痛出去巡视一番,则可高枕无忧的养伤了。”

汉王巡行一番,自觉浑身余痛难忍。他知道照此下去,伪装终究会被拆穿,于是灵机一动,吩咐左右,不回原帐,干脆奔向成皋,到那里暂时养病去了。

项王得着探子回报,据称汉王未死,仍在军中巡视,不禁暗暗叹息,大费踌躇。

过了几天,项羽派人找来吕雉,没好气地说:“刘邦怎么搞的,死活都不和我决斗,真不像个男人。你和他一场夫妻,有没有办法让他出战?”

前两天发生的事吕雉从公公那里都听说了,她很为自己丈夫的能言善辩感到自豪,也为项羽的毒辣手段感到吃惊。这些天来,她一直在担心刘邦的安危,不知道他的伤势如何,也就是在这段时间,她发现自己真正喜爱的还是刘邦,而不是和她有不清不楚关系的项羽。

听项羽这么一问,她一直悬着的心终于放了下来,很明显,如果刘邦伤重,或是已经去世,以对方的性格,是绝不肯向自己讨教的。吕雉心里虽然一阵狂喜,嘴上却淡淡地说:“项王,刘邦的脾气你不是不知道,他可以为私为公,就是不为家人考虑。你希望利用我们做突破点,实在欠考虑。另一方面,我早就说过,贱妾只管家务,不问国事,我又怎么有办法让他出战呢?”

项羽本来被刘邦磨得不行,现在又听吕雉这么说,不禁有些沮丧,暗中叹了口气。正在迟疑不决的时候,突然有五百里加急军报,传来噩耗:大将龙且,战败身亡。

由于齐国国力极弱,所以对外政策也是墙头草,随风倒。想来想去,齐国国君决定联合距离近的,对抗距离远的,于是便向项羽递交了降书,正式与楚国联合。

这样一来,齐国自然就彻底把汉王给得罪了。

韩信本来就有自己的想法,这下更让他找到借口伐齐。

于是,当项羽利用韩信大军在外,率众偷袭刘邦的大本营时,韩信也以其人之道还治其人之身,带领大军直捣齐国,进而再掏项羽的老窝。

齐国一看不好,连忙向新盟友——楚国求援,项羽也吃了一惊,他深知唇亡齿寒的道理,决定把自己的得力助手大将龙且派去解围。

可是,万没想到,竟然这么快前方便传来龙且的死讯。

项羽跌坐在虎皮椅中,脸色全变了,喃喃道:“韩信有这么厉害吗?他杀死我的大将龙且,必定会乘胜前来,与刘邦会师,然后再一起来攻击我军,这可如何是好?”

十四　夫妻团圆

项羽在得知大将龙且被杀时,不仅为失去自己的一条臂膀而痛惜,另一方面他心中真的开始有些担心。

几天之后,项羽突然又感觉到那种固有的轻松了,因为他突然从探子嘴里听到一个意想不到的消息,韩信和汉王刘邦之间出现了裂痕。

汉王经过在成皋养病之后,身体逐渐康复起来。感觉没什么之后,他为了稳定军心,在到阳城巡视一番后,赶紧回到驻扎在广武山的士兵中间。

刚刚抵达广武军中,替韩信下书的使臣也到了,于是便将书信呈给汉王。汉王展开一看,脸上的表情让旁观者感到莫名其妙,只见他一会儿兴奋,一会儿忧郁,最终却变成了愤怒。

刘邦看了看信使,怒道:"我军被迫死守这个地方,日日夜夜都在盼望他来援助,现在他不来助我,难道还想当什么齐王吗?"

汉王身边,左有张良,右有陈平,两人都是一流的智者。他们听到刘邦大骂韩信,慌忙走近一些,伸脚暗中轻踩他的脚趾。汉王心中灵犀一闪,连忙停住骂声,把手中的书信给两人看。

张良和陈平展开一看,书中大意是说齐国人生性狡诈,反复无常,而且齐国南部的边境与楚相邻,他们难免再次反叛,请汉王暂时准许臣作为假王,这样才能避免齐人对汉不利。

两人看罢,在汉王耳边低声道:"汉方现在形势不利,怎么能禁止韩信为王呢?汉王倒不如就封他做齐王,让他为我朝守着齐地,将来也可以作声援。如果不退让一步,恐怕将来就要有大麻烦了!"

从汉王来说,他身为一国之君,自然不愿意受人胁迫,更不愿向人低头。不过,现在情况特殊,面子当然应该放在第二位了,他依然故作威严的呵斥道:"像韩信这样的男子汉大丈夫,既然能够平定诸侯,又何必还要自称假王呢?朕就准他做个真正的齐王!"说完之后,又吩咐来人回去通报韩信,叫他安心等候册封。

韩信听到回报之后,高兴得一晚上都没睡好觉,你别看他打仗是高手,可是此前却从没有机会做王侯,因此自然难免没出息一回。

汉王说到做到,没过几天,便派张良到齐国送大印来了。韩信用手抚摸着晶莹剔透的玉印,脸上笑得像绽开的鲜花。

张良清了清嗓子,说:"微臣恭喜齐王。"说完还深鞠一躬。韩信对张良的恭维在心中很是受用,可是表面上却不便流露出来,忙还礼道:"子房兄,什么齐王不齐王的,说得我怪不好意思,再说,我虽被封齐王,却仍是汉王的下属,你我之间的关系还是同僚嘛,不如你我今后还是以兄弟相称吧!"

张良走后,韩信选择吉日称王,大阅兵马,准备攻击楚国。可是一切还没安排好,忽然有人通报:楚国使臣武涉,前来求见。韩信暗想,我和楚国是仇敌,项羽为什么派使臣到这儿来,此公想必是奉命来做说客的,我自有主意,何妨与他相见呢?

想到这里,他吩咐左右把武涉带进来。

武涉一见韩信的面,便下拜表示祝贺,韩信也起座答礼,然后微笑道:"你到这里来向我道贺,无非是为了替项王做说客,有什么话,敬请道来!"

韩信这手也够损的，一上来便不客气地把对方来意挑明，说得武涉脸上一阵发热，勉强辩驳几句，便再也敌不住韩信的伶牙俐齿，悻悻的告辞回报西楚霸王去了。

项羽听武涉把见面情况说过之后，叹息道："可惜，可惜！此人如此精明，又如此看重功名，我要是早派人去游说他就好了。现在，汉王让他做齐王，已经是世人能得到的最高奖赏了，我实在争不过他！"

正在感慨之时，手下人进来通报，说是汉王派陆贾来见大王。

陆贾一进来，项羽劈头就问："你家主人到底还打不打？"

"当然要打，否则天下怎么划分呢？"

"哈哈，有意思！既然想战为何不发兵卒，而派使者前来？"项羽愤愤地说道。

陆贾不紧不慢地说："大王息怒，听我说完话嘛。"

"讲吧！"

"大王错怪我主了。我家大王是拘于人情才不能发兵决战。"

"噢，为什么？"项羽不解地问道。

"现在，汉王的老父和妻子还押在你们营中，这你是知道的。

如果我们大王发兵决战，人们就会说刘邦重利忘义，为了江山连老父妻子都不顾。这个罪名实在太大，因而不敢出兵。"

"这有什么，我不是没有杀他的家眷吗？"项羽说。

"是啊，现在没有杀，不等于将来不杀。现在你们军队强大，有打胜仗的希望，不必杀汉王的家眷。一旦决战失败了，大王还能保证不杀他们吗？"

"嗯，你说得有几分道理，刘邦怕我一气之下杀了他的老父和妻子。不过，依我看，即便放了他老父妻子，刘邦也未必敢和我决战。"项羽有些心动地说道。

"不！决战是肯定要进行的。不过，决战的胜负就难说了。"陆贾说道。

"此话怎讲？"

"人说'得人心者得天下'。如果大王慨然允我之请求，释放太公和夫人，天下诸侯谁不称道？楚汉营中兵士谁不服大王仁厚？大王既不杀人之父，又不污人之妻，还不扣押人之家眷作为战争筹码，所以大王还愁决战不胜吗？"

项羽是个喜欢奉承的人，听了陆贾这席话，当即答应放太公和吕雉，还捎话给刘邦，赶快展开决战。

按商定的时日，今天是太公和吕雉回来的日子。一大早刘邦就亲率文武大臣出营迎接。骨肉团圆，相互视望，一时悲喜交集，万语千言，反而无从说起。刘邦将妻子和父亲领入账内，"扑通"跪下，扶着太公的膝盖说："孩儿不孝，只因为了天下，致使父亲身陷敌营，受尽苦难，还望父亲重治孩儿不孝之罪！"

太公一面掉泪，一面扶起刘邦说道："为父虽然吃了不少苦，幸而托老天之福，总算安然回来了，再说我儿已得了王位，这也算是有得有失嘛。不过，今后还望我儿再接再厉，成就大业，也不枉为父受这场苦。"

"孩儿谨记，孩儿谨记。父亲现已年龄大了，不必为孩儿冲锋陷阵操心，只是自己怎么快乐就怎么办，要穿的尽管穿，要吃的尽管吃，安享晚年，也算是孩儿的一点孝心吧！"刘邦垂泪说道。

在旁的吕雉听着丈夫和公公的对话，心里一阵阵酸楚，早已哭成了泪人儿。看着刘邦向自己走来，她一下子就扑到他怀里，大哭起来。刘邦用衣袖替她擦着泪，说道："现在总算大难已过，家人得以团圆，应该高兴，切莫再悲伤。"

“这几年你在外封王封侯，哪里能知道为妻吃的苦楚呢？”吕雉止住泪说道。

“贤妻的苦楚，我岂能不知。但愿老天助我，早早成就大业，打得天下，到那时让你享尽人间荣华，加倍偿还你所受的苦难。”

太公和吕雉，一时高高兴兴自然不提。

“哎，孩子呢？他们在哪儿，怎么不见？”吕雉突然问刘邦道。“噢，请夫人放心。一双儿女都很好，盈儿同他妹妹住在关中，过几天，我就送父亲和你也去那儿住，那儿是后方，条件也好些。”

这天晚上，刘邦命在后账大摆宴席，给父亲和妻子压惊。饭后，刘邦与吕雉携手入室，吕雉才将别后之事一一告诉了刘邦，最后她说：“我们在家中的时候，全靠审食其无微不至的关怀。逃难的时候，他多次奋不顾身，全力保护。在我们被楚军抓获之时，他本可以逃脱的，但他哭喊着，奋力扑向楚军，想从他们手中夺下为妻和老父，结果他也一同被掳去，跟着我们受了三年牢狱之苦。像这样多情多义的人物，不论从公还是从私，你都要重用才是，不然反落个咱们有恩不报的骂名。”

听了吕雉的话，刘邦也深为感动，他说道：“审食其这人，我仅知道他长于世故，机敏灵活，所以就托他料理家务，没料到他还有这般忠心，真是我刘邦的福气啊！好了，既然如此，我给他一个官位便是，也算是他料理家务伴你之劳的奖赏吧！”当即刘邦召来审食其，说道：“我妻已将你的好处全部告知于我了，我得重谢你才是啊！”

审食其自从楚营归来后心里一直不安，他怕他与吕雉的奸情被刘邦发觉，那将是脑袋搬家的事啊！正因为这样，他连正眼看都不敢看刘邦。突然听到深夜刘邦召见，更是吓得差点死过去。就在传令兵领他会见刘邦的途中，他还打算着要逃走，只因地理不熟，又看到四处都是岗哨，料定自己逃不出汉营，只好硬着头皮来到刘邦的后屋。

听了刘邦刚才的话，审食其骨碌碌飞转着眼珠子，想听出是福是祸来，但刘邦说到紧要处，却再没接着往下说，这使他更为后怕。他抬头向刘邦身后的吕雉望去，吕雉在向他点头，他错以为吕雉在说“咱们的事是让他知道了。”审食其脑袋里“嗡”的一声，没容他多想，扑通一声跪在地上，颤声说：“大王饶命，小人一时糊涂，罪该万死……”

“嗯？”刘邦显然被弄糊涂了，什么‘饶命’、‘糊涂’？他转身向吕雉投去了询问的目光。

这时的吕雉听审食其说的那些话，就知道他误解了刘邦本意。她在心里狠狠地骂了一句：你这个蠢猪！接着她走近刘邦说道：“你看见了吧，这也足以说明他的忠心了。”刘邦仍不解地看看吕雉，又看着趴在地上的审食其，吕雉接着说：“郎君不是让他料理家务吗？他呢，他怎么照料的？老父和我被项羽掳去，一双儿女下落不明，他为没有照顾好家眷而感到有罪，故而向你请罪嘛。”

“咳，原来这样啊！哈哈哈。”刘邦仰头一阵大笑，随后说道：“审食其，你起来吧，我恕你无罪，在那兵荒马乱的时候，家人走散落难，又怎么能怪你呢？”

审食其这时方才明白过来，为刚才自己的唐突出了一身冷汗，差一点不打自招送了小命。“谢谢大王宽恕，小臣到死难忘。”审食其说着站了起来。

这时吕雉提到嗓子眼的心才放回了肚里。

刘邦看着站在一旁的审食其，捻着胡子说道：“念你一片忠孝之心，天下平定之时，我就封你为辟阳侯吧，望你今后谨慎从事，莫负于我。”

“谢恩！”审食其说着又一次拜谢，同时他对于吕雉，更有了一种彻骨入髓的报恩之感。这种报恩之感加上他俩那层关系、直伴随到吕雉死去。

从此，吕雉就成了汉王后，告别了朝不保夕、胆战心惊的生活。

十五 辅佐高祖

刘邦和项羽打打停停，停停打打，持续了很长时间。虽说项羽兵精将多，每打一仗都是胜者，但刘邦的长处是兵源补充充足，并拥有丰厚的军粮。项羽清楚，自己的军粮补给，全部来自遥远的后方，运粮途中常常要遭到汉军的骚扰，弄不好还会被汉军夺去。所谓兵马未动，粮草先行，这样下去可不是办法。项羽现在最想的就是决战了，可是他想做的正是对方不愿意做的。

刘邦心里也很清楚，就目前论，如果要与项羽决战，九成九自己还要吃败仗。多年来他与项羽交手大小战近百次了，只要是两人正面交锋，每次都是他刘邦失败。对于打败仗，刘邦并不气馁，他曾说过：“胜败乃兵家常事，只要还有仗打，就说明尚未分出输赢。”不过，正所谓知己知彼，百战百胜，刘邦自从彭城战败之后，终于发现打仗不在人多，更重要的是智慧，所以，他现在也学精了，不到有足够的把握，刘邦是不会轻易与项羽列阵决战的。

刘邦把自己的顾虑和众将一说，大家都觉有理，不免议论纷纷。这时，军中两大谋士，张良和陈平联袂而出，齐声道：“项王少粮，无战必然思归，我们吃不掉他，不如趁机议和！”刘邦本来也有这种想法，只是不便说出口，现在一听他们也这么说，忙附和道：“两位说得不错，只是项王性格暴戾，一语不和，便行杀戮，我若派使臣前去议和，必须要选择一个能进能退之人才行，可是……”

他放眼四顾，显然颇难抉择。正犹豫间，谋士中又站出一人，朗声道：“微臣愿往！”刘邦定睛一看，却是来自洛阳的侯公。

刘邦见他愿作使臣，不忍羊入虎口，便把刚才的话又重复一遍。侯公正色道：“若依汉王所讲，西楚霸王根本没法见，和谈就更谈不上了。汉王这么说，无异于将微臣看作呆头呆脑的木瓜，既然如此，大王又何必浪费钱财养我这种废物呢？”刘邦被他说得几乎喘不过气来，点头道：“好，你去此事一定成功！”

张良见人选已定，便插嘴道：“汉王，议和是件大事，绝不能是无条件的，你对此有何看法吗？”刘邦答道：“就现在格局，只要项羽不提兵进犯便可。”张良略一思考，反问道：“你的意思，是二分天下吗？”刘邦心想：有这种可能吗？不过当着这么多人，他的嘴很硬，说：“当然，至少要做到这一点！”

听他这么一说，众将又是一阵骚动。刘邦笑了一下，口气缓和道：“当然，在地域上我们可能还要做一些适当的让步，因为毕竟是我们先提出议和的。”“依汉王所想，要‘让步’到什么程度呢？”萧何把大家最关心的话题说了出来。“依我想，如果以‘鸿沟’为界，项羽可能会答应。”刘邦答道。

张良内心是赞同这个意见的，但他同时认为，领土的分割是君王的权责，作为一个谋士，他不便多言，再说，如此大事，张良也不愿承担风险。于是，转向刘邦说：“我想，这也许是项羽停战的最小限度。不过，这事还得大王自做决定才是。”刘邦迟疑一阵后，说：“这样划分，对我方的利益损害有多大？”“对我方仍然是有利的。”

张良答道。

"何以见得?"刘邦转向张良问道。"如果能够如此划分,从表面上看,项羽所占的地盘比我们大许多。但是,成皋、荥阳、广武一带仍属于我方。也就是说,秦代所遗留下的这个大谷仓,仍在我们的掌握之中,一旦战事再起,我们仍然掌握着粮源。"张良分析得很有条理。

刘邦点了点头,转向侯公说:"侯先生,这件事就这么定了。希望你尽力而为,另外,楚营凶险,你可以从军中挑选助手同去,人数不限。凡是被挑中的人不论职位高低,均要听你调遣,违令者斩!"侯公拱手道:"谈判之事,人多反而显得没有诚意,微臣告辞!"就这样侯公单人独骑直奔楚营。

侯公出使楚营的消息,在他离营地十里之外时,便已传到项羽耳中。他连忙作了一些安排,命令楚军官兵中体弱气衰,仪表不整的一律回避,安排两队刀斧手巍然肃立。项王自己则端坐在中军帐里,手抚长剑,虎目圆睁,只等侯公到来。

十里路对骑马的人来说并不算长,侯公很快便到了,他看了一下对方剑拔弩张的架势,知道他们有所准备,便跳下马,目不斜视,昂然而入。

侯公一到楚营,便遭到楚兵的轻视,大家都小看他。可是真一接触,他们心中又有另一种感觉,谁能想象,这么一个其貌不扬的人,面对明晃晃的钢刀利斧,竟然熟视无睹,眼也不眨,还挺着脑袋向上撞。刀斧手被吓了一跳,忙不迭地向回收兵刃。在短短的时间里,侯公身不动,膀不摇便把项羽精心设计的杀威棒给破坏了。

不过,这些都是发生在大营门口的事,正因为如此,项羽也没怎么把他当回事。可是,之后发生的事就太让这位嗜杀成性的西楚霸王感到意外了,侯公竟然一路放声大笑着走进中军帐。项羽把手中宝剑重重拍在桌上,怒道:"放肆,你这个瘦猴子,身为汉使,竟敢在我的大营里不守规矩,难道想要找死吗?"

侯公止住笑道:"我只身来此,难道还会怕死吗? 陛下身为万乘之君,天下之主,威武响彻云霄,号令布于四方,何人不惧? 现在仅仅因为要见我这样一个,相貌连一般人都比不上,才智也不如管仲、乐毅的人,偏偏要在门口设立这么多的刀斧手,而您也持剑而坐,一副严阵以待的样子,这有必要吗?"

侯公接着说:"微臣明白,大王是要以自己的威严来震慑我。可是要知道大王即使不示威,天下人又有谁不畏惧呢? 我来的时候,很多人劝我说,西楚霸王是一个不分青红皂白、只知杀戮的小人,我还斥责他们无知。可看今天的情形,微臣只能付之一笑了。"

项羽这回真的有些糊涂了,他想:这小子到底是在夸我还是骂我,怎么一会儿好,一会坏呢? 不过,他毕竟还没糊涂到家,过了半晌总算琢磨出其中滋味,把手中剑向地下一扔,道:"现在公平了,你讲吧!"

侯公并不急于切入主题,而是说:"小臣奉汉王派遣,来晋见大王,本来没有很要紧的事务,只是想在楚营中看看,观赏一下贵军的威武仪表。"

侯公在楚营里一连三天饭来便吃,酒来便喝,闭口不提正事。与楚将虽然一谈就是大半天,讲的却多是一些如何养生,如何吃喝之类的事。当有人问及他此行的目的时,侯公便说"不忙,不忙"。

侯公如此做法,在很大程度上却是得益于吕雉。吕雉在项羽身边足足待了三年,对此人的脾气秉性可谓了如指掌。这次听说侯公奉命前去议和,便主动找他献计,她说:"对付项羽这种急性之人,一定要采用迂回战术,避其锋芒。一旦他的气泄光了，再提条件就好办了。”侯公是个聪明人，觉得王妃所讲的完全是经验之谈，值得借鉴，况且他本来就想先拖一拖，这次出使之前在营中意外遇到王妃，又受到她的指点，自然更坚信自己的方法不错。

果然不出所料。等到第四天，项羽真的沉不住气了，他把侯公找来，问：“汉王派你来，到底有什么高见要转告我呀？”侯公心里一阵窃喜，作为一个说客，他对谈判的技巧可谓了如指掌，深知发言先后的重要性。现在项王明知他来意，却仍要他快说，很显然不仅仅是因为好奇，而极有可能是粮草快撑不住了。换句话说，现在楚汉谈判，汉占了明显的上风。这让他怎么能不高兴呢？

但表面上他仍不露声色地说：“大王请看，秋随夏至，大地由盛转衰，天道运行，是循自然之常规的，而不因人道之变而易其秩序。这可谓是万变不离其宗啊！”侯公一边说，一边指着窗外的萧萧落叶和微秃的树枝。

项羽越发着急，对侯公所发议论一字都未听进去，等侯公说完后，便又催促说：“汉王派你来，总该是有什么事吧！”侯公不经意地说：“大王不提我倒忘了，还真有一些令人心烦之事。”说完，他从袖筒里掏出汉王的书信递了上去。

项羽展开一看，只见上面写道：汉王书奉项王麾下：邦闻天之立君，所以为民也。苟民生未遂，徒以干戈扰攘，使天下日蹈锋镝，而不能安其生，何足以为君？何足以为民也？邦与王争衡数年，经七十余战，白骨暴野，积死如山，有父母之心者，独能忍乎？今遣侯公与王讲和，以鸿沟之西属汉，鸿沟之东属楚，各定疆宇，罢兵息争，永保富贵，不失兄弟之情，尚存怀王之约。使百姓安于枕席，吾二人亦得坐享燕乐，而诸将士亦少为宁息，以安妻子，勿徒为苍生苦也！王熟思之，以为进止。

看完之后，项羽狂笑道：“刘邦不听封赏，公然与我为敌，你难道认为我会因为一封书信，几句好话就饶了他吗？”侯公反问道：“那么大王是想战呢，还是想和呢？”项羽不假思索地回答：“当然想战！”侯公道：“战是危机，胜负难测，像现在这样旷日持久，最终必然落个两败俱伤，对于双方没有好处不说，更是让老百姓受苦受难。我家主人慈悲为怀，怜悯天下众生，这才提出议和。当然，如果大王一定要兵戎相见的话，我们倒也愿意奉陪。”项羽大营中的粮仓都见底了，说出话来也缓和了许多，问：“你方既然首先提和，不知可有什么条件吗？”他的态度变得温和了许多。

回到汉营，侯公受到了刘邦的重赏，被封为“平国侯”。这个职务是很高的，即便是武将，出生入死，终其一生也是求之不得的。但是事有凑巧，侯公受封不到半年，便失踪了。

初显才华的吕雉更加博得刘邦的怜爱，吕雉也开始意识到自己这方面的才能。近日来，她一直在思考着一个大问题，就是在双方实施和约之际偷袭楚军，一举歼灭项羽。

吕雉并不是一般女人，她看问题有她独特的视角。她知道违约举兵，会给刘邦背上背信弃义的罪名，但不如此，恐怕日后刘邦的人头难保。

对于项羽，吕雉怀有非常复杂的感情。尤其是她在项营里的那一段时辰，项羽给过她意想不到的待遇，人非草木，吕雉不可能把那一段历史忘掉。但把项羽的那段情与丈夫的身家性命相权衡，孰轻轨重，自然清清楚楚。

吕雉暗下决心，一定要帮丈夫一把。

和谈进展得相当顺利，连细节都已完成。

双方约定,自明日凌晨开始,各自从对峙的边沿后撤。

入夜,吕雉照例给刘邦边捶背边闲聊。

几天来,吕雉越发感觉出刘邦是在假和谈,真备战。只是事到眼前,刘邦有些犹豫不决的现象。这一点,自打刘邦提出议和起,吕雉就已深知他的真实用意了。

“大王,双方撤兵,从此便可天下安宁了吗?”吕雉问道。

“噢?”刘邦正在思考眼前的撤兵之事,听吕雉如此说,便一骨碌爬起来,反问道:“夫人,你说项羽会不会在这个时候趁机偷袭?”

“我想不会。”

“为什么不会?”刘邦又问一句。

“楚项王自认是天下最强之人,号称西楚霸王。违约偷袭,他会认为有损自己的名分。”

“那你说我呢?”

“大王吗,”吕雉没有直接说下去,脸上露出一种高深而微妙的笑容。

“夫人有话尽可直说,你我夫妻之间还有何不便说的呢?”

“依我看,大王可以说是弱者。”

“这一点我也知道。自从与项羽对战以来,百战百败,确实称不上是强者。”

吕雉微笑着对刘邦点点头。

刘邦抬起头又问道:“依你之见,项羽能够守信,难道我就不会守信吗?”

吕雉仍是满面笑容地说:“对自己的部属,大王没有不守信之所为。不然,怎么有那么多人愿意追随大王呢?”

吕雉看着刘邦,投去信任和爱怜的眼神,接着说:“不过,对于项羽,大王就大可不必管什么信誉。两军交战,事关生死,已不是信誉之事,何况大王也知道,你目前是弱者。”

“嗯,这话颇有道理。”刘邦陷入了沉思之中。

“我真是好运气呵!”

“不,这不单是运气问题。依我之见,这是大王始终把自己看成弱者,处处谨慎从事,才能保存实力。这本身就形成了大王独立的人格和特有的德行。”

“德行? 你认为我有德行吗?”

“大王胸阔如海。正因为看似无智无勇,才使许多智者、勇者乐于投效帐下,这种大度容人的德行,正是常人所不能及之处。这实际上是最好的智、最大的能。”吕雉说道。

“经夫人这么一说,我刘邦真还是个不错的人啦。”

“大王何止不错? 大王对贪心、有大欲的人也很宽厚。本来,在这乱世之中,一切逞强骁勇之人,都不过是为了利禄和权势而已,但只要这些人安心在汉军中效劳,都能获得满足。汉军中的将士大都是属于这一类的人。大王这种德行,正好能号召天下英雄豪杰,来投于大王帐下,为大王的事业效力。”

“夫人认为我真是这等英雄人物?”

“自然是。”

“项羽如何呢?”

“他不具备这种德行。”

“为什么?”

“有一个范增，项羽都不能用好，致使他怏怏离去。现在，他的帐下已没有真才实学的谋士。还有，像韩信那样的奇才，曾在他的麾下谋事，但他却既没有发现，又没有重用，终于使韩信弃他而投大王，这就足以说明他缺少大王所有的英雄气度。”

“别提韩信，他已使我感到难以应付了。”

吕雉听张良和审食其说过，刘邦近来对韩信深表忧虑，但眼下还不能过早地把话说明了。于是她对刘邦说：“可是，大王应该相信，韩信目前绝不会投向项羽。韩信不管有多大势力，他对大王都是有利的。”

这一点，刘邦当然也想到了。于是刘邦点头对吕雉说：“夫人说得有道理，我完全可以理解。”

对于停战，项羽当然也很满意，他认为他占了很大便宜。楚汉双方，将天下一分为二，但项羽有了绝大部分地域。从广武山以东一直到洛阳，楚国占有了面积辽阔的地盘。

反之，汉所占的地方却狭小得多。尤其划归刘邦的一大块地方现在还由韩信占着，将来能否成为刘邦所统治的地方，尚还难说。

当然，楚军帐中也有能人，他们认为这次停战是不明智之举。西楚霸王与刘邦讲和之后，筵宴群臣，终日与虞姬登楼欢饮，吩咐诸将各回宅安息，他满心以为自此天下再无是非。

这一天，天刚亮，广武河两岸山谷地带，雾气浓浓。汉楚双方都降下城楼上所树的各自的挂旗。楚军自东山撤退下山，向东返回彭城。汉军自广武山撤下，西向关中。

汉军下了广武山后，先进入成皋城早餐。到前线负责督促撤军的张良很快用完早餐，来到了陈平的临时住处。

张良边走边对陈平说：“我来找你，准备共同去见汉王。”

陈平下了决心，与张良一起去找刘邦。张良和陈平一过去，刘邦就已猜出他们此来的目的。不过，刘邦并没有首先提出来，而是旁敲侧击地引他们二人主动说出来，然后他再假做一番推让。

刘邦这样做，并不是顾忌对项羽有什么背约违义，而主要还在于考虑到他的部下。他是怕在张良和陈平面前失去“信义”的面孔。

听了张良和陈平的话，刘邦故作惊讶地说：“这不行吧？你们主张毁弃协议，追击项羽。这样一来，我和项羽之间的所有关系付之东流不说，将来还怎样做人?”

“大王，关于‘失信’和‘守信’要区别对待。对于敌人，不存在什么失信不失信的问题。”张良说着略做停顿，向陈平看了一眼，示意该他说话了。

陈平心领神会，说：“子房先生说的极是。今日的情势，已很显然是敌非友。不是大王挥剑刺向项王的心窝，就是项羽举刀砍向大王的脖子，第三种选择是不会有的。”

“对，目前是刘、项两家必须分出高低，决出生死，绝不能双方并存。”张良说道。

刘邦陷入了沉思之中，他听了张良和陈平的话，更加坚定了自己的决心。同时，他更加敬佩吕雉的高见。

“大王，”张良看着刘邦在沉思，怕他盘算着拒绝了自己的建议，着急地说：“现在与项羽决战，胜负当然没有把握，但取胜的可能起码可占五成。但如果等楚军回到彭城，那就等于纵虎归山，终有一日……”

“你认为将来的情势会发展到如此地步吗?”刘邦直起身子问道。陈平接口说:“这是必然的结果。现在唯一可以救大王及全军将士的,就是大王您的决心。”

汉王又和张良、陈平诸谋士商议:“今欲与楚背约,但前日讲和之后,韩信等各处人马俱已发回。现在又要重新调来,似乎又有些反复轻率,恐怕诸侯会有怨言,甚至抗旨不遵,那该怎么办?”

张良说:“大王且一边差人下书与楚背约,一边差人调取各处人马。待楚兵将到,那时各路人马亦可陆续到来,就说前日与楚讲和,实为取太公、吕后之计,今太公、吕后已还国,岂可纵楚坐享东主,而不为统一之治乎?大王檄文到日,料想诸侯肯定要来,再与楚会兵,以决胜负。”

“让我思考一下。”刘邦说。

刘邦送走张良和陈平,刚回到座位上,吕雉就从后面屏风边转了出来。见了吕雉,刘邦向她投去会意和赞赏的目光。两人就如何追击楚军,怎样消灭项羽又进行了一番商量,最后刘邦向将士们下达了作战命令:“立即全力追击楚军!”

得到命令的汉军,立即掉转方向,向楚军扑去。

项羽轻闲不到半月,早有荥阳人来传说:“汉王屯兵固陵,调取各处兵马,要与楚决战,不遵盟约。前日讲和之意,只是为诱取太公、吕后之计,不是真要和楚两分天下也!”霸王听他们这么一说,大怒道:“刘邦这个村夫,竟敢这么欺侮朕?前日周兰之言真有所见。”他马上召集众将,即欲起兵,再与汉王决战。

季布出班道:“此事不可,传来之言,未必当真的,陛下只可整点三军,预备出战,不可先动。如果陛下先起人马,是我方先自背约,其屈在我;一定要等汉王动兵,那就是汉王违约背楚,其屈在汉。陛下就可以向天下人说明他的过,然后再讨伐他,这样一来师出有名,便可战无不胜矣!”霸王从其言,就整顿人马,以备汉兵来袭。

陆贾奉汉王之命修书一封,就要到楚霸王那里去。汉王拦阻道:“不可,项王性情暴躁,见人背约,岂肯轻饶?你若去下书必遭其害矣。”陆贾笑道:“凭臣三寸不烂之舌,料想与项王谈过之后,一定教他起兵前来,臣亦无事。”张良、陈平也说:“此事非陆大夫不可!”汉王见大家都这么讲,就不再反对,派遣陆贾为汉使。

陆贾辞别汉王,不日便到彭城。霸王问:“陆大夫前来有何话说?”陆贾道:“前些日子汉王智赚太公、夫人还国,许与陛下讲和,现在又有变化,仍要与陛下在固陵会兵,群臣苦谏不听,遣臣为使。臣思陛下威武重于天下,谁人不知?现在既然以鸿沟为界,对于汉来讲已经足矣!汉王不自知足,又改变主意,要求与陛下会兵,遣臣为使,臣知陛下天威浩大,不敢隐瞒,不得已而持书上见。”霸王被他捧得有些飘飘然,就说:“朕早就知道刘邦要背约,你即使不来,我也要与他会战。”

陆贾见他没有生气,就顺势将书信呈上,霸王一看,只见上面写着:

汉王刘邦书上霸王麾下:

霸王看罢书信大怒,遂将其扯破,放声大骂道:“刘邦这个反复小人,将太公哄诱还国,却要负盟背约,想与我决战。想我自会稽起兵,身经三百余战,所向无敌,天下诸侯莫不贴首归服。今刘邦匹夫,暂时得志,便敢前来挑衅,真是自不量力!你可速回,吩咐刘邦洗好脖子等我来砍!不杀此匹夫,我誓不班师!”陆贾见目的达到,就拜别霸王,回固陵见汉王,见到汉王后,他说:“霸王甚怒,一定要起兵前来,估计现在已经出发,请陛下早做预备,速催韩信、英布、彭越前来,合兵会战!”

汉王也正为这事着急，听他一说，更是担心，就召来张良、陈平说："战书虽下，霸王也决定要来，韩信又不见到，这可怎么办呀？"两人已在私下商议过，见汉王问起，就异口同声道："大王兵马颇多，且分拨诸将预备与楚交战。再差人催促韩信诸将紧急前来接应，料也无事！"

数日后，有探听小校飞报："霸王统兵三十万，出徐州长驱而来。一路郡县官吏纷纷逃避，人民遭兵戈之苦，踏践田禾，民不安生！"

霸王人马到距离固陵三十里安下营寨，探马报人汉营，汉王说："霸王人马初到，锋芒正盛，未可交兵。少待数日，看敌人声势如何，那时出战不迟。"陈平附和道："大王所见甚为妥当，且多栽鹿角，严立烽火，差人四面巡哨。"

第二天，楚霸王严整队伍，多张旗帜，金鼓大作，杀奔汉营。汉王急遣王陵、樊哙、灌婴、卢绾四将出马，与楚交战。霸王亲临阵前，要汉王出马答话。四将道："汉王命我四将立擒大王，置于俎上，以报前日欲烹太公之仇！"霸王大怒，举枪直取四将，四将各举兵器交还。不过战了三十回合，四将便抵挡不住，退下阵来。

刘邦的汉军在战术上和战斗中一直不及项羽的楚军，但刘邦却有个长处，就是在战术和战斗以外寻找取胜的因素。这一点，刘邦平时并没有意识到，这次临出发前，吕雉提出应在其他方面多动动脑筋，经她这一提示，刘邦立即想到了雄踞在北方的韩信和游移于楚军后方的彭越。

刘邦派出使者，到临淄去见韩信，并对他说："见了齐王，给他多说些好话。楚军已陷入饥饿，官兵疲惫不堪，项羽大势已去，我将士全力出击，以彻底歼灭项羽。请齐王举兵而进，合击楚军，以尽快解决战斗。"

与此同时，刘邦又派使者前往游说彭越，请彭越将军中途拦截，形成三方主力夹击。韩信对来使很客气，并当面表示，一定遵照刘邦的命令，及时发兵。不过送走来使后，他仍没有发兵，他要进一步观望。彭越也很客气地打发走了来使，然后紧接着秘密派人到韩信处，捎去他的一封亲笔信。信中说："今日天下情势，正是英雄人物放手一搏的绝好机会，大王与我，可谓当今英雄，我们完全有能力脱离楚汉而自立，请齐王勿失良机。"当然，韩信并没有听彭越的蛊惑。这是因为韩信觉得刘邦有恩于他，所以一直不忍弃汉自立。韩信是十分有头脑的人，他心里盘算，楚汉相争，如果项羽最终获胜，他将毫不迟疑地挥军与项羽决战，那时自己独立的大志便可成功。但如果刘邦获胜的话，自己是否也能挥兵相争，连他自己都说不清。

因此，目前的韩信与其说是在持观望态度，等待事态的发展，还不如说，他是在怀着一种侥幸的心态，期待着项羽能够将刘邦消灭，那时自己再出兵与项羽一决雌雄。韩信之所以这么想，是他觉得自己能有今天，与吕雉他们慧眼识人分不开，另一方面，他深感刘邦的影响力，不管怎么说，此人都颇具威胁。

气愤至极的项羽一口气跑到一个山顶上，指着汉军追来的方向，声嘶力竭地吼道："泼皮刘邦，你真是个卑劣无耻的小人。满口仁义道德，却满肚皮的坏水。是你自己一再派遣使者向我要求息战罢兵，想不到协议书的墨迹未干，你竟然出尔反尔向我军追击，你真是个无赖小人！我一定要活捉你，生吞你的狼心狗肺！"

当然，骂归骂，骂完了项羽还得赶路。

项羽的近二十万大军，塞满了所有的道路，撤退速度较慢。项羽心里明白，现在首要任务是加紧撤退，尽快接近彭城。项羽命令全军将士："在未接到出战命令之前，所有官兵保持冷静，加快速度向彭城进发！"

楚军撤到固城时,项羽下令原地驻扎,把从彭城送来的粮米分发下去,造灶吃饭。于是,楚军官兵,享用了半年以来第一顿饱餐。

晚餐后,项羽策马巡视兵营。这是多年来每到大战前夕项羽的习惯。将士们只要看到他的霸王雄姿,就会激发昂扬的斗志,在巡视中,项羽随时告诫官兵们说:“刘邦小人,一向缩在老窝里,不与我军接战。现如今,汉军已进入原野,他们没有依赖的天险了,这正是我们击破汉军的大好机会。我已下死决心,要在这次决战中,砍下刘邦的脑袋,以断天下之祸源。”

楚军将士们经过短时间休整,又吃了一顿饱饭,顿时精神大振,个个举起刀枪,“哇哇”一阵大喊,以壮军威。

固城一带,地形复杂,项羽觉得不宜展开大部队的决战。第二天,楚军奉命仍然前进。近中午时分,来到一个起伏连绵辽阔而且坡度不大的原野。这正是决战的好地形,楚军在上,尾随而来的汉军在下坡,地形对楚军极为有利。

汉军正夜以继日地追击着。自从与项羽提出议和,刘邦本意就是趁楚军撤退时一举击灭,但真正按自己的计划进行时,他却信心不足了,以致变得婆婆妈妈。这是刘邦以前没有过的。

现在,两军已摆好阵式,大战即将展开。刘邦正在召集全体高级将领商量战事。这时的吕雉,坐在一边,一言不发。她在这种场合下,从不多说一句话。一来她把要说的已经全部灌输给刘邦了,二来她要维护刘邦的权威性,在张良、陈平等人面前不能造成她参与政事的印象。黎明时分,汉营中响起了战鼓,开始向楚军出击。

与此同时,楚军营中也战鼓雷鸣,军士们喊声震天,决心与汉军决一死战。两军一交战,站立在战车上的刘邦就被楚军的声势所震慑。整个原野里到处是楚军的喊杀声,主力有如云海般地席卷过来。项羽又使出了他的看家本领,楚军以快速、密集的队形,排山倒海般地冲击着。汉军的先锋队伍,与楚军交战,几个回合就立即崩溃。不多时,第二线的主力军也被项羽击溃。楚军攻势很猛,但汉军人多兵多,前面的汉军清退了,后面又及时补上去,一阵接着一阵。战斗进行了将近一天,汉军终于难敌楚军的进攻,被楚军冲杀得七零八落。但项羽也不敢恋战,他知道,汉军今日虽可被打败,但还不能歼灭,因为汉军实在是兵力太多。于是双方暂时休战,各回营地休整,准备第二天再战。固城是不算大的一个中原小镇,城墙用土砖砌成。刘邦及吕雉率领一班随从当夜就住在了固城,周围是无数的汉军分把着各要害通道。

这时,战略上汉军占尽优势,但从战术和战斗上,汉军又打不过楚军。

项羽骑着他那匹乌骓马,气势汹汹地在大军前头叱喝道:“刘邦已成缩头龟,困在穷荒的固城中。将士们只要再努一把力,就可以踏平固城,活捉刘邦。从此,就永远不会有战争,天下就可以太平了。”

固城虽极不坚固,但楚军却一时难以攻克。

刘邦被围城中,情绪越来越坏,对吕雉有时也要大发脾气。

刘邦感到这是一生中最为窘迫的时候。他与项羽已定休战协议,但由于自己野心太大,求胜心切,加之吕雉等人进言,终于出尔反尔,毁弃和约,追击项羽。不想,刚一交战仍然是一败涂地,而且现在被困在这座偏芜的小城里。

这天,他面对吕雉,失望地抱怨道:“难道这就是我的末路?我该怎么办?”刘邦这话是由衷的。在追击项羽之前,他真没有料到楚军仍然有这么强的战斗力。加上张良、陈平、吕雉这些主战派也都一直给他说,楚军由于兵疲粮尽,士气衰落,只要汉军出击就可一举全歼。但今日一战,才感到楚军依然强悍。这使刘邦不得不产生一种失望的心情。

刘邦的汉军已被楚军围困三日之久,如果长此下去,光是庞大的军队所需粮草就无法解决。这一期间,在大后方的萧何派来使者,冲破重围来到了刘邦跟前。

这次出击项羽,萧何在后方主持日常军备。他时刻注视着战局,当他得报汉王被围固城时,心急如焚。他最担心刘邦拼死突围,那样就正中项羽之计。今日他差人送来一封书信,内容是设法说服韩信、彭越出兵。

刘邦把张良、陈平找来,问道:“萧何让我立即请韩信、彭越出兵,你们说说,这二人能在我兵穷已极的状况下前来和我共同夹击项羽吗?”

刘邦与吕雉同坐在一个战车上,边走边交谈。不过,今日他们所谈绝大部分是战争的话题。与丈夫谈及军事,这在吕雉的一生中仅有一次,也就是这一次。

丈夫愁眉紧锁,吕雉对他心里所想很清楚,刘邦对这次大决战缺乏信心,这也难怪,对手实在太强大了。可是马上要总决战了,主帅还信心不足,这仗如何打?刘邦的这种情绪势必要影响指挥作战,那时后悔就来不及了。吕雉想了想,说:“成败取决于一战,大王要是获胜,天下归刘,那将再无后顾之忧。万一战败,我也仍会追随大王左右,等待下一次胜利的到来。”

刘邦心里挺感动,结发妻子和其他女人就是不一样,他伸手把吕雉搂到怀中,免不了爱抚一番。冲动过后,又不得不面对现实,他在车上望着前方那片连绵的丘陵地,心里一阵阵发紧。于是,他向坐在身旁的吕雉问道:“夫人,我们可以进军那一道丘陵地吗?”

自然,吕雉很理解刘邦此时的顾虑。他一直期盼着韩信和彭越的部队能及时增援,对项羽形成合击。但这两路大军,截至目前,仍然没有一点接近战场的消息,而刘邦却从来没有过与项羽进行野战胜利的记录。吕雉答道:“当然,否则怎么与敌人交锋呢?”

刘邦被吕雉呛得有几分不自在,红着脸又道:“也许我们可以等一等韩信他们。”吕雉冷笑一声说:“正所谓:靠天靠地,不如靠自己。大王如果想靠别人卖命夺取江山的话,恐怕最终江山也不会是你的。那样的话,倒不如做个山野村夫,日出而作,日落而息来得痛快。”

看丈夫沉默不语,她又进一步向刘邦分析说:“大王,仗,总归是要打的。我们绝不能不战而退。如果现在让项羽逃回彭城,休养生息。以后,恐怕就不会再有打败他的机会了。”

吕雉看了看刘邦,看见他还在很认真地听着,就又接着说:“当然,我也认为在初期作战中,我军有可能失利。不过,从现在的情况看,我们能经得起失败。如果在这次战斗中,我们失败,那么我们仍然有机会和能力东山再起,继续和项羽抗衡。可是项羽却不同,在这场决战中,如果失败的是项羽,他就等于失去一切,因为他已经无处可退了,以项羽宁折不弯的性格,他绝对无颜再见江东父老。换句话说,他根本败不起。”

听到吕雄如此一说,刘邦又有了信心和勇气。一点不错,刘邦与项羽打仗以来,从未打胜过,但他都能从失败中奋起再战,可谓是屡战屡败,愈败愈强。想到这里,刘邦又产生了希望,他有几分激动地说:“项羽啊,项羽!”

刘邦虽没有说项羽怎么了,但吕雉了解此时刘邦的心境。于是向他说道:“项羽啊,项羽,今天你已到了穷途末路,败势已无法挽回了。”“对,项羽已成一支没有任何援助的孤军了。”刘邦更加兴奋地说。其实,刘邦心里并不轻松。他在说项羽已成一支孤军的同时,也意识到自己同样是一支孤军。

“那么,我们呢?我们不是也和项羽一样,是一支孤军吗?”刘邦喃喃自语。吕雉劝道:“但大王还有尚未来到的韩信、彭越,可是项羽呢?他连这点希望都没有呀!”

“嗯,对,对!”刘邦边思考边点头的说道。

“再者说,韩信、彭越总会来助战的,只是迟早的事。”吕雉又说道。

“何以如此肯定?”刘邦有几分不相信地问。

“大王请想,当前韩信、彭越乃至项羽,还有大王您本人,如此辛苦冒死征战,为的是什么?”

“这不用说都知道,为谋天下呗!”

“谋天下,这只能是你与项羽的愿望。至于韩信和彭越恐怕还达不到这份儿上。他们还得多过几年才可能产生谋取天下的念头。目前,他们二人唯一想要的,就是功名利禄,而这些大王您就可以满足他们,如果他们得到自己想要的,他们又怎么会不出面呢?”

汉王道:“夫人这些年被软禁在楚营中,对这里发生的事有所不知。如你所想,这两个人功劳很大,在封赏方面也争得很厉害。朕对他们也从不小气,恩怨分明,以韩信为例,他本是军中元帅,现在项羽未除,我便封他为齐王,这难道还不够吗?至于彭越,他现在也已官拜魏相国,位列一品,难道还有什么不满的吗?其实,这些天我想了想,真的有些后悔,看起来当初不应该这么慷慨。要不然,现在怎么会……。”

吕雉一笑,道:“既想马儿跑,又想马儿不吃草,普天之下哪有这么便宜的事?我敢说你当初绝对没做错,只是力度不够罢了。”

“什么力度?”刘邦诧异道。

“韩信要不是您给他个齐王的封赏,恐怕他与您就不是当前这种关系了。至于彭越嘛,也是同样道理,他们在您麾下还能相安无事,说明他们对您还有盼头,您只要给他们一个满意的封赏,自然便由大王调遣了。韩信虽然作了齐王,可是却是使诈所得,并非大王本意,他怕别人不服,心中自然不安。彭越做的是魏国的相国,一人之下,万人之上,按理说应该满足,可是现在魏王豹已经死了,俗话说:国不可一日无君。彭越现在最看重的便是魏国国君这个头衔。”吕雉虽是女流,但谈起国家大事来却是不让须眉,很显然她对外界发生的一切十分关注。

这一席话使刘邦茅塞顿开,他一生中,尤其当了皇帝后,对有功和有用的人封赏从不吝惜,也许得益于此处。“夫人所言极是,呆会儿我传谕下去,就让他们踏踏实实坐上王位。”刘邦显然想开了,反正不管封他们做什么,他们都永远是自己的手下。

吕雉想了想,说:“对他们来讲,仅仅封王恐怕无法满足他们的要求。那样的话,这两个人极有可能继续坐山观虎斗。”刘邦心说:以这两个人以往贪得无厌的表现,做出这种缺德事还真有可能。便说:“那么有没有别的对策呢?”吕雉犹豫了一下,说:"不如这样吧,你在正式封他们为王的同时,也划出一块土地给他们。"

刘邦脸色一沉,道:"夫人,你一个女流之辈,国家大事不懂就不要瞎说。自古以来,君王为了遏制异性诸侯王势力发展,都是只给其封号,从来没有哪位君王尝试过把自己的土地分给别人,因为那样的话相当于让臣子脱离自己的管束,而且在税收等多方面也会存在问题。此事万万不可!"

吕雉一笑,道:"大王不要着急,我这么讲也不过是个提议,是否采用决定权在你。不过,既然说到这里,我一定要把话讲清楚才行。"看刘邦没阻止的意思,她接着说:"我出身官宦之家,古书也读了不少,对你刚才所讲的情况也略知一二。可是我总觉得具体情况要具体分析,不能照搬书本。古代君王封王不封地,是在天下一统的前提下,可我们现在面临什么情况呢?天下没有安定不说,诸侯在这场决战中又起着决定性作用。这样一来,就没必要死守着那几块土地,应该放眼全局。"

刘邦若有所思,过了一会儿才说:"你的意思是不是说一旦把他们联合过来,哪怕是暂时的,只要能灭掉项羽我就不吃亏。而且,如果没有这两支队伍的援助,我败给项羽的可能性便会增大,那样的话别说这几块土地,就是整个江山都要丢掉了。"

吕雉不失风趣地说:"微臣不敢,窃以为人贵有自知之明,扬长避短才是取胜的关键。韩信这种性格的人,纯粹是无利不早起,你不给他点儿甜头是不行的。何况,既为人主,就要敢为天下先,这样才会被天下人敬仰。"

刘邦听她连哄带说的心里有些不是滋味,从派使者议和到背弃协议,刘邦初识了吕雉的心计和军事天赋,他为有如此一位漂亮、聪慧,还具有雄才谋略的夫人而自豪,同时也在心底泛起一丝隐隐的担忧,吕雉是个极不平常的女人,要是将来自己真的得了天下,身边有这样一位皇后成天算计着,那可不是个好事。

吕雉看他沉吟不语,还以为在思考这件事,便忍不住说:"怎么样,想清楚没有,是不是还有些不舍得?"刘邦的思路被她打断了,支吾一声,道:"噢,可以,可以,不过把哪里给他们好呢?"吕雉胸有成竹地说:"这个我也想好了,可以把睢阳北境,直至谷城,封与彭越,再由陈以东,直至东海,封与韩信。这些地方是他们的乡土,如果大王能够大度封赏的话,何愁他们不效犬马之劳呢?"

刘邦笑了一下,说:"好!就依夫人高见。只是有一点,万一其他将领向他们学习,不尽职尽责,反而跑来要封赏怎么办?"吕雉怔了一下,很快便说:"以为妻看来,现在大王所不可或缺的唯有韩、彭二人,也只有他们才有资格与你谈条件。至于其他人,大多是些碌碌无为之辈,我想他们也不好意思开这个口。"

回到大营,刘邦又和张良等谋士仔细策划了一番,觉得有一定把握之后,才派使臣分别拿着委任状去见韩、彭两将。这着也的确管用,两员大将竟不约而同在接到刘邦书信当天发兵了。

十六　霸王别姬

一个早上,项羽在城外的大帐中,突然接到一个令人惊骇的急报,自己安排镇守楚军后方的将军周殷,中了敌人的离间计,举兵背叛!

项羽咬牙切齿地说:"我誓必恢复失地,誓诛此贼!"

他尽管有此决心,但气势已令人感到不如当年雄健威猛。不仅是项羽个人如此，这在楚军也成了通病。得势的时候，威震天下。一旦失败，就没有忍耐败势的强韧劲力。

项羽的决心改变了。他发布命令："解固陵之围，还军彭城！"官兵因此欢声高呼。因为只要回转彭城，大家就可以获得充分的休整和丰富的食品。

但汉军没有如项羽所料，发动追击，因为追击势必演成野战，对野战刘邦始终没有取胜的信念。

项羽倒希望汉军能向自己追击。楚军虽在撤退中，但并不是在败退，而是有计划地"主动撤退"，仍然有和汉军生死一拼的能力。项羽也做了应付汉军追击的种种安排。他心里始终怀着一线希望："只要能捉杀刘邦，全局形势即可改变。楚军仍可以转败为胜。"

项羽可说是一步一回首，他不断地遥望着越走越远的固陵城。

不久，楚军进抵城父城。城父城是支援作战的军粮中继站。但因城内囤积的粮食也不多，项羽又下达命令："将城父城所有的粮食，全部分发给各部队，让将帅士卒，都能饱食一顿。"

如此一来，城父城便会变成一座没有粮食的空城。不过，项羽认为无关紧要，楚军的目标是彭城。

楚军在城父城住了一宿，翌日，再继续向东南进发。到达项羽选定的中间基地滩溪的时候，知道城父城已为汉军所占领。项羽心里猛然一紧，心想："刘邦已离开固陵城，向我尾追而来了吗？"

最后，才明白事实真相，但消息使他更加惊恐难安。原来刘邦并没有离开固陵，夺取城父城的，是自六安向北突击的英布，其中也有周殷所统帅的叛军。不用说，周殷的叛军中，大部分都是楚地的子弟。

楚人加入敌军阵营，对项羽来说简直是一桩不可思议的事。项羽一向重视"乡谊"。他认为楚人和他自己，无异于父子兄弟。楚人加入敌阵，对他的精神和心理的冲击，沉重异常。当他正准备整军离开此地的早晨。又传来了更可怕的消息：韩信统率大军30万，自齐地南下。接着又有消息传来：彭越的大军，从天而降，已在项羽的周围，开始行动。

消息越来越令项羽担忧，"韩信、彭越的先头部队，已分别从西、北两面，向楚都彭城进攻。"彭城虽是楚都，但楚军精锐，已由项羽亲自统率，用于和刘邦决斗。此外，另有一支强兵驻扎舒城，作为彭城的屏障，而这支大军，如今已投向汉军。

"这么说连回彭城也不可能了！"项羽仰天长叹道。

这时，他作了前所未有的决定：采取消极的守势作战，以待好时机的到来。

项羽召集手下的大将商议。他向在座的将军们说："我要奋起神威，给汉军以致命一击！附近有没有比较理想的地带，可作为战场？"

座中有人向项羽报告："东去不远，有个称为'垓下'的地方，城郊有高峭坚硬的山岩，岩壁四周，环布着无数的小村落。

附近还有几条较宽较深的河流。以这些小河流作为壕堑，利用岩壁施以土木工事，不难构成坚强的防御阵地，以寡敌众。如能采取守势作战，觑视时机，寻找敌军弱点，予以猛袭，就能收到意外的收获。"

于是，项羽在滩溪附近，布置阵地，以待敌军。一面大量组织兵力，一面筑起坚强的防御阵地。

这段时间，刘邦从遥远的西方，派遣了大量的情报人员，打听楚军动向和虚实。虽然楚军已成为孤军，在汉军的包围罗网中。兵力减少，官兵饥疲，但在项羽的统率之下，刘邦仍然小心翼翼，不敢丝毫大意。

目前汉军，由于韩信、彭越、英布、刘贾、卢绾都领兵赴阵，比较庞杂，其中有赵兵、代兵、燕兵、齐兵、魏兵和楚兵。这些来自不同地域的官兵，语言、生活习俗，都各不相同。其中来自北方的齐、赵、燕兵，身躯高大，威武有力；楚兵较小而矫健灵活；代兵精于骑射，各有所长，各具特性。这些表面看起来对汉军不利，但实际上从各方面进一步充实了汉军的战斗力。

这时的刘邦，真可谓兵力强大，势不可挡。

不过，刘邦却并没有轻举妄动，心里仍然存有忧虑。因为对手是他一向打不过的项羽。依照刘邦的推断，项羽既然不能去彭城，唯一的途径大约就是奔向他的故乡江南，以图东山再起，如此一来，楚军便要进行长途行军，而远行军中自然防守就是弱点，那时候再寻找机会歼灭，取胜的可能性就要大一些。

然而，这次项羽行动却完全出乎刘邦所料。

事物往往就是这样。有些事在一般人都能看透的情况下，在局内的高明人未必能识破。

汉军的包围圈越缩越小。

刘邦终于沉不住气，召来张良等人商议进攻之策，他想速战速决。这个时候汉营中许多人主张发起猛攻，活捉项羽。

"既然众将军都认为项羽死期已到，那么今夜子时便发起猛攻，一口气给我拿下项羽，从此天下便太平了。"刘邦终于下了命令。

战斗就在这时打响了，总攻开始后，起初汉军较顺利地占领了一些地方，但很快，就被强悍的楚军阻挡住了。

这时，刘邦又陷入了忧郁之中，他心里暗忖：楚军不是大部已退守了吗？怎么这么快又调了回来？

刘邦的犹豫是对的。

楚军并未大部调往垓下。项羽在被逼无奈的情况下，给刘邦设了个陷阱。

项羽把部分兵力放在了垓下，并大造声势，构筑工事。这样有两个目的，等汉军接近，立即出击，首先寻找刘邦，"擒贼先擒王"，只要捉住刘邦，战局便可立即为之扭转。还有另一层用意，那就是万一捉不到刘邦，或者自己战败，还可以退守垓下，凭借垓下的天险和已构筑的工事，总能守一阵子。

这天夜里，项羽坐卧不宁。他踱出庙门，站在一个小土丘上，借着微弱的月光，看着茫茫四野，心里油然生出几分悲凉之意。

当项羽沉浸在无限的思乡情感之中时，他的爱妻虞姬从后面给他披上了防寒的战袍。

虞姬很满足自己的奉献和生活。至于项羽，他对虞姬的爱，几乎到了完美无缺的地步。项羽兵困原野，虞姬时不时地给项羽讲些笑话趣谈，逗他乐一乐。但一连几天了，项羽对虞姬似乎都不放在心上了。

项羽把她抱在怀里，就地坐了下来。虞姬也不多言，乖巧地躺在他怀里，抚摸着他粗壮的脖颈和刚硬的胡须。其实，由于虞姬的出现，项羽想起了吕雉。不到一年前，吕雉还作为自己的俘虏被押在楚营里。那时他与吕雉少不了一日要亲热一番。项羽从吕雉的一言一行里明显地体会到，吕雉对他也是有意的。既然他们有过那么一段交往，那么今天吕雉在何处呢？她知不知道此时此刻项羽对她仍存有一丝希望呢？

“吕雉呐吕雉，当年你在楚营被押，如果不是我怜香惜玉，如果不是你我那份情谊，纵有一百个吕雉，恐怕也活不下去。而今天，你的丈夫刘邦背信弃义，出尔反尔，逼我入绝境，难道你不该伸出手来救援一下？”项羽怀抱着虞姬，遥望汉营，心里默默地说道。

就在项羽胡思乱想之时，汉营中突然亮起无数火把，照得满天透亮，如潮般的汉军喊声雷动，蜂拥着向楚军奔来。

项羽被惊得说不出话来，他推开怀里的虞姬，立即命手下护送着虞姬赶往垓下，自己率精兵出战。

混战中，刘邦的汉军势如破竹，推进速度很快，刘邦边战边喊道：“楚军已经不行了，只要咱们一鼓作气，项羽的死期就到了。”

到了后半夜，楚军似乎从困境中挣扎了出来，开始阻住了刘邦的进攻。天快亮时，忽有一哨人马直奔刘邦而来，快接近时，有人发现领头的是项羽。

刘邦和项羽已战数十个回合，眼看着刘邦体力渐渐不支。项羽的兵力显然多于刘邦，形势对刘邦越来越不利。项羽越战越勇，刘邦看来招架不住，掉转马头向东南方向跑去。

“刘邦无赖小人，今天不取你首级，项某誓不为人！”项羽大喊着紧跟其后。

“项贼休走！”

“项贼着枪！”

突然，项羽左右两边突然杀出两彪人马。

左边的是彭越，他应张良之命，一直暗中迂回在刘邦身边。当他得知项羽反偷袭时，立即赶了过来。

右边一彪人马是韩信，他是尊吕雉之命，暗中保护刘邦，并未率兵打先锋。

此时，天已大亮，项羽急忙掉转马头，想返回，可韩信已立马横在路中，使他没了退路。

项羽此时别无选择，其他三面都被汉军包围得水泄不通，只有东面尚留有一个缺口。这是汉军故意留下的。楚军没有选择余地，只好顺着这个口子往里钻，钻进去就是垓下。

韩信将攻打垓下的大军分成三路，左路的领军大将是刘贾，右路的领军大将为彭越，他自己亲领中军。

刘邦的大本营设在韩信的后面，镇守大本营的是张良和周勃、柴武等大将。

布阵完毕后，稍事休息，韩信便策马摇旗，挥动大军，直逼垓下。

入夜时分，双方交上手，一直搏斗了整整一夜。天亮时分，项羽才顶不住了，他清楚，如果再硬抗下去，后果不堪设想。于是，只好下令撤退。

项羽站在观察哨小楼上，眼见退却中的楚军的混乱情势，惨重的死伤以及遗弃在战场上众多的楚军官兵尸体，感到非常悲痛，不由得掉下了眼泪，他心里明白，失败的命运已无法挽回了。

无奈，项羽只好退到垓下拼死迎敌。

项羽是个真正的英雄，他即使仅有一兵一卒，也要拼搏战死。正因为这样，他极不情愿与那些庞杂的无名之士缠斗,他认为那是毫无意义的战斗,是徒然浪费精力和体力。

但是,汉军的行动,是不能听他项羽安排的。潮涌般的汉军,使他不得不拿出全部精力去拼杀。

韩信在接近垓下时,又重新调整了部署。他将三路大军分为十路,指示他们分别埋伏在指定位置,听到号炮响起,才可奋起进攻。布置妥当后,韩信自己领精兵二万,到垓下城下,指名叫项羽出战。

项羽一向自恃勇猛,一听韩信指名叫战,立即被激怒了。他不听楚军将领的劝阻,出战迎敌。

两军刚一接战,项羽就横枪跃马,冲入汉军阵中,数十名汉军官兵被斩马下。

韩信与项羽交手后,并没有拼死硬战,而是且战且退,引诱项羽进入包围圈里。

就在此时,汉军中号炮声四起,几路兵马如从天而降,截住项羽,一阵厮杀,楚军一眨眼功夫便溃不成军。项羽此时已知中了圈套,但悔之晚矣。就在这危急时刻,项羽挺枪跃马,大喝一声,一路杀下去,终于杀出一条血路,跑回垓下。

到了垓下,项羽已只剩下三万多残兵败将。

住在垓下城中楚军大营里的虞姬,虽然一向不过问项羽的军政大事,但由于她对项羽至深的爱,对项羽的每一次成败自然极为关注。尤其这次战斗,虞姬总感到有一种不祥之兆,她经常派出宫女,向楚军将帅探听军情。但所得到的回信,一次比一次坏,一回比一回惨。

这次项羽回得帐来,一脸的疲惫之态。等他坐定之后,她向他打探战况。只见项羽叹道:“败了,败得一塌糊涂。”

“大王,胜败乃兵家常事,不必因此而过分忧虑。”

不想项羽这次破了天荒,对虞姬瞪着眼睛说:“难怪你们妇人之见,说得倒轻松,我能不忧虑吗?”

项羽如此对待虞姬,这是从未有过的。今日项羽的态度,令虞姬悲从心来,泪如雨下。这倒不是因为项羽对自己疾言厉色,感到委屈,而是因为她从项羽反常的态度中已知道战况的严重性。

不过,虞姬强忍着伤悲,还是按惯例给项羽斟了酒,让他解乏。项羽刚喝了三杯酒,帐外探兵来报:“汉军已包围垓下。”

项羽听罢,不禁气得浑身发抖,恨不得立即出战,与汉军决一雌雄。虞姬扯住项羽衣袖,温和地劝说道:“楚军刚败,士气还未恢复,何况敌多我少,还是不出战为好。”项羽本已无力应战,听虞姬如此说,也就罢了。

项羽对报信的兵士说:“告诉各营将士,谨慎坚守城营,没有我的命令,不可轻举妄动。”

项羽吃罢酒,带有几分醉意,说道:“但愿今夜平安。”

虞姬点点头。她看到项羽有了困意,便赶忙取过枕头放在他身下。项羽靠下来合着眼,说道:“有个老婆确实好啊!”

项羽,号称天下强者。然而,在这时刻,他表现出了软弱,弱到幻想有一个依靠。

项羽合着眼再没有说话。虞姬半卧在他身边低声唱道:“秋兰兮青春,绿叶兮柴茎,满堂兮美人,忽独与余兮目成……

悲莫悲兮生别离,乐莫乐兮心相知……”虞姬低唱着,当她发现项羽已有微微鼾声时,立刻停止不唱了,取出一床被子,轻轻盖在了他身上。

第二天,汉军又发起进攻,不过,这次汉军并没有立即接近垓下,而只是在城外远处呐喊、慢慢向垓下城集结。

项羽坐在床边,低头苦思着。

顷刻之间,角鸣风响之间,夹有阵阵歌声,长短高低,凄清宛转,如泣如诉,恍如鹤吹九皋,哀鸿四野。

虞姬虽出生在齐地,但对这声音却能听明白。她在心里暗忖:

“这是楚歌,如此哀怨酸楚。”

她回头看了一眼苦愁的项羽,心里更为难受。她知道项羽心忧如焚,可是……

项羽也听到那远处的歌声了。

他抬起头静听了一阵,立即跳了起来,惊恐地说:“虞美人,听到没有,那是楚歌!”“是楚歌吗?好哀伤啊!”

“不错,楚歌确是很哀伤。不过,它也有活泼飞扬的曲调。”

说着,他一边离床起身,一边穿戴好盔甲,对虞姬说:“我到城上去看看。”

虞姬没有说话,用呆滞的眼神望着他,点点头。

项羽到城楼上一看,四野全是汉军,歌声原来不是来自城内,而是从城外汉营里传来的。

项羽更为惊疑了,自语道:“四面楚歌,有这么多楚兵投降了汉军吗?”

项羽心里又一阵颤动,心想:我身为楚王。是因为有楚人拥戴,如果他们弃我而去,我还是个什么西楚霸王?想到这里,他不禁又有些伤感。

楚歌,究竟从何而来?

原来这是出自张良的谋略。确切地讲,是出自吕雉的主意。

垓下久攻不下,张良便想出法子,为了减少汉军伤亡,先可以采用攻心战,瓦解楚军士气,最好是不战而获。

张良的这一建议被刘邦采纳了,但如何攻心,用什么办法去攻心,大家却找不到。

吕雉这时猛然想到,她当时被囚楚营时,楚军每当月圆和遇上高兴之事时总要高声唱一阵楚歌,那歌声如泣如诉,很是悲凉,军士们一边唱一边哭,以此来表达思乡之情。想到这里,吕雉对张良耳语几句,张良恍然大悟,忙移席近前,秘密与韩信、李左车说:“我在夜静之际,到鸡鸣山一带吹动此萧,悠悠余韵,耿耿悲声,使字字为之断肠,句句为之解体,保证一吹之后,八千子弟不劳元帅费一兵一卒,自然离散。”

韩信一听,拜伏在地说:“先生有此妙计,虽秦女、萧史不能及也。”良即答礼。相约已定,次日就按兵不与楚交战,四边多设战车,增添将士,严加巡哨。仍令萧相国催促军粮,各路诸侯分头运抵以接济军储。吩咐樊哙在山顶上鸣锣击鼓,以扰乱楚军军心。仍令灌婴时常在楚营左右埋伏,待霸王一旦出营冲阵,即令拦阻,催报各营,一齐备力攻战。

西楚霸王一连三日都未出战,有季布、项伯等人入营来见霸王道:“即日起三军无粮,战马无草,军士暗地埋怨。如果有想要投降的人,蛊惑其心,必然生乱。事已到此,十分紧急。不如陛下率领八千子弟,臣等领各营人马,同心合力,杀出重围,逃到荆襄或江东,任凭陛下到哪里去。”

霸王道:“你说得有理,我就来冲头阵!”于是传令道:“着三军明日随我冲杀汉兵,以出重围。每个人都要奋力当先,不可后退!”军士得令,暗地商议:“我等从军日久,农袄破绽,未得缝补。当此深秋之时,天渐寒冷,连日缺粮,救死不能,如何冲杀汉兵?”

众人饥寒交迫,熬到黄昏之后,将近一更之初,偶闻秋风飒飒,木落有声,客思无聊,已动思乡之心。只见众军三个成群,五个一伙,聚在一起。正在郁闷之际,忽听高山之上,顺风吹下数声箫韵,一曲悲歌,清和哀切,如怨如诉,透人愁怀,感动离情。那箫声一声高,一声低,一声长,一声短,五音不乱,六律和鸣。如露滴苍梧,如鹤鸣九皋,如风送叮咚,如漏点铜壶。愈伤而愈感,愈闻而愈悲。虽然你有铁石之心肠,也会被摧裂;虽然有冰霜之节操,也会被改变。这种乐声纯粹是离散英雄之心,消磨壮烈之气。

张良自鸡鸣山吹至九里山,沿山吹了足有数十遍。又令汉兵学此楚声,走到哪里唱到哪里。正当夜深人静之时,音韵凄凉,最能令人伤感。箫声一起,吹得楚营中人人泣哭,个个心酸。

此时人心已散,不长时间,八千子弟连同各营军士,十散八九。诸将欲将此事启奏霸王,可是此时不过二更时分,他与虞姬正在熟睡,不敢打扰。诸将商议:“大军已散,只剩下我等十余人,如果汉兵趁着楚营空虚,从四边攻杀进来,霸王被擒,我等性命亦难自保。不如混杂在众人之中逃走,夜晚不辨彼此,逃出重围,再与霸王报仇,还有生路。若同霸王一起受死,生既无益于国家,死亦与草木同朽矣!那样不是太愚蠢了吗?”

钟离昧说:“诸君之言甚当。”于是众将就都扔了战马盔甲,也同众军士逃走。惟项伯自思:“我昔日鸿雁川曾救张良一命,又与汉王结为婚姻,何不往投张良,求见汉王,封拜为侯,不失楚家之后,使宗祠不绝,岂不美乎?”遂仗剑寻问张良营寨不题。

有周兰、桓楚二将曰:“我等受霸王知遇之恩,虽死不可舍去。彼众人皆是贪生惧死,假为巧说,猪狗禽兽不如也,岂足挂齿?我等纠集楚卒,见有八百余人,守定中军,意请主上醒来,舍死冲杀出去,以图再举。若天不佑楚,或霸王遇难,我等一同赴死,生则君臣相聚一处;死则魂魄亦不相离,乃大丈夫之所为也!”二人独立账外,将率八百楚卒守住寨门。

有周兰、桓楚正欲飞报霸王,霸王已醒,披衣而出,观望四壁,乃大惊曰:“汉皆已得楚乎?是何楚人之少也?”周兰、桓楚急到账下,悲泣曰:“楚兵被韩信用计,遍山吹洞箫数阕,吹散楚兵,诸将亦皆亡去。惟臣二人纠集楚卒止八百余人,听候陛下。陛下正当乘此溃乱之时,同臣等急冲杀出去,尚可出此重围。不然,汉兵知楚营空虚,协力攻击,兵微将寡,何以御之?”霸王闻说,泪下数行,遂入帐中来别虞姬。当此之时,虽铁石心肠,宁能不动耶?

项羽神情黯然地回到了帐中。,

虞姬已听到他们的谈话,看到项羽这种钢铁男儿竟然落泪,她也不由自主地泪眼汪汪,哭成了泪人。

项羽神情猛然激奋起来,也许是见不得女人掉眼泪,转身出去。他命营中剩下的官兵,一齐到他的账前,把自己目前尚存的全部酒食尽数拿出来,不分将帅兵卒,混坐一起，让大家开怀畅饮。

项羽自己先满饮一杯，虞姬此时已悄然坐在他身边，也陪着喝了一小杯。

项羽跃上高桌，大声说："大家现在可以尽量畅饮，但不可太醉，这是你我同饮的最后一次！酒，请！"

项羽说着，率先又干了一大杯。

此时的项羽，脸泛红光，声音颤抖，接着又说："饮罢酒之后，大家可以各自选择道路，逃离垓下，求生去吧！"

"大王！我们誓与大王同生死！"

众将士被项羽的豪气所感动，纷纷高声说道。

"不！这样我项羽就更对不住你们了。本来，刘邦要追杀的仅我一人，与你们没有干系。目前，汉军无数，我军已死伤所剩不多，只要有我在，刘邦就不会跟你们过不去。"

项羽边说边一杯一杯地喝。这时他已有了醉意。他面孔红了，脖子红了，连一双圆球似的眼睛也通红了。

但是，无尽的感伤，不断涌上心头，四面的楚歌声，声声撞击着他的心头，项羽仰天一阵狂笑，笑完之后又大哭起来。

虞姬看他伤心，当着众人又不好出言相劝，就伸手过去要扶项羽回帐，没想到刚一靠近他，便被项羽一抬胳膊，嘴里吼道："让我好好欢快欢快！"

虞姬本一娇小女子，虽然也会一些防身的武艺，可是哪能吃住力大无比的项羽这一摔。顿时，她像一片树叶似的，被弹出了一丈多远。

项羽瞪着血红的眼睛，慢慢转过身来。当发现自己刚才摔的是虞姬时，好似酒醒了一半。情不自禁地说道："啊，美人！"说着赶忙上前抱起了虞姬，跌跌撞撞地回到了帐中。在几位内侍的帮助下，项羽的情绪稍稳定了下来，与虞姬并排躺在了床上。

忽然，他又从床上坐了起来，用一只手击着自己的腿，另一只手抓着虞姬，声音低沉地唱道："力拔山兮，气盖世；时不利兮…"虞姬被项羽一抓，感觉骨头架子都快要散了。但她看到项羽含泪唱着，便挣扎着坐起来，对他说："大王，你怎么这时也唱起楚歌来了？快别唱，这种歌此时叫人听了好心酸啊！"

虞姬是半个江湖女子，对吟诗作歌比项羽精通，她稍加思索就附和道："汉兵已略地，四面楚歌声。大王意气尽，贱妾何聊生？"

歌声悲切，心灵却是相通的。

项王与虞姬边唱边喝，转眼已是五更时分。周兰、桓楚在帐外等候多时，心中急得不行，忍不住隔着帐帘催促道："项王！天就要亮了，陛下可紧急起行突围。"

霸王眼泪再次流淌下来，辞别虞姬说："我就要走了，你自己保重吧！"虞姬说："大王已出重围，贱妾该怎么办呢？"霸王说："你长得这么迷人，刘邦见了肯定会留下你，料不至杀伤也！你也就不用为自己的生死担忧了。"

虞姬觉得鼻子酸酸的，咬牙道："妾愿跟随大王之后，夹杂于众军之中，可出则出，不可出则死于大王马前，阴魂随大王过江，葬于故土，贱妾就知足了！"

霸王动情道："万军之中，戈戟在前，甲士围绕，骁勇者尚不敢进，何况你自来娇媚，又不能驰骑，实在是白送性命，毁掉半世青春，诚为可惜。"

虞姬坚持说："愿借大王宝剑一用，我假装男子，紧随大王之后，务必要闯出去！”霸王见劝不住她，只好拔出宝剑交给虞姬，虞姬接剑在手，泪流满面道：“妾受大王厚恩，无以回报大王，愿一死以绝他人之念。”说完一剑朝脖子一抹，顿时血溅四壁，香消玉殒。

项羽准备抢过虞姬手中的剑，但为时已晚。项羽抚摸着虞姬的尸体，热泪滚滚而下。周兰虽然被吓了一跳，却比项羽冷静得多。忙劝道：“人死已不能复生，大王要以天下为重，否则虞姬就白死了！”此时大兵压境，的确不容项羽再度伤悲。于是，他将虞姬的尸体用草席包裹了一番，草草埋葬于营内一角。

安葬了虞姬，项羽便跨上他那心爱的乌骓马，带着尚未逃离的800名护卫军，趁着夜色，偷越汉营，向东南方向进去，直向彭城。

韩信闻报项羽逃跑的消息，便命灌婴率领5000官兵，轻装前进，让他务必捉拿项羽。项羽他们没有逃出多远，汉军的灌婴已经追了上来，双方又是一阵拼死厮杀。霸王跃马横槊，直取灌婴。交战不过十余合，灌婴败走，霸王不敢追赶，只好横穿重围，奋力冲杀，汉兵不能抵挡，纷纷倒退。灌婴急报入中军，汉王同韩信统大兵分头追袭，樊哙在山顶上挥动大旗，把八路汉兵，四面围绕。

曹参带兵来袭，正遇周兰、桓楚断后，急率副将刘贸、王隧、周从、李封截住去路。周兰、桓楚回身一看，楚兵只有20余骑，势已孤立，想要冲杀众将，力不能支，又恐被汉兵抓获，羞辱一番，于是仰天长叹道：“敌人巨大至此，我等不能支也！”说完引刀自杀，随从20余人也都挥刀而去，一群忠魂飘然飞天。

刘邦闻知项羽突围脱逃，大为惊慌地说：“立即派人追捕，绝不能让他逃生。”于是，韩信又派出五员大将，各率5000官兵，分几路搜寻。

在此同时，刘邦又就捉拿项羽定出了赏格。即，有人能杀了项羽，如果能献上首级者，封万户侯，另赏赐黄金万两。依照刘邦出示的赏格，只要是一个最下层的小兵，如果能捕杀掉项羽，就能一跃成为万户侯，成为贵族。

汉王大兵分头追赶霸王，霸王依旧杀透重围。急奔淮河。到河边，有一小舟停泊在河岸边，霸王忙命军士助他渡河，又将北岸军马陆续渡河。他忽然看见一个老农站在道旁，忙过去问道：“老人家，从何处可往江东去？”

老农见是个满脸凶相的黑大汉，身上甲胄鲜明异常，知道此人必定是恶名远扬的西楚霸王，当年建都彭城，数年无德对百姓，多行杀戮，民众颇受其害。现在他被汉兵追得急了，迷失故道，才来问路。既然他要往江东去，那么还是不指说正路的好。

老农沉吟未答，霸王以为他害怕，就尽量柔声细气地说道：“老人家不要恐惧，我是霸王，因汉兵追赶在后，欲渡江往江东去，但不知从何路可往？”老农一方面恨他残暴，另一方面欺其不知地形，就随手一指道：“应当从左路而往。”

霸王慌不择路，率众向左衔枚急走。前行不过一里，问题就来了，一个大湖横在前面不说，接近湖边的地方更是泥泞难忍，由于跑得太急，项羽竟连人带马陷于大沼泽中，几乎不能出来。幸亏乌骓马乃是龙驹，关键时刻一跃而起，逃出泥潭。

刚要前进，忽见杨喜率一支人马赶到。霸王知道是旧部杨喜，就劝说道：“我现在人困马乏又陷在大沼泽中，方才得出，力不能与敌，你从前曾随我数年，不如此次与我同过江东，再整兵马，我马上封你为万户侯，共享富贵如何？”杨喜反劝道：“大王不纳忠良之言，不珍惜贤士，大肆做无道之事，所以才落到今天的下场，纵使过江重整旗鼓，终不足以成大事。臣现在从汉，是得到了明主。我奉命追兵至此，念在是大王的故旧,不会随便动手,劝你早早下马投降,与我同见汉王,也不失封王之贵。"

霸王被他教训一顿,不禁大怒,举槊直奔杨喜。杨喜本不是他的对手,但也知道今非昔比,此人未必就有当初那么神勇,何况,他只要坚持一会儿,援兵就会赶到。想到这里,他也壮着胆子来战霸王,二马相交,兵器并举。

战到二十回合,霸王右手大槊扫空,左手举鞭望杨喜打来。杨喜猝不及防,左臂上已着一鞭,被打落下马。霸王方欲举槊由上往下砸,早有杨武、王翼等将一齐赶到,扶杨喜上马退回后阵。

众将上来挡住,项羽毫不示弱,又挥动兵刃与众将交战。这么一耽搁,后边英布、彭越、王陵、周勃分头围绕上来,霸王一看不好,不敢恋战,拨转马头向城东而走。回头看相随者,不过二十八骑而已,他暗叹道:看来这次很难脱出重围了。这么一想,又觉身体困乏。此时天渐昏黑,路小山多,树木丛杂,左右说道:"大王连日驱马驰骋,未得饱食,臣等随大王万死一生,亦未得食,马匹也未沾水草,不如趁现在树木丛生之中,汉兵只能围绕在外,且因路窄树多,敌人尚不敢冒进,大王可到前面的村子里寻找一个民房,暂时休息一下。等到天明,我们才好行走。何况天色如此昏黑,如果贸然前进,再次误入深泽的话,人马疲乏之甚,决难逃生。"

霸王本来也已无心逃跑,听大家都这么说,就放慢马速,寻找出路。走着走着,远远看见林木间微露灯光,知道是人家所在。霸王就和众人赶到大林边,走的近了,反而不见灯光,只有一古院在那里。

众人便道:"院中也可休息,请大王下马。"霸王到大门边,忽听有潺潺水声,勒马看时却是一泓溪水正在流淌。他忙策马近前饮水,又令一小卒将所持巨槊在溪边大石上打磨,以备来日冲锋陷阵。

小卒力弱,实在不能举动大槊,更谈不上打磨了。霸王一笑,下马自己将兵刃在大石上磨了磨。他一时兴起,将石头推在一边,不想此处却是泉眼,石下泉水涌出,遂成古泉。

霸王又同众人进院两廊寻问,人迹不见。寻到后面居屋,见几个老人围炉而坐。小卒便问:"院中如何不见众人?"老人答道:"看院子的原有二十人,近闻楚汉交兵,都吓得逃跑了。我等是近村人家,各人恐院中遗失东西,就请我等年老无用者在此看守。但不知你们是何人?夜晚至此有何事?"小卒道:"如今有西楚霸王,被汉兵追赶到此,夜晚不能前进,要投院中暂歇一宵,明日早行,你们有饭可进与我王食用吗?"

内有一老人颇懂道理,近前道:"大王建都彭城,此处本来就是楚地,正是大王所管之处,费用些许粮米,我们自当贡献,岂敢有什么要求呢?"霸王闻听此言大喜,忙吩咐道:"快去,快去!"众老人找出大米一石有余,交给众军士,担水生火做饭,拔野菜煮熟,先进饭与霸王用,然后众军士分用毕,霸王进寝。

将至夜半,忽见天边一轮红日浮于江面,见汉王乘五色彩云,翱翔而来,将红日抱于怀中,驾云而起,但见相连云脚之后,有万缕祥光,接续不断。霸王见汉王抱日而起,急忙撩衣涉水而上,来夺红日,被汉王在云中一脚迎面踢来,将霸王踢落江中,径抱红日向西而去。霸王忽然惊觉,却是南柯一梦。霸王叹道:"天命如此,不可强求也。"话声未落,只见小卒急报:"汉兵又杀到林前,请大王赶快起身前进。"霸王紧束铠甲,杀出林来。

此时天已平明，汉兵分在两边，一将举兵器迎来，又是灌婴。

霸王刚与灌婴交战，随后杨武、吕胜、柴武、靳歙，相继而来。霸王不敢恋战，只是奋勇向前冲杀，三军不能挡，诸将随后追袭。又前行50里，来到乌江。

霸王勒马四望，只见汉兵重重叠叠围绕上来，他对其从骑说："我自起兵之日算起，至今已有八年了，身经大小七十余战，所当者破，所击者服，未尝败北，所以才称霸天下。现在被困于此，是老天要我死，而不是我作战之罪也。今日既然决一死战，我必能连胜三场。我先和你们冲杀重围，斩将夺旗，你们就知道是天亡我，非战之罪也。"

说完，他就把有限的二十八骑分为四队，与汉兵相对。汉兵大呼小叫，将他们团团围绕数重，霸王又对其从骑说："我先为你们杀去敌人一将，你们可以趁乱四面驰骑，最终至东山之下，分三处等候，不可有违也。"诸军道："愿从大王之命。"

一切安排妥当之后，楚霸王大呼一声，单槊匹马冲入汉兵的千军万马之中。汉兵吓得纷纷倒退，被他轻易便杀一将。这时，杨喜因为昨日被打伤，虽然已得康复，却是怀恨于心，于是一马跃出，拦住霸王去路。

未及交手，霸王两眼圆睁，大喝一声，吓得杨喜连人带马都是一颤，掉头逃出数里。霸王遂与其他人约会东山下，分为三处，霸王杂于其中。汉兵不知他所在，只好又分兵三处围绕起来，霸王举枪往来，驰骋于三处之间，以身为羽翼护佑手下，和汉兵玩起了老鹰捉小鸡。

项羽这次脱逃后，一路南下，不多时就到了长江北岸，这里是南京上游不远处，地名叫和县。和县东北有座小村落，叫乌江浦，这是一处渡口。从这里渡过长江，就属江南地带。在宽阔的江边，插着一支红旗，在风中飘来摆去，很是耀眼。项羽跃马向前一看，不禁愕然，只见地上有成千上万只蚂蚁爬来爬去，最奇怪的是，它们竟构成几个大字。随后赶来的楚军士卒也是大惊，原来那几个字竟是：项羽自刎于此！

项羽一动不动地盯着地上，任凭江边的冷风吹打着自己，不知在想什么。

这里原是楚地，楚国在这里设有一亭。此时当地亭长驾驶一叶小舟，正等项羽过江呢。这位亭长一向敬佩项羽英豪盖世，一见项羽到来，立即拱手一揖，大喊道："大王请快上小舟，我带大王过江去。这里没有其他船只，汉军追来，也只好停在北岸而已。"

项羽下了马，但却没有立即踏上小舟，而是死死盯着地上的字，那群蚂蚁还在忙忙碌碌地跑着，不知为什么，总是构成那几个字。

他向老人说："老人家，我项羽无德无能，承蒙老人家错爱。我落得今日这境况，绝非由于战争因素。这是天命亡我，而不是人力所能挽回的。既然是天要亡我，即便是过了江又怎样呢？"

项羽说到这里，竟泪流满面。他把心爱的乌骓马交给老头儿说："这匹马是天生龙驹，它陪我征战多年，我的胜利至少有它一半功劳，我能够苟延残喘至如今，也是它那日行千里的功劳。现在我已活不成了，但又不忍将此宝马送与汉军之手，仅以此奉献老丈，请老人家多加珍视。"

项羽心如刀绞，他知道身边的勇士也不愿离开，就背转身子对老人说："请老人家快快开船。"

老人见他坚持不走，就叹着气牵马渡江，那乌骓马咆哮跳跃，几次回顾项王，恋恋不欲上船。项王见马迟迟不肯上路，心中酸楚难忍，不禁泣不能言。

老亭长刚要撑船渡江，那马长嘶数声，望大江波心一跃，竟不知所往。众人大惊，再想救助却已晚了。亭长也吓傻了，半晌面如土色，见江上一如往昔般平静，就放舟而去。

项羽擦了擦眼泪，抖擞精神，徒步挺枪迎向追来的汉军。走了不远，就与前来的汉军相遇，项羽左冲右挡，一阵狂杀乱砍，又杀死许多汉军，自己也身负十几处创伤，浑身被血染成了红色。

项羽无力再战了，手中枪立在地上，自己伫立在中间，周围的汉军竟一时间无人敢近前。

就这样僵持了好大一阵。项羽用那绝望的眼神一遍遍扫视着汉军的官兵们。

突然，项羽一阵仰天大笑，笑完后说道："汉军弟兄们，我听说刘邦为了我这颗人头，竟悬赏万金，封万户侯。你们可知此事？"

汉军官兵个个面面相觑，没有回答项羽的问话。

这时，汉军后面喊声大振，项羽举目一看，从远及近开来两彪人马，前面一彪人马打着"韩"字帅旗，那是韩信。后面一彪人马打着"刘"字旗，想必就是刘邦了。项羽浑身一阵颤抖，又对最靠近他的几个汉军士兵说："你们别怕，既然我这颗人头能值这么多钱，那我现在就布施给你们这些无名之卒吧！不过，你们要下手快，不要等韩信、刘邦追上来抢了头功。"项羽说完，一挥长剑，自割了咽喉。

项王在始皇十五年己巳出生，于大汉五年十二月乌江自刎而死，年仅三十一岁。

十七　夜祭楚霸王

汉将吕马通等五将分别拿着项羽的头颅和四肢，兴高采烈地向汉王邀功请赏，汉王起身看了看项王的头颅，怒目圆睁，面目如生，不禁哭泣道："当年，我与王曾结拜为金兰兄弟，后来图谋夺取天下，进而与王发生矛盾。可是你曾经抓太公、吕后，恩养三年，毫无失礼的举动，这是古代大丈夫之所为也！在这方面，我实在不能与你相比。没想到你今天死了，我实在是很痛惜。"

吕雉在旁边听着，心中暗暗佩服，不佩服别的，单佩服丈夫的演技，明明是在他的操纵下，项羽才死于刀剑之下；明明是害了自己的兄弟，现在却哭得像要为他报仇一样。最有甚者，还有一些大脑有水的将官在那里为他的慷慨陈词而落泪。

刘邦安排完之后，正要休息，突然从帐外进来两人。他定睛一看，却是张良和项伯。原来项伯离开楚营投奔张良，张良因为见到战事未绝，未敢就此事启奏汉王。现在既然顺利灭楚，诸事已平定，就带项伯来见汉王，进谏道："项伯前日在我用楚歌散兵之时，即来投靠到臣这里。我因为项伯是故友，再加上前日鸿雁川有功，就把他留住营中，可是此事关系重大，我不敢做主，这才引来投见大王，请陛下接纳他。"

汉王此时心情舒畅，为人也大度得很，笑道："项公累有大功，又是至亲，我正要派人寻访，没想到你不嫌弃我，自己跑来相见，实在是正合我意。"客气一番之后，他加封项伯为射阳侯，赐姓刘氏。项伯身为楚军叛徒，没被汉王所杀，反而做了大官，虽然跟别人姓了刘，却觉得是无上光荣，连忙磕头谢恩。

楚霸王项羽雕像

这天夜里，应吕雉的要求，刘邦所率部队就在江边驻扎。

夜深了，吕雉说："大王，我想去江边项羽自刎的地方走走。"

刘邦惊愕不已地问："为什么？"

"这个…"

"这个什么？有什么好走的？你说呀！"刘邦有些不解，更有些着急，他也听说吕雉被囚楚营时有失节迹象，但他通过向审食其和老太公了解，都矢口否认，还说不可这样无端猜忌，以免中了楚军离间之计。现在项羽已死。吕雉却要在他死去的地方看一看，这难道是另有隐情。

吕雉推了推陷入沉思中的刘邦，说道："大王连这都不能理解啊？想当年，我与太公被囚楚营，无数次审问，无数次威逼，我们受尽了人间罪，吃尽了人间苦，今日项羽战败，我恨不能亲手杀了他。我要去他死的地方走一走，是让他知道，我胜利了，如今他已做鬼，而我却成了胜者。"

"不错，"刘邦有些不好意思地摸摸脖颈，说道："如此说来，夫人就去走一走吧！不过。我倒不想去。我与项羽虽征战多年，但就从德和义上讲，他并未负我。当年鸿门宴，他要杀我易如反掌，但他没有，后来他又掳去你和太公，仍然未动毫发，他是在与我拼真本事。而我，我有点愧对于他……"

"这么说，大王怕项羽阴魂不散，有害于你？"

"笑话，他堂堂西楚霸王，竟被我干掉，我还在乎什么'阴魂'、'阳魂'？我只是不想去而已。对了，夫人要去江边，多穿点衣服，江边风大，小心着凉。"

"知道了。"

吕雉说着带了几名随从便来到了江边。

到了江边，吕雉又返回到岸上项羽自刎的那片沙滩上。

借着火把的亮光，吕雉寻找着项羽的遗物，哪怕一丝头发，一根胡须，或者一片衣物，但什么都没有，战场打扫得出奇地干净。

她在那一块沙滩里转来转去，终于，她眼前一亮，盯着地上一摊殷红的鲜血站住了。吕雉让侍从退后一边，她要在此静坐一会儿。

吕雉慢慢蹲下身子，用手抚摸着那殷红的沙块，遥想当年她躺在他怀里，在他宽厚的胸前抚摸的感觉。

突然，她心里一阵疼痛，那手情不自禁地抓了下去。她把手拿到鼻子跟前闻了闻，好似有股项羽当年的酒味和汗味，就在这时，吕雉陷入一种幻想中。

她看见项羽浑身血污，向她一步步走来。嘴里还一个劲儿在说："你怎么说话不算数？你不是答应过我一定要救我一次吗？怎么我几次派专使都不见音信？难道那时你的所作所为全是假的吗？"

吕雉眼看着项羽越逼越近，她本想说点什么，但又无从启齿，只好含泪边退边躲。那个巨人又说:"你这个阴险的女人,告诉我,那群蚂蚁是怎么回事,是不是你做的手脚?"

听他这么一问,吕雉吓得魂飞天外,原来蚂蚁奇兵的确是她一手策划的。

现在,吕雉面对质问无言以对,项羽又披头散发,满身血污的逼过来,吓得她大叫一声,这才发现竟然是噩梦一场,什么血污、幽灵不过都是幻象。看着黑漆漆的江面,吕雉心中涌出一种前所未有的恐惧感,她对手下喊道:"走,走,赶快离开这个不祥的地方!"

项羽已死,这从某种程度上标志着连绵多年的战乱即将结束。不过,要想万众一心可不那么简单,因此作为汉三军统帅的韩信并未就此而得到喘息的机会。韩信率领大军,在项羽死后的第三天就准备迁入鲁国。可是,意想不到的事情发生了,韩信看到的是紧闭的城门,手持兵刃、满身素缟的士兵,更有甚者,城楼上隐隐约约传出颇为悲壮的丝竹声,其中还夹杂着众人吟诵之声。

韩信看形势颇为诡异,便示意大军暂停前进,就地扎营。稍事观察之后,韩信派使者前去劝降。这种使者都是天生的大嗓门儿,再加上现在打了大胜仗,说起话来更给人一种居高临下的感觉,他两手叉腰,运足丹田气,向上高喊道:"上面的人听着,项羽已经死了。我家汉王有好生之德,不愿再开杀戒,你们快快开门投降!"

项羽已死,鲁国百姓却执意不降,这多少有些出乎意料。韩信正准备指挥部下攻城,帐外高喊:"汉王到!"韩信怔了一下,赶紧出去迎接,还没走出中军帐,刘邦和吕雉便已进来了。

自从与丈夫一起迁入彭城后,吕雉反而有了更多的闲暇。刘邦和部属、城中的红粉佳丽整日把酒言欢,根本没时间与自己的结发妻相处。吕雉经过这么多年,也知道这个丈夫是什么货色,因此干脆听之任之,落个眼前清静算了。人在有闲工夫的时候,总是会产生这样那样的想法,吕雉也不例外。在她脑海里,总浮现出一个人的身影,那就是韩信。自从三军汇合之后,她便对这位威震四方、有谋有勇、年轻英俊的大将军倾慕不已,因此,时不时以商议军务为由,把韩信调至帐中攀谈。虽然几年前便有过接触,但吕雉仍忍不住惊叹,这世上还有如此高人。韩信与张良相比较,实际上韩信未必高出多少,但韩信年轻气盛,志大抱负大,锋芒毕露,不加掩饰,所以处处显露出高人一等来。

放眼天下,像韩信这样的文武全才的确少有,吕雉这几天来,一直处于一种兴奋的情绪之中,她决心把这位有勇有谋的大将军收纳在自己的紫罗裙下,这样也可以巩固自己在朝中的地位,至少刘邦不敢再轻视她。韩信起初并不了解吕雉的心思,这主要由于他长年在外地,与吕雉极少接触。

说来说去,刘邦这次突然出现,也是吕雉背后搞的鬼。她一想,这次韩信招降鲁国的臣民之后,很快便会返回封地,那样一来他们恐怕就很少有面对面谈心的机会了,倒不如趁现在把事情说清楚。于是,吕雉花言巧语把丈夫骗来'巡视'。事出凑巧,鲁国百姓不听话,反而帮了吕雉一个忙,让她可以轻易追上韩信。

刚刚消灭劲敌的刘邦也感到意外,他没想到大军会在这里受阻,对韩信传令道:"大将军,你马上分派军队,铲平这个小国。"韩信还没答应,吕雉抢先一步,接话道:"汉王,此事不可!"刘邦有些不高兴,心说:这个老婆也真是的,不分场合乱插话。于是脸一沉,道:"怎么不行,难道你以为本王会把他们放在眼里吗?"吕雉看他神情,知道自己有些鲁莽,便赔笑道:"大王英明神武,连项羽都不是您的对手,何况这区区的鲁国呢。只是为妻方才偶有所思，想到一条妙计，可以轻松夺取鲁国。”

刘邦被她奉承得有些飘飘然，脸上泛出一丝笑意，道：“喔，有这种事，那你不妨说来听听。”吕雉斜了韩信一眼，见他也在凝神听着，便稍显得意地说：“鲁国与项羽颇多渊源，想当初楚怀王曾封项羽为鲁公，主管此地。如今百姓不降，且在城上吹吹打打，无非是思念亡灵，为主守节。在我看来，这些人绝非刁民，而是一些尊重礼义的人，如果能让他们降伏，是国家的大好事。可是他们如何才能降伏呢？这就需要陛下出面了。”

听她说了一大通，却没有说出具体方法，刘邦有些着急，催促道：“你快说，别卖关子。”吕雉暗笑，自己的丈夫可真不像个王者，一点儿也沉不住气，于是忙解释道：“只要陛下出面宣布，厚葬项羽，这事就成了。”刘邦狐疑道：“就这么简单？”吕雉点头道：“就这么简单！不过……”她看了一眼韩信，接着说：“还要请大将军撰写一篇祭文才行，要能让人哭出来的那种。”

韩信是文武双全，这点儿小事自然难不倒他。他命人取过文房四宝，不假思索，一挥而就。文中所写，无非是说刘邦、项羽以前情同手足，并不是仇人。后来项羽虽然抓了刘邦的家眷，却不杀太公，不侮辱吕雉，只是好吃好喝养了他们三年，由此可见真情。总而言之，他洋洋洒洒写了一大堆，全是为项羽歌功颂德，这种做法实在很对得起死鬼。

韩信这篇文章写得的确精彩，不但没有招来漫天飞蝗，而且还引得满城百姓痛哭流涕。使者看到形势有利，便继续喊道：“汉王感激各位祭奠故人，愿意投降者免死！”

使者返回大营。过了大约半个时辰，鲁国的城门洞开，身着孝服的众百姓鱼贯而出。为首的一个老者身披荆条，跪在汉王大营前，说道：“鲁国上下担心放纵杀戮，因此坚守不降。现在看到大王能够善待对手，十分感动，特来投降。汉王心中如果仍有怨气的话，就请用小人身上的荆条行刑。”

刘邦看到吕雉的方法见效，心中大喜。他大踏步走到老者身前，抽出荆条，顾不上扎手，一下子折成两段。几乎是在同时，全场爆发出惊天动地的喝彩声。就这样，刘邦顺利进入鲁国。尝到以德服人的甜头之后，他倒也没有食言，在谷城的西边，按照鲁公的身份修建陵墓。下葬那天，刘邦亲自到场主持，当再次念起那篇祭文时，他的眼泪夺眶而出，到后来竟呜咽有声。

现场的人大多受刘邦感染，忍不住跟着哭上一场。只有包括吕雉在内的少数人知道眼前这一切不过是刘邦的假情假意。吕雉暗想：他可真是会演戏，把大家都蒙骗了。

十八　巧设毒计

韩信闲来在城外散步，心思仍在考虑楚军大将的下落问题，这些人中有的是可造之才，有的则是心腹之患，因此他们是死是活，一定要有个结果才行。到目前为止，楚军的大将钟离昧尚不知身在何处，如果他还没死，那么起码还带着一支数目不小的军队。还有季布，战场上也没有找到他的尸体，说明可能还活着。这两位楚军大将，都有着很高的声望，即使项羽已死，只要他们两人领头招兵起事，就可以重新拉起队伍。

正在韩信焦躁不安的时候,“王妃驾到,要求见大王。”报事官的声音从外面传过来。“什么?她怎么自己到这儿来了,有没有搞错?”韩信心中嘀咕着。在众多同僚中,这个女人可能是他最不愿意见的。所谓富贵莫问贫贱事,韩信很怕吕雉提起过去,提起曾经给予自己的恩惠。

正迟疑间,“韩将军近来可好吗?”这时吕雉已轻移莲步,一摇一晃的走了进来。韩信见吕雉到来,赶忙屈身行礼,说;“不知夫人驾到,请恕臣未曾远迎之罪。”

“哎,韩将军何必客气,我只是途经此地。听说韩将军正在营中,就临时改道来拜见将军,唐突得很,将军不会介意吧?”吕雉边说边用温和的目光打量着韩信。她心中暗叹道:真是人配衣服马配鞍,满身盔甲的韩信与以前那个混迹市井的小混混,从形象上看实在有天壤之别。

“王妃请就座。”韩信侧身说道。“请。”吕雉说着毫不谦让地坐在首席。

吕雉的到来,确实使韩信措手不及。尤其在这时候,韩信私下命人去找楚将,并未通知汉王,显然有失礼仪。要是吕雉知道这件事,回去再吹吹枕边风,自己恐怕还真有些不妙。想到这里,韩信心里就有些不踏实,但表面上还得装着寒暄。

吕雉对韩信娇媚地笑笑,说:“对于我的到来,韩将军一定感到突然吧?说来也怪,我也没有料到还能在此处与你相遇。”

韩信此时是寡人有疾,对方轻飘飘的几句话便说得他心绪不定,干笑道:“王妃说得对。韩某承蒙汉王器重,侥幸除掉项羽。如今天下一统,韩某一介武夫,留在这里也无甚大用,理应引兵还乡才对。只是属下将士久经战阵,身心都已疲劳不堪,只好继续驻扎在此,以便休养生息。从这方面讲,王妃能再在这里见到我本来是正常之事嘛。”

“噢,这么说韩将军还要在这里停留一段时间了?那实在好得很。”吕雉阴阳怪气地说。韩信搞不清她葫芦里到底卖的什么药,只能在旁边随声附和。

“现在天下太平,军中无事,我只是随便走走,才会到这里来。将军可能不会相信,自从淮阴一别,我对将军的一切都十分感兴趣,即使是在楚军的大营中也是如此。”说着吕雉脸上掠过一丝不易察觉的红晕。

韩信听她话中有话,便敷衍道:“韩某无才无能,烦劳王妃费心了。”吕雉笑道:“韩将军过谦了,如果你这样也叫无才无能的话,那天下人都是白痴了。据我所知,就连汉王都说:我能得天下一多半功劳是韩信的。”韩信听她说到这里,脸上露出一丝喜色,道:“大王果真这样夸奖为臣,实在令人汗颜,不敢当呀,不敢当!”

吕雉心说:难怪刘邦说韩信爱争功,今天一看果然名不虚传。我不过是随口胡扯两句,他就美得像娶了新媳妇一样。照这样看来,韩信虽然才智过人,要求却不太高。便随口说道:“汉王能有将军辅佐,实在是他的福气。”韩信此时脸上竟有些微红,拱手道:“王妃言重了。汉王对我有知遇之恩,常言道:先有伯乐,而后有千里马。我又怎敢不效犬马之劳呢?”

吕雉心说:看不出来,如此贪功的人竟然还会饮水思源,便打趣道:“这么说来,你是否还记得最早的伯乐呢?”韩信最怕她提起此事,可是她偏偏哪壶不开提哪壶,只好低声说:“微臣当然也忘不了王妃的提拔。”吕雉见他说得很不情愿,仍接着说:“汉王这个伯乐,因为有你而得天下,我这个伯乐不知道又能有什么回报呢?”

韩信沉吟了一下,说:“汉王和王妃本是一家,又何必分彼此呢?”吕雉笑道:“我与汉王当然不分彼此。我刚才那么讲完全是就事论事,将军不思报答,也没必要挑拨我们的夫妻关系吧！”她轻描淡写的几句，让韩信更有些摸不着头脑，只好顺着对方意思问：“那么王妃到底希望韩某做什么来报答你呢？”

“什么也不做，只是希望你能常伴左右，当个随从。”吕雉把目光盯在对方脸上，热辣辣地说。韩信是个聪明人，话说到这里，已知对方来意，心想：看不出来这个女人倒是很会要手腕，居然想利用我。便毫不示弱地说：“韩某非常感谢王妃垂青，只是这种事如果是汉王命令，微臣自当从命。如果只是王妃一时心血来潮的话，还是免谈吧！”

吕雉刚露出本意，便碰了个钉子，她有些不甘心，便说：“韩将军是不是因为我是一个女人，所以不愿意从命呢？”韩信答得倒也干脆，说：“正是！”

正在这时，一个探子满脸笑容的冲进来，跪在地上，禀报道：“齐王，小的发现……”

没等他说完，韩信怒吼一声，道：“大胆，王妃在此，为何不行礼？”那个小兵这才发现帐中还有别人，连忙行礼，吕雉见他是无心之过，便没有追究。不想，韩信却依然不依不饶，高喊道：“来人呀，把这个不懂礼数的小子关起来！”

吕雉嘴唇嚅动了一下，想说些什么，可终究没能发出声来。韩信看了她一眼，笑眯眯地问：“王妃再坐一会儿？”吕雉这才意识到自己该走了，便一步三摇地出了大营。

审食其一直奉命待在营外，看到吕雉从里面出来，忙吩咐随从备车，自己则三步并作两步迎了上去。一见面，审食其便问：“怎么样，那个大将军说什么了？”吕雉瞪了他一眼，冷冷地说：“告诉你有什么用，要是你像他一样文武双全的话，我还有必要到这里来吗？”审食其有些委屈地说：“王妃，话可不能这么讲呀，我要是有机会领兵打仗的话，闹不好比他还强呢。”吕雉呸了一声，说：“放屁，你有多少能耐我还不知道吗，天下的牛都让你吹死了。”

审食其和她相处多年，知道这个女人是个顺毛驴，只能服从不能顶撞，否则不定什么时候就会遭她报复。于是，他干脆拿自己取乐儿，说：“王妃圣明，不过，小人吹牛也是一绝。”说完，他特意做了一个向外吹的怪样子。吕雉也被他逗乐了，低声说：“你小子在我面前这么嚣张，小心被人发现告到汉王那里去。”

审食其吓了一跳，连忙把鬼脸收起来，向吕雄作揖道：“王妃饶命。”吕雉故意板着脸，说：“要我饶你也行，不过，你要戴罪立功，为我办件事。”审食其忙问：“什么事？”吕雉说：“你到韩信大营中了解一下，看看他最近都忙些什么。”审食其挠了挠头，有些为难地说：“这，恐怕有些不好办，韩信能说吗？”吕雉怒道：“你是不是长了个猪脑子，这种事怎么可能当面去问？你难道就不会变通一下吗？”

看审食其依然不得要领，吕雉说：“麻烦你把宝剑给我用一下。”听她说话这么温柔，审食其连忙把宝剑解下来，递过去，道：“不麻烦，不麻……”还没等他说完，那把宝剑已经横在他脖子上了。审食其感到一股寒气从脚底直冲上来，他惊厄地看着对方。吕雉面沉似水，手上加了一下力，恶狠狠地说：“从现在起，我数十下，如果你还想不出对策，那就去见阎王爷。”

“八、九……”吕雉握剑的手越来越紧，她能明显感觉到那里潮乎乎的。就在最后一个数字脱口而出的时候，审食其应声倒地。吕雉吓了一跳，几乎发出惊叫声。这时，审食其竟然又晃晃悠悠地站起身来，口中念念有词：“我有办法了，我有办法了。”吕雉这才长出一口气，原来他不过是被吓倒的，怪不得呢，自己根本就没动宝剑,他却倒了。

她心想:这个家伙可真不是个男人,这么怕死。于是绷着脸说:“你想到什么了,要是敢敷衍我,我一样宰了你。”审食其连连作揖,道:“不敢,不敢!我的确想到一个好办法,既然不可能问韩信本人,我可以联系他营中的同乡,相信很快就有结果。”吕雉想了想,觉得这法子还不错,便说:“好,就这么办,你去吧!”

刘邦此时正在和张良、陈平商量着什么,见吕雉进来,他们不约而同把嘴闭上了。吕雉一笑,说:“你们接着聊,我这就进去。”说完缓步走进后堂。

张良、陈平走后,吕雉如幽灵般来到前边。原来她刚才一直躲在屏风后面,把外面的话听了一个满耳。虽然只是短短的几句,却足以将她在韩信大营中受的屈辱一笔勾销,她暗想:韩信,你这个瞎了眼的,我好心拉拢你,你却偏要效忠刘邦,殊不知他正在背后算计你呢。后来,听刘邦说他还要考虑考虑,吕雉又想:韩信,你不仁可别怪我不义,现在我就去奏一本。

看到吕雉出来,刘邦显得颇为热情,这主要是他心中有鬼。自从天下太平之后,刘邦就暗中派人去寻找自己失落在民间的家眷,估计这些天便有结果。这些吕雉可不知道,否则醋瓶子早倒了。

看丈夫比平时热情许多,吕雉很纳闷,不知道他葫芦里卖的什么药。两人寒暄几句之后,吕雉便迫不及待地切入正题,她故作神秘地说:“你猜我今天到哪儿去了?”刘邦想了半天,还真不知道哪儿是她愿意去的,便摇了摇头。吕雉接着说:“我到韩信大营去了。”

刘邦眼中猛地亮了一下,说:“你们都谈什么了?”吕雉摆出一副不耐烦的样子,说:“还能谈什么,无非是些陈年旧事。我刚去的时候,还没进账就听见他在高谈阔论,讲他如何使出妙计破敌。那些将官也真捧场,一个个听得聚精会神的,我这个王妃来了他们都不知道迎接。”刘邦若有所思道:“喔,这样,他有没有提到我?”吕雉想了想,说:“他好像说什么彭城之战,然后大家不知道为什么就笑了,这个我就听不懂了。”刘邦这时脸色已经很难看了,彭城之战是他有生以来打的最大的一场败仗,汉兵死伤数十万人,现在韩信竟然拿出来当笑料,实在可恶。

吕雉偷眼看着他,心说:韩信,你这回可该倒霉了。

韩信此时还浑然不觉,他正有滋有味地喝着高粱酒,吃着香气四溢的烤羊腿。“大王,各营都尉前来求见。”韩信帐下有都尉负责分管各营,论地位,比那些副将要低些,但是,这些都尉所讲的话却代表了全营士兵的心声,如今他们联袂而来,韩信自然不敢怠慢,连忙放下美食。

“请!”韩信温和地说道。由于此处是汉军大部分人马所在,光是营盘就有将近30座,所以都尉一进来就是呼啦啦一片。

韩信注视着这些战将,他们的眼睛中,都流露出了至诚和期待的光芒。韩信苦笑了一下,点点头说:“我停留在此,原本为两件事:其一,寻找项羽的残兵败将,以免将来成为隐患;另一方面,也希望大家能够趁此机会多在一起聚一聚。这些事办完之后,我便会尽快回师。”

此话一出,营中便传出一片叹息之声。

话没说几句,人已四处散去,韩信心中也有一丝伤感。等到外人走了之后,他稍为一顿,接着说:“我准备立刻返回齐国,当然出发前还要奏明汉王。”

“大王,我军回防,何需请示汉王?”有人在下面嘟囔着。

"话不能这样说,我有今日,乃汉王所赐,无论情势如何变化,我必须竭尽所能,不负汉王。"韩信仍然没有改变自己的态度。

都尉们相互看看,其中一人说:"我们深知大王为人重情义,知恩图报,可是害人之心不可有,防人之心不可无呀!"韩信摇了摇头,说:"各位不必担心,这方面我有分寸。你们先去准备,我通知汉王一声,将于后日回师,咱们尽速离开此地。"

这天,他又在自斟自饮。

正所谓人逢喜事精神爽,韩信和其他人一样,在这种情况下是要喝两杯庆祝一下的。可是刚刚灌下一杯,麻烦就来了,帐外通报汉王驾到。韩信对刘邦的突然到来,有一种不祥之感,他连忙起身迎接。

刘邦一进中军帐,鼻子便灵敏的抽动了几下,高兴地说:"好,好!这是陈年高粱酒,看来朕还挺有口福。现在楚国的最后一块地方也收复了,从此天下太平,可以放心喝酒了!"

韩信边吩咐手下添置杯盘,边夸奖道:"汉王果然是酒中豪杰,不用喝便已知道是什么酒了。"刘邦笑道:"这杯中物陪伴我多年,好歹还是有些交情。"韩信又和他闲扯了两句,便把话题拉上正轨,说道;"汉王,楚国大事已定,臣准备明日率队返回齐地。"

刘邦的眼睛一眨,狡黠的一笑,先喝了一口酒,然后说:"不要如此着急嘛。我们打了这么多年仗,还没好好找机会叙一叙呢,倒不如趁着有美酒佳肴的时候畅谈一番。再者说,我还有要事与你商量呢。"

"噢,臣愿听吩咐。"韩信低头说道。

"吩咐谈不上。"刘邦收起了笑容,用手捻着胡子慢条斯理地说:"有人建议,让我做皇帝,不知你意下如何啊?"

"陛下已是天下诸侯之主,虽然无帝王之名,却是实质上的帝王,所以汉王当皇帝只是启用个年号而已,这也是众望所归的事。"韩信谨慎地答道。

刘邦显然对他的回答很满意,颇为感慨地说:"哎,要是没有你和彭越的帮助,我们哪能如此快就灭了项羽呢?所以我经常和他们说,韩、彭两位将军可是大大的功臣呀!"

韩信听得心花怒放,暗道:看来我真是没保错人。嘴上却故作谦虚地说:"汉王太客气了,微臣不过是偶然打了几个胜仗罢了。"这场谈话本来是令人十分愉快的,可是没想到从此之后却峰回路转,刘邦说话的口气突然变得沉重起来,道:"如今,天下太平。既然无仗可打,我看你的这个大元帅之职便可解除了,从今天起,你继续做你的齐王,回封地享福去吧!"

韩信被噎了一下,口中的酒差点儿喷到汉王脸上,他满脸疑惑地盯着看刘邦,好像看到一个怪物。刘邦依然是满面松弛的笑意,似乎不存在半点恶意,把手一伸,说:"麻烦你,把大元帅的印信交还吧!"韩信心里想:他明明是在扮猪吃老虎,想报我当年按兵不动之仇。可是目前战事已了,在归齐之前交还兵符,倒也是当然之事。不过刘邦为何偏要选在这个时候解除自己的兵权呢?

想到这里,他禁不住问:"汉王是不是听到别人说什么,才会有这个想法的?"

"现如今,仗不打了,大元帅的位子也就不必要了。"刘邦似乎没听到他的问话,仍然满脸轻松地重复着刚才的话。韩信没有再问,他深知,此事到现在这样,已经不可能改变了。当然,韩信又不能不担心,兵权一旦解除,会出现什么情况,那是难以预料的。

面对汉王的和风细雨,韩信无法拒绝,只好满口应承。

拿到兵符,就等于达到目的,刘邦连酒都不喝了,当即返回定陶行宫。看着他们远去的背影,韩信满脸苦笑,大喝一声:“来人哪,鸣金升帐!”

清脆的金属碰撞声在空中四处传播,几乎营中所有人都有些吃惊,难道现在就要返乡吗?这支大军的确训练有素,短短的一炷香的功夫便已在校场集结起来。望着威武的斗士,韩信感觉眼中潮潮的。他定了定神,大声宣布自己已交出元帅印,目前只是齐王,因此,除了来自齐国的士兵之外,其他人他已无权过问,请就地解散,各回各营。

韩信看人散得差不多了,便重新走出帐外,说:“各位齐国的将士,明天你们就要回家了,我希望大家抖擞精神,穿戴整齐,不要让别人看扁我们,好不好?”全场发出惊天动地的一声“好!”韩信又说:“我们是衣锦还乡,是不是?”全场又是发出“是!”的大叫声。

正在群情振奋的时候,大营的守卫士兵飞快地跑进来,跪在地上禀报:“汉王传令官到!”韩信吃了一惊,心想:怎么这时候还有令到?他不敢怠慢,连忙出去迎接。前来传令的是刘邦的贴身护卫夏侯婴,他展开御旨,高声朗读。文中大意是说:目前楚地已定,义帝无后,齐王韩信生长在楚中,习楚风俗,可改封楚王,镇守淮北,定都下邳。

韩信觉得脑子里嗡的一下,心说:汉王可太损了,他把刚刚遭受战乱的楚国给我,而把我治理多年,人多地广的齐国收回去,这是明显不信任我呀!另一方面,汉王也真会挑时候,自己刚把士兵遣散,旨意就到了,要是早来一步,自己说不定会带兵而去,日后反杀回来。

韩信素来以足智多谋闻名,今天却上了刘邦的当,心中追悔莫及。不过,他突然想起一件事来,当年不出兵并非他一人,于是悄悄问夏侯婴:“夏侯将军,不知这次彭将军得到什么封赏?”夏侯婴暗笑,韩信自身难保,还要和别人比。于是郑重其事地掏出一册,递过去说:“正好,他的封赏还未发出,韩将军自己一看便知。”韩信忙不迭接过来,打开一看,鼻子差点儿没气歪了,原来上面写着:魏相国越,勤抚魏民,屡破楚军,今即将魏地加封,号称梁王,定都定陶云云。

“韩信大将军,汉王这么安排是经过再三考虑,还要请你再帮他一把。”看他一副失意的样子,夏侯婴便大声安慰道。

“将军言重了,有何吩咐,汉王请尽管说来,韩信肝脑涂地也在所不惜。”韩信这么说也是打碎牙齿往嘴里咽。不管怎么说,这次让彭越占了上风,他实在不甘心。

“好!痛快!不愧为当世英雄。”夏侯婴哈哈一阵大笑后,接着说。“眼下楚国才经战事,百废待兴,汉王思来想去找不到一个合适的人选,最后想到将军是那里出身,所以才将你改任楚王。”

“将军……,”韩信想说话,但被夏侯婴制止了。

“你什么都不用说。只有你才有能力治理眼下楚国的这个烂摊子。汉王主意已决,就这么定了。”

韩信苦笑一下,知道不可能有什么结果,只好拱手目送夏侯婴离去。

千里之外的淮阴,有人正在饮酒。

韩信始终沉浸于沉思中,他虽然喝了不少的酒,但并不醉,或者说他不敢醉。

他想着眼前错综复杂的局面,也想着天下太平以后自己应做些什么?他想象着刘邦接下来会如何对自己?现在的楚王韩信,已经兵微将寡,无法和垓下之战时相提并论了,经过刘邦数次调动之后,他手下几乎没有一个可靠之人。

事有凑巧,没过几天,陈豨来到了韩信身边。陈豨是韩信的好朋友,被封为阳夏侯,奉刘邦之命前去镇守代地。陈豨也曾经是韩信多年的老部下,两个人在长年征战中建立了非同寻常的友情,同时,这个人胆大心细,办事周到而谨慎,从刘邦把代地的留守任务交给他就可以看出。代虽然地处偏僻,却是边防重地,直接与匈奴接壤,可以说是防御外族侵略的第一道关卡。

由洛阳到淮阴,陈豨是特意来向故友辞行的。他是单人独骑到这儿来的,一进门便说:"小人见过大王。"韩信突然见到朋友来访,心里十分高兴,拉他坐到身边,开玩笑道:"别称我大王,我已经快不是大王了,倒是我应该尊称你一句大王才对。"

"楚王取笑了,刘邦让不让你当大王我不管,但你永远是我们心中的大王。"陈豨十分认真地说道。

"好,好,好,那就随你叫吧!"韩信爽朗地一笑,又接着说:"你不是已去代地任相国吗?怎么如此突然来我这儿了?""我是为了单独见你,所以让大队先走了。"陈豨略带神秘地说道。

"哎,要见我你何须这样?你完全可以大大方方地来见我,只要提前打一声招呼便可,到时候我率全城百姓去接你,那该有多气派。"

"这我知道。不过,我就是为了不让他们知道我曾来过你这儿。"

"噢……"韩信脸上顿时流露出几分尴尬来,有些不满地说道:"是啊,许多人都怕受连累不敢来我这儿,不光是陈将军你呀,现在外面很多人传言高祖要对付我,我看小兄弟你还是赶快走吧!"

"咳,大哥想哪儿去了?我不是那个意思!咱们兄弟一场,我这颗头颅你什么时候要,便尽管拿去,小弟要皱一皱眉头就不是人养的!"陈豨有点儿激动。

韩信感觉心中涌过一股热流,用力握了握他的手,说:"小兄弟,哥哥错怪你了。这些天来,我心情一直不好,所以我不让朝廷知道,一来是怕坏了我的计划,二来正是怕连累了大王您哪!"陈豨说道。

计划?他能有什么计划呢?韩信轻抚着酒杯,回想着当时的情况。看看左右无人,他轻声道:"陈兄弟,那天你说怕连累我,是怎么回事呢?"

"大哥,"陈豨压低声音:"我们准备反了!"

陈豨盯着韩信,韩信看着陈豨,两人谁也没有说话,死一般地沉寂。钟离昧低着头,在旁边低饮浅酌,对他们的谈话好像一点儿也没听到。

过了许久,还是韩信先说道:"陈将军,皇上待你可是不薄啊!"

"这倒不假。"陈豨稍微停顿一下,然后猛地抬头望着韩信说:"可皇上待你如何啊?"

韩信又是一阵沉默。陈豨又劝道:"大哥,你的心情我知道,不到万不得已,没有负皇上之心。但此一时非彼一时,如果你再不……"

"如果我现在就把你擒获,交给圣上呢?"韩信突然问。喝得烂醉如泥,趴在桌子上酣睡的钟离昧身体似乎颤动了一下,不过,此时不会有人注意他。陈豨愣了一下,没想到对方会这么问,笑道:"我想大王不会的。我们兄弟一场,我才说真话,你舍得出卖我吗?再说,你如果真的那样做,我至少有两件事想不通:其一,这不符合大哥一贯的做人原则。其二,大哥即便把我交给圣上,也丝毫无济于大哥的处境。由此可见,这种吃力不讨好的事,大哥你这么精明的人是绝不会做的。”

“哈哈哈……,”韩信仰天长笑,笑完后接着说:“陈豨,感谢你对我的信任。好吧,我就答应你们。只是现在……不但我不随你们反,还请你们也不要反。相信我,这是出于对你们的爱。”

“大哥,一切我们都想好了,你别费口舌了,刘邦无道,不知任用贤能。现在不反,将来必遭其害。小弟以为,这是他刘邦逼我等谋反啊!”陈豨越说情绪越激愤。

韩信见他误解了他的意思,便解释道:“可是,你要知道,刘邦的军队经过这几年的休养整顿,已很强悍,就凭你们这些人,那几乎就没有取胜的可能,等于自寻死路。”

“这个我们考虑过。我们此次谋反,并不抱有一举推翻刘邦统治的希望,我们知道办不到。但是,我们情愿去死,用我们的死去唤起天下豪杰的良知,总之,我们这么做就是不希望小人得志。”

韩信看劝不住陈豨,便说;“打仗要动脑,不宜蛮干,更不能白白送死。你既然奉命到代地去,不如先在那里暗中招兵买马,结交江湖豪杰,而后再起兵谋反。代地地处边塞,为国家重镇,刘邦派你前去驻扎,可见对你信任有加,你也正好可以利用他的信任。”

陈豨问:“怎么利用?”韩信道:“我想汉高祖耳目遍及天下,一定会有人向他通报你有异动,可是正因为他相信你,所以会以为你是在为抵抗匈奴做准备。等到他真正起疑心的时候,你已经兵精粮足,大可一战了。另一方面,我会密切关注刘邦的动向,随时向你通风报信。当然,如果皇上觉得你有负恩情,龙颜大怒,御驾亲征的话就更好了。”

陈豨一笑,插嘴道:“大哥此言差矣,刘邦百万之师一到,小弟恐怕就只剩下逃跑的份儿了,怎么能说更好了呢?”韩信狡黠地眨眨眼,说:“皇上亲自出马,我正好在后院点火,和你里应外合。刘邦若想回兵,你就在后掩杀,百万雄师也不过是待宰的羔羊而已。如此一来,刘邦欲进不得,欲退不能,我们何愁天下不得呢?”

陈豨拍案叫绝道:“妙啊!大哥真是才智过人,寥寥数语便有惊天动地的威力。来,我们再干一杯!”韩信端起羊角杯,痛痛快快喝了一口,叹道:“不瞒你说,我也觉得自己是天赋奇才,可是正因为如此,皇上才屡次对我加以限制,唉……”陈豨骂道:“刘邦根本不值得我们为他卖命。咱们不提这个狗东西。喝酒,喝酒!”就这样,两人对坐而饮,直到双方都喝得烂醉。

第二天,陈豨在天刚蒙蒙亮的时候就悄无声息地走了。所谓酒逢知己千杯少,韩信其实不善于饮酒,昨晚却喝了不少,以至正午时分,还歪在桌旁呼呼大睡。

沉睡不消残酒,韩信头有些发沉,好像大了一号一样。他摇了摇头,问:“什么事?”传令官递过一封信来,说:“皇上派人送来的。”“什么,皇上?”韩信头更疼了,他突然想起昨晚和陈豨的谈话,难道刘邦知道阳夏侯到他这儿来了吗?

他顾不上洗脸,抽出信笺仔细看了一遍,内容却不是关于陈稀的,而是关于钟离昧。原来情况是这样的,钟离昧那天求见韩信,并不知道吕雉在此安插了自己人。他在楚王宫门上装扮成老者时,并没有被发现,可是在这里住的时间一长,自我保护意识就差了。钟离昧长的本就与众不同,再加上每日出入韩信的宫殿,怎能不引人注目呢?吕雉留下的人中,有一个过去与他打过交道的兵士,一眼就认出钟离昧。

在这里发现钟离昧的消息，很快便像长了翅膀一样飞到审食其耳中，审食其又刻不容缓的禀报吕雉。吕雉自从上次没能说服韩信，心里一直窝火，这回让她抓住小辫子，自然不肯轻易放过。虽然她并不知道钟离昧与韩信之间的事，但在高祖面前少不了要添油加醋。刘邦始终对韩信不放心，他总是忘不了那支数千人的仪仗队，现在经吕雉危言耸听的一说，他更有些坐不住了。

刘邦在屋中踱来踱去，始终想不出对策，便问吕雉："御妻，你有什么办法没有?"吕雉想了想，说："韩信已很可怕，现在又加上一个钟离昧，的确有些麻烦。皇上要想知道他们是否有谋反之心，倒不妨直接写信问问。"刘邦摇头道："韩信生性狡猾，凡事没有把握，绝不肯暴露，一旦他坦然承认，胜负便已分明了。"言下之意，等韩信讲实话的时候，大家就要遭殃了。

吕雉笑了笑，道："为妻看来，情况尚没有那么严重。韩信虽然能征善战，却不是当皇帝的命。目前形势未明，皇上也不便随意杀戮功臣，我说让你写信给他，是直接问钟离昧的行踪，从结果来间接判断韩信的谋反之心。他若说尚未找到钟离昧的行踪，那皇上就要想方法解决了。"说完，她用手在脖子上狠狠做了个砍的动作。

刘邦一来想不到更好的办法，二来也觉得投石问路可行，于是吩咐吕雉代笔，自己盖上大印，追问钟离昧的下落。

韩信心想，还是装糊涂的好。他随手写封信作为答复，内容大致是说尚未查到钟离昧的下落，正在派人追查，一旦发现定会将其绳之以法等等。

这封信很快便传到刘邦和吕雉手中，刘邦是大字不识几筐的草莽英雄，看了看不太明白，便把信交给吕雉。吕雉细细读了一遍，说："皇上，韩信不承认他曾见过钟离昧，由此看来，他是真的有谋反之心了。"刘邦骂道："这个胯夫，我封他为王，他还不满足，难道非要坐上寡人的位置才行吗?"吕雉劝道："皇上暂且息怒，现在不是着急的时候，不如马上将群臣召集起来，共同商议一下对策。"

刘邦想想也对，光骂是解决不了问题的，于是吩咐手下鸣响应急钟。此钟一响，就代表着朝中有重要事情发生，所有朝廷命官不管正在做什么，都必须在第一时间内赶到金殿。

时间不长，文武百官便已齐集大殿了。刘邦看了看，有些泄气，张良和萧何如他所预想的，都没出现在人群中。

尽管人没来齐，话还是要说。刘邦把韩信即将谋反的消息大致说了一下，问："各位爱卿，谁有妙计破敌?"众武将听说韩信谋反，竟都表现得颇为高兴，一个个摩拳擦掌，跃然有声。有人说："圣上平时老夸韩信用兵如神，我就没看出他厉害在什么地方，这次有机会，我一定要会会他。"旁边的人附和道："就是，韩信老觉得自己功劳大，不用正眼看别人，我早就瞧他不顺眼，这次一定不放过他!"

众将在大殿上又呆了一会儿，高祖始终一言不发，他们反而觉得扫兴，陆续退出。

看大殿上人走得差不多了，陈平缓缓走向刘邦。陈平问："陛下从何处得知韩信要谋反的?"刘邦一看是他，知道此人也是个智多星，便说："有人秘密写信禀报，韩信窝藏钟离昧，确有谋反之心。"陈平又问："除了有人写信告密之外，是否还有人知道韩信要谋反的事?"刘邦想了想，除了吕雉这条线外，还真没有别人提过。便说:“这倒没听说过,可能没有别人知道吧!”

陈平追问道:“陛下现有的将士,能否胜过楚军?”刘邦又想起刚才那几个武将不自量力的样子,叹口气道:“士兵能力相当,将领则相去甚远。”陈平附和道:“陛下若想用武力解决问题,首先就要点将,现在众将官中根本就不可能找到能与韩信对垒的,更别说还要战而胜之。既然兵将无法与楚国相比,如果贸然起兵进攻,激怒了韩信,恐怕他不想反也要反了,所以我说陛下若想出兵征讨,恐怕并不是万全之策。”

刘邦点点头说:“是啊,寡人也有这个担心。可是,对这件事总要做出反应才行,否则一旦韩信羽翼丰满,恐怕就……”陈平苦思良久,才想出一条计策,说:“陛下不妨对外宣称出外游览云梦美景,借机召集群臣,到陈地会集,陈地和楚国西边接壤,韩信身为楚王,又得知圣上到附近游山玩水,他没有理由不来拜见,到时候,皇上只需要找几个既忠心,又武功好的力士出手,就可以轻易把韩信抓获了。”

刘邦大喜,道:“妙计,妙计!如此一来,生擒韩信岂非唾手可得吗?”于是,他传旨下去,派使臣到各诸侯国传诏,说是要南游云梦,令诸侯到陈地接驾。

韩信也收到诏书,心中禁不住疑窦重重。

正因为想得太多,这几天来他都忐忑不安,就这样反复着,犹豫着,始终拿不定主意。这天,突然有守宫的士兵来报:皇后来了。韩信这回可真是大吃一惊,忙问:“还有什么人?皇上有没有来?”士兵答道:“只有几个随从,别的什么人都没有。”韩信这才放心,吩咐手下通知守城官兵,提高警惕,有外乡人进城一定要严加盘查。

一切安排停当之后,韩信才亲自出马,把吕雉迎了进来。被册封为皇后的吕雉,近年来有些心烦意乱。她刚入宫时,还能平安相处,宽厚待人。但时间久了,她觉得自己在宫中几乎就成了个行尸走肉,仿佛一切大事都与己无关。每当她问到一些政务上的事,刘邦都巧妙地避开话题,从不正面做任何讨论。

吕雉不是那种闲得住的人,她对宫中许多事情需要知道,对朝政大事也需要知道。总之,她身边需要几个得力之人。她清楚,审食其虽然会死心塌地忠心于她,但此人在朝中属于一无功劳、二无能力的碌碌之辈,说话办事自然都没有力量。相比之下,韩信的优势十分明显。他是全国闻名的战将,在朝野上下都享有很高的声望,要是他能跟自己一条心,那将来还有什么不好办呢。

不过,吕雉又感到很麻烦,韩信总是对自己敬而远之。再加上有过一次尴尬的经历,吕雉不得不慎重一些。这次她利用出巡的机会,特地找理由先走一步,再次前来说服韩信。

“无论如何,要再做一次努力!”吕雉心里暗下了决心。吕雉决定同去楚国出巡,刘邦欣然同意。一方面有她在,更具游山玩水的假象;另一方面,他让吕雉有机会特别留心一下,韩信在背后对他这个皇帝是否忠诚。吕雉也说:“我这次出巡,主要就是为了这个。近来许多人都在说韩信的坏话,我倒要亲自看看这个当年的功臣有什么变化。”

“哼,什么功臣,谁没战功?我朝武将个个战绩卓著,难道只有他韩信是功臣吗?”刘邦对吕雉的大实话竟也表现得愤愤不平。

“陛下说得对。”吕雉是善于察言观色的人,她看到刘邦一提韩信,就来了气,显然,刘邦对韩信的不信任快到顶端了。

就这样,吕雉出其不意来到楚王的宫殿。这位皇后娘娘刚坐定,就对韩信说:

“韩将军别来无恙啊！”

“承蒙娘娘挂牵，臣韩信还过得可以，这都是托皇上恩泽的福。”韩信从一开始说话便十分小心谨慎。

“哎，什么皇上的恩泽？别人可以这么讲，楚王就不必这么讲了。楚王自己过得怎么样，恐怕大家是心里有数吧？”吕雉边说边用眼睛观察着韩信的反应。

“娘娘此言过了，臣并无怨言，并无怨言。”韩信稍事停顿之后又说：“我大汉基业的创立，固然离不开许多有识之士和战将的共同努力，但作为臣子，岂能在皇上面前争功呢，高祖又怎么会亏待我呢？”

吕雉碰了个软钉子，脸上显出几分难堪之色。她干笑着又说：“楚王，凭你的功劳和才华，你不应该久居楚国，也不该久为楚王，应该担起更为重要的担子才对，你说是吧？”

“这个……，”韩信一时难以捉摸吕雉的话中含义，并没有直接回答她。但韩信凭直觉，感到吕雉这个女人不是等闲之辈。他曾惊奇地发现，从未涉足过军政事务的吕雉，竟有超人的军事天才和指挥若定的大将风度。张良也曾与韩信提起过自己有同感，他说，这女人就看她把聪明才智用到何处，用到正处便使刘邦如虎添翼，如走歪道，那将来可就要朝中大乱了。

当时韩信认为张良说得对，不过他心里一直认为吕雉是刘邦的结发妻子，两人相处多年，多多少少应该有些感情，相信她至少不会做有负于刘邦的事情。

“楚王，你当前已经快成孤家寡人了。你不用瞒我，皇上已把你身边那些忠于你的得力干将全部调开了，万一将来……”吕雉用眼瞅着韩信没有往下说。

“娘娘的意思是……？”韩信显得一脸茫然。

吕雉心里一阵窃喜，她以为韩信被她说动心了。其实她想错了，韩信这时还不清楚吕雉这回来楚国的目的。不过，他为了要进一步弄清楚，故意含糊地应对着，让她进一步说明一些，自己好有对策。

“楚王是个明白人，对朝中政事和仕途的险恶不会一点都预料不到吧？当今圣上虽然曾经很器重你，但你更应该知道，你那齐王是在什么条件下被封的。对于封你为齐王，皇上一直心存不快，认为那是你以形势要挟所得。就说你领兵出征，协助皇上歼灭项羽吧，虽然你的功不可没，但在皇上那里却没有获得好的印象。所以，在歼灭项羽后，便有了不让你回齐地而改任楚王的情况。”

说到这里，吕雉故意不再说下去。

韩信低头沉思，心里揣度着吕雉此行的真正目的。吕雉此时又长叹一声，道：“将军，由于你太出类拔萃，因此，朝中百官无不感到你的威胁，难免会流短飞长，说些闲话。时间一长，就连圣上都怕你功高震主，所以才想尽办法削弱你的实力呀！”

“娘娘，别人怎样看，那是他们的事，我并不十分在意，反正只要皇上知道我的忠心就行了。”韩信不露声色地说道。

“忠心？将军能挥师征战，攻城拔寨如履平地，对战事料敌如神，却怎么对官场的事如此麻木？你不在意，别人可要在意你呀！”

韩信面不改色地说：“别人在意我又怎么样，大不了继续做楚王罢了。”

吕雉无可奈何地说：“其实，自从当年我见到你之后，心里就七上八下的，我好像，好像已经悄悄地喜欢……喜欢你呢。”

“这……”韩信被吕雉的话吓了一大跳，这个变化也太突然了，自己当年和这个女人见面的情景不过是过眼烟云,早已丢在脑后了,万没想到还会有这种事。

“楚王,请你不要见笑,我也是人,也是个七情六欲齐全的女人啊!别的女人有的情绪我也有,我为什么不能选择自己喜爱的人……”

“娘娘,今日时光不早,本王还有事要办。”韩信越听越听不下去,便想就此结束这种难堪的局面。

“不忙,将军,我知道你是个重情重义之人,那么在我身上怎么如此不近人情?你知道吗,自从大汉建立以来,就有不少朝臣在皇上面前说你坏话,都是我在极力为你开脱,不然的话,你现在是个啥样子都难说。”“臣感谢娘娘的护佑。”韩信心说:那是你愿意,我又不需要你的保护。

突然,吕雉用一只手紧紧抓住韩信的双手。韩信吓得急忙抽手,退后一步跪在地下,说:“请娘娘自重。”

“嗯?难道你觉得我配不上你吗?”吕雉恼羞成怒,圆睁双眼瞪着韩信。

“臣韩信高攀不上才对,不过娘娘恩德臣是不敢忘的。”韩信面对千军万马恐怕都没有现在紧张,他颤巍巍地说道。

“那么,韩将军,我刚才所说的话,你明白不明白?”

“臣不十分明白。”现在韩信应该说是十分的糊涂。

“唉,看来你我的确无缘,就当我刚才什么也没说,你起来吧!”吕雉显得颇为失望,摇头道。

“哎,将军不要曲解我的意思,我并不是有什么事要你去做才这样。你看看,当今朝里,都是些居功自傲的家伙,他们生怕别人超过他,于是对有才略的人总是居心不良,如此说来,你我之间就得有个相互照应才对。将来只要你我同心,朝里朝外的事不就都好办了吗?”说到这里,吕雉眼里流露出一丝得意的神情。

韩信这才明白吕雉此行的用意,原来她是想把自己拉到身边,成为她的帮派体系。

“楚王,你的意下如何呀?”看着沉思不语的韩信,吕雉心急如焚地问道。

“回娘娘的话。”韩信从容地说道:“韩信不能从命。从君臣方面说,皇上对我恩重如山,可以说我今天的一切都是皇上所给予的,我对楚王之位已很知足。”

“噢,这么说就没有回旋余地了吗?你我同心,是针对百官,不是对皇上,这点你想过没有?”吕雉仍不死心。

“娘娘此言差矣,同僚不和,必然导致朝纲不稳,朝纲不稳,怎么能说与皇上无关呢?总之,只要不背弃圣上,我韩信什么话都好说,什么事都可以做,但如果有人想背离此信条,强迫我干这干那的话,那是绝不可能的!”

“好!好一个忠贞不贰的贤人君子!”吕雉看到韩信不吃自己的那一套,面带尴尬,语带双关地说:“皇上有你这样忠心的大臣,那是大汉之幸,皇上的福气。可是,皇上是不是真的这么想,你我心中有数。”

吕雉想到她今天的所作所为,不免有些后悔,如果韩信把这些话传出去或者报告给刘邦,那她还怎样立足?所以,她必须想办法把韩信的嘴堵住。

“有人说,楚王对皇上不忠,我本不信。但说的人多了,又不得不让人生疑,所以我这次才想出这法子来试探你,果然,楚王不为所动。坦率地讲,高祖对我的来意也很清楚。”

韩信觉得这是吕雉自找台阶下,可是她的话好像是绵里藏针,有几分真假都很难说。所以他也就假装糊涂，应付着说："娘娘如此好开玩笑，为臣愚钝，简直要被吓死了。"

吕雉和韩信对着干笑几声，这次密谈也就在双方心里都明白，嘴上却都装糊涂的情况下结束了。临走前，她仿佛不经意似的向韩信说："楚国反叛钟离昧至今尚未抓到，不知楚王有无讯息？我回朝后，要是皇上问起，也好有个交代。"

"圣旨前些日子已收到，臣也在派人四处寻找，等有了讯息，定将立即报告皇上，将钟离昧缉拿归案。"韩信冷静地回答道，他深知，这件事既然要瞒，就要瞒到底，否则肯定会惹火烧身。吕雉微微一笑，没有再问什么，告辞赶赴陈地。

"楚王，楚王。"呼唤声把他从思绪中拽了出来。韩信回头一看，却是朱五，笑道："你回来了。"朱五忙行礼道："禀报楚王，小人奉命去各国打探，发现国君确已收到请柬，正在准备赴陈地。"韩信轻轻点了一下头，

看他沉思不语，朱五又说："楚王，小人这次出去还听到一件事，不知该不该说？"韩信见他这么神秘，便吩咐左右退下，然后问："什么事？"朱五低声说："江湖传言，皇上已知道钟离昧在大王这里，正准备派人前来抓捕。""什么？"韩信浑身一震。

但纸里包不住火，一个多月以后，钟离昧便从韩信的手下那里得知了这个消息，他非常感激韩信冒险保护自己，为他的仗义行为而感动。

晚上，韩信找他喝酒。兄弟把酒言欢，本是一件好事，可是三杯酒下肚，他竟说不出话来。

钟离昧率先打破沉默，说："韩兄弟，最近朝中有什么新鲜事，不妨说来听听？"韩信说："据诏书上写的，刘邦不日要到云梦泽游玩，这可是高祖开国以来第一次大规模出游。"钟离昧道："那你有没有想过皇帝此行是何用意，难道真是单纯为了玩儿吗？"韩信叹了口气，说："这就不好说了。"

钟离昧直截了当地说道："大王，刘邦此来会不会与我有关？"韩信没说话，只是默默地品咂着杯中物，钟离昧突然说："时至今日，你还不抓紧时间备战，反了就算了。"

"将军，你这是什么话，平白无故鼓动我叛汉！"韩信有些生气。

钟离昧见他有些误会，忙解释道："大王，要是没有你的保护，我不知已经死过多少回了，如今怎敢用一条拣来的性命要求什么。只是刘邦若在陈地发兵，眨眼工夫便可到这里，你不备战，到时候必将不可收拾。所谓先下手为强，后下手遭殃，大王要早下决断呀！"

韩信知道错怪兄弟了，脸上一红，没有接着往下说，只是轻轻地摇了摇头。过了很久，韩信才说："钟大哥，我的原则仍然不变，那就是我不能有负汉高祖，而且我相信，只要我不负汉高祖，汉高祖也未必会负我。"

钟离昧微微一笑，道："刘邦对你本来就怀有戒心，近来由于我与你的接触，传到他的耳中，恐怕更会坚定他除去你的想法，千万不可心存侥幸啊！当然，韩兄弟你才智过人，如何应对恐怕早已胸有成竹，我看来是有些杞人忧天了。"

韩信觉得这话有些突兀，便问："钟大哥，你这话是什么意思？"

钟离昧也不答话，用手蘸了些酒，在桌上写了"陈豨"两个字。韩信一看，惊得酒杯差点儿没掉地上，低声问："你怎么知道？"话一出口，他已反应过来，紧接着说："原来你那天没醉。"

钟离昧点点头,说:“韩兄弟,你放心,我绝对不会将此事透露出去。”

韩信叹了口气,说:“此事至今杳无音信,现在诸侯又要率众前来,此事恐怕不好办呀!”

钟离昧又问:“那么,大王,你设想一下,如果解决我的问题,能否使你们君臣之间恢复以前的关系呢?”韩信眼前一亮,说:“钟大哥,不瞒你说,我正有此意,只是要委屈你一下才行。”

“如果能使韩兄弟躲过困境,我钟离昧愿赴黄泉,下火海,以此来报答大王对我的厚待。事实上大王走到这步困境,和我也有很大关系。”

“不!这话有些夸张了,请将军以后不要再提此事。现在风声这么紧,我想让大哥先回避一下,最好是到附近的山里去躲一躲,等到风平浪静再出来。至于食宿方面,我自有安排,保证你过得舒舒服服的。”

钟离昧一怔,他原以为所谓委屈一下,是要自己做出多大的牺牲,没想到竟是这样。钟离昧连饮三大杯,长叹一声道:“昧为亡国之臣,今天有幸受到大王厚待,使我苟延残喘至今,我真是被大王的宽厚仁义而深深感动。今世无缘相报,来世必效犬马之劳。从今天起,我绝对不会再让你受连累了,望大王审时度势,好自为之吧!”

第二天午时,一位侍从报告说有人求见大王。来人进屋后,自我介绍说是钟离昧手下的一名侍从,然后把手中捧着的一个大木盒放在桌上,又说:“小人奉钟离昧将军所托,把这盒子交给大王,请大王持此盒赴汉高祖约会,也许能免大王自身之祸。”韩信吩咐手下取些银两给这个侍从,然后问他:“你家主人现在何处,还需不需要什么东西?”

那个侍从面无表情,仿佛没听到他在说什么,只是说:“楚王收好盒子。”说完,扭头便走,对递过来的银两看都不看一眼。

韩信对来人的举动也觉得有些意外,只不过不会像大家那样说出来罢了。他看了看那个盒子,实在很普通,猜不出里面装的是什么,便随手打开。盒盖儿打开之后,韩信的眼睛一动不动地盯着里面,整个人好像呆住了。

不知道是韩信这个动作持续的太长,还是他眼中不自觉流淌出的液体吸引了大家,本来人声鼎沸的大殿中突然安静下来。这时,韩信浑身颤抖着,把手举向天空,发出近似野兽受伤般的哀号声:“我负将军,我负将军啊!”

这个变化实在太大了,很多人都在猜测盒子里到底是什么?有个侍卫大着胆子过去看了一眼,竟惊叫着跑到墙角处呕吐起来。其他人围过来问:“里面到底是什么呀,你别吐了,快说呀!”侍卫好容易止住吐,惊恐万状地说:“是,是人头,还在笑呢!”

韩信此时已是泪流满面,用手抚着那颗用石灰垫着的人头,喃喃道:“钟大哥呀,你这是何苦呢,怎么不和小弟商量一下就走了呢?”

众将此时已明白过来,忙上前相劝:“大王请节哀,事已至此,光悲伤已无济于事,切莫因此伤到身体。”

韩信又对着钟离昧的头颅说:“将军啊,将军,怪我一时不察,导致将军自尽,你为何不等我想出个两全之计呢?”

一切考虑周全之后,韩信立即召集各部将领,布置好后防之事,宣布自己将于日后启程去陈地见驾。

陈地位于楚国边界,韩信一行驰骋不足两日便已到了。刘邦一直派人留意这里的动向,因此,韩信他们距陈地数里之遥,陈平便已带队迎候了。

两人会晤后,陈平笑着说:“传说大王不来赴会,还不时传来一些谣言,皇帝陛下对此深感忧虑啊!”

韩信坦然一笑,说:“我也有所耳闻。不过,圣上应该知道我一向忠心,这次来晚,本王可是有原因的。人们还造谣说,我有谋反之心,如果我有这种想法的话,还能等到今天吗?”

“那是,那是。”陈平边笑边说:“皇上对大王自然是深信不疑的,只是,传言颇多,偏偏又来了钟离昧之事,等于是火上浇油啊!不过,如今大王的到来,所有不解之事,都将烟消云散了。”

韩信稍顿,又轻松地接着说:“这不,我已杀死钟离昧,带着他的首级来见圣上。”

陈平震动了一下,随后大笑着说道:“大王果真智慧过人,有此壮举,皇上大泽一游,必定可以双喜临门了。”

韩信和陈平边说着话边往前走,不多时,就到了陈地。“大王请准备一下,我先去通报。”陈平说着先行一步。

韩信下马,让随从人员取出钟离昧的首级,还有贡物简册,肃立于路旁等待。不久,两位执勤内侍前来宣布:“皇上有旨,请楚王进见。”

韩信手捧盒子缓步向前,一边观察着周围的动静。宫中的仪仗队排列两行,中间是刘邦和吕雉的坐辇,两个人似乎还在低声谈论着什么。韩信上前跪拜,说道:“楚王韩信叩拜皇上,因楚国境内杂事烦多,赴会来迟,请圣上恕罪。”说完把装着钟离昧头颅的盒子亲手献上,“哈哈哈……”刘邦发出了令人捉摸不透的大笑,说道:“韩爱卿,久违了,别来无恙啊!”

“谢圣上惦记。”韩信连忙客气一番。

刘邦脸变的真快,突然乌云密布,紧接着便是雷声大做,怒斥道:“大胆韩信,钟离昧明明在你境内长期隐藏,你却矢口否认,还写信骗朕。现在看寡人出游云梦泽,知道事已败露,这才提着贼人首级来见。由此看来,你前面欺君是真,后面杀贼是假,来人啊,给我拿下!”

韩信还想解释,冷不防被身后蹿过来的四条大汉摁在地上,手脚麻利的绑了起来。韩信拼尽全力,把脸从泥土中扬起来,大声叫道:“冤枉,冤枉啊!”几个大汉看他乱叫,便想找东西堵嘴,刘邦看局势已在掌握之中,便吩咐道:“别堵他的嘴,寡人给他一个申辩的机会!”

韩信到这个时候还傻乎乎的谢皇上呢。刘邦又说道:“韩信,你为什么喊冤?”

事到如今,他也只能控制着自己的情绪,沉声说:“臣启皇上,臣之忠贞,日月可鉴,想臣乃是皇上开国功臣,无故被绑,难道还不冤枉吗?”

刘邦道:“你共犯三条大罪,你为了埋葬父母而去侵占农家田地,让百姓敢怒而不敢言,怨声载道,这不是王爷应该做的,此其罪一也;无事率领大军出入,显示自己的威风,让天下人见到都感到胆战心惊,此其罪二也;钟离昧身为亡楚之臣,你却无故将他藏在家里,想让他做自己的心腹爪牙,其罪三也。有这样三条罪,谋反之心昭然若揭,寡人因此将你捆绑起来,你还有什么可说的?”

韩信辩驳说:“安葬父母,带队出巡,隐藏钟离昧,这些臣都可以有合理的解释。当初臣在穷困潦倒之时,生活窘困,不名一文,父母死时没有埋葬的地方,臣为尽孝道，只好偷偷摸摸埋在别人的坟地上，现在臣蒙圣恩，受封王爵，当然要让父母同享富贵，于是专门建造陵墓，与农家土地相邻之处，修建围墙，避免干扰，可是万一因此侵占他们的土地，臣偶有不察的话，也并不是有意侵占呀！至于率大军出巡，并不是有心要骚扰百姓，而是因为陛下刚刚得到天下，楚国的余孽尚未铲除干净，如果不显示我们的威望，那么人心就不知道畏惧，恐怕还会再度叛乱。臣时常领兵出巡，正是要为陛下铲除残存的楚贼，以便使地方更加太平。至于钟离昧，此人与臣的确有很深的交情，想当初，臣在楚时，屡次因冒犯项羽而险些被杀，每次都是他出手相救，才使我幸免于难，因此臣绝不敢忘恩负义，这才允许他藏匿在家中。我正要利用这次机会，面见圣上，替他求情，希望这个贤明之人能够得到赦免，甚至在朝为官。可是臣听说陛下轻易听信谗言，以为微臣有谋反之心，这才出于不得已杀死钟离昧，并将其首级奉献圣上，由此可见，臣绝无谋反之心，当然也就谈不上有罪了。"

吕雉听他洋洋洒洒说了一大通，不仅把身上的罪责推了个一干二净，而且还把这些事说成是合情合理的，心中不禁暗叹：韩信实在是太厉害了，可惜呀……

刘邦也没想到韩信在五体投地的情况下，能够说出这么多道理，心中难免有些后悔，又有些着急，干脆又和他翻起老账来，脸一板说："韩信，当初你出兵讨伐齐国的时候，不顾郦生劝降成功，非要讨旨出兵，攻占齐国，以便自己称王，可见你已有悖朕意。后来寡人在成皋被楚军团团围困，屡次向你求救，你却袖手旁观，坐山观虎斗，根本没有救援的想法。现在被朕改封为楚王，终日闷闷不乐，你心中想法反复无常，早晚要起兵作乱。"

韩信还要辩驳，刘邦又说："寡人这次出游云梦，知道你一定会来拜见，这才可以把你抓住，你难道还有什么话说？"韩信听他这么一说，知道一切都是圈套，自己已是瓮中之鳖，头一低，叹道："正像古人所说：'飞鸟尽，良弓藏；狡兔死，走狗烹；敌国破，谋臣亡。'如今天下已定，我的确是该死。"

刘邦听他这么一说，心中难免有些顾虑重重，自己如杀了他，其他开国功臣会怎么想呢？吕雉见他沉默不语，忙用胳膊肘碰了碰他，低声道："此处离楚地不远，不可久留。"刘邦经她提醒，才恍然大悟，心想：是啊，万一韩信的手下得到消息，大队掩杀过来，自己恐怕很难全身而退呀！忙吩咐手下："把反贼绑在御车之后，寡人要把他带回洛阳细审。"

陈平也掏出事先准备好的诏书，吩咐使者星夜兼程送往各诸侯国，通知他们韩信谋反，皇上决定提前返回，各位就不必到陈地来了。

诸事妥当之后，韩信被捆住双手双脚，绑在车后，由两个武士押解着。刘邦和吕雉则在前面有说有笑，好不快活。

大约行进了半个时辰，迎面赫然是一大片树林，郁郁葱葱，深远而不见边际。大队正要进去，拉车的白龙马突然嘶鸣一声，竟要长身立起，好在车上足有六人之多，它看上去不过是扭动一下身体而已。刘邦看到这一动却吃了一惊，高声叫道："大家停住！"吕雉欣赏移动中的景物正在过瘾之时，被他一喊吓了一跳，忙问："怎么回事？"

刘邦指着白龙马，说："这个畜生随我经历大战无数，可以说颇通人性，处乱不惊。今天它突然有此异动，想必林中必有蹊跷。"在一旁护驾的夏侯婴道："臣亲自去看看！"说完，拔出佩剑，飘身而下，大踏步走进树林。

时间不长,大家便听到林中发出“哎哟”一声,紧接着夏侯婴押着一个身背弓箭的年轻人走了出来。这个年轻人虽然肩上往外渗着血,头却扬得很高,在汉高祖面前傲然直立。刘邦有些生气,骂道:“大胆刁民,还不跪下!”

夏侯婴见年轻人还不从命,便冷不防从后面飞起一脚,狠狠踢在他的腿弯处。年轻人猝不及防,趔趄一下跪在地上,再想站起来,却被夏侯婴顺势按住,动弹不得。

刘邦说:“你是何人,躲在林中干什么?”年轻人答道:“我是淮阴人……”听到他的声音,韩信浑身猛地颤动了一下,因为他已听出,这个人竟是送人头的那个侍卫。韩信第一反应就是完了,一切都没指望了,任凭他巧舌如簧,刘邦只要一问这个侍卫,然后两下一对,便一切都明白了。

可是,那个年轻人仿佛与他心灵相通一般,竟然绝口不提钟离昧的事,而是说:“我前些年曾蒙楚王厚待,现在听说陛下不知出于什么原因,竟然将楚王抓起来,因此特意躲藏在密林中,等待劫人。”刘邦怒道:“大胆狂徒,什么劫人,我看是行刺!若不是寡人坐骑为杀气所惊,恐怕我们都要遭你暗算了。来人啊,将这个刺客金瓜击死!”

高祖有令,他人怎赶怠慢,几个侍卫马上把年轻人拖到车后,举起重逾百斤的金瓜恶狠狠地打下去。可怜!一条年轻的生命就这样无声无息地去了。

韩信终于明白了当前自己的处境,不管怎么说,他可以拥有自己最宝贵的生命了,至于别的,恐怕都不重要。这件事能够柳暗花明,还是他在朝中的一位朋友起的作用。

刘邦自从控制住韩信之后,也好像是面对一块鸡肋,真是食之无味,弃之可惜。杀了他吧,恐怕激起众怒;不杀他吧,又怕放虎归山。正犹豫间,有人为此事上奏,汉高祖当然要和他讨论一番,听田肯讲完,刘邦说:“大夫所说也有道理。只是韩信一直存有异心,最终恐怕仍会作乱,寡人又怎么不疑心呢?”

田肯听他口气,觉得有些松动,便趁热打铁道:“陛下如果对韩信心存疑虑,可以把他留在控制范围之内,不给他兵权,那样不就不用担心了吗?”刘邦觉得可行,这才答应放韩信一条生路。

跪在宣旨官面前,韩信心中也是百感交集。然而,他还是比较理智的,他知道,时下一旦有所过激,就会招致杀身之祸。他不能死,他要活着,只有活下去,才有翻身的机会。

就这样,韩信不但没死,虽然又丢了楚王大印,却享受淮阴侯的待遇,同时又得了一所大宅院,好歹也算是峰回路转了。不过,这个住所,具有严密的防护,数十多名身份不明的人在侯府中随意游走着。韩信心里清楚,他这是被监视起来了。

这一天,终于有人过问韩信了,前来拜访的却是他最不愿意见到的人——吕雉。韩信被赦的第二天,吕雉来访。寒暄之后,吕雉说道:“其实,今天将军的命运我早就料到一些,只可惜将军太固执,不听我的规劝。”

“回娘娘,苍天可鉴,韩信真无反意。”韩信以为吕雉说的是他谋反之事呢。“谁说你谋反了?不但我不信,就连皇上自己也不信呀!要是皇上认为你谋反,既然已经捕获了你,还不趁机杀了你,为何又封你为淮阴侯呢?”吕雉显得很不以为然。稍顿,她又接着说:“韩将军一定没有忘记那次你我间的长谈吧?”

“臣没有忘记。”韩信也是避无可避。

“那么,现在做何感想?”吕雉追问道。

“现在……”韩信一时不知如何作答。

“将军虽然被赦,但将来的处境恐怕仍然不会乐观。要知道,朝中说你坏话的人实在是太多了。相反,说你好话的人几乎没有。就连丞相萧何,都不能替你说好话。我倒是可以为将军在圣上面前周旋一二,不过……”

“娘娘,臣韩信乃堂堂汉子,做事向来光明磊落,无需向什么人低头认罪,更无须找什么保护伞。”韩信对她旧事重提显得颇为不快。

吕雉错误地理解了韩信的话。于是她又急切地说道:“你当我的保护伞也行呀!难道就因为我是皇后,你就不愿接近我吗?这有什么,皇上这妃那妃一大堆,他是人,我也是人嘛,难道就不许我有个心上人!”。

韩信也是个重情重义之人,他当然知道,吕雉对他一向怀有好感,但是好感仅仅是好感,他可从没想过和这个老女人有这方面的交往。不过他知道,如果刺痛了她,可能给自己招来杀身之祸,但如果含含糊糊地应付,那将更加不利,说不定……想到这儿,韩信咬咬牙,道:“娘娘,你贵为皇后,我一介武夫,恐怕……”

“没关系,我不介意。”吕雉听他这么说,简直有些心花怒放了,说着便要将身体靠上来。韩信吓得赶紧跳起来,摆着手说:“娘娘且慢,此事实在突然,容臣再想想。”吕雉一笑,伸手拉他说:“好啊,我们不如一起到屋里去想。”

韩信实在是尴尬之极,推开吕雉的手也不行,逃也不行,急得满脸通红。正在进退维谷之际,门外有人高喊:“高祖皇帝宣淮阴侯前去饮酒!”听到有人,吕雉忙把手缩了回来,心中暗骂:这个死老鬼,你不是恨他嘛,干什么还要找他饮酒。

上朝之后,刘邦召见韩信。萧何和陈平一起去见刘邦。这是一个令人尴尬的场面。韩信跪拜之后,刘邦长时间地看着他,并不说话。良久,刘邦才似笑非笑地说:“韩爱卿,你怨我了?”

“陛下,韩信一生受陛下栽培,感恩不尽,绝不会产生怨恨。”

“哈哈”刘邦笑了几声后接着又说:“韩爱卿,别怨我,毕竟我们是老朋友嘛。有些时候,事情很复杂,你是个聪明人,可知道我为何抓你吗?”

“臣愚不可及,实在是不开窍。”

“我能把功位最高、势力最大的你擒获,天下所有诸侯,还有谁敢反我?韩爱卿,你说我这做法怎样啊?”

面对刘邦如此说法,韩信愤慨至极,但他又不敢发作。只好以沉默相对。

“我在擒获你的时候,就知道你并没有反我。要是你真反了我,就不会来赴会了。”

“陛下既知臣忠心,臣就不再有遗憾了。”韩信十分动情地说道。

这时陈平接着说:“陛下,在开国建国的百战中,韩将军功劳最大,还请圣上给以抚慰为好。”

“我会的。”刘邦说着从袖中取出一个帖子,展开看了看,又放回几案上。说道:“韩爱卿,你劳苦功高,以前虽然位高权大,但那毕竟是个辛苦之差。这样吧,以后你不必回楚地了,就在长安任职吧,做个侯爷也不错嘛。”

“臣愿在车辇之下,侍奉陛下。”韩信赶忙回答说。

韩信回到住宅,心里久久难以平静,他反复琢磨着自己几天来由楚王到囚徒又从囚徒到侯爵的过程,这好像是一场梦。

“人啊,一生都在演戏,就看谁的演技高。”韩信仰天长叹,在心里默默说道。